Lynn H. Nicholas, geboren in New London, Connecticut, schloß ihr Studium an der Oxford University in England ab und war danach mehrere Jahre an der National Gallery of Art in Washington tätig. »Der Raub der Europa« ist ihr erstes Buch.

W0299450

Vollständige Taschenbuchausgabe März 1997
Droemersche Verlagsanstalt Th. Knaur Nachf., München
Copyright © 1995 für die deutschsprachige Ausgabe by
Kindler Verlag GmbH, München
Das Werk einschließlich aller seiner Teile ist urheberrechtlich geschützt.
Jede Verwertung außerhalb der engen Grenzen des Urheberrechtsgesetzes ist ohne Zustimmung des Verlages unzulässig und strafbar.
Das gilt insbesondere für Vervielfältigungen, Übersetzungen,
Mikroverfilmungen und die Einspeicherung und Verarbeitung
in elektronischen Systemen.
Titel der Originalausgabe: »The Rape of Europa«
Copyright © 1994 by Lynn H. Nicholas
Originalverlag: Alfred A. Knopf, New York
Umschlaggestaltung: Graupner & Partner, München
Umschlagabbildung: Große Galerie im Louvre, 1940. Foto von René Huyghe.
Druck und Bindung: Elsnerdruck, Berlin
Printed in Germany
ISBN 3-426-77260-4

5 4 3 2 1

Lynn H. Nicholas

Der Raub der Europa

Das Schicksal europäischer Kunstwerke im Dritten Reich

Aus dem Amerikanischen
von Irene Bisang und
Karin Tschumper

Knaur®

Für Robin
und in Erinnerung
an meine Großmutter, Miss Becky,
die mir das Lesen beibrachte

Inhalt

Fischer Gallery, Lucerne

(*Switzerland*)

IMPORTANT AUCTION SALES IN 1939

Auction in Lucerne June 30, 1939

PAINTINGS & SCULPTURE BY MODERN MASTERS
from GERMAN MUSEUMS

Braque, Chagall, Derain, Ensor, Gauguin, Van Gogh (Self-portrait), Laurencin, Modigliani, Matisse, Pascin, Picasso, Vlaminck, Marc, Nolde, Klee, Hofer, Rohlfs, Dix, Kokoschka, Beckmann, Pechstein, Kirchner, Hecke, Grosz, Schmidt-Rottl, Müller, Moderson, Macke, Corinth, Liebermann, Amiet, Baraud, Feininger, Levy, Lehmbruck, Mataré, Marcks, Archipenko, Barlach.

EXHIBITION in ZURICH: Zunfthaus z. Meise, May 17 to 27, 1939.

EXHIBITION in LUCERNE: Fischer Gallery, May 30 to June 29, 1939.

AUCTION in LUCERNE: Fischer Gallery, June 30, 1939.

Auction in Zurich May 10, 11, 12, 13, 1939

SPITZER COLLECTION OF PARIS

FURNITURE FROM MR. L., PARIS

PAINTINGS BY OLD & MODERN MASTERS

Furniture, tapestries, carpets, stained glass, silver, porcelain, sculpture, pewter, antiquities.

EXHIBITION in ZURICH: Zunfthaus z. Meise, April 30 to May 9, 1939.

AUCTION in ZURICH: Zunfthaus z. Meise, May 10, 11, 12, 13, 1939.

Auction in Zurich May 10, 1939

IMPORTANT ARMS AND ARMOR

FROM A WELL KNOWN AMERICAN COLLECTION

AUSTRIAN ARISTOCRACY

Gothic horse armor, complete historical suits of armor, fine guns and pistols.

EXHIBITION in ZURICH: Zunfthaus z. Meise, April 30 to May 9, 1939.

AUCTION in ZURICH: Zunfthaus z. Meise, May 10, 1939.

Separate Illustrated Catalogue

Auction in Zurich May 15, 16 & 17, 1939

LIBRARY of the PRINCE OF ESSLING

DUKE OF RIVOLI, (Part I)

Illustrated books of the XV, XVI and XVII centuries.

EXHIBITION in ZURICH: Zunfthaus z. Meise, May 10 to 14, 1939.

AUCTION in ZURICH: Zunfthaus z. Meise, May 15, 16, 17, 1939.

Auction in Lucerne August 18 & 19, 1939

Collection of The Late Dr. ROMAN ABT, Lucerne

Important religious works from the XII to the XVIII centuries. Silver collection. Mediaeval jewelry. Stained glass. Paintings by old and modern masters.

EXHIBITION in LUCERNE: Fischer Gallery, July 10 to August 17, 1939.

AUCTION in LUCERNE: Fischer Gallery, August 18 and 19, 1939.

Five Illustrated Catalogues in preparation. Price 20 Swiss Francs each. Please apply to:

FISCHER GALLERY, LUCERNE, Switzerland

Catalogues may be seen, in the near future, at the offices of The Art News, 136 East 57th Street, New York.

Anzeige für die Luzerner Auktion in der New Yorker Zeitschrift *Art News* vom 29. April 1939

1
Prolog
Sie hatten vier Jahre Zeit

Deutschland vor dem Krieg: Die Nazis säubern die Kunst

Am Nachmittag des 30. Juni 1939 fand im vornehmen Grand Hotel National in der Schweizer Fremdenverkehrsstadt Luzern eine größere Kunstauktion statt. Hundertfünfundzwanzig Gemälde und Plastiken einer beeindruckenden Auswahl bedeutender Moderner, unter ihnen Braque, van Gogh, Picasso, Klee, Matisse, Kokoschka und dreiunddreißig weitere, kamen an jenem Tag unter den Hammer. Die Werke waren ein paar Wochen lang erst in Zürich und danach in Luzern ausgestellt gewesen, und nun hatte sich eine beachtliche internationale Käuferschaft eingefunden.

Neben dem bekannten deutschen Kunsthändlerpaar Walter und Marianne Feilchenfeldt, die 1933 vom Berliner Hauptsitz der Firma Cassirer zur Amsterdamer Zweigstelle gewechselt hatten, um den drastischen antijüdischen Gesetzen in ihrer Heimat zu entgehen, saß Joseph von Sternberg, der berühmte Regisseur des Filmes *Der blaue Engel* mit Marlene Dietrich. Eine Gruppe von Museumsleuten und Kunstsammelnden aus Belgien, angeführt von Leo van Puyvelde, dem Direktor des Brüsseler Kunstmuseums, hatte in der nächsten Reihe Platz genommen.[1] Joseph Pulitzer jr., in Europa auf Hochzeitsreise, war mit den beiden befreundeten Kunsthändlern Pierre Matisse und Curt Valentin gekommen.[2] Valentin, früher bei der Berliner Galerie Buchholz tätig und erst seit kurzer Zeit in New York ansässig, hatte Joseph Pulitzer zur Teilnahme überredet; ausgerüstet mit Vollmachten verschiedener Museen und Privatpersonen, war er in der festen Absicht gekommen, zu kaufen.

Einer Auktion dieser Art haftete 1939 an und für sich nichts Außergewöhnliches an, hatten doch in jenem Frühjahr bereits große Versteigerungen in London wie auch anderswo stattgefunden. Was das Luzerner Ereignis jedoch von anderen abhob, war einerseits die Aktualität der

Lose und andererseits vor allem deren Herkunft. Denn diese Gemälde und Plastiken stammten aus den führenden Museen Deutschlands: aus München, Hamburg, Mannheim, Frankfurt, Dresden, Bremen, aus dem Wallraf-Richartz-Museum in Köln, dem Museum Folkwang in Essen, der Nationalgalerie in Berlin. Außerdem waren die Lose keine unbedeutenden Werke, wie sie ein Museum zuweilen verkauft, um Platz zu schaffen. So befanden sich unter ihnen Picassos *Absinthtrinkerin,* im Katalog als »Meisterwerk aus der Blauen Periode des Künstlers« beschrieben; van Goghs großartiges *Selbstporträt* aus München, das Alfred Frankfurter schließlich für 175 000 Schweizer Franken und damit den höchsten Preis des Tages, für Maurice Wertheim erwarb, sowie *Badende mit einer Schildkröte,* verkauft unter dem Titel *Drei Frauen,* von Matisse. Pierre Matisse, der für Pulitzer bot, hielt das Letztgenannte für ein Meisterwerk seines Vaters und wäre bereit gewesen, noch weit über das letzte Angebot von 9100 Franken hinauszugehen.[3]

In Luzern fehlten allerdings die in der Regel auf einer solchen Auktion übliche Spannung und freudige Erregung. Joseph Pulitzer erinnert sich an recht widersprüchliche Gefühle: »Um diese Kunstwerke der Nachwelt zu erhalten, kaufte ich – zum Trotz! [...] Der wahre Grund, weshalb ich bot: ich wollte die Kunst bewahren.«[4] Allgemein herrschte die Meinung vor, daß die Erlöse der Nationalsozialistischen Partei zufließen würden. Um diese Befürchtungen zu zerstreuen, hatte der darum besorgte Auktionator Rundbriefe an alle führenden Kunsthandlungen geschickt, mit der Versicherung, daß der gesamte Erlös den deutschen Museen zukommen werde. Daniel-Henry Kahnweiler, dessen eigene Sammlung nach dem Ersten Weltkrieg von der französischen Regierung beschlagnahmt und versteigert worden war, ließ sich nicht überzeugen und blieb der Auktion fern.[5] Alfred Barr, der damalige Direktor des Museum of Modern Art, der in Paris gerade mit den Vorbereitungen für seine bevorstehende Picasso-Ausstellung – die übrigens alle Rekorde brechen sollte – beschäftigt war, nahm ebenfalls nicht teil, vertrat er doch die Meinung, das Museum dürfe in keiner Weise mit einer derart unpopulären Auktion in Verbindung gebracht werden. Er wies auch alle MoMA-Angestellten an, unmißverständlich klarzustellen, daß die neuesten Erwerbungen des Museums aus deutschem Besitz über die neue Galerie Buchholz in New York getätigt worden waren.[6]

Die Anwesenden fühlten sich hin und her gerissen, und Marianne Feilchenfeldt erinnert sich, daß einige, trotz anfänglicher Entschlossenheit, nicht mitzubieten, schließlich doch nicht widerstehen konnten. Sie und ihr Mann aber blieben fest, selbst als sie beim Los *Notre-Dame zu Bordeaux* von Kokoschka entsetzt feststellen mußten, daß es sich um ihre Schenkung an die Nationalgalerie in Berlin handelte. Sie boten nicht mit, und das Gemälde fand in Luzern keinen Abnehmer. Bekannte, die mit ihnen gekommen waren, erlagen schließlich der Verführung durch die niedrigen Preise und erwarben Emil Noldes *Begonien rot und gelb.*

Die französische Zeitschrift *Beaux Arts* beschrieb die Atmosphäre im Grand Hotel National als »erstickend«. Der Saal, so heißt es weiter, sei überwiegend mit Schweizer Publikum gefüllt gewesen, das sich aus reiner Neugier und um der politischen Hintergründe willen für das Geschehen interessierte. Angebote aus den Vereinigten Staaten hätten niedrig gelegen, und aus Frankreich seien keine auszumachen gewesen. Der Auktionator verhielt sich während der Veranstaltung nicht so, wie man es hätte erwarten dürfen:

> Die Auktion wurde von M. [Theodor] Fischer zügig durchgeführt; er konnte seine Verachtung gegenüber bestimmten »entarteten« Werken nicht immer verbergen. Als er Pechsteins *Mann mit Pfeife* vorstellte, bemerkte er mit verächtlichem Lächeln: »Das soll ein Bildnis des Künstlers sein.« Wenn er andere Lose, die er mit einem eher hohen Anfangsgebot eingeführt hatte, zurückgehen ließ, bereitete es ihm teuflisches Vergnügen, laut dazu zu bemerken: »So etwas will niemand« ... »Diese Dame gefällt dem Publikum nicht« – und er lächelte, wenn er das Wort »zurückgezogen« aussprach.[7]

Andere Berichte waren nicht viel wohlwollender.

Inmitten dieser leidenschaftlichen Gefühle schlug sich die Gruppe aus Belgien am besten: sie erwarb in aller Ruhe ein bedeutendes Werk Ensors, von Gauguin *Aus Tahiti,* Picassos *Akrobat und junger Harlekin* aus Wuppertal, Chagalls *Blaues Haus* aus Mannheim sowie Werke von George Grosz, Karl Hofer, Oskar Kokoschka, Marie Laurencin und Emil Nolde. Der Brüsseler Bankier, der Picassos Werk ersteigerte, hätte sich wohl nicht in seinen wildesten Träumen ausgemalt, daß sein

Bild neunundvierzig Jahre später für mehr als 38 Millionen Dollar verkauft werden würde.
Am Ende der Auktion, die letztlich nur halb so viele Devisen wie erhofft einbrachte, blieben achtundzwanzig Lose unverkauft. Der Erlös betrug rund eine halbe Million Schweizer Franken. Er wurde in englischen Pfund – ausgerechnet! – auf einem speziellen, von Deutschland kontrollierten Konto in London angelegt. Wie schon zuvor allgemein vermutet, bekamen die Museen davon keinen Pfennig zu sehen.

Aus Deutschland hatte man diese Gemälde als »entartete Kunst« verbannt. Aber die NS-Behörden wußten um ihren Wert als bequemes Mittel, dringend benötigte Devisen für das Reich zu beschaffen, und ließen die Chance nicht ungenutzt. Alfred Hentzen, der damalige Kurator der Berliner Nationalgalerie, den man 1935 kurzerhand für neun Monate von der Arbeit beurlaubt hatte, weil er übermäßiges Interesse an moderner Kunst zeigte, schreibt dazu, die deutsche Regierung habe mit dieser Versteigerung des nationalen Erbes einen in der Geschichte der Kunst bis dahin unerreichten Grad der Schamlosigkeit und des kulturellen Verfalls erlangt.[8]

Im nachhinein ist klar zu erkennen, wie es Schritt für Schritt zu diesem »schamlosen« Ereignis kam. In der Kunst stützten sich die Nationalsozialisten wie auch in anderen Bereichen einfach auf bestehende Vorurteile und überspitzten sie auf unglaubliche Art und Weise. Wenige konnten glauben oder wollten erkennen, was sich direkt vor ihren Augen abspielte.
Alfred Barr schrieb 1933 während eines Studienaufenthaltes in Europa drei Artikel über das Phänomen des nationalsozialistischen Kunstverständnisses, und sie wurden prompt von bedeutenden amerikanischen Zeitschriften als zu kontrovers abgelehnt.[9] Nur sein junger Kollege Lincoln Kirstein wagte einen davon in seiner neuen Zeitschrift *Hound and Horn* abzudrucken. Die anderen beiden erschienen erst im Oktober 1945 im *Magazine of Art.* Jacques Barzun bemerkte dazu in jener Nummer, die drei Artikel von Barr »rufen peinlich die Teilnahmslosigkeit der Öffentlichkeit in Erinnerung, die uns fast unsere Zivilisation kostete«.
Barr besuchte, nur neun Wochen nachdem Hitler Kanzler geworden war, die erste öffentliche Versammlung der Stuttgarter Sektion des

Theodor Fischer (links, stehend) nimmt Angebote für van Goghs *Selbstporträt* aus der Neuen Staatsgalerie in München entgegen.

Kampfbundes für Deutsche Kultur und war einer der ersten Außenstehenden, die die Kulturtheorien des neuen Regimes zu hören bekamen. Vor dem mit der kulturellen Elite der Stadt vollgestopften Saal legte der Leiter des Kampfbundes die neuen Ideen dar. Barr zitiert ihn wie folgt:

> Es ist ein Fehler, zu denken, die nationale Revolution sei nur politischer und wirtschaftlicher Natur. Sie ist vor allem anderen kulturell. Noch stehen wir in der ersten stürmischen Phase der Revolution, aber schon hat sie lange verborgene Quellen deutschen Volkstums wieder aufgedeckt, hat Wege zu diesem neuen Bewußtsein geöffnet, das bis dahin halb unbewußt von den braunen Kampfbünden getragen worden ist: namentlich das Bewußtsein, daß jeglicher Ausdruck des Lebens einem bestimmten Blut […] einer bestimmten Rasse entspringt! […] Kunst ist nicht international […] Sollte jemand fragen: Was ist an Freiheit übriggeblieben? wird man antworten: Es gibt keine Freiheit für diejenigen, die die deutsche Kunst schwächen und zerstören wollen […] Es darf weder Gewissensbisse noch Gefühlsduselei geben, wo es um das Ausmerzen und Zermalmen dessen geht, was unsere Lebensgrundlage zerstört.

Der anfänglich zögerliche Beifall steigerte sich und war am Ende stürmisch.[10]

Den Worten in Stuttgart waren allerdings bereits Taten vorausgegangen. Eine umfassende Retrospektive des Werkes von Oskar Schlemmer, deren Eröffnung am 1. März 1933 stattgefunden hatte, wurde zwölf Tage später geschlossen, nach einer überaus gehässigen Besprechung in der lokalen NS-Presse, wo es unter anderem hieß, wer denn diese Bilder würde ernst nehmen können, wer davor Achtung haben, wer sie als Kunstwerke verteidigen wollen; sie seien in jeder Hinsicht unfertig, und man solle sie doch auf den Abfallhaufen schmeißen, wo sie ungestört verrotten könnten.[11] Eingeschüchtert versteckte das Museum die ganze Ausstellung daraufhin in einem abgelegenen Saal. Nur gerade sechs Tage zuvor hatte die Nationalsozialistische Partei ihre erste parlamentarische Mehrheit gewonnen.

Alfred Barr, der nur Einlaß in die Ausstellung fand, weil er Ausländer war, geriet dermaßen in Zorn, daß er den Architekten Philip Johnson bat, mehrere der besten Bilder zu kaufen, »nur um die Arschlöcher zu ärgern«. Johnson spielte mit, und seit diesem Zeitpunkt hängt eines dieser Werke, nämlich *Bauhaustreppe*, im Museum of Modern Art in New York.[12]

Die sehr gemischte Aufnahme, die die gesamte moderne Kunst seit vielen Jahren erfuhr, erleichterte es nicht gerade, diese Warnsignale zu deuten. Noch 1939 hieß es in einer Bostoner Kritik anläßlich einer Ausstellung zeitgenössischer deutscher Werke, von denen viele aus der Luzerner Auktion stammten, nachdenklich: »Es gibt wahrscheinlich viele – kunstliebende – Menschen in Boston, die sich gerade bei dieser Säuberungsaktion auf die Seite Hitlers schlagen.«[13] Deutschland selber kannte seit längerem eine antimoderne Haltung, die bis 1909 zurückreichte, als Kaiser Wilhelm II. den Direktor der Nationalgalerie, Hugo von Tschudi, entließ, weil dieser impressionistische Gemälde erworben hatte. Der jüdische Kulturkritiker Max Nordau – der die Anwendung seiner Theorien nicht mehr erleben mußte – hatte 1893 in seinem Buch *Entartung* die moderne Kunst, in die er Wagner, Mallarmé, Baudelaire und den Impressionismus einschloß, insgesamt als »krankhaft« bezeichnet.[14] Die Zeitungen, die 1913 über die berühmte Armory Show in New York berichteten, nahmen dieses Schlagwort auf und bezogen sich auf die »Entartung der Kunst«, die dort angeblich zu bemerken war. Im selben Jahr wurde eine Ausstellung von Kandinskys Werken in einer Hamburger Zeitung als »Liniengestammel« bezeichnet und Bedauern mit »der irren, also unverantwortlichen Malerseele« ausgedrückt.[15] Vor 1914 flogen Proteste und Gegenproteste zwischen konservativen und modernen Kunstschaffenden hin und her. Der Streit erreichte ein derartiges politisches Gewicht, daß im Reichstag darüber diskutiert wurde, und das preußische Parlament verabschiedete sogar eine Resolution gegen die »Entartung« der Kunst. Doch wie in anderen Ländern blieb die Kontroverse im Bereich von Geschmack und Meinung.

In den Jahren nach dem Ersten Weltkrieg erfreuten sich die zukünftigen »Entarteten« wachsender Beliebtheit. Angespornt vom Liberalismus der neuen Weimarer Republik, stellten die Museen diese Arbeiten umfassend aus. 1919 wurde mit der Eröffnung einer »Neuen Abteilung« im Kronprinzen-Palais der Berliner Nationalgalerie, der nach dem Sturz der Monarchie leergestanden hatte, die Moderne offiziell gewürdigt. Es gab dazu mißliebige Kritik von der linken wie von der rechten Seite, doch zahlreiche andere deutsche Museen wurden dadurch ermutigt, dieselbe Richtung einzuschlagen.[16] Nach dem Tod des Sammlers Karl Ernst Osthaus 1921 erwarb die Stadt Essen mit Hilfe von Geldern lokaler Handelsverbände und der Bergbaugesellschaften im Ruhrgebiet seine sehr zeitgenössische Sammlung des Museums Folkwang und machte sie der Öffentlichkeit zugänglich. In den späten zwanziger Jahren hingen in den meisten größeren deutschen Museen moderne Werke. Die Regierung ernannte ihrerseits einen liberalen, international denkenden Beamten zum staatlichen Kunstbeauftragten im Innenministerium. In der Stadt Weimar erhielt das vom Architekten Walter Gropius 1919 gegründete Bauhaus, obwohl es umstritten war, staatliche Unterstützung und versammelte eine ganze Reihe außerordentlicher Kunstschaffender der Malerei, der Architektur und des Handwerks.

Trotz dieser ermutigenden Atmosphäre blieb die Opposition immer bestehen. In den zwanziger Jahren tauchte eine Gruppe sogenannter Kunst-»Philosophen« auf, die auf Nordaus Vorstellungen von Entartung aufbauten und das zukünftige NS-Glaubensbekenntnis zur Kunst in groben Zügen bereits vorwegnahmen. Ihre Ideen waren wirr rassistisch und letztlich vollends absurd: »Die hellenistische Vorstellung von Schönheit ist absolut nordisch [...] man könnte die Geschichte

Griechenlands als Beispiel für den Konflikt zwischen dem Geist der nordischen Oberschicht und dem Geist der fremdrassigen Unterschicht heranziehen«, erklärte ein gewisser Professor Günther.[17] Sie wetterten nicht nur gegen die moderne Kunst. Es stellten sich ihnen auch große Schwierigkeiten angesichts der Tatsache, daß der unbestritten nordische Rembrandt so viele Bilder jüdischen Inhalts gemalt hatte. Sie bezichtigten Matthias Grünewald (um 1465–1528) einer »Psychose der Erbsünde« und stuften selbst Albrecht Dürer als verdächtig ein, hatte er doch auf seinen Reisen nach Italien im sechzehnten Jahrhundert fremde Einflüsse aufgenommen.[18]

Vorstellungen wie diese wurden ins Extrem getrieben, je mehr die nationalsozialistische Bewegung an Macht und Einfluß gewann. 1928 veröffentlichte der bekannte Architekt Paul Schultze-Naumburg sein Elaborat *Kunst und Rasse,* worin er aus medizinischen Schriften entnommene Fotografien kranker und entstellter Menschen modernen Gemälden und Skulpturen gegenüberstellte. Den Höhepunkt dieser Lehre bildete dann Alfred Rosenbergs *Mythos des 20. Jahrhunderts* (1930), ein unlesbares Buch, in dem der deutsche Expressionismus als syphilitisch, infantil und nicht reinrassisch charakterisiert wird. Im weiteren verstieg sich Rosenberg darin zu der Behauptung, die arische nordische Rasse habe nicht nur die deutschen Kathedralen geschaffen, sondern auch die griechische Plastik und die Meisterwerke der italienischen Renaissance hervorgebracht. Selbst Hitler, in dessen engem Vertrautenkreis Rosenberg Aufnahme fand, wunderte sich darüber, daß von einem derartigen Buch Hunderttausende Exemplare hatten verkauft werden können.[19] Mit den grundsätzlich darin vertretenen Ideen ging er allerdings vollkommen einig. Sein unmißverständlicher Antisemitismus und die Rolle als Gründer des Kampfbundes für Deutsche Kultur sollten Rosenberg bald zu großer Prominenz im neuen Regime verhelfen.

Die nationalsozialistischen Kunsttheorien wurden schon sehr früh besonders eifrig in die Tat umgesetzt. 1929 erzielte die Partei in den Thüringer Wahlen genug Stimmen, um im Landtag einige Sitze beanspruchen zu können. Dr. Wilhelm Frick, ehemals Leiter der politischen Polizei in München, wurde Thüringer Minister für Inneres und Erziehung. Zwar hatten alle Angehörigen des Bauhauses Weimar bereits nach der 1925 erfolgten Kündigung ihrer Verträge auf Druck einer rechten Mehrheit in der Lokalregierung verlassen, aber Frick, der meinte, jede Spur dieser Einrichtung tilgen zu müssen, wandte seine Aufmerksamkeit nun noch den Baulichkeiten zu. Oskar Schlemmers Wandschmuck in den Treppenhäusern wurde übermalt, und eine deutschnationale Kunsthandwerksvereinigung unter der Leitung des kürzlich für die Politik eingespannten Professors Schultze-Naumburg zog ein.[20] Frick war so darauf erpicht, jeglichen »jüdisch-bolschewistischen« Einfluß auszumerzen, daß er als nächstes die Werke von Paul Klee, Otto Dix, Ernst Barlach, Wassily Kandinsky, Emil Nolde, Franz Marc und vielen anderen – insgesamt siebzig – aus dem Schloßmuseum entfernte, G.W. Pabsts Film *Die Dreigroschenoper* verbot und untersagte, in Konzerten Musik von Strawinsky oder Hindemith zu spielen. Im restlichen Deutschland wurde dies als provinzieller Ausrutscher abgetan und Frick im April 1931 entlassen. Man konnte damals schwerlich voraussehen, daß er in weniger als zwei Jahren Reichsinnenminister sein würde.[21]

Solches geschah jedoch durchaus nicht nur in Weimar. 1926 wurde eine Expressionismus-Ausstellung in Dresden von nicht weniger als sieben großdeutschen völkischen und militärischen Organisationen unter dem Vorwurf verurteilt, ihre Exponenten beleidigten die deutsche Wehrmacht. Der Deutsche Künstlerbund kritisierte die Nationalgalerie, weil sie Geld sammelte, um Werke von van Gogh zu erwerben statt deutsche Kunst. Hildebrand Gurlitt, der Direktor des Zwickauer Museums, wurde 1930 abgesetzt, weil er eine künstlerische Linie verfolgte, die angeblich das gesunde Volksempfinden Deutschlands verletzte, und daß eine Ausstellung über »Neue deutsche Malerei« nach Oslo ausgeliehen wurde, löste einen Sturm der Entrüstung aus.

Im Januar 1933 wurde Hitler Reichskanzler, und in den März-Wahlen gewann seine Partei, unterstützt durch die Angst und das Chaos nach dem Reichstagsbrand und der Außerkraftsetzung der Grundrechte der Weimarer Republik, zum ersten Mal die Mehrheit. Am 7. April wurde das »Berufsbeamtengesetz« verabschiedet, das die Absetzung aller Regierungsangestellten legalisierte, wann immer sie den Nationalsozialisten nicht paßten. Museumsleitung und -angestellte, Kunstschaffende, die an Schulen unterrichteten, in der Stadtplanung und in der Universitätsforschung und -lehre Beschäftigte waren vom Staat angestellt. Für diejenigen, auf die das nicht zutraf, hatte Joseph Goebbels, der Leiter des neuen Reichsministeriums für Volksaufklärung und Propaganda, schon am 13. März die Schaffung einer neuen Institution vorgeschlagen, die schließlich alle Personen, die mit Kunst in Verbindung standen, überwachen sollte: die Reichskulturkammer. Mitgliedschaft in dieser Dachorganisation wurde von allen verlangt, die sich mit Malerei, Literatur, Musik, Architektur, Kunsthandel und so weiter beschäftigten. Wer der Organisation nicht angehörte, bekam keine Stelle, konnte Arbeiten weder verkaufen noch ausstellen, ja, wurde gar mit Berufsverbot belegt. Zu denen, die keine Aufnahme fanden, gehörten Personen jüdischer Herkunft, kommunistische Gefolgsleute sowie schließlich alle diejenigen, deren Kunststil nicht dem nationalsozialistischen Ideal entsprach.

Kunst stand unter der neuen Regierung ausgesprochen hoch im Kurs. Im Oktober 1933, also wenige Monate nachdem er zum Reichskanzler ernannt worden war, legte Hitler den Grundstein zum »Haus der Deutschen Kunst« in München, seinem ersten größeren öffentlichen Bauvorhaben. Daß ihm bei der Zeremonie das Hämmerchen zerbrach, ist erst für die Nachwelt bedeutsam geworden.[22] Alfred Rosenberg, vormals Kunsttheoretiker, wurde zum intellektuellen Kopf der Partei und erhielt den geradezu unglaublichen Titel »Beauftragter des Führers für die Überwachung der gesamten geistigen und weltanschaulichen Schulung und Erziehung der NSDAP«, Frick wurde zum Reichsinnenminister ernannt und begann in den Ländern Kunstbeauftragte einzusetzen. Selbst die SS verfügte über eine Abteilung für Kunst, nämlich das Ahnenerbe, welches auf der ganzen Welt archäologische Forschungen unterstützte in der Hoffnung, Belege für frühe und glorreiche germanische Kulturen zu finden. Räte bis dahin unbekannter Künstler und Künstlerinnen schossen über Nacht aus dem Boden und verkündeten die völkischen Ideale, ihre Druckerzeugnisse verbreiteten sich explosionsartig: die Stunde des Opportunismus hatte geschlagen. Und neben all diesen neuen Organisationen blieb das alte Kultusministerium bestehen und versuchte sich, so gut es konnte, der neuen Situation anzupassen und sich und die Schätze in seinen Museen zu retten. Es erforderte vier Jahre, die genauen Kriterien für die den Nationalsozialisten genehme Kunst zu »verfeinern«; am Ende wurde toleriert, was immer Hitler gefiel und was der Regierung zu Propagandazwecken am meisten nützte.

Zur Einweihung des Hauses der Deutschen Kunst wurde eine schmukke Broschüre in mehreren Sprachen veröffentlicht. Die englische Version mit dem Titel *The Temple of German Art* (Der Tempel Deutscher

Deutscher Kunst) zielte auf das potentielle Tourismusgeschäft in München. Neben Lageplänen und Architekturzeichnungen enthielt sie Reproduktionen deutscher Genreszenen des neunzehnten Jahrhunderts von Malern wie Spitzweg, Kaulbach und Böcklin sowie einen Text von außerordentlich schlechtem Geschmack über die lebendige Kraft, die aus dem großen Kunsttempel strömen, den entzückenden Atem aus den Bergketten im Süden, der durch seine Säulengänge und um seine Kalksteinsimse wehen, und den blauen Münchner Himmel, der das deutsche wie das ausländische Publikum in Bann schlagen und dazu verleiten werde, in der Bayernstadt zu verweilen, der Geburtsstätte der nationalen Verjüngung.

Die falsche Kunst jener, die Tugend und Wahrheit mit Spott und Verachtung befleckten, so fuhr die zu ihrem Vorteil anonym bleibende Person fort, die den Artikel verfaßt hatte, sei vom Volk abgeschüttelt worden auf den Weckruf des einen hin, der in sich alle edlen Eigenschaften seiner Rasse in höchster Potenz vereinige: sie werde durch wahre deutsche Kunst ersetzt: den Odem aus den Nüstern der Nation. Was dieser »Odem« indes genau umfaßte, war zu Beginn nicht klar, selbst im innersten Kreis Hitlers nicht. Albert Speer, der den Auftrag hatte, Goebbels' Haus auszustatten, schrieb später:

> Von Eberhard Hanfstaengl, dem Direktor der Berliner Nationalgalerie, lieh ich [...] einige Aquarelle von Nolde aus. Goebbels und seine Frau akzeptierten sie mit Begeisterung – bis Hitler zur Besichtigung kam, sie auf das schärfste mißbilligte und der Minister mich sofort zu sich rief: »Die Bilder müssen augenblicklich weg, sie sind einfach unmöglich!«[23]

Hitler wollte den vollständigen Bruch mit dem Defätismus und den linksorientierten Ideen der Weimarer Jahre; er wollte keine Darstellungen vom wahren Gesicht des Krieges, und er hegte ein eigentlich kleinbürgerliches Mißfallen für das, was er selbst als »unfertige Werke« bezeichnete. Wer sich mit Kunst beschäftigte, konnte dies lange Zeit nicht wirklich ergründen. Einige suchten ihr Heil im Kompromiß: Max Sauerlandt, Direktor des Hamburger Kunstgewerbemuseums, versuchte den Expressionismus als Beispiel nordisch-germanischer Kunst darzustellen. Andere vertraten eine andere Meinung: Im Juni 1933 veranstalteten nationalsozialistisch eingestellte Studierende in

Berlin eine Demonstration gegen die zunehmende Vorherrschaft mittelklassiger Kunst und würdigten die Sammlung der Moderne, die Ludwig Justi seit 1919 als Direktor der Nationalgalerie angelegt hatte. Trotz dieser Unterstützung legten bürokratische Beamte im Kultusministerium Justi nahe, seinen Posten zur Verfügung zu stellen; sie zogen einen fügsameren Direktor vor, der die modernen Bestände verteidigte, sich aber gleichzeitig der Parteilinie unterwarf. Doch Justi weigerte sich, vorzeitig in den Ruhestand zu treten, und peinlich berührt mußte das Kultusministerium ihn auf einen Posten in der Kunstbibliothek versetzen, bis er die Altersgrenze erreicht hatte.

Alois Schardt, der neue Direktor und frühere Assistent von Justi, hatte eine ähnliche Sammlung in Halle aufgebaut und geriet umgehend seitens Rosenberg, Frick und Schultze-Naumburg unter Beschuß. Um die Wogen zu glätten, hielt Schardt eine Vorlesung, in der er das Wesen der deutschen Kunst zu definieren versuchte. Alles Deutsche sei dynamisch, meinte er. Er sprach sich für die gotische Kunst aus, bezeichnete Dürers Italienaufenthalt als Fehler, würdigte Grünewald, behauptete, das dynamische Bewußtsein sei mit der Romantik und dem Expressionismus wieder nach Deutschland zurückgekehrt, und brachte diesen Stil mit früher germanischer Volkskunst in Verbindung. Das studentische Publikum war von der Verbindung zwischen Revolution und Nationalismus, die den Expressionismus zu einer annehmbaren deutschen Tradition erhob, höchst angetan, doch es war nicht, was die Partei wollte, und die Nationalgalerie wurde schließlich wegen »Reorganisation« geschlossen.

Noch einmal suchte Schardt nach einer Kompromißlösung. Er belegte die unteren Stockwerke mit repräsentativen Werken von Caspar David Friedrich, Hans von Marées, Feuerbach und anderen und verlegte die umstrittenen Gemälde weg in die obersten Stockwerke, dort jedoch in geschmackvolle, neu gestaltete Säle, deren Wände, passend zu den in den Bildern jeweils vorherrschenden Farbtönen, unterschiedlich bezogen oder gestrichen waren. Hochrangige Werke aus anderen Museen wurden herbeigeschafft, um in jedem Saal die Lücken zu schließen; Nolde lieh sein Gemälde *Christus und die Kinder* aus Hamburg. Schardts einziges Zugeständnis war, Klee und Beckmann wegzulassen, die aber ohnehin nicht zu seinen Favoriten zählten. Van Gogh und Munch wurden als »germanische Vorläufer« gezeigt.

Schardt hatte gehofft, die Regierung mit dieser spektakulären Einrichtung zu gewinnen. Als der Kultusminister Bernhard Rust die Ausstellung im voraus begutachtete, war sein einziger Kommentar jedoch: »Sie sind ein sturer Bock.« Schardt wurde entlassen. Rust wagte nicht, das Berliner Museum, das in Kunstkreisen zu vielerlei Spekulationen Anlaß gab, so wiederzueröffnen, wie es Schardt verlassen hatte. Er forderte Eberhard Hanfstaengl, damals Direktor der Städtischen Galerie in München, auf, die Leitung in Berlin zu übernehmen. Dies wurde als besonders geschickter Schachzug betrachtet, weil Hanfstaengl nicht nur ein hervorragender Kenner der von Hitler bevorzugten deutschen Kunst des neunzehnten Jahrhunderts, sondern auch ein Namensvetter von »Putzi« Hanfstaengl war, einem bekannten Freund Hitlers. Indem Hanfstaengl die Exponate wohlüberlegt durcheinanderwürfelte und die am stärksten Anstoß erregenden Bilder im Lager verschwinden ließ, vermochte er die Gemüter für den Augenblick noch einmal zu besänftigen.[24]

In der Provinz ging das Ausmerzen nicht geduldeter Mitglieder aus der Kunstgemeinschaft viel schneller voran. Schlag auf Schlag griff man Museumsdirektoren an, die die moderne Kunst gefördert hatten. Gustav Hartlaub, der den Begriff »Neue Sachlichkeit« prägte, wurde dabei ertappt, wie er umstrittene Werke in den Kellerräumen seines Museums in Mannheim versteckte. Eines davon, *Rabbiner* von Marc Chagall, karrten die Horden daraufhin gut sichtbar durch die Stadt, auf der Rückseite mit einer Fotografie Hartlaubs und dem Preis versehen, den das Museum dafür bezahlt hatte.[25] Die Leitung des Museums Folkwang in Essen wurde Graf Klaus Baudissin übergeben, einem SS-Offizier und einem der wenigen Kunsthistoriker in der Partei. Dieser ließ prompt das letzte der berühmten Wandbilder von Oskar Schlemmer übermalen, das noch die Rotunde schmückte; aber bis 1935 brachte nicht einmal er es über sich, den letzten Saal, in dem noch Werke von Kokoschka, Lehmbruck, Marc und Nolde gezeigt wurden, zu schließen.[26]

Auch wer mit »entarteter« Kunst handelte, blieb nicht verschont. Im Mai 1936 eröffnete die Galerie Nierendorf in Berlin, die seit einiger Zeit scharf beobachtet wurde, eine Ausstellung mit Werken des im Ersten Weltkrieg mit dem Eisernen Kreuz ausgezeichneten Franz Marc. Schardt, inzwischen ehemaliger Direktor der Berliner Nationalgalerie, sollte bei der Vernissage einen Vortrag halten. Sowohl diese Veranstaltung als auch die Ausstellung selbst wurden von der Gestapo abrupt unterbunden, und tags darauf erhielt die Galerie einen Brief mit der Begründung, der Vortrag über Franz Marc und die Ausstellung gefährdeten die nationalsozialistische Kulturpolitik und damit die öffentliche Sicherheit und Ordnung. Schardt reiste wohlweislich in die Vereinigten Staaten ab und tat es damit einem der Brüder Nierendorf gleich.[27]

Die Kunstschaffenden selbst wurden ihrer Posten als Lehrkräfte und Mitglieder öffentlicher Institutionen enthoben: Paul Klee in Düsseldorf, Käthe Kollwitz, Karl Hofer und Max Beckmann in Berlin, Otto Dix in Dresden. Schlemmer, der sich gegen die von den Nationalsozialisten fälschlich erhobene Anschuldigung, er sei Jude, zur Wehr setzte und um eine öffentliche Bestätigung seiner Position bat, erhielt statt dessen »Urlaub«. Am 13. Mai 1933 forderte die preußische Kunstakademie zehn Mitglieder, deren Wahl zum Teil erst 1931 erfolgt war, zum »freiwilligen« Rücktritt auf. Dix, Schmidt-Rottluff, Kollwitz und Liebermann (Präsident der Akademie und Jude) kamen der Aufforderung nach, während Kirchner, Mies van der Rohe, Mendelsohn und der immer noch optimistische Nolde nicht einwilligten. Doch bis 1938 hatten sie alle aufgegeben, ebenso Barlach, Pechstein, Hofer und auch Kokoschka. Nur Nolde, immer noch mit der Partei sympathisierend, hielt aus, erachtete er es doch für seine Pflicht, den Menschen die Augen für die Kunst zu öffnen.[28]

Als Antwort auf diese wachsende Diskriminierung verließen viele Kunstschaffende Deutschland. Jenen, die es nicht taten, stand Schreckliches bevor. Selbst nach all dem, was wir heute über den nationalsozialistischen Wahnsinn wissen, ist es immer noch schwer zu fassen, mit welch grausamer Gründlichkeit die Nazis Regeln und Vorschriften für all jene aufstellten, die der Reichskulturkammer nicht genehm waren. Es reichte nicht, daß man ihre Werke zerstörte, verhöhnte und zu verkaufen oder auszustellen verbot, »Entartete« wurden zudem mit Berufsverbot belegt, ja sie durften nicht einmal mehr Malutensilien kaufen. Um dies durchzusetzen, überrumpelte die Gestapo sie zu Hause und in den Ateliers mit unangekündigten Besuchen. Der Geruch nach Terpentin in der Luft oder feuchte Pinsel waren Grund genug für eine Verhaftung. Der Maler Willi Baumeister berichtete, wie er – weil niemand wissen durfte, daß er noch malte – in einem Zimmer im zweiten Stock in strikter Abgeschiedenheit arbeitete. Nicht einmal die Kinder und das Dienstpersonal durften wissen, was er dort tat. Besonders schrecklich erschien ihm dabei die Vorstellung, daß er seine

Bilder niemals mehr öffentlich würde zeigen dürfen. Schließlich blieb ihm auch diese geheime Tätigkeit verwehrt: just in diesem Zimmer wurde ein SS-Führer einquartiert.[29]

Von Hitlers Standpunkt aus waren die Maßnahmen ein voller Erfolg. Oskar Schlemmer trat 1938 eine Stelle bei einem Stuttgarter Unternehmen an, das auf kommerzielle Flachmalereien spezialisiert war. 1939 malte er Tarnanstriche auf Fabriken und Militärgebäude. Später fand er Unterschlupf in einer Farbenfabrik in Wuppertal, deren Besitzer auch Gerhard Macks und andere geächtete Künstler beschäftigte. Schlemmer starb 1943. Ernst Ludwig Kirchner nahm sich im Juni 1938 das Leben, verzweifelt, weil sein Lebenswerk aus den deutschen Museen verbannt worden war. Als weiteres Opfer wählte die 85jährige Martha Liebermann den Freitod, als ihr die Deportation nach Theresienstadt bevorstand. Ihr Mann, Max Liebermann, hatte den erzwungenen Rücktritt als Präsident der preußischen Akademie nicht lange überlebt und war 1935 gestorben. Seine eher naturalistischen Bilder, in der Art, wie sie Hitler eigentlich bevorzugte, sollten den Saubermännern später großes Kopfzerbrechen bereiten.

Emil Nolde, der sich an seine Mitgliedschaft in der Kulturkammer und in der NSDAP klammerte, selbst nachdem Hunderte seiner Werke geschmäht und verbrannt worden waren, führte einen langen Briefwechsel mit Goebbels mit dem Ziel, das, was in den Museen von seinen Werken als persönliche Leihgaben noch verblieben war, zurückzuerhalten. 1939 wurden ihm die Gemälde zurückgegeben, doch 1941 mußte er seine ganze künstlerische Produktion des Jahres 1940 zur Begutachtung einreichen. Schließlich wurde er im August 1941 wegen Unzuverlässigkeit aus der Kulturkammer ausgeschlossen und durfte von da an explizit nicht mehr malen. Ein Beamter teilte ihm im November schriftlich mit, man habe seine Bilder der Kommission zur Bewertung »minderwertiger Kunsterzeugnisse« vorgelegt und sie seien daraufhin von der zuständigen Polizei beschlagnahmt worden. Zu dem Zeitpunkt hatte man Nolde bereits über tausend Werke weggenommen. Er zog sich, inzwischen 74jährig, in sein Haus in Norddeutschland zurück und nahm, trotz strikten Malverbots, Zuflucht zu den von ihm so genannten »ungemalten Bildern«, Hunderten von postkartengroßen Aquarellen, gemalt auf Papierfetzen, die sich leicht verstecken ließen. Im April 1943 kritzelte Nolde in stiller Verzweiflung auf den Rand eines dieser Fetzen, wenn auch all seine Freunde und Bekannten ihm noch

so sehr Leinwand, Papier und Pinsel zu verschaffen wünschten, um die Fesseln an seinen Händen zu durchtrennen, so könne dies doch niemand.[30]
Viel besser erging es auch den nicht explizit mit einem Malverbot Drangsalierten: Käthe Kollwitz wurde wegen ihrer linksgerichteten Ansichten und weil sie dem Krieg ablehnend gegenüberstand von der preußischen Akademie ausgeschlossen und gezwungen, ihr Atelier in Berlin aufzugeben, obwohl ihr Sohn Peter im Ersten Weltkrieg gefallen war. Sie durfte zwar zu Hause weiterarbeiten, doch ihre Werke wurden auf Ausstellungen nicht zugelassen und auch aus den Museen nach und nach entfernt. Nach einer solchen Begebenheit schrieb sie:

> Auch diese merkwürdige Stille bei Gelegenheit der Heraussetzung meiner Arbeit aus der Akademieausstellung und anschließend dem Kronprinzenpalais. Es hat mir fast niemand etwas dazu zu sagen. Ich dachte, die Leute würden kommen, mindestens schreiben – nein. So etwas von Stille um mich. – Das muß alles erlebt werden![31]

Erst nach der Säuberung in den Reihen der Kunstschaffenden und beim Personal begannen sich die neuen Kulturverantwortlichen mit der eigentlichen Plazierung der Kunstwerke zu befassen. Zunächst begnügten sie sich mit einer neuen Art von Ausstellungen: darauf bedacht, zum einen zu zeigen, daß die Weimarer Regierung mit ihrer verschwenderischen Haltung alles, was an Deutschland dekadent und falsch war, verkörperte, und zum anderen die öffentliche Meinung gegen die Art von Kunst zu wenden, die ihrer Meinung nach symbolisch für jene Mächte stand, die Deutschland 1918 ungerechterweise so erniedrigt hatten. Die Präsentation war gewöhnlich überall die gleiche: die Gemälde wurden unvorteilhaft gehängt, oft ohne Rahmen und mit den Preisen versehen, die man zur Zeit der höchsten Inflation während der Wirtschaftskrise bezahlt hatte, und rundum prangten an den Saalwänden platteste politische und moralintriefende Kommentare und Schlagworte. Noch befanden sich die Werke jedoch im Lande, und noch konnte man sie sich ansehen.
Daß diese Erniedrigung der Modernen nicht bloß eine fixe Idee selbstsüchtiger Handlanger war, bestätigte sich unumstößlich, als Hitler der Nationalgalerie höchstpersönlich einen Überraschungsbesuch abstattete, um sich eine Ausstellung von Werken Karl Leipolds anzusehen,

eines Günstlings von Rudolf Hess. Paul Ortwin Rave, zu jener Zeit dort Kurator, hat die sich dort abspielende Szene beschrieben:

> Leipolds [...] See- und Wolkenstücke machten offensichtlich keinen Eindruck auf Hitler – so wenig kannte selbst sein bester Vertrauter dessen wahren Geschmack. Aber der Besucher, nun einmal im Hause, schritt weiter umher, gewahrte die Kunstwerke des Expressionismus, tat aber nicht den Mund auf, stellte keinerlei Frage, begnügte sich vielmehr mit wegwerfenden Gebärden. Er blickte zu den Fenstern hinaus und gab seine Bemerkungen ab über die umliegenden Bauwerke: das Zeughaus, die Wache, die Staatsoper, und erst im angebauten Prinzessinnen-Palais, wo er Entwürfe Schinkels fand, belebte er sich völlig und belehrte seinerseits sein stummes Gefolge.[32]

Trotz dieser Begegnung und trotz Angriffen in der SS-Zeitung *Das Schwarze Korps*, in denen geraten wurde, endlich in der Nationalgalerie aufzuräumen, schien auch der neue Leiter Hanfstaengl die Botschaft nicht zu hören. Das ganze Jahr 1935 über hatte er weiterhin Werke neuentdeckter, junger Leute in die Bestände aufgenommen und Schenkungen Geächteter entgegengenommen, allerdings in seinem sorgfältig edierten Gesamtkatalog ein paar der umstritteneren Werke diskret ausgelassen. In diesem Tun wurde er immer noch stillschweigend vom Kultusministerium und von Rust unterstützt; dieser stimmte sogar der Weiterführung der Ausstellung von Werken des jüdischen Malers Max Liebermann zu. Hanfstaengl versicherte sich, daß sein Museum in der stadtweiten Ausstellung »Deutsche Kunst seit Dürer« nicht ausgelassen wurde. Als sein Schwanengesang erwies sich dann eine Ausstellung mit dem Titel »Große Deutsche in Bildnissen ihrer Zeit«, die in dieselbe Zeit fiel wie die Olympischen Spiele 1936 in Berlin. Sämtliche Stockwerke des Museums waren geöffnet und Werke von Corinth bis Klee in der Neuen Abteilung allen Blicken zugänglich. Der Besuch von über zehntausend Personen pro Woche brach alle Rekorde. Aber Jesse Owens und die moderne Kunst waren den Nazis zuviel. Kaum war der Touristenstrom abgeklungen, schloß Rust unter Ausnutzung des Vorteils, daß Hanfstaengl sich in Italien aufhielt, und auf Befehl von »höchster Stelle« am 30. Oktober die Neue Abteilung der Nationalgalerie. Und ein paar Tage später erging der Befehl, alle ähnlichen

Einrichtungen in allen übrigen Museen des Reiches ebenfalls aufzuheben.

In der Zwischenzeit war das von Hitler als »Tempel der Kunst« bezeichnete Ausstellungsgebäude in München nahezu fertiggestellt, und es ging nun darum, es mit Werken zu füllen. In einer Rede auf dem Parteitag 1934 in Nürnberg hatte Hitler – der mit der Beseitigung von Ernst Röhm und Hunderter weiterer SA-Leute soeben die politische Opposition innerhalb der Partei eliminiert hatte – den erlaubten Rahmen der Kunst genauer umrissen: die dem Kubismus, Futurismus, Dadaismus und noch anderen Stilrichtungen anhingen, befänden sich im Irrtum, wenn sie die Gründer des neuen Reiches für dumm oder unsicher genug hielten, daß sie sich von ihrem Geschwätz verwirren, geschweige denn einschüchtern ließen. Sie würden schon sehen, daß die Ausführung der möglicherweise größten kulturellen und künstlerischen Vorhaben aller Zeiten an ihnen vorübergehen werde, als hätte es sie gar nie gegeben.[33]

Daß es aber immer noch keine absolut gültigen Regeln gab, zeigte sich in der Auswahl der Werke für die Eröffnungsausstellung im neuen Haus der Deutschen Kunst. Hanfstaengl wurde im Juli 1936 trotz seines Widerstandes gegen die nationalsozialistischen Kunsttheorien nach München gerufen, um mit zuentscheiden, was in dem neuen Museum ausgestellt werden sollte. Hitler wünschte eine umfassende Ausstellung erstrangiger zeitgenössischer Kunst. Die Jury, in der mehrere mittelmäßige Kunstschaffende saßen wie zum Beispiel Adolf Ziegler, der plattrealistische weibliche Akte malte und in Kunstkreisen als »Meister des Schamhaars« bekannt war, sowie Gerda Troost, deren Mann Paul Troost als Architekt mit der Planung des Museums beauftragt war, wußte inzwischen zwar genau, was nicht toleriert wurde, war jedoch durchaus nicht sicher, was noch anging. Sie entschloß sich zu einem offenen Wettbewerb mit einer einzigen Teilnahmebedingung: die deutsche Nationalität oder »Rasse«. Als Hanfstaengl sich erkundigte, ob Nolde oder Barlach Werke einreichen dürften, erwiderte der bayerische Staatsminister: »Selbstverständlich [...] wir schließen keinen Namen aus, sondern nur Arbeiten.« Mehr als fünfzehntausend Werke wurden eingesandt, neunhundert davon ausgewählt. Hitler sah sich die Auswahl persönlich an und warf in einem seiner berüchtigten Wutanfälle achtzig der ausgewählten Exponate mit der Erklärung raus, er dulde keine unfertigen Bilder.

Gerda Troost, Hitler, Ziegler und Co. beim Auswählen von Werken für die Eröffnungsausstellung von 1937 im Münchner »Haus der Deutschen Kunst« (Foto Heinrich Hoffmann).

Um dies bei späteren Ausstellungen, die über sieben Jahre hinweg jährlich stattfanden, zu vermeiden, warf Hitler auch die meisten Jurymitglieder hinaus und setzte seinen Cheffotografen und Kunstberater Heinrich Hoffmann ein. Hoffmann zeigte sich bald als höchst effizient im Umgang mit den Tausenden von eingereichten Werken, raste er doch in einem motorisierten Rollstuhl durch die Säle und brüllte den umherhetzenden Assistierenden vor jedem Werk schlicht »Angenommen!« oder »Abgewiesen!« zu. »Allein heute morgen bin ich an zweitausend Bildern vorbeigefahren«, erzählte er stolz einem Kollegen. »Wie könnte ich anders rechtzeitig fertig werden?«[34]

Ende November desselben Jahres verschärfte Goebbels die Kontrolle weiter und untersagte jegliche Kunstkritik: »Ich habe seit der Machtergreifung der deutschen Kunstkritik vier Jahre Zeit gelassen, sich nach nationalsozialistischen Grundsätzen auszurichten [...] Da auch das Jahr 1936 keine befriedigende Besserung gebracht hat, untersage ich mit dem heutigen Tag endgültig die Weiterführung [...] Der Kunstkritiker wird durch den Kunstredakteur ersetzt [...] In Zukunft wird es nur jenen Kunstredakteuren, die mit der Lauterkeit des Herzens und der Gesinnung des Nationalsozialistischen sich dieser Aufgabe unterziehen, erlaubt sein, über Kunst zu berichten.«[35] Und am 30. Juni 1937 ermächtigte er Ziegler, der die Säuberung der Jury überdauert hatte und zum Präsidenten der Reichskammer der bildenden Künste, einer Abteilung der Reichskulturkammer, befördert worden war, »die im deutschen Reichs-, Länder- oder Kommunalbesitz befindlichen Werke deutscher Verfallskunst seit 1910 auf dem Gebiete der Malerei und der Bildhauerei [...] auszuwählen und sicherzustellen«.

Ziegler mag ein mittelmäßiger Künstler gewesen sein, aber als Ausstellungsorganisator übertraf er sich selbst. Obwohl er den offiziellen Befehl zur Beschlagnahme von Werken erst am 30. Juni erhalten hatte, brachten er und sein Komitee es fertig, bis zum 19. Juli Hunderte von Werken »auszuwählen und sicherzustellen«, sie zu sortieren und eine Ausstellung auf die Beine zu stellen – eine Leistung, die jeder Museumsdirektion Anerkennung abringen müßte. Die Nacht- und Nebelaktion ließ den Kuratoren wenig Zeit zu reagieren. In Berlin riefen Angestellte des Kultusministeriums eiligst Museen im Lande an, um sie vor der kommenden Säuberung zu warnen. Um die Bilder aus ihren Stätten zu entfernen, beeilte man sich allüberall, Leihgaben von Privaten oder den Urhebern selbst zurückzugeben, darunter zum Beispiel Erich Heckels berühmte *Zeltbahn-Madonna,* die dieser dann vorübergehend in seinem Atelier verschwinden ließ. Werke von Picasso, Braque, Dufy und Munch, die dem Verein »Freunde der National-Galerie« gehörten, wurden von deren Vorsitzendem Baron Edmund von der Heydt an die Thyssen-Bank gesandt und dort im Tresorraum untergebracht. Später verkaufte der Verein sie in Panik, als 1938 in einem Erlaß bekanntgegeben wurde, die Regierung richte keine Entschädigungen für beschlagnahmte Kunst aus.[36]

Am 7. Juli erschien der Ausstellungsausschuß mit vorbereiteten Listen in der Nationalgalerie – angeführt von Ziegler persönlich und mit Rückendeckung durch Graf Baudissin, Wolfgang Willrich, dem fanatisch antisemitischen Autor eines Buches mit dem Titel *Säuberung des Kunsttempels,* sowie mehreren weiteren Personen desselben Schlages. Hanfstaengl weigerte sich, sie zu empfangen, und die Aufgabe, sie herumzuführen, fiel wieder seinem Assistenten Paul Ortwin Rave zu.

Bei diesem ersten Überfall wurden achtundsechzig Gemälde, sieben Plastiken und dreiunddreißig Grafikblätter mitgenommen. Ähnliche Szenen wiederholten sich in Museen in ganz Deutschland. In der

Kunsthalle Bremen gelang es Professor Waldmann, neun Gemälde von Max Liebermann zu retten, indem er das Vorgehen der Säubernden nachahmte und ihnen entschieden mitteilte, diese Werke seien der jüdischen Abstammung des Künstlers wegen mit Ausstellungsverbot belegt, deshalb eingelagert und nicht herbeizuschaffen. Aus dem Museum Folkwang in Essen, dessen nationalsozialistischer Direktor Graf Baudissin keinerlei Interesse hatte, irgendwas zu retten, ging die schwindelerregende Anzahl von tausendzweihundertundzwei Objekten nach München, unter diesen das Bild *Drei Frauen* von Matisse, das Joseph Pulitzer, wie erwähnt, bald darauf in Luzern rettete. Hamburg verlor tausenddreihundertzwei, Karlsruhe sah sich mit siebenundvierzig Werken in der geplanten Ausstellung vertreten. Am Freitag, dem 9. Juli, erreichten Ziegler & Co. München, wo er persönlich im Büro des Direktors der Bayerischen Staatsgemäldesammlungen auftauchte und Einlaß in die Neue Staatsgalerie, in die Ausstellung im Bibliotheksbau sowie in die Depots verlangte. Fürs erste verloren jedoch die Bayerischen Staatsgemäldesammlungen, deren Direktor enge Verbindungen zum Führer pflegte, nur sechzehn Werke.[37]

Den Höhepunkt erreichte das zerstörerische Lauffeuer dieser Jurys und Komitees in den wohl befremdlichsten drei Tagen, die die Kunstszene je erlebte. Am 17. Juli fand die Jahresversammlung der Reichskammer der bildenden Künste statt. Hitler saß im Publikum, und Goebbels erinnerte an »jene schwere und verhängnisvolle Zeitkrankheit, deren abscheuliche Symptome in der Gestalt von frechen und aufreizenden Machwerken heute in den Kellern und auf den Söllern unserer Museen und Galerien schlummern«. Ziegler fügte hinzu, in schmeichelhafter Nachbetung vor kurzem erfolgter Ausbrüche des Führers:

> [...] wer unsere Jugend als verkümmerte Idioten malt und wer die deutsche Mutter zur Neandertalerin formt, der hat nun einmal das unwiderrufliche Dokument seiner verwahrlosten Charakterhaltung preisgegeben. Und wer ein schlechtes, mittelmäßiges oder unfertiges Werk in ein so vollkommenes Haus der Kunst schickt [...] der beweist, daß er die [...] kulturellen Forderungen unserer Zeit noch nicht begriffen hat.[38]

Am nächsten Morgen, einem lieblichen Sonntag, den man zum »Tag der Deutschen Kunst« erklärt hatte, kamen die Münchnerinnen und Münchner in den Genuß eines außergewöhnlichen Spektakels. Ein Festzug, an dem über siebentausend Menschen, Tiere und Festwagen beteiligt waren, wand sich durch die Straßen zum neuen Museum. Den Begriff deutsch hatte man großzügig interpretiert: vergoldete Wikingerschiffe wechselten sich ab mit frühen germanischen Trachten, Priester und Seherinnen aus den Sagen waren ebenso zugegen wie Karl der Große, der übrigens direkt vor Heinrich dem Löwen und Kaiser Barbarossa schritt. Vor Teilnehmern im Gewand deutscher Renaissance-Künstler marschierte ein Trupp bewaffneter Söldner. Dazwischen wurden riesige maßstäbliche Modelle neuer und geplanter NS-Gebäude mitgetragen. Der *Völkische Beobachter* schwärmte, Dürer, Holbein und Cranach hätten ihre Kunstwerke für das deutsche Volk im Schatten des Schwertes geschaffen: »Sind sie nicht Brüder, die Soldaten und die Künstler?« Vielleicht um die letzten Zweifel an diesem Punkt auszuräumen, bestand das letzte Tableau aus Einheiten der Wehrmacht, der SS und SA sowie anderer parteinaher Gruppierungen.
Hier, vor dem schimmernden Marmor an seinem ersten öffentlichen Bauwerk, versetzte Hitler den Sammlungen der Moderne in seinem Land den Gnadenstoß. Rave überliefert uns den folgenden Bericht, bei dem es uns kalt überläuft:

> Man hätte erwarten dürfen, daß Hitler nun die Gelegenheit der Einweihung des Hauses freudig ergriffen hätte, um einen Jubel anzustimmen und seinen Leuten eine Anerkennung, eine herzliche Ermunterung zu geben. In seiner Rede hörte man kaum etwas davon. Das Schimpfen und Drohen war dem Manne wohl in langen politischen Kämpfen eigentümlich geworden, aber diese Festrede hat doch als besonders erschreckendes Donnerwetter vielen in den Ohren geklungen. Nach einer langen lahmen Einleitung über den Gegensatz der Begriffe modern und deutsch [...] versuchte er sich auch an der schwierigen wissenschaftlichen Fragestellung von Wollen und Können in der Kunst, was er doch lieber hätte bleiben lassen sollen. Dann pries er, sich steigernd, sehr die Vorzüge des neuen Hauses und seinen eigenen Anteil daran. Und schließlich kam siegestrunken, blähredig und höhnisch die Abrechnung. Er verbot schlankweg, daß Maler auf Bildern andere Farben verwenden, als

Königsplatz in München: Großer Festzug zum »Tag der Deutschen Kunst« am 18. Juli 1937.

das normale Auge in der Natur gewahre. Wer es dennoch tue, sei krank, und die ärztlichen Behörden müßten die Vererbung unterbinden, oder er gehöre als Betrüger in das Gebiet der Strafrechtspflege. Wenn man dies auch nicht an einem Tage schaffe, so solle sich doch niemand darüber täuschen, daß auch für ihn früher oder später die Stunde schlage. Seine Sprechweise wurde von Satz zu Satz aufgeregter [...] Er schäumte wie von Sinnen tatsächlich vor Wut, Geifer vor dem Munde, so daß selbst seine Umgebung entsetzt auf ihn starrte. War es ein Wahnsinniger, der da wie in Krämpfen sich bog, mit den Händen in der Luft herumfuchtelte und mit den Fäusten trommelte? »Wir werden von jetzt ab einen unerbittlichen Säuberungskrieg führen«, schrie er hinaus, »einen unerbittlichen Vernichtungskrieg gegen die letzten Elemente unserer Kulturzersetzung. Sollte sich aber unter ihnen einer befinden, der noch glaubt, zu Höherem bestimmt zu sein, dann hatte er ja vier Jahre Zeit, diese Bewährung zu beweisen. Diese vier Jahre genügen auch uns, um zu einem endgültigen Urteil zu kommen. Nun aber werden – das will ich Ihnen hier versichern – alle, die sich gegenseitig unterstützenden und damit haltenden Cliquen von Schwätzern, Dilettanten und Kunstbetrügern, ausgehoben und beseitigt. Diese vorgeschichtlichen prähistorischen Kunststeinzeitler und Kunststotterer mögen unseretwegen in die Höhlen der Ahnen zurückkehren, um dort ihre primitiven internationalen Kritzeleien anzubringen.«[39]

Benommen von dieser Rede, trat das Publikum durch das Portal des neuen Museums, das bereits Spitznamen wie »Palazzo Kitschi« und »Münchner Kunst-Terminal« weghatte, in eine langweilige, sorgfältig auf idealisierte deutsche Bauernfamilien, platte Akte und heroische Kriegsszenen limitierte Ausstellung mit nicht wenigen Werken des Jurymitglieds Ziegler selber. Die soeben disziplinierte Kunstpresse berichtete pflichtschuldigst, »Unfertiges« und Problematisches sei streng ausgemerzt und nur vollendete Beispiele ihrer Art akzeptiert worden, die keine Veranlassung zu der Frage gäben, was wohl vermittelt werden wolle. Obwohl der Führer als allegorische Gestalt zu Pferd in Silberrüstung und mit wehender Fahne gezeigt wurde und weibliche Akte stark vertreten waren, um die Freude am gesunden menschlichen Körper darzutun, erwies sich die Ausstellung im wesentlichen als ein Flop und sah wenig Publikum.[40] Die Verkäufe fielen gar noch magerer aus, und Hitler ließ schließlich die meisten Werke für die Regierung aufkaufen.
Genau umgekehrt verhielt es sich mit der Ausstellung »Entartete Kunst«, deren Tore sich am dritten dieser für die deutsche Kunst so verheerenden Tage öffneten. Ziegler, der bereits reichlich erschöpft sein mußte, eröffnete die Feierlichkeiten erneut mit einer Rede, in der er die Worte Hitlers vom Vortag wiederholte und die Verantwortlichen in den Museen verurteilte, die von ihren Landsleuten erwartet hatten, daß sie sich derlei »Beispiele des Verfalls« anschauten.
In den heruntergekommenen Räumen des »Museums für Abgüsse klassischer Bildwerke« hingen die in den vorangegangenen Wochen aus den Museen entfernten Werke dichtgedrängt. Über der Tür eines Raumes stand »Sie hatten vier Jahre Zeit«. Hundertdreizehn Künstler und Künstlerinnen, die die Botschaft nicht verstanden hatten, waren vertreten. Schlemmer und Kirchner standen für »Barbarei der Darstellung«. Von den antimilitaristischen Werken von Dix und Grosz hieß es,

Ausstellung »Entartete Kunst«: Die diffamierend auf engem Raum inszenierte Präsentation dieser »anarcho-bolschewistischen« Wand war typisch für die ganze Ausstellung.

sie stünden im »Dienst der marxistischen Propaganda für die Wehrpflichtverweigerung«. Expressionistischen Plastiken warf man »planmäßige Abtötung der letzten Reste jedes Rassebewußtseins« vor, da sie »Neger« und »Südseeinsulaner« als »rassisches Ideal der modernen Kunst« zeigten. Eine andere Gruppe stellte man vor als »eine kleine Auswahl aus den zahlreichen jüdischen Machwerken [...], denen gegenüber Worte versagen müssen«. Abstrakte und konstruktivistische Gemälde von Metzinger, Baumeister und Schwitters schließlich wurden kurzerhand »vollendeter Wahnsinn« genannt.[41] Der Ausstellungsführer, eine völlig wirre, schlecht gedruckte Broschüre, war durchsetzt mit den schlimmsten Zitaten aus Hitlers Reden über Kunst. Die Wände waren über und über beschmiert mit höhnischen Graffiti, Kinder zu ihrem eigenen »Schutz« nicht zugelassen.
Vor der Schließung am 30. November waren mehr als zwei Millionen Menschen durch diese Ausstellung geströmt, und sie war oft so überfüllt, daß die Tore zeitweise geschlossen werden mußten. Die Reaktionen waren gemischt. Eine Vereinigung deutscher Offziere schrieb an

die Kulturkammer, um gegen den Einschluß der Werke von Franz Marc zu protestieren, der in Verdun gefallen war und das Eiserne Kreuz erhalten hatte. Marcs *Turm der Blauen Pferde* wurde umgehend entfernt, doch vier andere seiner Gemälde verblieben. Wenn auch der Sammler Bernhard Sprengel aus Hannover von dem, was er sah, so angetan war, daß er eilends in einer Münchner Galerie Aquarelle von Nolde kaufte, und wenn auch viele Kunstbegeisterte kamen, um all ihre Lieblinge zum letztenmal zu sehen, hatte die Propaganda, wie sowohl Hentzen als auch Rave traurig feststellen, ihre Wirkung: Die Regierung hatte den Wunsch der Deutschen, die harte Grausamkeit der jüngsten Vergangenheit und die gegenwärtige, wirtschaftlich und sozial aufgerührte Welt zu vergessen, erfolgreich ausgenützt – genau dies aber ließen die Werke der Moderne nicht zu. Doch die neue Wirklichkeit wollte das NS-Regime allein formen.
Ein paar Wochen nach diesem folgenschweren Pomp setzte die eigentliche »unerbittliche Säuberung« ein. In den Leitungsgremien der Museen hielt man sich weiterhin an Verzögerungstaktiken, manchmal kam die anhaltende ästhetische Verwirrung seitens der Säuberer zu Hilfe:

> Zunächst [beschlagnahmte die Kommission in Berlin] alles [...] was nur ein wenig impressionistisch gemalt war [...] Bis dann Ziegler dazu kam (am nächsten Morgen) und mäßigende Richtlinien gab, denen zufolge eine größere Anzahl von Bildern freigegeben wurden. Herr Hofmann fand aber alles entartet, vor allem aber Slevogt's Landschaften [...] Die Inntal-Landschaft von Corinth (1910) ist nach H[ofmann] ein typischer Fall dafür, wie in *einem* Bild Genialität und Verfall zusammentreffen können (genial ist die Landschaft, Verfall der Himmel!).[42]

Zum Glück für dieses Gemälde behielt die Landschaft die Oberhand, und es hängt bis zum heutigen Tag in Berlin. (Corinth, dessen frühe Werke als »sehr deutsch« galten, war ein Problem, das elegant gelöst wurde, indem nur die Werke verboten wurden, die er nach 1918 gemalt hatte, dem Jahr, in dem er seinen ersten Schlaganfall erlitt.)
Um ihre Bestände zu schützen, erfanden die Museumskuratoren überall in Deutschland Gründe, weshalb sie die Werke, die als »entartet« galten, nicht herausgeben konnten: Gemälde befanden sich gerade im

Foto-Atelier oder in der Werkstatt. Corinths *Trojanisches Pferd* wurde gerettet, weil Rave es rasch gegen ein weniger »entartetes« Bild austauschte, das die Witwe des Künstlers noch besaß. Manche Angestellte widersetzten sich einfach sämtlichen Entfernungsbefehlen, die sie nicht schriftlich erhielten. Im Berliner Kupferstichkabinett sah sich das Säuberungskomitee vor Pappkartonstapeln mit über zweitausend Lithografien. Nachdem sie an die sechshundert Blätter herausgezogen hatten, gingen sie wieder, völlig durcheinander und erschöpft; in der Nacht darauf gelang es dem Kurator Willy Kurth, einige der wertvollsten Lithografien durch weniger bedeutende derselben Künstler aus anderen Museen zu ersetzen und so viele unersetzliche Werke von Munch, Kirchner und Picasso zu retten.[43] Nicht alle Museen hatten solche Bedenken: In Hamburg überließ man einige verbotene Bilder, darunter ein Werk von Degas, dem Kunsthandel, der sich gierig darauf stürzte. Und selbst mit all diesen Tricks konnte man höchstens einen Bruchteil der Bestände retten. Insgesamt entfernten die akribisch vorgehenden Säuberungskomitees letztlich gegen sechzehntausend Kunstobjekte aus öffentlichen deutschen Sammlungen.

Danach stellte sich das Problem, was mit dieser Masse an Kunst geschehen sollte. Die Ausstellung »Entartete Kunst«, die nach ihrer Eröffnung und Präsentation in München in ganz Deutschland gezeigt wurde, befaßte sich nur mit einigen hundert Werken. Die vielen anderen beschlagnahmten Objekte schaffte man schließlich vorderhand nach Berlin und lagerte sie in einem ehemaligen Getreidespeicher in der Köpenicker Straße ein. Die bayerischen Museen versicherten ihre Lieferung vor der Reise sorgfältig, repräsentierten sie doch »einen erheblichen Marktwert« – und die Reichskulturkammer übernahm großzügig die Begleichung der Prämien.[44]

Göring, der schon seit geraumer Zeit eine persönliche Sammlung zusammentrug, erkannte als einer der ersten den möglichen Geldwert dieses »Fundes«. Er wies seinen Agenten Sepp Angerer an, jene Bilder, die im Ausland wertvoll sein könnten, zur Seite zu schaffen – ein Raubzug, der ihm Gemälde von Cézanne, Munch, Marc und nicht weniger als vier von van Gogh einbrachte. Aus diesen löste er Bargeld, um damit die alten Meister und die Gobelins zu kaufen, die ihm besser gefielen: Angerer verkaufte eine Brückenlandschaft Cézannes und zwei der Van-Gogh-Bilder, nämlich den *Garten von Daubigny* und das Bildnis *Doktor Paul Gachet,* an den Amsterdamer Bankier Franz Koenigs, und zwar für rund eine halbe Million Reichsmark.[45] Göring, dem immer an der Wahrung des Scheins gelegen war, zahlte der Nationalgalerie für die entwendeten Werke hundertfünfundsechzigtausend Reichsmark, ein gutes Geschäft, denn laut Rave betrug allein der Wert des *Gartens von Daubigny* mehr als eine Viertelmillion Reichsmark.

Devisenhungrig bedienten sich auch andere NS-Führer heimlich in dieser Goldgrube, aber ihre Handelsgeschäfte hielten sich am Ganzen gemessen in verschwindendem Umfang. Im März 1938 erklärte Franz Hofmann, der Leiter der Beschlagnahmungskommission, die Museen für »gesäubert«. Das Schicksal der verbliebenen Werke hing von den Befehlen des Führers ab. Hitler hatte sich die Depots im Januar persönlich angeschaut und unterschrieb im Juni ein Gesetz, das die Regierung vor allen Entschädigungsforderungen für »sichergestellte« Werke bewahrte – darin fand wohl dieser Euphemismus, der im folgenden Jahrzehnt international zu einem berüchtigten Schlagwort werden sollte, zum ersten Mal offizielle Verwendung. Hitlers Tat öffnete dem unkontrollierten Handel Tür und Tor. Goebbels war erfreut und notierte in seinem Tagebuch, er hoffe, »dabei noch Geld mit dem Mist zu verdienen«.[46] Man richtete eine Kommission zur Verwertung der beschlagnahmten Werke entarteter Kunst ein und berief als Mitglieder unter anderen Robert Scholz, den Leiter des Sonderstabes Bildende Kunst im Amt Rosenberg, Ziegler, dann den Reichsbildberichterstatter Heinrich Hoffmann und – ein Arrangement, das die heutigen Skandale über Insider-Geschäfte lächerlich erscheinen läßt – den Berliner Kunsthändler Karl Haberstock, der seine Laufbahn bei Paul Cassirer begonnen hatte und Verbindungen zu allen wichtigen europäischen Kunsthandlungen unterhielt. Um allen Anschein von Ungehörigkeit zu vermeiden, sollten die Kommissionsmitglieder selber nicht verkaufen. Vielmehr wurden vier bekannte Händler als Kommissionäre eingesetzt und machten mit diesem außergewöhnlichen Bestand Geschäfte: Karl Buchholz, Ferdinand Möller, Bernhard Boehmer und Hildebrand Gurlitt, alles Männer, die seit Jahren mit moderner Kunst handelten. Möller war Vertreter von Nolde und Feininger, Boehmer ein enger Freund Barlachs, Gurlitt in Zwickau entlassen worden, weil er moderne Kunst ausgestellt hatte, und Buchholz Mentor Curt Valentins, der seine Galerie in New York nach ihm benannt hatte und später auf der Luzerner Auktion anwesend war.

Der internationale Markt war auf diese Verkäufe schon bestens vorbereitet, hatten doch so weitsichtige Museumsdirektoren wie Graf Baudissin schon bald nach Hitlers Machtergreifung begonnen, nicht tolerierte Neuanschaffungen wieder zu veräußern.[47] Die Händler waren angewiesen, gegen Devisen zu verkaufen, ohne dabei zu Hause positive Wertschätzung zu erwecken. Zum Glück lag die Leitung der Operation in den Händen des aufgeklärten Anwalts und Amateur-Kunsthistorikers Rolf Hetsch, der den wahren Wert des Warenlagers kannte. Er richtete in Schloß Niederschönhausen am Rande Berlins einen Verkaufsraum ein. Die vier Händler konnten für wenig Geld Kunstgegenstände erwerben, solange sie in fremder Währung bezahlten. Auch Deutsche konnten kaufen, sofern sie Dollars, englische Pfund, Schweizer Franken oder aber Objekte anboten, die für den Führer von Interesse waren.[48] Emanuel und Sofie Fohn, ein Malerpaar mit bescheidenen Mitteln, das in Rom lebte, hörte gegen Ende 1938 von dem Verkauf. In Erinnerung an die gemeinsame Studienzeit mit Ziegler an der Münchner Akademie nahm Emanuel Fohn eilig Kontakt mit diesem auf, worauf sie an Hetsch verwiesen wurden. Hetsch zeigte sich einverstanden, Werke aus ihrer Sammlung deutscher Gemälde des neunzehnten Jahrhunderts gegen »entartete« zu tauschen. Die Fohns nahmen sie mit nach Italien und gelobten, sie eines Tages an Deutschland zurückzugeben. Sie hinterließen die Sammlung denn auch in der Tat der Städtischen Galerie in München, der Geburtsstadt von Sofie Fohn.[49]

Die Nachricht von diesem Handel verbreitete sich in Windeseile. Georg Schmidt, der damalige Direktor des Basler Kunstmuseums, überzeugte die zuständigen städtischen Stellen davon, daß es ihre Pflicht sei, gute Kunst zu retten, und erhielt ein Investitionskapital von fünfzigtausend Schweizer Franken. Er gab das Geld wohlüberlegt aus, sowohl in Berlin als auch an der Luzerner Auktion. Curt Valentin, immer noch deutscher Staatsbürger, konnte sich einen großen Teil des Grundstockes verschaffen, der ihn als bedeutenden New Yorker Kunsthändler einführte; er unternahm zudem weiterhin zahlreiche riskante Reisen nach Berlin. Hetsch verkaufte die Werke für einen Apfel und ein Ei, nur um sie außer Landes zu bringen. Eine nach dem Krieg erstellte Untersuchung listet auf mehr als zwanzig Seiten auf, wie viele Objekte allein aus den Beständen der Berliner Nationalgalerie verteilt wurden. Selbst ein kleiner Auszug aus der Preisliste nimmt sich fast unglaublich aus:

Beckmann, Max	Südliche Küste (St. Cyr)	Durch Buchholz verkauft für $ 20
[…]		
Beckmann, Max	Bildnis Zeichnung	Kommissionär Gurlitt Verkauf für 1 Sfr.
[…]		
Gilles, Werner	[5 Aquarelle]	Kommissionär Boehmer verkauft für [5 mal] $ 0,2
[…]		
Kandinsky, Wassily	Ruhe, Öl	Kommissionär Moeller, verkauft für $ 100 Jetzt: Guggenheim- Museum
[…]		
Kirchner, E. L.	Straßenszene, Öl	Ausstellung »Entartete Kunst« Kommissionär Buchholz, verkauft für $ 160 Jetzt: Museum of Modern Art, New York
[…]		
Klee, Paul	Das Vokaltuch der Kammersängerin Rosa Silber	Kommissionär Buchholz, verkauft für $ 300
[…]		
Lehmbruck, Wilhelm	Kniende, Skulptur	Kommissionär Boehmer, verkauft für $ 10^{50}

Es bedarf wohl keiner besonderen Erwähnung, daß die gewieften Händler beim Weiterverkauf oft viel mehr einnahmen, was sie dem Komitee allerdings nicht immer mitteilten.

Im Herbst 1938 schlug der Händler Karl Haberstock als Mitglied der Verwertungskommission Hitler und Goebbels eine öffentliche Auktion vor, um die geringen Einnahmen zu erhöhen. Gemeinsam mit einem alten Bekannten, dem Schweizer Theodor Fischer, der sein Handwerk ebenfalls bei Cassirer erlernt hatte, inspizierte er das Depot, und die beiden wählten die hundertsechsundzwanzig Werke aus, die in Luzern an jenem sonnigen Tag im folgenden Juni verkauft werden sollten. Es war nicht zu früh. Trotz des regen Handels blieb das Lager an der Köpenicker Straße beunruhigend voll. Franz Hofmann aber, der fanatisch darauf drängte, Hitlers Säuberungspolitik buchstabengetreu auszuführen, wollte das Depot mit den verbleibenden Werken loswerden. Er bezeichnete sie als »unverwertbaren Rest«, schlug vor, sie »in einer symbolischen propagandistischen Handlung auf dem Scheiterhaufen zu verbrennen« und anerbot sich, eine »entsprechende gepfefferte Leichenrede« zu halten.[51] Schockiert von der Vorstellung eines solchen Zerstörungswerks, trugen Hetsch und die Kommissionäre davon, soviel sie konnten. Aber Goebbels stimmte Hofmanns Vorhaben zu, und am 20. März 1939 verbrannte die Berliner Feuerwehr im Rahmen einer »Übung« 1004 Gemälde und Plastiken sowie 3825 Zeichnungen, Aquarelle und grafische Blätter im Hof der Hauptfeuerwache gerade um die Ecke. Die Werke in Schloß Niederschönhausen blieben verschont und wurden nach und nach verkauft oder eingetauscht. Die »Säuberung« der deutschen Kunstwelt und die »Endlösung« in Flammen warf auf furchtbare Weise die Schatten der schrecklichen Ereignisse in den kommenden sechs Jahren voraus.

Der deutsche Pavillon bei der Pariser Weltausstellung 1937 (Foto Heinrich Hoffmann).

2

Zeit der Anpassung

Nazi-Deutschland organisiert: Österreich liefert, Europa versteckt

Kunstfachleute außerhalb Deutschlands betrachteten das Aufkommen des Nationalsozialismus und die bizarren Vorgänge im deutschen Kunst-Establishment zunächst als ein vorübergehendes Phänomen, welches nur einige geringfügige Anpassungen im internationalen Austausch erfordern würde. Selbst Alfred Barr, dem das nationalsozialistische Gedankengut doch so zutiefst zuwider war, wollte seine enthüllenden Artikel anonym herausgeben, aus Furcht, die Offiziellen in den deutschen Museen vor den Kopf zu stoßen, so daß diese ihm danach vielleicht bedeutende Leihgaben an das Museum of Modern Art verweigern könnten.

An den großen europäischen Museen liefen die Ausstellungen programmgemäß weiter wie zuvor, und es wurden weiterhin Leihgaben ausgetauscht. Trotz der deutschen Besetzung des Rheinlands und des Ausbruchs des Spanischen Bürgerkriegs unterbrach man auch die Vorbereitungen für die Weltausstellung in Paris im Jahre 1937 nicht. Dem von Albert Speer entworfenen deutschen Pavillon wies das französische Organisationskomitee einen besonders auffälligen Standplatz zu, nämlich dreisterweise direkt dem sowjetischen Pavillon gegenüber: die beiden riesigen Figuren mit Hammer und Sichel, die diesen überragten, sahen aus, als wollten sie sich auf den deutschen Bau stürzen. Später in diesem Jahr, kurz nach der Ausstellung »Entartete Kunst«, fand die von Hermann Göring in seiner Funktion als Reichsjägermeister veranstaltete internationale Jagdausstellung in Berlin großen Anklang. In der Hoffnung, die sich verschärfenden diplomatischen Spannungen abzubauen, vertrat der britische Botschafter Sir Nevile Henderson die Ansicht, sein Land müsse mit allen anderen ebenfalls vertreten sein. Obwohl man in Großbritannien erst spät mit den Vorbereitungen begann, gelang es, präparierte Jagdtrophäen zusammenzustellen, die die gekrönten Häupter in ihren Herrschaftsgebieten erbeutet hatten, so etwa einen ausgestopften Riesenpanda und andere Schauobjekte aus den Kolonien, was der britischen Abteilung den ersten Platz in der Kategorie »überseeische Sammlung« einbrachte. Frankreich stellte zwar eine Koppel Fuchshunde und prächtig gekleidete Jagdreiter, wurde aber dennoch von Polen ausgestochen, dessen Schau den ersten Preis für die europäische Abteilung zugesprochen erhielt. Die Wände in der Ausstellungshalle hingen voller Gemälde und Drucke von Jagdszenen aus aller Herren Länder. Hitler erschien ebenfalls auf der Ausstellung, obwohl er – laut dem britischen Botschafter – »jede Art von Sport haßte« und »im Prinzip das Töten von Tieren« mißbilligte. Allerdings diente dies alles nicht allein dem Vergnügen. Der britische Botschafter hatte den neuen Premierminister Neville Chamberlain vielmehr dazu überredet, Lord Halifax, den damaligen Lordpräsidenten des englischen Oberhauses und berühmten Jagdreiter, nach Berlin zu schicken, um an den Festlichkeiten teilzunehmen. Halifax wurde dort Hitler, Goebbels, von Neurath und Göring vorgestellt, dies in der Hoffnung, »jenen persönlichen Kontakt zwischen einem prominenten englischen Staatsmann und den Nazi-Führern herzustellen, von dem man annehmen durfte, daß Hitler ihn anstrebte und daß er geeignet sei, eine bessere Verständigung herbeizuführen«.[1] Henderson hätte sich allerdings nicht zu bemühen brauchen, hatte Hitler doch bereits zwei Wochen zuvor das inzwischen bekannte Treffen abgehalten, anläßlich dessen er seine Generäle in einem vierstündigen Appell dazu aufrief, ihre Streitkräfte bis 1938 auf die Durchsetzung seiner Lebensraumpolitik vorzubereiten. Halifax, der davon nichts wußte, hielt in seinem Bericht fest: »Der deutsche Kanzler und andere erweckten nicht den Eindruck, als seien sie geneigt, sich auf Gewaltabenteuer oder gar auf Krieg einzulassen.«[2]

Bis 1937 gewährten die Deutschen aus ihren Sammlungen und Museen noch immer großzügig Leihgaben für Ausstellungen wie zum Beispiel diejenige zum fünfundsiebzigsten Jubiläum des Frans-Hals-Museums in Haarlem. Aber bis 1938 bekamen Ausstellungsgremien außerhalb Deutschlands wachsenden Widerstand der deutschen Museen bei der Nachfrage nach Leihgaben alter Meister zu spüren. Eine größere Rembrandt-Ausstellung im Amsterdamer Rijksmuseum, geplant zur Feier des Jubiläums der holländischen Königin Wilhelmina, drohte gar zu scheitern, weil keine der vorgesehenen deutschen Leihgaben eintraf. In heller Aufregung eilte der Museumsleiter schließlich höchstpersönlich nach Berlin, um bei der Reichskulturkammer, beim Propagandaministerium und beim Außenministerium direkt um die gewünschten Gemälde nachzufragen, aber seine Bitte wurde abgelehnt. In der Zwischenzeit stapelten sich ähnlich gelagerte Anfragen anderer Länder im deutschen Außenministerium und wurden nicht beantwortet. Ende Juli ersuchte der dafür zuständige Beamte, von allen Seiten bestürmt und mittlerweile reichlich durcheinander, die Regierung um eine Klärung ihrer Politik. Er hatte aus Bern eine Anfrage für eine Altdorfer-Ausstellung vorliegen und eine weitere aus Mailand nach Leonardo-Zeichnungen. Lüttich bat um siebenundfünfzig Gemälde zum Thema Wasser aus der Zeit von van der Weyden bis van Gogh, darin eingeschlossen acht Gemälde, die in der Zwischenzeit als »entartet« eingestuft worden waren. Und schließlich beharrte auch der belgische Botschafter endlich auf einer Antwort auf seine Bitte um zwölf Werke Memlings für Brügge. Der belagerte Beamte erhielt vom Reichspropagandaministerium die Mitteilung, daß der Führer mit einem Dekret aus dem Jahre 1937 jegliche solche Leihgaben untersagt habe, aber als er sich direkt bei der Reichskanzlei erkundigte, hieß es, der Führer habe nichts gegen eine Memling-Ausleihe einzuwenden. Mit einiger Entrüstung meinte der Beamte daraufhin, es wäre hilfreich, wenn sich die Ministerien gelegentlich auf eine einheitliche Politik einigen könnten. Goebbels und Hitlers persönlicher Vertrauter Bormann erklärte sich unter dem Druck der Museen, wo man befürchtete, fortgesetztes Weigern könnte dem Ansehen Deutschlands schaden, bereit, diese Frage nochmals mit seinem Chef zu erörtern. Hitler gab nicht nach: Ausnahmen würden nur aufgrund schwerwiegender außenpolitischer Gründe gemacht; andere Länder sollten sich nicht ärgern, wenn Deutschland nicht willens sei, zerbrechliche und unersetzliche Schätze auszuleihen. Als Beispiel eines solchen Kunstschatzes nannte Hitler den *Diskuswerfer,* den er kurz zuvor mit Mussolinis Einverständnis von Prinz Lancelotti erworben und aus Italien importiert hatte. In Zukunft wollte der Führer in jedem einzelnen Fall selbst entscheiden. Zu guter Letzt erhielten acht Werke von Memling, unter denen sich auch der großartige Passionsaltar aus dem Lübecker Dom befand, eine Ausleihbewilligung für Brügge – vielleicht wegen ihrer religiösen Motive, die Hitler fast genauso verabscheute wie die moderne Kunst. Sie wurden dort neben vier reizvollen kleinen Tafeln mit musizierenden

Engeln gezeigt, die der holländische Händler Jacques Goudstikker beigesteuert hatte. Lüttich, Mailand und Bern hatten weniger Glück, wobei sich Hitler im Fall von Mailand immerhin beeilte zu versichern, daß mit seiner Ablehnung keinesfalls eine Beleidigung »unserer italienischen Freunde« beabsichtigt sei. Vor Kriegsausbruch sollten keine erstrangigen Kunstschätze das Land verlassen: eine restriktive Politik, die man in Geheimdienstkreisen gemeinhin als »Indikator« zu bezeichnen pflegt.[3]

Obwohl einige moderne Werke für die International Exposition 1939 in San Francisco zugesagt waren, traf letztlich dann doch nichts ein, und Deutschland glänzte offiziell sowohl in San Francisco als auch auf der Weltausstellung in New York im selben Jahr durch Abwesenheit. Als einzige Vertretung deutscher Kunst schickten die beiden emigrierten Kunsthändler Curt Valentin und Karl Nierendorf fünfunddreißig hervorragende expressionistische Werke nach Kalifornien. Hitler kümmerte es nicht, daß diese »entarteten« Werke in den unkultivierten Vereinigten Staaten waren, befanden sich doch seine Meisterwerke wohlbehütet zu Hause.

Der Rest der Welt, einschließlich der in naher Zukunft ebenfalls kriegslustigen Länder Italien, Japan und Sowjetunion, hatten ungeniert mehr als fünfhundert Gemälde und unzählige andere Objekte für beide Anlässe zur Verfügung gestellt. Eine belgische Ausstellung ging zuvor noch nach Worcester, und Mussolini übertraf sich selbst, indem er zum ersten Mal erlaubte, daß Botticellis Werk *Geburt der Venus* das Meer überquerte. Die Venus befand sich dabei in erlesener Gesellschaft; Verrocchios *David,* Raffaels *Madonna della Sedia* sowie Werke von Michelangelo und Fra Angelico begleiteten sie. Die französische Regierung sandte zusätzlich zur Einrichtung ganzer Räume im Stil bestimmter Epochen und zu den Leihgaben von Gemälden auch René Huyghe, den Kurator der Abteilung Gemälde des Louvre, mit einer reichhaltigen Wanderausstellung unter dem Titel »Von David bis Lautrec« nach Übersee. Huyghe befand sich samt den Exponaten in Buenos Aires, als der Krieg erklärt wurde. Er eilte nach Frankreich zurück und beließ die Ausstellung in der Obhut einer Assistentin, der es gelang, die Werke in die Vereinigten Staaten zurückzuschaffen.[4]

Diese sowie mehrere andere gestrandete Kunstschätze der zwei Ausstellungen verbrachten die Kriegsjahre in Amerika, wobei sie – oft zur Beschaffung von Kriegsgeldern – vorerst von einem Museum zum andern wanderten und später in verschiedenen Depots untergebracht wurden. Sie stellten einen unverhofften Glücksfall für die amerikanischen Museen dar. Als sich ergab, daß die italienischen, französischen und holländischen Kunstwerke einmal gleichzeitig mit zwei sehr selten ausgeliehenen Werken von Hogarth und Constable aus der Londoner National Gallery in Chicago und Detroit zu sehen waren, bezeichnete die Presse dies als »die beste Gelegenheit, die sich Amerikas Mittelwesten je bot, um einige der höchsten Errungenschaften der Kunstgeschichte zu studieren«.[5] Nur wenige Museumsdirektoren, insbesondere die weniger etablierten unter ihnen, vermochten der Versuchung zu widerstehen, diese Chance wahrzunehmen. Die italienische Auswahl tauchte als nächstes etwas deplaziert im Museum of Modern Art auf. In einem Bericht, der beinahe eine ganze Ausgabe der *ArtNews* füllte, ließ sich Alfred Frankfurter über das »raffinierte, geschickte und werbewirksame Vorgehen des MoMA [aus], eine Gelegenheit zu ergreifen, die sich die größere Schwesterinstitution [das Metropolitan] plump habe entgehen lassen«.[6]

Die politische Lage brachte aber nicht nur diese wunderbaren Ausstellungen Alter Meister in amerikanische Städte. Ab 1937 gab es auch kleinere Ausstellungen deutscher Kunst und deutscher Kunstschaffender, die aus ihrem Lande verbannt worden waren, und durch den Kriegsausbruch 1939 rückten diese in den Mittelpunkt. Auf der Ausstellung zur Eröffnung des neuen MoMA-Gebäudes wurden unter anderem fünf aus deutschen Museen entfernte Gemälde gezeigt, die Buchmann auf Wunsch von Barr erworben hatte. Laut *ArtNews* stellten diese Käufe »die schärfste Verurteilung jener Politik dar, welche sie zu verhindern suchte«.[7] Präsident Roosevelt hielt in seiner Eröffnungrede fest, daß »die Kunst nur blühen kann, wenn die Menschen frei sind, sie selbst zu sein«.[8] Bostons blutjunges Institute of Contemporary Art unter der Leitung von James Plaut setzte eine Ausstellung von modernen deutschen Werken mit Leihgaben der emigrierten Händler Valentin, Nierendorf und Otto Kallir an. Die Gemälde selbst waren zwar nicht populär, aber Plaut betrachtete sie als »schreckliche Bilder, die um so schrecklicher sind in ihrer Intensität als furchtbare Drohung für die zivilisierte Menschheit«.[9] Er ahnte damals noch nicht, daß er bald zuständig sein sollte, bis ins kleinste Detail dem von Nazi-Führern getätigten Kunsthandel nachzugehen.

Der internationale Kunsthandel, der bis Mitte der dreißiger Jahre deutlich an Aktivität gewonnen hatte, wurde von Hitlers Plänen ebenfalls beeinflußt. Innerhalb Deutschlands gab es Anpassungen, um mit den neuen Regelungen über Ästhetik und Rasse zu Rande zu kommen. Kunsthändler und Kunsthändlerinnen jüdischer Abkunft wechselten zu Niederlassungen ihrer Firmen in New York, Paris oder Amsterdam. Andere Unternehmen verkauften ihre Titel und Aktiven an Nichtjuden, ein Vorgang, den man Arisierung nannte. Vorerst geschah dies freiwillig. 1936 entschloß sich Franz Drey, der Besitzer der etablierten Münchner Firma A. S. Drey, für eine Weile in die Vereinigten Staaten überzusiedeln und ersuchte den »arischen« Kunsthändler Walter Bornheim, seinen Betrieb zu übernehmen. Bornheim bezahlte rund dreißigtausend Reichsmark für den Laden und übernahm zudem den gesamten Lagerbestand zum Schätzwert von rund dreihunderttausend Reichsmark. Er wollte diesen Betrag über fünf Jahre verteilt in jährlichen Raten von fünfzigtausend Reichsmark abzahlen. Außerdem erklärte er sich bereit, einige Kunstwerke, die als deutsches Nationalgut eingestuft waren und nicht exportiert werden konnten, für die Dreys aufzubewahren, bis sich die Lage änderte und sie zurückkommen und die Geschäfte wiederaufnehmen konnten. Die deutsche Regierung stimmte dem Geschäft zu, und die Familie Drey reiste mit den Lagerbeständen und den Geldern, die sie mitnehmen durften, nach New York.[10]

Zahlreiche andere folgten ihrem Beispiel – eine Migration aus Sammler- und Kunsthandelskreisen setzte ein, die eine Flut von Kunstwerken auf den Markt entließ. Um Schulden zu begleichen und von der Regierung verlangte Ausreisegebühren bezahlen zu können, verkauften viele Familien Objekte, die sie unter normalen Umständen niemals hergegeben hätten. Das Devisen-Ausfuhrverbot bewog viele andere dazu, in Kunstwerke und andere Wertsachen zu investieren, die bis 1939 noch als persönlicher Besitz ausgeführt werden durften. Es machte sich auch bald deutlich bemerkbar, daß zahlreiche Mitglieder der Nazi-Führungsschicht eine Schwäche für Kunstwerke hatten. Robert von Hirsch nutzte diese aus und bestach Göring mit einem Cranach-Werk; so gelang es ihm, zu einer Ausfuhrerlaubnis für seine umfangreiche Sammlung in die Schweiz zu kommen. Innerhalb von Deutschland entstand auf diese Weise praktisch über Nacht ein neuer Markt, und eine ganze Reihe von Kunsthandlungen, die man zuvor nicht als besonders bedeutend betrachtet hatte, beeilte sich, die Lücken zu füllen, die die Auflösung ihrer jüdischen Konkurrenzunternehmen hinterlassen hatte. Der Kunstmarkt steuerte auf eine Blüte zu.

Hitler, der verhinderte Künstler, hatte seit einigen Jahren in sehr bescheidenem Rahmen selbst auch gesammelt. Als erster Berater stand ihm dabei sein alter Freund Heinrich Hoffmann zur Seite. Bis 1936 hatte Hoffmann durch sein Monopol auf sämtliche Bilder von Nazi-Anlässen, die bei den ausländischen Medien äußerst begehrt waren, sowie durch sein Magazin *Kunst dem Volk,* das auf den Beistelltischen aller Getreuen zu liegen hatte, ein Vermögen gemacht. Später erhöhte er sein Einkommen noch, indem er sich die alleinigen Rechte auf Tantiemen für Postkarten sicherte, die im Haus der Deutschen Kunst verkauft wurden, wo er im übrigen als Direktor wirkte. Hoffmann hatte praktisch keinerlei Ahnung von Kunst, aber Hitler sagten die gemeinsamen Geschäftchen zu, und so forderte er den Fotografen auf, erhältliche Werke der von ihm bevorzugten Genremalerei des neunzehnten Jahrhunderts ausfindig zu machen.
Diese Aufgabe konnte Hoffmann nicht allein bewältigen, weshalb er bald anderweitige Hilfe in Anspruch nahm. Als erstes wandte er sich an Maria Almas-Dietrich, eine Dame, mit der er, wie es hieß, seit längerer Zeit eine Liason pflegte und deren Tochter eine Freundin von Eva Braun war. Sie führte eine kleine Antiquitätenhandlung in München und war spezialisiert auf Teppichreparaturen und zweitklassige Kunstobjekte, von denen viele die sentimentalen Szenen darstellten, die Hitler so sehr mochte. Sie hatte, wenn überhaupt, ein noch schlechteres Auge für Kunst als Hoffmann, aber was ihr an Talent abging, machte sie durch knallharte Aggressivität wett. Sie soll laut einem Zeugen darin »fünf Männern ebenbürtig« gewesen sein.
1936 machte Hoffmann sie mit dem Führer bekannt, und sie brachte eine Auswahl ihrer Objekte mit zu diesem Treffen. Hitler, als Sammler unerfahren, fühlte sich in der Gesellschaft der wenig glamourösen Dietrich recht wohl. Nachdem sie sich Zugang zu ihm verschafft hatte, arbeitete sie ihm zu Gefallen unermüdlich. Ihr physisches Durchhaltevermögen war erstaunlich: einmal flog sie, nachdem sie Hitler eine Auswahl ihrer Bilder in Berlin gezeigt hatte, nach München zurück, während er in seinem Sonderzug dorthin fuhr, und als er ankam, erwartete ihn im Führerbau bereits eine neue Auswahl. Auch als Hitler

professioneller zu sammeln begann, beschäftigte er sie weiter – dies sehr zum Entsetzen von Fachleuten, die sich ob der horrenden Preise die Haare rauften, die Maria Dietrich für ihre, oft noch gefälschten »Entdeckungen« bezahlte. Hitler selbst ärgerte sich mehr als einmal über sie, und Ernst Buchner, der Direktor der Bayerischen Staatsgemäldesammlung, der oft von ihm beigezogen wurde, um eine Zweitmeinung abzugeben, warf sie gar aus lauter Wut, daß sie ihm so viele zweitklassige und gefälschte Bilder vorlegte, aus seinem Büro. Letztlich verkaufte sie jedoch mehr an Hitler als alle anderen Kunstbeauftragten, nämlich rund zweihundertsiebzig Gemälde.
Hitlers Gönnergebaren ist um so mysteriöser, Maria Dietrichs frenetische Aktivität jedoch um so verständlicher, wenn man die Untersuchungen über ihre Vergangenheit liest, die nach dem Krieg durchgeführt wurden. Sie hatte in noch sehr jungen Jahren ein uneheliches Kind geboren, dessen Vater ein deutsch-amerikanischer Jude war, und sich später für kurze Zeit mit einem anderen Juden verheiratet, einem türkischen Teppich- und Kunsthändler, mit dem sie auch ihr Geschäft gründete. Sowohl die Gestapo wie auch das Rassenamt verhörten sie mehrmals, und bis 1940 wurde ihr die deutsche Staatsbürgerschaft verweigert. Noch 1943 mußte Hoffmann sie vor der Gestapo retten. Ihre halbjüdische Tochter durfte ihren arischen Verlobten nicht heiraten und verbrachte die Kriegsjahre halb versteckt im Geschäft ihrer Mutter. Der Führer brauchte von Maria Dietrichs Seite wahrlich keine Unehrlichkeit zu befürchten: ihre Fehlurteile waren nicht ihrer Arglist, sondern viel eher ihrem Unwissen zuzuschreiben, stand doch für sie weit mehr auf dem Spiel.[11]
Ein ganz anderer Fall war der nächste Berater, der in des Führers Kunstkreis vorstieß. Es war der in Berlin wohlbestallte Karl Haberstock, der ein Londoner Büro unterhielt, über internationale Kontakte verfügte und später für die Kommission zur Verwertung der beschlagnahmten Werke entarteter Kunst tätig sein sollte. Es gereichte ihm zum Vorteil, daß er sich seinen Namen mit dem Verkauf von Kunstwerken aus dem neunzehnten Jahrhundert gemacht hatte, darunter von Trübner, Leibl, Thoma und Feuerbach, also Hitlers Lieblingsmalern. Kaum waren die Nationalsozialisten an der Macht, arbeitete er unermüdlich daran, sich in deren rechtesten Kreisen einzunisten, indem er Alfred Rosenbergs Kampfbund förderte und einflußreiche Nazi-Sympathisanten mit passenden Kunstwerken belieferte. Bei diesen Leuten erging

er sich in einem wilden Antisemitismus, der sich mit dem ihren deckte, sowie einer Verachtung für moderne Kunst. Der Partei trat er 1933 bei, weil er, nach eigener Aussage, gehofft habe, Einfluß zu gewinnen, um extreme Maßnahmen verhindern zu können.[12] Haberstock bediente sich in der Tat aller nur erdenklichen Mittel, um die Offiziellen in der Reichskulturkammer und im Propagandaministerium zu beeinflussen. Einige von ihnen versuchten zwar tapfer, die sonst übliche Distanz zwischen Kunsthandel und Museen einzuhalten, aber sie bekamen dies auch negativ zu spüren, wenn Haberstock sich bei seinen Parteigenossen über sie beschwerte.

Aufgrund seiner Verbindung zum Kampfbund erkannte er als einer der ersten, welcher Gewinn sich aus der bevorstehenden Säuberung von moderner Kunst schlagen ließ, und er befürwortete sie denn auch sehr aktiv. Schon 1935 soll er angeblich hinter einem Plan gestanden haben, der vom Propagandaministerium ausgeheckt wurde und vorsah, Werke des französischen Impressionismus in deutschen Museen für fünf Millionen Reichsmark an ein nicht genanntes, aber »bedeutendes« Pariser Museum zu verkaufen, um mit dem Geld das Hotel Vier Jahreszeiten in München neu zu möblieren und in der Reichskulturkammer einen Fonds für deutsche Kunstschaffende einzurichten.[13] Die Einzelheiten sollten durch ein Schweizer Investitionsunternehmen, vertreten durch einen gewissen Dr. Franz Seiler, ausgehandelt werden. Von diesem Herrn wurden verschiedene deutsche Kuratoren angegangen. Hanfstaengl von der Nationalgalerie teilte Seiler mit, solche Verkäufe seien nicht möglich, und empfahl ihm, sich an private Stellen zu wenden, zum Beispiel an die Oppenheims, die verkaufen würden. Die Gemälde, die Seiler ausgesucht hatte, waren von erster Güte: je drei von Cézanne, Renoir und Manet. Kurz nach Seilers Besuch erhielten die Museumsdirektoren vom Propagandaministerium die Anweisung, Fotos und Schätzungen der fraglichen Werke einzureichen. Es wurde angedeutet, der Führer selbst habe die Aktion angeregt. Skeptisch meldete Hanfstaengl die Vorgänge der Reichskulturkammer, und ähnliche Beschwerden trafen auch von anderen Museen ein. Ein Ministerialbeamter namens Kunisch schrieb einen geharnischten Brief an Hitler und wies ihn darauf hin, solche Transaktionen würden nicht nur Frankreich beleidigen, wo man darin eine »Mißachtung der französischen Kultur« sähe, sondern Deutschland zudem auf dieselbe Stufe wie Rußland stellen, wo man Eigentum der Museen verkauft hatte, um ausländische Währung zu beschaffen. Später untersagte Kunisch den Museen, Kunstwerke zu verkaufen, deren Verkauf entweder einen »unersetzlichen Verlust« für eine öffentliche Sammlung bedeuten würde oder bei denen es sich um Schenkungen handelte, »deren Weiterverkauf aus rechtlichen oder moralischen Gründen« verboten war. Für jedes Werk, das sie verkauften, müßten sie eine ausreichend hohe Entschädigung erhalten, die es ihnen erlauben würde, ein Kunstwerk derselben Güte zu erwerben – was natürlich alle Gemälde ausschloß, die Seiler ausgesucht hatte.[14] Als die Angelegenheit schließlich Hitler unterbreitet wurde, lehnte er jegliche solche Transaktion ab.

Haberstock war also zwar ein wenig voreilig gewesen, aber die Säuberungen im Jahre 1937 waren genau, was er brauchte. Während dieser Aktion gelang es ihm, in den Besitz von Gauguins wunderschönem Bild *Reiter am Strand* zu kommen, das gerade eben im Wallraf-Richartz-Museum in Köln abgehängt worden war. Trotz seiner antisemitischen Einstellung verkaufte Haberstock eine Option an dem Gemälde an Georges Wildenstein in Paris, der sie nach einigen Monaten durch seine New Yorker Zweigstelle an den Schauspieler Edward G. Robinson weiterverkaufte. Haberstock war aufgebracht und mißtrauisch über diese Verzögerung, und Wildenstein mußte ihm mehrere Male schreiben und ihm erklären, Geduld sei notwendig, solle das Gemälde *»dans des bonnes conditions«* verkauft werden.[15]

Wieder und wieder versuchte Haberstock, die deutschen Museen hereinzulegen. Dem Direktor des Leipziger Museums wurde ein lächerlicher Preis für ein Werk von Hans von Marées geboten, mit der Begründung, die Mutter des Künstlers sei ja Jüdin gewesen. Später versuchte Haberstock, ein Bild von Spitzweg, das der Bürgermeister von Nürnberg als Geburtstagsgeschenk für Hitler vorgesehen hatte, gegen einen meisterlichen Pieter de Hooch im Germanischen Museum einzuhandeln. Als Direktor Zimmermann sich weigerte, versuchte Haberstock seinen Einfluß geltend zu machen, um ihn zu entlassen. Zimmermann wurde später aber trotzdem zum Direktor der Gemäldegalerie in Berlin ernannt. Der unverfrorene Haberstock ließ ihm zu diesem Ereignis eine Glückwunschtorte senden, die Zimmermann allerdings umgehend zurückschickte: In der Zwischenzeit hatte sich herausgestellt, daß es sich bei dem Spitzweg um eine Fälschung handelte.

Nachdem der Direktor des Hamburger Museums seinen Posten verloren hatte, weil er moderne Werke angekauft hatte, versuchte sich Haberstock Zugang zu den Lagerräumen des Museums zu verschaffen, um zu sehen, was vorhanden war. Ein städtischer Beamter, der ihn wegwies, erhielt einen Verweis. Etwas später besaß Haberstock die Unverfrorenheit, den jüdischen Kunsthändler Walter Feilchenfeldt, der vor geraumer Zeit nach Amsterdam geflohen war, anzurufen und zu fragen, welches Werk er denn in Hamburg eher nehmen solle, den »kleinen Degas von Mlle Daubigny« oder einen Renoir.[16] Schließlich nahm er den Degas und verkaufte das Werk später im Ausland.

Haberstock half denen, die ihm dereinst von Nutzen sein konnten. Kaum hatte er sich als einer von Hitlers bevorzugten Händlern etabliert, überredete er diesen, Hans Posse wieder einzustellen, der von seinem Direktorenposten an der Gemäldegalerie Dresden gefeuert worden war, weil er sich geweigert hatte, der Partei beizutreten, und weil er unpassende Kunstwerke gekauft hatte. Posse, der rund zwanzig Jahre lang Direktor in Dresden gewesen war, schrieb daraufhin einen Dankesbrief an den »Herrn Reichsleiter Martin Bormann«, der in Haus Wahnfried den Bayreuther Festspielen beiwohnte: »Ich bin unendlich glücklich darüber, mich auch weiterhin einem von mir als Lebensaufgabe betrachteten Werk, der Arbeit an einer der schönsten Galerien Europas und in einem der bedeutendsten Monumente deutschen Kulturwillens widmen zu dürfen.«[17] Posse war es allerdings nie vergönnt, den ihm erwiesenen Gefallen zu vergessen – einen Gefallen, der ihm bald einmal soviel Macht brachte, wie er es sich wohl in seinen wildesten Träumen nicht ausgemalt hätte.

Hitler schien nichts von diesen ruchlosen Vorgängen zu bemerken. Er begann mit Hilfe Haberstocks seine Sammlung alter Meisterwerke aufzubauen. Als erstes erwarb er *Venus und Amor* von Paris Bordone, ein Gemälde, das den ganzen Krieg über im Salon des Berghofs hing. Speer erwähnt es als »eine Dame mit entblößtem Busen«.[18] Die ersten Käufe des Führers waren allesamt sehr zurückhaltend. Die Kunsthändler zeigten ihre Ware auf kleinen Ausstellungen, die im Führerbau in München organisiert wurden. Hitler schaute sich dann jeweils die Werke an und wählte die aus, die ihm gefielen. Fachleute wie zum Beispiel Buchner und Posse wurden zuweilen zur Beratung beigezogen. Bis 1938 hatte Hitler eine bescheidene Sammlung zusammen, die aus den Tantiemen von *Mein Kampf* und durch eine Sondersteuer auf Briefmarken mit seinem Konterfei bezahlt wurde.

In den vier Jahren, die Hitler brauchte, um herauszufinden, was ihm gefiel, hatte Hermann Göring seinen Sammelgelüsten freien Lauf gelassen. Mit den enormen Mengen an staatlichen Geldern, die ihm nun zur Verfügung standen, handelte er bald einmal im großen Stil. Göring war praktisch der einzige in Hitlers Umkreis aus der sozialen Oberschicht, und er war auch in die international führenden Gesellschaftskreise vorgestoßen. Seine erste, von ihm angebetete Frau Karin stammte aus einer schwedischen Aristokratenfamilie, und auf Schloß Veldenstein in der Nähe von Nürnberg, das seinem jüdischen Großvater Baron Epenstein gehörte, hatte er sich in einem beträchtlichen Ausmaß an leibliche Genüsse gewöhnt. Kaum war Hitler 1933 an die Macht gekommen, wurde der gesellige Göring mit einer wahren Flut von Geschenken überhäuft, denn Industrielle und Personen, die ein Amt begehrten, drängelten danach, sich mit den neuen Machthabern auf guten Fuß zu stellen. Anfänglich wußte niemand so recht, wie an den nüchternen Hitler heranzukommen war, aber es war offensichtlich, daß der Weg zu Görings Herz über seine Sammlungen führte.
Nach Jahren im Exil, in denen Göring von der Hand in den Mund gelebt hatte, wollte er nun alles, und zwar schnell. Er versagte sich nichts. Bis 1936 war er Ministerpräsident von Preußen, Oberbefehlshaber der Luftwaffe, Beauftragter für den Vierjahresplan und offizieller Nachfolger Hitlers. Die Gehälter all dieser Posten flossen auf sein Konto. Schon 1934 hatte er staatliche Gelder erhalten, um ein Landhaus rund achtzig Kilometer von Berlin entfernt zu bauen und einzurichten; dies zusätzlich zur Neueinrichtung seines Stadtpalais, das ihm in seiner Funktion als Ministerpräsident von Preußen als offizielle Residenz diente. Das Palais, das sicher geborgen hinter den Regierungsgebäuden in der Leipziger Straße lag, beschrieb Speer als »ein romantisch verwinkeltes Gehege von kleinen Räumen mit düsteren Glasfenstern und schweren Samttapeten [...], das mit klobigen Renaissancemöbeln ausgestattet war. Eine Art Kapelle stand im Zeichen des Hakenkreuzes, aber auch in den übrigen Räumen war das neue Symbol an Decken, Wänden und Fußböden angebracht.«[19] Der feierlich-prunkvolle Eindruck wurde noch verstärkt durch zwei Werke von Palma Il Vecchio, Jan Bruegels Darstellung des Heiligen Hubertus sowie fünf weitere schöne Gemälde, alles »Leihgaben« der Berliner Gemäldegalerie. Speer war ganz der Meinung, daß diese »soeben fertiggestellte Einrichtung« Görings »Naturell entsprach«, aber als Hitler sie als zu »dunkel« bemängelte,

beauftragte Göring ihn unverzüglich damit, das ganze Haus in dem leichten und nüchternen Stil umzubauen, den der Führer bevorzugte. Dazu gehörte auch ein immens großer Arbeitsraum mit gewaltigen Möbeln, um jeden Besuch einzuschüchtern. Allerdings ließ sich der barocke Zug in Görings Charakter nicht gänzlich verleugnen, und er behielt ein paar entsprechende Objekte, darunter Rubens' großformatiges Gemälde *Diana auf der Hirschjagd*, ebenfalls eine Leihgabe des Museums, hinter welchem er seine »hinter der Wand liegende Filmkammer« zu verhüllen pflegte.[20]

Auf dem Landsitz, den Göring zum Gedenken an seine Frau Karinhall nannte, machte er allerdings keine Zugeständnisse an Hitlers Geschmack, sondern ließ seinem Hang zur Übertreibung freien Lauf. An dem Haus, das sich zu Beginn als ein etwas besseres Waldhaus präsentierte, wurde ständig weitergebaut, so daß es schließlich Versailles-artige Ausmaße erreichte. Als Rechtfertigung für dieses Tun versprach Göring, den Sitz samt Inhalt einmal der deutschen Nation zu vermachen. Hier, wo Reichsmarschall Göring so oft mit politischen Strategien spielte, die von denen seines Führers abwichen, empfing er Würdenträger aus dem In- und Ausland, denen er voller Stolz seinen Besitz vorführte. Bei derlei Anlässen pflegte er sich extravagant zu kleiden: von Förster bis Sultan lag alles drin, dazu besaß er eine außergewöhnliche Vielfalt an speziell entworfenen, meist in weißen, blauen oder grauen Pastelltönen gehaltenen, mit Orden behängten Uniformen. Göring liebte Schmuck und trug oft mehrere Ringe mit schweren Diamanten und Smaragden an jeder Hand; des weiteren stand auf seinem Schreibtisch ein Topf mit Diamanten, mit denen er jeweils spielte. Nicht alle zeigten sich positiv beeindruckt von diesem Theater. Der amerikanische Sonderbotschafter Sumner Welles, der im März 1940 in einem allerletzten Versuch, den eskalierenden Konflikt aufzuhalten, nach Europa gesandt und abschätzig in einem zugigen, mit Segeltuch bedeckten Jeep nach Karinhall chauffiert wurde, schrieb nach seiner Unterredung mit Göring:

> Göring bestand darauf, mir die riesigen und unzähligen Räume seiner Residenz zu zeigen. Es dürfte schwierig sein, ein noch häßlicheres Bauwerk zu finden, oder eines, das noch vulgärer wäre in seinem protzigen Imponiergehabe. An den Wänden der Empfangsräume hingen Hunderte von Gemälden. Zahlreiche Beispiele der

> größten italienischen und alten deutschen Meister hingen Seite an Seite mit Schmierereien moderner deutscher Maler. Er hat sich auf das Sammeln von Cranach spezialisiert. Zwei Werke davon erkannte ich; sie stammen aus der Sammlung der Alten Pinakothek in München [...] In der mit [...] Glasvitrinen gesäumten Eingangshalle sind die Geschenke ausländischer Regierungen an den Reichsmarschall ausgestellt.[21]

Görings Interessen beschränkten sich jedoch nicht auf Gemälde, Juwelen und Kunstgegenstände. Als der »Renaissance-Mensch«, der er war (oder als den er sich später selbst bezeichnete), sammelte er auch ausgefallene Tiere – es war ohne weiteres möglich, in Karinhall von Bisons, Elchen und Löwen begrüßt zu werden. Zudem besaß er Jachten, Bücher sowie Spielzeugeisenbahnen, und seine Immobiliensammlung umfaßte bald einmal acht Gebäude.
Bis 1937 lief die von Göring eingefädelte Organisation in Sachen Kunsthandel wie geschmiert. Seine früher vereinzelten Erwerbungen von Sepp Angerer, einem Teppich- und Gobelinhändler, der als nützlicher Agent Trouvaillen von seinen Reisen durch Europa aufspürte und anbot, sowie von mehreren Berliner Firmen, darunter der des allgegenwärtigen Haberstock, wurden nun von dem vorher unbedeutenden Händler Walter Andreas Hofer koordiniert, der als hauptamtlicher Kurator eingestellt war. Die Restauratorin Hofer, die früher für Duveen in New York gearbeitet hatte, hielt die Sammlung auf Hochglanz.
Nachdem Göring ein paar unpassende Geburtstagsgeschenke erhalten hatte, die seine Händler wieder verkaufen mußten, systematisierte er selbst diesen Aspekt seines Lebens. Hofer hinterließ Listen von gewünschten Objekten in verschiedenen Preisklassen bei so bekannten Kunsthändlern wie Walter Bornheim in München.[22] Ein potentieller Gönner brauchte fortan nichts anderes mehr zu tun, als einen Scheck an einen »Kunstfonds« zu schicken, den Göring speziell zu diesem Zweck eingerichtet hatte. Einer, der dies in einem wahrhaft königlichem Ausmaß tat, war der deutsche Tabakindustrielle Philip Reemtsma. Seine Donationen erreichten den Wert von mehreren Millionen Mark im Jahr – vielleicht als Dank dafür, daß Göring über größere Steuerschulden von vor 1933 hinwegsah. Auf den sorgfältig geführten Gönnerlisten stehen aber noch viele andere, von den Kölnern Stadtvätern bis hin zu Graf Bismarck, der Frau Göring »einen einzigartig

Saal in Karinhall mit einigen auserlesenen Ankäufen Görings.

verzierten Kelch« schenkte.[23] Anfang 1938 hatte Görings Sammlung jene des Führers bei weitem überholt – aber dies sollte sich bald danach ändern.

Am Samstag, dem 12. März 1938, überquerten deutsche Truppen in den frühen Morgenstunden die Grenze nach Österreich, und am Nachmittag folgte Hitler persönlich. Der Führer wurde die ganze Route entlang mit wilden Begeisterungsstürmen empfangen. Er war überwältigt von dieser Erfüllung eines lange gehegten Traumes: der Vereinigung des durch die dekadente Habsburger Monarchie wie durch das gefährliche Liebäugeln mit den slawischen Völkern im Osten verrotteten Landes seiner Herkunft mit dem, ach, so bald gänzlich reinen Deutschen Reich, das er nun beherrschte. Zugleich war dieser Triumph auch die Krönung seiner jahrelang vornehmlich subversiv geführten politischen und diplomatischen Anstrengungen, die im Februar 1938 einen frenetischen Höhepunkt erreicht hatten.
Als Hitler sich in Linz, wo er aufgewachsen war, an die um ihn gescharten Menschenmassen wandte, stand ihm Arthur Seyß-Inquart zur Seite, der von ihm als österreichischer Bundeskanzler auserwählte Nachfol-

ger von Schuschnigg. Und an Ort und Stelle bestand Hitler zur Verblüffung des Österreichers darauf, die rechtlichen Dokumente für den Anschluß vorzubereiten, welche die österreichische Nation zu einem Bestandteil des Reiches mit der Bezeichnung Ostmark degradieren sollten. Als am nächsten Tag peinlicherweise viele Panzer und Laster durch Pannen lahmgelegt waren und die Straßen nach Wien blockierten (der britische Botschafter in Berlin nannte die ganze Operation »eine nachlässige Durchführung«)[24] machte Hitler das Beste aus der Situation. Er legte einen Kranz auf dem Grab seiner Eltern nieder und traf sich mit dem Direktor des Linzer Provinzmuseums, um mit ihm Pläne für die Neugestaltung der Stadt zu besprechen, die gemeinsam mit München, Nürnberg und Berlin zu einer der »Kunststädte« des Deutschen Reiches werden sollte.[25] Erst am Montag, dem 14. März, konnte der mittlerweile ziemlich verärgerte Hitler seinen triumphalen Einzug in Wien abhalten: die Panzerfahrzeuge für die Parade hatte man inzwischen per Bahn nach Wien transportiert.

Nicht für alle war es ein glücklicher Tag. Mitten in der Nacht vom 11. zum 12. März war Heinrich Himmler mit seiner SS nach Wien geflogen, um die »Sicherheitsvorkehrungen« zu überwachen. Die Grenzen wurden geschlossen.[26] Aufgrund geheimdienstlicher Erhebungen, die man im Verlauf der vergangenen Monate akribisch durchgeführt hatte, und Österreichs eigenen Listen unerwünschter Personen nahm die SS Tausende fest und brachte sie zunächst nach Dachau, dann in ein neues Lager in Mauthausen. Die nun an die Macht katapultierten österreichischen Nazis entwickelten ein Ausmaß an Antisemitismus, dessen Grausamkeit selbst die Deutschen überraschte. Der Historiker William Shirer, der sich für CBS in Wien aufhielt, beschrieb die Lage wie folgt:

> Heute jüdische Gruppen auf den Straßen; mit johlenden Stürmertrupps über sich und hänselnden Menschenmengen rundherum, kratzen sie auf den Knien Schuschnigg-Zeichen von den Gehsteigen. Viele Juden und Jüdinnen bringen sich um. Alle möglichen Berichte von Nazi-Sadismus, und von den Österreichern erstaunt mich dies. Jüdische Männer *und* Frauen werden gezwungen, Latrinen zu putzen.«[27]

Zu Demütigungen dieser Art kamen die ungenierten Plünderungen von persönlichem jüdischem Eigentum aus Geschäften und Privathäusern. Auch diese überstiegen bei weitem das Ausmaß dessen, was bislang in Deutschland stattgefunden hatte. Die hochwertigen Sammlungen bekannter Wiener Familien gehörten zu den ersten Dingen, die abtransportiert wurden. Baron Louis de Rothschild wurde gewaltsam vom Flughafen in seine Wiener Residenz zurückgebracht, als er am 12. März Wien zu verlassen versuchte, und tags darauf inhaftiert. Die Umstände seiner Verhaftung waren ungewöhnlich: den ersten SS-Offizieren, die ihn festnehmen sollten, wurde mitgeteilt, der Baron befinde sich gerade zu Tisch und man bitte darum, einen späteren Termin zu vereinbaren. Sie gehorchten.[28] Es heißt, sein Leibdiener habe die Zelle nur wenige Stunden nach seiner Verhaftung mit allen gewohnten Annehmlichkeiten des Palais Rothschild ausgestattet, von Gobelins bis zu Orchideen. Die Nazis meinten es aber todernst. Die Sammlungen von Louis' Bruder Alphonse, der das Land einen Tag zuvor verlassen hatte, wurden unverzüglich beschlagnahmt, ebenso die Gemälde und die Bibliothek von Baron Gutmann, das Bloch-Bauer-Porzellan, die Sammlungen Haas, Kornfeld, Trosch, Goldman, Bondy und viele mehr. Shirer, der in der Nähe des Palais Rothschild wohnte, sah auf dem Weg dahin, wie die ersten Objekte abtransportiert wurden:

> Beim Eintreten stießen wir beinahe mit einigen SS-Offizieren zusammen, die Silber und andere Beute aus dem Keller wegbrachten. Einer trug ein goldgerahmtes Gemälde unter dem Arm. Einer war der Kommandant. Auf den Armen trug er eine ganze Ladung von Silbermessern und Silbergabeln, was ihm aber nicht im geringsten peinlich war.[29]

Weniger bekannten Familien erging es nicht besser. Wer noch hatte entkommen können, bevor die Grenzen geschlossen wurden, ließ oft sämtlichen Besitz in den Häusern und Wohnungen zurück, und diese wurden von SS-Truppen oder den Nachbarn schnell ausgeräumt. Wer zurückblieb, mußte bei der Gestapo eine Liste aller Besitztümer abliefern, die als ausgezeichnete Unterlagen für zukünftige Beschlagnahmungen dienten. Niemandem war zu trauen; Kunsthändler, Konservatoren und Freunde entpuppten sich plötzlich als neue Verbündete der jetzigen Machthaber. Zollbeamte und Transporteure öffneten Sendungen und entfernten wertvolle Stücke. Göring hatte die Schließung der Grenzen persönlich angeordnet. Zwar gehörte es erklärtermaßen zur Nazi-Politik, jüdische Staatsangehörige zur Ausreise zu bewegen, aber die erforderlichen Mittel für Görings Vierjahresplan in der Wirtschaft waren zu hoch, als daß man sich die beträchtlichen jüdischen Vermögenswerte dabei hätte entgehen lassen.

In den folgenden eineinhalb Jahren bis zum Kriegsausbruch durften mehr als achtzigtausend jüdische Personen Österreich verlassen, allerdings nur, indem sie sich ihre Ausreise erkauften. Visa gab es gegen Abgabe seines Eigentums an die unter der Ägide von Adolf Eichmann aufgebaute Zentralstelle für jüdische Auswanderung. Die rigorose Anwendung der deutschen Rassengesetze und die um sich greifenden Verhaftungen bewegten viele dazu, sich diesem Plan zu unterziehen. Die Enteignung jüdischen Eigentums verband sich zusätzlich mit der Mühsal, daß tonnenweise Papiere, mehrfache notarielle Beglaubigungen und Besuche bei allen möglichen Ämtern verlangt wurden. Der amerikanische Generalkonsul in Wien meinte dazu im Juli:

> Es herrscht ein eigenartiger Respekt vor legalistischen Formalitäten. Stets besteht man darauf, daß die beraubte Person unterschreibt, selbst wenn die fragliche Person nach Dachau geschickt werden muß, damit ihr Widerstand gebrochen wird. Alle müssen zudem einzeln eine endlose Serie von Prozeduren über sich ergehen lassen, um ihr Eigentum und ihre Besitztümer liquidieren lassen zu können und dann ohne einen Groschen dazustehen. Es ist ihnen nicht erlaubt, die Sache zu vereinfachen und dem Staat einfach alles en bloc zu übergeben.[30]

Im Herbst 1938 forderte Eichmanns Zentralstelle die Erledigung von dreihundert Dossiers täglich, ein fast unmögliches Verlangen angesichts der erschreckenden Unwilligkeit anderer Länder, Einreisevisa auszustellen.

Die Liquidation des Rothschild-Vermögens zögerte sich besonders lange hinaus. Weil der Besitz in vielen Ländern verstreut war, dauerten die Verhandlungen ein ganzes Jahr, um der Nazi-Manie für »Legalität« Genüge zu tun, und Louis de Rothschild verbrachte diese ganze Zeit im Gefängnis. Das Reichsfinanzministerium betrachtete die Gemäldesammlungen als untrennbar mit dem Rest des Besitzes verbunden. Kaum war endlich die letzte Unterschrift geleistet und der Baron aus der Haft entlassen, leitete man im Ministerium ein Verfahren ein, um die Kunstwerke zu versteigern und so Steuerforderungen zu begleichen.[31]

Während all dieser Zeit, strömten deutsche Beamte und Unternehmer zu Tausenden nach Österreich, um Regierungsposten und verwaiste Unternehmen zu übernehmen und den »Anschluß« mit Zechtouren in Wiens Restaurants und mit Großeinkäufen in den Geschäften zu feiern. Albert Speer, den diese Hysterie abstieß, beschränkte sich darauf, einen Borsalino zu erstehen.[32] Der Zustrom ließ keinen Zweifel offen, wer letztlich die Zügel in Österreich in Händen halten würde. Es gab ein böses Erwachen für Kanzler Seyß-Inquart und seinen neuernannten Staatssekretär für Kunst, Kajetan Mühlmann, einen zeitweiligen Vertrauten Görings, die beide an höchster Stelle in den Verrat und in die Verhandlungen verwickelt waren, die schließlich zum Fall der Regierung Schuschnigg führten. Über ihre Köpfe hinweg hatte Hitler umgehend den Deutschen Joseph Bürckel als »Reichskommissar« eingesetzt und damit die Administration Seyß-Inquart praktisch ihrer Macht beraubt.

Erlesenes Gebäck und Borsalinos waren allerdings nicht alles, was einige Parteiangehörige von Österreich wollten. Der Bürgermeister von Nürnberg hegte einen viel größeren Traum: die Kleinodien des Heiligen Römischen Reiches. Diese zweiunddreißig spektakulären Objekte – darunter das juwelenbesetzte Gebetbuch von Karl dem Großen, verschiedene Zepter, Reichsäpfel, Schwerter, Reliquien, mit Juwelen besetzte Handschuhe und andere sagenumwobene Krönungsgegenstände – waren ein paar hundert Jahre lang in Nürnberg aufbewahrt worden, bevor man sie 1794 nach Wien brachte, um sie vor Napoleon zu retten, und befanden sich seit der Auflösung des Heiligen Römischen Reiches Deutscher Nation 1806 in der Wiener Hofburg.

Bürgermeister Liebl hatte seine diesbezüglichen Wünsche in einer Willkommensrede an Hitler bereits 1933 in Nürnberg geradezu flehentlich dargetan. Für den Parteikongreß im Jahre 1934 ließ er Reproduktionen nach Nürnberg bringen, nachdem er sich vergeblich bemüht hatte, den echten Schatz zu bekommen. Unmittelbar nach dem Anschluß bereiteten die Kuratoren des Germanischen Museums nun einen Bericht mit einer Auflistung jener Objekte vor, die im Laufe der Jahre »geplündert« worden waren, darunter insbesondere auch derjenigen, die man 1794 von Nürnberg weggebracht hatte. Und im Juni

1938 behauptete Liebl in einem Schreiben an die Reichskanzlei, auf besonderen Wunsch des Führers müßten sich die Insignien beim nächsten Parteikongreß am 6. September in Nürnberg befinden, weshalb mit den Vorbereitungen für den Transfer unverzüglich zu beginnen sei. Die Stadt Nürnberg bezahlte einen schwerbewachten Sonderzug und Feinschmeckerkost für die Eskorte. Liebl muß sehr enttäuscht gewesen sein, als Hitler nur eine Woche zuvor beschloß, nicht an der Übergabezeremonie teilzunehmen: der lange herbeigesehnte Tag des Triumphs fiel zu seinem Leidwesen mit einer der dramatischsten Wochen in der Geschichte zusammen, nämlich mit Hitlers Übernahme des Sudetenlandes und der Konferenz in München.[33]

Die beschlagnahmten Sammlungen stapelte man nach und nach in der Hofburg und im Kunsthistorischen Museum auf. Seyß-Inquart drängte Hitler, sie so schnell wie möglich auf verschiedene Orte zu verteilen, da eine Anhäufung solcher Wertsachen mannigfache Gelüste wecke.[34] Die Anziehungskraft der Schatzkammer war tatsächlich enorm. Laut verschiedenen Quellen kontaktierte im Sommer 1938 »ein Konsortium von drei Juden« als Vertretung von Duveen – und wahrscheinlich auf Geheiß der Exilierten selbst gesandt – Mühlmann und bot eine Million Pfund für die Sammlungen von Alphonse Rothschild. Auch andere zeigten sich interessiert, und zwar so sehr, daß der neue Direktor des Kunsthistorischen Museums meinte: »Inwieweit es sich um einen Wettstreit zwischen Duveen-London, Fischer-Luzern und deutschen Kunsthändlern handelt, oder ob Zusammenhänge zwischen diesen bestehen, ist mit Sicherheit nicht zu sagen.«[35]
Göring lehnte all diese Avancen ab. Er, der die Verhandlungen zur Übernahme der Rothschild-Unternehmen führte, hatte bereits selbst ein Auge auf die Kunstwerke geworfen. Anfang 1939 tauchte dann auch noch Karl Haberstock in Wien auf und gab sich als Hitlers »Kommissionär für jüdische Sammlungen« aus. Mühlmann, der Göring näher stand als Hitler und hoffte, die Bestände unter seiner Kontrolle behalten zu können, wies ihm die Tür und teilte Bormann mit, er und sämtliche Angestellten, die mit der Katalogisierung der beschlagnahmten Werke beschäftigt seien, würden zurücktreten, falls Haberstock die Kontrolle übernehme. Bormann antwortete, der Führer werde nach Wien kommen, um die Bestände selbst zu sehen, bevor er über ihr Schicksal entscheide. In der Zwischenzeit solle Mühlmann einen Plan für deren

Hitler und Mussolini mit Goebbels und Himmler in der Galleria Borghese in Rom (Foto Heinrich Hoffmann).

Aufteilung entwerfen. Als Hitler die Bestände im Juni 1939 besichtigte, legte ihm Mühlmann einen Plan vor, laut dem alles in Österreich bleiben sollte. Kurze Zeit später wurde er als zu proösterreichisch von seinem Posten gefeuert – und die nun »herrenlosen« Kunstwerke erwartete ein ganz anderes Schicksal.[36]

Hitler hegte mittlerweile seinen eigenen Traum. Jahrelang hatte er kleinere Skizzen für neue Gebäude in Linz gezeichnet. Der Aufenthalt in Linz auf dem Weg nach Wien hatte ihn in seinem Entschluß bestärkt, diese Stadt in ein »deutsches Budapest« zu verwandeln, und er hatte seither einiges unternommen, um seine vagen Ideen zu konkretisieren. Im Mai 1938 besuchte er Mussolini in Rom: einer seiner ersten Streifzüge außerhalb der germanischen Welt. Die künstlerischen und architektonischen Glanzlichter der Ewigen Stadt ließen ihm Berlin als unzureichend erscheinen, aber der Gedanke, daß seine Architekten bereits an Plänen arbeiteten, um Berlin in eine so monumentale Stadt zu verwandeln, daß sie selbst die italienische Hauptstadt übertrumpfen würde, muß ihm einige Befriedigung verschafft haben.
Dennoch behagte ihm die Fahrt durch das kleinere Florenz, wo die Menschen die geschmückten Straßen säumten und ihn begeistert

willkommen hießen, weit mehr. Allerdings täuschte man ihn hier um so mehr. Gerüchten zufolge war nämlich ein Großteil des Geldes, das Rom für die Feierlichkeiten geschickt hatte, zur Verbesserung des Kanalisationssystems abgezweigt worden.[37] Hitler erschöpfte seinen italienischen Gastgeber damit, daß er vier Stunden in den Uffizien verbrachte. Mussolini trottete hinter ihm her und soll mißmutig gemurmelt haben: »Tutti questi quadri!« (Alle diese Bilder!) Der Nazi-Gegner und Direktor des Deutschen Kunstinstitutes Friedrich Kriegbaum, der die Führung leitete, versuchte, Hitler voranzutreiben, weil er befürchtete, Mussolini könnte versucht sein, diesem eines der Werke, die er besonders bewunderte, zu schenken – Botticellis *Geburt der Venus* zum Beispiel.[38]

Auf dieser Reise erkannte Hitler klar, daß die bestehenden deutschen öffentlichen Sammlungen nicht genug hergeben würden, um die zahlreichen neuen, in Berlin und Linz geplanten Museen zu füllen. Er dachte sofort an die beschlagnahmten Bestände in Österreich. Zusätzlich zu diesen waren nun auch in Deutschland selbst große Mengen an Kunstwerken erhältlich. In den Monaten nach dem Anschluß – vielleicht als Reaktion auf die Ereignisse in der Ostmark – hatte sich der Druck auf die jüdische Bevölkerung in Deutschland erheblich verstärkt. Am 26. April 1938 erging das Dekret, wonach alle jüdischen Personen Vermögen, das über privates Eigentum hinausging, deklarieren mußten. Wahllose Verhaftungen und antisemitische Gewalttaten in den Straßen nahmen im Sommer und Herbst zu und erreichten in den abscheulichen und akribisch vorbereiteten Ereignissen der sogenannten Kristallnacht in der Nacht vom 9. auf den 10. November ihren Höhepunkt. Von dem Zeitpunkt an galten jüdischer Privatbesitz und jüdische Geschäfte praktisch für jedermann als vogelfrei.

Die Beschlagnahme von privatem Eigentum wurde in aller Offenheit organisiert. In München rief Gauleiter Wagner die Direktoren der staatlichen Sammlungen zu »einer Konferenz zur Sicherstellung von Kulturgut in jüdischem Besitz« zusammen. An die Museen erging die Mitteilung, daß Gestapo-Offiziere und Kunstsachverständige, Kunsthändler oder Kuratoren die Beschlagnahmungen durchführen sollten. Der Lesesaal des Bayerischen Nationalmuseums werde als Lagerraum requiriert und nur die Gestapo besitze einen Schlüssel dazu. Sperrige Objekte sollten in den Häusern belassen, Münzen und Schmuck von der Gestapo persönlich in Empfang genommen werden. Gnädig erlaubte man den Opfern, Familienporträts zu behalten. In ihrer Gegenwart wurden »Protokolle« getippt, doch erhielten sie weder eine Kopie davon noch jemals eine Quittung und durften höchstens Notizen machen. Im amerikanischen Staatsarchiv haben Hunderte solcher Dokumente überlebt. Sie zu lesen stimmt traurig und entsetzt:

> München, den 25. November 1938. Protokoll, aufgenommen in der Wohnung Pilotstr. 11/2 bei dem Juden Albert Eichengrün, Pilotstr. 11/1, z. Zt. in Schutzhaft. In der Wohnung ist anwesend die Haushälterin Maria Hertlein, led., 21.10.1885 in Wildpoldsried, BA. Kempten. Anwesend: Dr. Kreisel, Direktor des Residenzmuseums, Krim. Sekr. Huber, Krim. Sekr. Planer.[39]

Aus dem hier erwähnten Haus wurden fünf deutsche Gemälde aus dem neunzehnten Jahrhundert ins Depot geschickt, wo ein anderer Museumsbeamter eine Quittung unterzeichnete. Am selben Tag wurden in der Wohnung des »Juden Blum Moses« in Anwesenheit der »Ehefrau Frieda Moses« fünfzehn Gemälde erfaßt und am nächsten Morgen von einer örtlichen Speditionsfirma abgeholt. Andere waren etwas besser dran: ein Mann namens Ernst Darmstädter, bei dem drei »Fajancen« am 18. Januar »sichergestellt« worden waren, erhielt diese zurück, weil sie »keinen wesentlichen Sach- oder Kulturwert« darstellten. Rückwirkend wurden in den folgenden Jahren verschiedene Gesetze verabschiedet, um diese Vorgänge zu »legalisieren« und der Status der Objekte von »sichergestellt« in »beschlagnahmt« geändert. Um die Emigration von noch immer ausreiseunwilligen Juden zu beschleunigen, richtete der nicht weniger berüchtigte Reinhard Heydrich eine Organisation nach dem Vorbild von Eichmanns erfolgreicher Zentralstelle in Österreich ein. Danach heckten die solchermaßen Bedrohten alle möglichen Arten von raffinierten Plänen aus, um Besitztümer zu verschicken, zu verkaufen und zu exportieren, aber für die meisten war es bereits zu spät.

Und damit war der Sache noch keineswegs Genüge getan. Fast genau ein Jahr nachdem die Deutschen in Österreich haufenweise Kunstwerke abgeräumt hatten, vermehrte sich das Inventar durch die Einverleibung der damaligen Rest-Tschechoslowakei noch einmal erheblich. Dort beschränkten sich die Beschlagnahmungen nicht nur auf nichtarische Personen, denn die Bevölkerung gehörte nicht zu den germanischen Brüdern, sondern war slawisch. Nicht ausreichend germanische private wie öffentliche Sammlungen durften deshalb zum Nutzen der Herrenrasse übernommen werden. Die Bibliothek der Prager Universität, das tschechische Nationalmuseum, die Palais des »dekadenten« Habsburger Erzherzogs Franz Ferdinand, des Grafen Colloredo und des Prinzen Schwarzenberg sowie Lobkowitz' Rüstungs-, Münzen- und Gemäldesammlung – darunter auch Pieter Bruegels berühmtes Werk *Die Heuernte* – wurden kurzerhand leergeräumt, und die böhmischen Kronjuwelen folgten den heiligen römischen Insignien ins Exil. Um dieser Enteignung den Anschein von Legitimität zu verleihen, inszenierten die Nazis eine pompöse Feier, in deren Rahmen der damalige tschechoslowakische Präsident Hácha ihnen die Juwelen offiziell überreichen mußte. Aber ein offizielles Bild spricht Bände: klein, fast zerbrechlich steht Ministerpräsident Hácha mit trauriger Miene vor der blendenden Pracht, flankiert vom neu ernannten Reichsprotektor seines Landes und anderen Nazi-Offiziellen, die ihn alle überragen und in ihren schneidigen Uniformen um die Wette strahlen.

Bis zum Frühsommer 1939 hatte Hitler endgültig begriffen, daß die überquellenden Lagerräume mit beschlagnahmter Kunst und die gierigen Händler und Beamten, die um diese kreisten, in geordnete Bahnen gelenkt werden mußten. Am 26. Juni 1939 beauftragte er von Obersalzburg aus Hans Posse, der gerade erst wieder die Leitung des Dresdener Museums übernommen hatte, »mit dem Aufbau eines neuen Kunstmuseums für die Stadt Linz Donau«.[40] Von diesem Zeitpunkt an gab es keinerlei Unterschied mehr zwischen Hitlers persönlichen und den für Linz bestimmten Kunstschätzen.

Hans Posse, ein durch und durch professioneller Historiker und ein aggressiver Käufer, stellte für dieses Amt eine ausgezeichnete Wahl dar. Ohne jegliches Interesse an der Politik, aber ohne Zweifel an der Größe Deutschlands stürzte er sich in die bereits damals herkuleische Arbeit, die erhältlichen Werke ausfindig zu machen. Dabei wurde er von einem großen Stab von Mitarbeiterinnen und Mitarbeitern unterstützt, erhielt Zugang zu Regierungskreisen auf höchster Ebene und verfügte über praktisch unbeschränkte Geldmittel. Die erste Zuweisung für Linz im Jahre 1939 betrug zehn Millionen Reichsmark, und bis im Dezember 1944 hatte sich diese Zahl auf insgesamt siebzig Millionen erhöht.[41]

Hans Posse, Hitlers vielbeschäftigter Chefeinkäufer.

Während der ganzen Zeit ihres Bestehens unterstand die Linzer Organisation stets direkt Hitlers Kontrolle. Bis zu seinem Tod im Jahre 1942 tauschte sich Posse beinahe täglich bis ins Detail schriftlich mit Bormann aus, und auf einem großen Teil dieser Korrespondenz steht in Bormanns Handschrift »dem Führer vorgelegt«. Am 24. Juli 1939 teilte Bormann Reichskommissar Bürckel und anderen führenden Kreisen mit, daß von nun an alle beschlagnahmten Bestände in den neu eroberten Gebieten intakt bleiben müßten, damit Hitler persönlich oder sein Kurator daraus das für Linz Gewünschte auswählen könne.[42] Ein wenig später – um alle Hintertürchen zu schließen – schrieb er erneut, um auch wirklich klarzustellen, daß in diesem Befehl sämtliche »sichergestellten« und »beschlagnahmten« Bestände eingeschlossen seien. Man nannte die sich daraus ergebende Menge an Kunstwerken hernach Führervorbehalt.

Es dauerte allerdings ein wenig, bis diese Anordnung eingehalten wurde. Noch im November 1939 mußte Görings Sekretärin der Wiener Verwaltung für beschlagnahmte Kunstwerke mehrmals schriftlich mitteilen, daß ihr Chef auf Befehl des Führers davon Abstand nehmen müsse, sichergestellte Kunstwerke zu kaufen.[43] Bormann hatte auch sofort an einen Münchner Beamten geschrieben und ihn angewiesen,

nach »eine[r] Anzahl sehr großer Räume [Ausschau zu halten], in denen einstweilen die Bilder und sonstigen Kunstschätze, die in die neue Galerie nach Linz kommen sollen, aufzubewahren sind. Neben einer großen Anzahl der im Führerbau befindlichen Bilder wird in der nächsten Zeit eine weitere grosse Anzahl Bilder aus den beschlagnahmten Wiener Sammlungen nach München kommen. [...] Es wird sich also um etwa 4–500 Bilder handeln [...] Nach Meinung des Führers [...] käme nur ein größeres Schloß in Frage.« In diesem sollten die Bilder dann »nicht – wie jetzt im Führerbau – dicht zusammengedrängt hängen«, sondern »schon galeriemäßig« angeordnet werden können.[44]
Im Jahre 1939 waren bereits so viele und verschiedene Objekte zusammengekommen, daß Hilfskuratoren für Rüstungen, Münzen und Bücher eingestellt werden mußten. Die Pläne für Linz uferten mehr und mehr aus, und statt von einem Museum für deutsche Kunst des neunzehnten Jahrhunderts war bald die Rede von einem Komplex mit mehreren Einzelgebäuden für jede Kunstrichtung. Bis Ende Oktober war es Posse gelungen, einige bürokratische Streitereien für sich zu entscheiden. Unterstützt von seinem Kollegen Fritz Dworschak, Direktor des Kunsthistorischen Institutes in Wien, gelang es ihm, vom Führer die Ermächtigung zu bekommen, die Kunstsammlungen von Rothschild vom Rest seiner Wertsachen zu trennen und sie in den Führervorbehalt einzuschließen. Zudem hatte er alle Wiener Gemälde durchgesehen und 182 davon für Linz sowie 43 für andere Provinzmuseen in Österreich ausgewählt. 44 weitere waren für das Kunsthistorische Museum vorgesehen, ein Vorschlag, der später von Hitler, der Wien haßte, abgelehnt wurde mit der Begründung, daß Wien bereits genug Kunstwerke besitze und es daher angebracht sei, diese Kunstobjekte für Linz oder als Grundlage für andere Sammlungen zu verwenden.
Posse bekam es nun auch mit Objekten zu tun, die in Deutschland selbst beschlagnahmt worden waren. In Bayern hatte man die von der Gestapo eingesammelten Werke bereits nach mittlerer und hoher Qualität aussortiert. Die besten Gemälde wurden in der Münchener Kunsthandelsgesellschaft ausgestellt, in den früheren Räumen der bekannten jüdischen Handlung Bernheimer, aus deren Lagerbeständen im übrigen ein guter Teil dieser Auswahl herstammte. Sowohl Hitler als auch Posse besuchten die Ausstellung und trafen ihre Wahl

für Linz, dann wurde sie für die Vertretungen der deutschen Museen geöffnet, und auch sie durften Objekte auswählen und dann als »Leihgaben des Staates« behalten. Was übrigblieb, stand Händlern zum Verkauf an Auktionen zur Verfügung. Nach dieser ersten Ausstellung mußten die Museen beschlagnahmte Werke inskünftig erwerben, und aus ihrem regulären Ankaufs-Etat, mit besonderen Zuschüssen der Reichskulturkammer oder mit Mitteln, die sie sich durch den Verkauf von weniger bedeutenden Museumsbeständen beschafften, bezahlen. Die Einnahmen aus dem Ankauf beschlagnahmter Kunstwerke flossen von da an auf ein besonderes Konto der Gestapo.[45]

Es war alles andere als einfach, die Kontrolle über sämtliche im eigenen Land beschlagnahmten Kunstwerke zu behalten. SS, Gestapo, das Finanzministerium, die Reichskulturkammer, die örtlichen Nazi-Parteigruppen, Museen und andere schafften frischfröhlich alle möglichen Objekte beiseite oder machten Pläne dafür und erhoben persönlich Anspruch darauf. Die Versuchung, selbst ein paar kleine Geschäfte zu tätigen, war fast unwiderstehlich. Posse, dem davor graute, daß ihm irgend etwas entgehen könnte, schrieb im Mai 1940 einen eindringlichen Brief an Bormann, in dem er ihm mitteilte, daß in verschiedenen Reichsgauen Beamte beschlagnahmte Objekte eigenmächtig veräußerten. So solle, monierte Posse, die wertvolle Sammlung des »ausgebürgerten Dr. Fritz Thyssen« – eines ehemaligen Hitler-Anhängers, dem später aber ein Licht aufgegangen und der ins Ausland geflüchtet war – unter den rheinischen Museen aufgeteilt werden und die »beschlagnahmte Sammlung Goldschmidt-Rothschild bereits ein Privatmann gekauft haben«. Posse legte Bormann dringend nahe, Hitler dazu zu bewegen, »gleichwie für die Ostmark, dem Erlaß, der dem Führer die Entscheidung bezw. das Vorkaufsrecht in allen solchen Fällen sichert, auch im Altreiche Geltung zu verschaffen«.[46] Dies geschah allerdings erst viel später – aber im Frühjahr 1940 war in der Reichskanzlei ja auch allerhand los.

Mittlerweile war der dynamische Posse mit der Durchsicht aller Werke im Führervorbehalt zu einem Ende gekommen und hatte seine Wahl getroffen. Für Linz war ihm nur das Beste gut genug. Bis Juli 1940 stand eine Anzahl von 324 Gemälden aus den Hunderten inspizierten fest, und weitere 150 galten als Reserve. Zu diesen gehörten die meisten Gemälde, die Hitler früher auf dem Kunstmarkt erstanden hatte. Obwohl einige beeindruckende Werke darunter waren, erreichte dieser Bestand noch immer nicht die Klasse derjenigen großen Museen, enthielt sie doch vorwiegend Gemälde des von Hitler bevorzugten Genres. Um dies zu ändern, hatte sich Posse bereits in österreichischen und deutschen Kunsthandlungen und Sammlungen umgetan. So schnappte er sich die Zeichnungssammlung des verstorbenen Prinzen Johann Georg von Sachsen in Leipzig, fand ein Waldmüller-Porträt des jungen Prinzen Esterhazy zum »ungewöhnlich geringen Preis von 10,000 RM« und kaufte weitere 37 Werke von Rubens, Hals, Lorenzo Lotto und Guardi.[47] Aber seine Hoffnungen gingen viel weiter.

In einem ausgesprochen geschickt abgefaßten Bericht, der Hitlers Sammlerinstinkt wecken und ihn über seine begrenzten Vorlieben hinausführen sollte, legte Posse seine Pläne für Linz dar. Darin machte er klar, daß es ihm trotz der riesigen Geldmittel, die ihm zur Verfügung standen, »kaum noch möglich sein dürfte, eine universelle Kunstsammlung zusammenzubringen, die von der Antike bis zur Neuzeit reicht«. Den Bestand für die »früheren Zeiten« müsse man »auf eine kleine, aber gewählte Kollektion von kunstgewerblichen Gegenständen und Schmuckstücken aus der frühgermanischen und Völkerwanderungszeit beschränken« – eine Aussage, die vielleicht auch Posses Widerwillen Ausdruck gab, sich mit Himmler anzulegen, dessen Spezialität diese Epoche war. Die Bestände an Werken aus der Romanik und Gotik hingegen sollten durch den »Besitz der Stifte und Klöster der Ostmark«, die zudem auch Werke für die Abteilung der deutschen Renaissance liefern könnten, stark vergrößert werden. Aus diesem Grund müsse die »Abwanderung von Kunstwerken aus solchem Besitz [...] in Zukunft mit besonderer Aufmerksamkeit verfolgt werden«. Posse dachte dabei unter anderem an das große Altarbild von Altdorfer im Stift St. Florian. Weiter schrieb er, daß man kaum darauf hoffen könne, Werke von Dürer, Holbein oder Grünewald zu bekommen, daß aber zahlreiche Cranachs erhältlich wären. Die niederländische Malerei des siebzehnten Jahrhunderts sei bereits gut vertreten, aber große Werke von Rubens, Rembrandt und Vermeer sowie einige italienische Werke aus dem sechzehnten Jahrhundert fehlten noch, um den Bestand »fürs Erste abzurunden«. Einen Lichtblick sah Posse aber dennoch: Man könne bereits einen schönen französischen Raum mit Gemälden, Prunkmöbeln und Gobelins eröffnen, die schon vorhanden seien; sie stammten fast sämtlich aus dem Besitz der österreichischen Rothschilds. Um Hitler zu schmeicheln, beeilte sich Posse, mit der Versicherung zu schließen, daß mit den Münchner Beständen, das heißt Hitlers bevorzugter deutscher Kunst des neunzehnten Jahrhunderts, der »höchst wertvolle Grundstock« der Hauptabteilung bereits zur Verfügung stehe.[48]

Posse wußte genau, welche Gemälde er wollte und wo sich diese befanden. Und weder er noch sein Boß machten vor etwas halt, um sie zu bekommen. Die Vermeer-Lücke wurde als erste geschlossen. Die Preisverhandlungen dauerten fast ein Jahr, und Posse mußte sich beinahe von Göring geschlagen geben. Das Bild *Der Maler in seinem Atelier* gehörte den Gebrüdern Eugen und Jaromir Czernin, und die Wiener Öffentlichkeit konnte es seit Jahren in einer Familiengalerie betrachten. Frühere Angebote für dieses Gemälde in der Höhe von einer halben bis sechs Millionen Dollar von so prominenten Persönlichkeiten wie Duveen oder Andrew Mellon waren blockiert worden durch die Verfügung der österreichischen Gerichte, daß das Gemälde das Land nicht verlassen dürfe. Jetzt, da Österreich und Deutschland durch den Anschluß zu einem Land geworden waren, schien diese Verfügung kein Hindernis mehr zu sein – wenigstens nicht für die deutschen Machthaber.

Im Dezember 1939 wurde Graf Jaromir Czernin, der mit sechzig Prozent Mehrheitsbesitzer des Gemäldes war, vom deutschen Tabakmagnaten Philip Reemtsma, der Görings Kunstfonds so großzügig unterstützt hatte, ein neues Angebot, diesmal über 1,8 Millionen Reichsmark, unterbreitet. Das als privat betrachtete Angebot wurde begleitet von einem Telegramm Görings, der diese Transaktion guthieß. Plattner, der Direktor der österreichischen Denkmalschutzbehörde, war darüber gar nicht erfreut. Er wandte sich unverzüglich an Hitler mit der Bitte, den privaten Verkauf eines Werkes zu verhindern, das sowohl bei der österreichischen Bevölkerung als auch bei allen, die Wien aufsuchten, so beliebt und nach dem Anschluß offiziell als nationales Kulturgut eingestuft worden sei. In seinem Schreiben bemerkte er zudem – wohl zu seinem späteren Bedauern –, der Vermeer sollte nur an ein »staatliches Museum« gehen, und hatte dabei eindeutig das Kunsthistorische Museum im Sinn. Dann beging er auch noch den Fehler zu bemerken, daß das Wiener Kulturleben »so kurz nach der Rückwanderung der Reichsinsignien nach Nürnberg« nicht noch weiter geschwächt werden sollte.

Plattner hatte seine Meinung auch gegenüber Görings Chefbeamten kundgetan, und dieser hatte ihm entgegnet, Reemtsma, »der dem Reich bereits sehr viel geschenkt habe, werde das Gemälde sicherlich bei Gelegenheit wieder einem Museum zur Verfügung stellen«. Bevor irgend etwas in die Wege geleitet werden konnte, wurde Plattner von Gauleiter Bürckel aufs heftigste denunziert: er könne nicht zulassen, daß sich jemand in seinem Dienst in die Geschäfte von Reichsmarschall Göring einmische. Er wies Plattner an, das Gemälde unverzüglich freizugeben und es an Reemtsma nach Hamburg zu schicken. Indessen konsultierten Hitlers Untergebene die deutsche Reichskulturkammer, wo man Plattner unterstützte und darauf aufmerksam machte, daß der Vermeer im Baedeker erwähnt werde und die Czernin-Galerie ohne ihn wertlos sei. Bürckel wurde telegrafisch mitgeteilt, der Führer wünsche, daß das Gemälde in der Czernin-Galerie verbleibe, und es dürfe dort ohne seine persönliche Erlaubnis nicht entfernt werden. Um sein Gesicht zu wahren, telegrafierte auch Göring an Bürckel und teilte ihm mit, er habe nicht gewußt, daß das Gemälde zum Verkauf stehe, und seine Angestellten hätten »das Telegramm irrtümlich abgeschickt, ohne daß ich es vorher gesehen hatte«. Auch dankte er dem Gauleiter darin für seine Loyalität. Der Vermeer wäre ein nettes Geschenk zu Görings Geburtstag gewesen, der in wenigen Wochen anstand.

Einen Monat später wandte sich Plattner, ermuntert durch seinen Erfolg, erneut an die Reichskanzlei und schlug in einem etwas blumigen Brief vor, das Gemälde für das Kunsthistorische Museum zu kaufen, welches trotz seiner Bedeutung keinen einzigen Vermeer besaß. Er deutete an, die Czernins würden möglicherweise mit dem Preis heruntergehen, sofern man ihnen dafür Steuererlaß gewähren oder sie mit Ländereien in der Tschechoslowakei entgelten würde. Geld sei durch den Verkauf der beschlagnahmten, über eine Million Reichsmark werten Sammlung des tschechischen Juden Oscar Bondy zu beschaffen. Plattner gab sich ziemlich sicher, daß Jaromir Czernin an einem »Staats«-Kauf Gefallen fände. Das einzige Problem war, daß er das falsche Museum vorschlug: Hitler wollte das Gemälde nämlich für Linz, nicht für Wien, auch wenn er dies nicht offen zugab.

Man beauftragte ihn zunächst, sich nach dem genauen Preis zu erkundigen, den er mit 1,75 Millionen Reichsmark angab. Gegen Ende April 1940 beantragte er 750 000 Reichsmark vom Führer, um den Handel abschließen und das Gemälde »dem Kunsthistorischen Museum in

Wien inventarisch« zuweisen zu können. Bis Juli war nicht nur kein Pfennig aus Berlin eingetroffen, sondern die Sammlung Bondy zudem statt verkauft – wie von Plattner erhofft – dem Führervorbehalt einverleibt worden. Hitler hätte nun also für den ganzen Preis aufkommen müssen, und diesen hielt er für sehr hoch. Deshalb ließ er bei den Czernins Untersuchungen über ausstehende Steuerzahlungen durchführen, um sie, wenn möglich, zur Versteigerung des Vermeers zu zwingen, aber er konnte nichts finden. Zudem gab es ein weiteres Problem: Eugen Czernin wollte gar nicht verkaufen, und ein Sonderbeauftragter bearbeitete ihn drei Tage lang, um ihn davon zu überzeugen, daß jeder Widerstand zwecklos sei. Erst im September ermächtigte Hitler Posse, das Bild zu kaufen; der Vertrag wurde am 4. Oktober unterzeichnet. In keinem der Dokumente findet sich ein Hinweis auf Linz, im Gegenteil: Am 7. Oktober schrieb Reichskanzlei-Assistent Hans Lammers, die »Frage, ob das Gemälde an Wien geht oder nicht, ist noch immer offen«. In Tat und Wahrheit war sie nicht mehr ganz so offen. Das Gemälde wurde am 12. Oktober von Dworschak heimlich in den Führerbau nach München transportiert und dort von Registrator Hans Reger unverzüglich mit der Linzer Nummer 1096 versehen. Die finanziellen Einzelheiten regelte man erst über einen Monat später. Als das Geld bei der Bank eingegangen war, schrieb Graf Jaromir Czernin auf seinem eleganten blauen Briefpapier mit dem kleinen Siegel und der Krone einen überschwenglichen Dankesbrief. Für ihn schien es keine Zweifel zu geben, wohin der Vermeer ging, bekräftigte er doch seinen »aufrichtigsten Dank« noch mit »dem Wunsche, das Bild möge Ihnen mein Führer stets Freude bereiten«.[49]

Posse war bald in der Lage, in ganz Europa nach seinem Gusto zu kaufen. Von der Macht, die er besaß, können Museumsleitungen, deren Ankäufe unter normalen Umständen eingeschränkt werden durch Geldmangel, Verkaufsunwilligkeit von Besitzenden und den Zwang, Verwaltungsrat oder Kultusministerium von der Notwendigkeit eines bestimmten Objektes zu überzeugen, nur träumen. Posse stellte sich keines dieser Probleme: Geld stand grenzenlos zur Verfügung, und auf widerspenstige Besitzer konnte man äußerst unangenehme Druckmittel ansetzen.

Nur selten erwirbt ein Museum mehr als zwei bis drei bedeutende Werke im Jahr, es sei denn, es bietet sich die Gelegenheit zur Übernahme einer geschlossenen Sammlung. Die National Gallery of Art in

Washington öffnete 1941, also im gleichen Jahr wie Linz, mit 497 Gemälden ihre Tore; knapp fünfzig Jahre später besaß das schnell expandierende Museum an die dreitausend Werke, das Amsterdamer Rijksmuseum deren fünftausend. Vor diesem Vergleich nehmen sich Posses 475 Ankäufe im ersten Jahr eindrucksvoll aus. Bis 1945 hatte er die unglaubliche Menge von achttausend Gemälden erworben, darin nicht eingeschlossen die von anderen Nazi-Ämtern erstandenen, die er jederzeit abrufen konnte.

Obwohl sich die Verantwortlichen in den europäischen Museen bemühten, alles wie gewohnt weiterlaufen zu lassen, wußten sie genau, daß ein Krieg bevorstand, und auch die Vorgänge in den vom Reich annektierten Ländern waren nicht zu übersehen. Allerdings fiel es nicht immer leicht, die Regierungen von der Notwendigkeit vorbeugender Maßnahmen zu überzeugen. Im Vordergrund stand die steigende Gefahr von Artilleriesperrfeuer mit großer Reichweite und von Bombenabwürfen, die im Ersten Weltkrieg den größten Schaden angerichtet hatten. Bereits 1929 hatte der holländische Kultusminister die Ausarbeitung von Plänen zum Schutz der staatlichen Sammlungen verlangt, und eine britische Kommission begann 1933 über entsprechende Schutzmaßnahmen gegen Luftangriffe zu diskutieren. Noch immer erschien die Sache jedoch nicht besonders dringend. Dann aber gaben die Ereignisse in Madrid im Herbst 1936 auf einen Schlag Anlaß, über vorsorgliche Maßnahmen konzentriert nachzudenken.
Beim Ausbruch des spanischen Bürgerkriegs – der zum Testlauf für die neuesten Waffen wurde, die die Partei ergreifenden Staaten herstellten – hatte man die Kunstwerke im Prado abgehängt und in den Innenräumen der unteren Geschosse eingelagert. Großformatige Gemälde wie Velázquez' *Übergabe von Breda (»Las Lanzas«)* wurden aufgerollt und sorgfältig eingepackt. Zwar verfügte der Prado über keinen unterirdischen Lagerraum, aber die verdunkelten Erdgeschosse schienen sicher zu sein.
Als am 21. Oktober die Nachricht eintraf, der nur etwa sechzig Kilometer von Madrid entfernte Kloster-Palast Escorial stehe unter Beschuß, eilten Museumsangestellte hin, um die Schätze in den Ausstellungsräumen und der Bibliothek zu evakuieren. Während die Flugzeuge das Krankenhaus und die Straßen bombardierten, arbeiteten sie mitsamt dem Bürgermeister von Escorial fieberhaft, rollten El Grecos riesiges

Gemälde *Das Martyrium des heiligen Mauritius und der Thebaischen Legion* auf einen hölzernen Zylinder und packten van der Weydens *Kreuzabnahme* sowie Dutzende anderer Meisterwerke auf einen Lastwagen, um sie nach Madrid zu bringen, wo man in der spanischen Nationalbank Platz für sie geschaffen hatte. Weil die Zugänge zu den Tresorräumen aber nur einen Meter achtzig breit waren, mußten die völlig Erschöpften von ihrem Rettungsvorhaben abweichen und zum Prado weiterfahren.
Zwei Wochen später fielen die Bomben aber auch auf Dächer und Parkanlagen des Madrider Museums. Rundherum standen Häuser in Flammen, so auch der Palacio de Liria, in dem sich Teile aus der Sammlung der herzoglichen Familie Alba befanden. Der Prado brannte zwar nicht, aber alle Fenster waren geborsten und die oberen Räume voller Glas und Schutt. Als die Bombardierungen kein Ende nahmen, beschlossen die Angestellten – entsetzt über die zerstörerische Kraft der neuen Brandbomben und die große Reichweite der Luftwaffe – die bedeutendsten Werke nach Valencia zu schicken, wohin die offizielle Regierung bereits geflohen war. Das Holz für die Verpackungskisten mußte in gepanzerten Eisenbahnwaggons aus einem Holzlager nahe der Front hergebracht werden. Wenige Tage später verließen Velázquez' *Ehrendamen (»Las Meniñas«)*, Goyas *Negros* (»schwarze Bilder«) und seine *Schrecken des Krieges (»Desastres de la Guerra«)* sowie weitere rund dreihundert bedeutende Gemälde Madrid auf Lastwagen, »über denen wahre Schloßtürme aus Holz« thronten, um durch die Landschaft von Don Quixote nach Valencia zu gelangen. Die motorisierte Eskorte wußte um den Wert der Schätze, die sie bewachte. Stündlich riefen Gemeindevorsteher und Leute aus der Bevölkerung entlang der Route die besorgten Museumsangestellten in Madrid an, um die sichere Durchfahrt des Konvois zu melden; in Madrid verfolgte man den Transport die ganze Nacht bis in den nächsten Tag hinein. Ein Jahr später mußten die Kunstwerke erneut umplaziert werden, diesmal in das Schloß Peñalda nahe Barcelona.[50]

Aufgerüttelt durch die Vorgänge in Spanien und gewarnt durch die allzu überstürzte Evakuierung der Schätze im Louvre nach Toulouse erst spät im Ersten Weltkrieg, als eine Invasion von Paris unmittelbar bevorzustehen schien, begann man in Frankreich nun unverzüglich mit der Planung. 1937 waren bereits peinlich genaue Vorkehrungen im

Gang. Listen sämtlicher bedeutender Werke sowohl in den Museen von Paris als auch im restlichen Frankreich wurden erstellt und gleichzeitig alle französischen Departements nach geeigneten Schlössern, Klöstern und Kirchen für die Lagerung durchforstet. Auch die Evakuierungsrouten legte man mit großer Sorgfalt fest: Man wollte die Werke zunächst zwischenlagern und sie von dort aus auf die vorbestimmten Zufluchtsorte verteilen. Kriterien für deren Standort waren zum einen die Entfernung von der mutmaßlichen Front – nach Auffassung des französischen Militärs die Maginot-Linie – und zum andern die Nähe zu England, wohin man die Schätze im Falle eines totalen Zusammenbruchs zu überführen gedachte.[51]

Als sich die Tschechoslowakei-Krise 1938 verschärfte, begann der Service d'Architecture des Monuments Historiques einen Vorrat an Sandsäcken und Holz anzulegen. Für die wertvollsten Bilder in Paris stellte man zweitausend passende Kisten her, auf die je nach der Bedeutung des vorgesehenen Inhalts ein farbiger Punkt kam. Mit Speditionsfirmen wurden Abmachungen für die Rekrutierung von Lastwagen getroffen und Listen erfahrener Fachleute erstellt. Besonderes Augenmerk galt den großen farbigen Glasfenstern in den Kathedralen Nordfrankreichs. Die harten Zementfassungen ersetzte man durch Weichplastik, so daß die Fenster rasch ausgebaut und behutsam in die einzeln passend vorgefertigten Behälter verpackt werden konnten.[52]

Die britischen Museen hatten ebenfalls 1938 begonnen, Vorkehrungen zu treffen. Auch sie planten die Evakuierung von Kunstwerken und deren Lagerung im Nordwesten des Landes – vor allem in Wales –, aber im Gegensatz zu Frankreich wollte man sich in Großbritannien dabei vollumfänglich auf das Bahnnetz verlassen, was die Auswahl der Zufluchtsorte allerdings stark einschränkte. Kenneth Clark, der damalige Direktor der National Gallery, schrieb:

> Es gab große Schwierigkeiten. Das Gebäude mußte in der Nähe einer Ortschaft mit Bahnanschluß liegen, aber trotzdem abgelegen sein von allem, was unseren damaligen Vermutungen nach Ziel eines Luftangriffs werden konnte. Es mußte massiv gebaut und trocken sein sowie überdies eine Tür oder eine Fensteröffnung haben, die groß genug war, daß das größte [367 x 292 cm] Bild aus dem Bestand, nämlich van Dycks *Charles I. zu Pferd,* überhaupt hineingetragen werden konnte.[53]

Zu den wenigen Orten, die diese Bedingungen erfüllten, gehörte Penrhyn Castle in der Nähe von Bangor, das man für die besonders großen Gemälde reservierte. In London selbst waren ungenutzte Abschnitte von U-Bahn-Schächten als Lager vorgesehen. Überzeugt, daß die Invasion von England unmittelbar bevorstand, rieten Militärstrategen zu bewaffneten Zugseskorten. In der National Gallery schnitt man die Rahmen der größeren Gemälde so an, daß die Leinwände rasch herausgelöst und sofort in die vorbereiteten Verpackungskisten im Keller gebracht werden konnten. Nach zahlreichen Übungen gelang es, ein großes Museum innerhalb von sieben Minuten zu leeren. Bei Objekten, die man nicht entfernen konnte, wie zum Beispiel Raffaels riesige, empfindliche Kartons im Victoria and Albert Museum, wurden ausgeklügelte, oft höchst ausgefallene Schutzvorrichtungen an Ort und Stelle angebracht.[54]

Die Konferenz in München gab allen Anlaß, ein wenig zu üben. In der Londoner Tate Gallery wurden große Gemälde abgehängt und durch ähnliche, aber weniger wertvolle ersetzt. Die National Gallery schloß eine Abteilung nach der anderen, die Kunstwerke wurden entfernt. Noch bevor diese Krise beigelegt war, hatten mehrere Lastwagenladungen Wales erreicht. Auch im Louvre legte man die Gemälde in ihre Kisten, und die *Mona Lisa* brachte man in aller Eile nach Chambord. In Holland, wo man sich noch immer auf die Neutralität des Landes verließ, lag der vor zehn Jahren verlangte Bericht endlich vor, aber die darin enthaltenen Vorschläge für den Bau von Schutzräumen unter dem Mauritshuis und dem Rijksmuseum wurden als zu teuer abgelehnt. Die Museen bekamen lediglich die Anweisung, ihre Objekte an den sichersten Ort im Hause zu bringen.

Das Jahr 1939 begann nicht gerade ermutigend. Die verzweifelte Lage der ausgelagerten Prado-Werke gab der Museumswelt einen Vorgeschmack auf das, was ihr noch bevorstand. Der Bürgerkrieg war immer näher an Barcelona herangerückt, und so mußten die Bestände mehrere Male an immer abgelegenere Orte gebracht werden. Mittlerweile befanden sie sich direkt zwischen den beiden Kriegsparteien, eingeschlossen in einem Steinbruch in der Nähe des Dorfes Figueras nur wenige Kilometer von der französischen Grenze entfernt. In letzter Not gelang es den Verantwortlichen, einen Hilferuf an die Museumsverwaltungen in London und Paris zu schicken. Der in London weilende Herzog von Alba übermittelte diese Botschaften an Franco und flehte ihn an, die Bombardierung der Gegend um Figueras zu stoppen, damit die Gemälde weggebracht werden könnten – und Franco stimmte zu. In einer beispiellosen internationalen Aktion organisierte ein Komitee für die Rettung der spanischen Kunstschätze gemeinsam mit dem Völkerbund sowie französischen und britischen Kulturämtern und unterstützt durch Gelder, die in Europa und Amerika innerhalb von nur wenig mehr als vierundzwanzig Stunden von Privatleuten gesammelt wurden, einen Konvoi, um die Sammlung nach Frankreich zu überführen. Dort wurden die Kisten mit ihrem wertvollen Inhalt auf einen Sonderzug mit zweiundzwanzig Wagen geladen und nach Genf gebracht, wo es sie in einer Ausstellung zu sehen gab, die ihresgleichen sucht, werden solche Kunstschätze doch normalerweise nie auf die Reise geschickt, und schon gar nicht in dieser Zahl: alle bedeutenden Werke von Velázquez, Pieter Bruegels *Triumph des Todes,* sechsundzwanzig Werke von El Greco, achtunddreißig von Goya und Dürers *Selbstbildnis mit Landschaft;* alles in allem hundertvierundsiebzig Gemälde.

Wer immer konnte, von Kenneth Clark über Bernard Berenson bis hin zu Matisse und Picasso, nahm die lange Reise auf sich, um diese Ausstellung zu sehen.[55] Ende August notierte der Pariser Kunsthändler René Gimpel als einer der letzten Besucher in sein Tagebuch:

> Der Ausbruch der Feuersbrunst ist nun nicht mehr fern. Seit achtundvierzig Stunden befinden wir uns hier, um die Prado-Ausstellung zu sehen [...] Der Tod hängt über unserem Haupt, und wenn er uns denn treffen sollte, ist dieser letzte Blick auf Velázquez, Greco, Goya und Rogier van der Weyden ein schönes Schlußbild gewesen.[56]

Gimpel starb ein Jahr später als Kämpfer der Résistance in einem Konzentrationslager.

Die Vorbereitungen in den großen Museen beschleunigten sich im Sommer 1939; Europa steuerte unaufhaltsam auf den Krieg zu. Alle fürchteten den mit der Schließung der Museen verbundenen Schlag auf die Volksstimmung, doch als am 22. August verkündet wurde, ein deutsch-sowjetischer Nichtangriffspakt stehe kurz vor dem Abschluß, sah man den entscheidenden Tag für gekommen. Die National Gallery in London wurde am 23. August geschlossen. König George begab sich persönlich zur Tate Gallery und schaute zu, wie am 24. eine Abteilung

Rembrandts *Nachtwache,* zwecks Lagerung aufgerollt.

nach der anderen geräumt und verpackt wurde. Unter den Zügen, die die Londoner Bevölkerung zu Tausenden in Sicherheit brachten, befand sich auch der Königliche Sonderzug: beladen mit den Londoner Schätzen, schlich er mit einer Geschwindigkeit von nur rund fünfzehn Kilometern pro Stunde dahin, um die Erschütterungen so gering wie möglich zu halten. Die holländischen Museen erhielten Kunde von diesen Aktivitäten und folgten dem Beispiel unverzüglich. Die Pariser Museen bekamen die Weisung, ihre Tore am Freitag nachmittag, dem 25. August, zu schließen. Wie in einem riesengroßen Kaleidoskop wurden die Schätze Europas durcheinandergewirbelt und in einem eigenartigen Muster neu angelegt.

Die sorgfältigen Vorkehrungen machten sich nun mehr als bezahlt. Die meisten britischen Kunstwerke erreichten ihre Schutzräume noch vor der offiziellen Kriegserklärung am 3. September. Bis zum 5. September hatte man praktisch alles von Bedeutung weggebracht. In Holland ließ der Direktor des Rijksmuseums pflichtbewußt einige wenige Objekte in die Lagerräume des Museums bringen und daraufhin Rembrandts *Nachtwache* und alle anderen bedeutenden Gemälde in ein Schloß in Medemblik nordwestlich von Amsterdam transportieren. Das Mauritshuis behalf sich mit den Tresorräumen einer Bank, und eine der ungewöhnlichsten Lösungen für das Problem der sicheren Lagerung fand das Stedelijk Museum, das seine Bestände auf Frachtkähne auf einem Kanal bei Alkmaar auslagerte. Fast zwei Wochen nach Kriegsausbruch genehmigte das Kultusministerium am 13. September den Betrag von zwei Millionen holländischen Gulden zum Bau von Schutzräumen. In Belgien, wo man sich nicht so schnell aus der Ruhe bringen ließ, verstaute man die Museumsschätze zwar ebenfalls in Kellern und Tresorräumen, beschloß jedoch, die Memling-Ausstellung in Brügge für die letzten verbleibenden Wochen, wie vorgesehen, noch geöffnet zu halten.[57]

Gleichzeitig lief der sorgfältig vorbereitete französische Plan an. Der Befehl, die Glasfenster zu entfernen, wurde am 27. August erlassen. Innerhalb von zehn Tagen wurden über achtzehntausend Quadratmeter Fenster der Sainte-Chapelle in Paris und der Kathedralen von Bourges, Amiens, Metz und Chartres in Sicherheit gebracht. Die Museen riefen ihr kuratorisches und technisches Personal aus dem sonst unantastbaren August-Urlaub per Telegramm zurück. Binnen nur weniger Stunden sahen die großen Räume des Louvre wie ein riesiges Holzlager aus. Inmitten von Kisten und Holzwolle tippten Sekretärinnen vierfache Listen vom Inhalt aller Kisten, die jeweils nur mit einer Nummer versehen waren, um den Inhalt nicht zu verraten, während das jeder Sektion zugeteilte Personal das Verpacken koordinierte. Eine Kuratorin beschreibt, daß sie völlig engeistert ihre von den beiden Kaufhäusern Bazar de l'Hôtel und Samaritaine rekrutierten Verpackerinnen anstarrte, die in langen, mauvefarbenen Strümpfen, gestreiften Mützen und wehenden Tuniken erschienen, als entstiegen sie dem italienischen Gemälde aus dem vierzehnten oder fünfzehnten Jahrhundert, das sie verpacken sollten.[58] Während Ultimaten gestellt wurden und wieder verstrichen, nahmen Hektik und Tempo zu. Viele der völlig erschöpften Helferinnen und Helfer verbrachten die wenigen Stunden Schlaf am 1. und 2. September direkt im Louvre.

Die Nachricht von der offiziellen Kriegserklärung erreichte viele Louvre-Angestellte am Nachmittag des 3. Septembers oben an der Treppe neben der Statue der *Nike von Samothrake*. Man teilte ihnen mit, alle bedeutenden Werke müßten sich bis zum Abend außer Hause befinden. Deshalb müsse die *Nike* jetzt gleich die lange Treppe hinunter- und in Sicherheit gebracht werden:

Nike von Samothrake steigt herab (Foto von Noël Boyer).

> Monsieur Michon, damals Direktor der Abteilung griechische und römische Antike […] gab die Anweisung zum Aufbruch. Die Statue schaukelte auf die schräge Holzrampe, gehalten von einigen Männern mit Seilen, die zu beiden Seiten ihre Fahrt nach unten kontrollierten wie Treidler auf der Wolga. Angst ergriff uns alle, und die Stille lastete schwer auf uns, die *Nike* glitt langsam nach unten, ihre steinernen Flügel bebten leise. Monsieur Michon setzte sich nieder, suchte Halt auf der Steintreppe und seufzte: »Ich werde ihre Rückkehr nie erleben.«[59]

Kulissenlaster der Comédie Française waren vorgefahren, um die größten Gemälde zu transportieren. Einige Leinwände waren aufgerollt, aber Géricaults *Floß der Medusa* hatte sich dafür als zu empfindlich erwiesen. Die Laster fuhren abends um sechs bei Einbruch der Dämmerung los. Bei den peinlich genauen Vorbereitungen hatte man auch alle Brücken zwischen Paris und Chambord ausgemessen, aber offenbar vergessen, daß es in Versailles Oberleitungsbusse gab, und das *Floß* verfing sich hoffnungslos in den knackenden Fahrleitungen. Die Kuratorin Magdeleine Hours, die sich in stockdunkler Nacht aufmach-

te, um ihre Versailler Kollegen zu wecken, beschreibt in ihren Memoiren anschaulich die schwierige Aufgabe, an dem riesigen Portal eine Türglocke zu finden. Schließlich blieb das *Floß* in Begleitung einiger weiterer Gemälde in der Orangerie zurück. Ein paar Wochen später holte René Huyghe sie dort ab – diesmal mit einem Team von der Post, das die bedrohlichen Drähte mit langen Isolierstangen hochhob.
Langsam kroch der wertvolle Konvoi durch die Nacht in Richtung Chambord, und es war nicht einfach, ihn zusammenzuhalten. Die meisten Fahrer waren noch nie außerhalb von Paris oder nachts unterwegs gewesen, und wegen der Verdunkelungspflicht durften sie die Scheinwerfer nicht einschalten. Zudem waren die Straßen verstopft, weil ein großer Teil der Stadtbevölkerung sich hinter die traditionelle Schutzlinie der Loire in Sicherheit zu bringen versuchte. Dienstwagen und Wanderzirkusse mischten unter allen übrigen mit. Eine Kuratorin erkannte beim Blick auf einen vorbeifahrenden Lieferwagen das Zeichen der Banque de France auf den Türen: Gemälde waren nicht das einzige Wertvolle, das die Stadt verließ. Kurz vor Chambord verlangsamte auch noch dichter Nebel die Fahrt. Bei einer Wagenkontrolle bemerkte man, daß der Laster mit sämtlichen Watteaus fehlte. Es stellte sich heraus, daß der Fahrer im Nebel einem Fahrradlicht gefolgt war und voller Schrecken kaum einen Meter vor einem Flußufer hatte anhalten können. Als der Konvoi bei dem großen, friedvollen Schloß ankam, brach gerade die Morgendämmerung an.[60]

Überall ging der Exodus bis in den Oktober hinein weiter; den Meisterwerken folgten die weniger bedeutenden Bestände. Bis zum 1. November befand sich nahezu alles dort, wo es hin sollte, die Feuerlöschanlagen waren installiert, auf den Böden lag Streusand, und die Hygrometer funktionierten, und die Wachen gewöhnten sich an das Landleben. John Rothenstein, der Leiter der Tate Gallery, der zwar kaum noch etwas zu tun hatte, dessen Aufgabe aber noch immer als zu wichtig erachtet wurde, als daß er in die Armee eintreten mußte, reiste in die Vereinigten Staaten, um dort für die britische Sache zu werben. Kenneth Clark meldete sich als Freiwilliger beim brandneuen Informationsministerium. Alle waren froh, daß die Bestände sich in Sicherheit befanden. Sie konnten nicht ahnen, daß die hektischen Tage des Packens und Evakuierens nur eine Probe gewesen waren.

3

Ostpolitik

Polen, 1939–1945

Blitzkrieg heißt es seither und wohl für immer: eine Offenbarung für die Welt, ein plötzlicher, verheerender Präventivfeldzug aus dem Nichts. Ein Schlag, der vorbei war, bevor es jemand merkte, bevor Polens angebliche Verbündete sich rühren konnten. Eine perfekt durchgeführte militärische Operation, bei der ganz neue technische Errungenschaften gegen die tapferen, aber mit überholten Mitteln kämpfenden polnischen Streitkräfte eingesetzt wurden. Die Tragödie ist auf Filmen festgehalten: Panzer, die an Pferdeleichen vorbeirollen, Infanterie-Einheiten mit alten Gewehren, die vor Stuka-Bombern fliehen – die geölte preußische Kriegsmaschinerie am Werk, mit der die Deutschen die Gebiete, die ihrer Herrschaft durch den verhaßten Versailler Vertrag entzogen worden waren, hochmütig wieder unter ihre Kontrolle brachten.

Niemals ist jedoch ein Blitzschlag präziser gelenkt worden. Ort und Ausführung des Polen-Feldzuges hätten eigentlich niemanden überraschen sollen. 1926 hatte der noch unbedeutende Hitler in *Mein Kampf* ein ganzes Kapitel der »Ostorientierung und Ostpolitik« gewidmet und sich darin für die Ausdehnung über die »Augenblicksgrenzen« des Jahres 1914 ausgesprochen, um »dem deutschen Volk den ihm gebührenden Grund und Boden auf dieser Erde zu sichern [...]. Wenn wir aber heute von neuem Grund und Boden in Europa reden, können wir in erster Linie nur an Rußland und die ihm untertanen Randstaaten denken.« Hitler sah sogar die »allgemeine [...] Motorisierung der Welt« voraus, die »im nächsten Kriege schon in überwältigender Weise kampfbestimmend in Erscheinung treten wird«.[1] All das wurde zu jener Zeit nicht ernst genommen, doch 1939 setzte Hitler diese Vorstellungen in erklärte Politik um.

Viele Monate lang hatten detaillierte Pläne für diese Invasion beim deutschen Generalstab bereitgelegen, ausformuliert bis hin zur berühmten Führerweisung »Fall Weiß« vom 3. April 1939. Schon viel länger hatte Hitler unnachgiebig wirtschaftlichen und diplomatischen Druck auf Polen ausgeübt; er forderte Zugang zu Danzig, führte Propagandafeldzüge im Inland, wies polnische Juden und Jüdinnen aus dem Reich und schlug ungleiche Handelsgeschäfte vor, und zwar, wie er unumwunden zugab, um »propagandistische« Gründe für den von langer Hand geplanten Angriff zu schaffen.[2]

Obwohl alles dagegen sprach, hoffte die polnische Regierung noch und wartete bis in den Sommer hinein, bevor sie die Bevölkerung anwies, sich auf einen Krieg vorzubereiten. Ein Telegramm der amerikanischen Botschaft meldete am 26. Juni 1939 die ersten Vorsichtsmaßnahmen. Landbesitzern in den westlichen Provinzen wurde geraten, ihr Vieh »ins Landesinnere« zu bringen und die Getreideernte voranzutreiben. »Eine geheime Mitteilung« ging an »alle Personen, die im Grenzgebiet leben und kostbare Kunstwerke oder andere transportierbare Wertgegenstände besitzen, diese nach und nach ins Landesinnere zu verlegen. Besonderes Gewicht wird auf die Notwendigkeit gelegt, diese Verschiebungen auszuführen, ohne bei der Lokalbevölkerung Aufmerksamkeit oder gar Unruhe zu erregen.« Der übrigen Bevölkerung wurde bloß bekanntgegeben, daß jedes Haus in Warschau bis zum 1. August über einen gassicheren Luftschutzraum verfügen müsse.[3]

Viele Angehörige der polnischen Oberschicht schickten, wenn auch vielleicht mit einem resignierten Seufzer, ihre Sammlungen gegen Osten und damit, so hofften sie wenigstens, in Sicherheit. »Die andauernde Notwendigkeit, die Zeugen einer langen Geschichte und alten Kultur vor der Zerstörungkraft der Teilungsmächte« (Österreich, Preußen und Rußland) zu retten, hatte dazu geführt, daß polnische Sammlungen seit fast zweihundert Jahren ständig unterwegs waren. Gegenstände wurden wiederholt nach Berlin oder Rußland abtransportiert oder von den Besitzenden nach Paris und in die Schweiz evakuiert. Die berühmte Czartoryski-Sammlung von über fünftausend Gemälden, Antiken, Porzellanen und Zeichnungen wurde aus den von der Familie erbauten Museen in Gluchow (bei Posen) und Krakau entfernt und in den Gewölben eines Landsitzes in Sieniawa untergebracht. Damit verschwanden Leonardos *Dame mit dem Hermelin,* Rembrandts *Der barmherzige Samariter* und Raffaels *Bildnis eines jungen Mannes* in der Versenkung. Sammlungen aus zahlreichen anderen Villen fanden Unterschlupf bei Freunden und Verwandten im Osten oder wurden ins Nationalmuseum nach Warschau gesandt. Die Familie Tarnowski wollte besonders sichergehen und schickte zwanzig ihrer besten Gemälde nach Lwow in der Ukraine in das von den Lubomirskis gegründete Museum, wo auch ihre hervorragende Sammlung von Dürer-Zeichnungen aufbewahrt wurde. Andere ließen sich nicht aus der Ruhe bringen: Fürst Drucki-Lubecki vergrub sein Silber im Keller; Graf Alfred Potocki in Lancut versteckte die besten Stücke an den gewohnten Orten und ließ den Rest dort, wo er war.[4]

Für die staatlichen Museen Polens bedeutete die Notwendigkeit, die Bestände einzulagern oder zu evakuieren, ein besonders harter Schlag. Warschau, Krakau und Kattowitz kämpften immer noch mit Problemen, die sich bei der Einrichtung der brandneuen Museen für die neu geordneten staatlichen Sammlungen stellten, von denen ein großer Teil erst in den frühen zwanziger Jahren aus russischer Beschlagnahmung wieder zurückgegeben worden war. Gerade hatte man Schloß Warschau, die Residenz des polnischen Präsidenten, und Schloß Wawel in Krakau mit Hilfe staatlicher Mittel und privater Spenden prächtig wieder instand gesetzt und eingerichtet. Um so widerwilliger machten sich die Verantwortlichen erneut an das Anpassen und Packen von Kisten. Museen nahe der deutschen Grenze schickten ihre Werke Richtung Osten, während Warschau selbst als recht sicher galt: dort brachte man die Kunstwerke einfach in die Magazine.

Aus kuratorischer Sicht mag dies die klügste Entscheidung gewesen sein, wenn man zum Beispiel an die außergewöhnliche Irrfahrt des 136teiligen Wandbehangs aus Arras denkt, des sogenannten Jagiellonen-Teppichs aus dem Schloß in Krakau. Diese Gobelins mit Motiven aus dem Tierreich und der Bibel hatte König Sigismund August in Auftrag gegeben und 1571 dem Staat vermacht. Sie wurden sofort zu Beginn der Kriegshandlungen evakuiert und gelangten wie durch ein Wunder schließlich nach Kanada. Der damalige polnische Botschafter in London, Graf Raczynski, beschreibt, wie es geschah:

> Sie trafen eines Tages in einem Lastwagen vor der Botschaft ein. [...] Es waren im ganzen siebzig Posten, zum einen Blechbehälter, zum anderen in Stoff eingenähte Bündel. Der Kurator und sein Assistent hatten sie hergebracht; in höchst verdienstvoller Weise gelang es ihnen, sie sicher aus Polen und später aus Frankreich

> wegzuführen. Zunächst transportierten sie sie von Krakau aus auf einem Kahn auf der Weichsel, der bei Kazimierz in der Nähe von Lublin bombardiert wurde. Danach trieben sie einige Lastwagen auf, fuhren nach Rumänien und erreichten über Italien Frankreich. Sie versuchten, den Schatz unter päpstlichen Schutz zu stellen, doch der Vatikan sträubte sich aus Angst vor politischen Komplikationen, also nahmen sie ihn mit nach Frankreich. Nach der Kapitulation gelang es ihnen, die Sendung mit Hilfe von polnischen Flüchtlingen auf ein Trampschiff zu verladen, das sie nach England brachte. [...] Nach kurzer Rast waren die zielstrebigen Wächter bereit für eine weitere Etappe ihrer Reise: Sie sicherten sich im Juli 1940 auf dem polnischen Schiff Batory die Überfahrt nach Kanada.[5]

Als sich die Beziehungen zu Deutschland weiter verschlechterten, wurden in Kirchen, Synagogen und Klöstern die Altäre abmontiert und die Schatzkammern geräumt. Der Bischof von Pommern ließ die bedeutendsten kirchlichen Gegenstände seiner Diözese nach Thorn bringen. Erlesene Goldkelche, alte Meßgewänder und Altargemälde stapelte man im Städtischen Museum. In der Krakauer Marienkirche holte man die überlebensgroßen bemalten Figuren des Altars von Veit Stoß, der 1933 aufwendig restauriert worden war, aus ihrem hoch aufragenden Rahmen herunter, verschiffte sie ebenfalls per Boot die Weichsel hinunter nach Sandomierz und brachte sie dort in die Gewölbe der Unterkirche der Kathedrale. Kleinere Teile des Altars versteckte man im Krakauer Universitätsmuseum. Mitten in diese Vorkehrungen platzte am 23. August die niederschmetternde Nachricht von der Unterzeichnung des Nichtangriffspaktes zwischen Hitler und Stalin. Ein sicheres Versteck gab es damit nicht mehr.

Schon wenige Stunden nachdem am 1. September deutsche Truppen die polnische Grenze überschritten hatten, bemerkten Augenzeugen, daß diesem Feldzug etwas besonders Bösartiges anhaftete. Herman Field, Vertreter eines britischen Flüchtlingskomitees, der Polen in seinem Wagen fluchtartig verließ, war Zeuge, wie Dörfer und Bauernhöfe weit hinter der Front gezielt bombardiert wurden: »Es war so auffallend, daß wir den Wagen, wenn Flugzeuge über uns hinwegflogen, jeweils gerade *nicht* in der Nähe eines Bauernhofes anhielten.«[6] Später bezeugten auch Angehörige der amerikanischen Gesandtschaft, die – um keine Aufmerksamkeit zu erregen – einzeln nach

Der Hochaltar von Veit Stoß in der Krakauer Marienkirche.

Rumänien durchzukommen versuchten, dieses Vorgehen. Der Militärattaché bemerkte den militärisch unnötigen Einsatz von Brandbomben und nahm dies »als Anzeichen, daß den Deutschen das Vorhandensein von Gleisen, Überlandstraßen oder Telefonleitungen als Rechtfertigung dient, die Zivilbevölkerung zu beschießen. [...] Ungenauigkeit als Entschuldigung vorzubringen entbehrt jeglicher Grundlage.« Sogar Walter Schellenberg, in Polen als Spionageberater Himmlers tätig, war entsetzt über die »Furie des Krieges« in Gdynia:

> Überall verbrannte Erde – zerstörte Häuser, verlassene Dörfer und mit Granattrichtern übersäte Felder. Ich hatte bis dahin noch keine Vorstellung, was ein moderner Krieg so schnell an Verwüstungen anzurichten vermochte.[7]

Aber ebenso wie der Blitzkrieg kam auch diese Behandlung des polnischen Volkes nicht aus heiterem Himmel, sondern war den militärischen Führern von Hitler gründlich eingetrichtert worden. In einer außergewöhnlichen Rede vor den höchsten Befehlshabern hatte er am 22. August – direkt nach der Entscheidung, den Nichtangriffspakt mit Rußland zu unterzeichnen – seine Truppen angedonnert, während der kommenden Invasion und Ausrottung Polens brutal vorzugehen, sich roh und rücksichtslos zu verhalten und ohne Mitleid alle Männer, Frauen und Kinder polnischer Abstammung oder Sprache zu töten.[8] Denn Hitler wollte Polen vollständig neu schaffen. Polens Kultur und Menschen sollten eliminiert und durch Hitlers »neue Ordnung« ersetzt werden. Die Nationalsozialisten waren nur zu begierig, ihre Rassentheorie an einem Ort in die Tat umzusetzen, wo sie gegen Widerstand mit äußerster Brutalität vorgehen konnten. Ohne Skrupel vertraten sie die Theorie, die slawischen Völker, ob christlich oder nicht, seien so minderwertig, daß sie kaum als menschlich gelten könnten. Sie und das jüdische Volk galten als die »entartete Kunst« der menschlichen Rasse.

Auf einer Versammlung von SS-Offizieren am 21. September, noch vor der Kapitulation Polens, formulierten Heydrich und Eichmann gegen den Widerstand der regulären Wehrmachtsleitung, die ihre Befehlsgewalt sehr unwillig bedroht sah, eine Anweisung für ihre Einsatzgruppen: Es seien zu einem noch nicht näher bestimmten Zweck Listen von polnischen Verwaltungsbeamten, Adligen, Geistlichen, Berufsfachleuten und Intellektuellen aller Richtungen anzulegen. Alle jüdischen Staatsangehörigen würden zwecks leichterer Überwachung in Ghettos zusammengezogen. Hitler drückte sich deutlicher aus; er erklärte etwas später während eines Essens mit Bormann und Hans Frank, »Polen soll wie eine Kolonie behandelt werden, die Polen werden die Sklaven des Großdeutschen Weltreiches werden«.[9]

Wie schon in Deutschland mußten auch hier Kulturdenkmäler und Kunstwerke ebenso wie die Menschen in das neue Schema passen. Ein gewisses Maß an Schaden und Plünderung scheint in einem Krieg wohl unvermeidlich zu sein, aber bei dieser Invasion traten rasch zwei sonst ungewöhnliche Elemente zutage: maßlose Zerstörung und ungewöhnlich detaillierte Kenntnisse darüber, wo genau sich die Kunstwerke befanden.

Schon für die Bombardierung des Klosters Czestochowa mit dem wundertätigen Bildnis der Schwarzen Madonna, dem für ganz Polen wichtigsten Heiligtum und bedeutendsten Wallfahrtsort, gab es zweifellos keine militärisch notwendigen Gründe, doch in seinem ganzen

Ausmaß wurde Hitlers Haß auf den Osten erst offenbar, als die Truppen Warschau erreichten. Verärgert über den heftigen Widerstand der Stadt, der ihren bis dahin unaufhaltbaren Vormarsch stoppte, beschossen die zeitweise von Hitler selbst befehligten deutschen Truppen die ältesten Teile der Stadt mit Brandbomben und schwerer Artillerie. Das königliche Schloß, ein gut sichtbares Ziel, erlitt schwere Schäden. Hauptwasserleitungen barsten; das Feuer war unmöglich einzudämmen. Otto Abetz, ein Mitglied von Hitlers Entourage und späterer Botschafter von NS-Deutschland in Frankreich, erinnerte sich, daß Hitler während des Polen-Feldzugs eine »zweibändige Apologie Dschingis-Khans« las.[10]

Im restlichen Polen war die deutsche Armee erfolgreicher gewesen. Die 14. Armee marschierte unter General List am 8. September in Sandomierz ein. Es dauerte keine Woche, da hatte eine SS-Einheit das Behältnis mit den Veit-Stoß-Figuren aufgebrochen, und Anfang Oktober wurden sie nach Berlin abtransportiert. Die Bedingungen waren nicht ideal. Der mit der Operation betraute SS-Untersturmführer Paulsen schrieb an einen Freund, der Transport stelle sich als sehr schwierig heraus, denn er werde von militärischen Bewegungen behindert. Die Kisten von Sandomierz seien außerdem ziemlich groß, vier davon wögen je achthundert Kilogramm. Wegen des schlechten Straßenzustandes müsse ohne Anhänger gefahren werden, und aus Sicherheitsgründen könne man nur tagsüber reisen.[11]

Das Versteck in den zugemauerten Gewölben in Sieniawa, wo die Schätze der Czartoryskis lagerten, wurde umgehend an die Gestapo verraten, und diese trug überaus kostbareEmailplastiken aus Limoges aus dem zwölften bis sechzehnten Jahrhundert, eine prachtvolle Sammlung von Goldschmiedearbeiten, Münzen, unschätzbare polnische Reliquien und zahlreiche Stiche von Dürer, Lucas van Leyden und anderen von dannen.[12] Die unbezahlbaren Gemälde, die sich weder transportieren noch verstecken ließen, blieben vorerst noch zurück.

Im ganzen Land entging entlang der Vormarschlinie kaum ein größeres Haus der Plünderung. Graf Julian Tarnowski zwang die Gestapo, das Versteck seiner Sammlung preiszugeben, aber es gab auch solche, denen es ein wenig besser erging. Gräfin Matgozata Radziwill schickte ihre verwitwete Schwiegertochter Jadwiga Potocki eilig vom Landsitz in der Nähe von Bialystok nach Warschau, um den Familienschmuck aus einem Banksafe zu holen. Dort sah diese bestürzt, daß die Bank bereits in deutscher Hand war. NSDAP-Funktionäre öffneten methodisch Fach für Fach und prüften dessen Inhalt. Da breitete der Bankverwalter die prächtige Sammlung vor ihnen aus und meinte lachend: »Schade, daß nichts davon echt ist!« Die deutschen Beamten schienen den Unterschied nicht erkennen zu können und wandten sich dem nächsten Fach zu. Der erfreute Bankverwalter flüsterte seiner Kundin triumphierend zu: »Wir haben den Schmuck der Gräfin gerettet!«[13]

Die Besetzung Polens war schon vor der endgültigen Kapitulation der polnischen Armee am 5. Oktober gründlich vorbereitet. Am 7. wurde das Land in mehrere Gebiete aufgeteilt. Die westlichen Distrikte wurden dem Reich einverleibt, während Rußland die Ostprovinzen übernahm. Der südliche und mittlere Teil des Landes, mit den großen Städten Warschau, Krakau und Lublin, bildete als sogenanntes Generalgouvernement eine besondere Einheit. In dieser Zone durfte das polnische Leben in ganz kleinem Ausmaß seinen Gang gehen. Die höchste Regierungsgewalt in diesem Gebiet mit etwa vierzehn Millionen Menschen auf hundertzwanzigtausend Quadratkilometern ging in die Hände von Hans Frank über, Hitlers früherem Verteidiger.
In den annektierten Gebieten begannen Heydrichs Einsatzgruppen, unter der Leitung des »Reichsführers SS« Himmler persönlich – der seit dem 9. Oktober den gloriosen Titel »Reichskommissar für die Festigung deutschen Volkstums« trug –, umgehend mit der »Eindeutschung«. Die gesamte polnische Bevölkerung, ob jüdisch oder nichtjüdisch, sollte deportiert und eliminiert und ihre Unternehmen, Häuser und Dörfer sowie ihr persönliches Eigentum an deutschstämmige Personen übergeben oder verkauft werden, die aus dem Reich oder aus verschiedenen deutschen Niederlassungen, zum Beispiel in den baltischen Staaten, umzusiedeln waren. Die Opfer erhielten praktisch keine Vorwarnung, was ihnen bevorstand. Ganze Familien wurden mitten in der Nacht brutal aus dem Schlaf gerissen, oft voneinander getrennt und in eiskalten Viehwaggons unter Zurücklassen all ihrer Habe weggeschafft. Vom 15. November an stellte die SS das ganze Bahnnetz dem Umsiedlungsprogramm zur Verfügung. Die Nazis hatten gehofft, diese erste »Säuberung« innerhalb eines Monats bewerkstelligen zu können. Sie benötigten schließlich fast sechs – was immer noch bemerkenswert ist, wenn man bedenkt, daß mehr als eine Million Menschen dabei verschleppt wurden. In den folgenden Jahren der

Okkupation wurden noch weitere Zehntausende nach Deutschland und an verschiedene Orte in Polen gebracht und dort zur Zwangsarbeit eingesetzt.

Die Kirche wurde überall fast gänzlich ausgelöscht. Hunderte von Priestern wurden ermordet, Messen, Beichten oder Kirchenlieder in polnischer Sprache verboten, Grabinschriften weggekratzt und deutsch überschrieben. Abgesehen von ganz wenigen Insignien und Kirchenschätzen schaffte man alles fort, und die Kirchen selber dienten fortan als Tanzsäle, Heuschober, Garagen oder Lagerräume. Straßenaltärchen wurden haßerfüllt entweiht, Synagogen abgebrannt, die hei-

ligen Schriftrollen darin oft ins Feuer geworfen und die Grabsteine von jüdischen Friedhöfen als Pflastersteine verwendet.
Die »Ausrottung« des Adels war nicht so einfach. Viele bekannte Familien in Polen waren mit denen in Deutschland verwandt und konnten daher nicht direkt als »Untermenschen« bezeichnet werden. SS und Gestapo beobachteten und verhörten sie unablässig und bestraften sie beim kleinsten Verdacht auf Widerstand mit Gefängnis, doch viele höherrangige Vertreter der adelsfreundlich gesinnten Wehrmacht beachteten Hitlers Tiraden ganz einfach nicht. Dies traf besonders im Generalgouvernement zu, wo es Frank gelang, Himmler in Schach zu halten. Wie schon in früheren Kriegszügen üblich, quartierte sich die Deutsche Wehrmacht in den besten Zimmerfluchten in Polens Schlössern ein und verdrängte die bisher darin wohnten in mindere Räumlichkeiten oder warf sie ganz hinaus. Das ein oder andere Mal erwiesen sie sich auch als hilfreich: Offiziere, die sich in Rodka, dem Sitz von Jadwiga Potocki – die im Triumph mit dem schwiegermütterlichen Schmuck aus Warschau zurückgekommen war –, einquartiert hatten, warnten die Familie vor dem baldigen Eintreffen der russischen Armee und rieten ihr wegzugehen. In zwei Pferdekarren flohen die Potockis nach Krakau, mit dem Familienschmuck und zahlreichen Bündeln, die allerdings, wie sie später entsetzt feststellten, keine weiteren Wertsachen enthielten: Die Dienstboten hatten, in der Annahme, es handle sich um eine Reise wie jede andere, nur Kleider eingepackt. In Krakau zogen die Potockis in den obersten Stock einer Stadtvilla in Familienbesitz, deren untere Geschosse als Büros für die Verwaltung des Generalgouvernements beschlagnahmt worden waren. Thomas Potocki, damals ein kleiner Junge, erinnert sich, von oben auf die Helme der deutschen Wachsoldaten gespuckt zu haben. Die Familie lebte dort, indem sie von Zeit zu Zeit etwas Schmuck verkaufte.
Entsetzte und eingeschüchterte Familien wie diese waren allerlei mehr oder minder obskuren Geschäftsleuten auf Gnade und Ungnade ausgeliefert. Ein Mann, der sich als holländischer Diplomat ausgab, überredete Gräfin Radziwill, ihm zahlreiche Schmuckstücke für ihre Verwandten im Westen mitzugeben, doch der »Diplomat« verkaufte das meiste davon. Wie durch ein Wunder tauchten dann ein paar Stücke, darunter eine mit Diamanten und Smaragden besetzte Tiara, nach dem Krieg wieder auf, und die Familie konnte damit in London ein Haus

kaufen, nachdem sie 1945 in Fahrzeugen des schweizerischen Roten Kreuzes aus Krakau entkommen war.
Graf Alfred, einem anderen Mitglied der Familie Potocki, dessen großes Landhaus in Lancut nur ein paar Kilometer von der Grenze zwischen der deutschen und der russischen Zone entfernt lag, erging es um einiges besser. Wie im Ersten Weltkrieg wurde sein Haus zwar von immer neuen deutschen Generälen und ihrem Stab besetzt, unter ihnen der militärische Verwalter Polens, Feldmarschall von Rundstedt, aber die Wehrmacht behandelte ihn im großen ganzen mit Respekt. Die Gestapo, die jede sich bietende Gelegenheit ergriff, führte ihn allerdings zweimal ab zum Verhör über Widerstandsaktivitäten, deren es in der Tat in mehreren Winkeln seiner Ländereien gab; sie durchforschte die Familienarchive und legte ein Inventar der Schloßeinrichtung an. Zweiundzwanzig Gemälde, darunter auch das *Bildnis eines Mannes* von Makart, einem von Hitlers Lieblingsmalern, standen später auf einer Liste von »sichergestellten« Objekten, wurden aber nie abgeholt. Potocki schrieb dies dem Eingreifen des Wehrmachtgenerals von Metz zu, der in Lancut Quartier bezogen hatte.
Furcht und Abscheu vor der Roten Armee machte deutsche Besetzer und polnische Besetzte nicht selten zu Verbündeten. Nachdem die Deutschen 1941 den Russen Lwow abgenommen hatten, begab sich der Leiter der Beschlagnahmungsgruppe persönlich zu Potocki, um ihm zu versichern, daß die Sammlungen in seiner dortigen Villa intakt seien, und der Graf wurde in einem deutschen Militärfahrzeug nach Lwow gefahren, damit er den Schaden an Gebäuden und sonstigem Besitz begutachten konnte. Das geschah nicht ganz auf eigene Initiative. Zeugenaussagen nach dem Krieg belegten, daß Hitler persönlich befohlen hatte, die Kunstschätze von Alfred Potocki sollten an Ort und Stelle verbleiben, dies vielleicht, weil Potockis Mutter Hitler an den Olympischen Spielen 1936 aus der Entfernung so bezaubert hatte, daß er bat, ihre Bekanntschaft zu machen – ein Ansinnen, das sie nicht gut ausschlagen konnte.[14]

Die Trümmer in Warschau rauchten noch, da fingen SS und andere NS-Institutionen sowie Einzelpersonen auch schon zielstrebig an, Hitlers Auftrag, die polnische Kultur zu »eliminieren«, in die Tat umzusetzen. Museen, Bibliotheken, Palais und andere Gebäude waren zwar klar als polnisch zu bezeichnen, große Teile ihrer Einrichtungen dagegen offenkundig nicht; da Polen nicht mehr länger als Nation galt, betrachtete man die polnischen Sammlungen als so etwas wie vogelfrei. Hitler und Göring hatten aus den Erfahrungen in Österreich und in der Tschechoslowakei gelernt und wußten, daß die »Sicherstellung« von beschlagnahmten Werken sorgfältig überwacht werden mußte. Göring erkannte rasch die Notwendigkeit eines persönlichen Vertreters vor Ort. In seiner Funktion als Beauftragter für den wirtschaftlichen Vierjahresplan, die ihm erlaubte, zum Nutzen des Reichs jegliche beweglichen Werte in eroberten Gebieten zu beanspruchen und zu verwerten, ernannte er den früheren Kunstbeauftragten Österreichs Kajetan Mühlmann zum Sonderbeauftragten für den Schutz von Kunstwerken in den besetzten Gebieten.

Mühlmann war höchst erfreut über diese Gelegenheit, besonders da sich nach den Meinungsverschiedenheiten mit dem Gauleiter von Wien und seiner Entlassung durch diesen Herrn im Juni 1939 der Schatten von Kompetenzstreitigkeiten abzeichnete. Als Hitler von der Ernennung hörte, soll er in etwa gesagt haben: »Mühlmann – Sie schicken ihn dorthin? Ich mußte ihn aus Wien hinauswerfen [...] er ließ nichts fort [...] passen Sie auf, daß er nicht alles nach Wien bringen läßt.«[15] Mühlmanns jetzige Aufgabe bestand darin, die zu Tausenden im Lager des Nationalmuseums in Warschau und von Schloß Wawel in Krakau zusammengepferchten Kunstwerke zu inventarisieren, nach ihrer Qualität einzuordnen und die besten in ein sicheres Depot zu bringen, damit Hitler nach Belieben daraus auswählen konnte.

Mühlmann traf am 6. Oktober ein, einen Tag nach der Kapitulation, und entdeckte, daß vieles – etwa der Veit-Stoß-Altar, wie wir gesehen haben – bereits abtransportiert worden war. Und noch schlimmer: Deutsche Funktionäre betrachteten das zerstörte Warschauer Schloß offenbar als eine Art Basar. Frank selbst war auf seinem ersten Rundgang, ein großes Gefolge im Schlepptau, mit schlechtem Beispiel vorangegangen, indem er vom Baldachin über einem Thron kurzerhand Silberadler abbrach und einsteckte. Möbel, Silberbestecke und andere Nutzgegenstände wurden zum Abtransport in die Wohnungen hoher Offiziere aussortiert. Die verzweifelten Bemühungen polnischer Architekten und Kuratorinnen, die, zumeist unentgeltlich, versuchten, die Bombenschäden auszubessern und Täfelung und Decken mit einem provisorischen Dach zu schützen, wurden am 18. Oktober unterbunden. Anfang November bohrten Mineure Dynamitlöcher überall im

Generalgouverneur
Hans Frank und
Kajetan Mühlmann
im Kraukauer Schloß
(Foto Heinrich Hoffmann).

Schloß, und die deutsche Polizei befahl jüdischen Zwangsbautrupps, die Innenausstattung der Prunkzimmer herauszureißen. Die von Bacciarelli bemalte Decke des Audienzraumes wurde in den Hof geworfen. Im Januar standen nur noch die nackten Mauern da. Aber die Deutschen benutzten ihren Sprengstoff 1940 noch nicht. Es ergab sich später eine andere Gelegenheit dafür.

Anderen Kulturschätzen erging es nicht besser. Ein Augenzeuge beschrieb die Plünderung der Zacheta, der Warschauer Gesellschaft für die Unterstützung der schönen Künste:

> Heute war ich Zeuge einer Szene, die mich besonders schmerzte. Als ich an der Zacheta vorbeiging [...], sah ich eine lange Reihe von Lastwagen davor stehen. Arbeiter schoben mehrere schwere Gegenstände auf dem Gehsteig umher. Durch die offenen Fenster konnte ich den goldenen Schimmer von Bilderrahmen erkennen. Obwohl ich wußte, daß dies sehr unvernünftig war, trat ich näher, um zu sehen, was da vor sich ging. Etwas wurde durch das Fenster

> geworfen, etwas, das im hellen Sonnenlicht in allen Regenbogenfarben schillerte. Diese Bruchstücke waren Gemälde, direkt vor mir fiel meine geliebte *Barbara Radziwillowna* zu Boden. Die Arbeiter hoben diese Schätze der polnischen Kunst apathisch auf und warfen sie in die bereitstehenden Lastwagen. Bald darauf fuhren sie mit unbekanntem Ziel los. [...] Es kam mir vor, als wären alte Freunde vor meinen Augen ermordet worden.[16]

All dies zu überwachen war kein leichtes Unterfangen. Ein Befehl aus dem Büro von Generalgouverneur Frank verlieh Mühlmanns Büro die alleinige Vollmacht für alle weiteren »Sicherstellungen« im Generalgouvernement. Bald hatte er soviel zu tun, daß er zur Unterstützung seinen Halbbruder Josef kommen ließ. Dieser mußte zwar später entlassen werden, weil an den Tag herauskam, daß er seiner Freundin beschlagnahmte Gegenstände schenkte, doch bis dahin war er Mühlmann eine große Hilfe.

Am 19. Oktober setzte Göring in Berlin eine »Haupttreuhandstelle Ost« ein, um den ganzen Ablauf in geordnete Bahnen zu lenken. SS-Angehörige, die seit Mitte September mit der »Sicherstellung« beauftragt waren, schätzten die Einrichtung dieser »Stelle« gar nicht und schickten wutentbrannt Schreiben ins Hauptquartier, mit der Forderung, Gegenstände von Interesse für die SS seien unverzüglich in ihre eigenen Depots nach Deutschland zu bringen. Doch am 10. November machte Himmler dem mit einem ausführlichen Memorandum an alle SS-Einheiten ein Ende und befahl ihnen, mit Mühlmann zusammenzuarbeiten. Die SS fügte sich, versuchte aber während der ganzen Besatzungszeit immer wieder, die Beschlagnahme von Wertsachen zu monopolisieren. Durch immer wieder neuerliche Verbreitung von Himmlers Dekret sowie durch scharfe Verweise von so einflußreichen Größen wie Heß und Bormann, die Hitlers und Görings Exklusivrechte auf sämtliche sichergestellte Gegenstände hervorhoben, wurden derlei Versuche in regelmäßigen Abständen zunichte gemacht.[17]

Im Winter 1940 hatte Mühlmann mit Hilfe einer Phalanx anerkannter deutscher Kunsthistoriker die bedeutendsten Kunstwerke aus dem Generalgouvernement in Krakau zusammengezogen und veröffentlichte einen eleganten Katalog mit Fotos und Angabe der Provenienz

zu jedem einzelnen Objekt. Zweitklassige Werke wurden gelagert, und drittklassige standen Franks Innenausstattern und Architekten zur Verfügung, um Büros und Wohnungen auszustaffieren.
Es dauerte nicht lange, bis Hitlers Kunstbeauftragter erschien: Posse ging Ende November 1939 auf Inspektionsreise. Sein Bericht an Bormann vermittelt einen guten Eindruck von Mühlmanns Handeln und seinem eigenen Festhalten an den höchsten Maßstäben für Linz. Er läßt zudem seine Geringschätzung für die polnischen Kunstwerke deutlich werden, sah er doch kaum Lücken in seiner Wunschliste, die sie schließen konnten, sowie seine Vermutung, daß des Führers Drang nach Osten mit Polen wohl noch nicht gestillt sei:

> In Krakau und Warschau konnte ich öffentliche und private Sammlungen sowie Kircheneigentum besichtigen. Die Inspektion bestätigte meine Annahme, daß es außer den höherrangigen Kunstwerken, die uns in Deutschland bereits bekannt sind (zum Beispiel der Veit-Stoß-Altar und die Tafeln von Hans von Kulmbach in der Marienkirche in Krakau, sowie der Raffael, der Leonardo und der Rembrandt aus der Czartoryski-Sammlung), und verschiedenen Werken im Warschauer Nationalmuseum nicht viel gibt, was den deutschen Bestand an großer Kunst bereichern könnte. Der polnische Bestand an angewandter Kunst ist reicher und vielfältiger. [...] Ich möchte nun vorschlagen, daß die drei Bilder der Czartoryski-Sammlung [...], die sich gegenwärtig im Kaiser-Friedrich-Museum in Berlin befinden, für das Kunstmuseum in Linz reserviert werden. [...] Ich bitte weiter, darauf hinzuweisen, daß zusammen mit dem Museum Lwow eine Reihe von schönen Zeichnungen von Dürer und anderen deutschen Meistern in russische Hände gefallen sind. Vielleicht wird es später möglich sein, die siebenundzwanzig Blätter von Dürer für Deutschland zu retten.[18]

Die »drei Großen« von Czartoryski befanden sich tatsächlich bereits in Berlin. Mühlmann hatte sie Mitte Oktober eilig dort hingebracht und Göring vorgelegt, der sie in seiner Funktion als preußischer Ministerpräsident an das Kaiser-Friedrich-Museum weitergab.[19] Generalgouverneur Frank war unglücklich über den Verlust »seiner« größten Meisterwerke, und Mühlmann erhielt den Befehl, sie wieder zurückzubringen, damit Frank sie in seinen Prunkgemächern auf Schloß

Wawel neben Rembrandts *Bildnis Maerten Soolmans* aus der Sammlung Lazienski aufhängen konnte, einem Geschenk der Gestapo. Frank war in Sachen Kunst ein Neuling, und Mühlmann rügte ihn später, weil er den empfindlichen Leonardo über einem Heizkörper aufgehängt hatte. Göring schäumte vor Wut über den Verlust, und vielleicht um ihn zu besänftigen, brachte ihm Mühlmann das hübsche Bildnis eines polnischen Mädchens von Watteau, ebenfalls aus der Sammlung Lazienski. Kurz bevor die Deutschen Rußland angriffen, verlegten sie die drei Czartoryski-Gemälde »aus Sicherheitsgründen« wieder in die Reichshauptstadt. Und gegen Ende 1942 waren sie dann noch einmal unterwegs, diesmal um der Bombardierung Berlins zu entkommen. Heute, da mit ihm verwandte Gemälde wie die *Ginevra Benci* und die *Mona Lisa* in klimatisierten Behältnissen transportiert und von bewaffneten Eskorten begleitet werden, erscheint es wie ein Wunder, daß *Die Dame mit dem Hermelin* überlebte, auch wenn Mühlmann später aussagte, daß er das Gemälde im Zug zwischen Berlin und Krakau die ganze Zeit über bei sich behielt.

Mühlmann konnte Posses Wunsch nach den siebenundzwanzig Blättern von Dürer schon bald erfüllen. Er hatte von Frank und Göring den Befehl erhalten, sie bei der ersten Gelegenheit sicherzustellen. Hitler betrachtete die Zeichnungen, die Napoleons hauptamtlicher Beschlagnahmer Anfang des neunzehnten Jahrhunderts in eindeutig illegaler Weise aus der Wiener Albertina entfernt und verkauft hatte, klar als deutsches Erbe. Nur sechs Tage nach dem deutschen Angriff auf Rußland Ende Juni 1941 begab sich Mühlmann trotz der in dieser Gegend anhaltenden Kampfhandlungen nach Lwow und holte die Dürer-Zeichnungen zurück nach Krakau. Und auf ausdrücklichen Befehl Görings reiste er noch in derselben Nacht nach Berlin weiter und übergab sie ihm in Karinhall. Am Spätnachmittag befanden sie sich in Hitlers Händen. Diese Zeichnungen gehören zu den Kunstwerken, die er immer mitführte. Er nahm sie sogar mit ins Hauptquartier an der Ostfront. Im September 1941 hielt sich Mühlmann wegen einer anderen Kunstangelegenheit im Hauptquartier auf und erwähnte Hitler gegenüber, daß er sich um den Zustand der Zeichnungen sorge, für die rein formal er ja die Verantwortung trage. Hitler gab ihm zur Antwort, er entbinde ihn persönlich von dieser Verantwortung. Sie seien dort so sicher wie in Krakau, und außerdem könne er sie öfter anschauen.[20]

Posse kehrte nicht nach Polen zurück. Er war der Ansicht, um die kunsthandwerklichen Objekte und die Münzen und was davon für Linz von Interesse sei könnten sich die für diese Bereiche Verantwortlichen kümmern. Die »drei Großen« erschienen nie in einer Liste für die Linzer Museen, aber es besteht kein Zweifel darüber, daß sie, wie Mühlmann in Nürnberg aussagte, dorthin gebracht worden wären, hätte Deutschland den Krieg gewonnen. Bis es soweit war, durfte Frank sie behalten.

Nachträglich bemühten sich die deutschen Behörden, eine Reihe von Verfügungen zu erlassen, um der Beschlagnahme von Eigentum des polnischen Staates im November 1939 einen legalen Anstrich zu verleihen, und am 16. Dezember gaben sie einen sehr viel genauer formulierten Erlaß heraus: die Ermächtigung, alle Kunstobjekte von öffentlichem Interesse für sich zu beanspruchen. Darunter fielen sowohl private wie auch kirchliche Sammlungen. Wer immer Kunstwerke besaß oder betreute, mußte sie melden, und wer welche versteckte, verkaufte oder aus dem Generalgouvernement entfernte, konnte mit Gefängnis bestraft werden.

Kaum hatte sich die Lage etwas beruhigt, bemühten sich habgierige deutsche Museumsdirektoren, von ihren jeweiligen Stadtregierungen tatkräftig unterstützt, die Lücken in ihren Beständen mit Werken aus polnischem Besitz zu schließen. Nürnbergs Bürgermeister gab sich noch nicht zufrieden mit den Insignien des Heiligen Römischen Reiches und reiste Anfang 1940 persönlich nach Krakau, um sich den Rahmen des Veit-Stoß-Altars für sein Germanisches Museum zu sichern. Stoß war Liebling derer, die die Theorie vertraten, Polen sei eigentlich Deutschland. Exklusive Mappen mit erstklassigen Fotos seines Werks aus jeder erdenklichen Perspektive erschienen. Das Institut für Deutsche Ostarbeit, das sich mit der Germanisierung Polens befaßte, setzte 1942 eine große Stoß-Ausstellung an, für die Mühlmanns Einheit und Generalgouverneur Frank großzügig Werke liehen. Die deutsche Abstammung dieses Künstlers blieb unbefleckt von den italienisch angehauchten Vorstellungen, die Dürer in der nationalsozialistischen Ideologie etwas minderwertiger erscheinen ließen. Man vergaß, daß Stoß nicht nur für die deutsche Gemeinde in Krakau gearbeitet hatte, sondern auch für den polnischen König Kasimir IV. Jagiello, und daß er in Ungnade starb, blind und von seinen Kindern im Stich gelassen, nachdem man ihn bei seiner Rückkehr in Nürnberg nach siebzehnjährigem Aufenthalt in Krakau wegen Schuldscheinfälschung verurteilt hatte.

Der Nürnberger Bürgermeister überzeugte Hitler davon, daß der Rahmen des Hochaltars von polnischen Saboteuren beschädigt würde, wenn man ihn an seinem Platz beließ, und daß er daher besser in Nürnbergs besonders sicheren Luftschutzkellern unterzubringen sei. Der Direktor und ein Kurator des Germanischen Museums erhielten den Auftrag, ihn zu holen. Zu diesem Zweck galt es, spezielle Eisenbahnwaggons zu konstruieren; zuvor hatten es die Museumsleute gerade noch geschafft, die SS davon abzuhalten, das riesige dreizehn auf zehn Meter große Gebilde in handliche Teile zu zersägen. An der Sachkenntnis der Nürnberger Delegation bestanden keine Zweifel. Kurator Eberhard Lutze hatte 1938 eine Monographie über Stoß verfaßt, die heute noch als maßgebend gilt, und war 1933 an der Organisation einer bedeutenden Ausstellung des Werks von Stoß in Nürnberg beteiligt gewesen. Kaum war der Rahmen sicher in Nürnberg installiert, wurde Lutze nach Berlin geschickt, um die wunderbaren, in der Reichsbank untergebrachten Figuren ebenfalls zu beschaffen. Nürnberg konnte damit neben den Habsburger Kronjuwelen einen zweiten gestohlenen Staatsschatz ausstellen. Ein deutscher Beamter teilte Frank später mit, die ausgeräumte Marienkirche in Krakau sei jetzt viel schöner, denn durch die Entfernung des Altars habe man an Raum gewonnen.[21]

Weniger von Erfolg gekrönt waren die Bemühungen des Breslauer Bürgermeisters und des dortigen Museumsdirektors Gustav Barthel. Letzterer, einer von Mühlmanns wichtigsten Helfern, war ebenfalls der festen Überzeugung, alles, was sich in Polen von Wert finde, sei ohnehin deutschen Ursprungs. Schon im Dezember 1939 schickte er eine Liste mit seinen Wünschen für Breslau an Mühlmann. Die ersten paar Zeilen geben einen Eindruck seiner Haltung:

> Durch das umfassende Sicherungswerk der Kunstwerke im besetzten polnischen Gebiet sind uns heute wieder Kunstwerke zugefallen, die von der polnischen Wissenschaft zu Unrecht mit falschen Gründen als eigene Leistungen in Anspruch genommen wurden. Ihr[e] Einordnung in die wirklichen Zusammenhänge der gewaltigen deutschen Kultur im Osten kann nun erfolgen.[22]

Nachdem Barthel eine Weile in diesem Stil fortgefahren ist, wird er genauer. Zunächst erwähnt er die »Werke, die in Schlesien selbst geschaffen wurden«, aber da es davon nicht allzu viele zu geben scheint, geht er über zu Werken, »die unter dem Einfluß des schlesischen Kunstkreises geschaffen wurden«, einer ziemlich großen Auswahl hauptsächlich von Skulpturen aus polnischen Kirchen. Barthel erhebt zudem Anspruch auf Möbel, Textilien und Goldschmiedearbeiten, bei denen er allerdings die nationalen Ursprünge nicht belegt. Bis er zu den Gemälden kommt, ist die Deutschtümelei vollends der Habgier gewichen: Falls er keine vollständige Sammlung wie die der Familie Lazienski (vor allem holländische Werke) haben könne, dann gäbe er sich zufrieden mit einer Auswahl aus den Krakauer Museen, die, so wäre es ihm am liebsten, den Czartoryski-Rembrandt, Rubens' *Kreuzabnahme* aus Warschau und »ein noch auszuwählendes Bild« von Canaletto umfassen sollte. Auch ethnographische Objekte und Bücher sollten enthalten sein, denn dies sei »wissenschaftlich und politisch notwendig«. Um all dem die Krone aufzusetzen, forderte er schließlich noch die ganze Bibliothek des Warschauer Museums, die außer der »Museums-Hand-Bibliothek« noch eine »Bibliothek, die einer kunstwissenschaftlichen Vereinigung im ehem. Unterrichtsministerium gehört«, umfaßte (insgesamt etwa 11 000 Bände).

Zwei Jahre lang gingen zahlreiche Schreiben mit beeindruckenden Briefköpfen und Hakenkreuzen in Hitlers Büros in Berlin ein, die Breslaus Forderung nach diesem Teil der beschlagnahmten Werke bekräftigten. Diese Schreiben enthielten alle sattsam bekannten Mittel der Beeinflussung: eine sehr lange, in blumiger Sprache gehaltene Analyse der bestehenden Bestände, Pläne für ein neues Museumsgebäude, kriecherische Briefe von hohen Provinzialbeamten und Kunsthistorikern, schließlich weitere Listen mit gewünschten Werken. Anfang 1942 schrieb der Reichskanzleibeamte Lammers nach wiederholten Ablehnungen gereizt, es erscheine ihm, angesichts der Tatsache, daß Hitler die Breslauer Forderung für »völlig indiskutabel erklärt und dabei bemerkt [habe], er habe bereits endgültig entschieden, daß das Kunstgut der Stadt Königsberg zugewiesen werden solle«, nicht klug, diese Angelegenheit dem Führer noch einmal vorzulegen. Keineswegs eingeschüchtert, forderte die Breslauer Gruppe dann einen Teil einer vor kurzem beschlagnahmten Sammlung aus jüdisch-holländischem Besitz. Wieder wurde sie brüsk abgewiesen. Posse schrieb persönlich, daß die betreffende Sammlung (von der wir später noch hören werden) »zum Ausbau des Museums in Linz verwendet werde«.[23]

Kajetan Mühlmann hatte seine Operationsbasis zwar erfolgreich im Generalgouvernement etabliert, aber die »annektierten« Provinzen und, nach der Invasion Rußlands, einige Gebiete weiter im Osten verblieben unter der ausschließlichen Herrschaft der SS, deren archäologische Abteilung, das »Ahnenerbe« (gegründet 1935), nun weltweit Projekte finanzierte. Diese reichten von der Erforschung indianischer Heilmittel in Südamerika bis zu den grauenhaften Untersuchungen am menschlichen Schädel in Konzentrationslagern. In den späten dreißiger Jahren beherrschte das Ahnenerbe praktisch die gesamte Altertumsforschung in Deutschland. Seine Monographien wurden von angesehenen Verlagen veröffentlicht und arglos in die Bibliotheken aufgenommen. Das Ahnenerbe war derart blindentschlossen zu beweisen, daß die deutschen Ursprünge der besetzten Gebiete bis in die früheste Prähistorie reichten, daß selbst Hitler peinlich berührt war:

> Warum stoßen wir die ganze Welt darauf, daß wir keine Vergangenheit haben? Nicht genug, daß die Römer große Bauten errichteten, als unsere Vorfahren noch in Lehmhütten hausten, fängt Himmler nun an, diese Lehmdörfer auszugraben und gerät in Begeisterung über jeden Tonscherben und jede Steinaxt, die er findet. Wir beweisen damit nur, daß wir noch mit Steinbeilen warfen und um offene Feuerstellen hockten, als sich Griechenland und Rom schon auf höchster Kulturstufe befanden. Wir hätten eigentlich allen Grund, über diese Vergangenheit stille zu sein. [...] Wie müssen die heutigen Römer verächtlich über diese Enthüllungen lachen.[24]

Nichtsdestotrotz durchkämmten unter der Ägide dieser erhabenen Organisation SS-Leute die annektierten Gebiete »Ort für Ort, Schloß für Schloß, Gut für Gut« nach allfälligen Gegenständen, die beschlagnahmt werden konnten. Aus seinem Büro in Berlin schickte ein SS-Obersturmführer mit dem ungewöhnlich passenden Namen Kraut jeweils nach den winzigsten Mitteilungen des Kunst-Nachrichtendienstes eine Flut von Briefen los.[25] Bei dieser Operation gab es keine Nachsicht für die Aristokratie. Was nicht schon während der Invasion

Archäologen vom SS-Ahnenerbe am Werk; dritter von links: Heinrich Himmler.

aus den Privathäusern gestohlen worden war, holte man sich jetzt. Mit detaillierten Listen bewaffnet, suchte die SS nach Schätzen wie den Liebesbriefen von Prinzessin Elna Radziwill an Kaiser Wilhelm I. Das Reichsarchiv in Danzig lieferte eine hilfreiche Liste privater Bibliotheken, deren Bestände ausgeräumt und in einer Kirche in Posen gestapelt wurden: 2,3 Millionen Bände kamen allein bis Februar 1941 zusammen. Mit dieser Gründlichkeit verfuhr man nicht nur mit tolerierten Kunstwerken. Jüdische und polnische Kunst, »Kulturkitsch« genannt, sollte ebenfalls eingesammelt und aufbewahrt werden. Die Reisekommandos wurden am 23. Februar 1941 angewiesen, »auch auf diese Dinge zu achten und evtl. Sachen gleich mitzubringen, die dann gesondert aufbewahrt werden«. In Anlehnung an die Ausstellung »Entartete Kunst« im Reich plante die SS, einige der für sie ärgsten Beispiele dieses »Kulturkitsches« in Berlin auszustellen. Gemälde mit Motiven, wie die polnische Kavallerie die deutschen Soldaten in den Schützengräben niedermetzelt (angeblich ein besonders widerliches Beispiel von polnischem Kunstchauvinismus), sollten die Eroberung Polens in den Augen der deutschen Öffentlichkeit weiter rechtfertigen. Es ist nicht bekannt, ob eine solche Ausstellung wirklich stattgefunden hat, doch in der *Berliner Morgenpost* vom 10. Februar 1942 wurde zumindest eine Ausstellung mit Fotos aus den besetzten Gebieten geradezu schwärmerisch besprochen.[26]

Die Besatzungsbeamten, die dringendere Probleme zu lösen hatten, gingen diese »Bestandesaufnahme« von Kunstgegenständen oft nicht mit demselben Eifer wie die Angehörigen des SS-Hauptquartiers an. Für Krauts Leute war es in den Wochen nach dem deutschen Angriff auf Rußland so schwierig gewesen, zu Autos und Benzin zu kommen, daß er sich zu einer persönlichen Klage bei Himmler genötigt sah. Im Dezember 1941 regte er sich darüber auf, daß die Zuständigen an Ort und Stelle, obwohl mit Listen der zu sammelnden und in den lokalen Museen aufzubewahrenden Gegenstände ausgerüstet, dies nicht getan hatten und daß »keine Verkäufe von Gegenständen stattfinden, welche für Museen bestimmt sind«. Der Verwalter im Kreis Zichenau erklärte nicht sehr überzeugend, die Objekte seien zu wertvoll, als daß man sie überstürzt entfernen könne, und führte an, Personalknappheit und Benzinrationierung hätten zudem verunmöglicht, Objekte in weiter entfernten Gebieten abzuholen. Es dauerte weitere sechs Monate, ehe Krauts Projekt zu Ende geführt werden konnte, und bis dahin bekamen die beschlagnahmten polnischen Werke Gesellschaft. Weil Berlin zu jenem Zeitpunkt bereits heftig unter alliiertem Beschuß lag, evakuierte man die dortigen SS-Depots in den Osten. Wenn es auch häufig vorkam, daß sich Funktionäre persönlich bedienten, blieben doch die meisten der zusammengerafften Objekte bis zum Kriegsende praktisch unbeachtet in den Depots liegen, in der unbestimmten Hoffnung auf den Tag, an dem Deutschland den endgültigen Sieg erringen und Hitler seine Wahl treffen würde. Mit Ausnahme einiger Spitzenwerke gelangte nur Edelmetall und Schmuck unverzüglich nach Deutschland; dort wurden Objekte mit Museumsqualität aussortiert und der Rest eingeschmolzen, um die Reichsfinanzen aufzubessern.

Selbst angesehenste deutsche Gelehrte waren nicht dagegen gefeit, die zum Mißbrauch geradezu einladende Situation auszunutzen. Nach dem Krieg erhob Polen den Vorwurf, sie hätten die Plünderung des Landes von langer Hand vorbereitet. Nun besteht kein Zweifel, daß viele von ihnen nicht die geringsten Gewissensbisse verspürten, Kunstwerke, Bibliotheken und selbst Forschungsunterlagen ihrer einstigen Kollegen und Kolleginnen an sich zu nehmen, als ihnen Polen vor den Füßen lag. Es war ringsumher niemand mehr da, der ihnen Schuldgefühle hätte einflößen können. Sämtliche polnischen Universitäten, Institute und Schulen waren geschlossen und deren Angestellte entlassen worden. An der Jagiellonen-Universität in Krakau hatte man alle Fakultätsmitglieder unter dem Vorwand zusammengerufen, sich eine Vorlesung zur »Haltung der deutschen Behörden gegenüber Wissenschaft und Lehre« anzuhören, sie dann aber dort allesamt verhaftet und nach Aufenthalten in mehreren schrecklichen Straflagern zuletzt im Konzentrationslager Sachsenhausen eingesperrt. Ihrer Kollegenschaft an anderen Institutionen erging es nicht viel anders.

Zu den intellektuellen Opportunisten gehörte zum Beispiel der renommierte Michelangelo-Kenner Dagobert Frey, Professor an der Universität Breslau, der auch verschiedene Abhandlungen über die Kulturdenkmäler seines Heimatlandes Österreich und die östlichen Gebiete Deutschlands verfaßt hat. Er und ein paar seiner Kollegen hatten 1934 und 1938 Polen bereist, um die westlichen Einflüsse auf die dortigen Kulturdenkmäler zu untersuchen. Sie legten dabei mehr als fünftausend Kilometer zurück und besuchten zahllose historische Stätten und Kunstsammlungen, die die Verantwortlichen an Ort und Stelle ihnen bereitwillig zeigten. Frey machte viele eher schlechte Fotos und schickte sie zusammen mit seinen Notizen an die Breslauer Universität, wo er gegen Ende der dreißiger Jahre das Ost-Europa-Institut gründete, das sich auf Studien über Schlesien und Polen spezialisierte.

Bei Kriegsausbruch bot Frey seine Dienste dem Kultusministerium an und drängte auf die Einrichtung einer Kunstschutzeinheit, die mit der Armee zusammenarbeiten sollte wie im Ersten Weltkrieg Paul Clemen, der danach mehrere beeindruckende und wohlwollend aufgenommene Bände zum Thema verfaßt hatte, vollgestopft mit wissenschaftlichen Artikeln über betroffene Kulturdenkmäler und mit Fotos und Aufsätzen über die negativen Folgen des Krieges. Das Ministerium hieß Freys Plan gut, und er ging nach Warschau. So gewiß ihn seine Untersuchungen in früheren Jahren auf diese Aufgabe vorbereitet hatten, fruchteten doch seine Versuche nichts, die Wehrmacht davon zu überzeugen, für ihn eine Stelle zu schaffen, dies vor allem, weil die Vertreter der alten Schule im Wehrmachtskommando den wahren Parteistrategen wie Mühlmann, Barthel und Frank nicht gewachsen waren.

Es bestehen kaum Zweifel, daß Frey sich der materiellen Zerstörung von polnischen Kulturdenkmälern widersetzte; es ist ihm zudem zugute zu halten, daß er sich 1939 und 1940 erfolgreich gegen die Sprengung des Warschauer Schlosses einsetzte.[27] Doch er fragte sich weder, ob die Anwesenheit der Deutschen in Polen angebracht sei, noch nach dem Recht seiner Landsleute, Polens Erbe um der Germanisierung willen zu plündern. Obwohl er in den »Sicherstellungs«-Einheiten keine einflußreiche Stellung hatte erreichen können, blieb er eine Zeitlang als Berater für die SS-Abteilung Ahnenerbe stark präsent, wobei er aber vergebens versuchte, einen angemessenen Umgang mit Kirchen, Schlössern und ihren Einrichtungen durchzusetzen. Mühlmann und der Rest der NS-Hierarchie beachteten ihn schlicht nicht, und Frey gab seine Bemühungen schließlich auf.
Er verfolgte jedoch weiterhin seine intellektuellen Interessen in Polen, denn als nächstes sehen wir ihn in Krakau bei der Eröffnung des Instituts für Deutsche Ostarbeit, und zwar als Redner über die deutsche Baukunst in Polen. Seine Artikel erschienen danach regelmäßig in den Publikationen dieses Instituts. Die Ausgabe des Baedekers über das Generalgouvernement von 1943 enthält seinen Artikel über die Kunstgeschichte dieser Region, und Krakau wird darin als »östlicher Vorposten der Nürnberger Kunst« bezeichnet. Der von Mühlmann erstellte Katalog über »sichergestellte« Kunst, der schamlos die Herkunft sämtlicher Objekte auflistet, nennt ihn als Berater, und 1941 veröffentlichte er eine Abhandlung mit dem Titel *Die Deutsche Baukunst in Polen* (im Baedeker zur Lektüre empfohlen). In einem Band von Freys Aufsätzen, 1976 postum herausgegeben, bezog sich ein Kollege durchaus zutreffend auf Freys »geistige Beweglichkeit und seine Fähigkeit, sich rasch und konsequent auf neue Themen (und neue Lebensumstände) einstellen zu können«.[28]

Kajetan Mühlmann hegte keine derart intellektuellen Ansprüche. Kaum hatte er die beschlagnahmten polnischen Güter sichergestellt und katalogisiert, winkten andere Tätigkeitsbereiche. Als sein österreichischer Kollege Arthur Seyß-Inquart 1940 vom Posten als Stellvertreter Franks nach Holland versetzt wurde, um die deutsche Besetzung Hollands zu leiten, fragte er bei Mühlmann an, ob er ihm in Kunstbelangen zur Hand gehen wolle. Mühlmann sagte bereitwillig zu, aber dies bedeutete nicht etwa das Ende seiner Verbindungen zu Polen –

ganz im Gegenteil. Die neue herrschende Klasse Polens fühlte sich mittlerweile im eroberten Gebiet ganz zu Hause. Sie richtete in ehemaligen polnischen Schlössern und Häusern deutsche Bierhallen und Restaurants mit entsprechendem Dekor ein. Die Kopernikus-Statue in Warschau wurde flugs in »Der große Deutsche« umbenannt, und der neue Baedeker für das Gebiet Generalgouvernement schrieb historisch und kulturell topaktuell, wenn auch leicht schizophren, für die aus dem Osten nach dem Reich Reisenden sei die Gegend »bereits ein stark heimatlich anmutendes Gebilde«, in umgekehrter Richtung aber »bereits der erste Gruß einer östlichen Welt«.

Die Besetzer entwickelten einen unersättlichen Appetit auf Luxus, während die einheimische Bevölkerung in ständiger Furcht lebte, ihrer Kultur beraubt wurde und viele dem Hungertod nahe waren. Franks aufwendigen Lebensstil hielten selbst SS-Leute und Wehrmachtsangehörige im Altreich für skandalös. Nicht genug, daß er sich im Schloß Wawel in Krakau einquartierte, ließ er auch noch das Warschauer Palais Belvedere, das ehemalige Wohnhaus und jetzige Museum des angesehenen Politikers Pilsudki, als Residenz für sich einrichten, und für Wochenenden auf dem Land riß er sich zudem ein Landhaus der Potockis in Krzeczowice bei Krakau unter den Nagel, das nun Kressendorf hieß. Seine Frau begab sich mit ihren Bekannten regelmäßig ins Ghetto, um dort auf dem blühenden Schwarzmarkt, der für die verbliebene jüdische Bevölkerung überlebenswichtig war, günstig Kunstgegenstände und Pelze zu ergattern, und alle deckten sich ungeniert in den zahlreichen Antiquitätenläden ein, die mit übriggebliebenem Plünderungsgut und verpfändetem Familienbesitz vollgestopft waren.

In kurzer Zeit setzte Mühlmann einen florierenden Handel in Gang, indem er im Westen beschlagnahmte Werke in Deutschland und Polen absetzte. Frank schickte regelmäßig von Polen abgepreßtes Geld an Seyß-Inquart in Holland, und dieser überwies es auf ein Konto, von dem sich Mühlmann bedienen konnte. Das meiste gab er für unbedeutendere Gemälde und Nippes aus, die per Bahn nach Krakau transportiert wurden. (Der Zug fuhr dabei durch Auschwitz, das im nationalsozialistischen Baedeker als »eine Industriestadt von 12 000 Einwohnern« erwähnt wird.) Mühlmann kaufte in ganz Europa ein und gab das Geld mit vollen Händen aus. Eine einzige Rechnung aus dem Jahr 1941 von Jansen in der Rue Royale in Paris listet Teppiche, Kristallüster und antike Möbel der Stilrichtungen von Louis quatorze bis Louis seize im

Wert von 560 000 französischen Francs auf. Mühlmann gab auf diese Art noch mehrere Millionen vom Konto des »M. le Docteur Frank« aus, der seinerseits für seine Geliebte mit Mühlmanns Hilfe auch ein kleines Pied-à-terre in München einrichtete. Er befand sich in erlesener Gesellschaft: Hitler und Göring waren weitere Kunden; Lutze vom Germanischen Museum erwarb ein, zwei Bilder, ebenso Barthel, Görings Frau, Baldur von Schirach und Hunderte weitere Personen. Die nach dem Krieg aus Mühlmanns Unterlagen zusammengestellte Liste all seiner bekannten Transaktionen füllt über siebzig eng beschriebene Seiten.[29]

Mühlmann wurde 1943 durch den Architekten Wilhelm Ernst de Palézieux ersetzt, der sich weniger fürs Geschäftemachen interessierte und seit geraumer Zeit zu Franks Stab gehörte. Doch Mühlmann war so sehr damit beschäftigt, Görings Interessen wahrzunehmen sowie seine eigenen Geschäfte im Westen zu tätigen, daß er ohnehin nicht mehr viel Zeit für die polnischen Depots hätte aufwenden können. Sie befanden sich jetzt schon in einiger Unordnung, was wiederum Frank ärgerte. Mühlmann zog sich ohne großen Protest zurück, denn mittlerweile war die Zukunft Polens nur zu klar. Eine seiner letzten Amtshandlungen bestand darin, die letzten in Warschau aufbewahrten Kunstwerke nach Krakau überführen zu lassen. Laut seiner späteren Aussage hatten ihn Verbindungsleute zum polnischen Widerstand vor »möglicher Gewaltanwendung« in der Hauptstadt gewarnt, und er wußte, mit welch unglaublich brutalen Zerstörungs- und Mordtaten die SS den Aufstand im Warschauer Ghetto im Frühjahr niedergeschlagen hatte. Der angekündigte Ausbruch erfolgte zwar nicht gleich, doch als es ein Jahr später, nämlich im August 1944, soweit war, wurde in der Tat wiederum die SS beauftragt, den Aufstand niederzuschlagen, da die Wehrmacht anderweitig beschäftigt war. Es folgten zwei Monate lang heftige Kämpfe, und während russische Truppen tatenlos in der Nähe warteten, beschossen die Deutschen, was von der Stadt noch übrig war, beinahe unablässig aus der Luft und mit schwerer Artillerie. Systematisch setzten sie ganze Viertel in Brand. Wagenladungen mit nicht katalogisiertem Plünderungsgut aller Art wurden nach Posen gesandt oder von den praktisch außer Kontrolle geratenen Truppen gestohlen, bevor wieder eine gewisse Ordnung einkehrte. Dann aber konnten die Mineure endlich die Sprenglöcher verwenden, die sie 1939 in den Mauern des Warschauer Schlosses angebracht hatten.

Raffaels *Bildnis eines jungen Mannes* aus der Sammlung Czartoryski, das Hans Frank vermutlich nach Deutschland schaffen ließ, ist verschollen.

Im Spätsommer 1944 wußten die für die Kunstsammlungen im Ostreich Verantwortlichen, daß es höchste Zeit war, alles, was sie retten wollten, soweit wie möglich nach Westen zu schaffen. Einiges war in der Tat bereits fort. Graf Alfred Potocki hatte, in der Gewißheit, daß seine Ländereien unvermeidlich im Zentrum der Kampfhandlungen stehen würden, bereits im März angefangen, seine Schätze in Lancut zu packen. Zunächst wollte er sie nach Krakau schicken, doch da die russischen Truppen immer weiter vorrückten, faßte er Wien ins Auge. Generalgouverneur Frank genehmigte diese Verschiebung, und er muß Potocki in den überladenen, mit Lebensmitteln, Munition, Verwundeten und bedauernswerten Menschen auf dem Weg in den Tod vollgestopften Zügen, die im Reich hin und her pendelten, Platz verschafft haben. Zwischen Mai und Ende Juli 1944 versandte Potocki mehr als sechshundert Kisten, die rund elf Güterwagen füllten, zuerst nach Wien und dann nach Liechtenstein, und dies keinen Augenblick zu früh. Am 26. Juli marschierten die russischen Truppen in Lancut ein.[30]

Raum, um die riesige Masse beschlagnahmter Kunst unterzubringen, war knapp in Schlesien und Thüringen, denn die Behörden im westlichen Teil des Reiches hatten zur gleichen Zeit beschlossen, alle Kostbarkeiten soweit *östlich* wie möglich zu bringen. Abkommen über Depots in diesen Gebieten waren schon vor einiger Zeit getroffen worden. 1942 hatte Günter Grundmann, Kurator für Niederschlesien, zu diesem Zweck an die achtzig Räume in Schlössern, Klöstern, Pfarrhäusern und Lagerhäusern requiriert. 1943 und 1944 strömten dann unaufhörlich Objekte aus Nord- und Mitteldeutschland in dieses Gebiet, und Grundmann verteilte sie laufend auf die Schutzräume. Gegen Ende 1944 schlug er vor, daß ein Großteil davon wieder nach Mitteldeutschland zurückgebracht werde. Diese Haltung betrachtete die Parteiführung als »defätistisch«, und sie wollte Grundmann zur Zwangsarbeit an den Grenzwall schicken, doch da schritten seine Vorgesetzten ein. Bevor er aber mit der Umverteilung der Gegenstände beginnen konnte, kam ein Funktionär aus Warschau an und verlangte Raum für Werke aus dem Generalgouvernement. Grundmann stellte ihm vier Schlösser westlich von Breslau zu Verfügung, und zwar Muhrau, Kynau, Warmbrunn und Konradswaldau. Ein fünftes namens Seichau, das dem Grafen von Richthofen gehörte, hatte man bereits Frank überlassen. Sendungen aus dem Generalgouvernement trafen ab November 1944 ein. Weitere Lieferungen aus den annektierten Gebieten strömten in thüringische Depots.[31] Als sich die Rote Armee im Dezember Krakau näherte, mußten selbst eingefleischte Nazis zugeben, daß es nicht ganz so defätistisch war, die bedeutendsten Objekte nach Mitteldeutschland zu schaffen.

Nicht nur Kunstwerke gingen in den Westen. Obwohl Frank bis zuletzt den Anschein wahrte – am 17. Dezember hielt er eine lange patriotische Ansprache vor einer Frauenschaft, in der er die Leistungen des Reichs pries und die Frauen anhielt, nicht die Nerven zu verlieren –, verließen seine Frau, Verwaltungsbeamte und ganze Eisenbahnwaggons voller Aufzeichnungen und Besitztümer rasch die Stadt. Das Institut für Deutsche Ostarbeit und seine Bibliotheken wurden, ebenfalls unauffällig, in zwei Schlösser in der Nähe von Kötzting in Bayern verlegt.

Am 16. Januar erfuhr Frank in Krakau, daß die russische Armee in nur hundert Kilometer Entfernung in Czestochowa stehe. Er würde also nun sein kleines Königreich verlieren, aber er hatte nicht vor, mit leeren Händen abzuziehen. In jener Nacht rief er einen Sturmbannführer zu sich nach Kressendorf und »erteilt[e] ihm den Auftrag, in Anbetracht der Wichtigkeit der Ladung mit dem LKW nach Seichau zu fahren«. *Die Dame mit dem Hermelin* ging also wieder auf Reisen. Am nächsten Tag übergab er die Schlüssel zum Schloß dem Chef der Burgwachtkompanie und verließ Krakau »mit einer Wagenkolonne bei herrlichstem Winterwetter und strahlendem Sonnenschein«. Sein Kurator Palézieux begleitete ihn. Am Abend des 18. erreichten sie das Schloß der von Richthofens. Tags darauf standen die Russen an der Oder, nördlich von Breslau, bloß fünfzig Kilometer entfernt. Frank befahl allen, die entbehrlich waren, Seichau umgehend zu verlassen. Den Morgen des 21., es war ein Sonntag, verbrachten Frank und Palézieux damit, Dokumente zu vernichten; danach servierten von Richthofens den beiden ungerührt ein Mittagessen. Am Dienstag, dem 23., machten sich Palézieux und ein Begleiter mit einem Lastwagen voller Kunstwerke Richtung Neuhaus südlich von München auf, wo sich Franks Villa befand. Frank selbst folgte ihnen zwei Tage später. Und hier, in einem kleinen Hotel am Schliersee, richtete das Generalgouvernement von Polen seine nun sehr viel bescheideneren Büros ein.[32]

In der Zwischenzeit hatte Grundmann eilig so viele Depots, wie er konnte, inspiziert und jegliche noch unbeladenen Fahrzeuge nach Westen geschickt. Am 26. Januar empfing er einen Befehl, der den Kuratoren im zerfallenden Reich nur zu vertraut werden sollte. Eine Zusammenfassung seiner späteren Aussagen spricht für sich:

> Am 26. Januar erhielt Grundmann folgendes Telegramm: S. Berlin, F. 25. Jan. 1945, 17.30 Uhr »Verlange dringend mit Hilfe der Wehrmacht wichtigste bewegliche Gegenstände und ältestes Archivmaterial nach Mitteldeutschland zu bringen. Reichsminister für Erziehung Hiecke.« Dies löste eine Reihe eiliger Fahrten aus zu so vielen Depots, wie im Kampfgebiet erreichbar waren. [...] In Warmbrunn erfuhr er zum erstenmal, daß polnische Kunstschätze in Muhrau aufbewahrt wurden. Bei dieser Gelegenheit bat Staatssekretär Boble Grundmann, den Czartoryski-Rembrandt und -Leonardo aus Muhrau zu holen. [Den Raffael erwähnte er nicht.] Gegen Ende Januar versuchte Grundmann nach Metkau zu gelangen, wohin die Akten seines Büros evakuiert worden waren. Wegen der schweren Kriegswirren erreichte er Metkau nicht, aber da Muhrau nur zwanzig Kilometer entfernt war und die Nacht hereinbrach, ging er zu

> Fuß dorthin. Als er in Muhrau eintraf, sah er, daß [...] das Gebäude von einer Panzerdivision belegt war. Der Kommandant, Major D. Fuchs, informierte Grundmann unverzüglich, daß sich äußerst wertvolle Kunstgegenstände aus Polen im Schloß befänden, daß die Russen spätestens in zwei oder drei Tagen erwartet würden und daß man den Ort verteidigen werde. [Fuchs] stellte G. zwei Lastwagen zur Verfügung, mit denen er einige der Gegenstände nach Warmbrunn bringen konnte, etwa fünfzig Kilometer weiter westlich. Trotz seiner Erschöpfung begann G. unverzüglich, die wichtigsten Stücke, wie den Altar von Süß von Kulmbach, die Cranachs, holländische Gemälde und die Canalettos aus dem Warschauer Schloß, einzupacken; er arbeitete die ganze Nacht. Um die Kunstwerke zu schützen, wickelte er sie in Teppiche und drei Gobelins ein. Die Hälfte der Gegenstände mußten zurückgelassen werden, da auf den Lastwagen kein Platz mehr war. Es blieb auch keine Zeit, um ein Inventar der mitgenommenen oder zurückgelassenen Gegenstände zu erstellen, denn der Geschützdonner war bereits deutlich zu hören. Gegen Mittag des folgenden Tages war er mit Packen fertig, und um 17 Uhr fuhren die Lastwagen nach Warmbrunn ab.[33]

Aus Warmbrunn mußten die Gegenstände dann noch zweimal unter ähnlichen Bedingungen verlegt werden, bis sie in einer großen Garage im Schloß Callenberg in der Nähe von Coburg zur Ruhe kamen.
Am 17. März 1945 nahmen die US-Streitkräfte Koblenz ein, und die neuen Büros des Generalgouvernements erhielten unerwarteten Besuch von Professor Buchner, dem Generaldirektor der Bayerischen Staatsgemäldesammlungen. Hitler habe ihm mitgeteilt, daß eine Anzahl wertvoller Werke aus Polen, die in dieser vorübergehenden Unterkunft zu finden seien, mit den Linzer Sammlungen an einem abgelegenen und geheimen Ort aufbewahrt werden müßten. Buchner meinte, er werde die nötigen Vorkehrungen treffen, und kehrte nach München zurück, nachdem er mit Franks Frau Tee getrunken hatte.[34]
Doch die Tage der uneingeschränkten Herrschaft Hitlers waren vorbei, und es kam niemand. Frank gelang es, *Die Dame mit dem Hermelin* bis zuletzt zu behalten. Dieses Werk sowie weitere acht Gemälde – allerdings nicht den Raffael, den man bis heute nicht wiedergefunden hat – befanden sich bei ihm, als er von den Amerikanern verhaftet wurde.

4
Leben und Privateigentum

Einmarsch im Westen, NS-Kunstmaschinerie in Holland

ARTIKEL 46
Die Ehre und die Rechte der Familie, das Leben der Bürgerschaft und das Privateigentum sowie die religiösen Überzeugungen und gottesdienstlichen Handlungen sollen geachtet werden. Das Privateigentum darf nicht eingezogen werden.
Haager Konvention, Landkriegsordnung, 1907

Nach dem Blitzangriff auf Polen folgte im Westen ein eigenartiges Zwischenstadium, das verschiedene Bezeichnungen kennt: *phony war, drôle de guerre,* Sitzkrieg. Mobilisierte Armeen standen sich gegenüber, während Tausende von Zivilpersonen, die bereits einmal geflüchtet waren oder die bevorstehende Auseinandersetzung fürchteten, krampfhaft hin und her überlegten, wie man am besten überleben konnte. Am 6. Oktober 1939 sprach Hitler vor dem Reichstag. Die Alliierten, so verhieß er, sollten Polen aufgeben, dann werde es Frieden geben. Vier Tage danach gab er den geheimen Befehl, mit den Vorbereitungen für den Einmarsch nach Frankreich und den neutralen Staaten Holland, Belgien und Luxemburg zu beginnen, ein Plan, den er seinen widerwilligen Generälen Ende September erstmals vorgetragen hatte. Als Zeitpunkt faßte er dabei den 12. November ins Auge. In erster Linie ging es Hitler darum, die Westländer zu besiegen und zu knüppeln, um danach Stalin anzugreifen, ehe dieser sich gegen ihn wandte. Die November-Invasion wurde nur wenige Stunden, bevor sie stattfinden sollte, abgeblasen. Im Laufe des Winters wurden die deutschen Einheiten noch dreizehn weitere Male beordert, den Angriff durchzuführen, dann aber jeweils in allerletzter Minute wieder zurückgepfiffen.

Aus heutiger Sicht präsentiert sich die damalige Lage der westeuropäischen Länder wie ein schlechter Stummfilm: eine Frau spaziert arglos durch die Gegend und bemerkt das deutlich sichtbare Ungeheuer hinter dem Gartenzaun nicht. Wie gerne möchte man ihr zuschreien, sie warnen – es ist unerträglich. Und schließlich stürzt das Ungeheuer hervor, und sie rennt, aber da ist es bereits zu spät. Sie sitzt in der Falle am Rand einer Klippe, mit dem Rücken zum Meer. Wer dem Ungeheuer zuvor schon einmal hatte entkommen können oder frühere Kriege erlebt hatte, erkannte die Gefahr klar und bemühte sich beharrlich um eine Möglichkeit, nach England, in die Schweiz oder nach Amerika zu flüchten.

Das holländische Zeichnungssammlerpaar Lugt verließ Paris im September 1939 und fuhr mit nur wenig Gepäck in die Schweiz. Dort angekommen, ließen sie sich die bedeutendsten Werke ihrer Sammlung in rund sechzig eingeschriebenen Briefen nachschicken. Im Mai 1940 übersiedelten sie nach Amerika, wo Frits Lugt am Oberlin College eine Stelle als Dozent antrat.[1] Walter und Marianne Feilchenfeldt, die 1933 von Berlin nach Amsterdam gezogen waren, zögerten ebenfalls nicht: noch bevor die deutschen Truppen in Polen einfielen, sandten sie ihre Cézannes nach London und verbrachten mit der Familie den Sommerurlaub »instinktiv« in der Schweiz, wo sie hernach während des ganzen Kriegs bleiben konnten. Die Cézannes gelangten – ohne Versicherung! – auf dem Schiffsweg nach New York, in Begleitung der Sammlung von Erich Maria Remarque, der den Feilchenfeldts telegrafisch nur ein einziges Wort übermittelte –»Gratulation« –, um so die sichere Ankunft der Gemälde zu melden.[2] So früh Vorkehrungen zu treffen war weise, denn die Zufluchtsstaaten, die bereits eine gewisse Anzahl von Flüchtlingen aufgenommen hatten und einen riesigen Zustrom befürchteten, stellten ihre Visa immer weniger großzügig aus.

Vielen war es bereits schwierig genug erschienen, nach Frankreich oder Holland zu gelangen, und sie hatten dort mit dem Besitz und dem Geld, das sie hatten mitnehmen, schmuggeln oder sonstwie aus dem Reich schaffen können, ein neues Leben begonnen. Für die Bevölkerung der bald einmal besetzten Länder, die die Flüchtlinge darin unterstützte, in andere Länder weiterzureisen oder sich niederzulassen, drängte es sich viel weniger auf, an eine Ausreise zu denken. Trotz der Ereignisse in Polen überwog die Erinnerung an den Ersten Weltkrieg, und der überwiegende Teil von ihnen konnte sich schlichtweg nicht vorstellen, daß die Eroberung durch die Nazis, sollte sie denn

stattfinden, über den reinen Landgewinn hinausgehen und die neue Weltordnung ihr Land in jeder Hinsicht betreffen würde.
Als allerdings diese Möglichkeit immer wahrscheinlicher wurde, trafen jene, die es sich leisten konnten, auch in den jüdischen Gemeinden in Holland gewisse Vorkehrungen. Aaron Vecht, Besitzer eines seit Generationen in Amsterdam etablierten Unternehmens, schloß sein Geschäft und schickte einen großen Teil des Lagerbestandes in die Vereinigten Staaten und nach England, blieb jedoch selbst in Holland.[3] Auch Siegfried Kramarsky, Direktor der Bank Lisser-Rosencrantz und seit 1922 in Holland, schickte Gemälde und weitere Besitztümer in die Vereinigten Staaten. Darunter befand sich van Goghs berühmtes *Bildnis des Dr. Gachet* und zwei Gemälde aus der Berliner Nationalgalerie, die der Säuberung zum Opfer gefallen waren: Göring hatte sie an Franz Koenigs verkauft, der sie seinerseits an Kramarsky abtreten mußte, um eine Schuld zu begleichen. Kramarsky buchte auf dem einzigen Schiff in einem holländischen Hafen, auf dem noch ein Platz frei war, eine Überfahrt nach Ostindien. Die Abreise war für den folgenden Frühling vorgesehen. Aber am 11. November 1939 rief ihn ein Freund aus Deutschland an, der Kenntnis von Hitlers Invasionsplan für den 12. November hatte, und meinte beiläufig: »Es wird heute nacht regnen.« Der Einmarsch wurde dann zwar verschoben, aber die Kramarskys nahmen den nächsten Zug nach Lissabon, wo sie zusammen mit Hunderten weiterer zur Ausreise Entschlossenen einen privat gecharterten Dampfer nach New York bestiegen. Ihre Reise endete schließlich in Kanada, weil ihnen die Vereinigten Staaten kein Visum ausstellten.[4]
Nicht alle brachten diese Energie auf. Jacques Goudstikker, der schillerndste Kunsthändler in Amsterdam, reiste im Mai 1939 für einige Tage nach London und nahm ein paar kleinere Gemälde mit, die er dort einlagerte. Zudem deponierte er 50 000 Dollar auf einem Konto in New York und ermächtigte seinen Anwalt, in seiner Abwesenheit die 94 Jahre alte Firma Goudstikker zu leiten. Die Überfahrt nach Amerika war im Herbst auf dem Dampfer *Simón Bolívar* gebucht, und in den Pässen hatten Jacques und Desi Goudstikker zwei höchst wertvolle US-amerikanische Einreisevisa, gültig bis 10. Mai 1940. Mit dem Herzen war Jacques Goudstikker aber verständlicherweise nicht bei diesem Plan: Er hatte sein Geschäft als kleines Familienunternehmen im Jahre 1919 übernommen und daraus eine internationale Firma mit zahlungskräftigen Kunden wie zum Beispiel William Randolph Hearst gemacht. Auf

seinem Kunst-vollen Besitz, Schloß Nyenrode außerhalb Amsterdams, fanden spektakuläre gesellschaftliche Anlässe statt. 1937 hatte er für eine solche Soirée das gesamte Concertgebouw-Orchester engagiert. Als Solistin trat die österreichische Sopranistin Desirée Halban auf, mit der er sich wenige Monate später verheiratete. Als es Zeit war, mit der *Simón Bolívar* zu reisen, konnten sich die Goudstikkers nicht dazu überwinden und blieben zurück. Als das Schiff dann mitten im kalten Atlantik torpediert wurde und alle an Bord ums Leben kamen, nahm Goudstikker dieses Ereignis für ein Zeichen, daß er in Holland bleiben müsse.[5]

Die deutschen Truppen überschritten die Grenze zu Holland am Freitag, dem 10. Mai 1940. Eindringliche Warnungen seitens des holländischen Attachés in Berlin nahm kaum jemand mehr ernst, hatte doch der Pechvogel bereits so oft vor jeder von Hitler hernach abgesagten Invasion gewarnt. Hitlers Täuschungsmanöver durch Propaganda und Infiltration sowie das ausgezeichnete Timing und die bis ins letzte ausgefeilte Planung erreichten an diesem für ihn glorreichen Pfingstwochenende einen Höhepunkt: seine Strategie der Fehlinformationen war so erfolgreich gewesen, daß man in Frankreich noch immer davon überzeugt war, er greife den Balkan an.
Während die tapfere holländische Armee (die ihre letzte Schlacht im Jahre 1830 geschlagen hatte) in letzter Verzweiflung Brücken sprengte und Schleusentore öffnete, griffen Panik und ein Durcheinander um sich, denn wer immer zu lange zugewartet hatte oder auf der Durchreise hängengeblieben war, versuchte nun doch noch zu entkommen. Leo van Puyvelde und seine Frau, die sich in Amsterdam aufhielten, weil er als Direktor der belgischen Museen eine Ausstellung belgischer Kunst zu eröffnen hatte, wurden noch vor Tagesanbruch durch einen Telefonanruf aus Brüssel geweckt. Man riet ihnen, unverzüglich nach Brüssel zurückzukehren. Es gelang ihnen, einen Taxifahrer ausfindig zu machen, der den Versuch wagen wollte; sie boten noch den Goudstikkers Platz an, aber diese zögerten noch immer. Ihr Anwalt war tags zuvor mit dem Fahrrad tödlich verunglückt, und damit gab es niemanden mehr mit der Ermächtigung, während ihrer Abwesenheit ihre unermeßlichen Schätze in Holland zu verwalten. Zudem ließ sich Goudstikkers verwitwete Mutter nicht zur Ausreise überreden. So begaben sich die van Puyveldes alleine auf die Reise, aber nach nur

wenigen Stunden mußten sie umkehren, denn sämtliche Landwege nach Belgien waren durch die Kampfhandlungen blockiert. Der einzige Fluchtweg führte über das Meer. Indessen hatte Goudstikker versucht, mit dem amerikanischen Konsulat in Rotterdam Verbindung aufzunehmen, um sein Einreisevisum, das ausgerechnet an diesem Tag ablief, zu erneuern, jedoch ohne Erfolg. Bis zum 14. Mai schien jeder Fluchtversuch hoffnungslos geworden. Dennoch überredeten die van Puyveldes die Goudstikkers, mit ihnen zum Hafen IJmuiden zu fahren. Tausende strömten mit demselben Ziel Richtung Küste, und mit Hilfe der diplomatischen Ausweise der van Puyveldes schafften es die beiden Paare, an Bord der *Bodengraven* zu gelangen, die auf ihrer Route nach Südamerika einen Halt in Dover einlegen sollte.[6] Sie hatten sehr viel Glück; dem Kunsthändlerpaar Vecht, das auf derselben Fluchtroute zu entkommen versuchte, gelang es nicht einmal, bis zum Hafen durchzukommen.

Auf der Überfahrt nach Dover geriet das Schiff unter den Beschuß von Sturzkampfbombern, und in Dover durften schließlich nur die van Puyveldes, die über Diplomatenpässe verfügten, an Land gehen. Alle andern mußten nach Liverpool weiterreisen. Bevor das Schiff weiterfuhr, mußten sich die Männer in den von Menschen wimmelnden Frachtraum begeben, um in den Kabinen Platz für die Frauen zu schaffen. Desi Goudstikker bestand darauf, mit ihrem Baby bei ihrem Ehemann zu bleiben. Und an diesem furchtbaren Ort schlug das Schicksal zu:

> Ich saß da, das Baby an mich gepreßt, und Jacques sagte: »Ich muß ein wenig frische Luft schnappen«, und er kam nicht mehr zurück. Ich lief wie eine Wahnsinnige von Kabine zu Kabine, und dann fanden sie ihn im Schiffsbauch.[7]

Beim Spaziergang auf dem verdunkelten Deck war Goudstikker durch eine ungedeckte Luke in den Tod gestürzt.[8] Man brachte die Leiche in Falmouth an Land, aber Desi Goudstikker durfte auch dort nicht bleiben. Nachdem sie unter Bewachung im Büro des Hafenmeisters die notwendigen Bestattungsformalitäten geregelt hatte, wurde sie wieder an Bord des Schiffes gebracht, und dieses nahm Kurs auf Liverpool.[9]

Als Besitzerin eines österreichischen Passes nahm man sie beim Landgang als feindliche Ausländerin fest und internierte sie im Zimmer eines Pflegeheims, bis der frühere österreichische Botschafter und andere Londoner Freunde ihre Freilassung erwirken konnten. Holländische Versicherungsunternehmen weigerten sich, Goudstikkers Lebensversicherung auszuzahlen, weil er – so machten sie geltend – zweifelsfrei Selbstmord begangen habe, und trotz der Intervention von Goudstikkers ehemaliger, inzwischen verwitweter Kundin Hearst und einem Gespräch mit Joseph Kennedy höchstpersönlich weigerte sich die amerikanische Botschaft, ihr Einreisevisum zu erneuern. Als Grund gab man an, Desi Goudstikker sei nun eher zur deutschen als zur holländischen Quote zu zählen, und erstere sei »für zwanzig Jahre ausgeschöpft«.

Kennedy teilte ihr schließlich mit, sie könne innerhalb von zehn Minuten ein Visum von der kanadischen Botschaft bekommen. Nachdem sie dies besorgt hatte, begab sich Desi Goudstikker mit ihrem Kind erneut auf hohe See, Tag und Nacht in Schwimmwesten. Diese Reise erwies sich als nicht weniger schlimm als die erste. Es gab andauernd Notfall-Übungen mit den Rettungsbooten, und das Schiff wurde während der Fahrt von Torpedos beschädigt – aber es kam an. Desi Goudstikker wurde am Pier von den Kramarskys empfangen, bei denen sie einige Monate bleiben konnte. Auf diese oder ähnliche Weise gelangte, wer Glück hatte, auf den amerikanischen Kontinent.

In der ersten Maiwoche fegten die deutschen Truppen weiter, durch Luxemburg und die »undurchdringlichen« Ardennen, darauf um die gewaltigen Befestigungsanlagen der Maginot-Linie herum und gleichzeitig nach Norden Richtung Dünkirchen und kesselten dabei mit ihrem »Sichelschnitt« Tausende von britischen, französischen und belgischen Soldaten ein. In ihrem Rücken hielt eine weitaus kleinere deutsche Einheit mitten in Belgien französische und britische Verbände in Schach und verwüstete einmal mehr die gerade eben restaurierte Bibliothek der Universität von Löwen, die bereits im Ersten Weltkrieg zerstört worden war.

Brüssel fiel am 18. Mai, aber die belgische Armee hielt noch eine weitere Woche aus und ermöglichte es dadurch Hunderttausenden von französischen und belgischen Soldaten, sich in Dünkirchen einzuschiffen und in Sicherheit zu gelangen. Zudem konnten sich drei Lastwagen, beladen mit den wertvollsten beweglichen Gemälden aus Belgien –

darunter dem Genter Altar –, auf den weit über fünfzehnhundert Kilometer langen Weg nach Rom machen, wo man die Kunstwerke dem Vatikan in Obhut geben wollte. In Péronne, einem Ort unmittelbar hinter der französischen Grenze, geriet der kleine Konvoi frontal in die Schußlinie der legendären Panzerdivision unter der Führung von General Guderian, die sich Richtung Ärmelkanalküste durchschlug. Dieser Zusammenstoß wurde, wie in offiziellen Berichten mit einer geradezu wahnwitzigen Untertreibung festgehalten ist, »glücklicherweise ohne Schaden« überstanden, aber bis die Lastwagen ihre Reise wieder aufnehmen konnten, war auch Italien in den Krieg eingetreten. Die belgischen Kunstschätze wurden umgeleitet und im Schloß von Pau am Fuße der Pyrenäen in Sicherheit gebracht – nach einer schon unter optimalen Umständen eindrucksvollen Fahrt.

In Frankreich hatte man in den bisherigen neun Kriegsmonaten viel Arbeit in Verteidigungsmaßnahmen gegen diese Invasion gesteckt. Das Problem war nur, daß diese Vorbereitungen sich auf die falschen Orte konzentrierten und das durch den Ersten Weltkrieg geprägte Denken ein unüberwindliches Hindernis für die nun notwendige flexible Reaktion darstellte. Weder hatte man etwas gelernt aus der Niederlage Polens – in Frankreich betrachtete man diese Nation als »schwach« –, noch ließ sich die psychische Bereitschaft, mit dem Schlimmsten zu rechnen, die sich im September 1939 eingestellt hatte, im Lauf des ungewöhnlich kalten folgenden Winters aufrechterhalten, zumal die Situation besonders trügerisch war, kam es doch immer wieder zu kritischen Situationen in der französischen Regierung und zu Fehlalarmen. Zudem neigt eine nicht auf Eroberungen sinnende Nation eher dazu, zum Alltag zurückzukehren. Die Soldaten an der Front, die das Feuer auf den Feind nicht eröffnen durften, obwohl sie ihn doch so deutlich sehen konnten, ärgerten sich über ihr eintöniges Leben, frönten dem Alkohol und feierten immer längere Wochenenden. Und ihre in hübschen Hotels untergebrachten Offiziere gewöhnten sich an ein bequemes Dasein.

Das Leben in Paris blieb praktisch unbehelligt. Man stellte fest, daß sich Diamanten, da sie leicht zu tragen waren, gut verkaufen ließen. Die vornehmen Damen, die Kriegshilfsdienst leisteten – unter ihnen auch die Herzogin von Windsor –, tafelten immer noch zusammen, jetzt allerdings in den schneidigen Uniformen des Roten Kreuzes oder einer anderen ähnlichen Organisation. Konzerte, Ausstellungen und Pferderennen fanden nach wie vor statt. Während der seltenen Bombenalarme servierten die schicken Portiers den Kaffee und die Suppe in den Luftschutzräumen; allerdings konnten es nur wenige Hotels mit dem Ritz aufnehmen, von dem es heißt, es habe dort gar Hermès-Schlafsäcke gegeben.[10]

Kunsthandlungen waren offen, die Geschäfte gingen jedoch ziemlich flau; der Vorrat an zeitgenössischen Werken schmolz dahin, denn junge Maler wurden wie alle andern eingezogen. In der Zeitschrift *Beaux Arts,* die eine Spalte dem Verbleib von Kunstschaffenden, Museumsangestellten und Kunsthändlern widmete, stand zu lesen, daß die Brüder Pierre und Charles Durand-Ruel als Pilot beziehungsweise Dolmetscher dienten, daß sich Bonnard in Cannes aufhielt und Gerald van der Kemp, der Kurator des Louvre, bei den Fernmeldetruppen war. Aber noch immer hielten sich erstaunlich viele Kunstschaffende, die ihre Werke dringend verkaufen wollten, in Paris auf, und dies erwies sich als wahre Fundgrube für alle, denen der Sinn nach Sammeln stand. Eine davon war die Amerikanerin Peggy Guggenheim, die mit dem Entschluß nach Paris gekommen war, »jeden Tag ein Bild« für ihr geplantes Museum für moderne Kunst zu erwerben. Und die Leute scharten sich denn auch förmlich um sie, einige davon in der Hoffnung, genug Geld aufzutreiben, um Frankreich verlassen zu können. »Bald begannen die Leute, mich zu verfolgen und mir mit Bildern das Haus einzulaufen. Ich war vor ihnen nicht einmal im Bett am frühen Morgen vor dem Aufstehen sicher«, berichtet sie.[11] Im Nu hatte sie Werke von Tanguy, Pevsner, Dalí, Giacometti, Man Ray und Léger zusammen. Sie war so optimistisch, daß sie sogar noch am 9. April, als die deutschen Truppen in Norwegen einfielen, für ihre Ankäufe ein großes Appartement an der Place Vendôme mietete und mit dem Umbau begann. Nach dem 10. Mai begannen sich die Reihen um Peggy Guggenheim dann rasch zu lichten, aber sie selbst blieb bis zuletzt und kaufte noch am 3. Juni, als die deutschen Flugzeuge bereits die Pariser Vororte bombardierten, Brancusi den *Vogel im Raum* ab. Brancusi, der sich stets schwertat mit Verkäufen, liefen »die Tränen über die Backen«, als sie mit seinem Werk davonzog.[12]

In all der scheinbaren Normalität während des Sitzkriegs standen die leeren, hallenden Räume der großen Pariser Museen wie ein nüchternes Mahnmal für das, was vielleicht noch zu erwarten war. Die franzö-

Die Bibliothek von Löwen 1940.

sischen Museen ließen in ihren Bemühungen, den Schutz ihrer Schätze zu verbessern, nicht nach. Kaum hatten die bedeutenderen Werke Chambord erreicht, begannen sie die Bestände auf elf andere Schlösser westlich von Paris umzuverteilen, die allesamt nicht in angenehmer Entfernung von Chambord, jedoch soweit wie nur möglich entfernt vom voraussichtlichen Kriegsschauplatz an der Maginot-Linie lagen. Sechs dieser elf Schlösser befanden sich nördlich der Loire. Im November wurde die *Mona Lisa* auf einer Bahre in einem versiegelten Lieferwagen verstaut und, eskortiert von zwei weiteren Fahrzeugen, nach Louvigny in die Nähe von Le Mans transportiert. Den Kurator, der die Fahrt über neben dem Gemälde gesessen hatte, zog man zwar halb bewußtlos aus dem Lieferwagen, und man mußte ihn wiederbeleben, aber Leonardos unergründlich Lächelnder ging es bestens. In ihrer Begleitung befanden sich auch Fra Bartolomeos *Mystische Vermählung der Heiligen Katharina* und weitere bedeutende Werke der italienischen Malerei. Die Rubens-Gemälde der Sammlung Medici kamen

nach Schloß Sourches, wo Germain Bazin sie später hütete. Courtalain bei Châteaudun erhielt die ägyptische Sammlung. Am südlichen Ufer der Loire fuhren dreißig Lastwagen von Chambord nach Brissac in der Nähe von Angers; ebenfalls dorthin brachte man den berühmten mittelalterlichen Teppich-Zyklus aus Angers mit Motiven aus der Apokalypse. Cheverny bot Schutz für die Werke aus dem Museé Cluny, und der ausgedehnte Talleyrand-Besitz in Valençay nahm die großen Skulpturen *Venus von Milo, Nike von Samothrake* und Michelangelos *Sklaven* aus dem Louvre auf, aber auch die Kronjuwelen.[13]
In Chambord packten die Museumsleute die notwendigen Dokumente und Unterlagen aus und versuchten, sich in dem riesigen Schloß einzurichten, das seit Jahrhunderten nicht mehr bewohnt und in dem die sanitären und elektrischen Einrichtungen ebenso antik waren wie die Kunstwerke. Das Leben in diesem Kunstdepot war für sie aber immerhin um einiges ruhiger als für die in den noch von den Besitzerfamilien bewohnten Schlössern Untergebrachten, wo man das gesellschaftliche Landleben auf Hochtouren weiterpflegte. In Cheverny fand eine Treibjagd statt, mit kläffenden, von Jägern in rot-goldener Kleidung angetriebenen Hundemeuten. Die herzogliche Familie von Valençay besaß eine wunderschöne, aber leider auch ziemlich lärmige Sammlung von Papageien, die in Käfigen überall auf dem Gelände standen. Man betrachtete jedoch die Anpassung an diese neue Lebensart als einen Teil der Berufspflicht und lernte schnell, daß »dreißig bis vierzig gut plazierte Fachwörter im Gespräch [ausreichten], um aus uns gleichwertige Gesprächspartner zu machen und uns von jedem Minderwertigkeitskomplex zu heilen«.[14]

Den ganzen Winter über brachte man weitere Kunstobjekte aus Paris heraus und aufs Land, in allen nur möglichen Transportmitteln, die der für die Pariser Museen Verantwortliche Jacques Jaujard von Gönnern, Angestellten oder Freunden erbetteln oder leihen ließ. Andere Konvois verteilten die Bestände der Museen der Stadt Paris, die gesondert verwaltet wurden, auf weitere Schlösser in derselben Region. In Paris selbst füllten sich die Kellergewölbe im Panthéon und in Saint-Sulpice nach und nach mit Skulpturen und Glasfenstern aus nahegelegenen Kirchen und auch öffentlichen Institutionen wie der Comédie Française. Ein Kurator konnte ein Schmunzeln nicht unterdrücken, als er Houdons Statue des eingeschworenen Antiklerikers Voltaire zwischen

Saint-Sulpice in Paris: Voltaire ist unter die Heiligen geraten.

himmlischen Heerscharen erblickte.[15] Ähnliche Szenen spielten sich in ganz Frankreich ab. In Bayeux verfügte der Bürgermeister, daß der berühmte Wandteppich gerollt, in einer speziellen Bleikiste versiegelt und in einem betonierten Schutzraum gelagert werden müsse.

Trotz all der Vorbereitungen schlug dann der wirkliche Einmarsch in Holland und Belgien wie ein Blitz ein. Matisse, den die Nachricht in Paris überraschte, stürzte in ein Reisebüro und buchte eine Überfahrt nach Rio auf einem Schiff, das Genua am 8. Juni verlassen sollte. Als er aus dem Reisebüro trat, traf er zufällig Picasso und ließ seiner Bestürzung über die klägliche Führung der französischen Armee freien Lauf. Picasso sagte nur: »*C'est l'Ecole des Beaux-Arts*« – für ihn die perfekte Umschreibung der Maginot-Mentalität.[16]

Am 4. Juni stand der Hauptteil der deutschen Invasionsverbände nach großen Schwenkmanövern exakt nördlich der nur gerade noch zweihundertfünfzig Kilometer entfernten, mit Kunstschätzen überfüllten Lagerorte – keine Maginot-Linie dazwischen, und die Truppen rückten unaufhaltsam weiter vor. Vor dieser Welle der Gewalt ergriffen Millionen Menschen aus Belgien, Nordfrankreich und bald auch Paris die Flucht. Erschöpft und schmutzig saßen Frauen, Männer und Kinder mit Katzen und Hunden gedrängt in mit Matratzen vollgepackten Wagen, stießen grotesk überladene Fahrräder oder strömten ganz einfach zu Fuß in die Parkanlagen von Chambord und Valençay, eine Szene, die einen Kunsthistoriker an Callots *Misères de la Guerre* erinnerte. In allen Zügen und auf jedem Bahnhof wimmelte es von Menschen. Und diesem Strom der Verzweiflung folgten einmal mehr die größten Kunstschätze Frankreichs. Die *Mona Lisa* und einige andere in aller Eile verpackte Kunstwerke aus Louvigny, dem am nördlichsten gelegenen Lagerort, wurden als erste verschoben. Am 5. Juni befand sich die *Mona Lisa* sicher in der uralten Abtei Loc-Dieu im Midi bei Villefranche-de-Rouergue. Dank einer außergewöhnlichen Gewaltleistung französischer Museumsangestellter folgten ihr mehr als dreitausend weitere Gemälde. Der letzte Konvoi überquerte die Loire am 17. Juni 1940, nur Stunden, bevor die Brücken gesprengt wurden. Südlich der Loire befanden sich die Straßen in einem desolaten Zustand. Der längste Konvoi zwängte sich mühsam auf Valençay zu. Die Lastwagenfahrerin Lucie Mazauric, die ihre Fahrprüfung nur gerade einen Tag zuvor abgelegt hatte und entsprechend aufgeregt war, schrieb später:

> Am schlimmsten war der Anfang, die Strecke Chambord–Valençay. Wagen standen in alle Richtungen. Die verstopften Straßen verlangsamten unsere Fahrt, und mir passierte das Mißgeschick, daß meine Stoßstange beim Anstieg nach Valençay sich mit der am Laster meiner Freundin Mme Delaroche-Vernet verhakte. Wir hätten sie nie wieder voneinander loslösen können und wären im Mahlstrom der Wagenflotte zugrunde gegangen, die, wie von Schlafwandelnden gelenkt, offenbar keine Hindernisse mehr sahen – wenn uns nicht ein stämmiger Kerl geholfen hätte [...] Seine Zuvorkommenheit half uns, den Rest zu überstehen. Der Rest war ziemlich mühsam. [...] Deutsche Bomber kreisten ohne Unterlaß über der Straße. Wenn sie es darauf angelegt hätten [...], hätte der Exodus in einem Gemetzel geendet.[17]

In Valençay, wo es bereits von Kuratorinnen und Flüchtlingen wimmelte, hielten die Männer und Frauen am Steuer für die Nacht an. Sie fanden keine Ruhe, hörten sie doch andauernd das Donnern des Artilleriefeuers, und das war für die meisten von ihnen eine gänzlich neue Erfahrung. Im Morgengrauen fuhr der Konvoi bei dem anhaltend schrecklich schönen Wetter weiter, welches den ganzen Einmarsch begünstigt hatte, und die zweite Nacht verbrachten sie in einem Dorfschulhaus auf Matratzen. Auf der Fahrt über Land am nächsten Tag, wo niemand für nichts mehr zuständig schien, war man schon froh, daß allein der Name Louvre ausreichte, um den benötigten Treibstoff zu erhalten. Der Lastwagenkonvoi, der Unterhaltsarbeiten dringend benötigte, erreichte Loc-Dieu am Tag des Waffenstillstands.

Am 10. Juni war die französische Regierung ebenfalls aus Paris geflohen, um sich den Meisterwerken in den Schlössern hinter der Schutzlinie Loire zuzugesellen. Ihre Flucht kam nicht unerwartet. Die Straßen waren so verstopft, daß die Regierungsmitglieder mehr als zwölf Stunden brauchten, um zu ihren rund zweihundertfünfzig Kilometer entfernten Domänen rund um Tours zu gelangen. Nun waren sie an der Reihe, die typischen Unannehmlichkeiten des Landlebens kennenzulernen. Bis zu dem Tag hatte niemand an die rudimentären, von den Schloßbewohnern liebevoll gehegten Fernmeldeeinrichtungen gedacht. Die gleichermaßen rar gestreuten Waschgelegenheiten aber führten zu erstaunlichen Begegnungen berühmter Persönlichkeiten in den Fluren und Sälen. So sah man sowohl Churchill als auch die Gräfin de Portes, die allgegenwärtige Geliebte des französischen Premierministers, auf der Suche nach einem Badezimmer in einen wallenden roten Schlafrock gehüllt durch die weitläufigen Hallen eilen.[18] Erst am 13. Juni erklärte General Weygand, der Oberbefehlshaber der französischen Streitkräfte, nach tatkräftiger Unterstützung durch die neutralen Botschaften der Vereinigten Staaten und der Schweiz in den Verhandlungen zwischen der französischen Regierung und den deutschen Verbänden, Paris zur offenen Stadt.[19] Es handelte sich sowohl um eine militärische wie auch ästhetische Entscheidung: Weygand wollte verhindern, daß die Verteidigungstruppen um die Stadt völlig eingekesselt wurden. Churchill war nicht damit einverstanden; er drängte darauf, Paris zu verteidigen, und betonte, »daß die Verteidigung einer großen Stadt eine angreifende Armee aufreiben müsse, wenn um jedes einzelne Haus gekämpft würde«.[20] Tags darauf marschierten die deutsche Verbände in Paris ein, und die französische Regierung zog sich darauf, ebenso hilflos wie die acht Millionen Flüchtlinge, weiter nach Bordeaux zurück.

Auch Tausende von Kunstwerken in Privatbesitz mußten in diesen chaotischen Tagen der Invasion in Sicherheit gebracht werden. Die französischen Museumsverwaltungen hatten eine große Anzahl aus privaten Depots, darunter zahlreiche Werke bedeutender jüdischer Familien und Kunsthandlungen, in ihre Obhut genommen. In Moyre und Sourches befanden sich Objekte der Wildensteins, verschiedene der Rothschilds sowie von David David-Weill (dem Vorsitzenden des Conseil des Musées) und Alphonse Kann; weitere Werke beherbergte Brissac. Diese Bestände wurden von den Museen jedoch nicht in den Süden transportiert; auch stellten sie nur einen Bruchteil der in Paris in privater Hand befindlichen Kunstschätze dar. Mit den dort verbliebenen verfuhr man auf verschiedene Art und Weise. Peggy Guggenheim, deren Werke in den Louvre-Refugien keinen Platz zugestanden erhielten, weil man dort, wie sie später berichtete, »entschied [...], meine Bilder seien es nicht wert, gerettet zu werden«, begann am 5. Juni fieberhaft, die Leinwände aus den Rahmen zu lösen und in drei große Kisten zu packen. Es gelang ihr schließlich, diese nach Vichy zu senden, wo eine Freundin sie in ihrer Scheune versteckte.[21] Der Kunsthändler Paul Rosenberg deponierte vor seiner Flucht über Lissabon nach New York 162 größere Werke in einer Bank in Libourne am Stadtrand von Bordeaux. Dieses Konvolut enthielt nicht weniger als fünf Werke von Degas, fünf von Monet, sieben von Bonnard, einundzwanzig von Matisse, vierzehn von Braque, dreiunddreißig von Picasso und eine ausgezeichnete Auslese von Corot, Ingres, van Gogh, Cézanne, Renoir und Gauguin. Einhundert weitere Rosenberg-Gemälde gingen in ein gemietetes Schloß in der Nähe von Floirac.[22] Matisse, der sich bei Rosenberg in Bordeaux aufgehalten hatte, war derart entsetzt über den Mahlstrom von Flüchtlingen, die um einen Platz auf was auch immer für einem Schiff kämpften, nur um wegzukommen, daß er seinen Entschluß, Frankreich zu verlassen, änderte. Er brauchte zwei Wochen, um sich langsam von Ort zu Ort quer durch Südfrankreich vorzuarbeiten und sein bevorzugtes Hotel Régina in Nizza zu erreichen. Dort angekommen, schrieb er an seinen Sohn in New York: »Als ich sah, wie hier alles drunter und drüber ging, gab ich meine Fahrkarte wieder zurück. Ich wäre mir wie ein Deserteur vorgekommen. Wenn

Paul Rosenberg.

jeder, der irgend etwas wert ist, Frankreich verläßt, was bleibt denn von Frankreich übrig?«[23] Georges Braque war ebenfalls unterwegs; er, seine Frau und jemand aus dem Atelier hatten so viele Gemälde verstaut, wie sie in den Wagen hineinbekamen. In Bordeaux wandten sich die Braques an dieselbe Bank wie zuvor Rosenberg und hinterlegten dort einen Teil ihrer Sammlung der Moderne sowie – wie sich später herausstellen sollte, leider – ein Porträt von Cranach.

Die Wildensteins hinterlegten 329 Kunstwerke in der Banque de France in Paris und weitere 82 im Louvre, aber es blieb nach ihrer Flucht nach Aix-en-Provence noch immer eine beachtliche Anzahl in den Ausstellungsräumen in der Rue la Boétie Nr. 57 und in ihrem Haus außerhalb von Paris zurück. Die Objekte der Rothschilds in der Obhut des Louvre stellten nur einen Bruchteil des gewaltigen Familienvermögens dar, das in ganz Frankreich verstreut blieb. Die notorisch zerstreute Myriam de Rothschild verlor einen großen Teil ihrer Bestände, weil sie sie in einer nicht gut genug markierten Sanddüne in der Nähe von Dieppe vergrub.[24] Die Familie Bernheim-Jeune war umsichtiger und schickte achtundzwanzig Gemälde, darunter sieben von

Cézanne, an eine befreundete Familie auf Château de Rastignac in der Dordogne, wo man sie sorgfältig in Schrankkoffern, Wandschränken und Truhen verbarg. Weitere Gemälde nahm die Familie mit nach Nizza, aber auch bei ihnen blieben in der Pariser Wohnung viele erstklassige Skulpturen, Zeichnungen und Gemälde zurück.[25] Der Juwelier Henri Vever hinterlegte seine Rembrandt-Radierungen in seiner Pariser Bank, nahm aber die ihm teure, unvergleichliche Sammlung islamischer Miniaturen und Bücher mit auf sein Schloß in der Normandie.

Doch so eindrucksvoll die Zahl der in diese Vorgänge verwickelten Kunstwerke sich auch ausnimmt, verblaßt sie doch im Vergleich zur Ladung, die der Kunsthändler Martin Fabiani im Mai und Juni mit Erfolg durch Frankreich und Spanien nach Lissabon verfrachtete. Nach dem Tod des legendären Ambroise Vollard im Juli 1939 hatte dessen Bruder Lucien einen großen Teil seines Anteils an den Beständen an Vollards langjährigen Mitarbeiter Fabiani verkauft. Diese Sammlung, die nur wenige Wochen vor der Invasion auf die Reise geschickt wurde,[26] war atemberaubend: 429 Gemälde, Zeichnungen und Aquarelle von Renoir, 68 von Cézanne, 57 von Rouault, 13 von Gauguin und viele mehr, alles in allem 635 Kunstwerke. Sie alle verließen Lissabon, versehen mit britischen Ausfuhrpapieren, am 25. September 1940 auf der *Excalibur,* die soeben das herzogliche Paar von Windsor in ihr Halbexil auf die Bermudas gebracht hatte.

Fabiani rechnete damit, daß Werke dieser Art in den Vereinigten Staaten oder auch in Großbritannien erheblich besser verkäuflich waren als an die neuen Machthaber in Frankreich, und hatte deshalb mit Etienne Bignou in New York und Reid and Lefèvre in London ein Gewinnbeteiligungsabkommen geschlossen.[27] Zu seinem Pech betrachtete man jedoch Frankreich, als er sich an Bord der *Excalibur* den Bermudas näherte, nicht mehr als alliierte, sondern als feindliche Wirtschaftsmacht, deren Devisen zur Unterstützung der nun mit gebündelter Macht gegen Großbritannien gerichteten Nazi-Aggression verwendet werden konnten. Sämtliche britischen Konsulate arbeiteten daher mit dem Ministerium für wirtschaftliche Kriegführung zusammen und achteten aufmerksam auf den möglichen Export »feindlicher« Vermögenswerte, und alle Schiffsladungen wurden peinlich genau durchsucht, sobald sie in britisch kontrollierte Häfen einliefen. Auf den Bermudas nahmen die Behörden die Gemälde »aufgrund ihrer feindli-

Georges Wildenstein in London 1938 (Foto Cecil Beaton).

chen Herkunft und weil Zweifel an den Sympathien von Fabiani bestanden« in Gewahrsam; später wurden sie unter der Obhut des Finanzamtes in Kanada eingelagert. Und dort blieben sie dann auch bis zum Kriegsende.[28]

Auch wer bestens mit den üblichen Tricks des internationalen Handels vertraut war, mußte feststellen, daß selbst sorgfältigst ausgeklügelte Pläne nicht nur fruchtlos, sondern plötzlich sogar ziemlich illegal waren. Ein paar Wochen nach der Affäre Fabiani schickte David David-Weill, Vorstandsvorsitzender der renommierten internationalen Bank Lazard-Frères, sechsundzwanzig Kisten mit Gemälden und Antiquitäten nach Lissabon, wo sie zufälligerweise ebenfalls auf die *Excalibur* verladen wurden. Ihr Reiseziel war New York; dort sollten sie von der als Aktiengesellschaft eingetragenen Zweigniederlassung Wildenstein verkauft werden. An diesem Vorgang war an sich nichts neu. 1931 hatte David-Weill einen Teil seiner Bestände an eine britische Holding-Gesellschaft unter dem Namen Anglo-Continental Art, Inc., verschoben, die sich ihrerseits im Besitz eines kanadischen Unternehmens befand, das wiederum vollumfänglich David-Weill gehörte, und damals einen

Anteil davon zum Verkauf an die Niederlassung Wildenstein in London bestimmte. Um einen größeren Markt zu eröffnen, ließ Wildenstein 1938 und 1939 sechs Schiffsladungen dieser Werke an seine New Yorker Niederlassung transferieren. Insgesamt handelte es sich um rund 291 Objekte mit einem Schätzwert von mehr als zwei Millionen Dollar. Die Werke auf der *Excalibur* sollten nun ebenfalls als Eigentum der Anglo-Continental nach New York gelangen.

Doch zunächst verweigerten die britischen Behörden den Kisten in Lissabon erst einmal die Ausfuhrbewilligung. Zwischen den Lazard-Niederlassungen in London und New York flitzten daraufhin Telegramme hin und her – in denen David-Weill für den Fall, daß die Deutschen diese Mitteilungen abfingen, jeweils nur als »unser gemeinsamer Freund« bezeichnet wurde –, mit dringendem Ersuchen an London, das Möglichste zu tun, um die Schiffsladung freizubekommen. Die Londoner Niederlassung ließ verlauten, man habe in Großbritannien gerüchteweise gehört, daß die Werke in New York ausgestellt und verkauft werden sollten, um Geld für die französische »Secours National« zu beschaffen. Diese aber gelte inzwischen als feindliche Organisation. Das Gerücht wurde dementiert, und man bat die britische Botschaft in Washington um Intervention. Von dieser Seite kam nun die hilfreiche Erklärung, Hauptgrund für die Ausfuhr sei die sichere Bewahrung der Werke vor den Deutschen. So durfte die Ladung Lissabon letzten Endes am 14. Oktober verlassen. Sie traf unversehrt in New York ein und wurde unter einem Sperrkonto eingelagert.

Der britische Widerstand, die David-Weill-Bestände zum Verkauf freizugeben, ging auf die Tatsache zurück, daß die Gewinne aus dem Verkauf der zuvor von London nach New York verschobenen Kunstobjekte nicht nach Großbritannien geflossen waren, obwohl sich der nominelle Sitz der eingetragenen Firma Anglo-Continental Art dort befand. Die Bank of England, die sich angesichts des Mangels an ausländischen Devisen bemühte, den Dollarfluß nach England aufrechtzuerhalten, drohte nun mit der unverzüglichen Liquidation der gesamten Bestände, was einen kräftigen Preissturz ausgelöst hätte. Seitens der Londoner Anglo-Continental versuchte man dies Wildenstein in mehreren eindringlichen Schreiben klarzumachen, und bat ihn inständig, die umstrittenen Kunstwerke zurückzusenden. Die Lage wurde noch erschwert durch die Tatsache, daß sich nun auch Kanada einmischte und seinerseits Anspruch auf die Sammlung erhob.

Dieses Hin und Her mußte unweigerlich auch den amerikanischen Finanzbehörden zu Ohren kommen, die den Geldfluß in und aus dem Land überwachten. Nach amerikanischem Gesetz mußten alle Überweisungen an Staaten unter deutscher Kontrolle gemeldet und genehmigt werden, und die David-Weill-Ladung stammte fraglos aus Frankreich. Bald fielen T-Leute, also Spezialagenten des amerikanischen Finanzministeriums, über die vornehmen Räumlichkeiten von Wildensteins New Yorker Niederlassung her und fanden heraus, daß die Firma sich in der Tat der Verletzung dieser Verordnung schuldig gemacht hatte, indem sie genau die Gelder nach Frankreich geschickt hatte, die London so lautstark einforderte.

Daß Wildenstein ganz offensichtlich zu Unrecht behauptete, man wisse nicht ganz sicher, wem die Bestände gehörten, und es bestehe »eine Möglichkeit daß französische Interessen im Spiel seien«, machte die Sache nicht besser. Die T-Leute betrachteten dies als »einen Versuch, die englischen, kanadischen und amerikanischen Behörden als die wahren Eigentümer der Bestände zu verwirren und unterdessen völlige Freiheit zu genießen, um mit den Beständen nach Gutdünken zu verfahren«.[29] Unverzüglich ließen die amerikanischen Behörden die gesamten Guthaben der Anglo-Continental einfrieren, von Wildenstein wurden rechtmäßige Genehmigungen verlangt, und die Gewinne aus allen weiteren Verkäufen mußten auf das Sperrkonto einer New Yorker Bank eingezahlt werden. Für den Anwalt der Anglo-Continental, der von Anfang an alles in den sicheren Vereinigten Staaten haben wollte, ging dies ganz in Ordnung. Für andere im Kunsthandel Tätige, die ganz gern auf die von den T-Leuten beschriebene Art verfuhren, war diese unerwünschte Kontrolle, besonders unter den damaligen Umständen, ein harter Brocken.

Die Niederlage Frankreichs hatte weit über die Grenzen des Landes hinaus einschneidende Folgen. Die nach Wales evakuierten britischen Kunstbestände befanden sich nun nicht mehr, wie einst beabsichtigt, außer Reichweite der deutschen Bomberstaffeln, sondern direkt in deren Flugbahn, starteten diese doch nun von ihren neuen Basen in Frankreich aus zu den Angriffen auf die Industriestädte in Mittelengland. Zwar galten Bangor und Umgebung nicht als Angriffsziele, aber allein die entfernte Möglichkeit, daß ein Fehlabwurf den Besitz der National Gallery vernichten könnte, gab Anlaß zu Sorge. Zuerst beschloß man, die Kunstwerke auf ein größeres Gebiet zu verteilen. Etwa zweihundert Gemälde von »größter Bedeutung« kamen in einen Landsitz in Bontnewydd, auf das Anwesen von Lord Lisburne in der Nähe von Aberystwyth und nach Caernarvon Castle. Die ersten beiden Gebäude erhielten zur Freude der Besitzerfamilien geradezu unerhörte Elektroheizungen, die viel besser waren als das alte Heißwassersystem auf Caernarvon Castle, wo für die nötige Feuchtigkeit mittels alter Laken und Filzbahnen gesorgt wurde, die man in einen nahen Bach tauchte und zwischen die Gemälde hängte. Derlei logistische Probleme ließen diese Lösung alles andere als ideal erscheinen, und im Juli, als die Angst vor einer deutschen Invasion stieg und der Luftkrieg an Heftigkeit zunahm, entschloß sich die Museumsverwaltung, nach unterirdischen Lagermöglichkeiten zu suchen. Die beiden Fachleute Martin Davies und Ian Rawlins durchforsteten das wilde Wales nach »Steinbrüchen, tief eingeschnittenen Hohlwegen, die man mit armiertem Beton überdachen konnte, Eisenbahntunneln, leeren Höhlen und ähnlichem«. Vorerst verlief diese Suche allerdings erfolglos, und die meisten Örtlichkeiten wurden gleich verworfen. »Die Zugänge [...] zu Steinbrüchen, die wir gesehen haben, eigneten sich zwar ideal für den Transport von Schieferplatten, [...] aber ihr Anblick erfüllte Mr. Rawlins und mich mit Hoffnungslosigkeit, wenn wir an die Gemälde der National Gallery dachten«, schrieb Davies. Mitte September fanden sie dann endlich den Steinbruch Manod bei Festinogg. Er verfügte über so etwas wie eine holprige Zufahrt von etwa sechs Kilometern Länge und mit einer Steigung von gut sechzehn Prozent und gehörte Leuten, die sich nicht nur bereit erklärten, ihnen den benötigten Platz zur Verfügung zu stellen, sondern auch die Höhe des Eingangs zu verdoppeln, so daß die Gemäldekisten im Innern ausgepackt werden konnten. Dieses Innere instandzustellen war keine einfache Aufgabe. An die fünftausend Tonnen Schiefer galt es wegzusprengen, um den Boden auszuebnen, und weiter innen auf einer Fläche von fast einem Quadratkilometer sechs richtige Hallen zu errichten, in denen sich Feuchtigkeit und Licht kontrollieren ließen. Die ersten Gemälde konnten erst im August 1941 hergebracht werden. Alle zuvor so sorgfältig verteilten Werke mußten wieder eingesammelt werden. Sechs- bis siebenhundert Bilder pro Woche krochen dann jeweils die enge, windgepeitschte Straße, auf der keine zwei Lastwagen kreuzen konnten, zum Steinbruch hinauf. Einmal dort angekommen, mußten die mehrere tausend Pfund

Die Bilder der Londoner National Gallery auf dem Weg in den Untergrund im wilden Wales.

schweren Kisten ohne Kran langsam nach unten manövriert werden, wo man sie auf kleine motorisierte Loren lud und in die Hallen rollte. In diesen gab es genug Platz, um den größten Teil der Bestände an die Wände zu hängen, »nicht auf ansprechende Art und Weise, aber gut genug, um ihr Befinden unter der Erde zu beobachten« – welches dank ausgezeichneter Kontrolle der Temperatur und dank Abwesenheit von Publikum, »das genügt, um die sorgfältigste Klimatisierung über den Haufen zu werfen, besser war als zu Hause«.[30]

In Südwestengland traf man indessen Vorbereitungen für weitere Zufluchtsorte, und zwar für die Bestände im British sowie im Victoria and Albert Museum. Und Bomben fielen dann tatsächlich: Neunmal trafen sie die National Gallery, der Volltreffer einer Brandbombe stürzte durch die Kuppel in den Hauptlesesaal des British Museum, und weitere zerstörten das Dach der neuen, kurz zuvor von Lord Duveen gestifteten Parthenon Gallery. Die Tate Gallery, deren Bestände man in ihren ersten Zwischenlagern ebenfalls wieder eingesammelt und nach Sudley Castle in Gloucestershire gebracht hatte, wurde mehrere Male getroffen, und zuletzt waren sämtliche Räumlichkeiten unbrauchbar. Direktor Rothenstein, der vom Dach – oder vielmehr von dem, was davon übriggeblieben war –, hinunterschaute, erblickte folgendes:

> […] eine phantastische Szene der Verwüstung: das Glasdach war größtenteils verschwunden, und Glassplitter, von mannshoch bis winzig, steckten aufrecht im Gras –, ein dichter Wald von gläsernen Drachenzähnen, die in der Sonne glitzerten. Ganze Pflastersteine von der Straße lagen oben auf den Mauern und den Dachbalken, weitere hatten das Glasdach und die Holzböden durchbrochen und waren auf den tief darunter liegenden Kellerboden gestürzt.[31]

Am 21. Juni war alles vorbei. Ein jubelnder Hitler beherrschte nun den Großteil des europäischen Festlands. Die Vorstellung der Nazis, was mit ihren neuen westlichen Territorien geschehen sollte, unterschied sich radikal von ihrem Ausbeutungskonzept für den Osten. Ebenso wie erobern, wollten sie nun die kulturellen Einrichtungen im Westen auch genießen und die westlichen Länder wirtschaftlich in die deutsche Sphäre integrieren. »Germanische« Länder wie Holland, Flandern und Luxemburg sollten die gleiche Struktur erhalten wie Deutschland und Teil des »nordischen Reiches« werden. Frankreich, wie immer ein Sonderfall, dagegen einige Aspekte seiner Kultur bewahren dürfen, wie sie in anderen Teilen von Hitlers Imperium nicht geduldet wurden, weil viele Angehörige des Nazi-Regimes die Eleganz und Herablassung ihres Nachbarlandes insgeheim bewunderten.

Die Eroberer brauchten die nationalen Kulturschätze dieser neuen »Provinzen« nicht abzutransportieren, denn sie gehörten ja nun fortan dem Tausendjährigen Reich. Mit dem Friedensvertrag fielen die staatlich geführten Museen automatisch unter die Kontrolle der deutschen Reichskulturkammer, und ihre Bestände konnten gemäß den Empfehlungen der deutschen Kunstsachverständigen neu verteilt werden. Bis dahin lag es im Interesse des Reiches, sie zu bewachen und zu schützen. Die neuen Nazi-Museen würden durch die Beschlagnahmung des Eigentums »feindlicher Fremder« – zu denen letztlich die ganze jüdische Bevölkerung, gleich welcher Staatsangehörigkeit, gehören sollte – und durch die gigantischen vorgesehenen Ankäufe weiter wachsen, die die unbegrenzten, zur Verfügung stehenden finanziellen Mittel aus der Wirtschaft ihrer Opfer den Deutschen nun ermöglichten.

All die Schutzvorkehrungen, die Beschlagnahmungen und der Handel lagen in den Händen eines komplexen bürokratischen Systems, dessen einzelne Abteilungen einander oft gnadenlos bekämpften und deren ausgesprochen zynische Ausbeutungshaltung gegenüber den von ihnen Beherrschten treue Nazi-Schergen durch ein ebenso komplexes System von Legalisierungen und Begründungen zu rechtfertigen suchten. Das geradezu aberwitzige Ausmaß des ganzen Vorhabens, welches nichts weniger als die vollständige Neuverteilung und Neuorganisation der europäischen Völker und ihres nationalen Erbes vorsah, ist ungeheuer. In der geläuterten Neuen Weltordnung sollte alles perfekt und homogen sein, unerwünschte Gedanken, Klänge, Bilder und Lebewesen eliminiert, alles aufs wunderbarste organisiert, effizient und sauber, klassifiziert und in strahlenden neuen Städten arrangiert – dies alles zum Ruhm des Deutschtums.

Der Status der Niederlande als neue deutsche Provinz wurde durch die sofortige Ernennung eines nichtmilitärischen Reichskommissars bekräftigt, der so eng mit der Nazi-Führung verbunden war, daß niemand an seiner Loyalität zweifeln konnte: Arthur Seyß-Inquart, der bereits so erfolgreich bei der Durchsetzung des Anschlusses von Österreich mitgeholfen und zudem als Assistent von Polens Generalgouverneur Frank reichlich Besatzungserfahrung gesammelt hatte. Diese Ernennung kam für die Wehrmacht überraschend, hatte sie doch bereits eine traditionelle Militärregierung geplant. Nur wenige Tage nach der holländischen Kapitulation reiste Himmler, durch den erfolgreichen Beginn seiner Germanisierungspläne in Polen in einen geradezu mystischen Fieberwahn geraten, mit seinem persönlichen Adjutanten Karl Wolff heimlich durch die Niederlande und erblickte »Stätten und Menschen, die deutlich von rassischem Nutzen für Deutschland waren«.[32] Nach Polen betrachtete er die rassische »Säuberung« dieser im Grunde germanischen Region als einfach. Dieses Land würde seinen natürlichen Platz rasch finden, wurzelte es doch im Ur-Germanentum und war somit Teil der »Idee Europa«, des »Abendlandes«, das durch einen »Wall gegen den Osten« und dessen Unkultur bewahrt werden mußte.[33] Schon am 20. Juni hatte Himmler einen Vertreter des »Ahnenerbes« nach Den Haag geschickt, um mit den holländischen Intellektuellen Kontakt aufzunehmen und durch Vernichtung der Kirche, des Bolschewismus, des Freimaurertums und des Judentums die Einheit des »nordischen Indogermanentums« voranzutreiben.[34] Als die höchst unerwartet feindselige Einstellung der holländischen Bevölkerung diesen Reformbestrebungen gegenüber hervortrat, schrieb Himmler dies der Tatsache zu, daß die öffentliche Meinung das »Ahnenerbe« überwiegend mit den eindeutig nichtintellektuellen Aktivitäten der anderen SS-Abteilungen in Verbindung bringe. Das von Hitler konstant unterfinanzierte Projekt erwies sich als ein Fehlschlag. Die Antipathie der holländischen Bevölkerung gegenüber den Deutschen war so ausgeprägt, daß Goebbels sich dazu hinreißen ließ, sie als das »bekanntlich im ganzen Westen [...] frechste und aufsässigste Volk« zu bezeichnen.[35]

Auch Alfred Rosenberg, ebenso ein Theoretiker wie Himmler, ließ nicht lange auf sich warten. Ein Brief von Generalfeldmarschall Keitel informierte die Wehrmacht am 5. Juli darüber, daß Rosenbergs Günstlinge – bekannt unter dem Namen »Einsatzstab Reichsleiter Rosenberg« oder kurz ERR – in Bälde Bibliotheken und Archive nach Dokumenten durchsuchen würden, die für das Reich wertvoll seien, und außerdem nach politischen Archiven, die sich gegen die Deutschen richteten; das fragliche Material würde in Zusammenarbeit mit der SS beschlagnahmt werden. Diese Sammlung von Büchern und Dokumenten sollte an Rosenbergs »Hochschule« geschickt und zur Ausbildung zukünftiger Säuberungsgenerationen verwendet werden.[36] Bis im September 1940 wurde emsig gearbeitet. Der Führer der Beschlagnahmungsgruppe war so stolz auf seine Leistungen, daß er einen Bericht mit dem Kommentar schloß, seine Leute hätten nun seit Wochen Überzeit gearbeitet, und dies, wie auf dem Schlachtfeld üblich, natürlich auch an Sonntagen.[37]

Aber bereits Wochen bevor diese Herren in Holland auf den Plan traten, entfaltete eine andere, wohlbekannte Figur ihre ganze Wirkung, nämlich Kajetan Mühlmann. Als Vorhut von Reichskommissar Seyß-Inquart erwies er sich wie immer für seinen Vorgesetzten als eine große Hilfe. Er fand für ihn eine geeignete Unterkunft in einer leeren Villa in einem Den Haager Außenbezirk, nachdem man die Besetzung holländischer königlicher Residenzen als taktlos zurückgewiesen hatte. Noch vor Seyß-Inquarts Eintreffen sprach Mühlmann zudem auch schon bei J. K. van der Haagen vor, dem Museumsverantwortlichen im holländischen Kultusministerium, und erkundigte sich nach dem Verbleib bestimmter Sammlungen und Lagerbestände. Van der Haagen hielt

Mühlmann für einen Vertreter der Militärbehörden und erkannte seine wahren Absichten erst später.[38]

Bis Ende Mai hatten Mühlmann und verschiedene Assistenten mitten in Den Haag, in der Sophialaan 11, ein Büro eingerichtet, wo sie fleißig an der Auflistung von »Feindvermögen« arbeiteten und Bankkonten eröffneten: eines für Ankäufe für Göring, Hitler und andere hohe Beamte, die von Deutschland finanziert wurden; eines für Gelder aus zukünftigen Verkäufen von Werken, die von Beamten des Amtes für »Feindvermögen« zu beschlagnahmen waren und wie in Polen einer »Treuhandgesellschaft« in Deutschland gutgeschrieben werden sollten; ein weiteres für Geld von Kundschaft aus Polen, die Kunstwerke aus dem Westen kaufen wollte. Bei der Einrichtung dieser Dienststellen galt es keine Zeit zu verlieren. Görings Kurator Hofer war ebenfalls Anfang Mai in Holland eingetroffen, um mögliche Käufe zu arrangieren, und Luftwaffenkommandant Göring hatte den Halt vor Dünkirchen am 20. Mai höchstpersönlich für einen kurzen Abstecher nach Amsterdam genutzt, um die Ergebnisse zu sehen. Mühlmann und sein Stab erhielten jeweils zehn Prozent Kommission für eine abgeschlossene Transaktion. Sein Büro, die sogenannte »Dienststelle Mühlmann«, kümmerte sich keinen Deut um das »Indogermanentum«: hier ging es lediglich ums Geschäft.[39]

Einen aktuellen Überblick über die staatlichen holländischen Kunstsammlungen zu gewinnen gehörte nicht zu Mühlmanns Aufgaben, sondern blieb den holländischen Verantwortlichen unter Aufsicht der Regierung Seyß-Inquart überlassen. Der Bau von Schutzvorrichtungen für die holländischen Kunstschätze lief während der ersten Besatzungsmonate mit deutscher Unterstützung auf vollen Touren weiter, galt es doch schließlich, deutsches Erbe zu schützen. Der Gegensatz zu Polen hätte nicht größer sein können. In allergrößter Eile entstanden bei Castricum ausgeklügelte und massiv befestigte Betongebäude mit den neuesten Klimaanlagen und getarnt als künstliche Dünen, und Rembrandts *Nachtwache* sowie andere Meisterwerke wurden vom leichter angreifbaren Schloß Medemblik unverzüglich in diese neuen Schutzräume überführt. Im zentralholländischen Nationalpark Hoge Veluwe errichtete man für die Bestände des Museums Kröller-Müller einen weiteren Bunker. Gegen Ende des Jahres 1941 ordneten die deutschen Behörden aus Furcht vor einer britischen Invasion den Bau weiterer Schutzräume in den Kalksteinhöhlen in der Nähe von

Maastricht an, direkt an der deutschen Grenze. Einmal mehr transportierte man die Meisterwerke der bedeutenden Museen und der königlichen Schlösser mit Sonderzügen vorsichtig an diese geheimgehaltenen Orte. Und ebenso heimlich teilte van der Haagen die genaue Lage dieser Schutzbunker der holländischen Regierung im britischen Exil mit.

Die Museen selbst öffneten ihre Tore nach und nach wieder mit allem, was noch vorhanden war. Das Rijksmuseum holte die große Lanz-Sammlung nach langer Lagerung wieder hervor, um damit die leeren Wände zu füllen, und der seit 1922 amtierende Direktor Schmidt Degener organisierte in anderen ausgeräumten Sälen Ausstellungen von Musikinstrumenten und Objekten aus niederländischen Eisenbahnmuseen. Das Boymans-Museum in Rotterdam behalf sich ebenfalls mit eingelagerten Beständen, aber hier lag die Sache etwas anders. Direktor Dirk Hannema war so ausgelastet mit seiner Arbeit als Mitglied von Seyß-Inquarts neugeschaffener holländischer Kulturkammer und mit seinem Engagement in delikaten Verkaufsverhandlungen zwischen dem größten Förderer des Museums, D. G. van Beuningen, und dem Linzer Direktor Hans Posse – mehr darüber später –, daß er den täglichen Verwaltungskram des Museums kurzerhand seinem Assistenten übergab. Das Boymans wurde zu einem Lieblingsmuseum der Deutschen. Bis 1942 hatte Hannema das Vertrauen der neuen Machthaber in den Niederlanden so sehr gewonnen, daß er zum Leiter der holländischen Museen ernannt wurde – ein Posten, den er, wie er van der Haagen versicherte, nur angenommen habe, um das holländische Erbe zu schützen. Van der Haagen bestätigte später diese Behauptung, doch war Hannema in dieser Funktion am einzigen Handel beteiligt, bei dem Werke eines staatlichen holländischen Museums ins Reich überführt wurden.[40]

Das Ehepaar Kröller-Müller, die das nach ihnen benannte Museum am meisten förderten, hatte unmittelbar nach dem Ersten Weltkrieg in Deutschland ausgesprochen preisgünstig drei Gemälde deutscher Schule erworben, diese nach Holland überführt und dem Museum geschenkt. Göring warf von Anbeginn ein begehrliches Auge darauf, handelte es sich doch bei dem einen um die *Venus* seines Lieblingsmalers Cranach, und die beiden andern, nämlich eine weitere *Venus* von Hans Baldung Grien und ein weibliches Porträt von Bartholomäus Bruyn dem Älteren, waren ebenfalls äußerst begehrenswert. Mit der

Begründung, die drei Werke seien zu »unfairen Preisen« erworben und unrechtmäßig aus ihrer Heimat weggebracht worden, ließ er Mühlmann, dessen wahrer Grund für den Besuch bei der Museumsleitung nun enthüllt war, beauftragen, mit van Deventer, dem Leiter des Museums Kröller-Müller, über einen möglichen Verkauf zu verhandeln.
Mühlmann bot 600 000 holländische Gulden in bar. Van Deventer traute seinen Ohren nicht, als er dieses Angebot vernahm, und die meisten seiner Kollegen lehnten es glattweg ab, aber nach einiger Zeit erklärte er sich bereit, eine Kommission in kleinem Kreis zu bilden, um die Angelegenheit in Erwägung zu ziehen. In dieser Kommission nahm er selbst einen Platz ein, dazu als sein Assistent Hannema vom Museum Boymans sowie ein Experte aus Mühlmanns Stab. Die holländische Seite hielt Görings Angebot für viel zu niedrig, und die Verhandlungen stagnierten, bis Mühlmann vorschlug, das Museum Kröller-Müller erhalte eine Gutschrift von 600 000 holländischen Gulden für Neuerwerbungen – natürlich über seine Dienststelle – plus Grundstückskonzessionen im Nationalpark, in dem das Museum sich befinde.[41] Dieses Angebot wurde angenommen.
Aber Göring war es nicht vergönnt, alle drei Gemälde zu behalten. Am 23. September 1940 schrieb Posse an Bormann, die *Venus* von Baldung Grien sei »eines der schönsten und bedeutendsten Werke deutscher Renaissancemalerei«, weshalb es »dringend erwünscht« wäre, sie für Linz zu erwerben; die »dortige deutsche Abteilung würde dadurch ihr Hauptstück erhalten«. Er bat Bormann um Unterstützung, um die Verhandlungen voranzutreiben, und um den geplanten Ankauf vollends unwiderstehlich zu machen, legte er eine Abbildung des fraglichen Gemäldes dazu. Bormann, seiner Sache noch immer nicht ganz sicher, zeigte das Foto Hitler, und der *war* sich sicher: Das Gemälde wurde für Linz vorgemerkt.[42]
Die Kröller-Müller-Leute trödelten Monate hin und her, bis sie ihre neuen Gemälde ausgewählt hatten; dazu gehörten Werke von Pissarro, van Gogh, Manet und Degas, und den Nazis hätte nichts gelegener kommen können, waren sie doch froh, diese »entarteten« Gemälde loszuwerden. Wie sich später herausstellte, befanden sich mindestens zwei darunter, die sie in Paris beschlagnahmt hatten. Auch im Museum Kröller-Müller herrschte Zufriedenheit, wenn auch vielleicht nicht aus den rechten Gründen. Doch letztlich endete für das Museum in der Tat alles bestens, erhielt es doch nach dem Krieg nicht nur die drei

deutschen Gemälde zurück, sondern konnte zudem außer den beiden in Paris gestohlenen Bildern auch alle neu erworbenen behalten.[43]

Die niederländische Bevölkerung, die nichts von den ach so edlen Absichten der Deutschen und den bürokratischen Machenschaften der NS-Dienststellen wußte, war hauptsächlich mit den unmittelbaren Problemen der Besetzung beschäftigt. 1940 wußte man noch nicht, daß es für viele von ihnen um Leben oder Tod ging, und nur wenige erkannten das wahre Ausmaß der nationalsozialistischen Säuberungsideologie. Damals schienen alle möglichen Kompromisse noch denkbar, und während man zwar auf Entkommen oder Befreiung hoffte, sprach doch nichts dagegen, sich an den enormen Gewinnen auf Kosten der Feinde zu beteiligen. Diese Gewinne lagen nirgends höher als im Kunsthandel, und nichts erhöhte die Überlebenschance ansonsten zu Tode Verurteilter mehr als die Befriedigung der Sammelgelüste, von denen die Nazi-Führung besessen war.
Zu den ersten Taten des neuen niederländischen Besatzungsregimes gehörte das Erlassen eines Dekrets, gemäß dem die deutschen jüdischen Flüchtlinge, die nach 1933 in Holland eingetroffen waren, verhaftet werden sollten. Zu diesen Flüchtlingen gehörte auch der legendäre Kunsthistoriker Max Friedländer, der frühere Direktor des Kaiser-Friedrich-Museums, der 1938 wider Willen nach Holland emigriert war, nachdem man ihm die Einreise in die Schweiz verweigert hatte. Er brachte, als Teil des Handels, seine Bibliothek und sein Archiv mit, die im ehrenwerten Rijksbureau voor Kunsthistorische Documentatie in Den Haag ein Unterkommen fanden. Der hoffnungslos unpraktische 77jährige Akademiker und seine Haushälterin wurden von anderen aus Deutschlands Kunstwelt Emigrierten umsorgt, darunter von den Feilchenfeldts und von seinem früheren Schützling Vitale Bloch aus Berlin. Friedländers Verhaftung wurde Görings Kurator Hofer, der in Amsterdam fleißig einkaufte, unverzüglich gemeldet. Mit Görings Befugnis fuhr Hofer persönlich zum Osnabrücker Internierungslager, um Friedländers Freilassung zu veranlassen. Es hieß, die Internierung beruhe auf einer Personenverwechslung. Als Dank für seine Freilassung nahm Friedländer während des Krieges Begutachtungen für Nazi-Sammler vor. Als 1942 die gesamte holländische Bevölkerung jüdischer Abstammung den gelben Davidstern tragen mußte, wurden Friedländer und Vitale Bloch zu »Ehren-Ariern« erklärt und von der

Verfügung ausgenommen, nachdem Hofer in einem Memorandum geschrieben hatte, der Reichsmarschall wünsche aufgrund des großen Wissens Professor Friedländers auf dem Gebiet der deutschen und niederländischen Malerei, daß er in Den Haag bleibe und dort vom Delegierten für jüdische Fragen nicht gestört werde.[44]

Bei Festnahmen wurde der Besitz der betreffenden Personen sofort beschlagnahmt, und das eingelagerte Gut jener, denen die Flucht glücklich gelungen war, erfuhr dasselbe Schicksal. Kunstwerke aus solchen Quellen sammelte Mühlmanns Dienststelle ein und verkaufte sie. Ein Dekret vom 20. August 1940 erlaubte zudem, für den Transport ins Ausland vorgesehene Kisten zu öffnen und Kunstwerke zu entfernen. Museen und Kunsthandlungen mußten eine Liste aller privaten Sammlungen erstellen, die sie für abwesende Besitzer in Verwahrung genommen hatten. Und damit ihnen auch wirklich nichts entging, ordnete Seyß-Inquart an, daß Objekte in den während der Invasion verlassenen Wohnungen und Häusern entfernt werden durften.

Bald brauchte Mühlmanns Dienststelle dringend mehr Personal. Hilfe kam in der Person von Edouard Plietzsch, einem Experten für niederländische Kunst aus Berlin und, wie so viele andere in den Nazi-Kunstorganisationen, nicht Parteimitglied. Er hatte kurz nach dem Einmarsch in Holland an Posse geschrieben und um eine Stelle gebeten, das Angebot dann aber erst nach dem Versprechen angenommen, daß er Zivilist bleiben konnte, zusätzlich zu seinem regulären Gehalt eine Kommission von fünfzehn Prozent auf die von ihm gehandelten Gemälde erhielt und die Reisespesen ersetzt bekam. Plietzsch traf am 7. September 1940 in Den Haag ein, wo er das Büro mit den dortigen Gestapo-Vertretern teilte. Am 12. legte er eine Analyse der bedeutenden holländischen Sammlungen vor, die sich für Ankäufe oder Beschlagnahmungen eigneten; dieser Bericht wurde Bormann und Hitler zugestellt. In einem späteren Bericht an Seyß-Inquart prahlte Plietzsch überschwenglich, daß er durch vertrauliche Informationen von privater deutscher Seite das Versteck der jüdischen »Berliner Sammlung des Dr. Jaffé« im Leidener Museum aufgespürt habe. Dies führte zur Beschlagnahmung dieser großen Sammlung, deren Eigentümer nach England emigriert war. Sechs Jaffé-Werke gingen an Hitler und neun an seinen Freund Heinrich Hoffmann. Aus den bebilderten Katalogen von erhältlichen Werken, die nun regelmäßig an den Führer gingen, sind Provenienz und die jüngste Geschichte der Jaffé-Werke klar ersichtlich. Plietzsch erwies sich auch als geschickt darin, Werke aus der Rathenau- und der Berliner Kappel-Sammlung in die Finger zu bekommen, die man ebenfalls in den dreißiger Jahren aus Berlin weggebracht hatte. Die ausgesprochen widerwärtigen Methoden, die er anwandte, um diese Werke für das Reich wiederzubekommen, schildert er in seinen Rapporten an Seyß-Inquart ganz unverblümt: Ein arischer Miterbe habe ihm vertraulich mitgeteilt, einige Gemälde seien vor Jahren illegal aus Deutschland ausgeführt und einige davon mit Wissen des Rijksmuseums in die Vereinigten Staaten transportiert worden. Mit seinen Kenntnissen über die Besitzverhältnisse und den Lagerort habe er den Schaden rückgängig machen können, indem er eine Reihe der Kappel-Zeichnungen von Menzel sowie die bekannten Gemälde *Blick auf Haarlem* von Jacob Ruisdael und *Kanal in Amsterdam* von Jan van der Weyden an sich genommen und dem arischen Miterben dafür eine unbedeutende Summe in Raten gezahlt habe.[45] Ein weiteres Werk aus der Sammlung Rathenau, Rembrandts *Selbstbildnis* aus dem Jahre 1669, wurde der Obhut des Rijksmuseums kurzerhand entzogen.

Plietzsch hatte jedoch durchaus seine eigene Auffassung von Anstand in solchen Dingen, sobald Nichtjuden involviert waren. Im Herbst 1940 berichtete der Sekretär von Frits Lugt, der mit der Betreuung der Objekte beauftragt war, die Lugt in Holland zurückgelassen hatte, dieser habe ihn angewiesen, die Sammlung aufzuteilen und bei Freunden zu verstecken – ein für die Nazis illegales Vorgehen. Das »Amt für Feindvermögen« beschlagnahmte daraufhin die ganze Sammlung, und vierundzwanzig Gemälde wurden zusammen mit den Jaffé-Werken nach München geschickt. Als sich dann aber herausstellte, daß der Sekretär die ganze Geschichte erfunden hatte, um so einen Posten bei den Nazis zu erhalten, ordnete Plietzsch entrüstet die Freigabe der restlichen Sammlung an und ließ dafür den Mann festnehmen.

Der holländische Kunsthandel hing schon immer eng mit Deutschland zusammen. Die kombinierte Wirkung der Nachwehen des Börsenkrachs und des aufblühenden Nationalsozialismus, die die Ausfuhr der Reichsmark begrenzten, führten zu einem markanten Rückgang des Handels bis 1936. Dann hatte die Entwertung des holländischen Guldens eine leichte Besserung zur Folge, doch der Kriegsausbruch ließ den Strom der deutschen Klientel wieder versiegen. Nun eröffnete die Einverleibung Hollands in die Wirtschaft des Reichs den Handel erneut, aber diesmal war nichts mehr wie ehedem. Deutsche Regierungsbeamte verfügten plötzlich über Millionen von Gulden an Besatzungsgeld, das man der holländischen Wirtschaft zwangsweise abgeschöpft hatte. Alle Wechselbeschränkungen für die Reichsmark wurden aufgehoben, so daß für Ankäufe in Holland keine ausländischen Devisen aufgewendet werden mußten. Laut einer Studie flossen im Juni 1941 täglich viereinhalb Millionen Reichsmark in holländische Banken.

Deutschland und die besetzten Länder wurden zu einem riesigen Dampfkochtopf mit einem auf sich selbst beschränkten Markt und nur wenigen Investitionsmöglichkeiten außerhalb. Niemand, weder Deutsche noch andere, konnte Geld aus den durch die Achsenmächte kontrollierten Ländern bringen. Niemand konnte reisen oder ausländische Konsumgüter kaufen. Die Kunst stieg deshalb zum größten Wirtschaftsfaktor auf, denn jedermann mit Geld – vom Schwarzhändler bis Hitler – suchte nach sicheren Anlagewerten. Je reger der Handel wurde, desto höher kletterten die Preise, und allenthalben begann man staubige Speicher nach niederländischen Altmeistern und romantischen Szenen abzusuchen, die die Eroberer so sehr schätzten. Vertretungen deutscher und österreichischer Kunsthandlungen und Auktionshäuser wie Weinmuller, Lange und des Dorotheum strömten nach Holland und versuchten, der steigenden Nachfrage zu Hause Rechnung zu tragen. Die Zeitungen waren voll von Anzeigen, in denen Kunstwerke angeboten oder gesucht wurden. Überall schossen neue Kunsthandlungen wie Pilze aus dem Boden, so viele, daß sich die holländische Nazi-Kulturkammer gezwungen sah, Ausfuhrbeschränkungen und restriktive Regelungen zu erlassen, um die Auktionen von »Kitsch« unter Kontrolle zu bekommen und den Verkauf und das Ausstellen von »Kunst« in den Auslagen von beispielsweise Reinigungsfirmen oder Tabakwarenläden zu verbieten.[46]

1941 wurden diese neuen Geschäfte, nachdem sie erst unbehelligt floriert hatten, ebenfalls den Nürnberger Gesetzen unterstellt und jüdische Firmen arisiert. Eine besondere Dienststelle überwachte den Besitzwechsel an arische »Treuhänder«, wonach die jüdischen Enteigneten, sofern sie sich noch im Land aufhielten, das Geschäft weiterführen durften, dafür aber nur noch einen gesetzlich festgelegten Maximallohn von 250 holländischen Gulden im Monat erhielten. Der »Treuhänder« konnte die Firma ganz nach Belieben liquidieren oder verkaufen. Typisch ist der Fall des alteingesessenen Amsterdamer

Hauses Jacob Stodel, das zur Hauptsache mit Kunsthandwerk handelte. Die Stodels hatten im Jahr 1933 den Handel mit Deutschland abgebrochen, aber noch über ein Jahr nach dem Einmarsch wurden sie von deutscher Kundschaft – darunter auch dem unermüdlichen Direktor des Breslauer Museums – überschwemmt, die nach Mobiliar aus dem siebzehnten Jahrhundert, Delfter Porzellan und kleineren Gemälden suchte. Mit steigender Nachfrage stiegen auch die Preise erheblich an. Im Oktober 1941 gab es ohne Vorwarnung eine Razzia, und das Ladenlokal wurde von einem Polizeikorps und Zivilisten versiegelt. Vertretungen von deutschen Museen durften noch einmal hineingehen und ihre Käufe abholen; offensichtlich waren auch sie von der Razzia überrumpelt worden, und sie schmuggelten ein paar zusätzliche Objekte heraus, die sie danach den Gebrüdern Stodel zurückgaben.

Das Geschäft blieb bis Dezember geschlossen. Dann erhielten die Stodels eine Vorladung: sie sollten ihren neuen »Treuhänder«, einen gewissen Herrn Kalb, kennenlernen. Die Verkäufe der neu eröffneten Handlung erreichten im Winter ein so phänomenales Ausmaß, daß Herr Kalb beschloß, die Firma ganz zu übernehmen. Die offizielle Schätzung wurde um zwei Drittel gesenkt, und Kalb erklärte sich bereit, den Stodels die vereinbarte Kaufsumme im Laufe von fünfundzwanzig Jahren zu bezahlen, unter der Bedingung, daß sie ihr Vermögen auf einer »genehmigten« Bank beließen. Davon ging allerdings keine einzige Zahlung ein. Als alle Juden im Juni 1942 den gelben Stern tragen mußten, erklärte Kalb, solchermaßen geschmücktes Personal sei schlecht für das Geschäft, und entließ sie alle. Die Stodels konnten nach Brüssel fliehen. Dort haben sie den Krieg überlebt.[47]

Am Kaufrausch waren die hochrangigen Nazi-Kunsthändler intensivst beteiligt, und sie nutzten ihre Verbindungen aus Vorkriegszeiten bis ins letzte aus. Hans Posse konnte es kaum erwarten, nach Holland zu kommen, und am 10. Juni 1940 schrieb er an Bormann, trotz seiner Befürchtung, daß man vor der Besetzung Hollands viele Kunstwerke nach Amerika geschafft habe, seien eine große Anzahl qualitativ hochstehender Werke noch dort.[48] Drei Tage später ließ ihn Hitler ziehen. Aber Göring und seine Helfershelfer verfügten über dieselbe Information, und sie waren zuerst dort.

Die von Jacques Goudstikker zurückgelassene Sammlung war so gefährdet wie kaum eine andere. Nach der unvermittelten Flucht ihres Besitzers und dem Unfalltod des von ihm designierten Treuhänders hatten zwei Angestellte die Firma in eigener Regie weitergeführt und ein paar Tage nach dem Einmarsch in Holland Goudstikkers Mutter und auch die Bank, in der sich das Vermögen der Firma befand, dazu verleitet, sie zu Treuhändern zu ernennen.

Daß nur wenige Kilometer vom Kriegsschauplatz entfernt Handel und Wandel noch so effizient vorangingen, erscheint uns heute höchst merkwürdig, aber die Geier kreisten hier eben schon vom ersten Augenblick an, genau wie zuvor in Österreich, und die neuen »Besitzer« von Goudstikker wurden sehr schnell angepeilt. Zwei Direktoren des deutschen Industrieriesen Persil hatten Interesse bekundet,[49] und andere folgten nach. Mehrere Kaufwillige ließen mehr oder weniger laut die Andeutung fallen, daß sonst die Nazis das gesamte Inventar der jüdischen Firma ohne die geringste Entschädigung beschlagnahmen könnten. Ein schneller Verkauf erschien daher nur weise.

Unter den Interessenten befand sich Alois Miedl, ein deutscher Geschäftsmann und Bankier, der seit langem in Holland wohnte und mit einer Jüdin verheiratet war. Zu seinen reichlich spekulativen und undurchsichtigen Geschäften gehörte auch der Versuch, die Labradorküste zu kaufen, um Deutschland mit Holz zu beliefern, was der kanadische Staat allerdings ablehnte, sowie mutmaßlich Diamantenschmuggel. Miedl hatte mehrmals mit Göring zu tun, er kannte dessen Schwester und hatte auch Karinhall besucht. Göring hatte ihn seinerseits Seyß-Inquart und Mühlmann als Kenner des holländischen Marktes empfohlen. Mühlmann sagte später aus, Miedl sei weit mehr als nur ein Kenner gewesen, sondern habe als guter Geschäftsmann Nutzen aus der Panik gezogen, die beim Einmarsch ausbrach, indem er gewissen jüdischen Kunsthändlern nahelegte, es sei besser, an ihn zu verkaufen, bevor die Nazis ihre Lager beschlagnahmten.[50]

Miedl hatte Görings Agenten Hofer im Mai auf seiner Fahrt durch Holland begleitet und ihm verschiedene erhältliche Sammlungen gezeigt, was sich als höchst erfolgreich erwies. Er erwarb nämlich vom nichtjüdischen deutschen Bankier Franz Koenigs, der ebenfalls in den Niederlanden wohnte und in finanziellen Schwierigkeiten steckte, auf Hofers Anraten hin und mit dem Versprechen, Göring das Vorkaufsrecht zuzugestehen – und Hofer natürlich auf alle Weiterverkäufe eine

Provision zu entrichten –, neunzehn Gemälde, davon nicht weniger als neun von Rubens. Miedl, der an der Abfindung der Bank Lisser-Rosencrantz, Koenigs' Hauptgläubigerin, beteiligt war, machte diesen Kunstverkauf zweifellos zu einem Teil des Handels.[51] Der Kauf war aber auch von seiten Hofers ein schlauer Schachzug, traf doch Posse nur wenige Tage danach ein, um für Hitler zu kaufen: nun mußte er diese Werke Göring überlassen.

Ebenfalls auf dieser Reise stellte Miedl Hofer einem weiteren deutschen Geschäftsmann mit jüdischer Ehefrau vor, nämlich seinem engen Freund Hans Tietje, der ihm pflichtschuldigst eine schöne *Maria mit Kind* von Cranach verkaufte. Der deutsche Jude Fritz Gutmann, der Holland unbedingt verlassen wollte und einen Großteil seiner Sammlung nach Paris geschickt hatte, bot Miedl drei Silberkelche aus dem sechzehnten Jahrhundert an. Von Daniel Wolff, dessen Bruder dummerweise im spanischen Bürgerkrieg die republikanische Seite finanziell unterstützt hatte, erstanden die beiden drei schöne holländische Gemälde.[52] Angeregt durch diese so gut verkäuflichen Erwerbungen wollte Miedl nun im großen Stil zu handeln beginnen. Der Kauf der Firma Goudstikker würde ihn auf das Niveau der bedeutendsten Kunsthändler Europas heben.

Die neuen »Besitzer« hatten den Preis für die Firma und das übrige Goudstikker-Vermögen auf zweieinhalb Millionen Gulden festgesetzt – eine ganze Million mehr als der Schätzwert. Das Gerücht, Goudstikker stecke tief in Schulden, ließen diesen hohen Preis vernünftig erscheinen, und Miedl machte ein Angebot. Von diesem Zeitpunkt an wird die ganze Angelegenheit unklar, und man weiß bis heute nicht sicher, ob Miedl mit Hofer, den Besitzern von Goudstikker, mit keiner oder mit beiden Seiten Geschäfte machte. Fest steht, daß Hofer den Kaufvertrag unterzeichnete und daß Miedl eine halbe Million holländische Gulden bezahlte und die Immobilien bekam: Schloß Nyenrode und die Villa Oostermeer, ein weiteres Goudstikker-Grundstück an der Amstel (samt Inhalt), die Amsterdamer Handlung und den Namen der Firma. Göring, der zwei Millionen holländische Gulden beisteuerte, erhielt sechshundert Gemälde, darunter neun von Rubens und den Cranach, den Miedl auf seiner Einkaufstour mit Hofer erworben hatte, sowie die vier kleinen Engel, die Goudstikker noch kurze Zeit zuvor für die Memling-Ausstellung ausgeliehen hatte.

Dies war kein gutes Geschäft für den Reichsmarschall, auch wenn er dies glaubte. In den Nürnberger Prozessen sagte er später aus, er habe angenommen, der Wert der Firma betrage fünf Millionen holländische Gulden, was dem Betrag entspricht, den Miedl Görings Leuten zuerst abknöpfen wollte. Nachdem die (in Wahrheit nicht sehr hohen) Schulden beglichen und den »Besitzern« hohe Bonusse und die weitere Anstellung zugesichert worden waren, investierte man im Namen von Desi Goudstikker und mit Hilfe von Bankier Koenigs eine beträchtliche Summe in hochwertige Wertpapiere. Miedl vermochte sein Vermögen während des ganzen Krieges vor den Dienststellen, die jüdische Vermögenswerte beschlagnahmten, zu schützen. Zudem unterstützte und schützte er auch Goudstikkers Mutter. Diese Selbstlosigkeit wird dadurch etwas relativiert, daß Miedl die Villa Oostermeer auf den Namen seiner eigenen Kinder überschreiben ließ, was vermuten läßt, daß er an eine baldige Rückkehr Desi Goudstikkers nicht glaubte. Als Göring die Masse von Gemälden aussortiert und ausgewählt hatte, holte Miedl den Rest zurück. Im Laufe der nächsten vier Jahre verkaufte er aus seinen neuen Lagern Kunstwerke im Wert von rund sechs Millionen holländischen Gulden an seine Landsleute.

Hofer kaufte noch Hunderte von anderen Gemälden in Holland und Belgien. Immer wieder waren ein Ausreisevisum oder irgendeine andere besondere Form der Bezahlung Teil des Handels. Ein Freiherr von Palm verkaufte eine *Geburt Christi* von Stefan Lochner gegen Bargeld und ein Stück Wald in Württemberg. Frau von Pannwitz, eine gebürtige Argentinierin und Mitglied des deutschen Jetset in Holland, die Göring früher in ihrem Haus unterhalten und ihm mehrere Zeichnungen direkt von den Wänden verkauft hatte, wünschte sich ein Visum für die Schweiz. Göring entsprach ihrem Begehren und kaufte ihr Rembrandts *Bildnis eines alten Mannes mit Turban* und vier andere Gemälde ab, die zuvor bei einem Diner seine Aufmerksamkeit erweckt hatten. Er bezahlte 390 000 holländische Gulden dafür, gab ihr das Visum und sperrte ihr Haus für die Truppen. Ihre übrige Sammlung hatte sie im Rijksmuseum eingelagert, was Göring, der beabsichtigte, sie zu übernehmen, falls Argentinien Deutschland den Krieg erklärte, nur recht war.[53]

Bei solchen Gelegenheiten mochte Göring ja manchmal eine gewisse Noblesse an den Tag legen, aber als Bittsteller war er hart wie Granit. Kurz nach der Machtübernahme der Deutschen ließ der Belgier Emile Renders durchblicken, daß er seine Sammlung von zwanzig sehr schönen, wenn auch etwas retuschierten frühen flämischen Werken verkaufen würde, wenn der Käufer sich einverstanden erklärte, die Sammlung zusammenzuhalten. In dem Konvolut befanden sich mehrere Memling zugeschriebene Werke sowie eines von van der Weyden. Göring zeigte sich interessiert und übermittelte die Zahlungsbedingungen an seinen Stab. Renders, der versuchte, soviel wie möglich aus dem Handel herauszuschlagen, änderte den Zahlungsmodus von Dollar zu Gold und schließlich Wertpapieren. Göring geriet darob derart in Rage, daß er die Sammlung von seinem Devisenschutzkommando kurzerhand einfrieren ließ. Der in Bankkreisen eingeführte Miedl sollte die Verhandlungen weiterführen. Ohne daß seine Untergebenen davon wußten, ließ Göring Renders zudem eine kurze Notiz zukommen, auf der stand: »Sollten Sie sich auch jetzt wiederum nicht entschließen können, so müßte ich leider meinerseits mein Angebot zurückziehen, und die Dinge würden dann ihren normalen Ablauf nehmen, ohne daß ich dies dann noch irgendwie hindern könnte.« (Mühlmann kommentierte später trocken, daß Göring diese Art von Dingen normalerweise nicht schriftlich von sich gab.) Renders willigte ein, und Miedl bezahlte ihm zwölf Millionen belgische Francs in Wertpapieren – keine einfache Sache, waren doch die Börsen offiziell geschlossen. Danach kamen sämtliche Gemälde nach Amsterdam zu Miedl. Über Renders Wunsch, die Sammlung als solche zu erhalten, ging man kurzerhand hinweg: sechs Werke wurden für Göring reserviert, und der Rest wanderte in Miedls Lager. Renders ließ sich aber offensichtlich von dieser Art des Vorgehens nicht von weiteren Geschäften abhalten. Zwei Jahre später bot er Göring seine Skulpturen-Sammlung auf der gleichen Basis an. Hofer, der nicht allzuviel davon hielt, erwarb sie für Miedl und reservierte fünf Werke für seinen Vorgesetzten.[54]

Die Einheimischen in den holländischen Kunsthandlungen, von denen viele mit ähnlichen Problemen zu kämpfen hatten wie die Flüchtlinge, aber nicht abgeneigt waren, an den Millionen, die da ausgegeben wurden, ebenfalls mitzuverdienen, erwarteten Görings Besuche jeweils mit gemischten Gefühlen. Der größte Lieferant für Deutsche in Holland neben Miedl war Pieter de Boer, seit Goudstikkers Tod Vorsitzender der holländischen Kunsthandelsvereinigung. Seine Frau war Jüdin, und er und sein Bruder, die die schweizerisch-holländische Doppelbürgerschaft besaßen, hatten die Einreise in die Schweiz bereits beantragt. Als Göring de Boer im August 1940 zum ersten Mal aufsuchte, küßte er mit vollendeter Höflichkeit Frau de Boers Hand, ließ sich aufmerksam ihr Depot zeigen, kaufte aber nichts. Kaum war er weg, brachten die de Boers einige ihrer Gemälde eilig in ein Versteck, und wenige Tage später merkten sie einen frühen Altaraufsatz deutscher Schule für den Vertreter eines Kölner Museums vor. Als Göring im September unvermutet wieder auftauchte, bemerkte er sofort, daß einige Bilder fehlten, und wollte ausgerechnet den Altaraufsatz haben. Erschrocken sagten die de Boers, die Bilder seien verkauft und der Altaraufsatz für Köln reserviert. Göring meinte lachend, dies sei in einem autoritären Staat durchaus kein Problem, und kaufte den Aufsatz zusammen mit fünfzehn weiteren Gemälden.

Von da an liefen die Geschäfte der de Boers recht gut, und sie umwarben aktiv deutsche Kundschaft. Baldur von Schirach gab bei ihnen 127 000 belgische Francs aus, Vertreter des Dorotheums und aller größeren deutschen Museen strömten in den Laden, und holländische Privatklientel, die vorgab, nicht zu wissen, mit wem die de Boers handelten, brachten ihnen Kunstwerke zum Verkauf in Kommission. Bis Kriegsende hatte das Haus Objekte im Wert von annähernd 2 Millionen holländischen Gulden (über dreihundert Gemälde) an den Feind und von 2,3 Millionen an Einheimische veräußert. 1943, als die systematischen Deportationen jüdischer Menschen einsetzten, wurde die Schweizer Staatsbürgerschaft der de Boers bestätigt. Allerdings reisten sie nicht sofort ab; der Höhepunkt des Handels war zwar vorüber, aber es galt noch ein paar andere Geschäfte abzuwickeln. Sie holten vier Bilder von Jan Bruegel mit der Darstellung der vier Elemente aus der versteckten Privatsammlung und tauschten sie bei Hitlers Kuratoren gegen die Freiheit des jüdischen Angestellten Otto Busch und seiner Verlobten ein. Die Gemälde sollten einem Vertreter des Linzer Museums gegen den schriftlichen Beweis übergeben werden, daß die Buschs die Grenze zu einem neutralen Staat überquert hatten. Die Bruegels gelangten danach nach Dresden, wo sie offenbar das Büro von Hans Posses Nachfolger Hermann Voss schmückten und dann bei der Bombardierung der Stadt zerstört wurden.[55]

Eine andere Firma, die gut lief, solange es sie gab, war jene von Nathan Katz aus Dieren in der Nähe von Arnheim. Katz hatte am 1. Mai 1940 eine Niederlassung in Den Haag eröffnet, also gerade rechtzeitig, um am bevorstehenden Boom teilzuhaben. Es handelte sich um ein alteingesessenes Haus, welches sich, unter anderem dank der Eröffnung einer Niederlassung in der Schweiz, innerhalb kürzester Zeit aus einem kleinen Unternehmen entwickelte. Die wirklich guten Katz-Gemälde, von denen alle wußten, daß es sie gab, kamen gar nie auf den Markt. Die Deutschen sahen darüber hinweg, weil sie über Nathan Katz Zugang zu bedeutenden Werken aus äußerst wichtigen Privatsammlungen erhielten. Für Göring erwarb Katz 1941 Rembrandts *Bildnis von Saskia* von 1630 und Hals' *Bildnis eines Küsters* aus der Sammlung Ten Cate sowie van Dycks *Familienbildnis* aus der erst kurz zuvor verkauften Sammlung Cook. Aber der wahre Grund, weshalb Katz überlebte, lag in seiner Verbindung zur Witwe von Otto Lanz, einem ehemaligen Schweizer Konsul in Holland; ihr gehörte die soeben von Schmidt Degener im Rijksmuseum gezeigte Sammlung.

Sowohl Posse als auch Hofer begehrten diese etwas unausgewogene Sammlung von mehrheitlich italienischen Werken sowie einigen anderen, die Frau Lanz nach Basel mitgenommen hatte. Posse hatte Hitler persönlich vorgeschlagen, die schönsten Werke daraus für sich zu behalten und den Rest soweit möglich auf einer Auktion zu verkaufen, was bestimmt eine hübsche Summe einbrächte. Frau Lanz weigerte sich aber, mit jemand anders als Katz zu verhandeln, und verlangte darüber hinaus zwei Millionen Schweizer Franken für den Verkauf. Göring konnte eine solche Menge an Devisen nicht auftreiben, und so machte Posse, mit seiner direkten Verbindung zu Hitler, das Rennen. Im Handel eingeschlossen war auch ein Schweizer Visum für Nathan Katz, und dieses war um einiges schwerer zu beschaffen als das Geld. Posse schrieb an die Reichskanzlei: »Der Kunsthändler N. Katz im Haag, mit dessen bisheriger Tätigkeit im Dienste meines Auftrages ich allen Grund habe zufrieden zu sein, hat mir letzthin berichtet, daß er in der Lage wäre, mir eine Reihe sehr bedeutender Kunstwerke, die sich in der Schweiz befinden, zu verschaffen, wenn ihm die Möglichkeit gegeben würde, auf 3–4 Wochen (einschließlich Hin- und Rückreise) nach der Schweiz reisen zu können.« Der Antrag wurde an Bormann weitergeleitet, mit der Bitte, persönlich mit dem gefürchteten SS-Gruppenführer Heydrich zu sprechen, da die Tatsache, daß Katz Jude sei, immer wieder »Schwierigkeiten« bereite. Es ist bezeichnend für Posses Macht, daß Katz gegen Ende 1941 tatsächlich nach Basel reisen konnte, wo er dann selbstverständlich bis Kriegsende blieb.[56]

Die ganze Angelegenheit war damit aber noch nicht abgeschlossen.

Gegen Rembrandts *Bildnis eines Mannes aus der Familie Raman Theraman* aus Katz' Privatbesitz erhielten offenbar noch weitere fünfundzwanzig Mitglieder der Familie Katz Ausreisevisa, und zwar nach Spanien, von wo aus sie in die Vereinigten Staaten entkommen konnten. Posse begab sich nach Basel und sprach von dort aus persönlich mit deutschen Beamten an der spanischen Grenze, um sich zu vergewissern, daß die Ausreisenden die Grenze überquert hatten; erst dann wurde ihm der Rembrandt übergeben. Und nicht zuletzt kam auch Katz' Mutter gegen ein Gemälde, das ein hoher SS-Offizier Hitler zum Geburtstag schenken wollte, aus dem holländischen Konzentrationslager in Westerbork frei.

Göring benahm sich auf seinen Geschäftstouren nie unangenehm. Er reiste jeweils gutgelaunt in seinem luxuriösen Sonderzug an, in dem ihm eine Riesenbadewanne und ganze Phalangen von elegant uniformierten Adjutanten zur Verfügung standen, und ging dann von Galerie zu Galerie. Selbst die am meisten Gefährdeten bescheinigten ihm übereinstimmend einen gewissen Charme und waren in Anbetracht der Summen, die er ausgab, durchaus nicht abgeneigt, ihn zu empfangen. Die weniger angenehmen Seiten der finanziellen und menschlichen Abwicklungsmodalitäten überließ er großzügig Miedl und seinesgleichen.

Das nichtjüdische Haus Hoogendijk gehörte zu Görings besonderen Favoriten. Dort erwarteten ihn, nach Vorbesprechungen mit Hofer, der immer eine Provision erhielt, stets hochrangige, von Friedländer eingehend begutachtete Werke zu völlig überrissenen Preisen.[57] Im Laufe der Kriegsjahre erwarb Göring, der diesen knallharten Kunsthändler offenbar amüsant fand, vom Hause Hoogendijk zweiundvierzig Gemälde. Besonders bekannt aber wurde Hoogendijk als die Kunsthandlung, welche die aufsehenerregenden Werke von Vermeer anbot, die während der Besatzungsjahre ans Licht kamen und sich später als brillante Fälschungen des als Maler erfolglosen Hans van Meegeren entpuppten. Hoogendijk veräußerte sie sehr teuer an holländische Privatleute und Museen. Hoogendijk war aber nicht der einzige Geprellte. 1943 versuchte auch de Boer, Göring eines davon anzudrehen; es trug den Titel *Christus mit Maria und Martha,* und Vitale Bloch hatte es getreulich beglaubigt. Hofer lehnte es dann aufgrund des Preises und des Zustandes ab. Der Linzer Direktor Voss hielt es für eine Fälschung und lehnte ebenfalls ab. Die holländischen Museen schnappten sich das

Gemälde schließlich aus lauter Angst, einen nationalen Kunstschatz zu verlieren.[58]

In der Zwischenzeit hatte Hofer über Miedl von einem weiteren dieser »Vermeers« gehört; es handelte sich um *Christus und die Ehebrecherin.* Miedl brachte das Bild im September 1943 zur Ansicht nach Karinhall. Wie bei den andern war auch diesmal die Herkunft unklar, und der geforderte Preis betrug stolze zwei Millionen holländische Gulden. Vermeer galt jedoch unter den Nazi-Führern inzwischen als der letzte Schrei, und Göring wollte unbedingt ein Werk von ihm haben, nachdem er die beiden aus der Sammlung Czernin und, wie wir später sehen werden, auch *Der Astronom* von Rothschild an Hitler verloren hatte. Aber der Preis für *Christus und die Ehebrecherin* war zu hoch. Weil er dennoch nicht darauf verzichten wollte, behielt er das Bild monatelang auf Karinhall und überließ es Miedl, dem holländischen Drängen zu begegnen. Schließlich bediente sich Göring seiner bevorzugten Methode, kostenlos zu etwas zu kommen: der des Tauschs. Miedl erhielt hundertfünfzig zweitklassige Gemälde aus Görings mittlerweile unermeßlichen Beständen, und der »Vermeer« blieb in Karinhall.[59]

Nach dem Rundgang in den Kunsthandlungen zog Göring jeweils mit seinem Freundeskreis feiernd von einem Amsterdamer Nachtlokal zum andern. Miedl lebte ebenfalls in Saus und Braus, solange es ging, und gab auf seinem neu erworbenen Schloß Nyenrode rauschende Feste. Selbst Henriette von Schirach, die Ehefrau des Nazi-Reichsstatthalters in Wien, war überwältigt von der Opulenz seiner Diners, bei denen auf Goudstikkers wunderschönem Silber- und Porzellangeschirr schwer erhältliche Delikatessen serviert wurden. VIPs wie sie führte man übrigens jeweils auch durch die Lagerräume mit beschlagnahmten Kunstwerken, Schmuck und Kleidern. Henriette von Schirach lehnte angewidert ab, etwas davon für sich auszusuchen, und stellte auf der Heimfahrt fest, daß Miedl, um sie aufzuheitern, kurzerhand ein kleines italienisches Bildchen, das ihr in Nyenrode gefallen hatte, von der Wand genommen und als Geschenk für sie eingepackt hatte.[60]

Im Gegensatz zu Göring mied der nüchterne Hans Posse Amsterdams High-life und wohnte im düsteren Hotel Centrale in Den Haag. Nicht im geringsten erfreut über das Gerangel unter Hinz und Kunz, zu dem der Kunsthandel in Holland verkommen war, drängte er Bormann immer wieder, von Hitler den Befehl zu erlangen, daß die erste Wahl stets Linz vorbehalten sei. Einmal schlug er gar vor, daß Privatkäufe pro Werk den Betrag von zweitausend holländischen Gulden nicht übersteigen dürften. Hitler lehnte dies allerdings ab, fügten doch die Gewinne aus dem blühenden holländischen Markt der Wirtschaft keinen Schaden zu. Posse verhandelte zumeist direkt mit den Sammlern und Sammlerinnen und überließ die Kunsthandlungen seinen Untergebenen. Instinktiv richtete er seine Aufmerksamkeit vor allem auf erstrangige Sammlungen und Einzelwerke, von denen er wußte, daß sie erhältlich waren, sei es durch Kauf oder durch Beschlagnahme. Eine davon war die Sammlung Lanz, die er sich durch Katz sicherte. Aber weit wichtiger war eine von Europas größten grafischen Sammlungen, die rund zweitausendsiebenhundert Werke umfaßte und die Bankier Koenigs in den Zwischenkriegsjahren aufgebaut hatte.

Nach dem Börsenkrach von 1929 sah sich Koenigs gezwungen, mit der Amsterdamer Bank Lisser-Rosencrantz Darlehen auszuhandeln. Diese Bank gehörte Siegfried Kramarsky, der – wie wir bereits gesehen haben – später mit anderen Werken, die Koenigs' ebenfalls veräußern mußte, in die Vereinigten Staaten reiste. Koenigs bot die Zeichnungen als Sicherheit an und ließ sie 1933 zur sicheren Verwahrung im Rotterdamer Museum Boymans deponieren, wo sie regelmäßig ausgestellt wurden.[61] Als der Krieg näherrückte begannen die auf ihr Entkommen bedachten Bankdirektoren ihre Darlehen zurückzufordern. Direktor Hannema vom Boymans-Museum wurde aufgefordert, die Sammlung entweder zu erwerben oder sie zum Verkauf nach Amerika zu transportieren. Um sie für Holland zu retten, überredete Hannema den holländischen Kohlenhändler D. G. van Beuningen, sie für den durchaus vernünftigen Preis von zwei Millionen holländischen Gulden zu erwerben.

Im Juni 1940 startete Posse seinen Angriff auf die Sammlung. Hannema weigerte sich, sie geschlossen zu verkaufen, aber Posse war eh nur an den herausragendsten italienischen und nordischen Werken interessiert. Im Oktober hatte er seine Wahl getroffen und Hitler und Bormann dazu überredet, 1,5 Millionen holländische Gulden für den Kauf zu bewilligen. Getreu seinem üblichen Trick drängte er sie, keinesfalls zu zögern, da er schneller als gewisse andere Leute sein und diese überrumpeln wolle.[62] Der Handel gelangte aber trotzdem erst im Dezember zum Abschluß. Es steht fest, daß Hannema kein einziges Blatt drangeben wollte, aber die Interessen von van Beuningen vorgingen: er brauchte das Geld, um Gemälde zu bezahlen, die er beim Verkauf der Sammlung Cook kurz vor Kriegsbeginn erworben hatte. Zudem mußte er sich die Gunst der Deutschen erhalten, um seine Lebensgrundlage zu sichern, war doch seine Firma für die Kohlentransporte aus Deutschland nach Holland zuständig. Also gab er grünes Licht, und Posse konnte zum Preis von anderthalb Millionen holländischen Gulden 525 Blätter erwerben, womit van Beuningen noch immer über zweitausend Zeichnungen blieben. Er schenkte die verbleibenden Werke sofort dem Boymans-Museum, und damit wurden sie Teil der holländischen Staatssammlungen. Damit war aber Posses Beziehung zum holländischen Kohlenhändler noch nicht beendet. Ein paar Monate später kaufte er ihm achtzehn bedeutende Gemälde ab, darunter Watteaus *L'Indiscret* und eine *Maja* von Goya.[63]

Eine weitere, sowohl in Holland als auch in Frankreich durch finanzielle Schwierigkeiten in Bedrängnis geratene Sammlung war diejenige von Franz Mannheimer, vormals Direktor der Amsterdamer Niederlassung der Bank Mendelsohn. Sie umfaßte über dreitausend Objekte, von Gemälden über Schmuck bis hin zu Mobiliar, mit besonderem Schwergewicht auf Kunsthandwerk deutscher Herkunft: Meißener Porzellan, mittelalterliche deutsche Goldschmiedekunst und Wandteppiche, Silberbüsten, die einmal das Baseler Münster zierten, und silberne Tafelaufsätze von Jamnitzer aus Nürnberg, der im Reich als ebenso bedeutend galt wie Benvenuto Cellini. Der deutsche Jude Mannheimer hatte 1936 seinen Wohnsitz notgedrungen nach Holland verlegt und lebte überwiegend in Amsterdam. Daneben hegte er eine große Vorliebe für Frankreich und hatte 1933 in Vaucresson bei Paris ein großes Anwesen sowie ein paar weitere Grundstücke erworben. All diese Immobilien und seine Sammlung finanzierte er durch die Bank Mendelsohn, ebenso die Darlehen, die er Flüchtlingen auf der Durchreise durch Holland gewährte. 1934 erreichten seine Schulden ein Ausmaß, daß selbst seine Bank auf Sicherheitsvorkehrungen bestand. Mannheimer mußte zudem versprechen, seine Sammlung nicht mehr zu vergrößern.[64] Dieses Versprechen hielt er nicht. Am 9. August 1939 starb er in Frankreich nur wenige Monate nach der Heirat mit der jungen Frau, die ihn während seines letzten Lebensjahres pflegte. Gleichzeitig geriet auch die Bank Mendelsohn in große Schwierigkeiten und mußte am 12. August ihre Tore schließen. Mannheimers Immobilien kamen in die Konkursmasse, und überdies stellte sich

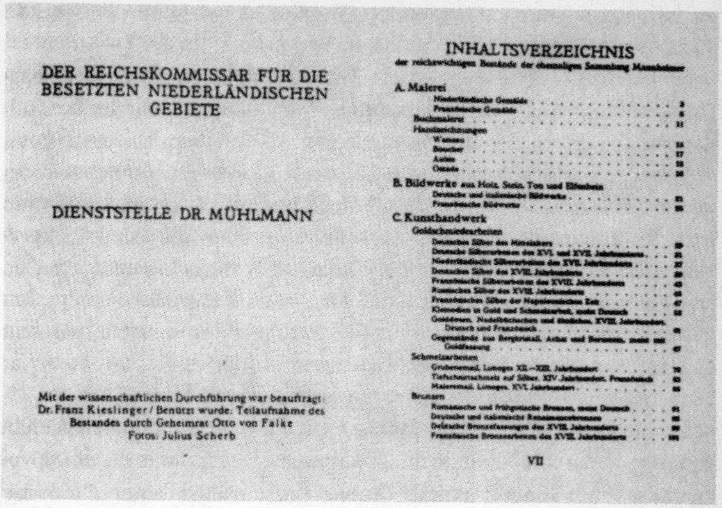

DER REICHSKOMMISSAR FÜR DIE BESETZTEN NIEDERLÄNDISCHEN GEBIETE

DIENSTSTELLE DR. MÜHLMANN

Mit der wissenschaftlichen Durchführung war beauftragt Dr. Franz Kieslinger / Benützt wurde: Teilaufnahme des Bestandes durch Geheimrat Otto von Falke
Fotos: Julius Scherb

INHALTSVERZEICHNIS

A. Malerei

B. Bildwerke aus Holz, Stein, Ton und Elfenbein

C. Kunsthandwerk

Schmelzarbeiten

Bronzen

VII

Titelblatt und Inhaltsverzeichnis des Katalogs über die Sammlung Mannheimer, den Mühlmann für Hitler zusammenstellte.

heraus, daß er mit seinen Steuerzahlungen im Rückstand war. Ein Augenschein in seinem Amsterdamer Wohnsitz ergab, daß viele der bedeutendsten Kunstwerke verschwunden waren. Das Verbliebene stand zum Verkauf, um den holländischen Staat zu entschädigen, aber die Gläubiger lehnten dies ab, weil der Markt schlecht lief, hatte doch in der Zwischenzeit der Krieg in Polen begonnen. Bald fand man heraus, daß die vermißten Werke auf den Namen von Frau Mannheimer überschrieben und auf komplizierten Wegen nach Paris und London gebracht worden waren. In England und Frankreich strengten die Mendelsohn-Gläubiger noch kompliziertere Verfahren an, in deren Verlauf sich herausstellte, daß Frau Mannheimer siebenundzwanzig Gemälde mit nach Südfrankreich genommen und Mannheimer seit dem Zeitpunkt seines Versprechens, mit dem Sammeln aufzuhören, noch Kunstwerke im Wert von rund zwei Millionen holländischen Gulden erworben hatte. Die genauen Besitzverhältnisse dieses Teils der Sammlung waren unklar.

Der ganze Fall präsentierte sich noch reichlich verworren, als die Deutschen Holland besetzten. Seyß-Inquart half den Gläubigern als erster aus, indem er Mannheimers Weinkeller aufkaufte und von der Wehrmacht zu seiner neuen Residenz fahren ließ.[65] In der Zwischenzeit hatte aber auch der emsige Alois Miedl Kontakt mit den Gläubigern aufgenommen und ihnen siebeneinhalb Millionen holländische Gulden für die ganze Sammlung angeboten, die er zum Teil an Göring abtreten wollte und deren übrige Bestände er auf eigene Rechnung zu verkaufen beabsichtigte. Dabei erwuchs ihm allerdings in der Person Kajetan Mühlmanns Konkurrenz. Mühlmann hatte über den Sachverständigen Friedländer von Miedls Angebot Wind bekommen, und da er diesen fetten Handel über seine Dienststelle abwickeln wollte, begann er selbst, mit Mannheimers Vertretung zu verhandeln, wo man sich im Namen der Gläubiger dazu bereit erklärt hatte, an die Nazi-Dienststelle zu verkaufen. Reichskommissar Seyß-Inquart sah jedoch keinen triftigen Grund dafür, Staatsgelder für eine Sammlung auszugeben, die seiner Meinung nach als jüdisches Eigentum auch beschlagnahmt werden konnte, und schob eine Entscheidung auf, bis sich die Situation geklärt habe; Mühlmanns Dienststelle bekam Anweisung, einstweilen ein vollständiges Inventar mit Abbildungen der Sammlung zu erstellen.

Die ganze Zeit über hörte Posse, der begierig darauf war, diesen Schatz für seine Linzer Liste zu heben, nicht auf, Bormann unter Druck zu setzen. Am 10. Oktober 1940 legte er ihm nahe, daß die »bedeutende Sammlung des geflüchteten Finanzjuden F. Mannheimer« für Linz vorgemerkt werden sollte. Besorgt um den endgültigen Ausgang des Handels wandte sich Bormann telegrafisch an die Reichskanzlei, um herauszufinden, ob Hitlers neueste Anordnung über sein Vorgriffsrecht auf alles beschlagnahmte Eigentum in Österreich auch auf Holland anzuwenden sei.[66] Lammers antwortete, diese Anordnung gelte für alle besetzten Gebiete, »deutsche« Maßnahmen hätten in jedem Fall Vorrang vor »einheimischen« und schließt mit dem merkwürdigen Zusatz: »Im übrigen darf ich darauf hinweisen, daß der Vorbehalt des Führers keine Anordnung zur Beschlagnahmung von Kunstwerken enthält. Er bezieht sich nur auf Fälle, in denen eine Beschlagnahmung bereits erfolgt ist oder erfolgt.«[67]

Das klang ermutigend, aber Mühlmann hatte – angesichts seiner Provision zum Glück – inzwischen herausgefunden, daß, wenn auch der Besitzer Jude gewesen war, es doch die Gläubiger nicht waren und daher die Beschlagnahmungsanordnung nicht angewendet werden konnte. Der störrische Seyß-Inquart wollte aber immer noch nicht kaufen und meinte, siebeneinhalb Millionen holländische Gulden seien so gut wie ein Geschenk an die Gläubiger. Die Sammlung sei und bleibe jüdisch, zudem handle es sich bei einem großen Teil davon um ehemaliges Eigentum des deutschen Volkes, und dann enthalte sie erst noch Fälschungen. Und zu alledem kämen noch Kosten von 200 000 holländischen Gulden für den von seinem Stab zusammengestellten Katalog. Im Februar 1941 stand eine endgültige Entscheidung noch immer aus, und Posse schrieb erneut an Bormann, um ihm mitzuteilen, daß die Sammlung Gefahr laufe, in die Hände von Spekulanten zu fallen, und diese würden auf einer Auktion schwindelerregende Preise verlangen. Das genügte Hitler. Schon am nächsten Tag antwortete Bormann, der wußte, daß der penetrante Breslauer Bürgermeister auch hinter dieser Sammlung her war: »Über Fernschreiber gab ich heute abend nach Den Haag durch, die Sammlung Mannheimer solle von Ihnen im Auftrag des Führers gekauft werden; der Reichskommissar [Seyß-Inquart] solle den Verkauf an andere Stellen verhindern und dafür sorgen, daß die Sammlung von Ihnen erworben werden könne. Über die Verteilung der Kunstgegenstände aus der Sammlung Mannheimer wird der Führer später nach Vortrag durch Sie – Vorlage eines Verzeichnisses! – entscheiden.«[68]

Es gelang Seyß-Inquart noch, den Preis auf fünfeinhalb Millionen holländische Gulden zu drücken. Miedl bekam 400 000 holländische Gulden Bestechungsgeld. Die Gemälde, die Frau Mannheimer nach Südfrankreich mitgenommen hatte, gehörten ebenfalls zum Vertrag. Mühlmann, der letztlich sehr gut bei diesem Handel verdient hatte, versicherte den Gläubigern, sie würden die letzte Zahlung erhalten, sobald sich diese Gemälde beschaffen ließen. Dies war 1944 der Fall, und die Vertragsbedingungen wurden – wie sich das für Ehrenmänner gehört – dann auch peinlich genau eingehalten. Aber für diesen Teil der Geschichte müssen wir uns nach Frankreich begeben.

5
Milde und Grausamkeit

Das besetzte Frankreich: Schutz und Beschlagnahme

FLUELLEN: [...] aber ich denke für mein Teil, der Herzog hat keinen einzigen Mann verloren, außer einem, der vermutlich hingerichtet wird, weil er eine Kirche beraubt hat [...]
KÖNIG HEINRICH: Wir wollen alle solche Verbrecher so ausgerottet wissen, und wir erteilen ausdrücklichen Befehl, daß auf unsern Märschen durch das Land nichts von den Dörfern erzwungen werde, nichts genommen, ohne zu bezahlen, und daß kein Franzose geschmäht oder mit verächtlichen Reden mißhandelt werde; denn wenn Milde und Grausamkeit um ein Königreich spielen, so wird der gelindeste Spieler am ersten gewinnen.

William Shakespeare, *Heinrich V.*
3. Aufzug, 6. Szene

Am 17. Juni 1940 gab der alte Marschall Philippe Pétain, Kriegsheld von Verdun und Ministerpräsident der zusammenbrechenden Dritten Republik, der Bevölkerung über Rundfunk bekannt, es sei »notwendig, die Kampfhandlungen einzustellen«. Die Ankündigung erfolgte ohne vorherige Absprache, weder mit seinen Alliierten noch mit seinem eigenen Oberkommando, und noch bevor die andere Seite auf diplomatische Friedensvorstöße auch nur reagiert hatte. Verblüfft ließen die Deutschen die gute Botschaft verbreiten und strahlten sie wiederholt aus. Tags darauf erklärte Frankreich alle französischen Städte mit einer Bevölkerung von mehr als zwanzigtausend Personen für »offen«, das heißt, sie sollten nicht verteidigt werden.[1] Die deutschen Verbände drangen daraufhin praktisch ungehindert und unaufhaltsam Richtung Bordeaux vor, wo sich die französische Regierung in panischer Eile einmal mehr auf die Evakuierung vorbereitete, diesmal nach Nordafrika. Drei Tage später verließ eine Delegation Bordeaux, um mit den Deutschen zu verhandeln. Sie quälte sich durch das anhaltende Chaos auf den Straßen zurück nach Compiègne, wo die Deutschen 1918 die erniedrigenden Kapitulationsbedingungen hatten unterzeichnen müssen. Hitler, der ideologisch, wenn auch nicht in taktischen Dingen ebenso der Geisteshaltung des Ersten Weltkriegs verhaftet war wie die Franzosen, hatte ein kleines Schauspiel inszeniert, bei dem es zu seinem ersten Kontakt mit einem französischen Museum kam. Deutsche Mineure hatten die Mauer des Museumsgebäudes gesprengt, in dem der Eisenbahnwaggon stand, wo 1918 das Waffenstillstandsabkommen unterzeichnet worden war, und den Waggon daraufhin an seinen ursprünglichen Standort gebracht – neben ein weißes Marmordenkmal von Marschall Foch und einen Granitblock mit der Inschrift: »Hier zerbrach am 11. November 1918 der verbrecherische Stolz des deutschen Reiches.« Für die neuerlich anstehende Kapitulationszeremonie hatte man über den gestürzten deutschen Adler diskret eine umfangreiche Hakenkreuzfahne drapiert.[2]

Offiziell war der Waffenstillstand auf halb zwei Uhr nachmittags des 25. Juni angesetzt. Im ansonsten üblichen Abkommen gab es zusätzlich ein paar einmalige Nazi-Klauseln: die eine verbot den Transfer von Vermögenswerten von der besetzten in die unbesetzte Zone, und eine andere ordnete wie in Holland die Auslieferung aller deutschen Flüchtlinge in Frankreich an, die »ihr eigenes Volk betrogen«. Frankreich wehrte sich zwar heftig gegen die letztgenannte Verfügung, allerdings ohne Erfolg.[3] In den vier Tagen bis zum Inkrafttreten des Waffenstillstands unterließ man es aber auch, diese Bedrohung bekanntzumachen, was Hunderten von Flüchtlingen ein Entkommen ermöglicht hätte.

Das Land war geteilt durch eine Zickzacklinie von Genf bis nach Tours und von dort geradewegs nach Süden zur spanischen Grenze, wodurch die Deutschen die gesamte Atlantikküste einschließlich Bordeaux unter Kontrolle hatten. Die Regierung von Restfrankreich mußte in die nicht besetzte Zone übersiedeln und zog nach Vichy. Hier kam die Dritte Republik unter allen möglichen Intrigen zu Fall, und an ihre Stelle trat die Quasi-Diktatur von Pétain und seiner Grauen Eminenz Pierre Laval, der vom Sieg Deutschlands über Großbritannien überzeugt und deshalb der Meinung war, man sollte sich am besten mit den Deutschen arrangieren. Der amerikanische Botschafter William Bullitt

bemerkte dazu fast allzu treffend: »Ihre Hoffnung geht dahin, daß Frankreich Deutschlands Lieblingsprovinz werden möge – ein neuer Gau, der sich zu einem neuen Gallien entwickelt.«[4]

Die Deutschen ließen sich davon allerdings nicht beeindrucken. William Shirer, der sich an diesem Wendepunkt der Geschichte in Berlin aufhielt, notierte in seinem Tagebuch: »Tatsache ist, daß Deutschland die französisch-deutsche Bilanz noch nicht als ausgeglichen betrachtet. Später wird man sie mit historischem Realismus ausgleichen [...] nicht nur auf der Basis der zwei Jahrzehnte seit Versailles, sondern man wird noch viel frühere Zeiten dazu heranziehen.«[5]

Frankreichs Hauptstadt Paris war wenige Tage vor der Verbreitung von Pétains Kapitulationsbotschaft gefallen. Die Deutschen waren zuerst enttäuscht, als sie das sagenhafte Paris bei ihrer Ankunft zwar wunderschön und unbeschädigt, jedoch verschlossen und wie ausgestorben vorfanden. Cafés, Läden und Büros waren geschlossen. Nachts herrschten Dunkelheit und Stille. Die deutschen Verbände marschierten im Morgengrauen des 14. Juni ein, und am Mittag hatte das Hakenkreuz die französische Trikolore bereits ersetzt, am augenfälligsten am Arc de Triomphe und auf der Spitze des Eiffelturms. Der deutsche Generalstab forderte das Hôtel Crillon als Hauptquartier an. Die französische Polizei mühte sich etwas verlegen einige Zeit mit den Schutzgittern ab, die den Eingang versperrten, ehe sie sie öffnen konnte.[6] Aber bald gingen diese und noch weitere Gitter hoch, und die Deutschen nippten zufrieden Champagner und ließen sich in den schönsten Wohnungen in der ganzen Stadt häuslich nieder. General von Bock, Kommandant der Heeresgruppe B, die die Region Paris kontrollierte, nahm nach der Besichtigung von Napoleons Grab im Invalidendom »ein sehr gutes Frühstück im Ritz« ein.[7] Man vermerkte rasch, daß sich die Deutschen »korrekt«, ja sogar freundlich verhielten. Mit den Angestellten der amerikanischen Botschaft unterhielten sie sich überaus freimütig über ihre Pläne für die Invasion Englands und meinten, der Krieg werde in ein paar Wochen vorbei sein.

Einen Tag nach der Unterzeichnung des Waffenstillstandsabkommens flog Hitler in Begleitung von Albert Speer und seinem Lieblingsbildhauer Arno Breker, die die Stadt beide sehr gut kannten, heimlich zu einer Besichtigungstour nach Paris. Es war Hitlers erster Besuch dort, und die peinlich genau geplante Tour konzentrierte sich auf die Architektur. Die kleine Gruppe begann vor Morgengrauen mit einem speziell geführten Rundgang durch die Oper, wo man eigens für Hitler – der mit den Bauplänen übrigens bestens vertraut war – die ganze Beleuchtung einschaltete. In der ersten Morgendämmerung ging es weiter zum Eiffelturm, dann zum Invalidendom und zum Montmartre, wo er von der Terrasse der Sacre-Cœur auf die schlafende Stadt hinunterblickte. Auf dem Weg zurück zum Hauptquartier meinte er gegenüber Speer: »Es war der Traum meines Lebens, Paris sehen zu dürfen. Ich kann nicht sagen, wie glücklich ich bin, daß er sich heute erfüllt hat.« Vielleicht war es dieser Traum, der die Stadt vor dem Schicksal bewahrte, dem Warschau zum Opfer fiel, mußte Speer doch nur wenige Stunden später von Hitler entsetzt mitanhören, er habe früher oft mit dem Gedanken gespielt, Paris zu zerstören. Er äußerte diesen Gedanken im Zusammenhang mit seiner Anordnung, einen »Erlaß zur vollen Wiederaufnahme der Bauten in Berlin« vorzubereiten, meinte dann aber doch abschließend: »[...] wenn wir in Berlin fertig sind, wird Paris nur noch ein Schatten sein. Warum sollen wir es zerstören?«[8]

Schatten oder nicht, Paris wurde leerer: Schon am nächsten Morgen gab General Keitel an Admiral Lorey, den Direktor des Berliner Zeughauses, den Befehl aus, unverzüglich mit den Vorbereitungen für die Rückführung von Beutestücken deutscher Herkunft »aus der Zeit von den Freiheitskriegen über 1914/18 bis zur Jetztzeit« zu beginnen, die Hitler »im Pariser Armeemuseum im Invalidendom, auf öffentlichen Plätzen usw.« gesehen habe. Er wünschte rasches Handeln. Das Schreiben enthielt die Ermächtigung für notwendige Reisen sowie die Zusage großzügiger Geldmittel, die Lorey laut Keitels Anordnung unverzüglich bei der Reichskanzlei anfordern konnte.[9]

Fast unglaublich mutet es an, daß Hitler, der große Eroberer, seine Traumstadt nie wieder besuchte und sich nicht einmal eine Siegesparade durch ihre ruhmreichen Avenuen gönnte. Darin unterschied er sich klar vom Gros seiner Landsleute, die Paris in den darauffolgenden vier Jahren als den allerbesten dienstlichen Standort betrachteten.

Trotz all der jovialen Korrektheit wurden, wie zuvor in Holland, sowohl in Belgien als auch in Frankreich innerhalb kurzer Zeit äußerst effiziente deutsche Besatzungsverwaltungen eingerichtet. Die Millionen diesbezüglicher Dokumente, die im französischen Staatsarchiv erhalten geblieben sind, zeugen von der geradezu überwältigenden Aufmerksamkeit, die man auf die Kontrolle noch der kleinsten alltäglichen Details verwendete. Schon am 20. Mai wurde die Besatzungswährung geprägt. Am 23. Mai übernahmen die Deutschen die verwaisten Büros der französischen Steuerbehörden in den eroberten Gebieten, um sicherzustellen, daß bei der Steuereintreibung keine Lücke entstand. Regierungsstellen wurden einer peinlich genauen Prüfung unterworfen. Und nicht zuletzt tauchten an allen Ecken Verkehrsschilder in Frakturschrift auf.[10] Im Gegensatz zu Holland erhielten Frankreich und Belgien eine traditionelle Militärregierung unter der Führung der Wehrmacht, aber wie in Polen wurde die Landkarte nach Hitlers Gutdünken geändert. Aus administrativen Gründen verband man die Departements in Nordfrankreich mit dem französischsprachigen Teil Belgiens, und Luxemburg und Elsaß-Lothringen wurden kurzerhand

Deutschland zugeschlagen. Bis zum 16. Juli hatte man die dortige französische Verwaltung hinausgeworfen, jüdisches und »Freimaurer«-Eigentum an Nazi-Organisationen transferiert und zudem rund zwanzigtausend allzu offen profranzösische Elsässer und Elsässerinnen nach nur einer halben Stunde Vorwarnung in die nicht besetzte Zone ausgewiesen.
Für die Kontakte zwischen der Militärregierung und Vichy berief Reichsaußenminister von Ribbentrop Otto Abetz als neuen deutschen Botschafter nach Paris. Abetz war ein langjähriger Förderer französisch-deutscher Beziehungen und mit einer Französin verheiratet. Weniger lautstark, aber nicht weniger rasch begannen die Priester der Neuen Ordnung ihre Kontrollarbeit. Was anging und was nicht, wußten aber offenbar noch nicht einmal die Deutschen selbst mit Sicherheit; sie waren mehr darauf aus, das süße Pariser Leben zu genießen. Nachdem etwa in Berlin bekanntgeworden war, das Großdeutschland-Regiment habe seinen Sieg geschlossen mit einem Dankgottesdienst in der Notre-Dame gefeiert, wurden derlei religiöse Kundgebungen als der nationalsozialistischen Ideologie zuwiderlaufend umgehend verboten.[11] Der französischen Bevölkerung brachten die neuen Regelungen Tag für Tag neue Überraschungen. Die einschneidendste war wohl, daß zwischen der besetzten und der nicht besetzten Zone eine vollwertige Grenze eingerichtet wurde, die nur Personen mit einem von den Deutschen genehmigten Paß überschreiten durften.

Nur die Frage, in wessen Zuständigkeitsbereich die französischen Museen fallen und was mit ihren Sammlungen geschehen sollte, stand noch immer offen. Das Wehrmachtskommando kam auf den im Ersten Weltkrieg so überaus korrekt handelnden »Kunstschutz« zurück, dessen Führung in Polen Dagobert Frey zu übernehmen gehofft hatte. Die Leitung wurde dem angesehenen Kunsthistoriker Graf Franz Wolff-Metternich übertragen, der noch kurz zuvor als Kurator der Rheinprovinz tätig gewesen war. Dieser Nachkomme des berühmten gleichnamigen Staatsmannes, der die Neugestaltung Europas nach dem Sieg über Napoleon so nachhaltig mitgeprägt hatte, war ein frankophiler Mensch mit vielen Beziehungen in Frankreich. In vorgängigen Gesprächen im Winter 1939/40 hatte man ihm vorgegaukelt, er werde für die Denkmäler in Westdeutschland zuständig sein, und er zeigte sich denn auch entsprechend verblüfft, daß seine Arbeit nun in Tat und Wahrheit

alle westeuropäischen Länder unter militärischem Regime betraf. Er selbst blieb Zivilist und war nicht den Lokalkommandanten, sondern direkt dem Oberkommando unterstellt.
Der Schutz von Denkmälern und Kunstwerken war in den Richtlinien der Wehrmacht vorgesehen, und die Streitkräfte waren angewiesen, die Artikel der Haager Konvention aus dem Jahre 1907 zum Schutz von Privateigentum einzuhalten. Metternich empfand es als seine Pflicht, diese internationalen Abmachungen buchstabengetreu zu erfüllen, und in diesem Geiste begannen er und sein Stab sofort, historische Gebäude für die Einquartierung von Truppen zu sperren und in bereits requirierten Gebäuden Kontrollgänge durchzuführen. Listen von geschützten Bauwerken wurden erstellt, Schloßbesitzer angewiesen, wertvolles Mobiliar in bestimmten Räumen einzulagern, und Anstrengungen unternommen, den örtlichen Behörden bei der sicheren Unterbringung von Kunstobjekten sowie bei der Reparatur von Kriegsschäden zu helfen, die etwa in den Städten Löwen und Beauvais beträchtlich waren. Deutsche Truppenverbände halfen, in Belgien die Glasfenster der Brüsseler Kathedrale Sankt-Gudula (heute Sankt Michael) auszubauen und eine Schutzmauer um die große *Kreuzabnahme* von Rubens in Antwerpen zu errichten. In Frankreich stand Metternich in Kontakt mit Graf de Noailles, dem Vorsteher der Demeures Historiques, und Jacques Jaujard von der Direction des Musées.[12] Innerhalb nur weniger Tage inspizierte er mit seinem Stab die von deutschen Soldaten aufmerksam bewachten Schlösser Chambord und Cheverny. Die in Panik geratenen Kustoden ließen sich durch diese kunsthistorisch bewanderten Beamten, die perfekt Französisch sprachen, beruhigen und fanden zu ihrer Überraschung heraus, daß es sich bei einem von ihnen, einem Mann namens Bunjes, um einen ehemaligen Schüler des im Louvre für Skulpturen zuständigen Kurators Marcel Aubert handelte.[13]
Nun hatten aber andere äußerst genaue Anweisungen erhalten, die sich weniger mit den internationalen Abmachungen vereinbaren ließen. Am 30. Juni hatte Hitler angeordnet, alle Kunstobjekte – öffentliche, private und insbesondere solche in jüdischem Besitz – müßten »sichergestellt« werden. Oberkommandeur Keitel gab diese Direktive an die Wehrmacht mit der Erklärung weiter, die Werke würden nicht enteignet, sondern dienten dem Reich als Pfand für die Friedensverhandlungen.[14] Reichsaußenminister von Ribbentrop übertrug die Ver-

antwortung für diese Operation dem neuen Botschafter Abetz: er hatte offensichtlich nicht vergessen, daß einer seiner Vorfahren – ein durch und durch preußischer Beamter – von Blücher mit der Rückführung der von Napoleon entführten Werke aus Frankreich beauftragt und dabei vom Direktor des Louvre hinters Licht geführt worden war.[15]
Abetz nahm diese Aufgabe zügig, wenn auch etwas zu enthusiastisch an die Hand. Als Mitglied von Hitlers Entourage beim Fall von Warschau erwartete er keine Probleme seitens der Streitkräfte und gab ihnen einigermaßen arrogant bekannt, die Botschaft sei beauftragt, französische Kunstwerke im Besitz des Staates und der Städte in den Museen von Paris sowie den Departements zu beschlagnahmen und eine Liste jüdischer Besitztümer zu erstellen und diese ebenfalls zu beschlagnahmen. [16] Die wertvollsten Stücke sollten in die Botschaft in der Rue de Lille überführt werden, und dafür forderte er Transportmittel der Wehrmacht an.
Aber auch die Streitkräfte hatten Hitlers Direktive vom 30. Juni erhalten, diese allerdings ganz anders interpretiert. Mit ebensoviel Eifer hatte der Kommandant der Besatzungstruppen am 15. Juli seine eigenen Befehle herausgegeben und verlangt, den Schutz der »sichergestellten« Werke zu gewährleisten und insbesondere ohne seine persönliche Erlaubnis nichts von seinem derzeitigen Standort zu entfernen. Sein Befehl unterschied nicht zwischen jüdischem und nichtjüdischem Besitz.[17] Damit standen die Voraussetzungen für einen größeren Machtkampf prächtig. Abetz' eigenmächtiges Vorgehen der neuerlich siegreichen Armee gegenüber geriet Keitel derart in den falschen Hals, daß er am 23. Juli von Ribbentrop fernmündlich darum bat, Botschafter Abetz' Befugnisse zu überprüfen. Diese wurden am 3. August allerdings bestätigt.[18]
Abetz machte sich mit diesem klaren Mandat unverzüglich an die Arbeit. Baron von Künsberg, Chef einer dem Reichsaußenministerium unterstellten Spezialkommandoeinheit, erhielt den Befehl, ihn bei den Beschlagnahmungen zu unterstützen. Von Metternich und seinem Stab erwartete man, daß sie mit dieser Organisation kooperierten. Man forderte Listen aller Kunstwerke in Frankreich, worauf »der Führer und der Reichsaussenminister« entscheiden würden, ob die Werke in Frankreich bleiben oder nach Deutschland transferiert werden sollten.[19] Das Wehrmachtskommando sollte über den Stand der Dinge stets unterrichtet sein und die Transportmittel zur Verfügung stellen.

Alles zielte auf geradezu ungeheure Effizienz. Zwei Botschaftsangestellte erhielten den Auftrag, mit Jacques Jaujard unverzüglich die Depots mit Kunstwerken zu inspizieren.

Weder die französischen noch die deutschen Militärbehörden wußten, daß Otto Kümmel, der Direktor der Berliner Museen, und mehrere Helferinnen und Helfer sich auf eine persönliche Order von Reichspropagandaminister Goebbels hin bereits auf dem Weg nach Paris befanden, um Blitzrecherchen darüber durchzuführen, was denn nun nach Deutschland kommen sollte. Die Voraussetzungen für diese Arbeit lagen ihnen schon weitgehend vor: Kaum hatte Hitler das Rheinland in seine Macht gebracht, nahmen zwei Kunsthistoriker das immense Projekt in Angriff; sie veröffentlichten 1939 eine Denkschrift mit einem Verzeichnis von Kunstobjekten, die die Franzosen 1794 aus dem Rheinland geraubt hatten. Unter größter Geheimhaltung waren sie in französischen Museen und Bibliotheken herumgeschlichen und hatten sich dabei als Forscher für ganz andere Themenbereiche ausgegeben.[20] Nun galt es, »Kunstwerke und geschichtlich bedeutsame Gegenstände, die seit 1500 ohne unseren Willen oder auf Grund zweifelhafter Rechtsgeschäfte in ausländischen Besitz gelangt sind«, aufzulisten. Dieses Verzeichnis sollte nicht nur Gemälde, Plastiken und Kunstgewerbe, sondern auch Bücher, Manuskripte, Landkarten, Musikinstrumente, Archive, militärische Trophäen und Waffen enthalten.

Die dreihundert Seiten, die schließlich vorlagen, bezeichneten die Autoren als eine nur grobe Übersicht über all das, was im Laufe der vergangenen vierhundert Jahre entweder geraubt oder durch fremde Kriege in Deutschland zerstört worden sei. Das Verzeichnis enthielt übrigens Dürers *Selbstporträt* sowie mehrere Werke Rembrandts, die Posse so dringend brauchte, um die Lücken in Linz zu stopfen, aber auch Sammlungen, die elsässischen Adligen während der Französischen Revolution abgenommen, Werke, die nach 1919 von Händlern aus Deutschland »herausgeschmuggelt«, und Schmuckstücke, die während mehrerer Kriege eingeschmolzen worden waren, sowie viele Dinge, die nicht nachweislich verlorengingen, deren Verbleib aber noch nicht ausfindig gemacht werden konnte. Ein Teil des Berichts befaßte sich gar analytisch mit der »Psychologie des Kunstraubs der Franzosen«, und in einem schwindelerregenden Versuch, der Sache einen rationalistischen Anstrich zu geben, hieß es, in Frankreich wohnhafte deutsche Juden, deren Besitz im Ersten Weltkrieg beschlagnahmt und in Frankreich verkauft worden sei, seien in diesem Bericht zweckdienlich ebenfalls als Deutsche zu betrachten. Eine passende Wunschliste von Kunstwerken, die sich in Frankreich und Holland befänden und geeignet wären, die unwiderruflich verlorenen Werke deutscher Kunst zu ersetzen, sei in Vorbereitung.

Der »Berichterstatter« erlaubte sich sodann – wenn ihm auch ein Urteil darüber nicht zustehe –, in aller Bescheidenheit darauf hinzuweisen, »welche Folgerungen sich gegenüber Frankreich, dem Hauptschuldner, und den anderen Staaten ziehen *ließen,* die gegen Deutschland gekämpft haben und sich in unserer Gewalt befinden oder befinden werden«. Und zum Schluß des sehr geheimen Berichts, von dem nur gerade fünf Schreibmaschinenkopien erstellt wurden, hielt Kümmel fest, es sei »fraglich, ob der gesamte französische Besitz ausreichen würde, diesen Ersatz zu leisten«. Und: »Gegen die Berechtigung dieser Forderungen, auch der extremsten, könnten die Franzosen im Grunde nichts einwenden.«[21]

Dieses Kahlschlag-Dokument – ein Paradebeispiel für die Planung der Nazis – war in Tat und Wahrheit nur eine weitere Etappe in der Serie von Forderungen, Gegenforderungen und chauvinistischen Beschimpfungen, die seit der Zeit Napoleons zwischen Deutschland und Frankreich ausgetauscht wurden. Bis 1940 hielt Napoleon, was die Verschleppung von beschlagnahmter Kunst betraf, unbestritten den Rekord. Frühere Eroberer ließen die Dinge jeweils einfach mitlaufen, und man konnte sie je nachdem in späteren Konflikten wieder zurückholen oder auch nicht. Napoleon komplizierte dieses herkömmliche Vorgehen, indem er die Besiegten dazu zwang, den Beschlagnahmungen in demütigenden Friedensverträgen zuzustimmen.

Unter der Aufsicht von Baron Vivant Denon, den man als Napoleons Chefkurator bezeichnen könnte, blühten Sammlungen fast aller möglichen Gattungen förmlich auf und fanden im Louvre eine feste Bleibe. Die neuen Erwerbungen, zu denen so berühmte Kostbarkeiten wie Rubens' *Kreuzabnahme* aus Antwerpen, der Genter Altar, Veroneses großformatiges Gemälde *Die Hochzeit von Kana* und die Pferde von San Marco in Venedig gehörten, wurden jeweils in Paris in großartigen Triumphzügen vorgeführt. Es dauerte nicht lange, da hatte sich das französische Volk eingeredet, es gebühre ihm, die großen Kunstwerke der Menschheit zu bewahren, und als der Herzog von Wellington nach der Schlacht bei Waterloo auf der Rückgabe der Kunstwerke beharrte, gab es rund um den Louvre Aufstände, und die Preußen (darin hatte von Ribbentrop völlig recht) konnten in der Tat nur gerade einen Bruchteil ihres Eigentums zurückholen, und auch dies nur unter Androhung von Waffengewalt.

Dank all der Aufregung und weil es Denon geschickt gelang, Zeit zu schinden, verblieb damals viel in französischer Hand. Anderes wiederum gelangte an den falschen Platz, da einige vornehme Staatsoberhäupter noch schnell einige Käufe tätigten. Eine große Anzahl von Gemälden aus Kassel, die zur Privatsammlung von Kaiserin Josephine gehörten, wurde, statt nach Hause geschickt, an den Zaren verkauft, und der Kronprinz von Bayern erstand eine Reihe von römischen Skulpturen für die Glyptothek in München. (Veroneses *Hochzeit von Kana* blieb übrigens in Paris, weil das Gemälde für den Rücktransport nach Italien zu groß war.) Und natürlich schwiegen sich die Briten trotz ihres altruistischen Gehabes über Fundstücke wie den Stein von Rosette aus, den sie selbst Frankreich auf der Überfahrt von Ägypten Richtung Louvre kurzerhand abgenommen hatten.

Die Deutschen gaben ihre verschleppten Kunstwerke niemals auf, aber ebensowenig ließen die extremeren Elemente in Frankreich die Idee des Wiederaufbaus der napoleonischen Sammlungen fallen. Tatsache ist, daß in Frankreich während des Ersten Weltkrieges Listen erstellt wurden, die dem Kümmel-Bericht frappant ähnlich sahen und alle französischen Werke in Deutschland aufführten sowie so bedeutende Stücke wie Dürers *Vier Apostel* aus München, das man als »Reparationszahlung« einfordern wollte; diese Ansprüche waren von geringschätzigen Kommentaren über den Kunstgeschmack der Deutschen begleitet. Letztlich schraubte man die weitreichenden Forderungen dann erheblich zurück, und die einzigen größeren Werke, die nach dem Versailler Friedensvertrag das Besitzland wechselten, waren zwei Tafeln des Genter Altars, die Berlin völlig rechtmäßig erworben hatte, sowie die Flügel von Dieric Bouts' Abendmahlsaltar in Löwen, die sich ebenfalls rechtmäßig im Besitz Berlins und Münchens befanden. Dann setzte die Liste der Forderungen einmal mehr Staub an – doch niemand vergaß sie.[22]

Graf Metternich erhielt weder von diesen Dokumenten, noch von den Verzeichnissen oder den Dekreten je Kenntnis, und von Baron von Künsbergs Ernennung erfuhr er über einen von Kümmels Helfern.

Außer sich vor Zorn beschloß er, die Sache auszufechten. Nicht daß er grundsätzlich dagegen gewesen wäre, manche Werke, die sich einst im Besitz Deutschlands befanden, zurückzuholen. Erst dachte er, Kümmels Mission bestehe einzig darin, eine Liste aufzusetzen, die hernach mit ungeteilter Zustimmung gleichberechtigter Völker für die Friedenskonferenz verwendet würde. Nach dem Krieg schrieb er, daß er es selbstverständlich gerne gesehen hätte, wenn die Kunstwerke, die einst deutsche Kirchen und Sammlungen schmückten, auf legalem Weg nach Deutschland zurückgekehrt wären, doch habe er dabei weniger an eine einseitige Forderung gedacht als an einen Austausch von Kunstwerken mit dem Ziel, die deutsche Kunst, die in staatlichen Museen Frankreichs schlecht vertreten war, durch die Zugabe von einigen wenigen hochklassigen Werken besser zu repräsentieren.[23]
Für Metternich stand die Ehre der Wehrmacht auf dem Spiel. Er sandte einen Bericht an Stabschef von Brauchitsch in Berlin und meldete, gewisse Dienststellen hätten spezielle Aktionen vorbereitet, um Kunstwerke in französischem Besitz ohne Wissen und Erlaubnis des militärischen Befehlshabers zu entfernen, und dies verletze Hitlers diesbezügliche Schutzorder. Von Brauchitsch antwortete, es dürften zwar Verzeichnisse erstellt, jedoch ohne Hitlers ausdrückliche Erlaubnis keine Objekte nach Deutschland gebracht werden. Abetz, der nichts davon wußte, traf sich am 12. August mit Kümmel, und bei diesem Treffen kamen sie überein, eine große Anzahl von Kunstwerken von Chambord nach Paris zu überführen, da diesen im Schloß Schaden drohe. Dieser Vorschlag betraf nicht nur Werke, die aus Deutschland »geraubt« worden waren, sondern auch mehrere Objekte des neunzehnten Jahrhunderts, die nichts mit den vergangenen Konflikten zu tun hatten. Tags darauf informierte Abetz Metternich über seinen Plan, aber da er keinen schriftlichen Befehl Hitlers vorweisen konnte, verweigerte die Wehrmacht jeglichen Transport.
Doch Botschafter Abetz gab nicht auf. In der folgenden Woche versuchte er, fünfundzwanzig Werke nach Paris zu bringen. Wieder unterstützte von Brauchitsch Metternich. Währenddessen stellten Louvre-Angestellte mit großer Sorgfalt die gewünschten Listen der im besetzten Frankreich befindlichen Werke zusammen, wobei sie in dieser Arbeit zu ihrem Leidwesen durch erhebliche Schwierigkeiten behindert wurden, die die Teilung des Landes in zwei Zonen mit sich brachte. Abetz und von Künsberg waren mittlerweile derart frustriert, daß sie ihre

Helfer aussandten, und diese zwangen die Lagerverantwortlichen mit vorgehaltener Waffe, Kisten zu öffnen, und rissen in den Büros der obersten Museumsverwaltung die noch unvollständigen Listen aus den Aktenordnern. Dies, so berichtete der unermüdliche Metternich wiederum, erwecke bei den Franzosen den Verdacht, sie hätten etwas ganz anderes als den Schutz der Kunstwerke im Sinn. Darauf erhob Abetz Beschuldigungen, die Angelegenheit werde »böswillig« verzögert. Metternich erwiderte, Abetz habe nicht nur dem Ansehen der deutschen Wehrmacht in Frankreich geschadet, sondern zudem in der amerikanischen Presse Berichte über »deutschen Kunstraub« provoziert. Schließlich wanderten die Verzeichnisse am 31. August nach Berlin, aber ohne die Unterstützung der Wehrmacht konnte nichts transportiert werden. So blieben die Depots für den Moment unversehrt und unter dem Schutz der Wehrmacht. Wer wollte eine Armee herausfordern, die vielleicht schon bald zur Eroberung Großbritanniens ausgeschickt wurde?[24]

Metternichs erfolgreiche Verhinderung des Abtransports von Kunstobjekten aus großen französischen Depots erstreckte sich allerdings nicht auf Privatsammlungen jüdischer und anderer unerwünschter Personen. Die verschiedensten Sonderdienststellen übernahmen unverzüglich auch in Frankreich die schon in Holland praktizierten Maßnahmen. Gestapo-Trupps begannen, Kunstwerke aus verlassenen jüdischen Geschäften und Häusern abzutransportieren. Wer jüdischer Herkunft war und noch immer in Frankreich wohnte, mußte sich bei den Behörden melden. Die meisten gingen davon aus, das Ganze sei nur eine Frage des Geldes und der Zeit, und taten dies auch.

Bald ließ das Devisenschutzkommando private Banktresore öffnen, denen so viele ihre Schätze anvertraut hatten. Die Person, der das Bankfach gehörte, mußte dabei jeweils zugegen sein. Nicht alle Angehörigen dieses Kommandos, die vor allem auf Gold und ausländische Devisen aus waren, erkannten, was da oft vor ihren Augen lag. Picasso verwirrte die Soldaten, die sein – mit eigenen und fremden Werken buchstäblich vollgestopftes – Fach inspizieren sollten, derart, daß sie völlig durcheinander weggingen, ohne etwas mitzunehmen. Im Verlauf dieser Inspektion gelang es ihm sogar, sie davon zu überzeugen, daß das benachbarte Tresorfach von Braque ebenfalls ihm gehöre und nichts Wertvolles enthalte. Henri Vevers Schwester sah stumm zu, wie die Offiziere die Hunderte von eingelagerten Rembrandt-Stichen durchgingen und zum Schluß kamen, es müsse sich um Reproduktionen handeln, von denen es Tausende gab; dann sperrte sie das Fach rasch wieder zu.[25] Die ersten Trophäen dieses Beutezugs wurden in die deutsche Botschaft zu Abetz gebracht.

Derselbe Beamte, der sich so umsichtig um Hitlers Parisaufenthalt gekümmert hatte, erhielt am 4. Juli 1940 die Namen und Adressen von fünfzehn führenden jüdischen Kunsthandlungen in Paris. Er sollte gemeinsam mit von Künsberg alle dort vorhandenen Objekte abtransportieren lassen. Diesmal gab es keine Probleme beim Transport: von Künsberg befahl ganz einfach der französischen Polizei, Lieferwagen zur Verfügung zu stellen. Bald begannen die nicht ausgelagerten Bestände von Wildenstein, Seligmann, Paul Rosenberg und der Galerie Bernheim-Jeune die Botschaft zu füllen, und als nächstes kamen die Besitztümer des Palais Rothschild in der Rue Saint-Honoré dazu.

Ein Dr. Meier, den von Ribbentrop als Sonderbeauftragten von den Berliner Museen entsandt hatte, machte sich daran, die Werke zu katalogisieren und zu entscheiden, welche sich am besten für die Überführung nach Deutschland eigneten. Und wieder begann das Verpakken. Im nüchternen Stil, den er pflegte, zitierte Mühlmann Händler herbei, um die weniger wertvollen Gemälde zu begutachten, die die Auswahlhürde nicht geschafft hatten. Manche »entartete« Objekte legte man für den späteren Gebrauch beiseite. Zwar konnte Metternich die Beschlagnahme dieser Kunstwerke nicht verhindern, aber er konnte bei seinen Kommandanten dagegen protestieren, was er denn auch tat: dieser Abtransport aus Frankreich verletze sowohl das Wehrmachtsdekret, laut dem alles an seinem Ort bleiben müsse, als auch Artikel 46 der Haager Konvention, der insbesondere den Abtransport von Privateigentum verbiete. Die Armeeführung stellte sich geschlossen hinter ihn. Einmal mehr waren Abetz und seine Helfer matt gesetzt, denn ohne die Hilfe der Wehrmacht kam nichts aus Paris weg.

Angesichts des Widerstandes der Wehrmacht in Frankreich gegen das Beschlagnahmungssystem – das in den anderen besetzten Ländern, unter einer »zivilen« Regierung, so reibungslos funkionierte – rückte der Führungskreis der Nationalsozialisten, um diese ach so hinderlichen Skrupel zu umgehen, mit einem seiner erstaunlichen Kompromisse heraus. Am 17. September befahl Hitler der Wehrmacht, dem Einsatzstab Reichsleiter Rosenberg (ERR) bei seiner Arbeit jede mög-

liche Unterstützung zu gewähren, und fügte hinzu, Rosenberg sei ermächtigt, ihm wertvoll erscheinende Kulturgüter nach Deutschland zu überführen und dort sicherzustellen.[26] Bis dahin galt diese Ermächtigung nur für wenige Kunstwerke, aber dies konnte sich jederzeit ändern. In der Zwischenzeit hatte die Militärführung angeordnet, die beschlagnahmten Kunstwerke seien zur Lagerung in den leeren Louvre anstatt in die Botschaft zu bringen. Dazu war eine französische Erlaubnis vonnöten gewesen. Metternich beschwor Jaujard, dieser Abmachung zuzustimmen, hoffte er doch, die Werke durch diese Maßnahme wenigstens in Frankreich behalten zu können. Mehrere hundert Objekte, verpackt und bereit für den Transport, gelangten so von der deutschen Botschaft in den Louvre.
Allerdings behielt Abetz stur drei Gruppen von Gemälden zurück: fünfundsiebzig seien »in das Inventar der Botschaft« aufgenommen und damit »in Reichsbesitz überführt« worden und einundzwanzig – zu denen erstaunlicherweise Werke von Utrillo, Monet, Degas, Bonnard und Braque gehörten – »zur Ausstattung des Auswärtigen Amts und des Hauses des Herrn Reichsaußenministers« reserviert. Die dritte Gruppe bestand aus sechsundzwanzig Gemälden »aus jüdischem Besitz (Entartete Kunst) [...] mit undefinierbaren Titeln«: vierzehn von Braque, sieben von Picasso, vier von Léger und eines von Rouault. Diese sollten für »den Umtausch gegen künstlerisch wertvolle Werke« verwendet werden.[27] Von Künsberg, dessen Sammleraktivitäten eingeschränkt worden waren, widmete sich derweil der Zusammenstellung einer Liste mit höchster Geheimhaltungsstufe von Kunstwerken in britischen Schlössern und Depots: als Vorbereitung für die Invasion, die, wie allgemein angenommen, unmittelbar bevorstand.[28]
Die am 10. Juli in Vichy neu eingesetzte französische Regierung hatte unterdessen restriktive Maßnahmen in Kraft gesetzt, mit denen sie bald in einmütiger Übereinstimmung auf die deutsche Linie einschwenkte und eine Neue Weltordnung à la française schaffte. Pétain, der sich nie mit der Lektüre von *Mein Kampf* abgegeben hatte, erwartete reichlich unbedarft, mit seiner Regierung nach Paris zurückkehren und als gleichwertiger Verhandlungspartner mit Hitler einen Frieden aushandeln zu können. Nie kam ihm oder auch Premierminister Laval der Gedanke, daß es gar nicht dazu kommen würde und daß sie für vier Jahre abgeschnitten in Vichy verbleiben müßten.
Unter den neu verabschiedeten Dekreten gab es auch ein Gesetz, laut

dem französische Staatsangehörige, die zwischen dem 10. Mai und dem 30. Juni aus dem Land geflohen waren, nicht mehr als französische Bürger und Bürgerinnen galten und ihr Besitz daher zugunsten der französischen »Secours National« beschlagnahmt und liquidiert werden dürfe. Die Vichy-Regierung, die sich selbst noch immer unabhängig wähnte, machte den Deutschen, die ein ähnliches Gesetz bereits eine Woche zuvor in der besetzten Zone in Kraft gesetzt hatten, den Vorwurf, sie verletzten die Haager Konvention, untersagt diese doch einer Besatzungsmacht, sich in die Bürgerrechte einer besiegten Nation einzumischen.[29] Wesentlich bei beiden Regulierungen waren jene Passagen, die die Registrierung und Arisierung jüdischer Unternehmen verlangten. Als weiteren Streitpunkt betrachtete man die Konfiszierung von Privateigentum, weshalb die Pétain-Regierung Ende Oktober gegen die Aktivitäten von Botschafter Abetz protestierte. Aber nichts konnte die deutschen Dienststellen aufhalten. Man reagierte dort schlicht mit dem Hinweis, der Besitz der Rothschilds und so vieler anderer Geflohener gehe Frankreich nichts an, hätte die Regierung doch selbst erklärt, daß diese Flüchtlinge nicht länger als französische Staatsangehörige zu betrachten seien.

Ende Oktober stapelten sich so viele Kunstwerke im Louvre, daß man sich nach einem geeigneteren Lagerplatz umsehen mußte. Metternich und Jaujard wählten das Jeu de Paume, ein kleines Museum, in dem der Louvre damals zeitlich begrenzte Ausstellungen aus dem Ausland und der Moderne durchführte. Die Museumsleitung erhielt nun die Mitteilung, der ERR werde die Örtlichkeiten künftig ebenfalls nutzen. Man kam überein, daß deutsche und französische Kuratorinnen und Kuratoren gemeinsam an der Inventarisierung der im neuen Depot eintreffenden Kunstwerke arbeiten sollten, und die Vichy-Regierung wurde entsprechend orientiert. Für diese Arbeit wurden fünf Louvre-Angestellte in das Jeu de Paume abkommandiert, um der für das leere Gebäude verantwortlichen Kuratorin Rose Valland zur Hand zu gehen. Der Transfer von Objekten zum neuen Depot lief ohne Verzögerung an. Merkwürdigerweise unter dem Schutz der Luftwaffe wurden am 30. Oktober mehr als vierhundert Kisten in das Jeu de Paume gebracht und tags darauf in höchster Eile von Angehörigen der Luftwaffe ausgepackt, bis die Werke sich in allen Räumen stapelten. Rose Valland hielt sich bereit, um ein Inventar zu erstellen, stellte aber zu ihrer Verblüffung fest, daß ihr kein deutsches Gegenüber zur Verfügung stand und daß in der Hektik rund herum niemand ein System für die Registration einrichtete. Um zu beweisen, daß man in Frankreich ebenso kompetent war wie in Deutschland, begann sie auf eigene Faust zu arbeiten. Gegen Mittag bemerkte Metternichs Assistent Bunjes, was sie tat. Er warf einen Blick in die Kladde, ergriff sie und klappte sie entschieden zu: kein französisches Inventar. Er schickte die fünf französischen Angestellten weg und verbot ihnen wiederzukommen. Nur Rose Valland, die eigentlich für das Gebäude zuständig war, sowie einige wenige Arbeiter durften bleiben.[30]

Bald trafen deutsche Offiziere ein, darunter Baron Kurt von Behr, der Leiter des ERR in Frankreich. Er trug eine solch auffallende und ungewöhnliche Uniform, daß selbst die skeptische Rose Valland geblendet war. Es handelte sich aber um die Uniform des deutschen Roten Kreuzes, in dessen Stab der Baron eine wichtige Funktion innehatte. Er besaß nämlich in Wirklichkeit überhaupt keinen militärischen Grad. Höflich erklärte er sich mit der Anwesenheit der französischen Kuratorin einverstanden. Den ganzen Nachmittag über ging es hektisch zu und her, Trauben von Deutschen sichteten die Gemälde, wählten die besten aus und hängten sie auf, als gäbe es eine Ausstellung.

Und es gab tatsächlich eine! Erschöpft und außer sich, weil der Erfolg in der Schlacht um Großbritannien auf sich warten ließ, wollte Göring nach Paris kommen. Den ganzen Sommer über hatte er von seinem Hauptquartier an der Kanalküste aus kleinere Abstecher nach Paris unternommen und war dabei jeweils im Ritz abgestiegen, wo General Hanesse, der Pariser Kommandant der Luftwaffe, ihn aufzusuchen pflegte. Derweil erkundeten seine Kunsthändler Hofer und Angerer mögliche Erwerbungen. Trotz Metternichs Widerstand führte man die beiden Händler jeweils in Begleitung eines von der Militärverwaltung zur Verfügung gestellten Beamten durch bestimmte Sammlungen, deren Beschlagnahme bevorstand. Sie wählten nach Belieben Objekte aus und befahlen, sie in das Jeu de Paume und damit in die Obhut des ERR zu überführen. Der Beamte, der sich an das Dekret der Wehrmacht hielt, betonte dann stets, daß es nicht möglich sei, diese Kunstwerke aus Frankreich zu entfernen.

Göring besuchte das Jeu de Paume am 3. November und fand das Museum wie für die Eröffnungsfeier einer bedeutenden Ausstellung vorbereitet. Auf den Böden lagen wunderschöne Teppiche, und die

Säle waren ausstaffiert mit allerlei Möbeln und Nippes, alles sorgfältig auf die Gemälde abgestimmt. Topfpalmen und Champagner standen herum, und die ganze Wirkung erhöhte sich noch durch die schneidigen Uniformen der deutschen Offiziere, die um Görings Vorliebe für solche Szenarien sehr wohl wußten. Aber für einmal erschien Göring in eher zerknitterter Zivilkleidung und wirkte merkwürdig fehl am Platz in seinem langen Mantel und dem weichen Hut.
Die ihm vorgeführte Auswahl an Kunstwerken war eindrucksvoll und übertraf alles, was er zuvor in Holland zu Gesicht bekommen hatte. Er verbrachte den ganzen Tag im Museum. Aber es gab noch viel mehr davon in den Lagerräumen, und so verschob er seine Abreise und ließ die verbleibenden Werke hervorholen. Den 5. November verbrachte er wiederum bei den Kunstschätzen, nahm erregt und gesprächig ein Gemälde nach dem andern in die Hände und legte es wieder hin. Schließlich wählte er siebenundzwanzig Werke für sich aus, vor allem niederländische und französische aus den Sammlungen Edouard de Rothschilds und der Wildensteins, darunter Rembrandts *Knabe mit roter Mütze* und das atemberaubende *Bildnis einer Dame* von van Dyck. Des weiteren enthielt seine Auswahl eine *Venus* und zwei Darstellungen der *Diana* sowie eine große Anzahl von Jagdszenen und Festen auf dem Lande. Unter den ehemaligen Besitztümern verschiedener Mitglieder der Familie Seligmann fand Göring zahlreiche Objekte zur Verschönerung von Karinhall: fünf Glasfenster, vier Gobelins, drei Plastiken von Engeln und Hirten sowie ein hübsches Sofa aus dem achtzehnten Jahrhundert mit sechs passenden Sesseln.
Nach den Erfahrungen in Österreich war Göring zu gewitzt für den Versuch, den berühmten Rothschild-Vermeer *Der Astronom* in die Finger zu bekommen, der verführerisch von der Wand herunterblickte – dieses Gemälde würde an seinen Führer gehen. Und er versuchte auch nicht, seine Auswahl aus dem Museum zu entfernen; für den Moment begnügte er sich mit einem großen Fotoalbum, von dem Hitler ebenfalls eine Kopie erhielt. Aber um keine Zweifel daran aufkommen zu lassen, was wem gehörte, gab er am selben Nachmittag einen Befehl heraus, laut dem die von der Wehrmacht und dem ERR »geretteten« Objekte in verschiedene Kategorien aufzuteilen waren. Dem Führer stand die erste Wahl zu. Danach folgten »diejenigen Kunstgegenstände, die zur Vervollständigung der Sammlung des Reichsmarschalls dienen«. An dritter Stelle standen Kunstwerke, »deren Verwendung

Göring in Zivil
im Jeu de Paume.

beim Aufbau der Hohen Schule u[nd] im Aufgabenbereich« des antisemitischen Nazi-Ideologen Rosenberg »angebracht« erschienen. Eine vierte Gruppe war den deutschen Museen vorbehalten. Was übrigblieb, durfte den französischen Museen übergeben oder dem Kunsthandel zugeführt werden; alles sollte geschätzt und bezahlt, und die Erlöse »zugunsten der französischen Kriegshinterbliebenen« verwendet werden. Kunstwerke der ersten vier Kategorien waren zu verpakken und von der Luftwaffe nach Deutschland zu bringen – soviel zur Weigerung der Armee, Transportmittel zur Verfügung zu stellen. In einer Zusatzbemerkung am Schluß des Befehls versprach Göring, unverzüglich Hitlers Zustimmung dazu einzuholen. Indessen sollte der für das Jeu de Paume verantwortliche ERR in seiner Arbeit fortfahren.[31] In Paris kamen die beschlagnahmten Werke mittlerweile so schnell zusammen, daß weitere Kunstfachleute in das Jeu de Paume berufen werden mußten, um die Arbeit zu bewältigen. Die ERR-Gruppen hatten ihren Aktionsradius weiter ausgedehnt: auch in Belgien führten sie nun Sicherstellungen durch. Hilfreiche Informanten brachten ihre und die

Vertretungen anderer Dienststellen zu den überall auf dem Land versteckten Sammlungen. So erklärten sich ein gewisser Graf Lestang und ein Pariser Kunsthändler namens Yves Perdoux bereit, deutschen Botschaftsangestellten für den Gegenwert von zehn Prozent des Sammlungswertes das Depot von Paul Rosenbergs Gemälden in Floriac preiszugeben. Dabei schätzten sie die Sammlung großzügig auf hundert Millionen Reichsmark oder zwei Milliarden französische Francs. Als die Deutschen einige Zeit nichts von sich hören ließen, tauchten Lestang und Perdoux in der Botschaft auf und erklärten, sie wüßten noch von einer weiteren, noch wertvolleren Sammlung, doch ohne Annahme der Bedingungen für die erste gäben sie das Versteck der zweiten nicht bekannt. Dann fügten sie noch hinzu, ein »sehr hoher deutscher Beamter« habe ebenfalls von der zweiten Sammlung Wind bekommen und forsche danach; unter Druck gaben sie zu, daß es sich bei diesem Beamten um Göring handelte. Die Botschaftsangestellten vermuteten einen Bluff und ließen Luftwaffengeneral Hanesse Nachforschungen anstellen.
NS-Fachleute hatten unterdessen den Wert der Sammlung neu auf 3,4 Millionen französische Francs angesetzt, einen Betrag, den sie als großzügig bezeichneten, enthielt die Sammlung doch so viele »wild expressionistische« Werke von Braque und Picasso. Aus lauter Angst, am Ende leer auszugehen, stimmten Perdoux und Lestang diesem Wert zu und erklärten sich bereit, ihre Provision in Form von Gemälden zu beziehen. Man brachte sie daraufhin in das Lager und setzte sie unter Druck, unter den abgelehnten »expressionistischen« Werken auszuwählen. Dies taten sie jedoch nicht; sie wollten statt dessen zwei Pissarros und einen Renoir. Schließlich erhielten sie drei Pissarros, von denen einer aus der zuvor beschlagnahmten Rothschild-Sammlung stammte. Die Deutschen hatten nämlich zwar festgestellt, daß der dritte Pissarro zweimal soviel wert war wie der Renoir, aber für Deutschland nicht von Interesse: Pissarro war Jude.[32]
Danach hörte man nichts mehr von diesen beiden französischen Ehrenmännern, und die Gemälde von Paul Rosenberg in Floirac gesellten sich zu den anderen in den Sortierräumen seines nationalsozialistischen Namensvetters, genauso wie die »andere Sammlung«, bei der es sich um weitere, in der Bank Libourne eingelagerte Bestände der Rosenbergs handelte. Beim Abholen dieser Werke entdeckten die Nazis Georges Braques Depositen und darunter seinen Cranach in der

Bank. Eigentlich drohte Braques Eigentum keine Gefahr, war er doch Arier, aber die Deutschen ließen durchblicken, der Rest seiner Sammlung sei nur sicher, wenn er ihnen den Cranach verkaufe, was Braque denn auch tat.[33]

Göring freute sich königlich über den Erfolg dieser Aktionen. Von seinem Jagdsitz in Ostpreußen schrieb er einen freundlichen, ja sogar überschwenglichen Brief an ERR-Leiter Rosenberg und teilte ihm mit, wie glücklich er sei, alle beschlagnahmten Werke in den Händen einer Dienststelle zu wissen. Mit dem Hinweis auf den »Anspruch« sowohl des Reichsaußenministeriums als auch des Propagandaministeriums auf die beschlagnahmten Werke sicherte er Rosenberg seine Unterstützung für den ERR zu, unterstrich aber auch, daß der ERR ohne die Informationen, die er – Göring – vor langer Zeit durch Bestechungen und korrupte französische Beamte erhalten habe, die meisten dieser wertvollen Kunstgegenstände niemals gefunden hätte. Diese Aktivitäten, so vermerkte er stolz, würden weitergeführt, und von seinem Devisenschutzkommando sei in dieser Hinsicht viel zu erwarten. Um falschen Verdächtigungen zuvorzukommen, informierte er Rosenberg auch gleich, er habe vor, einen kleinen Teil der ERR-Bestände für seine eigene Sammlung in Karinhall zu erwerben, die er eines Tages dem Reich übergeben werde. Im Moment handle es sich nur um etwa fünfzehn Gemälde, womit noch genügend für die Büros der Partei, für den Staat und für die Museen übrigbleibe.[34]

Beunruhigt über den besitzergreifenden Ton in diesem Schreiben sandte Rosenberg seinen Assistenten Robert Scholz nach Paris, um herauszufinden, was im ERR genau zugange war. An Ort und Stelle erkannte Scholz bald sonnenklar, daß Göring den ERR untergraben hatte. Er berichtete Rosenberg, Göring hege seiner Ansicht nach die Absicht, alles nur zu seinem eigenen Vorteil nach Deutschland schaffen zu lassen. Immer noch in der Hoffnung, die Kunst zugunsten seiner eigenen Organisationen ausschlachten zu können, wies Rosenberg Scholz an, die Reichskanzlei davon in Kenntnis zu setzen, daß er gedenke, die konfiszierten Werke in den nächsten Tagen nach Berlin bringen zu lassen, obwohl sie noch nicht völlig katalogisiert seien. Er schlug vor, die fünfzehn Güterwagenladungen in den Kellerräumlichkeiten der Reichskanzlei vom ERR sortieren zu lassen. Des weiteren bat er Bormann, Hitlers Entscheidung in dieser Angelegenheit so schnell wie möglich zu bewirken.[35]

Bormann war natürlich ebensowenig gewillt wie Göring, all diese Leckerbissen an Rosenberg und dessen konfuse Hohe Schule zu verschwenden. Scholz erhielt einen knappen Brief mit einer Kopie vom Befehl des Führervorbehalts und der Anweisung, sich umgehend mit Posse in Verbindung zu setzen. Gleichzeitig schrieb Bormann auch an Posse: »Offenbar war Herrn Dr. Scholz noch nicht bekannt, daß erstens [...] sämtliche Kunstschätze im besetzten Ausland der Verteilung des Führers unterliegen, zweitens, daß die Sachverwaltung für den Führer durch Sie erfolgt.«[36]

Während dieser Kampf der Titanen tobte, verhallten die Proteste der Vichy-Regierung ungehört. Sie kamen erst nach vielen Anstößen seitens Jaujards zustande und wurden durch das erbärmliche Büro übermittelt, das die Regierung in Paris unterhalten durfte. Zu Jaujards Bestürzung verurteilte aber seine neue Regierung die Beschlagnahmungen nicht etwa rundweg, sondern erklärte lediglich, enteigneter Besitz müßte in französischen und nicht in deutschen Besitz übergehen. Der lahme Protest erwirkte nicht einmal eine Antwort. Dennoch schickten Jaujard und die Beamten der Direction des Domaines weiterhin fast täglich Briefe an die deutschen Behörden und versuchten so zu verhindern, daß diese eine Sammlung nach der andern beschlagnahmten.

Im Dezember 1940 hinterlegten sie fünf Protestnoten, die die berühmte Cembalistin Wanda Landowska betrafen. Im September hatte man bei ihr Partituren, ein Klavichord sowie den Weinkeller und eine große Menge Seife beschlagnahmt. Monatelang ging die Korrespondenz über den Dienstweg der Besetzer hin und her, zahlreiche Dekrete und viel Nazi-Legalismus wurden zitiert, was eine Phalanx von Untergebenen während Wochen beschäftigt haben muß.

Im Januar hieß es, das Eigentum der (eine beliebte Anschuldigung) vor den deutschen Truppen geflüchteten polnischen Jüdin Landowska gelte als »herrenloses«, nicht als französisches Kulturgut. Dies hätte eigentlich als Begründung ausgereicht, aber man fühlte sich bemüßigt hinzuzufügen, daß Wanda Landowska zudem anderen Juden und Jüdinnen geholfen habe, die als Feinde Deutschlands bekannt seien, und daß sie – Gott sei's geklagt – in der Pariser Oper ein Konzert zugunsten der Polenhilfe gegeben habe. Und zusätzlich zu alledem sei auch noch »durch Zufall« in ihrem Haus ein Klavier aufgefunden worden, das einst Chopin gehörte – eine sehr merkwürdige Angelegenheit, die mit Generalgouverneur Frank beraten werden müsse.

Was die Seife und den Wein anging, erklärten die Bürokraten, so sei beides von den Arbeitern, die schließlich zwei Wochen lang Tag für Tag den langen Weg von Paris zu Frau Landowskas Wohnsitz hätten auf sich nehmen müssen, »zum Reinigen« und für die Verpflegung verwendet worden.[37] Dieser Fall ist nur einer von vielen. Zwar konnte Jaujard die Plünderungen nicht verhindern, aber die weithergeholten und enthüllenden Antworten, zu denen die Eroberer sich verpflichtet fühlten, müssen ihm dennoch eine gewisse Genugtuung bereitet haben.

Erst am Neujahrstag 1940 erlaubte Hitler, Werke in der Obhut des ERR aus Frankreich zu entfernen. Zweiunddreißig Gemälde der Rothschild-Sammlungen, darunter *Der Astronom* von Vermeer, Porträts von Hals und Rembrandt sowie Bouchers berühmte *Madame de Pompadour,* gingen am 8. Februar an ihre neuen Besitzer, einige davon noch immer sparsam in ihren ursprünglichen glänzend schwarzen Kisten mit dem Monogramm der Rothschilds.[38] Posse hatte gut gewählt; er konnte auf seiner Wunschliste ein gut Teil abhaken.

Nachdem Hitler seine Wahl getroffen hatte, kam Göring an die Reihe. Er suchte sich zusätzlich zu den siebenundzwanzig Werken, die er bereits im November für sich reserviert hatte, zweiunddreißig weitere aus, darunter zwei seines Lieblingsmalers Cranach: ein *Bildnis Friedrichs des Weisen* aus der Sammlung Wildenstein und die besonders passende *Allegorie der Tugend* aus der Sammlung Halphen. Zum bereits gewählten Mobiliar kamen noch sechs Kommoden und zwei Sekretäre aus dem achtzehnten Jahrhundert.

Sowohl Hitlers als auch Görings Auswahl sollten mit Görings Sonderzug von der Luftwaffe heim ins Reich geschafft werden. Man wollte die ganze Angelegenheit eigentlich geheimhalten, aber am 9. Februar informierte der Befehlshaber in Paris den deutschen Oberbefehlshaber in Frankreich über den Transport. Eine Kopie dieses Memorandums ging an die Dienststellen des Kunstschutzes, begleitet von der Notiz eines gewissen Dr. Langsdorff von der SS, der wissen wollte, wo diese Information durchgesickert sei. Dies war allerdings kein großes Geheimnis: Am 5. Februar waren Graf Metternich und dessen Assistent von Tieschowitz im Jeu de Paume erschienen und wiesen sich als

Vertreter des für den Schutz der sichergestellten Werke zuständigen Militäroberkommandos aus. Göring schickte sie in rüdem Ton weg. Zornig schimpfte er etwas von einer weiteren Organisation, mit der man sich herumschlagen müsse, und fügte hinzu, er wünsche seinen Rundgang mit einer kleinen Gruppe zu machen. Als einziger Vertreter vom Kunstschutz durfte Bunjes bleiben, der bereits unter Görings Einfluß stand und später mit dem Posten des Leiters des Deutschen Instituts in Paris belohnt wurde. Immerhin fühlte er sich noch verpflichtet, seinen Vorgesetzten über Görings Pläne in Kenntnis zu setzen.

Die Wehrmacht, seit Herbst mit dem Unausweichlichen konfrontiert, hatte bereits mit der Vorbereitung von Dokumenten begonnen, die sie von jeder Schuld reinwaschen sollten. Görings Befehle vom 5. November hätten, so die Wehrmacht, den Befehl Hitlers abgelöst, der jede Verschiebung von künstlerischem Eigentum untersagte. Die Militärverwaltung sei daher befreit von jeder Verantwortung für eine Verletzung der Haager Konvention. In bezug auf die Proteste der französischen Regierung sei die Klärung und Beilegung der Streitigkeiten zu einer politischen Angelegenheit zwischen dem Reich und der französischen Regierung geworden. Was die bedauerlichen Aktionen des ERR betreffe, empfahl die Wehrmacht, den Göring-Befehl vom 5. November um den folgenden Passus zu ergänzen: »[...] die weitere Erfassung jüdischen Kulturbesitzes in Frankreich geschieht in der bisher bewährten Form durch den Einsatzstab Rosenberg in Zusammenarbeit mit dem Chef der Militärverwaltung, Paris [Göring].«[39] Dadurch sollte klar festgehalten werden, daß der Armeebefehlshaber in Frankreich in keiner Weise für die Aktivitäten des ERR verantwortlich war.

Die zimperliche Wehrmacht aus dem Weg zu haben war genau, was Göring beabsichtigt hatte. Trotz seiner anderen Pflichten suchte er im Jahre 1941 das Jeu de Paume noch zwölfmal auf, 1942 noch fünfmal. Hans Posse dagegen ließ sich nicht dazu herab, dem ERR persönlich einen Besuch abzustatten, denn er zog es vor, auf dem Markt zu kaufen: Geld stellte für ihn kein Problem dar. Letztlich kamen offiziell nur gerade dreiundfünfzig Objekte vom ERR in die Linzer Sammlung, wenn auch alles, was Posse verlangte, sein war. Göring gönnte sich persönlich rund sechshundert Werke. Um allem einen legalen Anstrich zu geben, ließ man die Objekte von einem eher durchschnittlich begabten französischen Maler namens Jacques Beltrand schätzen, der sich dabei flexibel nach Görings Wünschen richtete. Bei einem für Karinhall

Die Spionin Rose Valland (in Uniform nach der Befreiung fotografiert).

bestimmten Werk fiel der Schätzwert tief aus, stand es dagegen zum Verkauf, lag er hoch. Seine Schätzpreise nahmen sich oft derart lächerlich aus, daß ihn eine französische Quelle als »halbblinden Graveur« bezeichnete. Den festgesetzten Preis sollte Göring jeweils in einen Fonds für Kriegswaisen einzahlen, aber es gibt keine Beweise dafür, daß er dies jemals tat. Seine finanziellen Mittel – die zwar viel beschränkter waren als die von Posse, aber immer noch erheblich – setzte er ein, um zusätzlich auf dem Markt zu kaufen. Aber er benötigte immer noch mehr. Und aus dieser Notwendigkeit heraus entwickelte er, wie wir später sehen werden, einen höchst raffinierten Plan, in dem der ERR eine entscheidende Rolle spielte.

Nach Görings zweitem Besuch gingen die Beschlagnahmungen im raschen Tempo weiter. Lastwagen um Lastwagen fuhr vor den Toren des Jeu de Paume zum Abladen vor, oft ohne Herkunftsbezeichnung: Uhren, Statuen, Gemälde, Schmuck und Mobiliar aus Banktresoren, Lagerhäusern und verlassenen Wohnungen. Bald stand das ganze Erdgeschoß voll. Immer mehr kam nun von den vielen Landhäusern der Rothschilds; zweiundzwanzig Truhen allein mit Schmuck aus einem Banktresorfach ließ sich Göring am 14. März vorführen. Sehr zurückhaltend begnügte er sich mit sechs Objekten, darunter zwei wunderschönen Anhängern aus dem sechzehnten Jahrhundert mit der Darstellung eines Zentauren und des heiligen Georg mit dem Drachen; Göring steckte sie ohne Verpackung in die Tasche und nahm sie gleich mit.[40] Noch mehr traf vom Schloß David-Weills in Mareil-le-Guyon und aus der Sammlung Jacques Stern in Bordeaux ein. Diese Ausschlachtung ging in einem so rasenden Tempo vonstatten, daß etliche nichtjüdische Sammlungen von Personen mit »verdächtigen« Namen später mit läppischen Entschuldigungsbriefen zurückerstattet werden mußten.

Nun, da sich die Wehrmacht die Hände in Unschuld gewaschen hatte, konnte niemand mehr den ERR daran hindern, jüdische Sammlungen, die in französischen staatlichen Depots lagerten, einzuziehen. Ab Juli 1941 trafen diese Sammlungen im Jeu de Paume ein, darunter weitere hundertdreißig Kisten mit Objekten aus der sagenhaften Sammlung David-Weill, diesmal aus Sourches. Jacques Jaujard legte einmal mehr Protest ein, diesmal mit der Begründung, David-Weill habe seine Sammlung testamentarisch den französischen Museen vermacht; das Testament legte er pflichtgetreu vor. Der Einspruch hatte ein weiteres ausführliches Schreiben voller Referenzen des ERR zur Folge, in dem der Einsatzstab die Rückforderung ablehnte, weil David-Weill erstens Jude – als Quelle wird die 1940er Erstauflage der amerikanischen *Biographical Encyclopedia of the World* zitiert – und zweitens noch nicht tot, das heißt noch im Besitz seiner Sammlung sei.[41]

Bei dem im Jeu de Paume herrschenden Chaos konnte man nur hastig erstellte Verzeichnisse anfertigen, dies sehr zum Bedauern der deutschen Kunstfachleute, die täglich vierzehn bis sechzehn Stunden arbeiteten und denen nicht einmal geeignete Fachliteratur zur Verfügung stand, waren doch entsprechende konfiszierte Bücher von den fachunkundigen Abteilungen des ERR bereits weggebracht worden. Ihre Aufgabe war enorm: zweihundertachtzehn bedeutende Sammlungen von Arnhold bis Zach mußten aufgelistet und mit einem auf ihrem Namen basierenden Kürzel (ARN–Z) versehen werden; und Tausende von unkatalogisierten Objekten aus weniger bedeutenden Sammlungen bedurften eines weit größeren Nachforschungsaufwands. Ihr Chef Baron von Behr zeigte keinerlei Mitleid. Ihm ging es in erster Linie darum, möglichst viel zu sammeln und sich persönlich auf höchster Parteiebene hervorzutun, was hieß, vor allem Göring zu gefallen. Er lebte alles andere als bescheiden. Alfred Rosenberg, sein eigentlicher Vorgesetzter, hatte ihn dazu angehalten, luxuriöse Gesellschaften zu geben, um den Respekt vor dem ERR zu erhöhen, was wiederum die reguläre Wehrmacht mißbilligte. Der Aristokrat von Behr, der stets in schmucker Uniform auftrat, und seine englische Ehefrau taten, was sie konnten, um sich den Weg in die höheren gesellschaftlichen Schichten der deutschen Besatzungsmacht zu bahnen.

Görings Charisma wirkte außergewöhnlich: Selbst Leute, welche die Beschlagnahmungen zutiefst verabscheuten, vermochte er so sehr zu beeindrucken, daß sie gegen ihr Gewissen handelten. Zu ihnen gehörte zweifellos auch Bunjes, der, kaum hatte Metternich ihn gefeuert, unverzüglich von Göring als Offizier der Luftwaffe eingestellt wurde.

Der Ideologe Rosenberg hatte Skrupel anderer Art. Er sah sich von seiner eigenen Dienststelle mittlerweile völlig abgeschnitten. Bei seinem einzigen Besuch im Jeu de Paume wußten die anderen laut Rose Valland nur deshalb, daß er kam, weil es »wie bei einer Beerdigung überall nach den vielen Chrysanthemen roch, die man ihm zu Ehren aufgestellt hatte«. In Paris anwesend zu sein war lebenswichtig. Rosenbergs Assistenten, wie etwa Robert Scholz, die er regelmäßig zur Überprüfung der haarsträubenden Vorgänge aussandte, kamen gar nicht an gegen die schlauen Typen vor Ort, die schon bald spitzkriegten, daß sie gewisse Werke persönlich mit Gewinn verkaufen konnten. Allen Berichten nach zu urteilen, war die Atmosphäre im ERR vergiftet von ungeheuerlichen Intrigen und Eifersüchteleien, und dies verstärkte sich noch durch die laufenden Affären zwischen Angehörigen des Stabes und Angestellten. So mußte eine Frau Pütz, von Behrs Sekretärin und Geliebte, nach Hause geschickt werden, als die Sache zu peinlich wurde, und eine nicht enden wollende Dreiecksgeschichte, an der die tonangebende Dame der Pariser Abteilung, ihr Verlobter (einer der Kuratoren) und eine weitere Frau beteiligt waren, verminderte die Effizienz des Einsatzstabs erheblich und führte, wie man in späteren Untersuchungen verwirrt festhielt, zu »hysterischen Verleumdungen und Gegenbeschuldigungen«.[42]

In dieser von Chaos und Geheimniskrämerei geprägten Situation gelang es Rose Valland zu überleben. Ihre unelegante Erscheinung gab wenig Anlaß zu Annäherungsversuchen seitens der Deutschen, und man sah in ihr allgemein die unbedeutende Verwaltungsangestellte. Ihre Anwesenheit bei all diesen Vorgängen, die die Deutschen vor Frankreich geheimhalten wollten, muß als außergewöhnlich erachtet werden, hatte doch Bunjes in einem Bericht gar festgehalten: »Der Zutritt zu den Sälen des Louvre bezw. des Jeu de Paume muß abgelehnt werden, weil den französischen Stellen kein Einblick gegeben werden darf in die Arbeitsweise u[nd] die Ergebnisse der obengenannten Sonderstäbe.« Dem müsse so sein, »weil [sonst] der Spionage Tür u[nd] Tor geöffnet würde«.[43]

Gerade diese Tür aber hatte Rose Valland längst durchschritten. Den ganzen Krieg über traf sie sich häufig mit Jacques Jaujard und den Angehörigen seines Stabs, von denen viele eng mit der Résistance zusammenarbeiteten und der freien französischen Regierung Informationen über den Verbleib der staatlichen Schätze zukommen ließen. Die Museumsleute hörten wie alle anderen nachts Radio BBC, dessen Sendungen gespickt waren mit verschlüsselten Botschaften für die Aktiven im Untergrund überall in Europa. So vernahmen sie etwa, daß ihre Mitteilung über die Verlegung der Sammlungen nach Loc-Dieu und später in andere Depots London erreicht hatte, weil nachts die Botschaft *»La Joconde a le sourire«* [Die *Mona Lisa* macht ein fröhliches Gesicht] durch den Äther krächzte.

Rose Vallands oberstes Ziel bestand darin, herauszufinden, wo in Deutschland die durch den ERR beschlagnahmten Kunstschätze hinkamen, umfaßten doch die persönlichen Ankäufe von Hitler und Göring nur einen kleinen Teil dessen, was aus Frankreich ausgeführt wurde. Zwischen April 1941 und Juli 1944 verließen 4174 Kisten oder 138 Lastwagenladungen mit mindestens 22 000 Objekten Frankreich in Richtung Reich.[44] Es gab denn auch in deutschen Kreisen in der Tat manche Diskussion darüber, wo man dies alles lagern sollte. Posse hatte erst den Keller der Alten Pinakothek in München im Sinn, in dem rund zweihundertfünfzig Gemälde Platz fanden und wo Hitler diese besonders bequem würde besichtigen können. Buchner zog das Schloß in Dachau vor, jenem Landstädtchen in Bayern, das Heimat für so viele andere Dinge geworden war, die das Reich angesammelt hatte, aber er fürchtete dann doch, die Gemälde könnten dort wegen der Nähe zu München möglicherweise von Bomben getroffen werden.[45] Schließlich war es Hitler, der das märchenhafte pseudomittelalterliche Schloß Neuschwanstein auswählte, das König Ludwig II.

von Bayern in der Nähe der österreichischen Grenze hatte erbauen lassen. Die Menge der dorthin überführten Werke erwies sich allerdings als derart groß, daß man später auf weiter entfernte Depots zurückgreifen mußte: Chiemsee, Kloster Buxheim, Schloß Nikolsburg in der Tschechoslowakei und die Schlösser Kogl und Seisenegg in Österreich.

Viermal warfen die Deutschen Rose Valland hinaus. Ihre Begründung dafür hing jeweils eng mit dem Schicksal der Wehrmacht zusammen: jedesmal, wenn Gerüchte über eine alliierte Landung oder Attacke aufkamen, wurde sie entlassen. Aber sobald die Krise vorüber war, stand sie wieder da, sprach von Heizungs- und Unterhaltsproblemen und führte ihre Beobachtungen weiter. Nachtsüber nahm sie jeweils die Negative der von den Nazis erstellten Archivfotos nach Hause und ließ bei einer Freundin Abzüge machen; am Morgen lagen sie dann wieder an ihrem Platz. Bei jedem Diebstahl oder Schadensfall nahm man sie ins Verhör, was sie später als »sehr unangenehm« bezeichnete, aber sie blieb. Loyale französische Wachen teilten ihr bis ins Detail mit, was in den Teilen des Louvre vorging, die ihr verschlossen waren. Andere sagten ihr, was sie einpacken und wohin sie damit fahren mußten, und all diese Informationen gingen laufend an Jaujard und seine Assistentin Frau Bouchot-Saupique weiter. Jaujards Wohnung im Louvre war ein Sicherheitsversteck der Résistance, und ein Schlüssel dazu befand sich in einem ganz bestimmten Versteck im Hof. In anderen Winkeln der weitläufigen Gebäulichkeiten gab es Verstecke mit verbotenen Büchern und Zeitschriften.[46]

Der französische Widerstand gegen die Kulturpolitik der Deutschen beschränkte sich nicht auf den Louvre. Die staatlichen Museen und die Domänenverwaltung hatten ein Komitee für Beschlagnahmungen und Liquidationen gebildet, welches das Recht des französischen Staates auf »verlassene« Sammlungen durchzusetzen und den Museen das Vorkaufsrecht bei Verkäufen von Werken nationaler Bedeutung zu sichern versuchte. Die Idee war, daß die Museen die Sammlungen an sich selbst liquidieren sollten, wodurch diese in Staatsbesitz übergingen. Die Deutschen ließen dies zwar bei ein paar wenigen zweitklassigen Werken zu, aber bei bedeutenden hatte das Komitee keine Chance. Auch ein anderer Trick, mit dem man versuchte, die Sammlung Calmann-Lévy zu schützen, fruchtete nichts, nämlich die Fälschung von

Schenkungsurkunden auf altem Papier und versehen mit gefälschten Stempeln und Unterschriften.

In der unbesetzten Zone hatte das Komitee mehr Erfolg. So gelang es, Teile der Sammlung Robert, Maurice und Eugène de Rothschild, von der man einiges in einem verlassenen Lastwagen auf einer Landstraße aufgefunden hatte, mit einem vom Finanzministerium – der Dachorganisation der Domänenverwaltung – gewährten fiktiven Fonds von dreizehn Millionen französischen Francs zu »kaufen«. Verantwortliche aller größeren Museen durften ihre Wahl unter den Hunderten von Kunstwerken – von Gemälden aller Schulen bis hin zu Porzellan und Möbeln – treffen. Sie nahmen sie rasch in ihre regulären Verzeichnisse auf und mischten die Verpackungskisten unter das übrige Material.[47]

Die französischen Proteste gegen die Beschlagnahmungen, denen sich sogar der Vichy-Premier und sein Generalkommissar für Judenfragen anschlossen, waren so hartnäckig, daß man sie nicht ignorieren konnte. Der Kommandant der Deutschen Wehrmacht in Frankreich, General von Stülpnagel, an den sie sich richteten, verlangte schließlich, ermutigt durch den Kunstschutz, vom ERR eine rechtliche Begründung für sein Tun. Die Antwort, die er erhielt, zählt gewiß zu den Meisterwerken des pervertierten Legalismus.

Das erste Dokument legte im November 1941 Gerhard Utikal vor, der Leiter der ERR-Aktivitäten im Westen; Reichsleiter Rosenberg hatte es persönlich abgesegnet. Es handelte sich dabei um eine Zusammenfassung nationalsozialistischer Ideologie, geschickt verquickt mit ähnlichem Gedankengut gewisser Elemente innerhalb der Vichy-Regierung: Die Deutsche Wehrmacht habe Frankreich durch den Einmarsch vom Einfluß des internationalen Judentums befreit. Der mit dem französischen Volk geschlossene Waffenstillstand gelte nicht für die jüdische Bevölkerung, könne diese doch nicht als der französischen gleichwertig betrachtet werden, da sie einen Staat im Staat bilde und ewiger Feind des Reiches sei. Die Juden hätten Reichtümer angehäuft und dadurch die Deutschen gehindert, sich ihren rechtmäßigen Anteil an den wirtschaftlichen und kulturellen Gütern des »Universums« zu erringen. Da die meisten der in Frankreich lebenden Juden ursprünglich aus Deutschland stammten, müsse die »Sicherstellung« ihrer Kunstwerke als eine kleine Wiedergutmachung für die großen Opfer des Reiches betrachtet werden, die dieses für die Völker Europas in seinem Kampf gegen das Judentum erbracht habe. Der Kriegsfall

erlaube die Anwendung der Methoden, die der Gegner zuerst ergriffen habe. In einer reichlich anmaßenden Auslegung führte Utikal weiter an, im Talmud würden schließlich alle Nichtjuden als »Vieh« und als rechtlos bezeichnet, so daß es nur angebracht sei, sie nun auf dieselbe Weise zu behandeln. Das Reich habe Frankreich den Gefallen getan, auf die Beschlagnahme von Grundbesitz und Möbeln zu verzichten, und das französische Volk solle dankbar sein für die Kunstschätze, die es durch die guten Dienste der Deutschen Wehrmacht erhalten habe. Was die Haager Konvention anbelange, so stünden »der Jude« und sein Eigentum außerhalb des Gesetzes, betrachte er selbst doch seit Jahrhunderten alle Nichtjuden ebenfalls als außerhalb seines eigenen Gesetzes stehend.[48]
Unnötig, darauf hinzuweisen, daß dieses haarsträubende Dokument weitere Proteste seitens der »undankbaren« Franzosen nicht verhindern konnte. Sechs Monate später fühlte sich der ERR auf Befehl Görings gezwungen, eine weitere Rechtfertigung vorzubringen, diesmal verfaßt vom weniger selbstsicheren Bunjes. Dieses Dokument, weit ausführlicher als dasjenige von Utikal, brachte größtenteils dieselben Argumente vor, geschmückt mit kindischen Zusätzen, welche die tiefe Frustration jener ganz besonders eingefleischten Nazis widerspiegelten, die sich durch die ablehnende Haltung der von ihnen beherrschten besiegten Völker tief beleidigt fühlten. Vielsagender waren die häufigen Anspielungen auf die »befürchteten deutschen Ansprüche auf Rückgabe des von den französischen Truppen aus Deutschland geraubten u[nd] in Deutschland zerstörten Kunstgutes«. Die Schuld für die Proteste der französischen Regierung schob man plump Jaujard und seinem Mitarbeiterstab in die Schuhe. Und als hätte es jemals Zweifel gegeben, wird im Schlußsatz noch einmal ganz deutlich hervorgehoben: »Erst wenn [...] der Führer die ausdrücklich vorbehaltene Entscheidung über die Verwendung der sichergestellten Kunstschätze getroffen hat, kann der französischen Regierung eine abschliessende Antwort übermittelt werden.«[49]

Bei der sorgfältigen Lektüre des Bunjes-Berichtes zeigt sich, daß dieser mit keinem Wort die »Möbel« erwähnt, die die Deutschen laut Utikal freundlicherweise nicht anrührten. Dies ist auf die Tatsache zurückzuführen, daß der ERR nur wenige Wochen vor der Abfassung des Bunjes-Berichts ein neues Projekt in Angriff genommen hatte, nämlich die Beschlagnahme von Mobiliar aus den Wohnungen und Häusern von jüdischen Familien in Paris und im ganzen besetzten Westen des Landes, die, wie es hieß, geflohen seien oder zu fliehen beabsichtigten. Verwendung sollten die Möbel bei den Besatzungsbehörden im Osten finden, der seit dem Angriff auf Rußland unter Rosenbergs Ägide stand und wo, wie dieser jammerte, die Lebensbedingungen so furchtbar und die Beschaffungsmöglichkeiten so begrenzt seien, daß es praktisch nichts mehr zu kaufen gebe. Hitler betrachtete dies als eine gute Idee und ließ im Januar 1942 alle Kommandostellen über die bevorstehende Aktion informieren.[50] In Paris übernahm der widerwärtige von Behr die Leitung dieser Operation unter dem Kodenamen M-Aktion (Möbel-Aktion). Laut seinem Stab war die ganze Sache überhaupt seinem Hirn entsprungen.

Diese M-Aktion markiert einen absoluten Tiefpunkt, selbst in der Geschichte des Plünderns. Einmal mehr schwärmten die ERR-Teams aus, aber diesmal auf der Suche nach Seifenschalen und Schränken. In den Geheimbefehlen, die der ganzen Aktion vorangingen, hieß es, Kunstschätze, wertvolle Teppiche und ähnliches seien wegen der dort herrschenden Verhältnisse nicht für die Verwendung im Osten geeignet und sollten in Frankreich sichergestellt werden. Als nächstes folgte eine Weisung des Oberkommandos: diese Beschlagnahmungen sollten mit sowenig Aufsehen wie möglich durchgeführt werden. Eine offizielle Verordnung sei überflüssig, sollten diese Maßnahmen doch soweit wie möglich als Requisition oder Sanktion erscheinen.[51]

In ganz Paris lief eine Durchsuchung von Haus zu Haus an für den Fall, daß einige jüdische Flüchtlinge oder andere unerwünschte Personen nicht registriert waren. Rund achtunddreißigtausend Wohnungen wurden versiegelt. Es handelte sich um eine aufwendige Sache: Von den Maßnahmen waren nur unbewohnte Wohnungen betroffen; nach Rückfrage bei der Botschaft schlossen die Beschlagnahmungsbeamten abwesende jüdische Personen mancher Staaten sowie solche, die für deutsche Firmen, in der Forstwirtschaft und in der Landwirtschaft arbeiteten und Kriegsgefangene davon aus.[52] Vorgefundene Nahrungsmittel gelangten an die Wehrmacht; Betten, Wäsche, Sofas, Lampen, Kleidung und ähnliches wurden auf besonderen Formblättern aufgeführt. Man stellte eine französische Organisation namens Comité Organisation Déménagement auf die Beine und übertrug ihr die Verantwortung für das Ausmessen von Treppenhäusern, die Verhandlungen

Paris 1944: Die Beute der M-Aktion steht für den Abtransport ins Reich bereit.

mit den Concierges, das Verpacken, den Transport und die Bereitstellung von Eisenbahnwaggons für die Beute. Die Gewerkschaft der Pariser Möbelpacker mußte am Einsatztag rund hundertfünfzig Lastwagen und zwölfhundert Arbeitskräfte zur Verfügung stellen.

Die Deutschen entschieden, was *nicht* abzutransportieren war: Kunstobjekte, Bücher, Holz, Kohle, Wein und Spirituosen, leere Flaschen und so weiter. Darüber hinaus sollten sie die französischen Staatsbahnen überwachen, um zu verhindern, daß dort der Ablauf durch Faulheit oder feindliche Gesinnung behindert wurde.[53] Alles außer Kunst, die an das Jeu de Paume ging, mußte erst zum Sortieren an eine riesige Sammelstelle gebracht werden. Aufgrund der sich häufenden Sabotageakte seitens der französischen Arbeiter wurden die Lager abgesperrt, und der SD internierte dort siebenhundert Juden und teilte sie in Gruppen von Schreinern, Kürschnern, Elektrikern und so weiter ein; sie mußten die ankommenden Waren, die auf einem Förderband an ihnen vorbeiglitten, abfertigen und reparieren.

Später mußten alle Speditions- und Umzugsfirmen – darunter auch American Express – wie schon ihre Schwesterfirmen in Holland – Listen ihrer Kundschaft abgeben. Opfer, die reklamierten und beweisen konnten, daß sie arisch waren, erhielten ein sogenanntes *Certificat de non-appartenance à la race juive* und konnten oft ihre Besitztümer zurückfordern. Die Akten der endlosen und hoffnungslosen Korrespondenz sind noch immer vorhanden. So wurde eine Frau Seligman, die arische Witwe eines Juden, erst von dem Erlaß ausgenommen, nachdem sie nachgewiesen hatte, daß ihr Mann von der Gestapo verhaftet und erschossen worden war.[54] Ein Mann mußte Geburtsurkunden seiner Urgroßeltern vorlegen, bevor der ERR von ihm abließ. Auch die Listen der beschlagnahmten Dinge sind noch erhalten und in ihrer peinlich genauen Aufführung auch der kleinsten Objekte beklemmender als die Listen sämtlicher beschlagnahmten Werke Rembrandts. So steht zum Beispiel da: »5 Damennachthemden, 2 Kindermäntel, 1 Platte, 2 Likörgläser, 1 Herrenmantel ...«

Bis zum 8. August 1944, als der ERR seine Aktionen endgültig einstellen mußte, standen doch die Alliierten kurz vor Le Mans, hatte der Einsatzstab 71619 Wohnungen heimgesucht und mehr als 1 079 373 Kubikmeter Güter in 29 436 Eisenbahnwagen weggebracht. Zu der Zeit kamen bereits auch die Opfer von Bombardierungen in Deutschland selbst – von denen eine verdächtig hohe Anzahl als »Polizei, SS und vertrauliche Order« klassiert waren – ebenfalls in den Genuß der Beute. Manche Sendungen waren sehr durchdacht; so zum Beispiel enthielten Sonderpackungen alles, was man für eine »vollständige Küche für vier Bombenopfer« brauchte, mitsamt dem Spülbecken. Leider, so hieß es im Schlußbericht der M-Aktion bedauernd, werde diese harte Arbeit trotz schärfster Kontrolle immer wieder von den französischen, belgischen und holländischen Eisenbahnangestellten erheblich sabotiert. Insgesamt erwies sich das Projekt für die Nazis aber als großer Erfolg.[55]

Parallel zu diesen niederträchtigen Plünderungen gab es eher wirtschaftlich motivierte Angriffe auf die Bronzestatuen und Kirchenglokken in Frankreich und den Niederlanden, die für die Fabriken im Reich eingeschmolzen werden sollten. In Frankreich kam der Demontagebefehl von Pétain. Den Vorgang bezeichnete eine Zeitschrift als Lösung des konstanten Problems der Statuomanie, seien damit doch »mehr als zweiundneunzig der häßlichsten und lächerlichsten Statuen ausgewählt und entfernt worden«. Der Autor schlug vor, diese durch Statuen aus dem Louvre zu ersetzen, die »schließlich für draußen geschaffen

COMMISSARIAT GÉNÉRAL AUX QUESTIONS JUIVES

CERTIFICAT
DE NON-APPARTENANCE A LA RACE JUIVE

Sur le vu des pieces produites par l'interessé, le Commissaire Général aux Questions Juives constate que M Adler (Harry) née Roucher
né le 24 Août 1917 à Paris (11e)
ne doit pas être regardé comme juif aux termes de la loi du 2 Juin 1941.
Paris le 21 Mai 1943

3-A

Ariernachweis

sind«.[56] Natürlich entspann sich eine heiße Diskussion um die Frage, welche Statuen denn nun geopfert werden sollten, denn man überließ die Wahl zuerst den Franzosen, und diese hofften, den fatalen Augenblick dadurch hinauszuzögern. Letztlich wurden zusätzlich zu den eher unumstrittenen Statuen von Politikern und Generälen auch jene von Voltaire und gar La Fontaine zusammen mit Krokodilen, Zentauren, Tritonen und Victor Hugo weggeschleppt, von dessen leerem Sockel ein Witzbold meinte, er sehe immer noch besser aus als die Statue. Nur einige wenige, darunter Jeanne d'Arc und Ludwig XIV., blieben verschont.[57]

Obwohl sie den Kümmel-Bericht nie gesehen hatten, gaben sich die französischen Museumsverantwortlichen nicht der Illusion hin, daß die Besatzungsmacht sich auf jüdische Sammlungen beschränken könnte. Ihre erste Regung war, soviel wie möglich unter den Fittichen der staatlichen Museen zusammenzulegen, weshalb sie die anderen Museen in den Departements im April 1941 der Verwaltung der Musées Nationaux unterstellten. Selbst in den Büros der Beaux-Arts enthüllte man sowenig wie möglich über den genauen Standort der Objekte, dies in der Hoffnung, daß der Feind einiges vielleicht einfach übersah. Leider gab es genügend Anzeichen dafür, daß die Deutschen letztlich nach ihrem Gutdünken verfahren würden. Als erstes bezeichneten sie zweitausend Objekte, darunter hundertfünfzig große Kanonen »deutscher Herkunft« als Kriegsbeute und transportierten sie aus dem Invalidendom ab; dann gingen Objekte aus dem Luftfahrtmuseum an die Luftwaffe. Die Bibliotheken und Sammlungen aus Elsaß-Lothringen, jetzt deutscher Gau, brachte man aus den Depots im Landesinneren zur Erbauung der Eroberer zurück. Nur der Kirchenschatz und die Glasfenster des Straßburger Münsters blieben in der Dordogne, und diese wurden dem exilierten Bischof 1944 schließlich auch noch gewaltsam entrissen.

In Frankreich befürchtete man zudem, daß nun auch Italien Werke zurückfordern würde, die während der napoleonischen Kriege abgeschleppt worden waren, zum Beispiel Veroneses *Hochzeit von Kana*. Dies schien so naheliegend, daß die Louvre-Archivarin Lucie Mazauric sich nur wenige Tage nach dem Zusammenbruch Frankreichs nach Chambord begab, um die Dokumente zu holen, die das französische Eigentumsrecht durch verschiedene während der Revolution und des Kaiserreichs unterzeichnete Verträge sowie den Austausch verschiedener Werke mit Italien und Österreich im Jahre 1815 belegten. Für Lucie Mazauric war es eine beängstigende und erniedrigende Reise durch die neuen deutschen Kontrollpunkte. Als sie endlich in Chambord war, wagte sie die unhandlichen Dokumente nicht in den Wagen zu laden und verbrachte statt dessen zwei Tage und Nächte mit der Abschrift. Danach verteilte sie die Originale auf weniger brisante Akten. Diese Liebesmüh wurde dann allerdings nie auf die Probe gestellt.[58]

Kurz nach dem Zusammenbruch Frankreichs überredete Jaujard den wohlgesinnten Metternich, die in Loc-Dieu eingelagerten Werke in andere Depots mit besseren Bedingungen zu verlegen. Vor allem brauchten sie Platz. In Loc-Dieu standen derart viele in aller Eile abgelieferte Kisten herum, daß sie nicht einmal geöffnet werden konnten, und jeder Versuch, ein Inventar zu erstellen, führte zu einem anderen Ergebnis. Bei guter Witterung legten die Kunsthüter die Gemälde auf den Rasenflächen der Abtei aus und ermöglichten so einen nie zuvor gesehenen Anblick ihrer Lorrains und Poussins. Im September 1940 entschied man, die dreihundert Gemälde in das Musée Ingres in Montauban zu schaffen, einem trockenen und geräumigen Haus. Allerdings war die Aussicht, alle Meisterwerke an einem einzigen Ort zu haben, wo sie durch ein Feuer allesamt zerstört werden konnten, äußerst nervenaufreibend. Zwischenfälle wie etwa ein Leck und ein befürchteter Dacheinsturz ließen den Adrenalinspiegel ebenso hochschnellen wie ein Besuch von Metternich. Pétain erschien ebenfalls einmal und schrieb Museumsgeschichte, als er beim Anblick der

Immaculata von Murillo mit der Madonna und einem Schwarm kleiner Engel ausrief: »So viele Kinder für eine Jungfrau!«[59]

Kunstbetrachtung war allerdings nicht der wahre Grund für seine Anwesenheit. Pétain hatte im Dezember 1940 beschlossen, Nachbar General Franco für dessen immer noch währende Neutralität zu belohnen und ihm einige spanische Meisterwerke aus französischen Sammlungen zu schenken. Eines davon war der Murillo, ein weiteres Geschenk auf seiner Liste eine Statue mit der Bezeichnung *Dama de Elche* sowie verschiedene westgotische Kronen, die ein französischer Archäologe in der Nähe von Toledo gefunden und dem Musée Cluny verkauft hatte.

Die Museumsverantwortlichen vermochten dies zwar nicht ganz zu vereiteln, aber sie entwarfen eine schlaue Strategie, um ein Exempel für die Zukunft zu statuieren: sie wollten Spanien dazu überreden, die Werke im Austausch gegen ähnlich wertvolle Objekte aus spanischen Sammlungen anzunehmen. Jacques Jaujard, René Huyghe und verschiedene andere Personen reisten nach Spanien, um mit Madrid zu verhandeln. Es spricht für Franco, daß er ihrem Vorschlag sofort zustimmte – aber schließlich hatten sie nur wenige Jahre zuvor mitgeholfen, die ganze Prado-Sammlung zu retten. Nach qualvollen Monaten sandten die spanischen Museen schließlich ein Porträt El Grecos von Covarrubias, ein Werk von Velázquez und verschiedene Zeichnungen nach Frankreich. Pétain war nicht ganz glücklich, daß sein »Geschenk« zu einem Handel verkommen war, und bewirkte per Telegramm in gebieterischem Ton aus Vichy, daß eine *Anbetung* von El Greco, die Spanien auch noch mitschicken wollte, wieder von der Liste gestrichen wurde.[60]

Der Ausgang dieses Handels kam gerade rechtzeitig, um einem Versuch des Reichsaußenministers von Ribbentrop entgegenzuwirken, mit Bouchers *Diana beim Bade* eines der bedeutendsten Meisterwerke des Louvre zu erwerben. Von Ribbentrop hatte im Herbst 1940 angedeutet, daß er dieses Gemälde gerne für sich hätte, und die Verhandlungen Botschafter Abetz überlassen, den der ERR bis zu dem Zeitpunkt aus dem Beschlagnahmungsgeschäft verdrängt hatte. Aber Abetz verfügte in Vichy über genügend Einfluß, um befehlen zu können, daß man das Bild von Paris nach Montauban überführte. Von dort aus brachte man es in aller Eile nach Berlin. Im Austausch dafür bot Abetz Frankreich ein impressionistisches Gemälde aus den konfiszierten Beständen an, die er dem ERR vorenthalten hatte, was man durchaus nicht als angemessenes Gegenangebot betrachtete. Fairerweise, so meinte man im Louvre, sollte ein Gemälde derselben Epoche und Qualität, zum Beispiel Watteaus unvergleichliches Gemälde *Gersaints Ladenschild* aus Schloß Charlottenburg in Berlin, den Boucher ersetzen.

Das Ansinnen wurde wiederum von der deutschen Museumsverwaltung glattweg abgelehnt, hatte sie doch nicht die Absicht, ihre Sammlungen zu von Ribbentrops Vergnügen zu vermindern. Dieser fühlte sich daraufhin bemüßigt, das Gemälde zurückgeben, schrieb aber an Botschafter Abetz beleidigt, die deutschen Museen sollten doch den Austausch selbst in Betracht ziehen, damit dieses Beispiel französischer Malerei des achtzehnten Jahrhunderts für Deutschland nicht verlorengehe. Abetz wurde beauftragt, sich jederzeit über den jeweiligen Aufenthaltsort des Boucher auf dem laufenden zu halten. Er versicherte seinem nervösen Chef, ein einfacher Telefonanruf genüge, wenn er das Gemälde wirklich haben wolle. Sie könnten dann immer noch entscheiden, ob sie Frankreich überhaupt etwas dafür geben wollten.[61]

Hitler hatte in bezug auf derlei viel weniger Skrupel als von Ribbentrop. Im Juni 1942 stand er auf dem Höhepunkt seiner Macht. Die deutschen Streitkräfte gewannen in Nordafrika, hatten das Schwarze Meer erreicht und näherten sich Stalingrad, der größten Industriestadt an der Wolga. Hitler hatte nichts Geringeres vor Augen als den Zusammenschluß seiner Armeen im Nahen Osten und die absolute Herrschaft über den östlichen Mittelmeerraum. Mussolini war so erregt, daß er bereits nach Tripolis flog, um sich auf die Siegesparade in Kairo vorzubereiten.

In dieser Hochstimmung beschloß Hitler, die letzten Spuren des Versailler Vertrags auszuradieren und begann mit der Rückführung der dem deutschen Staat gestohlenen Kunstschätze. Ganz oben auf der Liste standen der Genter Altar von Jan van Eyck und Dieric Bouts' Abendmahlsaltar aus Löwen. Von beiden Werken hatte Belgien 1918 Teile von Deutschland gefordert. Den Auftrag, sie wiederzubeschaffen, erhielt Hitlers früherer Berater Ernst Buchner, Leiter der Bayerischen Staatsgemäldesammlungen – also nicht eine der etablierten Nazi-Kunstsammlungsdienststellen –, und das ganze Unternehmen wurde unter höchster Geheimhaltung abgewickelt. In der Korrespondenz wird als Grund für die Verlegung der Schutz vor Luftangriffen vorgegeben, aber die wiederholte Erwähnung des Versailler Vertrags im Schriftverkehr läßt die Wahrheit durchscheinen. Um den van Eyck zu bekommen, stellte Buchner sein eigenes Team in München zusammen. Eine Woche vor der Abreise schrieb er an Hitler und erkundigte sich, ob er nur die Tafeln zurückbringen solle, die zuvor Berlin gehört hatten, oder den ganzen Altar. Hitlers Antwort ist nicht erhalten geblieben, aber als Buchner mit dem ganzen Altar nach Deutschland zurückgekehrt war, teilte er Zimmermann in Berlin in einem enthusiastischen Brief die gute Nachricht mit und fügte hinzu, er habe »auf ausdrückliche Weisung der Führerkanzlei [...] auch die früher nicht in Berliner Museumsbesitz befindlichen Teile des Genter Altars« nach Deutschland überführt.

Der kleine Konvoi, bestehend aus einem Lastwagen und einem Dienstwagen, überquerte die Grenze zu Vichy-Frankreich östlich von Bayonne am 29. Juli. Monsieur Molle, der verantwortliche französische Kurator für das Depot in Pau, weigerte sich, den Altar herauszugeben, sei dafür doch laut seinen Informationen die Genehmigung der Direction des Musées, des Direktors der Beaux-Arts in Belgien sowie des Kunstschutzes notwendig. Buchners Troß nahm Kontakt mit der Vichy-Regierung und der deutschen Botschaft auf, aber ohne Zweifel zeitigte Buchners persönlicher Anruf bei der Reichskanzlei am meisten Wirkung. Wenige Stunden später kam ein Telegramm von Vichy-Regierungschef Pierre Laval höchstpersönlich, in dem er den Transfer anordnete. Die Tafeln wurden sorgfältig überprüft, verpackt und auf den Lastwagen geladen. Buchner überreichte Molle eine Quittung und verschwand. Der Altar befand sich bereits im Depot auf Schloß Neuschwanstein, als die französischen Museumsbehörden oder der Kunstschutz alarmiert werden konnten. Gelegen kam auch, daß Graf Metternich, der immer darauf beharrt hatte, bis zur Friedenskonferenz dürfe nichts bewegt werden, nur ein paar Wochen zuvor seines Postens enthoben worden war.

Einen Monat später fand in Löwen eine ähnliche Aktion statt, um Bouts' Abendmahlsaltar zu holen. Nach dem Krieg behauptete Buchner, diese Missionen hätten ihn »überrascht« und er habe nie herausgefunden, wessen Idee sie waren. Aber wie dem auch sei: er stellte sich dem Vorhaben nicht entgegen, und in einer Notiz der Reichskanzlei zur Aktion in Löwen steht zudem: »Der Leiter der Bayerischen Staatsgemäldesammlungen, Generaldirektor Dr. Buchner, hat mit Schreiben an Ministerialdirigent Dr. Hansen (Partei-Kanzlei) angeregt, die vier Tafeln, die in Löwen erhöhter Luftgefahr ausgesetzt sind, im Zuge der Wiedergutmachung des durch den Versailler Vertrag veranlaßten Unrechts nach Deutschland zurückzuführen und an einem sicheren, keiner Luftgefahr ausgesetzten Ort des bayerischen Alpenvorlandes vorläufig unterzubringen.«[62]

Die Reaktionen auf diese Diebstähle, wenn auch etwas verzögert durch die Geheimhaltung, waren sehr heftig. Belgien protestierte energisch. Jaujard schrieb an Louis Hautecœur, den Direktor der Beaux-Arts, sämtliche Abmachungen und Regeln, denen Belgien und der Kunstschutz zugestimmt hätten, seien bei diesen Aktionen verletzt worden, und dies rücke die französischen Museen in ein denkbar schlechtes Licht. Im November berief man ein Treffen des Comité des Musées, bestehend aus Vertretern und Vertreterinnen aller staatlichen Museen ein, um weitere Proteste zu lancieren. Trotz der Gefahren, die ein solches Treffen in sich barg, da es klar politisch gefärbt war, blieb niemand fern. Die Mitglieder des Komitees verabschiedeten eine Petition, in der sie die Rückgabe der Altarbilder forderten. Belgien erklärte etwas voreilig, man werde Kuratoren nach Pau schicken, um die anderen dort eingelagerten Kunstwerke zurückzuholen, und implizierte damit, Frankreich sei nicht zu trauen, hatte aber immerhin die Güte, Jaujard und seinen Leuten für ihren Mut zu danken.

Angesichts dieses Aufruhrs erlaubte sich der Kultusminister der Vichy-Regierung Abel Bonnard, den die Deutschen ebenfalls nicht informiert hatten, bei der Verurteilung der Petition etwas Mitgefühl in seine Korrespondenz einfließen zu lassen. Er riet Jaujard, seine Gefühle zu kontrollieren, »wie natürlich diese auch sein mögen«, und teilte dem belgischen Konsul mit, der Altar sei weder auf seinen Befehl noch auf Befehl des Staatschefs ausgehändigt worden. Dem fügte er noch hinzu, der Konsul möge doch bitte die allgemeinen Umstände bedenken, in denen sich Frankreich und Belgien befänden, bevor er sich »erbitterten« Gedanken hingebe.

Als bedeutsamer erwies sich die Propagandawirkung im Ausland. In der *New York Herald Tribune* erschien ein langer Artikel mit der völlig falschen Schlagzeile »Van-Eyck-Altar offenbar Geschenk der Vichy-Regierung an Göring« und legte nahe, der Altar sei als Geburtstagsgeschenk für den Reichsmarschall gedacht, und zählte andere zweifelhafte Geschenke – darunter der Sterzinger Altar, den Mussolini ihm tatsächlich geschenkt hatte – auf.[63] Klar, daß Göring, der in der Tat ein Auge auf verschiedene Objekte in französischen Staatssammlungen geworfen hatte, sich nun nach einer anderen Kauftaktik umsehen mußte.

Am 11. November 1942 befahl Hitler, der dieses Datum unbedingt in den Köpfen festsetzen wollte, seinen Streitkräften, als Antwort auf die Invasion der Alliierten in Nordafrika am 8. November einen Angriff auf den unbesetzten Teil Frankreichs zu starten. Pétain, Laval und deren Kollegium durften für den Augenblick in ihrem Amt bleiben, aber es herrschten keine großen Zweifel über ihre Zukunft. Hitler meinte Laval gegenüber jovial, sie seien die letzte Regierung Frankreichs; nach ihnen werde es einen Gauleiter dort geben.[64] Göring betrachtete dies vermutlich nicht als ganz so sicher. In der Sowjetunion war der deutsche Vormarsch zum Stehen gekommen, und die alliierten Streitkräfte schlugen sich in Nordafrika nicht ohne Erfolg. Ein mit Frankreich ausgehandelter Friedensvertrag schien in weite Ferne gerückt. Aus diesen Gründen hielt Göring es für angebracht, alles, was ihm besonders am Herzen lag, so schnell wie möglich innerhalb der Grenzen des Reiches in Sicherheit zu bringen.
Er begann eine private Sammlung anzulegen und ließ fürs erste wissen, daß er gerne die beiden Gobelins aus dem fünfzehnten Jahrhundert geschenkt bekäme, welche Kunsthändler, als Beamte der Beaux-Arts getarnt, Anfang 1942 im abgelegenen Château de Bort entdeckten. Die außergewöhnlichen Wandteppiche, von denen jeder über neun Meter maß, waren tatsächlich atemberaubend schön. Ihre Besitzerin, die Marquise de Sèzes, traute den »Inspektoren« nicht und meldete deren Besuch dem Ortspolizisten. Beim Verhör fand man bei ihnen große Summen vor, und sie gaben zu, in Görings Auftrag da zu sein.
Beunruhigt ersuchten die Beamten der Beaux-Arts die Marquise daraufhin unverzüglich um ihre Zustimmung, die Wandbehänge als nationale Kunstschätze zu klassifizieren. Sie stimmte dem zu, und um doppelt sicherzugehen, schenkte sie die beiden Gobelins den staatlichen Museen, die sie ihrerseits unverzüglich nach Aubusson schafften und im Atelier verschwinden ließen. Dies paßte dem deutschen Reichswirtschaftsminister Funk nun überhaupt nicht, hatte er doch vorgehabt, sie Göring zum fünfzigsten Geburtstag zu schenken. Man setzte

Laval direkt unter Druck, das Geschenk der Marquise abzulehnen. Zudem gab es einen Sondererlaß zur »Entklassifizierung« der Wandteppiche, und sie kamen an ihre Besitzerin zurück. Als die Marquise de Sèzes sich trotz alledem immer noch weigerte, sie zu verkaufen, erschien im Schloß ein Polizeiaufgebot, holte die Wandteppiche kurzerhand ab und schickte sie nach Karinhall. Funk bezahlte, allerdings nicht direkt an die aufsässige Marquise. Er ließ das Geld vielmehr an die Caisse des Dépôts et Consignations überweisen, auf ein Konto, das von Angehörigen der Besatzungsmacht für Ausgaben genutzt wurde.[65]

Aus den staatlichen Sammlungen begehrte Göring lauter Werke der deutschen Schule. Zu Propagandazwecken sollte jeder Übergriff auf französisches Erbe nun als »kultureller Austausch« dargestellt werden, hätte doch jedes weitere »Geschenk« nach der Aufregung um den Genter Altar mit Sicherheit für schlechte Presse gesorgt. Ende November 1942 ging Göring Laval in dieser Sache direkt an. Laval, trotz allem noch eifrig darauf bedacht, den Deutschen zu gefallen, stimmte dem Vorschlag zu. Die Einzelheiten wurden Bunjes überlassen, der mittlerweile zum Direktor des Deutschen Institutes in Paris aufgestiegen war. Er sollte nun mit den französischen Behörden verhandeln, was sich allerdings als ein schwerer taktischer Fehler erwies.

Bunjes unterrichtete Jaujard über dieses »Austauschprojekt« und betonte dabei wenig überzeugend den »europäischen« kulturellen Aspekt der ganzen Angelegenheit. Wenige Tage später erhielt die Museumsleitung eine erste Zusammenstellung der gewünschten Kunstwerke. Aus dem Louvre standen ein Triptychon vom Meister der Heiligen Familie sowie eine Holzplastik der Maria Magdalena aus dem späten fünfzehnten Jahrhundert, bekannt unter dem Namen *La Belle Allemande,* des Bildschnitzers Gregor Erhart darauf. Laut einem späteren Bericht soll diese Figur Görings Geschmack besonders entsprochen haben, war sie doch »sowohl deutsch als auch nackt«. Speziell für Hitler forderte man vom Museum Reims, drei Cranach-Zeichnungen von deutschen Adeligen beizusteuern, sowie aus zwei eindeutig arischen Privatsammlungen, nämlich von Martin-Leroy und von Robert de Ganay, weitere Werke aus dem Mittelalter. Wenig später fügte Göring dem allem noch einen der bedeutendsten französischen Kunstschätze hinzu: das im Musée Cluny befindliche goldene Basrelief aus dem elften Jahrhundert, bekannt als *Antependium von Basel,* ein Teil des

Altars im Basler Münster wohl mit der Darstellung des kaiserlichen Paares Heinrich II. und Kunigunde von Luxemburg im Gebet zu Füßen des heiligen Benedikt. Die meisten dieser Werke standen auch auf Kümmels Liste. Im Gegenzug boten die Deutschen eine Reihe von Werken aus öffentlichen und privaten Sammlungen des Reiches an.
Der Widerstand der französischen Museen, die jeglichen Vorschlag eines Austauschs seit von Ribbentrops Fiasko hartnäckig abgelehnt hatten, regte sich sofort. Sie mobilisierten all ihre verfügbaren und erheblichen bürokratischen Energien, um den Transfer dieser Werke zu verzögern und zu behindern. Germain Bazin, Bürgermeister von Reims, verfaßte einen langen, komplizierten Bericht, in dem er ausführte, daß er die Zeichnungen nicht hergeben könne, weil es sich dabei um ein Legat an die Stadt aus dem achtzehnten Jahrhundert handle, und dies zu ändern nicht in seiner Macht stehe. Trotz Druckversuchen aus Vichy und trotz des Angebots von zwei anderen Cranachs, auf denen keine deutschen Berühmtheiten dargestellt sind, blieb der Bürgermeister fest.
Für Bunjes liefen die Dinge von dem Zeitpunkt an nicht besser. Im März äußerte Göring anläßlich eines Besuchs in Paris den Wunsch, den in Chambord eingelagerten Teil des Basler Altars zu sehen. Die Museen bedauerten; das Stück sei äußerst zerbrechlich und könne nur auf direkten Befehl von Pétain persönlich nach Paris gebracht werden. Görings Kurator Hofer und Posses Nachfolger Hermann Voss mußten sich zur Besichtigung nach Chambord begeben. Obwohl der dargestellte Heinrich II. ohne Zweifel Deutscher war, fochten die französischen Kunstsachverständigen den germanischen Charakter des Kunstwerks an und bezeichneten es statt dessen als »benediktinisches Werk von internationalem Charakter«. Zudem gaben sie zu bedenken, wie ausgesprochen negativ die öffentliche Meinung in Frankreich durch die ungleichen Tauschgeschäfte beeinflußt würde. Voss und Hofer zogen zwar unverrichteterdinge wieder ab, aber es war natürlich klar, daß sie die französischen Argumente nicht ernst nahmen. Göring verstärkte den Druck auf die Vichy-Regierung, und diese ordnete schließlich an, das Basler Altarstück nach Paris zu überführen. Letzten Endes erfolgte der Transport in Begleitung dreier Leute vom Museum und Minister Bonnards höchstpersönlich, der zu aller Verblüffung nicht müde wurde, lauthals zu erklären, der Altar dürfe nur als persönliches Geschenk von Marschall Pétain an Reichsmarschall

Göring nach Deutschland gehen – also genau, was Göring hatte verhindern wollen.
Die im Vorraum wartenden Begleiter konnten Görings Wutausbruch und den – nur zu wahren – Vorwurf mit anhören, die französischen Museumsbehörden betrieben Obstruktion. Göring gab sich aber nicht etwa geschlagen, sondern befahl, das Altarstück, *La Belle Allemande* und das Triptychon nach Karinhall zu schicken, und zwar mit René Huyghe und Marcel Aubert, den leitenden Kuratoren für Gemälde beziehungsweise Skulpturen. Die beiden sollten dort die Kunstwerke auswählen, die sie dafür haben wollten, was einem Gutheißen des Austausches gleichkam. Jaujard ließ erneut ein Treffen des Comité des Musées einberufen. Es fand am 30. Dezember statt, und die Mitglieder erklärten nach einer leidenschaftlichen Rede von Huyghe, sie würden das Basler Altarstück nur unter Waffengewalt hergeben, die anderen Kunstwerke jedoch gegen Objekte austauschen, über die mit Bunjes zu verhandeln sei.
Bonnard saß in der Klemme. Am liebsten hätte er Jaujard gefeuert, und Huyghe, drohte er, bringe er »unter die Erde«, aber der mögliche Rücktritt des gesamten Museumspersonals schreckte ihn vor drakonischen Maßnahmen ab. Jaujard, Huyghe und Aubert durften sich mit Bunjes treffen. Bevor man auf das Geschäftliche zu sprechen kam, gelang es Jaujard, den Deutschen in Verlegenheit zu bringen, indem er ihn nach dem Schicksal eines seiner früheren Kollegen fragte, dessen Foto noch an der Wand hing. Der schlaue Jaujard wußte ganz genau, daß dieser unglückliche NS-Mann bei der Partei in Ungnade gefallen, an die Ostfront geschickt worden und dort umgekommen war, aber er murmelte einige Beileidsworte, als Bunjes ihm dies erzählte. Dem folgte eine zweistündige Diskussion mit dem klaren Tenor, daß jeder weitere Versuch, den Altar zu bekommen, zum gemeinschaftlichen Rücktritt aller Angestellten des Louvre führen und England dies erfahren würde. Jaujard und Huyghe, beide aktiv in der Résistance, würden dafür sorgen. Zudem sei jeder Austausch vom Comité des Musées zu billigen. Bunjes gab schließlich nach. Der Altar war damit gerettet, aber die beiden anderen Werke gingen – unbegleitet – auf die Reise nach Karinhall.
Die Museen warteten auf die angekündigten Werke aus Deutschland. Statt der versprochenen Kunst aus deutschen Museen erhielt der Louvre eine Reihe zweitklassiger Objekte aus Görings Sammlung, die

Hofer alle während des Krieges außerhalb Deutschlands beschafft hatte. Der wohl zynischste Streich war das Einbeziehen eines Werkes mit dem Titel *Renaud et Armide* von Coypel: französische Beamte erkannten es zu ihrer Verblüffung sofort als eines der beschlagnahmten Werke aus der Sammlung Seligmann in Paris. Dieser Tausch wurde vom Louvre nie offiziell gutgeheißen, und obwohl Bunjes weiterhin vage von einer Regelung sprach, durch die Frankreich das vieldiskutierte Watteau-Werk *Gersaints Ladenschild* erhalten sollte, verließ kein weiteres Werk das Land mehr auf diese Weise. Vielleicht um sich selbst zu trösten, ließ Göring Bronze- und Gipskopien von einigen der berühmtesten Skulpturen in französischen Sammlungen herstellen; so konnte er von der Terrasse von Karinhall auf seine eigene *Nike von Samothrake* und *Diana von Fontainebleau* hinunterblicken.[66]

Das immer stärkere Vordringen der deutschen Dienststellen in die unbesetzte Zone nach November 1942 war ein harter Schlag für die dorthin Geflüchteten. Sie hatten sich nach dem Zusammenbruch Frankreichs an ein Leben im verborgenen gewöhnt, und ihre Reihen lichteten sich nach und nach, fanden sie doch einer nach dem anderen eine Ausreisemöglichkeit. Nun verwandelte sich die ohnehin niemals einfache Flucht vom bürokratischen in einen physischen Alptraum. Es dauerte einige Zeit, bis alle die wahren Bedingungen ihrer neuen Lage erkannten. Niemand hätte jemals gedacht, daß alles so lange währen könnte. Als erster Schock kam die deutsche Verordnung vom 17. September 1940, die jüdischen Glaubensangehörigen verbot, in die besetzte Zone zurückzukehren. Darauf folgte die Durchsetzung der Waffenstillstandsbestimmung, nach der sich alle geflüchteten Deutschen ihren Landsleuten ergeben mußten. Alle Reisenden wurden andauernden und unangenehmen Ausweiskontrollen unterworfen. Ab Spätherbst 1940 erhielt man Nahrungsmittel auch in Restaurants nur noch gegen Abgabe von Rationierungsmarken, für die man aber wiederum einen dauerhaften Wohnsitz nachweisen mußte. Menschen ohne festen Wohnsitz waren so auf den zwielichtigen Schwarzmarkt oder die Unterstützung durch befreundete und bekannte Personen angewiesen.

Zum Glück waren viele lokale Amtsstellen nicht besonders erpicht darauf, die neuen Regelungen auch durchzusetzen, und sahen über die illegale Anwesenheit mancher Bürger und Bürgerinnen in ihrem Bezirk hinweg, auch wenn es sich dabei um so verdächtige Personen handelte wie Gertrude Stein oder Alice B. Toklas. Diese beiden Frauen hatten trotz wiederholter Warnung des amerikanischen Konsuls in Lyon entschieden, in ihrem Landhaus in Bilignin direkt nördlich von Aix-les-Bains zu bleiben, das sie seit Sommer 1939 bewohnten. Ihren einzigen Ausflug hatten sie im September 1939 unternommen, und zwar nach Paris, um Bilder zu holen, die die Wände ihrer berühmten Wohnung dort schmückten. Das Einpacken stellte sich allerdings als zu schwierig heraus, und sie riefen Daniel Kahnweiler zu Hilfe. Als er kam, soll er Alice B. Toklas gerade beim Versuch vorgefunden haben, die Leinwand von Cézannes *Bildnis von Hortense* mit dem Fuß aus dem Rahmen zu lösen.[67] Die beiden Frauen nahmen nur gerade dieses Bild sowie Picassos Porträt von Gertrude Stein mit nach Bilignin. Eine Zeitlang lebten sie zwar spartanisch, aber ungestört, und hielten Ziegen und Hühner. Bis 1941 schützte sie der neutrale Status der Vereinigten Staaten, aber das half 1943 nicht mehr, und der Unterpräfekt am Ort stellte sie warnend vor die Wahl, sich entweder unverzüglich über die Berge in die Schweiz in Sicherheit zu bringen oder inhaftiert zu werden. Die beiden wollten noch immer nicht gehen, zogen aber immerhin in ein noch abgelegeneres Haus in Culoz. Tag für Tag hörten sie nun die unzähligen Bomber der Alliierten über ihrem Haus in Richtung Italien fliegen.[68]

Peggy Guggenheim war nach ihrer ersten Flucht nach Grenoble gezogen, wo sie den Winter 1940/41 in einem schrecklich kalten Hotel verbrachte. Auch sie wurde vom Konsul in Lyon zur Abreise gedrängt. Im Februar 1941 packte sie mit Hilfe eines befreundeten Kunsthändlers (und zeitweiligen Geliebten) Gemälde und Hausrat zusammen, und es gelang ihr, alles in die Vereinigten Staaten zu schicken.[69] Im Frühjahr reiste sie, wie so viele andere, nach Marseille.[70]

Die alte Hafenstadt, seit Jahrhunderten Zufluchtsstätte für Schmuggler und zwielichtige Personen zahlreicher Nationalitäten, war überfüllt. Es wimmelte von verzweifelten deutschen Flüchtlingen, die sich nach dem Waffenstillstand vor ihren Landsleuten versteckten, amerikanischen Staatsangehörigen, die nach Hause wollten, jüdischen und politischen Flüchtlingen aller Herren Länder und Profiteuren, die sie umschwärmten wie Motten das Licht. Ein Ausreisewilliger bezeichnete sie als »streunende Bettler beim Sammeln von Überbleibseln der Revolution, der Demokratie und zermalmter Intelligenz«.[71] In dieser Bosch-ähnlichen Atmosphäre gab es einige wenige Inseln der Hoffnung. Eine davon war die außergewöhnliche, von den Vereinigten Staaten gesponserte Operation namens Emergency Rescue Committee (Notrettungskomitee), mit dem Ziel, Kunstschaffenden, Intellektuellen und politischen Flüchtlingen die Flucht nach Amerika zu ermöglichen. Gegründet drei Tage nach dem Zusammenbruch Frankreichs, umfaßte das Organisationskomitee sechs College-Direktoren und aus den Medien so wohlbekannte Namen wie Dorothy Thompson und Elmer Rice. Auch Eleanor Roosevelt hatte man angeworben; sie sollte eine Liberalisierung der gnadenlos strikten Visumsregelungen erwirken. Varian Fry, ehemals Redakteur der auf außenpolitische Probleme ausgerichteten Foreign Policy Association, der Französisch und Deutsch sprach, wurde mit dreitausend Dollar und einer Liste von Personen, die möglicherweise Hilfe brauchten, nach Lissabon gesandt. Auf dieser Liste standen unter anderen Franz Werfel und die hochgeachtete Alma Mahler, aber auch zahlreiche Künstler und Künstlerinnen vom Format eines Marc Chagall und Max Ernst.[72]

In Marseille sah Fry, daß seine Aufgabe kaum zu bewältigen war. Als Tarnung rief er eine amerikanische Hilfsorganisation ins Leben. Bereitwillige Exilierte lehrten ihn bald alle Tricks zur Fälschung von Dokumenten und wiesen ihn in die Fluchtwege nach Spanien ein. Hilfe kam in Gestalt so unverhoffter Untergrundaktivisten wie André Gide, Henri Matisse und dem alten Aristide Maillol; eine Frau, die ihm Modell saß und der er die Schleichwege über die Berge gezeigt hatte, stellte sich als Führerin durch die Pyrenäen zur Verfügung. Aber nur Fry konnte beim endlosen Verfahren helfen, zu einem amerikanischen Visum vom Konsulat zu kommen, wo man die Flüchtlinge oft als gefährliche linke Agitatoren betrachtete. Wer schließlich glücklich ein Visum in Empfang nehmen konnte, war in einem gequälten Auswahlverfahren unter täglich rund achtzig Anträgen herausgepickt worden. Im Lauf von nur zehn Tagen im Oktober gelang es Fry, Lion Feuchtwanger, Franz Werfel und Alma Mahler sowie drei Verwandte von Thomas Mann auf den Weg nach New York zu schicken. Diese Reisen verliefen aber nicht nach üblichen Maßstäben. Lion Feuchtwanger – der von einem mitfühlenden amerikanischen Konsul unter dem historischen Namen Miles Standish aus einem französischen Internierungslager gerettet worden war –, Franz Werfel und Alma Mahler – die das Manuskript von Werfels *Lied von Bernadette* und die Partitur von Bruckners Dritter Sinfonie im

Rucksack mittrug – kletterten über die Pyrenäen in die Freiheit. Das darauf folgende öffentliche Aufsehen brachte zwar viel Geld in Form von Spenden ein, wirkte sich aber ansonsten negativ aus. Himmler preßte der spanischen Regierung bei einem Besuch in Madrid nach der erfolgreichen Flucht die Zusage strengerer Grenzkontrollen ab. Frankreich und Portugal folgten dem Beispiel und vergrößerten die bereits zuvor einschüchternde Masse von Dokumenten, die für die Fahrt in die Freiheit notwendig waren, um alle möglichen Arten von Ausreise- und Durchreisevisa.[73]

Nach dieser Episode hielt es Fry für klug, sich zurückzuziehen, und mietete eine Villa mit dem Spitznamen »Château Espèrevisa« (»Schloß Hoffe-auf-ein-Visum«) direkt außerhalb von Marseille, die rasch zu einem außergewöhnlichen künstlerischen Treffpunkt wurde. Die Anwesenheit des Ehepaars André und Jacqueline Breton (sie »war blond, schön und wild, lackierte ihre Zehennägel und trug Ketten aus Tigerzähnen und kleine Spiegelscherben im Haar«)[74] zog Max Ernst an, der nach mehreren Lageraufenthalten dort eintraf. Viele andere lebten oder verbrachten zumindest die Tage in der Villa und vertrieben sich die Zeit mit surrealistischen Entwürfen – Breton dekorierte den Eßtisch mit einem Arrangement aus lebendigen Gottesanbeterinnen – und Ausstellungen.

Es dauerte nicht lange, bis Peggy Guggenheim von diesen Vorgängen hörte, und nach vielen verschlungenen Wegen, die sie in ihren Memoiren ausführlichst beschreibt, bezahlte sie die Überfahrt für Max Ernst (den sie später in New York heiratete), André Masson und die Bretons samt ihren Familienangehörigen und half dem Komitee, die Flucht von Chagall, Lipchitz und vielen anderen zu finanzieren. Als Gegenleistung verlangte sie für zweitausend Dollar, abzüglich der Fahrtkosten, einige Bilder von Max Ernst. Bei diesem Handel erging es ihr nicht schlecht, gelangte sie doch in den Besitz einer großen Anzahl von Werken. Tatsächlich hat sie niemals aufgehört, Werke von bedrängten Kunstschaffenden zu kaufen, die sich wie sie selbst auch auf die Flucht vorbereiteten.[75]

Max Ernst reiste am 1. Mai 1941 ab, nachdem er endlich ein amerikanisches Visum erhalten hatte. Doch seine französischen Ausreisepapiere wurden beanstandet, und an der Grenze forderte man ihn auf, sein Gepäck zu öffnen. Die darin enthaltenen Gemälde legten die Beamten überall auf dem Zollgelände aus, und dann fragten sie ihn bis

ins kleinste über seine künstlerischen Vorstellungen aus. Nach einiger Zeit teilte ihm der Inspektor mit, seine Papiere seien nicht gültig und er müsse deshalb mit dem nächsten Zug nach Pau zurückkehren; der Zug stehe auf dem benachbarten Gleis. Unter keinen Umständen, so der Inspektor, dürfe er den Zug auf dem letzten Gleis besteigen, der fahre nämlich nach Madrid. Dann fügte er noch hinzu: »Vor allem aber, Monsieur, machen Sie jetzt keinen Fehler. Ich bewundere Talent.«
Ernst gelang es, Madrid zu erreichen, und von dort reiste er nach Lissabon weiter. Weil er sich durch sein Gepäck behindert fühlte, ging er zum Postamt und schickte sein größtes Gemälde, *Europa nach dem Regen II,* mit gewöhnlicher Post an das Museum of Modern Art in New York. Es kam an.[76]

Chagall, der in einem uralten Steinhaus in Gordes nordwestlich von Marseille lebte und nicht fliehen wollte, hatte es schwerer. Nachdem Fry ihn endlich zur Flucht überredet und seine Bedenken zerstreut hatte – wozu auch die Sorge gehörte, ob es in Amerika wohl Kühe gebe –, wurde Chagall von der Vichy-Polizei verhaftet und erst wieder freigelassen, als Fry damit drohte, die *New York Times* davon in Kenntnis zu setzen.[77]

Der Trick war erfolgreich, aber Frankreich ließ Fry natürlich nicht bis in alle Ewigkeit weitermachen. Im August 1941 mußten der amerikanische Konsul und selbst Eleanor Roosevelt einsehen, daß die Operation am Ende war. Fry versuchte, Peggy Guggenheim zu überreden, für ihn weiterzumachen, aber die stets bedrohlichere Atmosphäre in Marseille und der starke Druck seitens des Konsuls waren zuviel für sie, und sie lehnte ab. Sie selbst bestieg aber den Zug nach Spanien erst, als sie im Hotel von der französischen Polizei verhört worden war, deren Chef sie kleinlaut entließ, als er ihre amerikanischen Papiere sah.

Aufgrund ihres Namens wurde sie an der Grenze »nach illegalen Devisen« durchsucht und gefilzt, und da sie keine bei sich trug, konnte sie nach Lissabon weiterfahren, wo sie sich mit Max Ernst und dem Rest ihrer Familie traf. Am 14. Juli 1941 kamen sie alle in New York an, und Max Ernst wurde als deutscher Staatsbürger unverzüglich auf Ellis Island interniert. Während seiner Haft besuchten ihn Peggy und sein Kunsthändler täglich mit der Fähre. Nach einer Flut von Empfehlungsbriefen von Alfred Barr und den MoMA-Gönnern John Hay Whitney und Nelson Rockefeller durfte dann schließlich auch Max Ernst den Fuß auf amerikanische Erde setzen.[78]

Martin Fabianis Kunstgalerie 1943 in der Darstellung von Maurice Utrillo (Foto Henri Tabak).

6
Arbeit und Vergnügen

Frankreich: Der Kunsthandel blüht, die Nazi-Kultur welkt

Es scheint zwar kaum mehr möglich, und doch prosperierte der Kunsthandel in Frankreich noch stärker und war noch mehr von Intrigen durchsetzt als in Holland. Als die Besatzungsregierung das Zepter übernahm, standen beide Seiten bereits ungeduldig in den Startlöchern, um den Handel wieder anzukurbeln. Die Akten über den deutschen Kunstschutz im französischen Staatsarchiv sind voller unterwürfiger Briefe an Graf Metternich, geschrieben von Adligen, aus Rußland Emigrierten und Händlern und Händlerinnen aller Couleurs, die dringend Bargeld benötigten und ihre Besitztümer feilboten. Offensichtlich hatten alle gehört, daß die Deutschen das Geld mit vollen Händen ausgaben.

Die Leitung des berühmten Pariser Auktionshauses Hôtel Drouot ersuchte um die Erlaubnis, am 26. September 1940 die Geschäfte wiederaufzunehmen. Dies genehmigte Bunjes unter der Bedingung, daß ihm alle Kataloge geschickt, daß sämtliche Werke mit einem Schätzwert von mehr als 100 000 Franc gekennzeichnet und daß Name und Anschrift derjenigen, die diese Werke erwarben, mitgeteilt wurden.[1] Wie die holländischen und deutschen Häuser sollte auch Drouot die erfolgreichsten Jahre des Jahrhunderts erleben. Allein in der Saison 1941/42 setzte das Haus über eine Million Lose ab. Im März 1942 berichtete eine Rotterdamer Zeitung auf der ersten Seite, Drouot sei »gerammelt voll mit Neugierigen und Kaufwilligen« und das Jahr 1941 habe alle früheren Rekorde, die sie bis zurück zum Jahr 1924 zitierten, geschlagen. Die Leute kauften, was sie nur kriegen konnten. »Aus Mangel an Watteaus erwarben sie angebliche Paters«, hielt die holländische Zeitung fest, nachdem zwei Gemälde dieses Künstlers für 1,05 Millionen Francs weggegangen waren.[2]

1942 liefen die Geschäfte sogar noch besser. Höhepunkt war die phänomenale Versteigerung der Impressionismus-Sammlung des verstorbenen Zahnarztes Georges Viau vom 11. bis 14. Dezember. Der Auktionator Etienne Ader hatte zwar wie vorgeschrieben den Kunstschutz informiert, jedoch nicht die Werke genannt, die voraussichtlich mehr als 100 000 Franc erzielen würden – dies war bereits alltäglich geworden –, sondern diejenigen, die die Millionengrenze überschreiten könnten. Mit seiner Vermutung, daß dies nur bei einem, nämlich Cézannes *Vallée de l'Arc et Mont Ste-Victoire* der Fall sein würde, lag Ader jedoch weit daneben.[3] Die hundertzwanzig Gemälde brachten zusammen 46796000 Franc ein, die höchste Summe, die Drouot je auf einer Einzelauktion erzielte; dazu kamen noch zehn Prozent Luxussteuer zu den ohnehin üblichen fünfzehn Prozent Verkaufssteuer hinzu. Das Cézanne-Gemälde erzielte fünf Millionen Franc, wofür man, wie in einem deutschen Artikel angemerkt wurde, locker ein Château mit beträchtlichen Ländereien hätte erstehen können. Degas' *Femme s'essuyant après le bain* ging für 2,2 Millionen weg, und dreizehn weitere Lose verkauften sich für weit über eine Million Franc.

Der Anlaß fand sowohl in Paris als auch in Deutschland ein großes Echo in der Presse. Paul Colin vom *Nouveau Journal* faßte seinen Eindruck von den sechshundert privilegierten Anwesenden mit Sitzplatz – die bald von einer riesigen, auf die Stehplätze strömenden Menge überflutet wurden – etwas widersprüchlich (da sie sich schließlich für moderne Kunst interessierten) mit dem Ausdruck *»très vieille France«* zusammen, machte er doch unter ihnen viele »Monokel und weiße Schnurbärte à la gauloise«, Damen »im sehr gewissen Alter« und Jacketts mit der roten Rosette der Ehrenlegion aus. Er erwähnte, daß Juden keinen Einlaß fanden, und wies giftig darauf hin, daß »der Pariser Markt weder Hebräer noch Yankees nötig hat, um sensationellste Erfolge zu erzielen«. Die Preise fand er allerdings »ganz und gar absurd und zufällig«, was er darauf zurückführte, daß ein »Degas-Snobismus den Viau-Snobismus noch übertraf«. Zum Verkauf des Werks von Cézanne meinte er: »[…] man wird vielleicht nie mehr zwei Kunstliebhaber finden, die verrückt – und dieses Wort ist nicht zu stark – genug sind, sich bis zu einer Summe von fünf Millionen um eine kleine Landschaft (55 auf 46 Zentimeter) zu streiten.« Der Louvre bekam sein Fett ebenfalls weg, weil man 1918 ein Bild von Degas, damals für 20 000 Franc zu haben, nicht erworben hatte, es jetzt aber zu einem viel höheren Preis doch kaufte.[4]

Deutsche Berichte über den Anlaß lasen sich etwas differenzierter, aber nicht weniger gehässig. Zum Beispiel führte man die hohen Preise darauf zurück, daß die Neureichen Kapital investieren müßten. Ein Journalist erhielt den Eindruck, daß die Mitbietenden vor allem ihr soeben erworbenes Papiergeld so schnell wie möglich loswerden wollten. Er wußte offenbar nicht, daß der größte Käufer der Auktion nicht ein französischer Schwarzhändler war, sondern der deutsche Händler Hildebrand Gurlitt, einer der Kommissionäre für Linz, der außer dem Cézanne noch drei weitere Bilder für je über eine Million erwarb, nämlich *Paysage composé, Effet gris* von Corot, ein verbotenes Bild von Pissarro und für 1,32 Millionen Franc den kleinen Daumier *Portrait d'un peintre.* Ja, die »entarteten« Werke zählten auf dem überhitzten Markt in Frankreich zu den heißesten Losen und wurden meist von denjenigen getauscht und gekauft, die sie ursprünglich in Grund und Boden verdammt hatten.

Zu Gurlitts Pech waren sowohl das Bild von Cézanne als auch jenes von Daumier gefälscht. Der gute Zahnarzt hatte, wie es scheint, mit Vorliebe Ölskizzen bekannter Leute »fertiggemalt« und andere Werke gleich ganz gefälscht. Der kleine Daumier war eine Kopie des echten Bildes, das ebenfalls Viau gehört hatte, aber anderswo verkauft wurde, der Cézanne eine reine Fälschung, die sich heute in der Studiensammlung des Musée d'Orsay befindet.[5]

Einzelhändlern, Innenausstattern und Zulieferern ging es geradesogut wie Drouot. Die Deutschen unterschieden sich in dieser Hinsicht nicht von den anderen Besuchern und Besucherinnen, die sich schon seit Generationen im Pariser Antiquitäten-Paradies umsahen. Hinter den ehrwürdigen Fassaden vieler Wohnhäuser unterhielt ein buntes Grüppchen von Professionellen und Amateuren einen riesigen geheimen Markt, um der Besatzungsmacht so gut wie alles außer dem Eiffelturm anzudrehen. Eine Dame bot Göring wiederholt einen »ganzen spanischen Hof« an. Ein Herr fragte an, ob Göring vielleicht »zwölf historische Steinkapitelle vom Palace des Tuileries mit dem N Napoleons« kaufen wolle, die sich zur Zeit »gerade in meinem Haus befinden, [...] wo ich einen Tempel errichten wollte«. Solche Angebote monumentalen Ausmaßes waren keineswegs abwegig: aus Inventaren von Görings Sammlungen geht hervor, daß er über den Händler Paul Gouvert in der Tat einen kleinen Rundtempel mit sechs Säulen aus dem

achtzehnten Jahrhundert und den Kreuzgang der Zisterzienser-Abtei Berdoues (Gers) erworben hatte.
Die Galerie Charpentier hatte auf Geheiß von Kajetan Mühlmanns Halbbruder Josef eine Ausstellung mit Kunst des Mittelalters und der Renaissance organisiert, die Göring besuchte und kurzerhand en bloc aufkaufte. Vicomte de la Forest-Divonne verkaufte direkt aus seiner reich ausgestatteten Wohnung kunstvoll plazierte Gegenstände und Gemälde (oft aus ERR-Restbeständen oder vom Flohmarkt Clignancourt). Er gab sie als seine eigenen aus und behauptete, sie befänden sich seit Generationen im Besitz der Familie. Um den Verkauf anzukurbeln, kredenzte er seiner sich interessiert umschauenden Kundschaft Champagner. Eine weitere Adlige, Gräfin de la Béraudière, hielt sich auf dem Schwarzmarkt schadlos; sie willigte nur in Bargeldgeschäfte ein.[6] Im Kunsthandel wimmelte es nur so von Strohmännern, vorgeschoben von französischen Staatsangehörigen, die lieber nicht enthüllten, an wen sie verkauften. Tausende von Kunstwerken wechselten die Hand ohne Quittung oder sonstige Bestätigung.
Die Innenausstatter, die Hans Frank halfen, das Schloß in Krakau herauszuputzen, kamen und transportierten ganze Wagenladungen gegen Osten. Für die Rheinland-Museen in Krefeld, Essen, Bonn, Wuppertal und Düsseldorf deckte ein kunsthistorisch versiertes Team ganz Paris ab und gab dabei über vierzig Millionen Franc für französische Gemälde und Kunsthandwerk aus; darunter befanden sich sogar ein paar impressionistische Gemälde. Albert Speer erstand gleich fünfundzwanzig Kisten mit Kunstgegenständen, und der Bildhauer Arno Breker erwarb Werke von französischen Kunstschaffenden, die er bewunderte, und ließ sie sich zusammen mit zwanzig Tonnen Gips, Wein und Kölnisch Wasser frei Haus liefern. Ein Mann namens Hans Herbst gab fünfzehn Millionen Franc aus für Objekte, die später im Wiener Dorotheum zum Wiederverkauf ausgestellt wurden, während Josef Mühlmann ländliche Gegenden abklapperte, um seine Kundschaft in Berlin und Polen zu beliefern, und ein gewisser Herr Possbacher Bestellungen in der Höhe von 4,5 Millionen Franc für untere NSDAP-Chargen aufgab, die die Lichterstadt Paris nicht persönlich aufsuchen konnten.[7]
Mit brillant ausgetüftelten, endlosen bürokratischen Hindernissen zögerte der Louvre-Angestellte Michel Martin solche Verkäufe solange wie nur möglich hinaus, und der französische Zoll spielte mit und

verlangte Neueinschätzungen und immer noch weitere Dokumente, bevor er die Ausfuhr zuließ. Martin machte sich keine Illusionen; die Exporte konnte er nicht unterbinden, aber er konnte wenigstens verfolgen, wohin verzollte Gegenstände gingen. Und so sahen sich die Besatzer immer wieder gezwungen, auf ihre Macht zu pochen und sich an die Militärverwaltung zu wenden.

Doch dieser verwirrende, aber mehr oder weniger direkte Handel ist nichts im Vergleich zu den außergewöhnlichen internationalen Transaktionen, in welche die Zulieferer der Nationalsozialisten verwickelt waren und die ihren Höhepunkt 1941/42 erreichten. In diesen Geschäften hielten sich die rivalisierende Raffgier der Kaufenden und der Verkaufenden exakt die Waage – das allgemeine Bestreben war, einander soviel Kunst beziehungsweise Bargeld abzuluchsen wie nur möglich, und es herrschte weder am einen noch am anderen Mangel. Die deutschen Unterhändler verfügten über den großen Vorteil, daß sie direkten Zugang zu den von ihren Auftraggebern kontrollierten staatlichen Mitteln hatten, ganz zu schweigen von den Reiseprivilegien und der Möglichkeit, ihre Erwerbungen über die Grenzen zu schicken, ohne sich mit Zollformalitäten herumschlagen zu müssen.
Sowohl für Hitler als auch für Göring waren umfassende, aber mit Umsicht voneinander getrennte Kaufoperationen in Italien und in den Benelux-Ländern im Gange. Hitlers Hauptagent Prinz Philipp von Hessen, ein Neffe Kaiser Wilhelms II., war als Ehemann von Prinzessin Mafalda, der Tochter des italienischen Königspaares, besonders gut plaziert. Sein Beitritt zur NS-Bewegung erfolgte in den zwanziger Jahren, und in den Jahren bis zum Kriegsausbruch stieg er unaufhaltsam auf höchste Ebenen auf. 1940 hatte ihm Hitler aufgetragen, Posse dabei zu helfen, Gemälde auf dem italienischen Markt aufzutreiben, und er hatte den Auftrag willig angenommen.[8] Seine Erfahrung und sein Zugang zu den entsprechenden Schichten erwiesen sich als unbezahlbar. Über ihn konnte Posse Prachtstücke wie das *Männliche Bildnis* von Memling aus der Sammlung des Grafen Corsini erwerben, aber auch Rubens' *Reiterbildnis eines Mitglieds der Familia Doria* sowie ein Leonardo zugeschriebenes Werk *Leda und der Schwan* der Familie Spiridon. Posse reiste im Frühjahr 1941 dreimal nach Italien und verlangte jedesmal, es seien mehr Mittel in der deutschen Botschaft zu hinterlegen. Er brauchte sie auch: Allein der Spiridon-Leonardo kostete

10,5 Millionen Lire oder 1,3 Millionen Reichsmark. Bis Mai 1942 war die benötigte Gesamtsumme auf fünf Millionen Reichsmark angestiegen, und Prinz Philipp von Hessen hatte achtundachtzig Werke für Posse erworben.[9] Hofer stand weniger Geld zur Verfügung, aber er unterhielt ein weiterverzweigtes Netz von Händlern und freien Mitarbeitern, von denen er auf Görings Kosten regelmäßig seine Provisionen erhielt.

Göring verhandelte in Italien, wenn er sich persönlich dort aufhielt, hauptsächlich mit Graf Contini Bonacossi, der seinen Titel Mussolini verdankte. Contini hatte einen großen Teil seiner Sammlung dem italienischen Staat vermacht, doch es gab immer noch viel bei ihm zu kaufen, da er nun keinen Zugang zu den wichtigen amerikanischen Handelspartnern mehr hatte. Geschickt verhandelnd, drehte er Göring mehr als fünfzig Posten an, darunter eine beträchtliche Anzahl Möbel. In Italien hatten die NS-Sammler den großen Vorteil, daß ihnen das Staatsoberhaupt zugetan war und somit half, die ärgerlichen Exportgesetze zu umgehen, die das nationale Erbe schützen sollten. 1942 erließ Unterrichtsminister Bottai strengere Exportrichtlinien und versuchte vergeblich, sie durchzusetzen, um der Plünderung einen Riegel zu schieben. Die Mühe hätte er sich sparen können, denn wenn immer Mussolini oder Außenminister Ciano der Einwände überdrüssig waren, übergaben sie die betreffenden Kunstwerke Hitler oder Göring kurzerhand als Geschenk.

In Frankreich lag alles viel komplizierter. In Paris beschränkte sich Göring nicht ausschließlich auf das Personal des ERR, sondern führte regelmäßig auf dem offenen Markt durchaus korrekte Transaktionen durch, wobei er sich manchmal von so bedeutenden Einkäufern wie Walter Bornheim von der Galerie der Alten Kunst (ehemals A. S. Drey) in München begleiten ließ. Bornheim kaufte auch noch für Linz, für mehrere deutsche Museen sowie für viel Privatkundschaft. Er verstand sich besonders gut darauf, für Leute, die sich bei Hitler oder Göring einschmeicheln wollten, entsprechende Geburtstagsgeschenke für die beiden auszuwählen. In allen französischen Kunsthandlungen mochte man ihn liebend gern, pflegte er doch mit Bargeld unbekannter Herkunft zu zahlen und trug stets Hunderttausende von Francs in der Brieftasche herum. Bis zum Kriegsende gab er ungefähr hundert Millionen Franc aus.[10]

Die Händlerin aber, die in Frankreich die meisten Käufe für Hitler tätigte und offensichtlich auch am meisten persönliches Vergnügen daraus zog, war Maria Dietrich. Ihre besondere Beziehung zu Hitler über Eva Braun ist die einzige Erklärung für den erstaunlichen Freiraum, den sie bei ihrer Geschäftstätigkeit genoß. Zwischen 1940 und 1944 erwarb sie rund dreihundertzwanzig Gemälde in Paris, von denen achtzig in die Linzer Sammlung wanderten. Viele davon waren schlecht gemalt und nicht wenige gar gefälscht. Doch Maria Dietrich durfte als einzige ohne Genehmigung von Posse oder Bormann direkt an Hitler verkaufen. Sie fühlte sich in Paris ganz offensichtlich überaus wohl und stützte sich auf ein persönlich aufgebautes Netz von Zuliefernden, zu welchem so verschiedene Personen wie eine russische Prinzessin und Görings Mann im ERR, Bruno Lohse, gehörten. In manchen Pariser Galerien sah man sie ebensogern wie Bornheim. Martin Fabiani verkaufte ihr vier zweifelhafte Guardi-Ölskizzen, und eine Menge weiterer Leute verkauften ihr noch viel mehr.

In Dietrichs untadelig geführten Büchern sind nicht nur alle ihre Erwerbungen aufgelistet, sondern sie enthüllen auch, daß sie das Leben in Paris zu genießen wußte. Sie mag ja vielleicht nicht allzuviel von Malerei verstanden haben, aber sie war zweifellos eine große Weinkennerin. Am 14. Dezember 1940 speiste sie mittags in einem Restaurant mit dem passenden Namen Chez Elle, wo sie Filet genoß und einen ansehnlichen 29er Pomerol dazu trank. Es muß ein guter Tag gewesen sein, denn am Abend dinierte sie bei Prunier: Kaviar, Hummer, Moët. Am nächsten Abend bestellte sie im Variété Don Juan in der Rue Fromentin einen Veuve Clicquot für 520 Franc, und am 16. schlug sie in La Crémaillère über alle Stränge: sie wählte wieder Kaviar, dann Suppe und Canard à l'orange und genoß dazu einen schönen Château Latour. All dies bezahlte sie mit den Hunderttausenden von Reichsmark, die ohne Unterlaß auf ihr Konto bei der Crédit Lyonnais flossen.

Zwar erwiesen sich einige ihrer Geschäfte nicht als erfolgreich, aber Maria Dietrich ließ sich nie entmutigen. Im Juli 1941 brachte sie dem Händler Roger Dequoy unverdrossen vier Gemälde zurück, von denen Buchner und Voss zwei als Fälschungen entlarvt, eines als zerschnitten und das vierte als »Schule« bezeichnet hatten. Dequoy ersetzte sie durch drei angeblich bessere Bilder zum selben Preis. Dergleichen Szenen wiederholten sich oft, aber Maria Dietrich konnte es sich

leisten, guter Laune zu bleiben, betrug doch ihr jährliches Einkommen damals über eine halbe Million Reichsmark.[11]
Karl Haberstock nahm alles viel ernster. Obwohl ihn anfänglich Beamte der Reichskammer, seiner Betrügereien überdrüssig, daran hinderten, mit Posse nach Holland zu fahren, konnten sie die Forderung des Linzer Direktors, ihm die Geschäftstätigkeit in den besetzten Nationen zu erlauben, auf Dauer nicht abschlagen. Im Herbst 1940 mußte Posse Geschäfte in so vielen Ländern abwickeln, daß ihm Haberstocks Begehren, an seiner Stelle in Frankreich zu wirken wie Prinz Philipp von Hessen in Italien, sehr gelegen kam. Unter Posses Einfluß stellte man ihm die so notwendigen begehrten Reisedokumente aus. Haberstock erhielt zudem eine Bewilligung von Göring. Diese Papiere verschafften ihm den großen Vorteil, daß er schon früh zur unbesetzten Zone Zugang hatte, wo, wie sich Posse ausdrückte, »für die Zukunft noch vieles zu erreichen [ist], da dieses Gebiet vorläufig von den vielen deutschen Händlern verschont geblieben ist«.[12]
1940 und 1941 blieb der unbesetzte Teil Frankreichs auch noch von den Übergriffen des ERR und anderer Institutionen, die für die Beschlagnahme von jüdischem Besitz zuständig waren, verschont und diente daher zahlreichen Geflüchteten, die mit Kunst handelten oder sammelten und mit denen Haberstock früher schon verhandelt hatte, als Zufluchtsort. Haberstock traf im Oktober 1940 mit Posse in Paris ein und richtete sich im großen Stil im Ritz ein. Er verschickte Karten an die bedeutendsten Kunsthandlungen, die es noch gab, ob jüdisch oder nicht, und ging sie um Geschäftsbeziehungen an. Einige von ihnen müssen nicht schlecht gestaunt haben. Duveen antwortete höflich, sein Haus sei »zur Zeit geschlossen«, und Léonce Rosenberg teilte mit, er habe nur Werke von zeitgenössischen Kunstschaffenden anzubieten, die sich wahrscheinlich nicht eigneten.
Bei Wildenstein fand Haberstock nur den langjährigen Angestellten Roger Dequoy vor, der Firma und Galerie leitete, aus denen Abetz und der ERR die verbliebenen Lagerbestände allerdings bereits abgeholt hatten; später sollten sie sogar das Mobiliar mitnehmen. Aber Haberstock war sicher, daß Georges Wildenstein, der in Aix-en-Provence auf eine Möglichkeit zur Überfahrt in die USA wartete, noch andere Besitztümer hatte, die ihm nützlich sein konnten. Im November reisten er und Dequoy nach Aix, wo sie Wildenstein aufsuchten und verschiedene Vereinbarungen trafen. Karl Haberstock behielt dieses Treffen

REPRODUCED AT THE NATIONAL ARCHIVES

240/404/U.

Roger D E Q U O Y 320

155, Bvd Malesherbes

PARIS.

Paris, le 8 Juillet 1941.

annulliert

F A C T U R E

Reichsstelle XXV
22. AUG. 1941

Vendu à Madame Maria DIETRICH, Munich

les tableaux suivants :

0226	1° - Madame Vigée Lebrun : Portrait de la Princesse de Carignan, tableau garanti du Maître................ Descrit suivant pédigrée remis à part.	Frs	: 515.000,-- 25.750.-
0227	2° - F. Guardi : Vue sur les environs de Venise .... garanti du Maître.	"	: 270.000,-- 13.500.-
0228	3° - Ecole de G. David : Deux volets représentant Adam & Eve.. Provenant de la Collection de la Comtesse de Béhague auparavant, vente Pelletier à Paris.	"	: 120.000,-- 6.000.-
0229	4° - Rottenhammer : Le Festin des Dieux .... Provenant de la Collection Pommersfelden descrit dans le catalogue.	"	: 90.000 4.500.-
	Total =	"	: 995.000,--

49.750.-

Pour acquit,

Paris le 8 Juillet 1941.

R. Dequoy

Quittung für Maria Dietrich von Roger Dequoy.

als freundlich in Erinnerung, ganz im Gegensatz zu Wildenstein, der in späteren Gesprächen mit T-Leuten in New York aussagte, Haberstock sei von einem hochrangigen deutschen Militärangehörigen begleitet gewesen und habe drohend mit einem Empfehlungsschreiben von Pierre Laval gewedelt.[13] Wie dem auch sei, der französische Händler war ebenso erpicht darauf, die für sich vorteilhaftesten Abmachungen zu treffen, wie Haberstock.

Man war übereingekommen, daß Wildenstein »genehme« Bilder aus seinem Bestand gegen Werke eintauschen würde, die die Nazis nicht duldeten, und Haberstock diese zu ihm in die Vereinigten Staaten schicken sollte. Wildenstein würde sie dort durch die New Yorker Zweigstelle seines Hauses verkaufen, wie er es mit Gauguins Bildern vor dem Krieg so erfolgreich getan hatte. Im November 1940 war dies nicht so abwegig, sah es doch ganz so aus, als wäre der Krieg bald vorüber, und dann konnte Haberstock ja alles ganz einfach nach New York schicken. Haberstock machte Wildenstein zudem das Angebot, für ihn von den so zahlreichen Flüchtlingen in der unbesetzten Zone Objekte zu kaufen. Er wollte dafür in Franc, Mark oder Lire bezahlen und konterte Wildensteins Einwand, Dollar wäre ihm lieber, der Dollar werde keine gefragte Währung mehr sein, sobald die Deutschen Amerika erledigt hätten. Und als Wildenstein ihn fragte, ob er denn glaube, die Deutschen hätten mit den USA so leichtes Spiel, erwiderte Haberstock, dies werde sich als noch leichter erweisen als Frankreich. Sie kamen schließlich noch überein, daß die vom Louvre in Sourches eingelagerten Wildenstein-Bilder, die auch der ERR begehrte, ebenfalls auf den Markt gelangen sollten, wenn Haberstock ihrer irgendwie habhaft werden konnte.

Haberstock deutete an, er habe einen deutschen Interessenten für Wildensteins Zeitschrift *Beaux Arts,* und drängte ihn zum Verkauf, bevor man sie beschlagnahme oder »arisiere«. Ebenfalls bei dieser Zusammenkunft traf Wildenstein eigene Vereinbarungen mit Dequoy: er solle die Interessen des Hauses in Paris weiterhin wahrnehmen und mit den in Europa verbliebenen Mitteln versuchen, auf dem lokalen Markt Ankäufe zu tätigen, in der Hoffnung, daß man diese Bestände dann auch irgendwie nach Amerika schaffen könne. Seine Briefe mit den Anweisungen wollte Wildenstein an Dequoys Schwiegervater in Marseille schicken.[14] Er selbst reiste am 29. Januar 1941 in die Vereinigten Staaten ab.

Während seines Aufenthaltes in der unbesetzten Zone Frankreichs nahm Haberstock mit verschiedenen weiteren Flüchtlingen Kontakt auf. Von seinem ehemaligen Berliner Kollegen Arthur Goldschmidt erwarb er je ein Werk von Brouwer und Ostade, die er beide an Linz weiterverkaufte. Herbert Engel (Sohn des österreichischen Flüchtlingsunterhändlers Hugo Engel, der später an Haberstocks Pariser Unternehmungen teilnahm) erhielt den Auftrag, in Südfrankreich nach geeigneten Werken Ausschau zu halten. Von den Brüdern Alexander und Richard Ball, die ursprünglich aus Berlin stammten und bald nach Amerika abreisten, erhielt Haberstock wichtige Teilinformationen über den genauen Aufenthaltsort mehrerer berühmter Privatsammlungen. Für Schätzungen fand er noch eine weitere Person in dieser Vorhölle, nämlich August Meyer (in der Korrespondenz mit dem Decknamen Henri Antoine bezeichnet), den deutschen Experten für spanische Malerei und ehemaligen Direktor eines Münchner Museums, der Frau und Kind im besetzten Paris hatte.[15]

Haberstock nutzte die Lage in dieser Brutstätte für Intrigen beileibe nicht als einziger aus. Martin Fabiani traf auf dem Rückweg von Lissabon, wo er seine Bilder abgeschickt hatte, einen Händler auf der Flucht, mit dem er ein vorteilhaftes Abkommen schloß: Fabiani würde während des Krieges dessen Betrieb in der Rue Matignon übernehmen und das Geschäft bei Kriegsende wieder an ihn zurückgeben. Dies erwies sich für Fabiani – nach eigenem Bekenntnis ein Opportunist – als ausgesprochen nützlich, wußte er doch dank seiner Bekanntschaft mit Dequoy über so manche bedeutende Geschäfte während der Besatzungszeit Bescheid. Louis Carré traf eine ähnliche Abmachung mit André Weil, dessen Galerie ebenfalls in der Rue Matignon lag und der sich irgendwo auf dem Land versteckt hielt, während Carré mit Werken der französischen Moderne erfolgreich Geschäfte tätigte.[16]

Wieder in Paris, regelte Haberstock pflichtschuldigst den Verkauf von *Beaux Arts* an einen Herrn Brauer, der auch das deutsche Magazin *Weltkunst* verlegte; von da an erhielt Dequoy entgegenkommend Rabatt auf Anzeigen. Das Problem bestand nun darin, das Haus Wildenstein in Schwung zu halten und an die Werke aus seinen Lagerbeständen im Louvre zu kommen – und zwar vor dem ERR. Am 2. April schrieb Wildenstein unwirsch an Dequoy, es gebe zweifellos Mittel und Wege, dies zu veranlassen.[17] Und tatsächlich, es gab sie. Einmal mehr benutzte Haberstock die Ideologie seiner Regierung zum eigenen Vorteil. Diesmal bediente er sich der »Arisierung«.

Das in Holland so erfolgreiche Vorgehen fand in Frankreich zum ersten Mal gegen Ende Oktober Erwähnung. Im November erhielten die französischen Polizeipräfekten Anweisung, jüdische Betriebe aufzulisten, da sie unter »provisorische Verwaltung« gestellt würden. Am 4. Dezember 1940 gab es eine französische Abteilung namens Société du Contrôle – Administrateurs Provisoires, um den Feldzug unter der

Ägide eines gewissen Monsieur Fournier (ehemals Direktor der Banque de France und Präsident der französischen Staatsbahnen) durchzuführen.[18] Bald verwalteten von der Regierung ernannte Administrateurs die Betriebe und verbliebenen Vermögen von Paul Rosenberg, Bernheim-Jeune, Léonce Rosenberg und vielen anderen. Ihre Pflicht bestand darin, den jüdischen Einfluß in der französischen Wirtschaft zu unterdrücken. Versuche, solche Übernahmen zu umgehen, konnten größte Unannehmlichkeiten mit sich bringen. Daniel-Henry Kahnweiler erhielt die Erlaubnis, die Galerie Simon auf seine Schwägerin Louise Leiris zu übertragen, die Katholikin und Französin war, erst nach zähen Verhandlungen und der Vorweisung unzähliger Dokumente. Ein anonymer Brief, aus ausgeschnittenen Zeitungsbuchstaben zusammengestoppelt, erinnerte die Behörden an die Verwandtschaft zwischen Louise Leiris und dem »deutschen Juden« Kahnweiler, was den Verhandlungen nicht zugute kam.[19]
Anfang April 1941 wurde ein Buchhalter namens Gras zum Verwalter der Galerie Wildenstein ernannt, doch Dequoy durfte als Arier die täglichen Geschäfte weiterhin leiten. Das war perfekt: Haberstock konnte jetzt ungerührt behaupten, bei den Sourches-Bildern handle es sich um arischen Privatbesitz und sie müßten der Galerie, der sie gehörten, deshalb zurückerstattet werden. Gras, bis über beide Ohren damit befaßt, die Privatsammlung von Bernheim-Jeune (die er ebenfalls verwaltete) über den Händler Charles Montag (einst Winston Churchills Mallehrer) zu verhökern, erhob keine Einwände.
Haberstock setzte für diese Operation alle Hebel in Bewegung. Am Montag, dem 12. Mai, abends um sechs, rief er den Kunstschutz-Beamten Pfitzner in Berlin an. Er teilte ihm mit, daß die in Sourches eingelagerten Wildenstein-Bilder abgeholt werden sollten, jedoch Posse oder ihm selbst vorbehalten seien und daher auf keinen Fall freigegeben werden dürften. Der ERR, der dieselben Posten am 15. für sich abholen wollte, war über alle Maßen verblüfft, und der Kunstschutz, ebenfalls erstaunt, warnte die Louvre-Angestellten, ein »nicht identifiziertes Büro« plane, die Wildenstein-Objekte abzuholen.
Am Dienstag erschien Baron von Pollnitz, Luftwaffenoffizier und enger Freund von Haberstock, um Transportvereinbarungen zu treffen. Als der Kunstschutz darauf hinwies, daß nur der ERR nichtarische Sammlungen behändigen dürfe, zog von Pollnitz ein Dokument von Gras aus der Tasche mit der Bestätigung, daß das Haus Wildenstein in arischen

Besitz übergegangen sei. Der Kunstschutz, erfreut über jede Gelegenheit, dem ERR Steine in den Weg zu legen, räumte ein, wenn der neue arische Besitzer die Rückgabe der Bilder wünsche, um sie zu verkaufen, gebe es keinen Grund, den Transfer zu verhindern.

Von Behr versuchte in der Zwischenzeit, Göring zum Eingreifen zu bewegen, doch Göring antwortete, wenn die Sammlung »arisiert« worden sei, könne er nichts tun.[20] Diesmal stand der ERR auf der Verliererseite, und Haberstock eilte triumphierend nach Paris, um sich die Sammlung anzusehen. Er war enttäuscht davon und kaufte nur sieben Bilder für 930 000 Franc, von denen er für 1,27 Millionen Franc fünf nach Linz weiterverkaufte. Dequoy schrieb an von Pollnitz, um ihm für seine Hilfe bei der Befreiung der Bilder aus Sourches zu danken. Leider war Dequoy aber nicht von Haberstock befreit, der Wildensteins Geschäftsräumlichkeiten und auch den Verkaufsraum des Nichtariers Hugo Engel von da an als eigene Zweigstellen in Paris benutzte.

Um die »Arisierung« der Firma abzuschließen, versuchten Dequoy und zwei Partner sie Gras direkt abzukaufen, um sie privat auf den Namen Dequoy weiterzuführen. Das französische Commissariat général aux questions juives (Generalkommissariat für jüdische Fragen) und verwandte deutsche Organe schöpften ob diesem Ersuchen Verdacht, da sie um Dequoys langjährige Verbindung zu Wildenstein wußten, und beanstandeten den Preis, den Dequoy für die Firma bot, als lächerlich niedrig. Außerdem ging in besonders fanatischen deutschen Kreisen das Gerücht um, Dequoy verstecke einen Teil der Sammlung Wildenstein und halte damit jüdischen Besitz zum Nachteil deutscher Interessen zurück. Erst nach monatelanger Korrespondenz, in der Dequoy Stein und Bein schwor, er habe seit 1939 keine Verbindung zu seinem früheren Arbeitgeber mehr und auch keine geheimen Vereinbarungen mit ihm getroffen, sowie nach zahlreichen Briefen von Posse und Haberstock, die sich auf Hitler, Göring und mehrere weitere ebenfalls hochrangige Persönlichkeiten der Besatzungsmacht beriefen und auf die vielen Kunstwerke hinwiesen, die Dequoy dem Reich verschafft habe, ging die Firma Wildenstein 1943 in Dequoys Besitz über.[21] Das Arrangement bestand allerdings nur kurz. Nach dem Tod Posses und dem darauffolgenden Niedergang Haberstocks beschlagnahmte die außerordentlich optimistische deutsche Botschaft die vornehme Galerie in der Rue La Boétie im Januar 1944, um ein Institut für französisch-deutschen Kulturaustausch einzurichten.

Unverzagt führte Dequoy die Geschäfte in neuen Räumen im Faubourg Saint-Honoré weiter, und zwar die ganze Zeit über mit Erfolg, galt seine Niederlassung doch in Frankreich wie in Deutschland als Fortsetzung der berühmten Galerie Wildenstein. Im September 1941 kaufte der Schweizer Sammler Emil Bührle bei ihm zwei Werke von Renoir und je eines von Greuze und David, die er allerdings der strengen schweizerischen Zollgesetze wegen vorerst in Paris lassen mußte. Auch ein Teil der alten Kundschaft kam wieder. 1942 bat der Weinhändler Etienne Nicolas Dequoy, zwei bedeutende Werke Rembrandts zu veräußern, und zwar das Bildnis *Rembrandts Sohn Titus* und *Landschaft mit Schloß* die er 1933 von Wildenstein erworben hatte; an Wildenstein waren sie über den Sammler Calouste Gulbenkian gekommen, der sie seinerzeit der Eremitage abgekauft hatte. Nicolas hatte die Bilder vor dem Krieg dem Louvre versprochen, aber nun offenbar seine Meinung geändert; die besonders hohen Preise für holländische Meisterwerke stellten vielleicht eine zu große Versuchung dar. Dequoy verhandelte mit Haberstock für Linz, und Nicolas bekam die äußerst befriedigende Summe von sechzig Millionen Franc für beide Gemälde ausbezahlt von der Kassenstelle der deutschen Botschaft. Dequoy erhielt 1,8 Millionen Franc direkt von Haberstock, da er die beiden Gemälde von Rembrandt »ausfindig gemacht« und Vereinbarungen für ihren Verkauf getroffen habe.[22]

Georges Wildensteins Hoffnung, mit Haberstocks Unterstützung die Geschäfte auf einer Import-Export-Grundlage weiterzuführen, erfüllte sich nicht, aber es dauerte recht lange, bis er erkannte, wie sich die Dinge in Wirklichkeit verhielten. Die Briefe, mit denen er Dequoy eindeckte, waren voller Ratschläge und gespickt mit all den Gerüchten, die so wichtig sind im Kunsthandel, alles ein wenig verschlüsselt und die Personen mit Decknamen versehen (Haberstock zum Beispiel hieß »Oscar«). So schlug er seinem ehemaligen Angestellten vor, »günstig« vierzig Bilder von Rouault zu kaufen, sie in Papier einzuschlagen »wie Rouault« und zu versuchen, sie über American Express nach New York zu schicken. Er forderte Dequoy dringend auf, sämtliche Stiche, über die er verfüge, solange wie möglich zu behalten, denn es stehe ein rapider Preisanstieg bevor. Die Antworten kamen nur sehr langsam, worauf Wildenstein in befehlshaberischem Ton schrieb, er verstehe nicht, was vor sich gehe und ob Dequoy nicht irgend etwas unternehmen könne, damit die Korrespondenz sicher eintreffe.

Das Problem löste sich zum Teil, indem man die Briefe über die Schweiz schickte, aber es war offensichtlich, daß Wildenstein die Neue Ordnung in Europa nicht durchschaute. Im März 1941 schrieb er entrüstet und vorwurfsvoll, daß eine Transportgesellschaft in Bordeaux drei Kisten mit Kunstwerken festhalte, die im November 1940 noch zur freien Verfügung der Firma gestanden hätten – und offenbar beschlagnahmt worden waren. Er warf dem Spediteur seine außerordentliche Nachlässigkeit vor und wütete, wenn jemand die Kisten entwendet habe, dann doch wohl nur der Transporteur und nicht die Deutschen, von denen ja nicht anzunehmen sei, daß sie ihrer eigenen offiziellen Regel zuwiderhandelten. Dequoy forderte er auf, seinerseits zu tun, was er könne. Das war allerdings herzlich wenig. Er hatte nicht viel zu senden, und Haberstock – aus Gründen, die später ersichtlich werden – keine modernen Gemälde zum Verkauf aufgetrieben. Wildenstein hegte zu Recht den Verdacht, daß dies anderen gelungen war, und befahl Dequoy, nach »Oscars« Konkurrenz zu forschen. Er beschied ihm auch, er sei an keinerlei Posten von Haberstock interessiert, außer dieser könne die Lieferung garantieren.[23]

Der Vorbehalt war nur zu begründet. Den einzigen dokumentierten Versuch, Wildenstein wie so vielen anderen eine Lieferung zukommen zu lassen, durchkreuzten die neuen Gesetze des Krieges. Siebzehn französische Bilder von »toten Malern« – wie es die Zollbehörden elegant formulierten – wie Greuze, Watteau, Robert, Corot und Renoir, die verdächtig niedrig geschätzt und genaugenommen Eigentum von Wildensteins Zweigstelle in London waren, stießen auf dieselben britischen Blockaden wie Fabianis Sendung. London hatte ursprünglich den Export nicht bewilligt, seien doch »Erlöse aus in den Vereinigten Staaten zuhanden von Wildenstein London getätigten Verkäufen nicht in das Vereinigte Königreich überwiesen worden« – ein Verweis auf die Probleme der Firma mit der Sammlung David-Weill.

Um dies zu umgehen, befahl Wildenstein Dequoy, die Bilder statt dessen auf dem französischen Schiff *Carimare* nach Martinique zu schicken. Der britische Zoll ließ sich aber von diesem Schachzug nicht täuschen und teilte den amerikanischen Behörden mit, Wildenstein habe Blockadekontrollen umgangen und verdiene keinerlei Rücksichtnahme, habe er doch London ursprünglich versichert, die Gemälde nicht abzuschicken. Die Einfuhr der Bilder in die Vereinigten Staaten unterlag nun den Vereinbarungen zwischen dem US-amerikanischen

Außenministerium und den französischen Behörden in Martinique. Man ließ die Lieferung schließlich passieren, doch sie verschwand auf einem Sperrkonto.[24] Das fernere Los dieser wie auch anderer Werke in ähnlicher Situation ist äußerst schwierig zu verfolgen, nicht zuletzt wegen der nicht besonders aussagekräftigen Titel, die ihnen die Zulieferer gaben. Auf der Frachtliste der Lieferung auf der *Carimare* lauteten die Titel von nicht weniger als zwölf Gemälden *Bildnis eines Mädchens,* vier reisten als *Landschaft*, und eines hieß schlicht *Madonna.*

Je schwieriger sich die Einfuhr in die Vereinigten Staaten gestaltete, desto mehr Galerien eröffneten Zweigstellen in Buenos Aires, Mexiko City und Havanna. In den vom britischen und amerikanischen Nachrichtendienst sowie von den Finanzministerien abgefangenen Meldungen finden sich zahlreiche Briefe aus Europa und den Vereinigten Staaten nach südamerikanischen Ländern zum Thema Kunsthandel. Es handelte sich dabei allerdings nur um die Spitze des Eisbergs, und daher begannen die Alliierten aus der Befürchtung heraus, auf dem amerikanischen Kontinent könnten sich nationalsozialistische Machtzentren einnisten, den Kapitalfluß dorthin bald zu beobachten.

Nach dem Kriegseintritt der Vereinigten Staaten wurde der Handel noch hitziger und komplizierter. Ein amerikanischer Professor in Panama City berichtete: »Lieferungen aus Deutschland via Spanien erreichten Kolumbien ziemlich leicht. Viele Sachen wurden von den Engländern aufgehalten, aber vieles kam durch.«[25] Ein Mitglied der Familie Katz, das in New York Unterschlupf gefunden hatte, schickte einer Verwandten in Curaçao holländische Gemälde, um sie dort abzusetzen, mit dem Kommentar, es gebe so viele, die kauften, daß niemand zu wissen brauche, wieviel sie für diese Bilder bezahlt habe.[26] Auch in New York gab es zahlreiche Kaufwillige. Im Sommer 1941 berichteten amerikanische Kunstzeitschriften, die Erwerbungen der aus Europa Exilierten hätten eine stimulierende Wirkung auf den Markt. Kunsthandlungen sprachen von monatlichen Gemäldeverkäufen im Wert von mehreren hunderttausend Dollar, und Parke-Bernet verzeichnete die beste Saison seit zwölf Jahren, 54 Prozent mehr als im Vorjahr, wobei das Haus auf die Neuigkeit hinwies, daß nur »eine Minderheit der Käufer und Käuferinnen amerikanischer Abstammung« sei.[27]

So undurchsichtig waren diese internationalen Handelsabsprachen, daß selbst den sonst unerschütterlichen Angestellten des US-Finanzamtes, die vermutlich von mehr als einem komplizierten Handel wußten, manchmal die Worte fehlten, um sie zu erklären, und sich in ihren Berichten mit Umschreibungen wie »ein langes Schreiben mit verworrenen Angaben über Geschäftstätigkeiten, Gewinnanteile, Besitzverhältnisse, Streitigkeiten usw. [...] sowie mit beliebigem Jonglieren von Staatsangehörigkeiten je nach Zweck« behelfen mußten.[28] Das soeben Zitierte bezog sich auf die geplanten verschlungenen Geschäfte zwischen einem in New York lebenden deutschen Händler namens Paul Graupe, seinem einstigen Partner Arthur Goldschmidt, dem wir zuletzt mit Haberstock und Wildenstein in Südfrankreich begegnet sind und der schließlich nach Kuba entkam, Theodor Fischer vom Luzerner Auktionshaus, welches die »entartete Kunst« versteigert hatte, dem deutschen und möglicherweise jüdischen Anwalt Hans Wendland, der in der Schweiz wohnte, Haberstock selbst sowie einer ganzen Reihe französischer Händler – eine Kombination, die sich laut Finanzamt »für jeden Trick anbot«.

Graupe war Anfang 1941 nach New York gekommen. Im April erhielt er einen Brief von Hans Wendland, der ihm einen ähnlichen Plan wie Haberstock für Wildenstein vorlegte, mit dem bemerkenswerten Unterschied allerdings, daß Wendland erwähnte, Händler in Paris würden »im Louvre« und nicht auf dem Privatmarkt kaufen, die Bilder dann in die Schweiz schicken und Wendland oder sonstwer sie dort erneut erwerben. Danach ließen sie sich auf neutralen Schweizer Schiffen von Genua aus leicht nach Amerika schicken. Graupe antwortete, er sei in New York überwältigend empfangen worden und könne solches Material gut brauchen, aber schließlich lehnte er Wendlands Vorschlag doch ab.

Es stand außer Frage, daß sich auf diese Weise enorme Gewinne erzielen ließen, aber die kriegsbedingte Zensur erschwerte die Verhandlungen sehr. Überhaupt war das Finanzamt erst aufgrund des umfangreichen abgefangenen Briefwechsels über den umstrittenen Besitz eines Bildes von van Gogh mit dem Titel *Der Mann ist auf See* eingeschritten, das Frankreich nicht auf normalem Weg verlassen hatte. Anklagen, Denunziationen und Drohungen flogen zwischen Galerien in Lissabon und New York nur so hin und her, und die Angestellten der alliierten Zensurbehörden und des Finanzamtes lasen sie alle und versuchten zu entscheiden, welches Geld sie sperren und besteuern mußten und welches nicht. Solche gemeinschaftlichen Besitzverhältnisse lösten unzählige weitere Untersuchungen aus, einige weniger begründet als andere, aber nirgends findet die Tatsache, daß es manchmal um Leben und Tod ging, in die Berichte Eingang. Angesichts der Vorgänge in Europa scheint es aus heutiger Sicht zum Beispiel ziemlich überflüssig, daß eine Untersuchung eingeleitet wurde, weil die Galerie Perls »ein Ölgemälde mit dem Titel *Rabbi auf der Flucht* von Marc Chagall, französischer Staatsangehöriger, ohne Entschädigung oder Genehmigung« dem Besitzer übergeben hatte – eben jenem Marc Chagall, der aus Frankreich geflohen und im Juli 1942 in New York angekommen war.[29]

Als die Hoffnungen auf kommerzielle Verwertung moderner und impressionistischer Gemälde jenseits des Atlantiks schwanden, zog Göring persönlich in Europa einen Handel mit diesen »entarteten« Bildern auf. Die beschlagnahmten Sammlungen, die im Jeu de Paume gelandet waren, hatte man, so groß sie waren, nie »gesäubert«. Mit den Werken Vermeers und Rembrandts waren stapelweise Gemälde von Cézanne, van Gogh, Renoir und – noch schlimmer! – Léger und Picasso gekommen. Sie wanderten alle in eine Sonderabteilung des Museums, in geziemendem Abstand zu den Altmeistern. Sie nach Deutschland einzuführen war genaugenommen verboten. Das mochte ja für die ideologisch rein Denkenden noch angehen, aber für Göring, der diese Schätze von Anbeginn an ausgeschlachtet hatte, kam es einer Verschwendung gleich, sie einfach im Jeu de Paume vergammeln zu lassen. Daher schleuste er unauffällig eine Anzahl »entarteter« Spitzenwerke in die ersten Lieferungen von Paris nach Deutschland ein, um sie später nach seinem Gutdünken zu verwenden.
Es blieb aber noch viel übrig für den ERR; die Frage war nur, wie man es verwerten konnte. Ein Deutsch-Amerikaner mit dem seltsamen Namen Mom schlug vor, in Portugal zu verkaufen und die Gewinne in Rohdiamanten zu investieren. Von Behr und der ERR zeigten sich begeistert, doch Bruno Lohse, Görings Mann im ERR, sah allfällige Provisionen entschwinden und konnte diesen Vorschlag abblocken. Statt dessen tüftelte man einen Tauschhandel aus, der vielen Vorteile brachte. Zwischen März 1941 und November 1943 wurden für Göring achtzehn dieser »entarteten« Bilder gegen genehmere Werke ausgetauscht und für Hitler, von Ribbentrop und Bormann nochmals etwa zehn. Den Fanatikern in den oberen Chargen des ERR kam dieser Plan sehr zupaß, da er ihnen ermöglichte, für das deutsche Reich

Im Pariser Museum Jeu de Paume warten beschlagnahmte Kunstwerke, sorgfältig arrangiert, auf Görings kritsches Auge.

bedeutende Gemälde zu erwerben, ohne Devisen auszugeben. Hinter dem Plan stand derselbe Hans Wendland, der sich bereits an Graupe gewendet hatte und diesen Geschäften dank bedingungsloser Unterstützung von seiten Hofers und Görings zu einem Aufschwung verhalf. Haberstock, von dem weitherum bekannt war, daß er für Linz arbeitete, wurde im ERR ausgeschaltet und erhielt keine Chance, von den Tauschgeschäften zu profitieren, die Lohse, Hofer und Wendland kontrollierten.

Als Katalysator für das Zustandekommen des ersten Tauschs wirkte ein Tizian zugeschriebenes *Bildnis eines bärtigen Mannes*. Das Angebot stammte von einem anderen deutschen Händler, nämlich Gustave Rochlitz, einem guten Bekannten von Bruno Lohse, der seit 1933 in Paris lebte. Göring hielt seine Preise sonst für zu hoch, doch der »Tizian« war ihm aufgefallen, und er ließ Rochlitz für den 3. März 1941 in das Jeu de Paume bestellen, wo er sich aus einer von Lohse und anderen Stabsmitgliedern zusammengestellten Gruppe moderner Werke aussuchen konnte, was er wünschte. Es ist nicht bekannt, was er erwartete, aber er dürfte nicht allzu enttäuscht gewesen sein über die elf Bilder, die ihm zugestanden wurden und zu denen *Madame Camus am Klavier* von Degas und das frühe Werk *Douleur* von Cézanne (beide aus der Sammlung Alphonse Kann) ebenso zählten wie je zwei Bilder von Matisse und Picasso und je eines von Renoir, Sisley,

Corot und Braque aus den Sammlungen von Paul Rosenberg, Alfred Lindon und Georges Bernheim.
Die ERR-Bilder wurden von einem französischen Experten, einem Kriegsgefangenen, umsichtig geschätzt, so daß ihr Gesamtwert dem für den »Tizian« geforderten Preis entsprach. Aber so einfach lagen die Dinge nicht: Anteile am »Tizian« und ein Bild von Jan Weenix, das zusammen mit ihm ausgetauscht wurde, gehörten – wie seltsam – Hans Wendland, und Rochlitz überließ ihm sechs der elf eingetauschten Bilder dafür.
Dieser Handel löste eine Lawine aus. Tauschgeschäfte mit Rochlitz erfolgten fast wöchentlich das ganze Frühjahr hindurch und bis in den Frühsommer hinein. Einige waren nicht ganz so einseitig, aber ein anderes Bildnis aus dem sechzehnten Jahrhundert, angeblich von Tizians Tochter Lavinia, brachte ihm weitere achtzehn Gemälde des Impressionismus und der Moderne ein. Insgesamt erhielt Rochlitz zweiundachtzig erstklassige beschlagnahmte Gemälde. Von diesen verkaufte er nach den sechs, die an Wendland gingen, noch fünfundzwanzig an drei andere Pariser Händler und eine Händlerin, nämlich an die Herren Rosner, Petrides und Klein und an Mademoiselle Levy. Die anderen einundfünfzig legte er für die Zukunft beiseite.[30]

Die Tauschgeschäfte beschränkten sich nicht nur auf Frankreich. Sie wurden, wie wir gesehen haben, auch eingesetzt, um Werke aus dem Kröller-Müller-Museum in Holland zu erwerben. Hofer nahm sich neun weitere, um sie gegen elf Gemälde und Kunstobjekte des Händlers Ventura in Florenz einzutauschen. Aber die Schweiz bot noch mehr Möglichkeiten. Im April 1941 bot Hofer der Luzerner Galerie Fischer fünfundzwanzig impressionistische Bilder aus dem Konvolut an, das Göring heimlich hatte nach Deutschland schaffen lassen, und zwar im Austausch gegen vier Cranachs und zwei weitere Werke deutscher Schule. Fischer erhielt eine Einladung nach Berlin und durfte dort aus einer Reihe von Gemälden (zumeist der Sammlungen von Levy de Benzion und Alphonse Kann), die man eigens für ihn aus Neuschwanstein hergebracht hatte, auswählen, was ihm beliebte.
Bald darauf erhielt auch Wendland von Göring als Gegengeschäft für ein Werk von Rembrandt und zwei Tapisserien fünfundzwanzig Bilder, die alle aus der Sammlung Paul Rosenberg stammten, mit Ausnahme einer kleinen Landschaft von van Gogh, die Myriam de Rothschild

gehörte. Man lieferte sie für Wendland nach Berlin, aber dieser betrachtete sie als ungenügende Entschädigung für den Rembrandt und konnte Göring dazu überreden, ihm noch zusätzlich 250 000 Schweizer Franken zu bezahlen.[31]

Aus diesen netten Gewinnsümmchen erhielt Hofer von Wendland und Fischer eine ebenso nette Provision. Das ging ganz leicht. Hofer nannte Göring einen überhöhten Preis und erhielt die Differenz von Wendland in bar oder in Bildern.[32] Wenn Göring zögerte, ließ Hofer genau wie Posse durchblicken, andere seien durchaus bereit, den geforderten Preis zu bezahlen. Mit Haberstock drohten sie am liebsten. Um einen solchen Handel, bei dem es um vier Werke von Görings Liebling Cranach ging, voranzutreiben, schrieb Hofer zum Beispiel, daß »Haberstock heute mit Vergnügen weit höhere Preise zahlt, wenn Sie sie nicht erwerben. Ich weiß, daß Haberstock alles versuchte, um diese Objekte von Fischer zu erhalten.«[33] Göring kaufte.

Das große Problem für Wendland und Fischer bestand darin, die in Berlin und Paris erworbenen Gemälde in die Schweiz mit ihren äußerst strengen Zollgesetzen zu bringen.[34] Schon für Deutschland waren beträchtliche Papierstapel erforderlich, um Kunstwerke auszuführen, so »entartet« sie auch sein mochten. Die französisch-schweizerische Grenze kam nicht in Frage. Wendland schlug Göring daher vor, für den nächsten Austausch den Diplomatenkoffer zu benützen. Er war besonders interessiert an diesem nicht nachweisbaren Weg, da ihm Hofer den Gefallen getan hatte, zusammen mit den ERR-Objekten auch die sechs Bilder von Rochlitz sowie die vier, die Emil Bührle von Dequoy in Paris erworben hatte, nach Deutschland zu schicken. Wendland besaß im Gegensatz zu Fischer nicht die Schweizer Staatsangehörigkeit und auch nicht die Bewilligung, dort Geschäfte zu tätigen, weshalb es ihm Schwierigkeiten bereitet hätte, die Gemälde beim Schweizer Zoll auszulösen. Göring willigte ein, den Diplomatenkoffer zu benützen. So gingen sämtliche Gemälde in die deutsche Botschaft nach Bern, wo Hofer sie abholte und dann zu Wendland nach Luzern brachte. Aber zwei Bührle-Bilder mit dem Titel *Akt – Die Quelle* von Renoir und *Bildnis Laurent Pecheux* von Greuze, blieben merkwürdigerweise in Karinhall zurück. In einer Mitteilung von Hofer an Görings Sekretärin steht lediglich, der Reichsmarschall werde später über diese Gemälde entscheiden. Bührle erhielt sie erst im August 1944.

Die derart in die Schweiz geschafften Bilder vertrieb Fischer, da Wend-

land dort keine Verkaufslizenz besaß. Er warb aber immerhin Kundschaft an, und darunter vor allem Bührle; offenbar gelang es ihm, diesen davon zu überzeugen, daß er keine negativen Folgen fürchten müsse. Bührle kaufte mehr als ein Dutzend beschlagnahmte Werke, darunter den van Gogh von Myriam de Rothschild, den Degas *Madame Camus am Klavier* von Kann sowie eine Anzahl Bilder aus dem Besitz der Levy de Benzions und Paul Rosenbergs.
Um allfällige Schuldgefühle zu besänftigen, verbreiteten Hofer und Wendland das Gerücht, Rosenberg sei in den Vereinigten Staaten gestorben. Weitere bedeutende Sammler und Sammlerinnen ließen sich beinahe vom Angebot verführen. So bemerkte Oskar Reinharts Händler sogleich, daß es sich um bemerkenswerte Werke handelte, doch als er Walter Feilchenfeldt eine Auswahl Fotos zur Beurteilung vorlegte, erkannte dieser sie auf einen Blick als Bilder aus der Sammlung Rosenbergs, und darauf wollte Reinhart sie nicht anrühren. Bührle antwortete dem Vernehmen nach auf die Mitteilung, daß er die Bilder möglicherweise zurückgeben müsse, er werde sie, wenn nötig, noch einmal kaufen. Der Kaufhandel war kein Geheimnis in der Schweiz. Der exilierte Sammler Robert von Hirsch schrieb an einen oder eine Bekannte in New York, nur Bührle mache richtig Geld und scheine eine ganz schöne Menge von impressionistischen Werken zu kaufen, die die Deutschen in Paris gestohlen hätten.[35]

Bis zum Frühjahr 1943 hatten es die »Puristen« im ERR geschafft, von Behr und anderen Getreuen Görings die Herrschaft über die Operation zu entreißen. Auch wenn Göring eine große Anzahl nicht genehmer französischer Werke weggehandelt hatte, blieben noch viele in den überfüllten Räumen des Jeu de Paume zurück, und sie schwappten sogar über in die Räume im Hauptgebäude des Louvre, wo man auch immer noch im Rahmen der M-Aktion beschaffte Kunstwerke unterbrachte. Die Depots in Deutschland waren ebenfalls voll. Das Innenministerium wollte die Operation unbedingt abschließen, um alle Anstrengungen auf Rußland zu konzentrieren.
Am 16. April 1943 schickte Rosenberg einen Bericht über den ERR an Hitler, begleitet von einem Brief mit Geburtstagsglückwünschen und neunundreißig Fotoalben der Schätze des Einsatzstabes, die, so hoffte Rosenberg, einen »Strahl von Schönheit und Freude in die Schwere und Größe Ihres gegenwärtigen Lebens« bringen sollten. Was die

Hunderte von modernen französischen Gemälden betreffe, die aus deutscher Sicht, das heißt nach nationalsozialistischer Kunstauffassung, wertlos seien, so werde er sie weiterhin, wenn immer sich Gelegenheit biete, verkaufen. Dem fügte er hinzu, nach Abschluß der Aktion werde er einen Vorschlag hinsichtlich der Verfügung über die modernen und »entarteten« französischen Gemälde unterbreiten.[36]
Eine Zeitlang herrschte anscheinend Unentschlossenheit über die Verwendung der verbliebenen modernen Werke. Rose Valland schrieb, die Bilder seien mehrere Male ein- und wieder ausgepackt worden. Anfang Juni 1942 erhielten die ERR-Angestellten anläßlich einer Zusammenkunft in Berlin die Ermächtigung, die nicht genehmen Bilder zu klassieren. Am 19. Juni legte eine Kommission unter dem Vorsitz von Scholz drei Kategorien fest. Die erste, in die Werke von Courbet, Monet, Degas, Manet und anderen fielen, behielt man zum Zwecke des Verkaufs oder Tauschs, was Hitler offensichtlich genehmigt hatte. Die zweite und die dritte Kategorie, mit Werken von Bonnard, Vuillard, Matisse, Braque und Dufy, waren zwar nicht in gleicher Weise genehmigt, jedoch für einen Verkauf vorgesehen. Alle drei Gruppen kamen in eine besondere Abteilung des Jeu de Paume.
Die übrigen modernen Werke sowie Porträts von jüdischen Familien und Werke jüdischer Kunstschaffender traten SS-Leute, laut Rose Valland, mit Füßen ein oder schnitten sie mit Messern aus ihren Rahmen, um sie danach in den Garten des Jeu de Paume zu werfen und dort am 27. Juli zusammen mit gewöhnlichem Abfall zu verbrennen.[37]
Die ERR-Inventarlisten wurden sorgfältig auf den neuesten Stand gebracht, indem man die Einträge der zerstörten Stücke einzeln strich und darüber »vernichtet« schrieb. Ein großes Bild (196 x 130 cm) mit dem Eintrag »Judenportrait – Dame (Madame Swob d'Héricourt) in Abendtoilette […] Kleid mit violettem Umhang, vor Steintreppe mit 2 springenden Pferden stehend« wurde ebenso durchgestrichen wie Werke von Picasso, Picabia, Roger de La Fresnaye, Klee, Miró, Ernst, Arp, Dalí, Masson und Léger.[38]
Die verschonten Werke stellten für Pariser Händler, die von den früheren Tauschgeschäften vernommen hatten, eine äußerst große Verlockung dar. In der Hoffnung, Geld aus dem absehbaren Trend zu schlagen, boten Dequoy und Fabiani, die mit Lohse unter einer Decke steckten, für Linz einen großen Boucher/Robert mit dem Titel *Figuren in einer Landschaft mit Ruine,* vier Werke von Guardi und zwei von

Pannini im Gesamtwert von zwei Millionen Franc an, für die sie sechzig sorgfältig ausgewählte Werke aus den Kategorien eins und zwei mit einem Gesamtwiederverkaufswert von zwanzig Millionen Franc zu erhalten hofften. Scholz, der Lohse nie akzeptiert hatte, weigerte sich, diesen Austausch zu bewilligen aus dem richtigen, wenn auch unpassend moralisierend anmutenden Grund, daß der ERR betrogen werde. Der Boucher/Robert gelangte später an den Auktionator Hans Lange und wurde danach für 250 000 Reichsmark an Linz verkauft; mehrere andere Werke gingen an Maria Dietrich, die sie ebenfalls weitergab.

Der Einzug der Deutschen in die unbesetzte Zone im Jahre 1942 bahnte den Weg für die Beschlagnahme der französisch-jüdischen Sammlungen wie auch die Verhaftung von dorthin geflüchteten jüdischen Sammlern und Sammlerinnen. Die Vichy-Regierung wehrte sich bis gegen Ende 1942 gegen die Beschlagnahme des persönlichen Eigentums von französischen Juden und Jüdinnen, welche sie immer noch als französische Staatsangehörige betrachtete. Aber der von Laval im Mai jenes Jahres ernannte neue, fanatisch antisemitische Generalkommissar für Judenfragen, Darquier de Pellepoix, war nur zu gerne bereit, Vichy-Frankreich mit dem Reich gleichzuschalten. Dies verschaffte den nationalsozialistischen Kunstjägern bald die Gelegenheit, ein paar Objekte abzuholen, die sie verpaßt, aber nicht etwa vergessen hatten.

Kaum tat sich dieses Feld neuer Möglichkeiten auf, erlag Hans Posse einem Krebsleiden; bis ein paar Wochen vor seinem Tod hatte er noch, wie stets, in horrendem Tempo gearbeitet. Während einer gewissen Zeit führte sein Assistent Riemer die Geschäfte weiter und unterstützte Haberstock, dessen Ankäufe für Linz immer noch die Reichskammer finanzierte. Aber die Tage der Vormachtstellung dieses verschlagenen Händlers waren gezählt, denn im März 1943 ernannte Hitler als höchst unerwarteten Nachfolger für Posse den Direktor des Wiesbadener Museums Hermann Voss. Bekannt als Anti-Nazi, hatte man ihn offenbar aufgrund kosmopolitischer und demokratischer Neigungen und seiner Freundschaft zu vielen jüdischen Kollegen bei der Ernennung für die mit größerem Prestige verbundene Direktorenstelle des Kaiser-Friedrich-Museums übergangen. Voss war Kriegsgegner und schrieb 1940 sogar in perfektem Französisch einen Vers, in dem er die deutsche Invasion von Paris beklagte und prophezeite:

Hélas je les ai vus, ces bataillons de Boches
Dévaliser la France au profit de leurs poches!

Auch bat er Gott um Gnade, auf daß er Frankreich von den Teutonen befreie.

Niemand in der deutschen Kunstszene verstand diese Ernennung, die anscheinend auf einen Wunsch Hans Posses auf dem Sterbebett zurückging. Voss führte die erste Unterredung mit Goebbels, und dieser bot ihm die Leitung der Dresdener Museen an, die nach dem Kaiser-Friedrich-Museum prestigeträchtigste Museumsstelle in Deutschland. Auf Voss' Bemerkung, er sei nicht Parteimitglied, versicherte ihm Goebbels, daß einzig Fachwissen verlangt werde. Voss nahm an. Ein paar Tage später brachte man ihn per Bahn zu Hitlers Hauptquartier an der Front. Hitler empfing ihn spätabends und ließ sich eine Stunde lang über die Bedeutung alter Museen wie jenes in Dresden aus, bevor er zu seinen Absichten in bezug auf das Linzer Museum zu sprechen kam. Voss sollte sich auf Gemälde aus dem neunzehnten Jahrhundert aus Deutschland und auf Alte Meister aus anderen Ländern konzentrieren.[39] Niemand erwähnte während dieser Unterredung, daß die sowjetischen Truppen an diesem Tag die Stadt Charkow eingenommen hatten, die Hitler für so bedeutend hielt wie Stalingrad.

Voss' Ernennung wurde am 15. März offiziell bekanntgegeben. Eine seiner ersten Amtshandlungen bestand darin, Haberstock den Hahn abzudrehen, dessen gefräßige Gier, laut Bormann, selbst Hitler erzürnte. Voss stellte seine Erwerbsfonds, die mit der Zeit selbst jene von Posse übertrafen, von nun an seinen Vertrauten zur Verfügung, und unter diesen als dem wichtigsten Hildebrand Gurlitt, den die Nazis, wie Voss, schon früher von seinem Posten als Museumsdirektor in Hamburg entlassen hatten: ein schwerer Schlag für Haberstock, der gerade bis über beide Ohren in das Gerangel um eine französisch-jüdische Sammlung verstrickt war, die in Vichy-Frankreich bis dahin der Beschlagnahmung entgangen war und um die vier Parteien kämpften.

Diese Sammlung gehörte Adolphe Schloss und umfaßte rund 330 Werke zumeist weniger bekannter holländischer Maler des siebzehnten Jahrhunderts. Sie war deshalb besonders begehrenswert, weil ein hoher Prozentsatz der Bilder Signatur und Datum trugen. 1939 hatte die Familie Schloß wie so viele andere ihre Sammlung einem Verwandten namens Weil anvertraut, und er brachte sie im kleinen Dorf

La Guenne bei Tulle im Limousin in einem Banksafe unter. Es kamen immer wieder Gerüchte darüber auf, und im August 1942 teilte Dequoy Haberstock mit, er fahre nach Grenoble, um mit einem der »Erben« über einen möglichen Verkauf zu verhandeln. Im Dezember desselben Jahres berichtete ein Händler, er habe gehört, daß die Familie Geld brauche und wohl bereit sei, einen Teil ihres Besitzes zu verkaufen. Haberstock schrieb zurück, er sei an der ganzen Sammlung interessiert, fügte aber an, er werde nur die Person bezahlen, die sie auch tatsächlich abliefere.

Daß die Deutschen Interesse an solchen Sammlungen zeigten, fiel auch Laval auf, der versuchte, den immer größeren Druck der Nationalsozialisten auf Vichy-Frankreich zu lindern. Es kam ihm nur zu gelegen, den »Verkauf« der Sammlung Schloss auszunutzen, nach der Hitler und Göring so sehr lechzten. Durch den Verkauf der Gemälde, deren Wert mehr als fünfzig Millionen Franc betrug, konnte er obendrein einen kleinen Anteil der von den Deutschen erhobenen lähmenden Besatzungsabgaben zurückholen. So machte sich Darquier de Pellepoix Anfang März 1943 daran, die Sammlung Schloß ausfindig zu machen, zu beschlagnahmen und schließlich zu verkaufen.

Am 6. April befand sich das Ehepaaar Schloß – den Eltern des Mannes Henry Schloß gehörte die Sammlung – auf dem Weg zu einem Begräbnis. Das Paar bewohnte seit geraumer Zeit eine Villa hoch über Saint-Jean-Cap-Ferrat am Chemin des Moulins, die nur zu Fuß erreichbar war. Als sie die Bushaltestelle in Nizza erreichten, näherten sich ihnen drei Männer und zwangen sie, einen Wagen zu besteigen. Zu fünft begaben sie sich zurück zur Villa, wo man ihnen mitteilte, Laval habe die Entführung persönlich angeordnet, um herauszukriegen, wo sich die Sammlung befinde. Es handelte sich bei den drei Männern nicht um gewöhnliche Polizisten, sondern um den Generalkommissar für Judenfragen von Marseille, einen Polizeiinspektor und einen Händler namens Lefranc. Sie durchsuchten die Villa, und Henry Schloß kam ins Gefängnis. Zwei Tage später wurde sein Bruder Lucien von deutschen Polizisten verhaftet; sie durchwühlten seine Zimmer und nahmen alle seine Papiere mit.

In Paris traf Darquier bereits Vorbereitungen, um die Sammlung zu verkaufen. Bruno Lohse war höchst verblüfft über die Anwesenheit des Vichy-Funktionärs sowie Lefrancs, des »provisorischen Verwalters« der Sammlung Schloß bei einem Treffen in von Behrs Büro. Man teilte den Nazis mit, sie könnten unter bestimmten Bedingungen Gemälde aus der Sammlung erwerben. Dazu gehörte das Versprechen, die Sammlung, sobald sie in Paris eintraf, nicht zu beschlagnahmen, sondern sie unter französischer Kontrolle zu belassen. Außerdem sollte dem Louvre vor jeglichen Verkäufen die erste Wahl vorbehalten bleiben. Nach diesem kühnen Einstieg mußte Darquier dann allerdings einräumen, daß er auf deutsche Transportmittel angewiesen war, um die Sammlung nach Paris zu schaffen.

Lohse teilte dies alles Göring mit, und dieser erklärte sich mit den Bedingungen einverstanden, sagte aber, strenggenommen dürften keine deutschen Lastwagen verwendet werden. Von Behr half dem ab, indem er einen seiner undurchsichtigen Kollegen von der M-Aktion beauftragte, für Transportmittel zu sorgen. In der Zwischenzeit hatten Darquiers Informanten ganze Arbeit geleistet, und zwei Tage nach dem Treffen erschienen Lefranc und seine Helfershelfer in der Bank in La Guenne und luden die Kisten auf Lastwagen. Nach Abfahrt des – deutschen – Konvois schickte die örtliche Polizeidienststelle, von erbosten Bankangestellten angespornt, eine bewaffnete französische Patrouille los, welche die Sammlung etwas südlich von Limoges abfangen sollte. Göring befahl, kaum daß er davon erfuhr, die Sammlung umgehend an Frankreich zurückzugeben. Aber die deutschen Interessen im Spiel waren damit klar zutage getreten, und man betrachtete die Beschlagnahme jetzt weitherum als NS-Operation. Wieder zu Hause bestritt Utikal in einem Schreiben an die Reichskammer, daß die mißlungene Aktion, die Hitlers Hauptquartier in einige Verlegenheit gebracht hatte, vom ERR angeordnet gewesen sei, und legte bei Göring Protest ein.

Die Sammlung kam erst im Oktober 1943 nach Paris, diesmal in französischen Lastwagen. Bis dahin waren die Bedingungen des Handels Hitler zu Ohren gekommen, der sich – über die mit Frankreich getroffene Vereinbarung außer sich – vor Göring das Vorkaufsrecht sicherte und dem Louvre zwar die erste Wahl überließ, jedoch die ganze Zeit über wutschäumend tobte, daß er nur »Reste« bekomme. Hermann Voss hatte bei einem kleinen Diner bei Maria Dietrich in München durch Lohse von der Beschlagnahme gehört, überließ aber die Verhandlungen gänzlich Untergebenen, was man im ERR als seltsam betrachtete. Haberstock, der hinter dieser Sammlung so lange her war, übergingen sie vollständig. Der Louvre schickte für die Wahl der

Gemälde René Huyghe und Germain Bazin. Die beiden nahmen neunundvierzig Werke, für die sie 18,9 Millionen Franc bezahlen sollten. Zweihundertzweiundsechzig gingen für fünfzig Millionen Franc nach Linz, und zweiundzwanzig an den »provisorischen Verwalter« Lefranc, der sie auf den Pariser Markt warf. Es erübrigt sich wohl zu erwähnen, daß die Familie Schloss keinen Sou erhielt. Die fünfzig Millionen Franc flossen in Darquiers Kommissariat, und Vichy bezahlte nie für die vom Louvre »gekauften« Gemälde. Der für Linz bestimmte Teil der Sammlung wurde fotografiert, für Hitler ein besonderer Katalog mit großer Schrift vorbereitet, und die Sammlung im November 1943 nach München geschickt. Sie wartete dort darauf, des Führers Herz zu erfreuen, doch soweit bekannt ist, hat er nie die Zeit gefunden, sie sich anzuschauen.[40]

Sammler und Sammlerinnen blieben bis ganz zum Ende ungewöhnlich hartnäckig und konkurrenzfähig. Zu den letzten Posten, die man beschlagnahmte, gehörten die Reste der Sammlung Mannheimer, die Frau Mannheimer nach Vichy-Frankreich gebracht hatte; sie selbst war lange vorher nach Argentinien weitergereist. Die Bilder, die sie der Obhut ihres Anwalts überlassen hatte, waren vorzüglich: eine *Maria Magdalena* von Crivelli gehörte dazu, die einst im Kaiser-Friedrich-Museum hing, eine hübsche Fassung von Chardins *Les bouteilles de savon* und mehrere Zeichnungen von Watteau. Sie alle hatte Mühlmann in seinen ursprünglichen Handel in Holland eingeschlossen, als er den Gläubigern der Familie Mannheimer eine halbe Million Gulden zusagte und sich selbst die übliche Provision, sobald er im Besitz der für Linz bestimmten Bilder sei. Aber Mühlmann wußte nicht als einziger um die Mannheimer-Werke. Einmal mehr beabsichtigte Karl Haberstock, das Geschäft zu machen. Da ihn Posse nicht mehr unterstützen konnte, versuchte er nun über Ferdinand Niedermeyer zu arbeiten, den »Verwalter des dem Reich verfallenen Vermögens im Bereich des Militärbefehlshabers in Frankreich«, der von der Annahme ausging, Haberstock vertrete Linz. Aber um sicherzugehen, bat Niedermeyer Hermann Voss, ihn postwendend darüber zu informieren, um welche Gemälde für das Führermuseum ersucht werde. Die Antwort ließ an Deutlichkeit nichts zu wünschen übrig und erwies sich als schlechte Nachricht für Haberstock, dem Niedermeyer bündig mitteilte, er sei »nicht in der Lage [...], Ihre Kaufbewerbung zu berücksichtigen«, da er Anweisung habe, die ganze Sammlung »durch Staatssekretär

Dr. Mühlmann dem Führermuseum in Linz zugehen zu lassen«.[41] Zur Zeit, da dies durchsickerte, waren die Alliierten in der Normandie gelandet und befanden sich auf dem Weg nach Paris. Trotzdem fand man im Juni 1944 in einem Zug noch Platz, um die siebenundzwanzig Bilder nach Deutschland zu schaffen, wo sie zum Anteil der früher in Holland erstandenen Sammlung stießen. Mühlmann hielt Wort, und es gelang ihm, aus der praktisch leeren Reichskasse 500000 Gulden herauszulotsen, die er den Gläubigern der Familie Mannheimer pflichtschuldigst bezahlte.[42]

Mit dem Aufspüren, Verkaufen und Beschlagnahmen von Kunstwerken gab sich nur ein kleiner Teil der Deutschen in Paris ab. Die anderen interessierten sich mehr für die möglichen Vergnügungen im legendären Paris, und ihre Vorgesetzten erlaubten ihnen dies bis zu einem gewissen Grad. (Höchste Zufriedenheit drückte die Redewendung »leben wie Gott in Frankreich« aus.)[43] Von Göring an abwärts strömte jedermann in die Folies und andere, noch exotischere Nachtclubs, kaufte bei Cartier ein und füllte Restaurants und Theater.
Auch den eher intellektuell Veranlagten wurde die Zeit nicht lang. Der deutsche Schriftsteller Ernst Jünger, nach Paris versetzt, gab sich fasziniert vom Leben in der Stadt. Er speiste mit dem Dramatiker Sacha Guitry, an dessen kleinem Finger ihm ein »ungeheurer Siegelring« auffiel, er hörte sich Vorträge im Ritz an, lernte Cocteau kennen und besuchte Picasso. Doch Vergnügungen konnten Jüngers wahre Lage nicht überdecken. General Otto von Stülpnagel trug ihm auf, den »Kampf [des Generals] gegen die Botschaft und die Partei in Frankreich« für spätere Zeiten zu schildern, und er erfuhr, daß Briefe, die er vor einigen Jahren an einen jüdischen Freund geschrieben hatte, in einem Banksafe beschlagnahmt, wenn auch noch nicht eingesehen worden waren. Er versuchte, sich der Briefe »durch die Devisenabteilung [...] behutsam zu bemächtigen«.
Als Jünger von den Beschlüssen der Wannsee-Konferenz erfuhr, schrieb er, nur Personen innerhalb der Militärregierung könnten die Durchführung der grauenhaften Beschlüsse verhindern, daß jedoch jegliche Anstrengung in dieser Hinsicht »mit völlig verdeckten Karten geschehen« müsse: »Vor allem ist wichtig, daß jeder Anschein von Humanität vermieden wird.« Sie zu enthüllen, käme dem Schwenken einer roten Fahne vor einem Stier gleich. Die Entlassung des gemäßig-

ten Militärbefehlshabers von Frankreich, Otto von Stülpnagel, der den »Kampf gegen die Botschaft und die Partei« verloren hatte, zerschmetterte schließlich jede Hoffnung, daß Zurückhaltung obsiegen werde. Anfang März 1942 notierte Jünger auf die Kunde von den Konzentrationslagern hin, wo »einzelne Schlächter [...] so viel Menschen mit eigener Hand getötet haben, wie eine mittlere Stadt Einwohner zählt«, in sein Tagebuch: »Solche Nachrichten löschen die Farben eines Tages aus.«[44] Bis zum Ende mit Schrecken sollten noch drei Jahre vergehen.

Gewissensbisse verspürte auch Gerhard Heller, ein anderes Mitglied in Jüngers Kreis und für die literarische Zensur im Propagandaministerium zuständig. Er hatte die Aufgabe, die Veröffentlichung unerwünschter Bücher zu verhindern. Als er den Posten antrat, hatte man bereits kurz zuvor veröffentlichte Bücher im Umfang von annähernd zweitausenddreihundert Tonnen vernichtet. Bücher jüdischer Abkunft erreichten sein Büro gar nicht erst; sie wurden von den französischen Verlagen selbst zensiert. Heller rettete, was er konnte, und hob insgeheim einige nicht genehme Manuskripte für die Nachwelt auf.

Durch seine Arbeit fand er Zugang zu bestimmten französischen Literaturzirkeln und schließlich zum Salon der jungen, in Amerika geborenen Florence Gould, den sie überraschenderweise den ganzen Krieg über abhielt, zuerst im Hôtel Bristol und später in einer großen Wohnung in der Rue Malakoff.[45] (Niemand in Hellers Bekanntenkreis wußte, wo sich ihr Mann befand; es hieß, er halte sich in Südfrankreich auf.) Man aß dort so vorzüglich – es gab sogar echten Kaffee –, daß einigen Pariser Gästen, die stärker unter den Entbehrungen litten, nach dem Essen übel wurde. Bei Gould lernte Heller Intellektuelle kennen, die ihn in die bislang von Haus aus verbotene Welt der wahren Moderne einführten. Der Salon kam ihm vor wie eine Oase, wo er in all den Wirren rundum Freundschaft finden konnte und auch Trost in seinem Selbsthaß, da ihm der Mut fehlte, den von seinen Landsleuten begangenen Widerwärtigkeiten offener entgegenzutreten.

Florence Gould erhielt ihre beispiellose Freiheit jedoch nicht umsonst. Im Februar 1942 wurde sie denunziert; angeblich seien in ihrem Haus in Maisons-Laffitte direkt außerhalb von Paris Waffen versteckt. Der für die Untersuchung verantwortliche junge Wehrmachtsoffizier schrieb nervös, die Angelegenheit müsse wegen der Staatsangehörigkeit der Besitzerin mit größter Sorgfalt behandelt werden, und vor

allem dürfe keinesfalls der Eindruck entstehen, die Denunzierung sei weniger aus Interesse an den Waffen als den anderen angeblich versteckten Objekten, namentlich den Kunstschätzen und dem Weinlager erfolgt. Er rief Florence Gould an und traf sich mit ihr im Hôtel Bristol; danach begaben sie sich in das nun streng bewachte Haus.
Die Hausdurchsuchung brachte keine Waffen zutage und erwies, daß die Sammlung von hunderttausend Weinflaschen noch vollzählig vorhanden war, der ERR jedoch drei wertvolle Kunstwerke, nämlich ein dreiteiliges Altarbild und zwei Elfenbeinschnitzereien, mitgenommen hatte. Florence Gould erklärte sich bereit, das gesamte Weinlager den Soldaten in den Ostgebieten zu spenden, wünschte sich aber das Recht vorzubehalten, über die Kunstobjekte zu verfügen. Nach einer Besprechung mit von Behr schrieb der junge Offizier, obwohl der ERR nicht das Recht habe, diesen Privatbesitz zu beschlagnahmen, sei folgendes vereinbart worden: Florence Gould übermache das Altarbild Göring und dieser es als Schenkung dem Musée Cluny (was sie beabsichtigt hatte); sie werde ihm daraufhin ihrerseits die beiden Elfenbeinschnitzereien als Zeichen der Dankbarkeit für die Abgabe des Altarbildes schenken. Monate vergingen. Als Göring die fraglichen Objekte erblickte, gefielen sie ihm so gut, daß er gleich alle drei mitnehmen ließ. Der junge Offizier war entrüstet, aber Florence Gould bat ihn, in der Sache keine weiteren Schritte zu unternehmen, um Schwierigkeiten wie zum Beispiel den Abtransport in ein Konzentrationslager für sie zu vermeiden.[46] Was mit dem Wein geschehen ist, erfahren wir nicht.
Trotz all der privaten gesellschaftlichen und kulturellen Anlässe war Paris nicht mehr wie früher. Die Lichterstadt verwandelte sich nach Sonnenuntergang in ein dunkles Labyrinth, und ein Volk von Blinden ertastete sich den Weg durch die rigoros durchgesetzte Verdunkelung. Und am Tag herrschte eine andere Art von Blindheit vor: die französische Bevölkerung schien weder die todschicken deutschen Uniformen und die Paraden noch die bemühte Höflichkeit ihrer neuen Herrscher zu sehen. Die Deutschen gaben Paris bald die neue Bezeichnung »Stadt ohne Blick«.[47] Doch den neuen Herren Frankreichs gefiel dieses Paris nicht; sie wollten die Stadt wieder so, wie sie immer gewesen war, gesäubert natürlich, aber eben doch noch als Zentrum der Kultur. Zu diesem Zweck versuchten sie sich an einem besonders plumpen Programm des kulturellen »rapprochement« (Annäherung); sie ergründeten nie, warum es nicht funktionierte.

Gleich nach der Einnahme von Paris hatten deutsche Funktionäre die Präfektur des Departements Seine beauftragt, eine Liste der Museen und wichtigen Kulturdenkmäler zu erstellen und ihnen eine Person zur Verfügung zu stellen, die sie auf ihrer Rundfahrt führte. Die Eroberer stellten mit Bedauern fest, wie weitgehend man die Museen evakuiert hatte. Insbesondere Botschafter Abetz, aber auch andere, begannen sofort Druck auszuüben, um die Künste wieder zu beleben und damit die staatlichen Sammlungen nach Paris zurückzuholen. Die französischen Verantwortlichen zögerten mit dem Hinweis, es seien immer noch Maschinengewehre auf dem Dach des Crillon stationiert, und täglich überflögen Flugzeuge in geringer Höhe den Louvre. Der Mangel an Transportmöglichkeiten und Hitlers Befehl, alles an Ort und Stelle zu belassen, garantierten schließlich, daß die Kunstschätze in Staatsbesitz nicht vor dem Endsieg – den allerdings alle in nächster Zukunft erwarteten – aus den Depots geholt wurden. Zur Hebung der eigenen Stimmung befahlen die Nationalsozialisten, die Sandsäcke von den Denkmälern zu entfernen.

Die geleerten Museen boten sich den deutschen Einheiten auf der Suche nach passenden Büro- und Lagerräumen nur zu bald als verführerische Gelegenheit an. Sie inspizierten jedes einzelne und notierten akkurat, was an Inhalt verblieben war. Zwölfhundert Militärfahrzeuge fanden im Grand Palais einen Parkplatz. Das neu errichtete Museum für moderne Kunst, bekannt als »Tokio« und noch nicht eröffnet, schien sich ebenfalls gut als Parkgarage und Bürogebäude zu eignen. Schloß Fontainebleau wurde für Partei- und Truppen-Aufführungen rekrutiert, und das Palais du Luxembourg diente fortan als Luftwaffenhauptquartier, inklusive Wohnung für Göring.

Der Kunstschutz konnte einigen dieser Exzesse Einhalt gebieten, jedoch die Kollegen nicht daran hindern, daß sie die Museen für Ausstellungen nutzten. In der französischen Beaux-Arts-Verwaltung sah man bald ein, daß es vorzuziehen war, die Museen trotz der widerwärtigen Idelogie für ihren traditionellen Zweck zu nutzen, statt sie in Garagen umwandeln zu lassen. Die daraus folgende Notwendigkeit, den Betrieb in den Museen ständig aufrechtzuerhalten, führte zu einer höchst erstaunlichen Abfolge von Ausstellungen in den folgenden Jahren.

Eine der ersten fand im Carnavalet statt, im Historischen Museum der Stadt Paris und der ehemaligen Residenz der berühmten Mme de

Sévigné. Das Museum eröffnete mit ein paar wenigen Exponaten aus dem eigenen Bestand, die man aus den Lagern auf dem Land holte, und Objekten aus den Magazinen von Schwesterinstitutionen sowie wenigen privaten Leihgaben. Eine Vertretung der deutschen Botschaft und Bunjes überwachten aufmerksam die Einrichtung, damit sich ja nichts Jüdisches einschleichen konnte. So ließen sie eine Statue von Dantan mit dem Titel *Rachel* wieder entfernen, da sie die berühmte jüdische Tragödin dieses Namens darstelle. Der für die Ausstellung zuständige Jean-Louis Vaudoyer änderte darauf die Bezeichnung kurzerhand in *La Tragédie* und stellte sie wieder auf. Ein von der Comédie Française geliehenes Porträt von Sarah Bernhardt wurde jedoch definitiv abgewiesen. Alle Schildchen wurden sorgfältig übersetzt, und es erschien ein Katalog auf deutsch. Nichts hätte die französische Bevölkerung stärker an ihre mißliche Lage erinnern können als Einträge wie »Gräfin von Sévigné« und »Ludwig XIV.« in diesem Katalog.[48]

Im Sommer 1940 fragte man sich allgemein, wie sich die Deutschen wohl Ausstellungen moderner und zeitgenössischer Kunst gegenüber verhalten würden. Journalistische wie auch kulturelle Aktivitäten standen unter der Kontrolle der Propagandaabteilung innerhalb der Militärregierung, einer Zweigstelle von Goebbels' Ministerium, die bald tausend Personen beschäftigte. In den ersten Wochen der Besatzung war diese Organisation aber mit so hochintellektuellen Tätigkeiten beschäftigt, daß sie sich zur modernen Kunst noch nicht hatte äußern können. Sie ließ die Standbilder französischer Helden aus dem Ersten Weltkrieg und alles Britische niederreißen und benannte auf Namen bekannter jüdischer Persönlichkeiten lautende Straßen um. Es gab zu der Frage aber auch keine Richtlinien vom Deutschen Institut, das zur Förderung »europäischer Kultur« und der französisch-deutschen Beziehungen gegründet worden war, beschränkte sich dieses doch darauf, vor Konzerten mit deutscher Musik und Ausstellungen deutscher Kunst extravagante Empfänge zu geben und sich um vergangenheitsorientierte Projekte, wie zum Beispiel das Ablichten der Wandteppiche von Bayeux, zu kümmern.

Als erste wagte eine neue Organisation namens L'Entraide des Artistes, die Kulturinstanzen der Besatzungsmacht herauszufordern. Sie unterstützte bedürftige Kunstschaffende ungeachtet ihrer Herkunft. Mit staatlichen und privaten Geldern gegründet, hatte sie ihren Sitz in einem ehemaligen Rothschild-Palais, und es war ihr wie durch ein

Wunder gelungen, alle miteinander rivalisierenden Salons und Kunstgruppen zur Zusammenarbeit zu überreden, um für weniger begüterte Kolleginnen und Kollegen von kostenloser Rechtsauskunft bis zu günstigen Mittagessen alles mögliche zu organisieren.

Seit Anfang 1940 hatte die Entraide eine Benefizausstellung geplant, die zum ersten Mal diese unterschiedlichen Gruppen nicht nur in Sachen Wohltätigkeit, sondern sogar in denselben Museen vereinen sollte. Dies allein hatte eine ganze Menge an Diplomatie erfordert, und die Entraide war zum Durchhalten entschlossen. Die französischen Behörden überließen ihr die Orangerie gegenüber dem Jeu de Paume auf der anderen Seite des Parks. Die Deutschen genehmigten den Plan, behielten sich allerdings das Recht auf Zensur vor. Zur allgemeinen Überraschung wiesen sie dann aber nur Werke jüdischer Kunstschaffender sowie solche von Marcel Gromaire zurück, über dessen Antikriegsbilder Hitler sich anläßlich einer Ausstellung in Deutschland besonders abfällig geäußert hatte. Die Ausstellung eröffnete am 6. September 1940 ihre Tore in der nach Kultur hungernden Stadt.

Ermutigt und mit dem Ziel, sich die Herrschaft über die Orangerie zu erhalten, reservierte die Entraide, angeregt durch Monets *Seerosen,* die bereits deren Wände schmückten, das Museum für eine Ausstellung mit den wenigen Werken von Rodin und Monet, die in Paris noch aufzutreiben waren. Zur höchsten Verblüffung aller steuerten sogar Museen in Berlin und Bremen unbehelligt gebliebene Werk von Monet dazu bei, um die französisch-deutsche Freundschaft zu fördern.[49] Die Menschenmenge an der Eröffnung wußte nicht, daß man nebenan im schwer bewachten Jeu de Paume geschäftig an der Einrichtung der ersten Ausstellung für Göring arbeitete und vor kurzem beschlagnahmte Bilder Monets, die unter normalen Umständen in der Ausstellung der Orangerie zu sehen gewesen wären, für dessen Tauschgeschäfte aussonderte.

Inzwischen war auch klar, daß die berühmten Pariser Salons weiterhin stattfinden durften, wenn auch nicht in den gewohnten Räumen im Grand Palais, in denen noch immer Lastwagen herumstanden. Dem Organisationskomitee überließ man das unfertige Tokio, das Metternich vor ähnlicher Zweckentfremdung hatte retten können. Als erster stand der Salon des Indépendants im Winter 1941 auf dem Plan. Die mittlerweile besser organisierten Nazis forderten einen Arier-Nachweis für alle mit Werken daran Beteiligten und deckten das Komitee mit einer wahren Flut von Papieren ein. Alte Eifersüchteleien traten von neuem auf. Ein paar der Abgewiesenen waren sich nicht zu schade, angenommene Kollegen und Kolleginnen wegen »antideutscher Neigungen« zu denunzieren, worauf der Propagandastab diesen Anschuldigungen jeweils ernsthaft und sorgfältig nachging, sie meist jedoch nicht nachweisen konnte.

Am Morgen der Eröffnung des konservativeren Salons der Société Nationale des Beaux-Arts erschienen die hohen Offiziere der deutschen Armee geschlossen, und Madame Abetz, die französische Ehefrau von Botschafter Abetz führte sie in Begleitung von Persönlichkeiten der Vichy-Regierung in die Ausstellung. Das französische Gastgeberkomitee sah verblüfft zu, wie der größte Teil der militärischen Abordnung unvermittelt wieder abdampfte, ohne die Ausstellung überhaupt besichtigt zu haben, offenbar beleidigt, weil Madame Abetz alle Aufmerksamkeit auf sich zog. De Brinon, der Vichy-Abgeordnete in Paris, überredete sie, am folgenden Tag noch einmal zu kommen, und stellte sicher, daß sie diesmal schicklich behandelt wurden. Alle mußten sich mit den neuen gesellschaftlichen Gepflogenheiten vertraut machen.[50]

Diese beiden Salons standen am Anfang einer langen Reihe. Man führte einen neuen Salon für Aquarelle und Zeichnungen ein, um die Ausstellungsräume der Orangerie im Sommer 1941 zu füllen und das deutsche Militär draußen zu halten. Im folgenden Jahr durfte das noch vor Kriegsausbruch in der Orangerie geplante Musée d'Art Moderne eröffnet werden. Ein Drittel der Sammlung überführte man aus den Depots in der besetzten Zone und stellte sie aus, während der Rest in den Lagerräumen im unbesetzten Valençay verblieb. (Zu den Abwesenden zählte außerdem der designierte Direktor Jean Cassou, den man aus rassistischen Gründen am Tag nach seiner Ernennung zum Rücktritt gezwungen hatte und der nun im Keller des Musée de l'Homme als Herausgeber einer Résistance-Zeitung arbeitete.) Die Presse nahm die Veranstaltung äußerst freundlich auf, und die deutschen Behörden traten an der Eröffnung stark in Erscheinung, obwohl mit den Gemälden der »Beaux-Arts« auch Werke von Rouault, Matisse, Léger, Braque, Tanguy und Vuillard gezeigt wurden.[51]

Eine Sammlung ganz anderer Art entstand in den Kellerräumen. Der ERR hatte das Untergeschoß mit den modernen Laderampen vor kurzem als zusätzliches Lager für die M-Aktion übernommen. Unzählige Kisten stapelten sich, sorgfältig getrennt durch ein Gitter aus numerierten und mit Buchstaben bezeichneten Gängen. Jedes dieser genau bemessenen Vierecke enthielt eine andere Kategorie Waren, welche die Listen des ERR pedantisch verzeichneten: Klaviere, Bettlaken, Kissen, Nachthemden, Spielzeug und so weiter. Zweimal monatlich ging eine Lieferung nach Deutschland, doch am Tag der Befreiung von Paris standen diese Kellerräume immer noch voll.[52]

Die Bemühungen der Deutschen, mit gemeinsamen künstlerischen Veranstaltungen die Herzen des französischen Volkes zu gewinnen, waren von Anfang an zum Scheitern verurteilt, ließ sich doch die total zynische Absicht dahinter nicht verbergen. Ein typisches Beispiel dafür war der Salon des Prisonniers im Musée Galliéra. In deutschen Lagern hatte man französische Kriegsgefangene aufgerufen, sich künstlerisch zu betätigen, um mit dem Erlös der Werke ihre Kameraden zu unterstützen. Die Deutschen, die zeigen wollten, wie gut sie ihre Gefangenen behandelten, sammelten alle die Bilder, Schnitzereien und traurig stimmenden kleinen Objekte aus Dosen und anderem Lagerabfall ein und transportierten sie nach Paris. Daß sie damit eine ganz und gar entgegengesetzte Wirkung erzielen könnten, schien ihnen nicht in den Sinn zu kommen.

In der Ausstellung, die im Dezember 1940 ihre Tore öffnete, stand auch ein von einem Gefangenen geschnitzter kleiner Holzaltar. Vor diesem kleinen Altar las der französische Feldgeistliche in den düsteren, verdunkelten Museumsräumen früh am Heiligen Abend die Messe; sie sollte aufgenommen und in den Lagern ausgestrahlt werden. Die Emotionen schlugen hoch. Die Nazis hatten in Paris die Ausgangssperre nicht aufgehoben, so daß es nicht möglich war, die traditionelle Mitternachtsmesse zu besuchen. Yves Bizardel, der Kurator des Musée Galliéra, bemerkte angesichts der knienden Gläubigen, die »Hoffnung – zäh und schwach wie eine Kerzenflamme – [sei] nur noch ein winziger beharrlich glühender Punkt«. Dennoch erlosch sie nie ganz.[53]

Seite an Seite mit diesen offiziellen Veranstaltungen fanden Ausstellungen in den Pariser Kunsthandlungen statt, und die Kunstschaffenden, die sie belieferten, schlugen sich irgendwie durch. Die »Entarteten« Braque und Picasso waren im Herbst 1940 nach nur kurzer Abwesenheit nach Paris zurückgekehrt. Braque fand sein Atelier intakt und arbeitete die ganze Besatzungszeit über unbehelligt, obwohl sich direkt

Braque in seinem Pariser Atelier während der Besatzungszeit.

gegenüber auf der anderen Straßenseite deutsche Offiziere einquartiert hatten. Picasso, der den größten Teil des Jahres 1939 in einer Villa in Royan nördlich von Bordeaux verbracht hatte, kam in sein Atelier in der Rue des Grands-Augustins zurück, nahm sein tätiges Leben wieder auf und empfing den üblichen Besucherstrom, zu dem jetzt auch bewundernde wie mißtrauische Deutsche gehörten. Die letzteren kamen unter dem Vorwand, nach »jüdischen« Kunstwerken zu suchen. Picasso und seine Freunde blieben während dieser Besuche wachsam, fürchteten sie doch, ihre Gesprächspartner könnten irgendwo in dem großen Atelier ein belastendes Objekt verstecken.

Für diejenigen, die mehr aus touristischem Interesse kamen, hatte Picasso provokativ Postkarten seines antifaschistischen Gemäldes *Guernica* drucken lassen und verteilte sie als Souvenirs. Mit den eher Intellektuellen wie Ernst Jünger diskutierte er über Maltechniken und den Krieg, zu dem er sagte: »Wir beide, [...] würden den Frieden an diesem Nachmittag aushandeln. Am Abend könnten die Menschen die Lichter anzünden«.[54] Während der ganzen Besatzungszeit wurden Picassos offiziell unter Zensur stehende Bilder in aller Offenheit bei Drouot und auch – in versteckteren Winkeln – in anderen Galerien, zum Beispiel der von Louise Leiris, ehemals Kahnweiler, verkauft. Auch Kandinsky, dessen Gemälde aus den Verkaufsausstellungen auf Befehl regelmäßig entfernt werden mußten, ließ sich nicht am Weitermalen hindern; seine Werke waren in Hinterzimmern zusammen mit denen des eher unbekannten Nicolas de Staël zu sehen. Matisse verkaufte Zeichnungen, die Louis Carré aus der unbesetzten Zone mitgebracht hatte, und illustrierte eine Ausgabe von Montherlants *Pasiphaé*, die Fabiani verlegte.

Und die Deutschen sahen nicht nur davon ab, diese Ikonen der »entarteten« Kunst zu beschlagnahmen, sondern umwarben gegen Ende 1941 im Gegenteil einige der französischen Kunstschaffenden, deren Werke noch an der Luzerner Auktion vertreten gewesen waren – wenn auch nur solche, die ihren Stil in der Zwischenzeit gemäßigt hatten –, um sie auf eine Reise ins Reich zu schicken. Diese »Tournee« war eine Idee des Propagandaministeriums. Den Eingeladenen versprach man für ihr Einverständnis die Freilassung französischer Gefangener, aber auch materielle Vorteile, zum Beispiel zusätzliche Kohlerationen. Viele von ihnen waren mit Arno Breker befreundet gewesen, der in der Zwischenkriegszeit in Paris gelebt und gearbeitet hatte. Zwölf nahmen an, darunter Derain und Vlaminck, deren Fauvismus inzwischen so abgeschwächt war, daß sie schon fast als naturalistische Maler durchgingen. Vlaminck hatte sogar begonnen, gegen die Moderne im allgemeinen und gegen den Kubismus im besonderen zu wüten. Beide müssen um das Schicksal ihrer Kollegen und Kolleginnen in Deutschland gewußt haben; Derain hatte mit Braque, Ernst, Arp und anderen in einem Komitee gearbeitet, das geächteten Kunstschaffenden half, aus dem Reich zu fliehen.

Über die enttäuschende Tour durch die Ateliers und Ausstellungen »korrekter« Kunstschaffender in Berlin, Nürnberg und München, auf der sie von kleinen Angestellten betreut wurden und weder Hitler noch Goebbels zu Gesicht bekamen, äußerte der gebrechliche Bildhauer Charles Despiau, er habe »wie in einem Kaleidoskop die Visionen einer neuen Kunst« gesehen. Und diese Kunst, »grandios, überlebensgroß, hätte mich vielleicht eher erschreckt als verführt, hätte ich nicht gewußt, daß Arno Breker an der Spitze ihrer Förderer stand«.[55] Das einzige, was die französische Gruppe wirklich beeindruckte, war das Ausmaß der staatlichen Unterstützung für deutsche Kunstschaffende.

Das Deutsche Institut in Paris nützte das Aufsehen um diese Reise aus und führte im Mai 1942 eine Retrospektive von Brekers Werken in der Orangerie durch, zum Zweck, einen neuen, »europäischen« Stil zu fördern. Breker, in Frankreich ausgebildet, dem Reich aber treu ergeben, eignete sich perfekt als Illustrationsbeispiel französisch-deutscher Solidarität. Laval erklärte sich »tief berührt«, daß Breker Paris mit seinen Werken ehre, Abel Bonnard lobte Hitler, weil er die Ausstellung vorgeschlagen habe, und die kollaborierende Presse redete den Anbruch eines neuen Zeitalters der Größe herbei. In Kunstkritiken hob man das »Fertige« an den Werken hervor. Zum Organisationskomitee gehörten die meisten der Kunstschaffenden, die an der Deutschland-Reise teilgenommen hatten, dazu Maillol, dessen jüdisches Modell auf Brekers Betreiben hin freigekommen war.[56] Jean Cocteau und ein ganzer Schwarm weiterer Intellektueller, die während der Besatzungszeit mit der nationalsozialistischen Lehre liebäugelten, wohnten der Eröffnung bei. Niemandem schien bewußt, daß die Bronze für einige der massiven Statuen von eingeschmolzenen Denkmälern der Stadt Paris stammte und daß sie mit Hilfe von zur Zwangsarbeit verurteilten französischen Kriegsgefangenen gegossen worden waren.

Diesem Fiasko entsprach die Kulturpolitik der Vichy-Regierung, deren Révolution Nationale zum Glück für die Nachwelt nur als blasser Abglanz der reichsdeutschen daherkam. Die Betonung lag dort auf dem Dienst am Staat mit dem Bestreben nach nationaler Erneuerung. Die Vorstellung, öffentliche Räume mit passenden, aber immer deutlich französischen Werken der Malerei und bildenden Kunst auszustatten, sprach viele Kunstschaffende an. Wer Kunst schaffte, sollte aus dem selbstsüchtigen Elfenbeinturm heraustreten und zum Wohl des Volks beitragen. Louis Hautecœur, der Direktor der Beaux-Arts, verlangte als begeisterter Vertreter dieser Politik, »größere Disziplin« an der Ecole des Beaux-Arts, und beträchtliche Mittel kamen einer gewaltigen Ansammlung von Werken »klassischer Bildhauerei« von siebzehn Künstlern zugute; sie war sehr Nymphen- und Vasen-lastig und wurde an der Auffahrt zur Autoroute de l'Ouest aufgestellt.[57]
Ein Problem stellten Frankreichs weltbekannte Kunstschaffende dar, die nicht der Linie der Beaux-Arts entsprachen, aber auch nicht ignoriert werden konnten. Bonnard wurde umschmeichelt und Braque eingeladen, ein Emblem für die Vichy-Regierung zu schaffen und an der Tour durch Deutschland teilzunehmen. Er lehnte beides ab.[58] Radio Vichy schickte sogar einen Reporter los, um Matisse zu interviewen. Der erste Versuch zeitigte großen Erfolg, da er sich auf Fragen

wie »Warum malen Sie, Monsieur Matisse?« und »Wann betrachten Sie ein Werk als vollendet?« beschränkte, die Matisse höflich zu beantworten wußte. Beim zweiten Mal beging der Interviewer jedoch den Fehler, Matisse nach seiner Meinung zum Prix de Rome zu befragen, einer Auszeichnung, die jährlich an Studierende der Ecole des Beaux-Arts vergeben wurde. Matisse gab zur Antwort, die Ausgezeichneten würden ja nicht einmal für Postkarten berücksichtigt, und sein Urteil über die Ecole des Beaux-Arts in wenigen Sätzen lautete vernichtend: sie wirke auf junge Kunstschaffende tödlich und sei ein Unterstützungsverein für Leute, die sich gegenseitig unter die Arme griffen, aus dem noch nie etwas mit Bestand resultiert habe. Danach wurde er nicht wieder interviewt.[59]

Im Gegensatz zu Hitlers Kunstpolitik gingen die Sanktionen von Vichy, abgesehen von den antisemitischen, nie über eine gewisse Beliebigkeit und fortwährende Schmähungen in der Presse hinaus. Anfängliche Bemühungen, eine »Künstlergilde« zu organisieren, mit dem Ziel, in dem Metier »Ordnung zu schaffen«, lösten einen Wirbel von Opposition aus und wurden vom gemäßigten Hautecœur nicht weiter vorangetrieben. Sein von Laval 1944 eingesetzter Nachfolger Georges Hilaire versuchte es noch einmal, doch das Experiment scheiterte am Problem der exakten Definition, wer als echter Künstler, wer als Amateur und wer als professionell gelten sollte. Lauteten die Anforderungen dahingehend, daß als Künstler gelte, wer seinen Lebensunterhalt zur Hauptsache aus der Kunst bestreite, entsprach zum Beispiel Henri Rousseau ihnen nicht. Der Vorschlag, die Kunstschaffenden sollten schwören, daß sie ihren Beruf gewissenhaft ausüben wollten, ohne ihre Pflichten je zu vernachlässigen, löste bei einem Treffen »allgemeine Heiterkeit« aus, als jemand dazwischen rief, ob das auch Dinge einschließe, wie wenn man einen Hintern »zu rosa« oder »zu rund« male – was ja in Deutschland praktiziert wurde. Dann wollte man ein Ausschlußverfahren mit immer drastischeren Maßnahmen erarbeiten, aber dies alles widerstrebte den Anwesenden so, daß sich niemand finden ließ, der diesem Gremium hätte dienen wollen.[60] Man lachte die Prinzipien der Reichskulturkammer hier zu Tode, und in Frankreich wurden sie nie umgesetzt.

7

Wendepunkt

Der Rußland-Feldzug

Weit östlich von Paris, in den ausgedehnten Gebieten, die Hitlers Truppen in der Sowjetunion an sich rissen, gab es nicht annähernd so komplizierte legalistische Bemühungen, um die Beschlagnahmungen und Tauschgeschäfte zu rechtfertigen und als »korrekt« darzustellen. In der slawischen Öde hielten sich die fanatischen Nazis nicht mit Höflichkeiten auf. Hitlers Angriff auf seinen Bündnispartner kam, so unglaublich es klingen mag, einmal mehr wie ein Blitz aus heiterem Himmel, was angesichts Stalins ebenbürtigem Zynismus im Hinblick auf die vertraglich festgelegte Beziehung zwischen den beiden Ländern schwer verständlich ist. Denn Hitler hielt sich getreulich an die in *Mein Kampf* vorgezeichnete Politik; er hatte niemals vor, diese Allianz lange aufrechtzuerhalten, und plante den Einmarsch in Rußland, als der Frankreich-Feldzug noch im Gang war. Der Angriff im Osten sollte bereits im Herbst 1940 erfolgen, und nur weil die Generäle abrieten, geduldete Hitler sich widerwillig bis Mai 1941. Diese Verzögerung erstreckte sich dann infolge seiner Einmischung in Jugoslawien bis Ende Juni und ließ viel Zeit für die detaillierte Planung der zukünftigen Besetzung Rußlands – und das Aufkommen der üblichen Kompetenzstreitigkeiten zwischen den verschiedenen Partei-Instanzen.
Grundsätzlich wollte man vorgehen wie in Polen, die Gebiete also nach der Eroberung »säubern«, plündern und eindeutschen. Um dies zu erreichen, so führte Hitler gegenüber der Wehrmacht aus, könne der Krieg nicht »ritterlich« geführt werden.[1] Das neue Territorium, das sich Hitler zu diesem Zeitpunkt grob als das gesamte Gebiet westlich der Linie von Archangelsk bis Stalingrad vorstellte, wollte man in verschiedene Verwaltungsdistrikte mit je einem Reichskommissar aufteilen. In diesen sollte wiederum eine kulturelle, rassische und ideologische »Säuberung« erfolgen. Nicht nur waren »Juden und Bolschewisten«

unverzüglich hinzurichten: einen großen Teil der slawischen Bevölkerung wollte man zusätzlich sozusagen auf natürliche Art aussterben lassen, indem man die Nahrungsmittel den »wertvolleren« Bürgern und Bürgerinnen des Reiches zuleiten würde. Die im Westen und auch noch in Polen aufscheinenden Skrupel der Wehrmacht tilgte der immer wieder eingehämmerte Hinweis auf den Bolschewismus, den die konservativen Offiziere so sehr verachteten. Die weniger attraktiven »Säuberungsarbeiten«, vor denen die reguläre Armee möglicherweise zurückschrecken könnte, übertrug Hitler wie üblich seinem engstem Kreis.

Göring, Leiter des wirtschaftlichen Vierjahresplans, übernahm nun noch zusätzlich die Ausbeutung der Sowjetunion in seinen Verantwortungsbereich. Wohl weil ERR-Leiter Alfred Rosenberg baltischer Herkunft war und in Moskau studiert hatte, setzte ihn Hitler an die Spitze der gesamten Verwaltung der Ostterritorien. Rosenberg war begeistert von dieser Anerkennung und erarbeitete unverzüglich ausgiebige Pläne für das Gebiet, die zwar die Eindeutschung förderten, doch die Bewahrung einiger Elemente von indigenen Kulturen, zum Beispiel in der Ukraine, empfahlen, hielt er es doch für möglich, das Volk dort gegen die russischen Herrscher aufzuwiegeln und es zur Unterstützung der Deutschen bei der »Ausrottung« des jüdischen Volkes bewegen zu können. Himmler hielt nichts von der sanften Tour, außerdem mißfiel ihm Rosenbergs Aufstieg; deshalb beschwerte er sich diesbezüglich bei Bormann. Mit »besonderen Aufgaben« in Rußland betraut, duldete er keine Einmischung in seine Tätigkeit, die er den Truppen vereinfachend als Eliminierung der Bolschewisten beschrieb: eines gemischtrassigen Volkes von hundertachtzig Millionen Menschen, deren Namen man ohnehin nicht aussprechen könne und die so aussähen, daß man sie ohne das geringste Mitleid oder Mitgefühl erschießen könne; auch seien sie von jüdischen Kräften in eine Religion, eine Ideologie gepreßt worden.[2]

Was Sicherheitskräfte und Ausrottung anging, gewann Himmler bald die Oberhand, doch in kulturellen Belangen rivalisierten die beiden Stellen ständig um die russischen Schätze – und hier gab es keinen Kunstschutz. Um ihre Politik umzusetzen, bedienten sich sowohl Rosenberg wie auch Himmler ihrer bereits bestehenden Einsatzgruppen, von denen sich einige ihren entsetzlichen Ruf in den weiten Ebenen der Sowjetunion schufen.

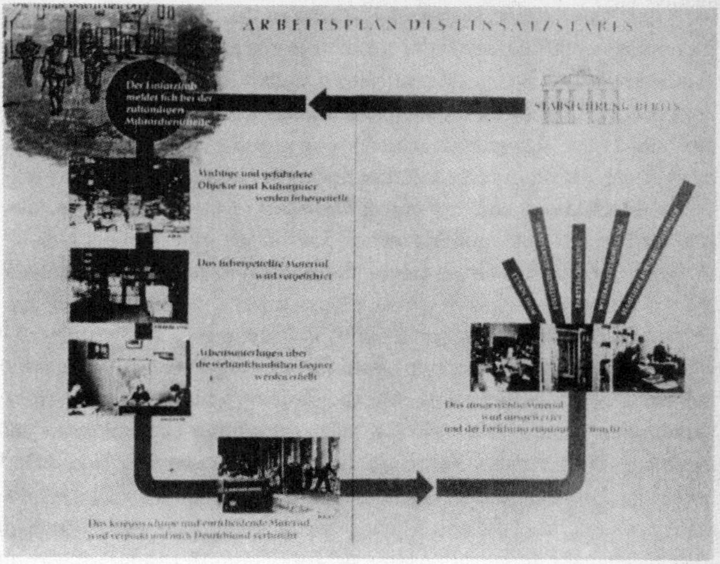

Propagandabroschüre des ERR über seine Tätigkeit in den besetzten Ostgebieten.

Die Operationen in Rußland vorzubereiten bedeutete für die NSDAP lediglich verstärkten bürokratischen Aufwand. Nur zu viele meldeten sich allzugerne freiwillig. Baron von Künsberg, ehemals in Paris, frustriert vom Kunstschutz und enttäuscht über von Ribbentrops mangelnden Einfluß, sah sich nach gewinnträchtigeren Tätigkeitsfeldern für seine Einheit (hundert Mann und ein Hund) um, die von Ribbentrop ursprünglich aufgestellt hatte, um wertvolle Dokumente und Objekte zu beschlagnahmen, sobald die Deutschen ein Land eingenommen hatten. Nun bot er seine Dienste der Waffen-SS an, die zunächst nicht gerade begeistert war. Doch als die Planung für Rußland voranschritt, erkannte man die Nützlichkeit von Künsbergs Einheit und nahm sein Angebot am 26. Januar 1941 an, sechs Monate vor der Invasion.[3] Man teilte seine Gruppe in vier Züge ein und ordnete drei davon den regulären Armee-Einheiten zu, die die Sowjetunion angreifen sollten; die vierte war für Nordafrika bestimmt. Diese Kommandos waren den SS-Einheiten an der Front angegliedert und hatten alles zu beschlagnahmen, was irgendwie wertvoll schien.

Nach der Kampfphase sollten die Gelehrten des SS-Ahnenerbes ihre Forschungsinstitute einrichten, um prähistorische Geräte und sonstige wissenschaftliche Belege für die Überlegenheit der germanischen und die Minderwertigkeit der slawischen Rassen beizubringen. Der ERR, ebenfalls keine Kampforganisation, wollte seine üblichen Beschlagnahmungen jüdischen und freimaurerischen Besitzes und Archivmaterials durchführen und jegliche kulturellen Güter wegschaffen, die sich zur Erforschung antinazistischer Aktivitäten eigneten.

All diese Operationen unterstanden theoretisch Rosenbergs Kontrolle, und er verbot den militärischen Befehlshabern, die in Litauen die Herrschaft an sich rissen, per Dekret, kulturelle Güter durch irgendwelche Behörden entfernen zu lassen, bevor ERR-Fachleute einträfen und über deren Schicksal verfügten. Zudem beauftragte er seinen Spitzenmitarbeiter Gerhard Utikal, dieses wichtige Unternehmen zu überwachen. Zu diesem Zeitpunkt behielt sich Rosenberg auch klar eine Rolle für ausgewählte einheimische Kulturfachleute vor, denn in der Anweisung hieß es zum Schluß, dieser Befehl betreffe nicht die staatliche Verwaltung von Museen, Bibliotheken und andere Institutionen, außer daß auch sie Inspektionen und Bestandsaufnahmen in ihren Räumlichkeiten zulassen müßten.[4]

Göring und der Linzer Direktor Posse, in Holland und Frankreich beschäftigt, brauchten sich um Einzelheiten der Beschlagnahmungen im Osten nicht zu kümmern. Posse konnte durch ein Wort an Hitler alle andern ausstechen, und Göring, dessen Vorherrschaft im ERR zu diesem Zeitpunkt unbestritten war, durfte als zweiter wählen.

Die Invasion begann am 22. Juni 1941 morgens um halb vier. Hitler verfolgte die Ereignisse aus einem piekfeinen, eigens zu diesem Zweck bei Rastenburg in Ostpreußen errichteten Hauptquartier, der sogenannten Wolfsschanze. Die Operation verlief so reibungslos und schnell wie alle vorangegangenen. Bis zum 14. Juli hatten Hitlers Truppen Minsk und einen großen Teil von Lettland und Litauen eingenommen, waren bis in die Ukraine vorgestoßen und hatten den Fluß Luga, weniger als hundertfünfzig Kilometer von Leningrad entfernt, erreicht. Hitler gab sich selbstbewußt, daß die »minderwertigen« slawischen Truppen bald aufgeben würden, und schlug in einer Weisung sogar vor, den »Umfang des Heeres demnächst wesentlich zu verringern«.[5] Dies erwies sich nun allerdings als etwas voreilig. Zwei Tage später hielt die Rote Armee bei Smolensk den nationalsozialistischen Vorstoß kurz auf – eine neue Erfahrung für die Deutsche Wehrmacht. Doch Hitler betrachtete sie nicht als gravierend und befahl seinen Truppen, sich gegen Kiew zu wenden. Die Einheiten vor Leningrad hatten ebenfalls angehalten, und zwar weil sie nicht mehr ausreichend versorgt werden konnten. Diese Pause gewährte den für den Schutz der großen russischen Sammlungen Verantwortlichen ein wenig Aufschub, und den hatten sie bitter nötig.

Am 22. Juni lag Leningrad im eigenartig anmutenden Schimmer der weißen Nächte. Wer immer über diese Ereignisse berichtete, zeigte sich erschüttert, daß der Angriff ausgerechnet in dieser schönen und festlichen Nacht stattfand, in der in Leningrad von jeher der Sommeranfang gefeiert wird. Die Nachricht von der Invasion erreichte die Eremitage erst am Mittag des 23. Juni, eine Stunde nachdem das große Museum die Tore geöffnet hatte. Als sich die Neuigkeit verbreitete, leerten sich die Säle rasch. Man rief die Angestellten zusammen und begann mit der Evakuierung.

Der eigentliche Angriff war zwar überraschend erfolgt, doch die russischen Museen hatten, wie alle anderen in Europa, schon lange zuvor ihre Bestände klassifiziert und Verpackungsmaterial bereitgestellt. Aber die Eremitage mit ihren unermeßlichen zaristischen Sammlungen zu evakuieren hätte selbst unter den günstigsten Bedingungen eine unglaubliche Aufgabe dargestellt. Unter den annähernd zweieinhalb Millionen Exponaten gab es alles: Gemälde, zerbrechliches Porzellan, Glas, Münzen, Schmuck, große Antiquitäten, Möbel und Exemplare aller nur denkbaren anderen dekorativen Künste. In den ersten Stunden ließ Direktor Iosif Orbeli, der jahrelang darum gekämpft hatte, die Sammlungen beisammenzuhalten, die vierzig wertvollsten Posten eiligst in die Keller schaffen. Einen Tag nach der ersten Warnung fand der erste Luftangriff statt. Die Angestellten patrouillierten auf den Dächern, um etwaige Brände sofort zu löschen, während die übrige Bevölkerung rund um die Stadt Gräben aushob und Befestigungen errichtete.

Im kaum unterbrochenem Tageslicht wurde rund um die Uhr gepackt. Studenten und Studentinnen kamen dem Museumspersonal zu Hilfe, und alle rollten fieberhaft jeweils zwanzig bis sechzig Gemälde, durch Seidenpapier getrennt, auf, umwickelten sie mit Wachstuch und verstauten sie in langen, sargähnlichen Kisten. Gemälde, die im Rahmen belassen werden mußten, zum Beispiel Holztafeln, wurden je nach Größe zu Bündeln geschnürt. Als einziges Bild erhielt Rembrandts großformatiges Werk *Rückkehr des verlorenen Sohnes* eine eigene Kiste. Andere Kisten bargen koptische Textilien, skythisches und hellenistisches Gold, Schmuck aus dem achtzehnten Jahrhundert, Tabakdosen, ja sogar mittelalterliche germanische Bierhumpen. Ein Spezialistenteam der Porzellanfabrik in Lomonossow verpackte Tausende von Tellern, Tassen und Nippes. Um die Erschütterungen auf ein Minimum zu reduzieren, füllte man zerbrechliche griechische Vasen vor dem Einwickeln sorgsam mit zerbröseltem Kork. Es war heiß; die Arbeit fand bei weit offenen Fenstern statt, und das Dröhnen der Flugzeuge über der Stadt übertönte das Gurren der Tauben. Für den Transport der gefüllten und versiegelten Kisten zu den Eingängen oder in die Keller lösten sich Marinesoldaten der Roten Armee gegenseitig ab. Bald hingen die Säle voll mit leeren Rahmen – ein in den westlichen Museen bereits vertrauter Anblick.

Der erste Zug aus zweiundzwanzig Güterwaggons mit etwa einer halben Million Objekten fuhr am 1. Juli los. Vorn und hinten waren Fliegerabwehrgeschütze angebracht. Direktor Orbeli, ein großgewachsener, imposanter Mann mit Bart, weinte, als der Zug sich in Bewegung setzte. Vor jedem Bahnhof hielt der Zug an, und man stellte Wachen auf. Fast wie durch ein Wunder erreichte er fünf Tage später unversehrt die sibirische Stadt Swerdlowsk, und dort verteilte man die Objekte demokratisch auf eine ehemalige katholische Kirche, das Museum für Atheismus und das Kunstmuseum.

In Leningrad ging das Packen weiter. Eine zweite Ladung reiste am 20. Juli mit siebenhunderttausend Objekten ab, doch diese beiden gigantischen Transporte enthielten noch nicht einmal die Hälfte der Museumsbestände, und die Vorbereitungen für einen dritten liefen bereits. Im August aber waren die Verpackungsmaterialien fast aufgebraucht. Fünfzig Tonnen Späne, drei Tonnen Baumwolle und fast fünfzehn Kilometer Wachstuch hatte man verbraucht. Weit schlimmer war allerdings die Nachricht, daß die deutschen Truppen wieder vorgerückt waren und die Eisenbahnverbindung gegen Osten unterbrochen hatten. Am 4. September geriet die Stadt erstmals unter Artilleriebeschuß. Die deutsche Frontlinie verlief keine fünfzehn Kilometer vom Museum entfernt. Nun kam alles Bewegliche in die Keller, während in den oberen Etagen die Riesenurnen aus Malachit, die schweren

Beim Verpacken von Kronleuchtern in der Eremitage.

Tischplatten und Aufsätze aus Marmor und all die schönen Wandverkleidungen, Böden, Decken und Mosaiken ihrem Schicksal entgegensahen.[6] Zum Glück wußte die erschöpfte Bevölkerung Leningrads nicht, was Hitler mit der Stadt vorhatte. An den Abenden in der Wolfsschanze ließ er sich endlos über seine historischen Ansichten und seine Pläne für Rußland aus; die Monologe wurden auf Bormanns Geheiß aufgezeichnet. So erklärte Hitler: »Als die großen Lebensräume abgesteckt wurden, war Deutschland in Glaubenskämpfen befangen. Katastrophal für Europa war der Moment, in dem Peter der Große St. Petersburg gründete. Deshalb muß St. Petersburg vollständig vom Erdboden verschwinden. Moskau genauso.« Erst dann würden die slawischen Völker »sich nach Sibirien zurückziehen« und den Deutschen den nötigen Raum überlassen. Hitler sorgte sich nicht um die Kunstwerke in diesen Städten. Er nahm zu Recht an, daß man sie entweder mit der Bahn nach Osten gebracht oder in »Schlösser auf dem Lande« überführt hatte.[7]

In diesen »Schlössern« und in den Palais war es genauso hektisch zugegangen wie in der Eremitage. Als eines der ersten Zimmer wurde im Palast Katharinas der Großen in Puschkin, früher Zarskoje Selo, das

berühmte Bernsteinzimmer ausgeräumt, welches, wie sein Name besagt, nicht nur ganz mit kunstvoll geschnitzten Bernsteinplatten ausgekleidet war, sondern auch Stühle, Tische und Nippes aus demselben Material enthielt. Letzteres ließ sich relativ einfach verpacken, doch es stellte sich als zu schwierig heraus, die Wandverkleidung zu entfernen, und so verblieb sie an Ort und Stelle.
Den Palais stand viel weniger Verpackungsmaterial zur Verfügung als der Eremitage. Um das kostbare Papier und Späne zu sparen, legte man einige Gegenstände in frisch gemähtes Gras, und im Palast von Pawlowsk verwendete man die sorgfältig aufbewahrten Uniformen Zar Nikolaus' II. und die Gewänder Kaiserin Alexandras als Polstermaterial. Am 1. Juli um fünf Uhr morgens verließ die erste Lieferung von vierunddreißig Kisten Pawlowsk in Begleitung von Chefkurator Anatoly Kuchumow Richtung Gorki. Die Arbeit ging Tag und Nacht weiter, auch als das Artilleriefeuer eröffnet wurde und weniger Arbeitskräfte zur Verfügung standen, da immer mehr Männer zu den Waffen gerufen wurden.
Solche Objekte lassen sich nicht eilends verpacken. Zerbrechliche und sperrige Gegenstände wie Kronleuchter, Uhren und auch Möbel mußte man vor dem Einwickeln auseinandernehmen, und es galt, in aller Genauigkeit festzuhalten, wo welches Einzelteil eingepackt war. Wo man nicht das ganze Mobiliar einpacken konnte, traf man eine Auswahl und brachte diese weg. Manche Dinge waren schlicht zu groß. In Pawlowsk zerrten und schoben kräftige Packerinnen die erlesene Sammlung griechischer und römischer Statuen mit Hilfe von Teppichen und Brettern in eine versteckte Ecke des Kellers und vermauerten sie so gekonnt, daß die Deutschen das Versteck nie entdeckten. Dieselben Frauen schafften es auch, die meisten Plastiken, darunter die vier Meter hohe Skulpturengruppe *Drei Grazien* von Triscorni im Park zu vergraben, ohne Spuren zu hinterlassen.
Bis zum 20. August hatten drei weitere Lieferungen die Paläste verlassen, und diese füllten sich nun mit Menschen, die vor den Streitkräften flohen. Wenig später erkannte die Pawlowsker Kuratorin Anna Zelenowa, die die letzten Operationen leitete, daß sie von Leningrad abgeschnitten waren. Am 31. August quartierte sich die Rote Armee im Palast ein. Trotz alledem ging das Packen weiter, in der Hoffnung, daß doch noch Lastwagen von Leningrad kommen könnten, um die Kisten in Sicherheit zu bringen. Am 16. September wurde Zelenowa mitgeteilt,

Vorkriegsaufnahme des Bernsteinzimmers im Palast Katharinas der Großen.

Pawlowsk liege nun auf deutsch besetztem Gebiet und die deutschen Patrouillen befänden sich bereits in den berühmten Birkenhainen des Parks. Mit einer Kollegin floh sie zu Fuß durch die Kampfzone; die unersetzlichen Inventarlisten und Lagerpläne hatten sie bei sich. Während sie sich durch die Felder schlugen, sahen sie das Chinesische Theater im Katharinenpalast von Puschkin in Flammen aufgehen. Fünf qualvolle Stunden später erreichten sie auf einem mit Verwundeten beladenen Armeelastwagen Leningrad, doch die Stadt konnte ihnen keine sichere Zuflucht bieten. In Pawlowsk waren rund achttausend Objekte zurückgeblieben, die nun auf die Ankunft der Deutschen warteten.[8]

Die Invasoren waren vorbereitet. Von Künsbergs Sonderkommando Nummer zwei drang unverzüglich in das neu eroberte Gebiet ein. Es hatte gezielt germanische Objekte im Visier, gab es doch im Kümmel-Bericht, der eine Liste dieser Dinge im Westen enthielt, auch einen Abschnitt über Rußland. Zu den ersten Zielen von Künsbergs gehörte das Bernsteinzimmer Katharinas der Großen, welches ursprünglich das unter Friedrich I. von Preußen erbaute Rokokoschlößchen Monbijou geschmückt und dann, so will es die Legende, der Soldatenkönig Friedrich Wilhelm II. Peter dem Großen im Austausch für ein Bataillon stämmiger russischer Söldner übergeben hatte. Von Künsbergs gut ausgerüstete Leute machten kurzen Prozeß beim Entfernen der kunstvollen Wandverkleidung; sie nahmen die Platten auseinander, verpackten sie in neunundzwanzig Kisten und schickten sie in das Museum von Königsberg, wo die Spitzenstücke aus den Ostgebieten gezeigt wurden. Dort verlor man keine Zeit, sondern packte die neue Erwerbung sofort aus und installierte sie. Die *Frankfurter Zeitung* verkündete der heimatlichen Front am 3. Januar 1942 in einem Leitartikel auf der ersten Seite, die unvergleichliche Innenauskleidung sei von den deutschen Soldaten aus dem Palast Katharinas der Großen geborgen worden und jetzt in einer Ausstellung zu sehen.

Als nächstes folgte der ebenfalls berühmte Gottorp-Globus, ein Miniatur-Planetarium, in dem zwölf Personen Platz fanden und die im Innern dargestellte Konstellation der Himmelskörper betrachten konnten. Der Globus war im siebzehnten Jahrhundert für den Herzog von Holstein-Gottorp angefertigt worden, und sein Nachkomme Zar Peter III. bewunderte ihn sehr und erhielt ihn schließlich überreicht. Jetzt sei, so berichtete die nationalsozialistische *Deutsche Zeitung in den Niederlanden*, dieses einzigartige Kunstwerk durch den Kampf der deutschen Soldaten wieder errungen und könne endlich in seine alte Heimat nach Gottorp zurückgebracht werden.[9]

Die Sonderkommandos beschränkten sich aber nicht auf Gegenstände ursprünglich deutscher Herkunft. Sie und der Rest der Armee, die sich wahrlich alles andere als »ritterlich« verhielt, entfernten aus den unzähligen Palais und Schlössern rund um Leningrad alles, was nicht niet- und nagelfest war, bis zu den Parkettböden. Sie öffneten verpackte Kisten und bedienten sich ungeniert daraus. Sie zerschlugen Spiegel oder zertrümmerten sie mit Gewehrsalven und rissen Brokat- und Seidentapeten von den Wänden. In Peterhof außerhalb von Leningrad zerstörten sie die Mechanik, welche die berühmte Große Kaskade in Gang hielt, und zerrten die vergoldeten Bronzestatuen von Neptun und Samson vor den Augen der bestürzten Stadtbevölkerung zu den Schmelzöfen.

Die Verwüstungen rund um Leningrad waren erst der Anfang. Überall in den neu eroberten Gebieten suchten jene, die Bescheid wußten, nach den »germanischen« Gegenständen, nach denen es sie schon lange gelüstete. Ab und an gehörte ein bißchen Phantasie dazu, um einen Gegenstand als »germanisch« bezeichnen zu können. Der allgegenwärtige SS-Mann Kraut, der in Polen so hart gearbeitet hatte, schrieb am 18. Juli an das SS-Hauptquartier, er hoffe, daß es ihm gelinge, die wunderbare, drei Meter hohe Bronzetür der alten Sophienkathedrale von Nowgorod »heimzuholen«. Es heiße, sie sei im zwölften Jahrhundert von einem Magdeburger Meister für die Kathedrale von Plock in Polen gefertigt worden und nach einer komplizierten Geschichte 1187 in Nowgorod gelandet. Nun aber, so Kraut, sei Plock ja eine Stadt des Deutschen Reiches und die Tür daher voll und ganz als deutsches Gut zu betrachten. Er meinte zudem, man sollte sich nicht von dem Umstand täuschen lassen, daß die Tür in Nowgorod als Korsun-Tor bezeichnet werde, ein Name, der den Eindruck vermittle, es handle sich um ein antikes griechisches Werk aus der Krim. Kraut war tief enttäuscht, als er erfuhr, daß die Tür von russischer Seite »verschleppt« worden war.[10] Zum Glück, muß man sagen, denn bald verwüsteten die Nazis die Kathedrale und alle Museen in der Stadt.

Eine deutsche Kommission, die in den baltischen Staaten monatelang um kulturelle Objekte angeblich ethnischer Deutscher verhandelt hatte, die sich nach Stalins Machtergreifung wieder im Reich oder in Polen niederließen, konnte nun diese umstrittenen Objekte ohne weiteres »sicherstellen« und nach Danzig transportieren.[11] Und Admiral Lorey vom Zeughaus Berlin erhielt einmal mehr die Mitteilung, Hitler wünsche, daß er die Wiederbeschaffung aller verlorenen deutschen Waffen in den Kriegen bis zurück zum Mittelalter in die Hand nehme, und zwar ohne Rücksicht auf die Kosten.[12]

Bis im Spätsommer hatten die SS-Sonderkommandos Minsk einen Besuch abgestattet und sich von den städtischen Sammlungen das Feinste vom Feinen gesichert. Der lokale, von Rosenberg ernannte Reichskommissar Wilhelm Kube berichtete seinem Vorgesetzten mit einigem Ärger, daß gewisse Sonderführer, deren Namen ihm noch nicht mitgeteilt worden seien, ohne seine Erlaubnis soviel hätten mitgehen lassen, und mit Entrüstung, daß die SS nach Erfüllung ihrer Mission den Rest der Wehrmacht zur weiteren Plünderung überlassen habe. Eine handschriftliche Anmerkung Rosenbergs auf diesem Schreiben enthüllt, daß der Befehl, die Schätze aus Minsk abzutransportieren, von Hitler persönlich stammte. Soviel zum Erlaß des Reichsministers der besetzten Ostgebiete, daß alles an seinem Ort belassen werden solle.[13]

Rosenbergs Plan, die ukrainische Kultur und Nation zu verschonen und das Volk gegen Stalin aufzuwiegeln, hielt dem mörderischen Rassismus von Hitler und Himmler ebenfalls nicht stand. Dies zeigte sich unmißverständlich in Kiew. Nach dem Fall der Stadt am 17. September wurden Museen, wissenschaftliche Institute, Bibliotheken, Kirchen und Universitäten besetzt und geplündert. Überall in der Sowjetunion verwandte man besondere Aufmerksamkeit auf die Zerstörung von Wohnhäusern und Museen bedeutender historischer Persönlichkeiten. Puschkins Haus wurde geplündert, ebenso Tolstois Gut Jasnaja Poljana, wo man Manuskripte in den Öfen verbrannte und deutsche Kriegsopfer rund um Tolstois einsames Grab bestattete. Den Museen von Tschechow, Rimski-Korsakow und Tschaikowski erging es ähnlich. Tschaikowski, dem Komponisten der *Ouvertüre 1812,* kam die besondere Ehre zu, daß man seinen früheren Wohnsitz als Garage benutzte.

Anfang Oktober 1941 veranlaßte Hitler, der mit der Sowjetunion so rasch wie möglich fertig werden wollte, eine große Offensive gegen Moskau und befahl gleichzeitig Angriffe auf Leningrad sowie auf die Küste und die Ölfelder am Schwarzen Meer. Die Luftwaffe konnte zu diesem Zeitpunkt von den vorgelagerten Basen Einsätze fliegen mit dem Ziel, industrielle Anlagen tief im Landesinneren zu zerstören. Ein solches Ziel war Gorki, wo nicht nur Teile der Sammlungen aus Pawlowsk und Peterhof untergebracht waren, sondern auch jene des Russischen Museums von Leningrad und viele andere, die nun alle erneut fortgebracht werden mußten. Die Ikonen, Bilder und die Volkskunst aus dem Russischen Museum kamen fast tausend Kilometer weiter östlich nach Perm, und zwar auf dem Wasserweg – eine eher ungünstige Transportart.

In Pawlowsk wollten die Verantwortlichen diesmal ganz sichergehen und brachten die ihnen anvertrauten Objekte in die zweitausend Kilometer entfernte sibirische Stadt Tomsk. Die Abfahrt des Zuges, der unter ständigen Luftangriffen beladen worden war, verzögerte sich um mehrere Stunden, denn man wartete auf die Familienangehörigen der Museumsangestellten, die lange keinen passierbaren Weg zum Bahnhof finden konnten. Am 8. November, wieder während eines Luftangriffs, überquerte der Zug mit zwanzig Waggons voller Kunstwerke die

Noten und Motorräder im Tschaikowski-Museum.

Wolga auf der letzten noch stehenden Brücke und fuhr Richtung Osten. Während der deutsche Angriff weiterging, versteckten Eisenbahnarbeiter die mit Kunst vollgestopften Waggons zwei Wochen lang auf einem Nebengleis tief im Wald, um das Ende der Bombardierungen abzuwarten. Spät an einem Dezemberabend erreichte der Zug schließlich Tomsk, wo minus 55 Grad Celsius herrschten. Aber in der eingefrorenen Stadt gab es keinen Platz, und der Zug mußte noch nach Nowosibirsk fahren, wo auch die Schätze der Moskauer Tretjakow-Galerie Unterschlupf gefunden hatten. Dort wurde den für die Schätze Verantwortlichen das Stadttheater als Lagerraum überlassen.

Die Pflege der Kunstwerke bei diesen klimatischen Verhältnissen warf ungewohnte Probleme auf. Die vierhundertzwei Kisten wurden vor dem Bahnhof gestapelt und mit Planen und Segeltuch aus dem Theaterfundus zugedeckt. Dann lud man alles auf Pferdeschlitten, welche die Leningrader Frauen – immer noch in ihren leichten Stadtkleidern und -schuhen – in die neue Unterkunft führten. Im Theater galt es die Kisten langsam an eine höhere Temperatur zu gewöhnen, damit sich auf den Objekten kein Kondenswasser bildete. Dazu mußte man zuerst die Temperatur im Gebäude senken und dann wieder langsam erhöhen; dies geschah durch abwechselndes Öffnen und Schließen der Fenster und Türen und nahm drei Wochen in Anspruch. Die für die Kunstschätze Verantwortlichen und ihre Familien verbrachten zwei lange Jahre in den Kellerräumlichkeiten des Theaters. Trotz der Kälte und der schlechter Verpflegung organisierten sie bald Ausstellungen aus ihren Beständen, um die Moral zu heben und damit die langen Monate des Wartens schneller vergingen.[14]

In Leningrad wurde der Überlebenswille der Menschen noch stärker herausgefordert. Nachdem die Eisenbahnlinien unterbrochen worden waren, verpackte man weiterhin Objekte der Eremitage und verlegte sie in die weitläufigen Kellerräume des Palastkomplexes. Kleinere Museen brachten ihre Bestände ebenfalls dorthin. Und zusätzlich lebten in den bombensicheren Kellern mit den Kunstwerken rund zweitausend Menschen. Während der andauernden Belagerung wurden diese unterirdischen Räume zu einem Zentrum des intellektuellen Widerstandes und des Überlebens. Mit dem Einbruch des Winters arbeitete man halberfroren an kunsthistorischen und literarischen Projekten. Der Architekt Alexander Nikolsky führte ein Bilder-Tagebuch über die unheimlichen leeren Räume des riesigen Museums, in denen gelegentlich eine Kerze aufflackerte. Nur in einem einzigen Raum gab es Strom und ein wenig Wärme, erzeugt vom Generator einer Luxusjacht des einstigen Zaren, die die Marine übernommen hatte und die nun vor dem Winterpalast am Quai vor Anker lag.

Eremitage-Direktor Orbeli ließ sich nicht mehr erschüttern. Entschlossen, weiterzumachen wie üblich, sagte er eine lange geplante Veranstaltung zur Ehrung des Dichters Alisher Navoi aus Samarkand nicht ab, sondern ließ Einladungen drucken und verschicken. Darauf verließen die halbverhungerten Eingeladenen ihre Behausungen, in denen sie sich so gut wie möglich verbarrikadiert hatten, und suchten sich einen Weg durch den tiefen Schnee und den Bombenhagel, um dem Ereignis beizuwohnen. Es wurde ein großer Erfolg. Doch Tag für Tag nahm die grimmige Kälte noch zu, und die Nahrungsmittelvorräte gingen zur Neige. Nur über eine schmale »Straße des Lebens« über den gefrorenen Ladogasee erhielt Leningrads drei Millionen zählende Bevölkerung knappe Lieferungen. Es reichte nicht, um alle zu retten: allein im Dezember 1941 verhungerten über fünfzigtausend Men-

Leben im Belagerungszustand in den Kellerräumen der Eremitage (Zeichnung von Alexander Nikolsky).

schen. Man verspeiste die unglaublichsten Dinge. In der Eremitage kochten die Angestellten sich eine Art Gelee aus Kleister. Bald verfügte das Museum über eine eigene Krankenstation für die Verhungernden und über eine Leichenhalle unter der Bibliothek, wo Tote eingefroren wochenlang aufgebahrt lagen, bis sie begraben werden konnten. Und der Granatenhagel ging weiter. In den hallenden Obergeschossen des Palastes sorgten vierzig Frauen für die Sicherheit und taten ihr möglichstes, um Einschlaglöcher auf den vom Wind gepeitschten Dächern mit Sperrholzplatten abzudecken und Schnee wegzufegen, der durch die zerschlagenen Fenster in die mit einer Eisschicht überzogenen Räume wehte.

Der Frühling brachte eine gewisse Erleichterung für die Menschen, verschlechterte jedoch die Lage für das ungeheizte Museum, wo Tauende Rohre barsten und die Keller überschwemmten, so daß die geschwächten Angestellten umherwaten mußten, um dahintreibende Teile von Meißener Porzellan zu retten. Die mit Seide bezogenen Möbel schimmelten, und so stellte man sie in die Sonne, zwischen die an jedem verfügbaren Ort angelegten Gemüsebeete. Die einzigen unbeeinträchtigten Objekte blieben die sorgfältig einbalsamierten ägyptischen Mumien und die prähistorischen Funde aus dem sibirischen Permafrost. Die Belagerung endete jedoch in diesem Frühjahr nicht, sondern dauerte noch fast zwei Jahre an. Allein in den ersten drei Monaten von 1943, als die Luftangriffe immer noch anhielten, entfernten die Museumsleute in Handarbeit achtzig Tonnen Glassplitter, Eis und Schnee, wovon ein großer Teil mit Brecheisen von den Mosaiken und Parkettböden gemeißelt werden mußte. Die letzte Bombe – es war die dreißigste – fiel noch am 2. Januar 1944 auf die Eremitage, fünfundzwanzig Tage vor der Befreiung Leningrads.[15]

Hitler war verblüfft, daß sich die Sowjetunion nicht in den fünf Monaten ergab, die er für die Eroberung eingeplant hatte. Ende November 1941, als der berüchtigte russische Winter Einzug hielt, drängten frische, in Pelze gekleidete Truppen aus Sibirien seine Einheiten in Sommeruniformen aus Moskau zurück. Im Süden war dem Führer mehr Erfolg beschieden; dort hielten seine Soldaten einen großen Teil der Ukraine sowie die Krim und belagerten Sebastopol: eine eindrucksvolle Leistung, die ihn aber nicht zufriedenstellte. Um Moskau sollte es keinen Rückzug geben. Er würde es nicht Napoleon gleichtun, sondern die Stellung halten und die Sache im Frühjahr zu Ende führen.

Während die deutschen Truppen, erbärmlich und frierend, ihrem Oberbefehlshaber gehorchten und sich abmühten, um die nördlichen Stellungen zu halten, beschäftigten sich ihre Kollegen im Süden in besseren Umständen eifrig mit der Errichtung einer Besatzungsregierung und der geplanten kulturellen Institutionen. Die Bemühungen um die »Sicherstellung« zogen immer weitere Kreise. Hier mußten sich die Nationalsozialisten nicht die Mühe machen, die Häuser der Adligen zu räumen; dies hatte Stalin bereits für sie besorgt. Doch es gab noch genug für sie zu tun. Sie beschlagnahmten persönliches Eigentum oder errangen es leicht durch Einschüchterung oder Tauschhandel. Ein SS-Offizier teilte Himmler mit, er schicke mehrere antike Funde (Achat-Halsketten, Bronzefiguren, Perlen usw.), die er der Witwe des verstorbenen Archäologen Prof. Belaschowski in Kiew für acht Kilogramm Hirse abgekauft habe.[16] Die SS-Einheit Ahnenerbe und der ERR hatten inzwischen ihre Sonderkommandos zusammengelegt, um der Beute habhaft zu werden. Für Rosenberg, der immer noch darum rang, seinen Einfluß zu verstärken, hatte Hitler am 1. März 1942 einen Erlaß mit dem erneuten Befehl herausgegeben, daß bei der Beschlagnahme jüdischer und freimaurerischer Güter alle Instanzen mit Rosenberg zusammenarbeiten sollten. Diese Vereinbarung ließ aber zwei große Lücken offen. Weder schränkte sie die Macht der SS ein, noch erhielt der ERR das Recht, Museumsbestände oder archäologische Funde »sicherzustellen«.[17]

In diesem Bereich hatte sich das Ahnenerbe breitgemacht. Schon im Juli 1941 hatte der archäologische Flügel der SS auf »Aktionen in Südrußland« gedrängt, und zwar durch ein Kommando unter der Leitung von SS-Sturmbannführer und Professor Herbert Jankuhn aus Kiel. Bis Februar des folgenden Jahres hatte diese Gruppe so unverdächtige Tätigkeiten vorgeschlagen wie eine Untersuchung über die Funde und Denkmäler des Gotischen Reiches in Südrußland, Jankuhns Spezialgebiet. Etwas weniger hochgestochen nahmen sich dagegen Pläne aus, die Bestände des im Kiewer Höhlenkloster eingerichteten Museums für prähistorische Kunst sowie jene des »zerstörten Museums« in Berditschew »sicherzustellen«. Jankuhn behauptete später, im Sinn und Geist des abwesenden Kunstschutzes gehandelt zu haben, doch diesen angeblichen Altruismus widerlegt die Tatsache, daß er praktisch ohne Unterlaß Museumssammlungen zu SS-Sammelstellen brachte und von dort nach Deutschland liefern ließ. Himmler billigte all das und schloß Jankuhns Sonderkommando seiner SS-Division »Wiking« an: diese sollte ihr »jede mögliche Unterstützung« zukommen lassen.[18]

Weitere Vorschläge, Sonderkommandos einzurichten, gab es für die Krim und den Kaukasus. Das Nazi-Regime hatte Großes vor mit dieser »Sonnenstube«. Himmlers Intellektuelle hielten die Krim für einen geeigneten Ort, um ethnische Deutsche anzusiedeln. Und Hitler bemerkte einmal im Führerhauptquartier: »Die Schönheit der Krim, uns erschlossen durch eine Autobahn: der deutsche Süden.« Kreta sei »heiß – waldlos«, Zypern »schön [...] aber die Krim erreichen wir auf dem Landweg«. Damit könnte man das ewige Streben der Deutschen nach der Sonne befriedigen.[19] Beim Ahnenerbe hatte man in der Zwischenzeit angefangen, Wertgegenstände nicht nur zu Forschungszwecken nach Berlin zu schaffen, sondern auch zur Ausstaffierung von Schloß Wawel in Krakau, das sich Himmler angeeignet und luxuriös ausgestattet hatte und das auch gestreßten SS-Offizieren als Erholungsstätte diente; diese ließen sich dabei von Insassen eines nahen KZs bedienen.

Rosenberg war sehr unglücklich über diese Regelungen. Im Frühjahr und Sommer 1942 ordnete er in weiteren Direktiven vergeblich an, daß alle »Sicherstellungen« mit dem ERR abgesprochen und alle bereits durchgeführten Beschlagnahmungen seinem Stab mitgeteilt werden müßten. Erst Ende September 1942 setzte er durch, daß Museumssammlungen seinem offiziellen Tätigkeitsbereich unterstellt wurden, was aber den Wettbewerb bloß verschärfte. Ein SS-Mann, der ein Versteck vor der Ankunft seiner Landsleute ausgeräumt hatte, meldete nach Hause, ein Dr. Brennecke des ERR sei in Armawir aufgetaucht; da die Museen von der SS aber bereits beschlagnahmt worden seien, habe dessen Besuch nichts gefruchtet. Himmlers Leute spielten jedoch nicht fair, wenn sie ihrerseits ausgebootet wurden: Als sie an einem anderen Ort einmal zu spät kamen, jammerten sie, der ERR halte die ganze Krim besetzt und beschlagnahme alles, und sie vom Ahnenerbe könnten dort unmöglich arbeiten.[20]

Was diese Spezialisten nicht mitnahmen, stand trotz Rosenbergs Getobe weiterhin der Wehrmacht und den Zivilpersonen, die ihr folgten, zur Verfügung. Unternehmer, die man hergeholt hatte, damit sie die eroberten Gebiete für ihre Landsleute bewohnbar machten, stellten bald einen blühenden Schwarzmarkt auf die Beine, der oft selbst ihren eigenen Leuten zu weit ging. Gegen einen Bauunternehmer aus München erhoben die Mitarbeiter Anklage, er habe Gemälde und Skulpturen aus dem Museum von Rowno, dem Sitz der Militärregierung der Ukraine, nach Hause genommen, Lebensmittel- und Tabakmarken gefälscht sowie Armee-eigenes Benzin gegen Eier und Kognak von Einheimischen eingetauscht.[21] Diese Art Absahnen nahm auf allen Ebenen überhand. Sogar Goebbels war entsetzt über das Ausmaß der Korruption und vertraute seinem Tagebuch an: »Unsere Etappenorganisationen haben sich hier richtige Kriegsverbrechen zuschulden kommen lassen. Man müßte eine ganze Serie von Erschießungen vornehmen, um hier wieder zur Ordnung zu kommen. Leider kann der Führer sich dazu wenigstens vorläufig noch nicht entschließen.« Bei den hier angesprochenen »Kriegsverbrechen« handelte es sich allerdings keineswegs um furchtbare Greueltaten; der Ausdruck bezog sich vielmehr auf das Verhalten der Truppen beim Rückzug: »Die Etappe hat die umfassendsten Vorräte an Lebensmitteln, Waffen und Munition unvernichtet stehenlassen; dagegen haben die Etappenorganisationen Teppiche, Schreibtische, Bilder und Möbel, zum Teil sogar russische

Stenotypistinnen auf ihrem Rückzug als wichtigstes Kriegsgut mitgenommen. Man kann sich vorstellen, wie das auf die Waffen-SS-Verbände gewirkt hat.«[22]

Nur einige wenige deutsche Stimmen erhoben sich zum Protest. Ein lokaler Kommandant, der entrüstet beobachtet hatte, wie »Lümmel« die alten Grabsteine des Königsgrabes in Kolonka mit Namen und Hakenkreuzen verwüsteten, befahl seinen Offizieren, ihren Truppen künftig ähnliche Schändungen an kulturgeschichtlich bedeutenden Denkmälern zu verbieten.[23] Doch derlei Feinheiten überlebten weder die massiven Ausrottungsprogramme der Führung noch die nervöse Gier, die sich später beim deutschen Rückzug zeigen sollte.

Der Bevölkerung zu Hause im Westen wurde ein ganz anderes Bild dieser Tätigkeiten vermittelt. Selbst die *Frankfurter Zeitung* berichtete parteikonform, es sei mehr als die Pflicht gewesen, wertvolle Kulturgüter zu bewahren, was die deutschen Militärbehörden dazu veranlaßt habe, nach dem Einmarsch in Riga alle Sammlungen zusammenzuziehen, sondern vielmehr die Sorge um die Bewahrung alter deutscher Werke. Aus Tallinn kam die Nachricht, die wertvollen Schätze der kaiserlichen Paläste um Leningrad, die gerettet werden konnten, befänden sich nun unter der Obhut der deutschen Armee im ehemaligen Palast Pogankin in Pleskau und seien der Öffentlichkeit zugänglich.[24] Eine andere Zeitung berichtete, in Kiew habe eine Reihe von Museen trotz des Krieges und der bolschewistischen Zerstörungen gerettet werden können. Diese würden neu gestaltet und bald eröffnet. Zu diesen Museen gehörte angeblich das als Museum eingerichtete Haus des großen ukrainischen Dichters Schewtschenko, über das von sowjetischer Seite später zu hören war, die Deutschen hätten es vollständig zerstört, von dem die letzteren jedoch behaupteten, die »Bolschewisten« hätten daraus die Manuskript-Sammlung entfernt.[25]

Die »Bolschewisten«, die dasselbe mit gutem Grund auch in der ukrainischen Akademie der Wissenschaften taten, sollen vor ihrem Abzug auch die dortige Bibliothek verbrannt und die Kathedrale gesprengt haben. Über die Frage, wer für welche verheerenden Zerstörungen in Kiew verantwortlich war, einer Stadt, die beide Seiten zweimal einnahmen, gab es nach dem Krieg erbitterte Diskussionen. Die ukrainische Bevölkerung, die die Nazis als Befreier empfing, nur um herauszufinden, daß sie Henker waren, mußte diese Entgleisung jedenfalls teuer bezahlen, als das Sowjetregime wiederkehrte.

Die heikle Frage, ob man die Kunstgegenstände zur Ergötzung der zukünftigen Bevölkerung der Neuen Ordnung in der Sowjetunion belassen oder ins Altreich bringen solle, erübrigte sich, als im Sommer 1943 die Neue Ordnung insgesamt vor den vorrückenden sowjetischen Truppen schleunigst in Sicherheit gebracht werden mußte. Sämtliche Parteien waren sich darin einig, daß die »Bolschewisten« auf gar keinen Fall irgendwelche Objekte, die der Herrenrasse berechtigten Nutzen brachten, wieder in Besitz nehmen durften. Aus Charkow schickte das Ahnenerbe im August 1943, was von den prähistorischen Sammlungen übrig war, nach Kiew zurück, von wo man es nach Berlin bringen wollte. In seinem Bericht in dieser Sache übte Professor Jankuhn verächtlich Kritik am ERR: seine Mitglieder hätten die Stadt im Winterkrieg '42/43 verlassen, ohne den geringsten Versuch zur »Sicherstellung« der Museumsbestände zu unternehmen. Der ERR hatte in Wirklichkeit immerhin fünfhundert Gemälde weggebracht, allerdings die (für ihn) weniger interessanten prähistorischen Gegenstände in der Tat der russischen Verwaltung überlassen. Die Bestände aus Rostow und Poltawa verschob man ebenfalls nach Kiew. Sie blieben dort jedoch nicht lange. Im Oktober 1943 berichteten westliche Zeitungen, Kiew stehe in Flammen und sei verlassen, die Umgebung eine total zerstörte tote Zone.

ERR-Mitteilungen ist zu entnehmen, daß der Stab seine Büros verlassen mußte, bevor der Abtransport des verfügbaren Materials, wegen Mangels an Ladefläche, abgeschlossen werden konnte und weil die im Stadtzentrum etablierte deutsche Artillerie ständig über ihre Köpfe hinwegfeuerte. Immerhin gelang es, sowohl die (279) Gemälde als auch das prähistorische »Material« aus Charkow wegzubringen, dazu die eigene Bibliothek, das Büromobiliar und die von der Beschlagnahmungsabteilung gesammelten »Materialien«, das heißt etwa zehntausend Bücher und beinahe hundert Kisten mit »bolschewistischen« Gemälden, Dokumenten und Archiven. Hinzu kamen die umfangreiche Schmetterlingssammlung eines Mannes namens Sheljuzkho, die nach Königsberg ging, und die Bestände des Ukrainischen Museums von Kiew, die bereits nach Krakau abgegangen waren. Auch alle nationalsozialistischen Forschungsinstitute befanden sich auf dem Rückzug, und sie nahmen dabei noch mehr »Material« mit. In diesem Chaos ging viel verloren, was man für das Reich als wertvoll betrachtete. Ein Ahnenerbe-Funktionär berichtete betrübt, seine Forschungs-

gruppe habe ein ganzes Trogontherum-Skelett, drei riesige Hirschschädel, dreihundert Steinbeile und anderes mehr verloren.
Als die letzten Zivilpersonen Kiew am 5. Oktober 1943 verlassen mußten, blieben die übrigen Posten unter der Obhut der bis zum letzten pflichtbewußten Infanteriedivision zurück, die, wie allen versichert wurde, großen Wert auf die weitere Evakuierung von kostbaren Gegenständen legte. Gerhard Utikal meldete dem Hauptquartier, die ERR-Abteilung habe in Kiew heldenhaft weitergearbeitet, bis ihr die Armee drohte, sie aus den Büros hinauszubombardieren, worauf sie ihr Quartier »vorläufig« nach Lwow habe verlegen müssen. Ein anderer Beamter beschwichtigte, die sowjetischen Truppen würden bei ihrer Ankunft in der Stadt gewiß nichts Wertvolles mehr vorfinden.[26]
Kiew war nicht das Ende. Das Zusammenraffen von Kriegsbeute ging im immer kleineren Territorium, das die deutsche Armee hielt, weiter. Noch im August 1944 teilte Utikal seinen Leuten mit, Reichsleiter Rosenberg habe angeordnet, daß sein Stab die besten kulturellen Reichtümer der Ostgebiete immer noch mitnehmen könne, sofern dies nicht den Interessen der Wehrmacht zuwiderlaufe. Er legte diesem Erlaß sogar eine Liste mit gewünschten Objekten bei.[27]

Die Rote Armee fand tatsächlich nichts Wertvolles mehr in den Museen der wiedereroberten Städte. Statt dessen stieß sie auf ausgebrannte und beschädigte Gebäude, zerstörte Laboratorien, zu Brei gestampfte Bücher und die schreckliche Verwüstung, die nach Schlachten zurückbleibt, in denen Kapitulation nicht in Frage kommt. Marcus Hindus, der Berichterstatter der *New York Herald Tribune,* beschrieb der Welt das Bild, das sich in Peterhof bot:

> Nun, da der Kampf vorüber ist, liegt das Land still da. Doch es ist nicht die Stille des Friedens, sondern des Todes [...] Backsteinhäuser, Marmorschlösser mit Granittürmen sind dem Erdboden gleich oder zu Schutt und Abfallhalden zusammengeschossen. Nicht einmal die üblichen Schwärme der Wintervögel sind hier. [...] Ich habe in Frankreich nach dem Weltkrieg Vergleichbares weder gesehen noch gehört. Nur die vom Wind bewegten hohen Halme, die aus dem tiefen Schnee ragen, vermitteln ein Gefühl von Leben in der Natur. [...] ganz Peterhof ist verschwunden. Es ist nicht einmal mehr eine Geisterstadt wie Kiew, Charkow, Poltawa, Orel oder

> Kursk […], sondern eine mit Trümmern übersäte Wüste, aus der die vielleicht erlesenste und heiterste Kunst, die die Menschheit je geschaffen hat, weggefegt worden ist.[28]

Kein gutes Beispiel für die Rote Armee, die, obwohl die Deutschen es nicht wahrhaben wollten, bald auf dem Boden des Reichs stehen sollte. Die Sowjetunion hatte nicht nur die ausländische Presse informiert, sondern auch alle angerichteten Schäden genauestens aufgezeichnet. Ein im November 1942 eigens zu diesem Zweck gebildeter staatlicher Ausschuß stellte systematisch Berichte zusammen, die die Verluste »gewissenhaft bis ins kleinste Detail« auflisteten. Eine gekürzte Liste allein für Kiew umfaßte dreieinhalb eng beschriebene Seiten. Der amerikanische Nachrichtendienst notierte, die Sowjetunion habe »die Verluste an kulturellen Gegenständen nicht gewertet«, sondern lediglich festgehalten: »Der Tag ist nicht fern, an dem wir Deutschland zwingen werden, die Schätze unserer Museen zu restaurieren und für die durch die Hitler-Vandalen zerstörten Denkmäler unserer Kultur zu bezahlen.«[29] Dieser Tag kam in wenig mehr als einem Jahr.

8
Zentimeter um Zentimeter

Die Alliierten ergreifen Schutzmaßnahmen

> Ich bin versucht zu sagen: »Ja, England und Amerika sind weder militärisch noch kriegerisch gesinnt.« Wer gegen sie in den Krieg zieht, kann sie nicht mit Überraschungsangriffen überrennen und besiegen wie Deutschland dies mit Polen, Holland, Belgien, ja sogar Frankreich tat. Sie werden sich Zeit nehmen zur Vorbereitung, und, wenn sie sich dann endlich bereit fühlen, vorsichtig sein, sich auch nach hinten absichern, und ihr Vorstoß wird Zentimeter um Zentimeter vor sich gehen, im Schneckentempo – kein bißchen wie bei den russischen Streitkräften, die sie so sehr bewundern. Die Moral: Zieh nicht in den Krieg gegen die langsamen, dummen Angelsachsen, außer wenn du materiell und moralisch auf einen langen und zermürbenden Kampf vorbereitet bist.
>
> Bernard Berenson,
> *Rumor and Reflection,* Juli 1944

Der 7. Dezember 1941, jener so unrühmliche Tag, konfrontierte auch das amerikanische Kunstestablishment direkt mit den realen Anforderungen, denen der Schutz von Kulturgütern genügen mußte – eine Erfahrung, die seine europäischen Kolleginnen und Kollegen schon vor geraumer Zeit gemacht hatten. Wenn es die japanischen Streitkräfte schafften, das Meer Tausende von Kilometern weit ungehindert zu überqueren und den riesigen Militärkomplex von Pearl Harbor in einen rauchenden Trümmerhaufen zu verwandeln, dann schien es gut möglich, daß ihnen dasselbe auch mit San Francisco gelingen könnte. Zudem machten die zunehmenden Erfolge der deutschen U-Boot-Flotte im Atlantik die Verwundbarkeit der Ostküste noch augenfälliger. So schnell es ging, trafen sich die Verantwortlichen der bedeutendsten staatlichen Museen daher in New York, um abzusprechen, wie sie sich auf den Krieg vorbereiten sollten.

Seit vielen Monaten waren Pläne für diese schlimme Situation in Vorbereitung. Im März 1941 hatte das von Roosevelt im Hinblick auf einen möglichen Kriegsausbruch gegründete National Resources Planning Board einen Ausschuß für den Schutz von Kulturgütern ins Leben gerufen. Seine Mitglieder sollten »Informationen sammeln, Pläne vorbereiten und Maßnahmen für den Schutz der Kulturgüter in den Vereinigten Staaten treffen«.[1] In diesem illustren Ausschuß saßen die verantwortlichen Persönlichkeiten der Library of Congress, des Staatsarchivs, der National Gallery of Art und des Nationalmuseums (heute Smithsonian Institution) sowie Vertreter und Vertreterinnen der American Association of Museums, des American Institute of Architects, des Kriegsministeriums und der Zivilschutzbehörde; die Leitung lag in den Händen von Waldo Leland vom American Council of Learned Societies.

Gestützt auf die Erfahrungen in Großbritannien und im übrigen Europa, beschlossen sie, die staatlichen Sammlungen in abgelegene bombensichere Depots zu bringen, da sie dort offensichtlich den besten Schutz fanden. Im Oktober 1941 legte man dem für öffentliche Gebäude verantwortlichen Beamten im Bauamt Pläne für die Errichtung spezieller Schutzbauten für staatliche Kunstwerke und Dokumente vor, doch stellte sich bald heraus, daß offenbar kein Geld für ein solches Bauvorhaben aufzutreiben war. Später erhielten dann einzelne Stellen Mittel für die Einrichtung von hauseigenen Luftschutzräumen zugesprochen, und Museen und Bibliotheken mußten sich damit selbst irgendwie behelfen. Zu ihrer Unterstützung nahm der Ausschuß im Mai den Entwurf eines Handbuchs über die Lagerung von Sammlungen während des Kriegs in Angriff, das sich auf eine 1939 vom British Museum herausgegebene Broschüre stützte. Am 7. Dezember war dieses Handbuch jedoch noch nicht erschienen.

Zum Glück hatten die amerikanischen Museen, die als eigenartige Mischinstitutionen von privaten und öffentlichen Geldern leben und unbezahlbare Schätze in ihrer Obhut haben, nicht auf diese Vorschläge von oben gewartet. Finanziell unterstützt durch den A. W. Mellon Educational and Charitable Trust (Bildungs- und Wohltätigkeitsstiftung), wurde sofort mit den Umbauarbeiten an Biltmore, einem palastähnlichen, der französischen Renaissance nachempfundenen Herren-

Die Offiziere der National Gallery of Art; von links nach rechts: John Walker, Harry McBride, David Finley, Macgill James und Huntington Cairns (Foto Irving Penn).

sitz in Asheville im Staat North Carolina begonnen, wo die bedeutendsten Werke der brandneuen National Gallery of Art gelagert werden sollten. Biltmore, im Auftrag von George Vanderbilt in den neunziger Jahren des achtzehnten Jahrhunderts als »Retraite« in den Bergen entstanden, war nicht feuergefährdet und lag abseits, aber dennoch in der Nähe einer Eisenbahnstrecke, und erfüllte damit die wesentlichen von Kenneth Clarke aufgestellten Bedingungen.[2] In New York liefen derweil ähnliche Vorbereitungen an. Das Metropolitan Museum, wo die Verantwortlichen einen weitläufigen Tunnel direkt unter dem Gebäude (entstanden durch das Entfernen von Wasserleitungen im Jahre 1939) als zu feucht sowie eine verlassene Kupfermine im Norden des Staates New York abgelehnt hatten, war außerhalb von Philadelphia ebenfalls fündig geworden: das leerstehende Anwesen, ehemals Wohnsitz eines Kollegen von J. P. Morgan, war zwar weit weniger abgelegen seitab als Biltmore, aber es war ebenfalls feuersicher und ausreichend klimatisiert.[3] W. G. Constable, der neu ernannte Direktor des Museum of Fine Arts in Boston, schrieb an eine Verwandte in England, auch sein Museum plane die Evakuierung und räume übungshalber bereits hin und wieder die Ägyptische und die Klassische Abteilung aus.[4]

Im November war die Angst vor einer bevorstehenden Katastrophe so groß, daß die Vorbereitungen auf Luftangriffe in den meisten Washingtoner Behörden – ob kultureller Ausrichtung oder nicht – auf Hochtouren liefen. Dessen ungeachtet wirkte der tatsächliche Kriegsausbruch dennoch wie ein Schock, und während die Wogen des Patriotismus in allen Lagern hochschlugen, schwemmten sie auch Wahnwitz und Massenhysterie an die Oberfläche. In Seattle machte sich eine Menge, aus Zorn über Ladeninhaber, die sich nicht an das Verdunkelungsgebot hielten, auf Plünderungstour, und ein Kongreßabgeordneter namens Bradley aus Michigan schlug vor, die Fassaden all der blendend weißen Gebäude in Washington dunkelgrau zu übermalen, damit sie weniger gute Zielscheiben abgäben.[5]

Die Museumsverantwortlichen, die sich in New York vor Weihnachten am letzten Adventwochenende trafen, erkannten die Gefahren, die beim Ausbruch von Panik drohten, nur zu gut. Zu den Hauptgründen für ihr Treffen gehörte denn auch die Vorbereitung einer Pressemitteilung, um die überall herumlungernden Presseleute zu beruhigen, die offenbar mit der Nachricht rechneten, daß man die größeren Museen des Landes eines nach dem anderen unverzüglich schließen und räumen werde.[6]

Die Eindrücke des Blitzangriffs auf London vor Augen, richteten sie ihre Aufmerksamkeit hauptsächlich auf mögliche Schäden durch Luftangriffe. Heute, in der Zeit ferngesteuerter Atomwaffen, kommen uns die Erörterungen von 1941 vor wie aus einer anderen Welt, aber eine von Agnes Mongan vom Harvarder Fogg Museum zusammengestellte Diavorführung zeigte die Realität nur allzu deutlich: die Wände der Grande Galerie im Louvre mit all den leeren Rahmen, die ausgebombte Tate Gallery mit den unzähligen Quadratmetern zersplitterter Oberlichter auf den Böden und das mit Tonnen von Erdreich aufgefüllte Schiff der Kathedrale von Canterbury, mit dem man die Erschütterung bei Explosionen zu dämpfen hoffte.

Etliche amerikanische Institutionen ergriffen etwas voreilige Schutzmaßnahmen, die ihren Kunstwerken nicht immer zum Vorteil gereichten. Im Museum of Modern Art hängte man die bedeutenderen Gemälde in der dritten Etage Nacht für Nacht ab, brachte sie in einen mit Sandsäcken geschützten Raum im Zentrum der Stockwerks und hängte sie am Morgen, bevor das Publikum eintraf, wieder auf.[7] Alle Museen bestellten tonnenweise Kerzen, falls die Stromversorgung ausfallen sollte, rund um die Uhr standen Feuerwehrteams auf Abruf, es gab neu eingerichtete Versorgungszentren, und man verteilte Gasmasken und dazu Erste-Hilfe-Sets. Bauingenieure und Unterhaltsteams sonnten sich in der ungewohnten Aufmerksamkeit. Es gab eine Unzahl nüchterner und praktischer Hinweise; so stand in einem Rundschreiben kurz: »Verstreute Teile aufsammeln und in ein Tuch einwickeln, mit der Sammlungsnummer versehen«, »Zwei Personen halten das Gemälde, und eine dritte schneidet den Draht durch« und »Eile vermeiden, außer sie sei unerläßlich, um Kunstwerke aus unmittelbarer Gefahr zu bringen« lauteten andere.

Nach eingehender Untersuchung teilten Ingenieure der National Gallery der Verwaltung mit, das Dach des Museums eigne sich nicht für die Installation einer Flugabwehrwaffe. Dies hatte nichts mit der Sicherheit der Sammlungen zu tun, sondern mit der Befürchtung der Ingenieure, das Dach könnte das Gewicht der Waffen nicht tragen und die Kuppel ins Schußfeld geraten. In Boston wurden die japanischen Ausstellungsräumlichkeiten unverzüglich geschlossen, um unangebrachten patriotischen Kundgebungen zuvorzukommen. Das New Yorker Metropolitan Museum schloß seine Tore bei Einbruch der Dämmerung, weil man befürchtete, daß das Publikum im verdunkelten Museum der Versuchung erliegen könnte, sich mit Ausstellungsstücken davonzumachen. In der Frick Collection hatte man bereits begonnen, die Oberlichter schwarz zu bemalen, was eine Angestellte trocken als reichlich sinnlos bezeichnete, sei doch Manhattan außer bei ausgesprochen schlechtem Wetter aus der Luft ohnehin nicht zu verfehlen. Die für gute Lichtverhältnisse so wichtigen Oberlichter stellten tatsächlich in vieler Hinsicht ein kaum lösbares Problem dar: zum einen waren sie kilometerweit zu sehen, und zum andern war die Verletzungsgefahr durch Glasbruch für die Gemälde wie für das Publikum ausgesprochen groß. Und noch größer als die Angst vor Schäden war die Furcht vor Sabotage: die Verantwortlichen sahen im Geiste bereits Paketbomben und zerstörungswütige Horden vor sich.

Zwei Tage lang redete man sich über derlei und andere Themen die Köpfe heiß. Sollten Ausstellungen mit Leihgaben weiterlaufen? Was sollte evakuiert werden und wann? Nur in einem Punkt waren sich alle Verantwortlichen einig, und darauf beharrten sie auch: die Museen mußten offen bleiben. In dieser Haltung bestärkte sie auch eine Resolution des Ausschusses für den Schutz von Kulturgütern, die David Finley, der Direktor der National Gallery, persönlich überbrachte: Es sollte keine allgemeine Evakuierung stattfinden, solange Armee und Marine dies nicht für ratsam hielten. Man einigte sich auf die Formulierung, es sei Pflicht der Museen, den Menschen Erholung und Zuflucht vor den Wirrnissen des Krieges zu bieten. Sollten die Museen gezwungen sein, ihre besten Werke wegzubringen, wollten sie seit langem eingelagerte Objekte zeigen – an diesem Punkt dachte jemand laut darüber nach, ob dies das Publikum überhaupt bemerken würde. Bei Bombardierungen sollten die Museen zudem als öffentliche Schutzräume dienen. Von der Leitung des Naturhistorischen Museums kam der Vorschlag, Klaviere in die Schutzräume zu stellen, um die Menschen zu unterhalten und zu beruhigen.

Die Forderung des Finanzministeriums, die Museen sollten bei der Anpreisung der schönen Seiten des Lebens in Amerika mithelfen, um den Verkauf von Kriegsanleihen anzukurbeln, wurde zuerst zwar kühl aufgenommen, fand dann aber bald breiten Zuspruch und erhielt sogar den Vermerk »gute Propaganda«. Mitgerissen vom patriotischen Feuer und der Aussicht auf staatliche Unterstützung diskutierten die Museumsverantwortlichen zusammen mit Ringling Brothers über eine mögliche gigantische Wanderausstellung, welche »große Errungenschaften in Amerika neu darstellen« sollte. Der vom Museum of Modern Art im Juli 1940 vorgebrachte Vorschlag fiel dann allerdings als zu teuer wieder vom Tisch. In der Euphorie des Tages ergänzte der Ausschuß die für die Presse vorgesehene Absichtserklärung um den pathetischen Passus: »[…] daß die amerikanischen Museen bereit sind, im Dienste der Menschen dieses Landes im gegenwärtigen Konflikt ihr Bestes zu geben […] Daß sie eine Quelle der Inspiration sein wollen, welche die Vergangenheit erleuchtet und der Gegenwart Leben verleiht; daß sie den Geist stärken wollen, von dem der Sieg abhängt.« Nach dem Verlesen dieses Textes, rief Juliana Force vom Whitney Museum spontan aus: »Ich finde es wundervoll!«, und dem Vorschlag von Alfred Barr, die Erklärung mit einer stehenden Ovation zu ehren, kamen die Anwesenden denn auch nach.

Im Gepäck der Direktorinnen und Direktoren befanden sich auf dem Nachhauseweg Broschüren von George Stout, dem leitenden Konservator des Fogg Museum und bestausgewiesenen Experten für das Verpacken und Evakuieren von Kunstwerken in Amerika. Stout, ein Veteran des Ersten Weltkriegs und damals Augenzeuge der furchtbaren Zerstörungen, hatte als Mitglied eines internationalen Ausschusses für den Schutz von Gemälden bereits 1933 Paris und Deutschland besucht. Von seinen europäischen Briefpartnern, deren zensierte Briefe ihn auf verschlungenen Wegen aus Holland, Deutschland und Frankreich über den U-Boot-»verseuchten« Atlantik erreichten, hatte er genaueste Kenntnisse über die Wirkung der modernen Waffen auf empfindliche Objekte erhalten. So mußte man in Großbritannien aus bitteren Erfahrungen lernen, daß Fenster nicht innen, sondern außen mit Brettern verkleidet und geschützt werden müssen, weil die Abdeckungen bei Bombenexplosionen sonst nach innen geschleudert werden. In Spanien fand man heraus, daß die Erschütterung solcher Explosionen sogar in Kisten verpackte und gepolsterte Gemälde in Mitleidenschaft ziehen kann. Martin de Wild schrieb Anfang März 1941 warnend aus Den Haag, er habe »vor kurzem Rembrandts *Nachtwache* überprüft, die sich in einem zwar gut klimatisierten, jedoch dunklen Schutzraum in den Dünen befindet. Das Gemälde ist in guter Verfassung, aber natürlich vergilbt jeder Firnis im Dunkeln.« Es stellte sich auch heraus, daß die Dunkelheit das Wachstum von Parasitenorganismen auf der Leinwand fördert. Um derlei neue Erkenntnisse den anderen zu vermitteln, widmete Stout 1942 die Januarausgabe seiner Zeitschrift *Technical Studies* diesem Thema und organisierte im März ein zweiwöchiges Symposium am Fogg.[8]

Die größeren Museen begannen sofort, ihre wertvollsten Objekte in Sicherheit zu bringen. Angestellten der National Gallery of Art war es sichtlich unwohl beim Gedanken, ihre Werke aus Washington hinaus zu transportieren, obwohl der Verwaltungsrat die Erlaubnis für die Vorbereitungen dazu erteilt hatte. Sie sorgten sich um die Auswirkungen einer solchen Aktion auf andere Institutionen, die dem Beispiel des am engsten mit offiziellen Regierungsstellen verbundenen Museums wohl folgen würden. Direktor Finley bestand deshalb darauf, daß vor einer tatsächlichen Evakuierung beim Ausschuß für den Schutz von Kulturgütern und dem National Resources Planning Board abgeklärt werden müsse, ob »eine solche Aktion in irgendeiner Hinsicht mit der allgemeinen Politik der Regierung in Konflikt stehen würde«.[9] Als von dieser Behörde aber keinerlei Einwände kamen, sah der Verwaltungsrat keinen Anlaß mehr, noch länger zu warten, und genehmigte den Abtransport der Kunstwerke. Ähnliche Beschlüsse fielen auch im Frick, im Metropolitan und in anderen Museen, und die Crème de la crème der amerikanischen Sammlungen ging nun ihrerseits auf eine Reise mit ungenannten Zielen.

Die Durchführung erfolgte mit aller Umsicht. Die National Gallery war gewöhnlich nur zwei Tage im Jahr geschlossen, nämlich an Weihnachten und Neujahr. Am 30. Dezember 1941 setzte der leitende Kurator John Walker ein Memorandum an die Angestellten auf mit der Anweisung, auf allfällige Fragen über verschwundene Gemälde zu antworten, man könne »nicht sagen, welche Gemälde ausgestellt seien, da einige Abteilungen neu eingerichtet würden und man daher manche Werke vorübergehend habe abhängen müssen. Keinerlei Angaben darüber, welche Gemälde entfernt worden oder wann sie wieder zu sehen sind.«[10]

Kaum hatte das Museum am Silvesterabend die Türen geschlossen, nahmen die Angestellten fünfundsiebzig zuvor ausgewählte Gemälde von den Wänden, und als es am 2. Januar wieder öffnete, hatten sie die Lücken mit anderen Werken gefüllt oder durch eine andere Hängung kaschiert. Im Lager überprüften sie die entfernten Gemälde und legten sie in speziell dafür vorbereitete Kisten. Am eiskalten Morgen des 6. Januar gingen die fünfundsiebzig Gemälde ab zur Union Station. In den Kisten befanden sich unter anderem, passend zur Jahreszeit, Botticellis *Anbetung der Hl. Drei Könige,* Davids *Ruhe auf der Flucht nach Ägypten* und van Eycks *Verkündigung* sowie drei Werke von Raffael, Rembrandt und Vermeer, zwei von Duccio sowie von Verrocchio die beiden Skulpturen *David* und *Giuliano de' Medici.* Nur zwei amerikanische Werke schafften die Wahlhürde, nämlich *Washington Family* von Savage und das so oft reproduzierte Bildnis des ersten amerikanischen Präsidenten von Gilbert Stuart. Auf der Frachtquittung der Railway Express stand als Gesamtwert die Zahl 26 046 020 Dollar. Am 12. Januar befanden sich die Gemälde der National Gallery in bester Verfassung in ihrem neuen Heim in den Bergen, wo einander ablösende Teams von Kunstsachverständigen und Wachen sie Tag und Nacht hegten und pflegten.

Bei den mannigfaltigen und riesigen Sammlungen des Metropolitan Museum dauerte die Evakuierung erheblich länger. Abteilung für Abteilung wurde geschlossen, heimlich nachts ausgeräumt und der Bestand eingepackt. Bis Februar hatten die Museumsleute 15 000 Objekte verschiedenster Art weggeschafft und mehr als neunzig Lastwagenladungen in die ländlichen Vororte von Philadelphia gefahren. Die Kuratoren des Bostoner Museum of Fine Arts – wahre Nachkommen ihres Freiheitshelden Paul Revere – stellten, auf Luftangriffe wie auch auf Attacken von U-Boot-Kommandos gefaßt, Beobachtungsposten auf dem Dach auf und verlegten die wertvollsten Werke in drei

Die Gemälde der National Gallery of Art werden in den Schutzraum nach Biltmore gebracht.

Gebäude, die ihnen das Williams College im abgeschiedenen Westen von Massachusetts zur Verfügung stellte. Die Frick Collection und das Philadelphia Museum of Art griffen auf Kellerräume unter den eigenen Häusern zurück. Die Phillips Collection in Washington ließ eine Fracht nach Kansas City bringen, und Sammlungen aus San Diego und San Francisco wurden nach Colorado Springs verlegt. Das Detroit Institute of Arts hingegen ließ auf Anordnung von Henry Ford, der überzeugt war, daß so gut wie keine Angriffsgefahr bestand, überhaupt nichts entfernen.[11]

Andernorts hielten die Arbeiten monatelang an. Anfang November 1942 verlangte Präsident Roosevelt einen Lagebericht des so trägen Ausschusses zum Schutz von Kulturgütern. Laut dem Dokument, das die Mitglieder im März 1943 schließlich vorlegten, wurden aus Washington allein über tausend Kubikmeter an Büchern, Manuskripten, Druckgrafiken und Zeichnungen sowie der »Star-Spangled Banner«, die alle »einen unersetzlichen Beweis für die Entwicklung der amerikanischen Demokratie« darstellten, in »drei Bildungsinstitutionen im Landesinneren« überführt. Die Unabhängigkeitserklärung kam nach

Fort Knox. Im festungsähnlichen Gebäude des Staatsarchivs aus dem Jahre 1934 und ersten Regierungsgebäude mit Klimaanlage brachte man allein im Jahre 1942 an die fünftausend Kubikmeter Dokumente unter. Selbst nach diesem Zustrom war in den achtzehn Etagen des Archivs, die heute bis unter die Decke vollgestopft sind, noch viel Platz vorhanden, aber die evakuierten Dokumente stellten auch nur einen Bruchteil der staatlichen Sammlungen und Archive dar.

George Stout und seine Kollegen waren nicht nur am Schutz der amerikanischen Sammlungen interessiert. Es bestanden schon seit längerer Zeit keine Zweifel mehr daran, daß die Vereinigten Staaten früher oder später in den Krieg auf dem europäischen Kontinent verwickelt werden würden. Diese Überzeugung herrschte vor allem in den akademischen Bastionen im Osten des Landes vor, die traditionell auf Europa ausgerichtet waren, und die zahlreichen Flüchtlinge, die an den dortigen Universitäten nun lehrten, bestärkten sie noch. Die mit der Kriegsplanung betrauten Beamten der Roosevelt-Administration wußten nur zu genau, daß diese Universitätskreise eine lebenswichtige Informationsquelle darstellten, ohne die sich in Europa, das sich praktisch völlig in feindlicher Hand befand, eine militärische Aktion gar nicht durchführen ließ. Nur wenige Tage nach dem Fall von Paris im Juni 1940 gründeten Angehörige der Harvard-Fakultät und Ortsansässige, die ihren Beitrag zu diesem Krieg leisten wollten, die American Defense Harvard – eine Schaltstelle, die zur Verfügung stehendes Fachwissen an den richtigen Ort vermitteln sollte. Ähnliche Organisationen bildeten sich dann in der Folge auch an anderen Bildungsinstituten.

Und sie sollten bald in Anspruch genommen werden. Am 16. September 1940 trat der Selective Service Act (Wehrdienst-Gesetz) in Kraft, und damit stand das Kriegsministerium vor der Aufgabe, Millionen von Rekrutierten auf den Dienst an Orten vorzubereiten, an die sie nicht einmal im Traum gedacht hatten. Dabei hieß es bei Null anfangen, aber innerhalb nur weniger Wochen bereiteten Freiwillige der American Defense Harvard Vorträge und Seminare vor und führten sie auch durch. Später nahm das berühmte Office of Strategic Services (OSS) – Amt für strategische Dienste (Nachrichtendienst) – einen Großteil dieser akademisch Gebildeten in seine Reihen auf.[12]

Amerikanische Kunstsachverständige waren genauso darauf erpicht

Francis Henry Taylor, Direktor des Metropolitan Museum of Art.

wie alle anderen, die allseitigen Anstrengungen mitzutragen, allerdings dachten sie dabei nicht in erster Linie daran, in Vereinigungen wie der American Defense Harvard mitzuhelfen. Als die Sicherheit der Museen einmal gewährleistet war, schrieben George Stout und W. G. Constable Ende September 1942 an den Ausschuß für den Schutz von Kulturgütern, welcher in Fragen der Kunst noch immer als *das* Forum galt, und schlugen vor, einen Unterausschuß zu bilden, der die materielle Erhaltung bedrohter Kulturgüter sowohl in den Vereinigten Staaten als auch in Europa mit dem Ziel untersuchen sollte, »der Welt als Beispiel zu dienen, sobald der Frieden gekommen ist«.[13] Ganz im Vertrauen riet Constable ausdrücklich davon ab, jemanden aus einer leitenden Museumsposition in diesen Unterausschuß zu berufen, brächten diese doch »weder die notwendige Erfahrung noch besonderes Interesse für diese Aufgabe mit«. Er und Stout dachten eher an ein fachspezifisches Team, das die bedrohlichen Probleme analysieren sollte, welche Stouts europäische Kollegen und Kolleginnen so lebhaft beschrieben hatten. Die Antwort auf den Vorschlag kam knapp und höflich: der Ausschuß werde die Sache in Erwägung ziehen.

Trotz Constables Bedenken begannen sich auch die Verantwortlichen in den Museen jedoch immer mehr für den Schutz der europäischen Kunstschätze zu interessieren. Francis Henry Taylor, der Direktor des Metropolitan Museum, hatte die Idee, einen Schutzausschuß zu bilden, bereits mit dem Verwaltungspräsidenten der National Gallery, David Bruce, besprochen, der bald darauf zum Leiter der OSS-Aktionen in London ernannt wurde. Sie stellten sich ein Team vor, das unter der Leitung der United Nations Refugee and Rehabilitation Administration

(UNRRA) arbeiten sollte, einer Hilfsorganisation zur Unterstützung von Flüchtlingen und Verschleppten, die der New Yorker Gouverneur Lehman gegründet hatte. Im November 1942 machte sich Taylor nach Gesprächen mit Stout und Paul Sachs in Cambridge auf die lange Bahnreise durch die verdunkelten Städte und die herbstliche Landschaft auf nach Washington, um seine Vorschläge mit »den Leuten an der National Gallery« weiter zu erörtern. Weil der Ausschuß für den Schutz von Kulturgütern weiterhin kaum in Erscheinung trat, bildeten diese nun die Lobby der Museen. Und zwar nicht zufällig: In Washington waren damals wie heute Kontakte das A und O, und im Verwaltungsrat der National Gallery saßen der Justizminister, der Außenminister und der Finanzminister sowie der Verwalter der National Gallery Harry McBride, ein ehemaliger Beamter des Außenministeriums, der auf persönlichen Wunsch von Außenminister Cordell Hull seit Kriegsausbruch bereits mehrere heikle Missionen geleitet hatte.

Taylor wurde sofort vorgelassen, um Justizminister Harlan Stone seinen Vorschlag zu unterbreiten, und dieser versprach ihm, die Angelegenheit mit Franklin D. Roosevelt zu besprechen. Einige Tage später traf sich auch William Dinsmoor, Präsident des Archaelogical Institute of America und ebenfalls ein Verfechter der Sache, mit Stone. Am 24. November erörterte der Verwaltungsrat der National Gallery den Vorschlag offiziell, und David Finley konnte Taylor bereits am nächsten Tag mitteilen, daß Stone bereit sei, den Vorsitz eines nationalen Ausschusses zu übernehmen. Kongreßbibliothekar Archibald MacLeish wollte Stones Ernennung Präsident Roosevelt vorlegen, und der stellvertretende Kriegsminister John J. McCloy zeigte sich ebenfalls begeistert von dieser Wahl.

Voller Optimismus nach dieser positiven Antwort von höchster Ebene schrieb Taylor am 4. Dezember 1942 an Sachs: »Noch weiß ich nicht, wie die Bundesregierung dies organisieren will, aber eines ist sonnenklar: Wir werden zum Spezialistendienst eingezogen werden, entweder als Zivilisten oder Militärpersonen. Ich habe persönlich meine Dienste angeboten, und ich bin für beides bereit.«[14] Um Druck zu machen, hatten sowohl Taylor als auch Dinsmoor ein Memorandum zu Händen Roosevelts verfaßt mit dem Vorschlag, für den Schutz von Baudenkmälern und Kunstwerken in Zusammenarbeit mit der Armee und der Marine ein Korps von Fachleuten einzusetzen. Getreu seinem eigenwilligen Charakter erwähnte Taylor in seinem langen Memorandum etwas undiplomatisch im selben Abschnitt, in dem es um die Beschlagnahmungen seitens der Nationalsozialisten ging, auch den jahrhundertelangen Streit um den britischen Anspruch auf die Elgin Marbles und Napoleons Abtransport der Bronzepferde von San Marco in Venedig.[15] (Dinsmoor, der in bezug auf Napoleon ganz offensichtlich anders dachte, schlug dagegen vor, das Spezialkorps nach dem Beispiel der Kunstsachverständigengruppe zu bilden, die Napoleon im Jahre 1798 auf dem Ägyptenfeldzug begleitet hatten.[16] Taylor vertrat zudem die Ansicht, es sei ein Expertenkomitee unter seiner Leitung unverzüglich nach Spanien, England, Schweden und Rußland zu schicken, um die Lage zu analysieren und Roosevelt Bericht zu erstatten. Wie dies angesichts der erst vor kurzem erfolgten Invasion in Nordafrika, der furchtbaren Lage bei Stalingrad und der ständigen Bombardierung Großbritanniens in die Wege zu leiten war, führte er allerdings nicht näher aus.

Harlan Stone hielt Wort und sandte am 8. Dezember Empfehlungen an das Weiße Haus, dies seinerseits in einem nüchtern gehaltenen Memorandum, aus dem er alle historischen Referenzen tilgte und durch die Anregung ersetzte, die britische und sowjetische Regierung ebenfalls darum zu ersuchen, ähnliche Teams zu bilden. Während Invasionen, so der Vorschlag, sollten die Ausschüsse dem Generalstab ausgebildete Fachleute zur Verfügung stellen, von denen viele bereits in der Armee dienten, um so »Werke von kulturellem Wert, soweit dies die militärischen Notwendigkeiten erlauben, schützen zu können«. Der Ausschuß sollte zudem Listen von geplünderten Werken erstellen und beim »Waffenstillstand« dafür sorgen, daß die Bedingungen auch die Rückgabe öffentlichen Eigentums einschlossen; sollte solches Eigentum verloren oder zerstört worden sein, müßten die Achsenmächte »Rückerstattung in Waren« leisten, wobei die Werke aus einer Liste »gleichwertiger Kunstwerke ausgesucht würden, [...] welche die Achsenmächte aus ihren Museen oder aus den privaten Sammlungen ihrer Anführer in die besetzten Länder bringen müßten«.[17] Drei Tage später übermittelte Präsident Roosevelt Harlan Stone seine Zustimmung. Der »interessante Vorschlag«, so Roosevelt, sei den zuständigen Regierungsstellen zur Begutachtung vorgelegt worden. Danach herrschte Funkstille.

Was die schachmatt gesetzten Museumsleute nicht wissen konnten, war, daß innerhalb der Regierung seit fast zwei Jahren um das gesamte

Kontrollkonzept für die Gebiete, die den Alliierten bald in die Hände fallen würden, Uneinigkeit herrschte.[18] Traditionell hätte es zum Aufgabenbereich der Armee gehört, aber mit Problemen, die eine langfristige Besetzung mit sich bringen, war die Militärführung noch nie in diesem Ausmaß konfrontiert worden. Präsident Roosevelt und auch die Armee selbst gaben der baldmöglichen Einrichtung einer zivilen Kontrolle den Vorzug. Und tatsächlich begannen sofort nach der Kriegserklärung zivile Stellen aller Couleurs – staatliche wie private –, Pläne zu schmieden, Ausschüsse zu bilden und nach Aufmerksamkeit zu gieren; die Ausschüsse von Harvard und der Museen waren bloß zwei davon. Die Armee, der es beim Gedanken daran, die Kontrolle an eine Horde von militärisch nicht ausgebildeten Zivilisten zu verlieren, mulmig wurde, bildete im Juni 1942 im Amt des Provost Marshal General (Kommandeur der Militärpolizei) eine Sonderabteilung der Militärregierung und richtete in Charlottesville im Staat Virginia eine Ausbildungsstätte für Mitglieder der Militärverwaltung ein. Die Vereinigung American Defense Harvard und die Museumsleute, die der Armee beigetreten waren, forderten darauf sofort, den Schutz von Baudenkmälern und Kunstwerken in den Lehrplan aufzunehmen.

Eine Zeitlang schien diese Ausbildungseinrichtung zu genügen, und als General Dwight D. Eisenhower eine zivile Verwaltungsabteilung für den Planungsstab der Nordafrikainvasion beantragte, schickte man ihm unverzüglich ein paar frisch ausgebildete Offiziere aus Charlottesville sowie eine Abordnung aus dem Außenministerium. Sie sollten sich vor allem um Angelegenheiten der Lokalregierung kümmern. Für wirtschaftliche Probleme, wie zum Beispiel die Nahrungsmittelversorgung der ansässigen Bevölkerung, betrachtete man mehr oder weniger vage die zuständigen zivilen Behörden der Vereinigten Staaten und Großbritanniens als zuständig. Eisenhower konnte es kaum erwarten, all diese Probleme loszuwerden, um sich auf die eigentlichen Kampfhandlungen konzentrieren zu können: »Manchmal kommt es mir vor, als lebte ich in einer Woche zehn Jahre, von denen mindestens neun politische und wirtschaftliche Angelegenheiten mit Beschlag belegen«, sagte er einmal zu General Marshall.[19]

Auf dem Papier machten sich all diese Pläne zwar schön und gut, aber für den Kriegsschauplatz taugten sie nicht viel. Die zivilen Behörden, kopflastig mit Exekutivkräften und Planungsstäben besetzt, verfügten über praktisch keine Leute vor Ort, so daß sie für sämtliche Informationen wie auch für die Transporte zu Wasser und zu Land voll und ganz auf das Militär angewiesen waren. Man schien allgemein dafür zu sein, einfach einen weiteren Ausschuß zu bilden, wenn etwas nicht funktionierte. Das Kriegsministerium war aber in keinem dieser Ausschüsse vertreten, obwohl es sozusagen die Drehscheibe war, über die sie alle zu funktionieren hatten. Zur Lösung dieses Problems sandte man oft hohe Tiere in die Arena, die direkt mit den Hauptquartieren verhandelten, was zum Beispiel Francis Henry Taylor vorhatte. Dieses Vorgehen kostete allerdings viel von Eisenhowers kostbarer Zeit, weshalb dieser immer weniger gewillt war, überhaupt nicht-militärische Funktionäre an »seinem« Einsatzort zu haben.

Roosevelt und Churchill trafen sich in der dritten Januarwoche 1943 in Casablanca. Dort bestimmten sie – nicht ohne einige Meinungsverschiedenheiten – Sizilien und nicht Nordfrankreich als nächstes Ziel der Alliierten. Die Invasion wurde für den Juli geplant, und diesmal sollten zum ersten Mal britische und amerikanische Streitkräfte gemeinsam gegen eine feindliche Nation vorgehen. Im Kriegsministerium, wo man sich auch mit zivilen Angelegenheiten befaßte, erkannte man sofort, daß die Bemühungen für ein gemeinsames Vorgehen und eine gemeinsame Planung noch erheblich verstärkt werden mußten, sollte dieser Feldzug noch auf weitere Kriegsschauplätze ausgedehnt werden. So legte man sämtliche Aktivitäten in zivilen Angelegenheiten rasch in einer neuen Abteilung zusammen, der sogenannten Civil Affairs Division (CAD) unter der Führung des Kriegsministers, die ihre Arbeit offiziell am 1. März 1943 aufnahm.

Nur wenige Tage nachdem die Staatschefs Casablanca verlassen hatten, begann auch schon die Planung für den Einmarsch in Sizilien. Offiziere begaben sich nach Tripolitanien, um die dort bereits bestehende britische Besatzungsverwaltung zu analysieren, und sie fanden auch schon ein inoffizielles Programm für den Schutz von Kulturgütern vor. In ihrem daraus resultierenden Plan forderten sie die für damals erstaunliche Zahl von vierhundert Offizieren für Aufgaben im Zusammenhang mit zivilen Angelegenheiten an. Bis April gab es ein Ausbildungslager in der Nähe von Algier, und am 1. Mai stand der Geheimplan HUSKY, wie der Code-Name für die Sizilieninvasion lautete, praktisch fest. Die Idee einer zivilen Beteiligung galt immer noch als fester Bestandteil der Besetzung durch beide Nationen unmittelbar nach den Kampfhandlungen; die einzige Schwierigkeit dabei war nur, daß die absolute Geheimhaltungsstufe von HUSKY jegliche konkreten zivilen Pläne unmöglich machte.

Wenn man die Bildung einer offiziellen staatlichen Behörde zum Schutz von Kunstwerken in den Vereinigten Staaten als langsam bezeichnen kann, dann ging die Entwicklung in London, wo die britische und verschiedene alliierte Regierungen im Exil ihre Rückkehr auf den Kontinent vorbereiteten, ganz eindeutig im Schneckentempo voran. Dies war größtenteils der europäischen Haltung zuzuschreiben, Zivilpersonen dürften und könnten sich nicht in die Aktionen von im Einsatz befindlichen Streitkräften einmischen. George Stout und W. G. Constable hatten schon zu Beginn ihrer Bemühungen 1943 an Sachverständige wie Kenneth Clark und Eric Maclagan, den Direktor des Victoria and Albert Museum, geschrieben, um sie über ihre Bemühungen zur Schaffung eines offiziellen Schutzkomitees zu unterrichten und anzufragen, ob in England ähnliche Aktionen geplant seien. Beide Herren schienen von einer solchen Idee völlig überrascht. »Ich kann mir schwer vorstellen, daß ein Apparat eingesetzt werden kann, der die in Ihrer Petition enthaltenen Vorschläge umsetzen könnte; selbst unter der Annahme, daß es beispielsweise für einen Archäologen möglich wäre, eine Invasionsarmee zu begleiten, hätte es dieser meiner Meinung nach äußerst schwer, einen kommandierenden Offizier davon abzuhalten, ein wichtiges militärisches Ziel zu bombardieren, nur weil es dort ein paar schöne historische Bauwerke gibt«, schrieb Clark zurück.[20]

Maclagan war der gleichen Ansicht, ja, er gab sich gar noch pessimistischer: »Bei heftigen Kampfhandlungen entstehen so oder so Schäden [...] Ich glaube nicht, daß es auch nur von geringstem Nutzen wäre, im Hauptquartier einen offiziellen Archäologen zu haben.«[21] Was die Plünderungen anbelangte, machte er sich keine Sorgen: »Nun, da außerhalb von Europa kein Markt besteht, [...] gibt es nur interne Plünderungen.« Gegen diese aber lasse sich bis »zum Zeitpunkt des Friedensvertrages« nichts unternehmen. Beide Schreibenden gingen davon aus, daß weder die britischen noch die amerikanischen Truppen absichtlich etwas zerstören würden und daß die im Feldhandbuch dazu enthaltenen Ermahnungen vollends genügten.

Es gab wohl Anzeichen von Interesse, aber dieses konzentrierte sich fast ausschließlich auf die Wiedererlangung von geplünderten Werken

nach Kriegsende. Im Oktober 1942 hatte man eine Konferenz der alliierten Kultusminister zur Planung der kulturellen Wiederherstellung von Europa ins Leben gerufen, und Mitte Sommer 1943 schlug sich diese mit dem mühseligen Problem des Schadenersatzes herum. Die die Konferenz dominierenden Vertreter der besetzten Länder waren verständlicherweise stärker an dieser Frage interessiert als die Briten. Mit Abstand am engagiertesten zeigte sich der polnische Vertreter Karol Estreicher, dessen Berichte und Briefe an Francis Henry Taylor die Bemühungen des letzteren stark beeinflußten.
Im Januar 1943 veröffentlichten die Vereinten Nationen, zu denen zu dem Zeitpunkt die Vereinigten Staaten, die besetzten Länder, das britische Commonwealth, China und die Sowjetunion gehörten, ebenfalls eine Deklaration und erklärten darin »jeglichen erzwungenen Transfer von Eigentum in feindlich kontrolliertem Gebiet für ungültig«.[22] Eine andere Vereinigung namens Comité Interallié pour l'Etude de l'Armistice, versuchte, ein Gesetz für den Ersatz von geplündertem Eigentum auszuarbeiten, steckte aber monatelang in einer Sackgasse, weil sich die Mitglieder nicht auf eine genaue Definition des entscheidenden Begriffs *spolié* (geplündert) einigen konnten, und hatte noch keine Ergebnisse hervorgebracht. Doch da die alliierte Invasion in Europa noch immer in weiter Ferne schien, blieben all die Vorstöße ohnehin im Bereich der Theorie, und der praktische Schutz von Kulturgütern fand kaum je Erwähnung.
Clark und Maclagan behielten mit ihrer Meinung recht, daß die britische Armee alle auftauchenden Probleme mit Kulturgütern selbst anpacken wollte. Aber mit ihrer verächtlichen Bemerkung über den Nutzen eines offiziellen Archäologen im Hauptquartier erwiesen sie sich als weniger weitsichtig, denn in der Tat wurde kein Geringerer als der berühmte Archäologe Sir Leonard Woolley, der die Grabstätten der sumerischen Könige in der irakischen Stadt Ur ausgegraben hatte, zum archäologischen Berater des Kriegsministeriums ernannt – dies allerdings erst im Oktober 1943. Bis dieser Posten die gebührende Wertschätzung erfuhr, vergingen mehrere Jahre, und die Prozedur folgte ganz der britischen Tradition, sich irgendwie durchzuwursteln.
Die britischen Streitkräfte hatten Anfang 1941 für ein paar Monate Cyrenaica an der libyschen Küste besetzt gehalten. Zu dem Zeitpunkt galt Libyen als eines der Juwele von Mussolinis neuem römischem Reich. Er hatte enorm viel Geld ausgegeben, um die klassischen

Ruinenstädte Leptis Magna, Cyrenaica, Sabratha und andere Stätten im Mittelmeerraum wiederherstellen zu lassen. Dies geschah zwar laut Woolley, der später meinte, wissenschaftliche Forschung sei überall dem theatralischen Pomp untergeordnet worden oder ihm gleich ganz zum Opfer gefallen, nicht allerorts mit der notwendigen archäologischen Präzision. Aber Wolley mußte auch zugeben: »Allerdings kommt man beim Besuch nicht umhin, von der imposanten Wirkung der Ausgrabungen beeindruckt zu sein, und für die italienischen Faschisten stehen sie ja auch tatsächlich für den Ruhm ihrer überlieferten Vorfahren.«[23] Die italienische Armee nahm das Gebiet im Frühjahr 1941 wieder ein und gab im Sommer eine Broschüre mit dem anklagenden Titel *What the English Did in Cyrenaica* (Was die Engländer in Cyrenaica taten) heraus, illustriert mit Aufnahmen von zerstörten Statuen, verwaisten Sockeln und unflätigen angelsächsischen Graffiti, offenbar alles ein Werk der Commonwealth-Truppen. Die Broschüre wurde später als Fälschung entlarvt; offenbar standen die Statuen in italienischen Reparaturwerkstätten, und die Graffiti waren zwar echt, befanden sich jedoch nicht auf den Monumenten selbst. Sie wirkte sich allerdings propagandistisch entsprechend unangenehm aus und hatte einen aufgeregten Austausch von Mitteilungen zwischen dem Kriegsministerium in London und dem Hauptquartier im Nahen Osten zur Folge. Nach Beratungen mit dem am schnellsten verfügbaren Archäologen – per Zufall Woolley, der damals beim Kriegsministerium einen ganz anderen Dienst versah – wurde Befehl an Montgomerys Streitkräfte erlassen, die gerade den Feldzug auf El Alamein antraten: es gelte, »jegliche archäologischen Monumente, die in ihren Besitz kommen könnten«, zu schützen.

Wie genau dies zu geschehen hätte und wo sich diese Monumente befinden könnten, fand keine genauere Erwähnung. Die britischen Soldaten nahmen sich den Befehl zu Herzen und sicherten jeweils unverzüglich Museen und kulturelle Stätten in Cyrenaica ab, als sie das Gebiet erneut eroberten. Allerdings gab die Kontrolle in abgelegeneren Orten Probleme auf, begannen doch vom Dienst befreite Truppen sofort nach Beendigung der Kampfhandlungen ihre Namen in Steine einzuritzen, Teile an Reliefs als Souvenirs wegzuhauen und empfindliche Mosaiken zu zerstören, indem sie mit ihren Jeeps darauf herumkurvten.

Zum Glück erschien als einer der ersten Offiziere ein Lieutenant Colo-

Gestellte italienische Propaganda-Aufnahme zum Vandalismus der Alliierten in Cyrenaica; wirklich echt sind nur die Graffiti.

nel namens Mortimer Wheeler am Ort, Archäologe und Direktor des London Museum, und erstattete seinen Vorgesetzten über diese Zustände unverzüglich Bericht, worauf er umgehend mit dem Schutz der antiken Zeugnisse beauftragt wurde. Als ebenso glücklicher Umstand erwies sich die Anwesenheit eines weiteren früheren Kurators des London Museum, namens Major J. B. Ward-Perkins, der Wheeler half, das ungeheuer große Gebiet zu überwachen. Die beiden Offiziere fühlten sich voll und ganz in ihrem Element, und bald veranlaßten sie die italienischen und arabischen Wachen, die man in einem Versteck im Museum von Sabratha aufgespürt hatte, dazu, unter dem wachsamen Auge eines britischen Unteroffiziers ihre Arbeit wiederaufzunehmen.

Sie ließen einen kleinen Führer drucken und sowohl Informations- als auch Warnschilder in den Ausgrabungsstätten aufstellen. Zudem veranstalteten sie Vorträge und Führungen. Woolley schrieb, der Bildungsversuch erweise sich als so erfolgreich, daß »Truppen, die in den Sanddünen östlich von Leptis eine Gewehrstellung aushoben und dabei auf eine gut erhaltene römische Villa mit Fresken stießen, diese sorgfältig freilegten, einen Plan davon zeichneten, die Fresken fotografierten und die Stätte dann wieder mit Sand auffüllten, um sie zu schützen; erst dann hoben sie ihre Schützengräben an einer anderen Stelle aus.« Die Archäologen inspizierten alle historischen Stätten und übernahmen die italienischen Fotoarchive. Für den eigenen späteren Gebrauch hoben sie die Luftaufnahmen, wie sie die Geheimdienste verwenden, sorgfältig auf. Wie bei Besatzungsregierungen üblich, wurden all diese Tätigkeiten erst im nachhinein geregelt, und zwar mit einer »Proclamation on Preservation of Antiquities«, herausgegeben am 24. November 1943. Dieser Erlaß regelte alle der britischen Militärverwaltung zustehenden Rechte in bezug auf Funde aus der Antike und untersagte »das Ausgraben, Entfernen, Verkaufen, Verstecken oder Zerstören von antiken Objekten ohne Erlaubnis«. Ein britischer Offizier blieb für den Kulturgüterschutz so lange in Nordafrika, bis alle Besatzungstruppen wieder abgezogen waren.

Woolley in Großbritannien und die Offiziere im Feld wurden dabei von privater Seite beratend unterstützt. Fachleute von Instituten wie dem Griechisch-Römischen Museum in Alexandria oder dem Institute of Archaeology in London wurden gebeten, die Stätten zu besichtigen oder Rat zu erteilen. Weitere Maßnahmen erschienen nicht als notwendig, und amerikanische Forderungen nach einer hochrangigen Kommission trafen auf geringe Begeisterung. Die archäologische Beratungsabteilung bestand, fast familiär, nur gerade aus dem bestallten Berater selbst, Lady Woolley und einem Angestellten. Ihr Motto, passend klassisch, stammte aus der Bestattungsrede des Perikles und lautete grob übersetzt in etwa: »Wir schützen Kunst zum kleinstmöglichen Preis.« Woolley hatte bald heraus, wie sich die Dienstwege der Armee umgehen ließen: »Der Berater mag seine eigenen Ansichten darüber haben, wie etwas ausgeführt werden sollte, und obwohl er wußte, daß diese den örtlichen Gegebenheiten möglicherweise nicht entsprechen könnten, wünschte er doch, daß sie zumindest in Erwägung gezogen würden. Oder er benötigte vielleicht Informationen, welche die an ihn gesandten Berichte nicht enthielten. Meistenteils war solchen Dingen nur durch einen halboffiziellen Briefwechsel abzuhelfen, und während die offizielle Kommunikation über die üblichen Kanäle recht spärlich floß, war die Ablage mit den halboffiziellen Briefen umfangreich.«[24]

Die Notwendigkeit, für Sizilien ein detailliertes Szenario zu erstellen, die Einrichtung eines Amtes, das sich speziell mit zivilen Angelegenheiten zu befassen hatte, der Druck sämtlicher beteiligter Parteien und dann die tatsächliche Durchführung von militärischen Operationen seitens Großbritannien – all dies trug durch das Zusammentreffen im Frühjahr 1943 dazu bei, daß in den Vereinigten Staaten die Vorstellung, Monumente und Kunstwerke zu schützen, nicht mehr so abwegig erschien. Das Problem bestand nun darin, all die verschiedenen Ansätze zu einer zielgerichteten Aktionslinie zusammenzufassen, was die mangelnde Kommunikation unter den beteiligten Parteien allerdings ungeheuer erschwerte – ganz im Gegensatz zu den deutschen Beschlagnahmungen, welche die Spitzen der nationalsozialistischen Macht so effizient zu koordinieren wußten.
Washington unternahm den ersten konkreten Schritt in Sachen Kunstschutz am 10. März 1943, als Colonel James H. Shoemaker an die American Defense Harvard schrieb, er könne garantieren, daß »in den Unterlagen, welche die Beamten der Militärverwaltung in besetzten Gebieten verwenden werden, Informationen zu diesem Bereich enthalten sind«. Weiter heißt es: »Daher würde ich die Mitarbeit von Dr. G. L. Stout in Form von Informationen in dieser Angelegenheit begrüßen. Es wäre zudem hilfreich, für wichtigere Fälle einen Absatz über den Stellenwert der fraglichen Objekte für die einheimische Bevölkerung einzufügen. Ohne dies erweist es sich als schwierig, im Bedarfsfall ein Urteil über die Bedeutung einer Aktion zu fällen.«[25] Für die Kunstsachverständigen bedeutete diese so harmlos klingende Bitte, eine Liste aller bedeutenden Kirchen, Denkmäler, Bauten und Kunstwerke in den Ländern aufzustellen, die man zu besetzen gedachte, und dabei den Grad deren Schutzwürdigkeit zu begründen. Und diese Arbeit sollte bis Juli erledigt sein.
Innerhalb weniger Tage tat sich die Kluft zwischen Wissenschaft und Militär auf. Colonel Shoemaker beantwortete einen eher langatmigen Entwurf für das Vorwort zum geplanten Handbuch und zu den Listen diplomatisch mit dem Hinweis, daß »langfristige Konzepte durch unmittelbare Notwendigkeiten in den Hintergrund gedrängt« werden könnten, was nicht viel anderes hieß, als daß die Armee nicht an der Kunst um der Kunst willen interessiert war.
Im gleichen Brief schrieb er zudem, in die Listen der Museen und Bibliotheken seien auch Forschungslabors aufzunehmen, würde es

doch »das Interesse für den Schutz von Kulturgütern eher wecken, wenn man die beiden Anliegen gemeinsam vorlegen« könne. Shoemaker sah sehr klar voraus, daß sich die amerikanische Regierung in erster Linie dafür einsetzen würde, alles an Technologie und Forschung zu übernehmen und zu erhalten, was dem eigenen Land in Zukunft nützlich sein konnte. Aushebungsoffiziere, so bemerkte Shoemaker weiter, würden zudem gewiß eher Expertenteams für diese Aufgabe abordnen, wenn »Forschungslabors« auf der Liste stünden: kurz, er wand sich, konnte aber wohl nicht gut rundheraus sagen, daß sich die meisten Angehörigen der Bundesregierung keinen Deut um Kunst scherten. Doch die Kunstsachverständigen ignorierten diese Anregung zur Zusammenarbeit mit naturwissenschaftlichen Kreisen, eine arrogante Haltung, die sie später teuer zu stehen kam.

Hinsichtlich der Gebiete, die diese Listen erfassen sollten, folgte der Colonel listig dem Befehl der Stabschefs, alle Pläne möglichst allgemein abzufassen. So riet er den Ausschüssen nur, sich »nicht einzuschränken«, da »wir kritische Reaktionen seitens verbündeter Regierungen im Exil zu vermeiden wünschen«. Die Informationen sollten »deutlich in verschiedene Abschnitte, und zwar nach Ländern gegliedert« werden. Alles, was enthüllen könne, wohin sich die Streitkräfte als nächstes wendeten, sei als Katastrophe zu betrachten.[26]

Anfang April wandte sich Shoemaker erneut an die American Defense Harvard und teilte mit, es sei genehmigt worden, »einige Leute mit besonderen Fähigkeiten auf dem betreffenden Gebiet mit der Ausbildung in militärischer Verwaltung zu beauftragen«.[27] Zu diesem Zeitpunkt stand auch das in Zusammenarbeit mit Stout erarbeitete Handbuch praktisch vor der Vollendung, und man hatte mit der Bearbeitung der einzelnen Listen von Kulturdenkmälern und Kunstsammlungen sowie mit dem allgemeinen Hintergrundwissen für die jeweiligen Unterlagen der Feldeinheiten in den einzelnen Ländern begonnen.

Schon wenige Tage nachdem die American Defense Harvard Shoemakers ersten Brief erhalten hatte, verschickten die Mitglieder dieser Vereinigung eine wahre Flut von Briefen an prominente, nun in den Vereinigten Staaten lebende Verbannte und baten um Informationen. Zu den Angeschriebenen gehörten etwa die Literaturnobelpreisträgerin Sigrid Undset für Norwegen, der bekannte Rembrandt-Experte Jakob Rosenberg für Holland und Belgien sowie Georges Wildenstein für Frankreich. Über letztere Wahl zeigte sich Paul Sachs nicht erfreut, aber Wildenstein beharrte so energisch darauf, nicht nur Listen von kunstbewanderten Flüchtlingen, sondern auch von Objekten aufzustellen, daß Sachs seine Bedenken schließlich diskret fallenließ. Nun gingen Briefe an Institutionen im ganzen Land, mit Anfragen nach dem Aufenthaltsort bereits eingezogener Personen, die sich für eine solche Kulturgüterschutz-Ausbildung eigneten. Etwas überrumpelt vom Schwung dieser Aktion schrieb Shoemaker warnend: »Für diese Aufgabe werden nur ganz wenige Personen benötigt. Die Anzahl wird notwendig beschränkt. Die Sache zu sehr zu forcieren würde eher einen Bumerang-Effekt bewirken.«[28]

Ein anderer, ähnlich gelagerter Vorstoß von Taylor und Archibald MacLeish, am 15. März an Kriegsminister Stimson gerichtet, fiel ebenfalls auf fruchtbaren Boden. Deren Memoranden hatte man an Colonel John Haskell weitergeleitet, den stellvertretenden Direktor der brandneuen Abteilung für zivile Angelegenheiten, und dieser betrachtete den Vorschlag als bedeutend genug, um ihn unverzüglich der Operations Division und damit der höchsten Planungsgruppe innerhalb des Kriegsministeriums zum Studium zu empfehlen.[29] Dabei fand er Unterstützung seitens General Wickershams, des Leiters der Ausbildungsstätte für Mitglieder der Militärverwaltung. Er empfahl am 1. April, »der Abteilung für zivile Angelegenheiten jedes Kommandanten ein bis zwei Fachleute zuzuteilen, die diesen bei seinen Bemühungen zum Schutz und zur Erhaltung historischer Monumente, Kunstschätze und ähnlicher Objekte beraten und unterstützen sollen«. Haskell trat zudem für einen Pool von rund dreißig auf diesem Gebiet spezialisierten Fachleuten ein, um sie bei Bedarf beiziehen zu können. Auch sollte der Kulturgüterschutz explizit in den Feldhandbüchern der Armee Aufnahme finden. Am 19. April traf er sich persönlich mit den Beamten der National Gallery, die sich ebenfalls bereit erklärten, Namen von qualifizierten Fachleuten zur Verfügung zu stellen. Anläßlich dieses Treffens hörte die Abteilung für zivile Angelegenheiten erstmals vom Vorschlag eines Präsidialausschusses und befand ihn für gut. Vier Tage später erging über Marshalls Unterschrift ein Telegramm an Eisenhower mit der Anfrage, ob er einverstanden sei, zwei Stabsberater in Sachen Kunst – einen amerikanischen und einen britischen – in das HUSKY-Planungsteam aufzunehmen. Eisenhowers Zustimmung traf am 25. April ein.[30]

Im Mai erreichte das Material für die Handbücher nach und nach

Colonel Shoemaker, und Sachs' Bedenken hinsichtlich Wildensteins Beitrag bestätigten sich. Mit größter Zurückhaltung deutete Shoemaker darauf hin, daß im Tonfall der Berichte eine gewisse Herablassung zu spüren sei. So hielt er im französischen Entwurf zum Beispiel den folgenden Passus für unangebracht:

> Besatzungsarmeen sollten die *klassierten* Gebäude respektieren und ihren Leuten Respekt davor beibringen. Sie werden *fast immer* eine ortskundige Person finden, die bereit ist, Erläuterungen zu diesen Bauwerken abzugeben und eine Besichtigungstour zu organisieren, und solche Besichtigungen können sich nur positiv auswirken, heben sie doch bei Truppen und Offizieren jeweils das Interesse für das betreffende Gebäude. Aggressoren sollten, wenn immer möglich, vermeiden, ganze Städte zu vernichten. Die Franzosen sind natürlich erbost über die Angewohnheit der Deutschen, beim Rückzug alles zu zerstören. Sie werden ebenso erbost sein über jegliche amerikanische Taktik, schon alles zu zerstören, bevor sie überhaupt angekommen sind, sollte eine solche Taktik angewandt werden.

Angesichts des Zusammenzugs amerikanischer Streitkräfte nach dem zermürbenden Feldzug in Nordafrika für den Einmarsch in Sizilien bemerkte Shoemaker trocken, daß die Zeit für Besichtigungen zweifellos kommen werde, daß aber unter den gegenwärtigen Umständen »Anweisungen im Hinblick darauf den Offizieren als reichlich ironisch erscheinen müßten. [...] Der Rat am Schluß des Absatzes wird ihnen genauso überflüssig erscheinen.« Dann schloß er ziemlich verärgert: »Überdies gilt es zu trennen zwischen praktischen Anweisungen zum Schutz von Objekten und allgemeinen Anweisungen zum Verhalten der Streitkräfte (die ausgeklammert gehören).«[31] Stout berichtete derweilen schadenfroh, ihm seien Gerüchte zu Ohren gekommen, daß scheinbar »die [Kunst-]sachverständigen mit der US-Armee etwas gar pädagogisch umspringen. Das ist natürlich reine Zeitverschwendung.«[32] In der Hoffnung, damit gesträubtes akademisches Gefieder zu legen, schickte der Cambridge-Ausschuß rasch eine dringliche Weisung mit einem festen Regelkanon und der Forderung nach Mäßigung an seine Materiallieferanten los. In dem Schreiben stand zudem, man rechne »mit ihrem Verständnis, daß es sich bei der Vorbereitung dieses Materials doch zu einem gewissen Grad um ein Experiment handle«.[33]

Die American Defense Harvard war nicht die einzige Vereinigung, die sich mit derartigen Erhebungen beschäftigte. Im Januar 1943 hatte sich in New York ein spezieller Ausschuß des American Council of Learned Societies konstituiert, der ebenfalls von der Notwendigkeit des Kulturgüterschutzes überzeugt war. In den folgenden Monaten zeigte sich New York ausgesprochen kooperativ: das Metropolitan Museum stellte Büroräumlichkeiten zur Verfügung, und die Rockefeller-Stiftung steuerte 16 500 Dollar für die Entlöhnung der Angestellten in New York und Dumbarton Oaks sowie in der National Gallery in Washington bei. Zudem überließ Helen Frick den Mitarbeitenden alle Einrichtungen ihrer Art Reference Library. Man zog die American Society of International Lawyers, eine Vereinigung international tätiger Rechtsanwälte, zur Beratung bei, und bald verschickte auch der Council of Learned Societies Fragebögen an Hunderte von Personen, die mit der Kunstszene in irgendeiner Art in Verbindung standen. Außerdem stellte man eine Streitschrift über die deutschen Plünderungen – soweit bekannt – zusammen, um sie an die Kongreßabgeordneten zu verteilen, in der Hoffnung, damit Anhörungen vor dem Ausschuß für Auslandsbeziehungen zu erwirken und die Einrichtung einer staatlichen Abteilung für Kulturgüterschutz auf höchster Ebene voranzutreiben.
Taylor, Finley und Co. waren bis Ende April 1943 überzeugt, die Anerkennung ihres Ausschusses sei nur noch eine Frage der Zeit. Taylor aber stand vor einem Dilemma. Gerüchten nach wünschte Präsident Roosevelt, den energischen Direktor des Metropolitan Museum zum Kunstberater des Obersten Kommandanten der Alliierten zu ernennen, und zwar im Range eines Colonels, womit Taylors ersehnte Inspektionsreisen zu Europas bedrohten Monumenten ebenso in greifbare Nähe rückten wie die Erfüllung seines Begehrens, deren Schutz in den höchsten Kreisen der Alliierten zu betreiben. Doch zur langfristigen Schadenfreude seiner Kollegenschaft lehnte die Armee ihn seiner Korpulenz wegen ab, und an seiner Stelle schlug John Walker von der National Gallery Captain Mason Hammond vor, einen Altphilologen in Harvard, der bereits eingezogen war und beim Nachrichtendienst der Air Force Dienst tat.
Hammonds Vorgesetzte glaubten nicht, daß man ihn für einen solch unwichtigen Dienst freistellen würde, und Hammond selbst hatte keine Ahnung, was man von ihm erwartete, als der Befehl dann tatsächlich eintraf. Am 27. Mai rief er den emigrierten deutschen Kunsthistoriker

Wilhelm Koehler an, der an den Listen der American Defense Harvard in Dumbarton Oaks arbeitete, da er gehört hatte, daß dieser irgendwas mit dem Schutz von Baudenkmälern zu tun habe. Aus Koehlers Memorandum zu diesem Gespräch geht klar hervor, daß Hammond nie mit Colonel Shoemaker gesprochen hatte (und dieser wußte auch nichts von seiner Ernennung):

> Er soll in ein paar Tagen nach Algerien entsandt werden, wo er vermutlich weitere Informationen über seinen Auftrag erhalten wird, der mit dem Schutz von Kulturgütern zu tun hat [...] In Bälde soll vom Präsidenten ein nationales Beratungskomitee ernannt werden, aber er weiß nicht, wer darin vertreten sein wird; er selbst hingegen soll direkt dem General unterstellt sein und nicht einer Organisation oder einer Behörde des Innenministeriums. Er ist absolut unvorbereitet auf seine Arbeit und hat keine Zeit, sich vor seiner Abreise darauf vorzubereiten. Er fragt mich, ob ich ihm helfen könne. Ich informiere ihn kurz über die Ausschüsse [...] und Col. Shoemaker [...], über Paul Clemens Buch (das wir vergeblich für ihn zu beschaffen versuchten) [...], über persönliche Erfahrungen im Ersten Weltkrieg [...] Er ist überaus dankbar für alles, hatte er doch keinerlei Ahnung von dem, was ich ihm erzählen konnte.[34]

Dringend auf mehr Informationen bedacht, verabredete sich Hammond für den nächsten Morgen mit Shoemaker. Die beiden verstanden sich ausgezeichnet, aber da der Colonel an die Geheimhaltung gebunden war, konnte er dem frischgebackenen Kulturgüterschutz-Offizier keine spezifischen Angaben, ja noch nicht einmal Andeutungen machen, welche Nachschlagewerke sich für ihn im Feld als nützlich erweisen würden. Mit der Überzeugung, Kulturgüter in Algerien schützen zu müssen, reiste Hammond am 3. Juni ab, um seine nicht näher bestimmte Aufgabe in Angriff zu nehmen.

Aus Hammonds Gespräch mit Koehler geht nicht hervor, daß die Ausschüsse bereits den Fuß in der Tür Präsident Roosevelts hatten und nur noch der offiziellen Anerkennung bedurften. Am 21. Juni unterschrieb Außenminister Cordell Hull eine revidierte Version des Schreibens, das David Finley im April für ihn entworfen hatte, und legte sie auf Roosevelts Schreibtisch. Roosevelt gab innerhalb von achtundvierzig Stunden grünes Licht, und damit war die American Commission for the Protection and Salvage of Artistic and Historic Monuments in War Areas (Amerikanische Kommission für den Schutz und die Bergung von künstlerischen und historischen Monumenten in Kriegsgebieten) endlich Tatsache geworden.[35] Die einzige Schwierigkeit bestand darin, daß dies erst am 20. August offiziell bekanntgegeben werden sollte, und bis dahin konnte viel geschehen. In der Zwischenzeit blieb ihre Existenz ein wohlbehütetes Geheimnis, und die bereits etablierten nichtstaatlichen Organisationen nahmen die ihnen übertragenen Aufgaben weiterhin wahr.

Und es gab viel zu tun: Am 27. Juni telegrafierten die Planer von HUSKY an die Abteilung für zivile Angelegenheiten des Kriegsministeriums und forderten sie auf, so schnell wie möglich Material über öffentliche Monumente in Italien, einschließlich Sizilien und vor allem Sardinien, zu sammeln und per Luftkurier an sie weiterzuleiten. Das Kriegsministerium hatte die »Harvard«-Listen über diese Gebiete am 12. Juni erhalten. Die Abteilung für zivile Angelegenheiten schickte am 2. Juli vier Kopien mit dem entschuldigenden Hinweis, die Listen seien »in aller Eile zusammengestellt« worden und deshalb nur »vorläufig«. Eine Woche später hießen die Planer den Vorschlag gut, Landkarten an die Feldeinheiten abzugeben, auf denen die in der Liste enthaltenen Bauten klar eingetragen waren. Die Arbeit an diesen sogenannten Frick-Karten wurde daraufhin in New York unverzüglich aufgenommen.[36] Niemandem der an dieser Arbeit Beteiligten fiel auf, daß zum selben Zeitpunkt brandneue Militärlandkarten von Sizilien die Druckerei verließen und daß diese auf neuesten Luftüberwachungsaufnahmen des Aufklärungsgeschwaders unter dem Kommando von Elliott Roosevelt, dem Sohn von Franklin und Eleanor Roosevelt, beruhten, die nur eine Woche zuvor eingetroffen waren.

Am 7. Juni traf Mason Hammond in Algier ein, wo ihm zu seiner Überraschung mitgeteilt wurde, daß er sich nicht mit Nordafrika, sondern mit Sizilien befassen sollte. Man beorderte ihn umgehend in ein Ausbildungs- und Planungszentrum in Chrea, etwa sechzig Kilometer außerhalb von Algier. Dieser Ort, wo sich die zukünftige alliierte Militärverwaltung von Sizilien (in einem Hotel, einer ehemaligen Kinderheilstätte und einem Skiclub untergebracht) unter höchster Geheimhaltungsstufe organisierte, lag ziemlich abgelegen von den Unterkünften der Kampfeinheiten, die zuerst nach Sizilien übersetzen mußten. Die Grundzüge dieses Feldzugs faßte ein Handbuch mit dem Namen AMGOT-»Bibel« (Allied Military Government) zusammen. Hammond, dem nichts vom Material zur Verfügung stand, das seine akademische Kollegenschaft zu Hause so eifrig zusammenstellte, fügte diesem Handbuch alles bei, was er über den Umgang mit Kunstwerken und den grundlegenden Schutz von Gebäuden wußte.

Die kollegiale Atmosphäre im Ausbildungszentrum, wo jeder Offizier sein Fachgebiet mit seinesgleichen diskutieren konnte, erleichterte es Hammond, etwas Verständnis für seinen Verantwortungsbereich zu wecken, wenn auch viele »den Einbezug von Kulturgüterschutz in eine militärische Operation mit einer gewissen humorvollen Verachtung straften«. Das größte Problem bestand im Beschaffen von Informationen, denn die Invasion unterstand so strenger Geheimhaltung, daß Hammond keine der dafür zur Verfügung stehenden Einrichtungen in Algier nutzen konnte. Und das einzige Nachschlagewerk in ganz Chrea, ein Buch mit dem Titel *Italian Touring Club Guide for Sicily,* begehrten die anderen Offiziere auch, suchten sie doch darin nach Informationen zu Bevölkerung und Landschaft.

Trotz dieser Einschränkungen gelang es Hammond, einen kurzen geschichtlichen Abriß über die Insel und eine Liste der bedeutendsten Stätten zusammenzustellen. Als Generalmajor Lord Rennell of Rodd, der designierte britische Chef der Militärregierung, aus Geheimhaltungsgründen verbot, diese Schrift zu vervielfältigen und zu verteilen, gab Hammond seine Anweisungen mündlich: »Ich habe allen Männern, mit denen ich gesprochen habe, geraten, ortskundige Führer anzuheuern [...] oder von den Lokalbehörden in Erfahrung zu bringen, welche Baudenkmäler sich in ihren Distrikten befinden.« Die Reaktion auf diesen etwas naiven Rat schien vorerst positiv auszufallen, aber als der Tag der Invasion näherrückte, blieb Hammond allein – ein britischer Kollege war noch gar nicht ernannt – und frustriert in Chrea zurück. Es gab für ihn wenig zu tun, und er war sich peinlich bewußt, daß sein Rat auf höchster Ebene um seines geringen militärischen Grades willen nicht zur Kenntnis genommen wurde und daß die Richtlinien für die Invasion nur verlangten, Kunstwerke, Kirchen und Archive zu »schützen«, dies aber ohne jegliche klare Anweisung an die Offiziere im Feld, wie genau denn dies durchzuführen sei.[37]

Am 5. Juli versammelten sich schließlich Tausende von Soldaten verschiedenster Abteilungen auf mehr als zweitausend Schiffen aller Größen, um die Landung in Sizilien durchzuführen, und die größte Armada der Militärgeschichte setzte sich Richtung Italien in Bewegung, wobei die meisten der an Bord befindlichen Personen noch gar nicht wußten, wohin die Reise ging. Die Emotionen schlugen hoch, als eines der Schiffe des Hauptquartiers aus dem Hafen auslief, vorbei an bunten Wachen und unter den Hornsignalen beider Nationen. Obwohl die Flotte während der Überfahrt in einen heftigen Sturm geriet, landete sie erfolgreich an der Südküste von Sizilien. Das schlechte Wetter hatte den alliierten Vorstoß getarnt, und der anfängliche Widerstand der italienischen Streitkräfte fiel nicht groß aus: alle bemerkten, daß sich das sizilianische Volk eher verhielt, als würde es befreit denn angegriffen.

Dieser Haltung schlossen sich allerdings die deutschen Armeen im Landesinnern nicht an, und nach den ersten euphorischen Tagen begann ein harter Kampf, der bis zum Fall von Messina fast sechs Wochen dauerte, und gleichzeitig begannen auch die Schwächen der neu geschaffenen alliierten Organisationen zutage zu treten. Dem Kriegsberichterstatter Ernie Pyle kam es vor, als sei »die ganze Welt zum Stillstand gekommen, außer dem Krieg; und wir fühlten uns wie Angehörige eines neuen Standes draußen in einer fremden Nacht.«[38] Und nirgends traf dies mehr zu als unter den Verantwortlichen der Militärregierung.

Rund drei Wochen nach der Landung hatte Hammond noch immer nur äußerst spärliche Berichte über die Ereignisse erhalten und drehte Däumchen auf dem algerischen Truppensammelplatz Tizi Ouzu, einem mit Stacheldraht umzäumten Schulhausareal, wo – wie ein späterer Kulturgüterschutz-Offizier berichtete – »die britische Küche und die französischen sanitären Anlagen« ungefähr gleich beklagenswert waren.[39] Hammond war zwar enttäuscht über die Verzögerungen, aber er fühlte sich noch nicht wirklich fehl am Platz, und so schrieb er an einen Kollegen: »Ich zweifle daran, daß diese Aufgabe eine große Anzahl von Fachleuten erfordert, da dies bestenfalls einen Luxus darstellt und das Militär nicht begeistert sein wird über zahlreiche herumrennende Kunstexperten, die den Leuten vorschreiben, was sie nicht angreifen dürfen. Dennoch sollten die Berater (für Sizilien mag einer reichen, für größere Gebiete sind wahrscheinlich mehrere erforderlich) einen genügend hohen militärischen Rang bekleiden, um bei Beratungen ihren

Einfluß geltend machen zu können und dafür zu sorgen, daß ihre Ratschläge im Feld auch tatsächlich befolgt werden. Ihnen sollten zudem Transportmittel zur Verfügung stehen. Inwiefern sie auch Schreibkräfte brauchen, läßt sich schwer sagen.«[40] Er sollte es bald herausfinden.

Am 29. Juli traf Hammond endlich in dem ihm zugewiesenen Hauptquartier in Syrakus ein. Während er die dortigen Bauwerke inspizierte – wobei ihm die größte Gefahr davon auszugehen schien, daß die Bevölkerung die uralten Katakomben als Luftschutzkeller benutzte und die antiken Relikte weggeräumt hatte, um das Leben etwas angenehmer zu gestalten –, stellte er erfreut fest, daß der dortige Antikenverantwortliche bereits an der Arbeit war. Bevor Hammond allerdings viel ausrichten konnte, erhielt das Hauptquartier die Order, nach Palermo umzuziehen, wo Pattons Truppen am 22. Juli einmarschiert waren. Auf seiner umständlichen Route von Syrakus nach Palermo, bedingt durch den heftigen Widerstand der deutschen Truppen im Inselinneren, konnte Hammond einen Blick auf die griechischen Tempel in Agrigent werfen, und sie kamen seinem geübten Auge »unbeschädigt« vor. Weniger erfahrene Offiziere hatten Mühe mit solchen klassischen Überresten. Laut einer der vielen kursierenden Anekdoten soll Patton, der sich die Ermahnungen zum Schutz der Baudenkmäler in den Invasionsdirektiven sehr zu Herzen genommen hatte, von einem Einheimischen mit Hilfe eines Dolmetschers zornig Auskunft darüber verlangt haben, ob der Tempel ohne Dach vor ihm von der amerikanischen Artillerie beschädigt worden sei. Der Bauer sagte nein, dies sei im letzten Krieg geschehen. Patton, der sich selbst als Geschichtskenner betrachtete, fragte verwirrt: »Im letzten Krieg? Welcher war denn das?« »Ach«, antwortete der Bauer, »der zweite Punische Krieg.«[41]

Obwohl Berufssoldaten wie Omar Bradley die Schäden in der alten Hafenstadt Palermo nicht als gravierend betrachteten, waren sowohl die Presse als auch die Beamten der Abteilung für zivile Angelegenheiten bei deren Anblick entsetzt. Die meisten von ihnen sahen in Palermo zum ersten Mal eine Stadt, die systematisch bombardiert worden war. Die alliierte Luftwaffe hatte sich darauf konzentriert, um vom eigentlichen Ziel der Landung im Süden abzulenken. Homer Bigart, Korrespondent der *Herald Tribune,* berichtete: »Es gibt kaum ein Viertel, in dem nicht ein oder mehrere der massiven Steinhäuser in Schutt und

Die Ruinen des Museo Nazionale in Palermo. Im Hintergrund die ebenfalls beschädigte Chiesa dell'Olivella.

Asche gelegt wurden [...]. Die zerschossenen Gebäude wirken im Mondlicht wie eine Reihe grotesker Grabsteine.«[42]

Wo anfangen war schwierig zu entscheiden, aber Hammond wurde bei der Ankunft von einer Abordnung italienischer Museums- und Bibliotheksangestellter empfangen, die Lord Rennell, der britische Chef der Militärregierung, inmitten des ganzen Chaos erstaunlicherweise bereits einberufen hatte. Von ihnen erfuhr Hammond, daß die großartigen normannischen Denkmäler der Stadt und der Umgebung mitsamt dem wunderbaren Dom aus dem zwölften Jahrhundert und dem Kreuzgang in Monreale intakt seien, daß es hingegen Schäden an über sechzig anderen Kirchen und an der Staatsbibliothek gebe. Seit Monaten waren die Lohnauszahlungen ausgeblieben, und man brauchte dringend Geld für Notreparaturen. Die sizilianische Bevölkerung hatte keine großen Hemmungen, diese finanziellen Mittel bei der neuen Besatzungsmacht anzufordern. Diese heikle Situation und die grundsätzlichen logistischen Probleme hielten Hammond in Palermo fest.

Die Angehörigen der Militärverwaltung fanden haarsträubende Arbeitsbedingungen vor. Hammonds Büro enthielt nur gerade einen Stuhl und einen Tisch, ihm stand weder eine Bürokraft noch eine

Schreibmaschine zur Verfügung, und was das Schlimmste war, auch kein Transportmittel. (Berichterstatter der *Herald Tribune* beobachteten zahlreiche Beamte der Abteilung für zivile Angelegenheiten beim Reisen per Anhalter von einer befreiten Stadt zur anderen.) Hammonds vorgesehener britischer Kollege war noch immer nicht aufgetaucht. Zum Glück hatte Hammond aber seine eigene Schreibmaschine mitgebracht, und auf dieser tippte er in einer einzigartigen Mischung aus klassischem Latein und modernem Italienisch Briefe an die italienischen Behörden, die den dort ansonsten zumeist mit düsteren Aufgaben Beschäftigten Anlaß zu großer Erheiterung gaben. In Hammonds Büros waren auch Offiziere tätig, die sich mit Öffentlichkeitsarbeit befaßten, und manchmal »ging es zu wie in einem Tollhaus; ein Offizier versuchte, Fragen der Presse zu beantworten, während ein anderer gleichzeitig auf italienisch mit zwei oder drei Kommissaren sprach.«
Fünf lange, ermüdende Wochen lang kam keine Hilfe, und Hammond hatte keine Ahnung vom Schicksal der übrigen Teile Siziliens. Die meisten in den Vereinigten Staaten über das in Italien zuständige Personal gesammelten Informationen stellten sich als so veraltet heraus, daß er sie, wenn sie ihn endlich erreichten, nicht mehr brauchen konnte. Die berühmten Landkarten, die Hammond an der Front hatte verteilen lassen wollen, kamen gar nicht erst an: sie lagen sorgfältig gestapelt in der Bibliothek des Ausbildungszentrums in Algier. Erst Anfang September stieß sein britischer Kollege, Captain F. H. J. Maxse, zu ihm, und mit seiner und der Hilfe eines italienisch-amerikanischen Sergeants namens Nick Delfino konnte er schließlich den Rest der Insel, wenn auch nur kurz, bereisen. Delfino hatte sich mit »Methoden, die zu zwielichtig sind, als daß man sie drucken dürfte«, ein kleines klappriges Auto beschafft, das bald als »Hammond's Peril« (Hammonds Gefahr) Berühmtheit erlangte. Es war das erste vieler solcher Vehikel, ohne die man große Teile des europäischen Kulturerbes nicht hätte retten können.

Auf ihren Exkursionen fanden Hammond und Maxse heraus, daß die meisten beweglichen Kunstwerke sich in sicheren Lagern befanden und dank dem raschen Durchzug der Streitkräfte die Schäden und Plünderungen gering blieben. Probleme gaben offenbar weniger die eigentlichen Kämpfe, als vielmehr die Besetzung und die vorausgehende Übergangsphase auf, während der die Einheimischen eher der Versuchung zu plündern erlagen, Truppenangehörige jedoch, die sich nicht um das nackte Überleben zu sorgen brauchten, sich auf das Sammeln von Andenken und das Anbringen von Graffiti verlegten. Hammond fand denn auch auf mehr als einer historischen Mauer Seite an Seite deutsche und amerikanische Inschriften. Weil die alliierten Streitkräfte aber so schnell vorankamen, trat auch diese Art von Problemen eher selten auf.

Die Kulturgüterschutz-Beamten mußten dafür Offiziere wegweisen, die ihre Zelte in botanischen Gärten exakt auf seltenen Pflanzen aufgeschlagen hatten, und sie organisierten Schutzvorrichtungen für die Ruinen der bedeutenden Staatsbibliothek in Palermo, deren zerbombte Regale mit kostbaren seltenen Bücher offen dalagen wie aufgeschnittene Granatapfelschnitze, Dieben und der Witterung schutzlos ausgeliefert. Im allgemeinen hielten sich die Schäden jedoch außer in Catania und Messina, wo der Kampf sich über Wochen hinzog, in Grenzen, und Hammond und sein Kollege Maxse verbrachten die meiste Zeit damit, bei der AMGOT, der Alliierten Militärregierung, um Mittel für Notreparaturen zu feilschen. Diese Mittel flossen dann anfänglich so reichlich, daß sich viele versucht sahen, die Dringlichkeit etwas zu übertreiben. Der Kardinalerzbischof von Palermo, der sich früh mit General Patton auf guten Fuß stellte, versuchte, die gesamte Inneneinrichtung seines Palazzo im ursprünglichen Glanz als absolut »wesentlich« einzuschmuggeln. Patton selbst, der im wunderschönen, aber verstaubten und düsteren normannischen Palast residierte – dem Sitz des ehemaligen Königs von Sizilien –, ersuchte ebenfalls um Gelder zur Neuausstattung. Die Ablehnung dieser beiden Anträge sollte in der Folge die Diplomatie der Militärverwaltung schwer strapazieren.[43]

Bevor Woolley Hammond und Maxse eines Besseren belehren konnte, schickten diese umfangreiche und detaillierte Berichte über ihre Erfahrungen auf dem Dienstweg an das Kriegsministerium. Zum Glück schrieb Hammond aber auch lange private Briefe an seine Kollegen zu Hause, mit vielen Vorschlägen zur Verbesserung des Systems, wobei er vernünftigerweise mehr Informationen und Verstärkung verlangte. Sizilien mit seiner freundlich gesinnten Bevölkerung und den verhältnismäßig dünn gesäten Baudenkmälern forderte ihn bereits bis zum letzten. Und nun lag noch ganz Italien vor ihnen, mit einer unendlich größeren Anzahl von kostbaren Dingen, wo die Alliierten bereits einmarschierten und Bomben warfen: die letzte von den Deutschen besetzte Nation.

Die Mühe hat sich gelohnt: Leonardos *Abendmahl* befindet sich wohlbehalten hinter der rechter Hand sichtbaren Schutzwand.

9
Der glühendrote Rechen

Italien, 1943–1945

> Hier ist dieses schöne Land und leidet unter den schlimmsten Schrecken des Krieges. Noch immer haben die Nazis den größeren Teil in ihrer grausamen und rachsüchtigen Gewalt, und es steht ihm Schreckliches bevor, denn wie ein glühendroter Rechen wird sich die Kampffront von Küste zu Küste die ganze Länge der Halbinsel emporziehen.
>
> Sir Winston Churchill
> 24. Mai 1944

Der Einmarsch in Sizilien erwies sich für Mussolini als lähmender Schlag. Der vordem so großtuerische Diktator verlor überall an Unterstützung, selbst in seiner eigenen faschistischen Partei. Am 25. Juli 1943 sprach sich der Große Rat der Partei für die Wiedereinführung der konstitutionellen Monarchie aus. Der König berief Duce Mussolini zu sich, setzte ihn ab und ließ ihn zu seiner Verblüffung verhaften und in einem Krankenwagen ins Gefängnis bringen. Marschall Pietro Badoglio erhielt den Auftrag, eine neue Regierung zu bilden.

Uneins über die nach Sizilien einzuschlagende Richtung reagierten die Alliierten nur langsam auf diese Ereignisse. Nach zähen Verhandlungen einigten sie sich auf eine Invasion Frankreichs im Mai 1944. Man wollte Truppen aus Sizilien nach England verlegen, wo sie mit den Wehrübungen beginnen sollten, und eine reduzierte Streitmacht in Italien einsetzen, wo mit Unterstützung von Badoglios Truppen ein schneller Vorstoß bis zur Höhe von Livorno und Ancona vorgesehen war. Dort, in einer guten Ausgangslage für die Bombardierung Deutschlands, wollten die alliierten Truppen anhalten.

Im Mai hatte Hitler, der nur zu genau wußte, daß Italien im Fall einer alliierten Invasion leicht aufgeben könnte, Rommel insgeheim beauftragt, eine neue Abteilung der Wehrmacht für Norditalien bereitzustellen. Sie sollte die Verteidigung am Brenner verstärken und Truppenteile in den Norden einschleusen. Die Leistung der italienischen Streitkräfte in Sizilien stärkte Hitlers Vertrauen nicht sonderlich. Mussolinis Sturz aber war trotzdem eine böse Überraschung für ihn. Wutentbrannt schrie er zuerst, deutsche Truppen sollten zur Einnahme Roms und des Vatikans entsandt, die gesamte Regierung verhaftet und die königliche Familie entführt werden. Entsetzt über die Aussicht auf die negativen Schlagzeilen, konnte Goebbels Hitler die Einnahme des Vatikans ausreden und die Generäle davon überzeugen, als einzige Gegenmaßnahme eine Fallschirmtruppe auf den Flughafen von Rom zu beordern. Aber die deutschen Vorkehrungen gingen weiter. Den ganzen August über verlegte man Truppen nach Italien und arbeitete genaue Pläne für die Besetzung des Landes aus. Auf das Codewort Achse hin sollten die deutschen Streitkräfte die italienische Armee entwaffnen, die faschistische Regierung wieder einsetzen und Italien als ein weiteres besetztes Land betrachten.

Hitler sah die Lage in Italien nicht nur als Staatsangelegenheit, sondern auch als persönlichen Verrat. Und niemand stand so sehr für die Doppelbödigkeit des ehemaligen Verbündeten als Prinzessin Mafalda, Tochter des italienischen Königspaares und Ehefrau von Prinz Philipp von Hessen, der für Hitler und Göring jahrelang so viele Kunstwerke beschafft hatte. Als Philipp von Hessen ein paar Wochen nach dem Debakel das Führerhauptquartier an der Ostfront besuchte, wurde er höflich, aber entschieden dort festgehalten. Hitlers Umgebung »mied ihn nun, als sei er von einer ansteckenden Krankheit befallen«.[1] Am 9. September ließ Hitler das Ehepaar in zwei verschiedene Konzentrationslager schaffen, wo Prinzessin Mafalda den Tod fand.

Wieviel Hitler von Italien würde halten können, hing von Ort und Zeitpunkt der alliierten Invasion ab. Als die britische Achte Armee schließlich am 3. September 1943 in Kalabrien das Festland erreichte, gingen die deutschen Strategen davon aus, daß die Alliierten diesem Kurs folgen und Rom einnehmen würden, und zwar sowohl aus der Luft als auch mit Hilfe italienischer Truppen und einer Landeoperation an der Küste in der Nähe von Rom. Doch als sich am 8. September die Regierung Badoglio nach zähem Ringen Eisenhowers Truppen ergab und nach Süden flüchtete, waren in der Nähe der Ewigen Stadt weit und breit keine alliierten Truppen zu sehen. Feldmarschall Kesselring verbreitete unverzüglich das Codewort Achse, und die eher zufällig nach Rom verlegten deutschen Elite-Fallschirmtruppen griffen ein.

Was von der faschistischen Regierung übrigblieb, wurde an den Gardasee evakuiert. Ohne ihr Wissen war im Norden eine neue Grenze gezogen worden. Das Gebiet nördlich von Verona und Triest stand, dem Reich einverleibt, unter der Verwaltung der Gauleiter von Tirol und Kärnten. Damit nahm Hitler die generöse Geste zurück, mit der er 1938 beim Anschluß das lange umstrittene Südtirol zum Dank für Mussolinis Unterstützung Italien überlassen hatte. Einen Tag nach dieser Regelung wurde Hitlers Verbündeter Mussolini in einem gewagten Kommandoüberfall befreit und wieder als »Staatsoberhaupt« eingesetzt, wenn auch über ein beträchtlich verkleinertes Territorium. Durch diese raschen Aktionen und das alliierte Zögern konnte sich das Tausendjährige Reich nach Süden über Neapel hinaus ausdehnen, bis zu einer Linie zwischen Salerno an der West- und Bari an der Ostküste.

In den ersten Kriegsjahren hatten auch die Verantwortlichen der italienischen Belli Arti die kostbarsten Bestände ihrer Museen, wie ihre Kollegen und Kolleginnen in anderen Nationen, an geschützte Standorte, sogenannte *ricoveri,* gebracht. Die Museumsverwaltung Neapels transportierte ihre Schätze in die ausgedehnte und abgelegene Benediktinerabtei in Montevergine hoch über der Stadt etwa fünfzig Kilometer östlich. Dort und in einem anderen Depot in Cava bei Salerno lagerten schließlich mehr als siebenunddreißigtausend Kunstwerke aus dem Palazzo Reale, den großen Museen und aus Privatsammlungen. Die Bestände des Städtischen Museums sowie mehr als neunhundert Kisten mit den ältesten Dokumenten aus dem Archiv von Neapel kamen in die Villa Montesano bei Nola. Der Transport war nicht einfach. Gedeckte Lastwagen waren kaum aufzutreiben, die Straßen mit Bombenkratern übersät, und alles, was sich bewegte, nahmen die alliierten Sturzkampfbomber aufs Korn. Jede Fahrt zu den Depots stellte ein Risiko dar, doch die Kuratoren und Kuratorinnen ließen sich nicht abschrecken und brachten bis zum Frühsommer 1943 an die sechzigtausend Gegenstände so sicher wie möglich unter.[2]

Die Art des alliierten Vorstoßes im östlichen Sizilien, wo die Deutschen heftig Widerstand leisteten, beunruhigte die Museumsleute allerdings, denn diese Truppen folgten nicht dem Verlauf der Straßen wie die Deutschen damals in Frankreich. Die Kämpfe zogen sich vielmehr von Dorf zu Dorf, bergauf und bergab, mit heftigem Artilleriefeuer auf beiden Seiten. Auf diese Weise würden die neapolitanischen Depots unweigerlich mitten in das Kampfgebiet zu liegen kommen, und Montevergine, wo sich die wertvollsten Schätze Neapels befanden, war von allen am wenigsten geschützt.

Die deutsche Propagandamaschinerie, die unermüdlich verbreitete, die Alliierten nähmen entweder alles, was ihnen in die Hände fiel, mit oder aber zerstörten es, verstärkte die Besorgnis der Kunstverantwortlichen noch. In einem selbst in der Geschichte der Propaganda durch eine überwältigende Erfindungsgabe bestechenden Artikel berichtete die *Berliner Börsenzeitung,* der amerikanische Kunstgroßhändler Cadoorie and Company habe einen Auftrag für den Erwerb antiker Objekte aus Sizilien erteilt. Es handle sich dabei um dieselbe Firma, die Käufe großen Stils von europäischen Emigranten getätigt und Auktionen von Gemälden, Möbeln, Porzellan und anderen Kunstgegenständen organisiert habe; auch mache sie Jagd auf Kunstschätze, die im spanischen Bürgerkrieg gestohlen worden seien, und im übrigen verstecke sich hinter dem Namen Cadoorie der Jude Pimpernell. Sally Winestone, die Vertreterin in Algier, unterhalte Verbindungen zum Personal der anglo-amerikanischen Lazarettschiffe, und dort reiße man sich darum, ihre Aufträge auszuführen.[3]

Ende Juli reiste Bruno Molajoli, Direktor der neapolitanischen Museen, deshalb nach Rom, um sich mit seinen Vorgesetzten zu besprechen. Allgemein tendierte man nun dahin, die Depots überall in Italien aus den ungesicherten *ricoveri* auf dem Land an besser geschützte Orte zu verlegen, wobei alle übereinstimmend den neutralen Vatikan als den sichersten betrachteten, so daß man unverzüglich Verhandlungen über die Einlagerung aufnahm. Doch die Depots rund um Neapel, die der Gefechtszone am nächsten lagen, konnten nicht warten. Im August wurden hundertsiebenundachtzig Kisten mit den bedeutendsten Gegenständen für den Transport an den sichersten Ort hergerichtet, den sich die Verantwortlichen, abgesehen vom Vatikan, vorstellen konnten: die riesige, einsam und unbezwingbar auf dem Gipfel eines Berges etwa achtzig Kilometer nördlich von Neapel liegende Abtei Monte Cassino. Die kostbare Fracht reiste erst am 6. September ab, nur wenige Stunden vor der großen alliierten Landung in der Bucht von Salerno.

Erst bei ihrer Rückkunft nach Neapel erfuhren die Kuratoren und Kuratorinnen, daß Badoglio sich den Alliierten ergeben hatte, und erkannten, daß Italien sich über Nacht in ein besetztes Land verwandelt

Einmarsch der amerikanischen Truppen in Neapel.

hatte, in dem nun die einstigen Verbündeten genauso eine Gefahr darstellten wie die angreifenden Streitkräfte. Die Lage in Neapel war schrecklich. In der Ferne hörte man das unheimliche Donnern des Artilleriefeuers; immer wieder fielen Bomben auf den Hafen und die Stadt, während rundherum jede Straße, jeder Weg oder Konvoi und auch weniger Profanes wie etwa die wunderschöne Kathedrale in Benevento etwas östlich von Montevergine zerstört wurden. Die Verbände der Carabinieri, Italiens Staatspolizei, hatten die Deutschen aufgelöst, und es gab daher keine Wachen mehr in den Museen und Depots. Wasser- und Stromversorgung waren ebenso unterbrochen wie die Kommunikation mit den Depots auf dem Land, wo ein großer Teil der Bestände noch lag.

Und in der Tat stand es um die Umgebung von Neapel alles andere als ideal. Cava in der Nähe des Brückenkopfes Salerno barst vor Flüchtlingen, die Schutz vor dem Artilleriefeuer suchten, und den Abt hielten die Deutschen als Geisel. In Montevergine gab es keine Wachen mehr, und die Abtei lag jetzt direkt hinter der deutschen Front; den Benediktinern gelang es allerdings mit verschiedenen Tricks, den Truppen den

Einlaß zu verwehren. In der Kirche San Antonio in Sorbo Serpico, die man als eines der letzten Depots gefüllt hatte, verweigerte der Kustos neugierigen NS-Offizieren den Zugang und beschied ihnen, am nächsten Tag noch einmal vorbeizukommen. In der Nacht rief er die Frauen des Dorfes zusammen, und sie trugen auf dem Rücken siebzehn große Kisten mit Gemälden auf die Hügel hinauf, so daß die zurückkehrenden Deutschen nichts mehr fanden. Ihre Vorsicht zahlte sich aus, denn am 26. September übergossen Soldaten aus Wut über den Widerstand der Partisanen in Neapel die Regale der Universitätsbibliothek mit Kerosin und zündeten alles an. Die fünfzigtausend Bände brannten immer noch, als am 28. September plündernde Soldaten in Nola achttausend wertvolle Bücher und Manuskripte aus den verschiedenen Archiven Süditaliens entdeckten und, obwohl die Wachen zwei Tage lang verzweifelt verhandelt hatten, vorsätzlich ebenfalls in Brand steckten. Dabei fielen auch wertvollste Keramik-, Glas-, Email- und Elfenbeingegenstände sowie rund fünfundvierzig Gemälde aus dem Städtischen Museum den Flammen zum Opfer. Diese willkürlichen Akte der Zerstörung überrumpelten Italien völlig – doch es sollten in den kommenden Monaten noch viele mehr werden.[4]

Auch als die Alliierten nach verbissenem Widerstand seitens Kesselrings Truppen am 1. Oktober in Neapel einmarschierten, verbesserte sich die Lage kaum. Über die Universität brach eine zweite Zerstörungswelle herein. Alliierte Soldaten plünderten die Labors und brachten die über Jahrzehnte hinweg aufgebauten Muschel- und Steinsammlungen hoffnungslos durcheinander. Bald sah man die Soldaten mit Jeeps in der Stadt herumkurven, auf denen Hunderte von wunderbar bunten ausgestopften Tukanen, Papageien, Adlern und sogar Straußen aus der zoologischen Sammlung prangten. Die für die Sammlungen im Museum Floridiana Verantwortlichen warf man ohne zu zögern aus ihren Büros. Britische, französische und amerikanische Stäbe quartierten sich ungeniert im Capodimonte und im Palazzo Reale ein, wo sie mit der willigen Unterstützung von Vertreterinnen des neapolitanischen Nachtlebens Brokatstoffe von den Wänden rissen, zweifellos um sie in irgendwelche Kleidung zu verwandeln. Das Museo Nazionale, wo sich trotz all der vielen Evakuierungstransporte noch immer rund fünfhundert Gegenstände an gewohnter Stelle befanden, funktionierte man zu einem Lager für Lazarettbedarf um. Eisenhowers Adjutant flog ein, um für seinen Vorgesetzten eine geeignete Unterkunft in der Nähe des riesigen, von den Deutschen nur Tage zuvor geräumten Schlosses Caserta zu suchen, das die Alliierten als Hauptquartier gewählt hatten und in dem sich der größte Teil der evakuierten kunstgewerblichen Objekte Neapels befand.[5] Die italienischen Museumsbehörden konnten niemanden ausfindig machen, der auf ihre Proteste gegen die mißbräuchliche Verwendung dieser historischen Gebäude reagierte. Molajoli schrieb später:

> Erstmals kam der massive Apparat einer großen Besatzungsarmee, die immer noch in Kämpfe verwickelt war [...] in Kontakt mit einem großen Kulturzentrum und sah sich in ihrer Komplexität unvorhergesehenen, besonderen Problemen gegenüber. Trotz der besten Absichten seitens der [...] Organisationen für kulturelle Unterstützung, die die Vereinten Nationen einsetzten, kam Neapel in den Genuß des unerwünschten Privilegs [...] als Experimentierfeld für diese Organisationen zu dienen.[6]

Molajoli und seine Kollegen und Kolleginnen fanden deshalb keinen Menschen, der sich mit ihren Problemen befaßte, weil Major Paul Gardner, der für Neapel zuständige alliierte Kulturgüterschutz-Offizier, erst drei Wochen später in der Stadt eintraf.

Interventionen in Washington hatten dazu geführt, daß rund ein Dutzend Offiziere den völlig überlasteten Hammond unterstützen und mit den Streitkräften auf das Festland vorstoßen sollten, doch vorläufig saßen auch sie in Nordafrika oder Sizilien fest. Italien war in klar umrissene Gebiete eingeteilt, mit jeweils einem dafür zuständigen Kulturgüterschutz-Offizier, doch dieser erhielt die Order, sich an den Kriegsschauplatz zu begeben, erst wenn das gesamte betreffende Gebiet eingenommen war, obwohl er sich natürlich auch in teilweise besetzten Gebieten durchaus hätte nützlich machen können. Auch die Karten, die von Anfang an unter einem schlechten Stern standen, erreichten nie jemanden, der sie hätte verwenden können; jene für die Region Neapel fielen sogar den Deutschen in die Hände, als eine deutsche Patrouille den britischen Kurier abfing, der sie mit dem Motorrad zum Hauptquartier bringen sollte. Die Kulturgüterschutz-Offiziere rätselten noch jahrelang, was die Deutschen mit diesen geheimnisvollen Dokumenten wohl angefangen hatten.[7] Hinzu kam, daß das für den Kulturgüterschutz zuständige Hauptquartier in Sizilien

verblieb, abgespalten vom Rest und ohne jegliche Verbindung zum eigentlichen Ort des Geschehens.
Aber nicht nur die Kulturgüterschutz-Offiziere waren frustriert. Die Roberts Commission – dieses Kürzel hatte sich zum Glück für die US-amerikanische Kommission zum Schutz und zur Bergung künstlerischer und historischer Monumente in Europa durchgesetzt, da deren Leitung nun statt Justizminister Stone der Präsident des Obersten Gerichtshofes Owen J. Roberts übernommen hatte – fand zwar am 20. August endlich rechtsgültige Anerkennung, doch bis zum 20. Oktober hatten die Mitglieder der Kommission noch nicht eine einzige offizielle Mitteilung über die Ereignisse in Sizilien erhalten. Trotz dieser Informationssperre hatten sie jedoch Fortschritte erzielt. Paul Sachs, der wie kein zweiter über das Personal in amerikanischen Museen Bescheid wußte, da er es zu einem wesentlichen Teil selbst ausgebildet hatte, erhielt den Auftrag, einen Dienstplan mit geeigneten Offizieren aufzustellen. In Anbetracht der fehlenden Informationen aus dem Feld übte David Finley in einer umfangreichen Korrespondenz mit dem stellvertretenden Kriegsminister John McCloy Druck auf das Kriegsministerium aus und beharrte darauf, daß die Offiziere taktischen Einheiten zugeteilt und offiziell besser unterstützt würden. Er fragte, ob die Karten die Luftwaffe je erreicht hätten, und verlangte einen Bericht.[8] Die Kommission wußte nicht viel mehr als das, was sie den Zeitungen entnehmen konnte, und daraus ging hervor, daß sich die Vereinigten Staaten, was den Schutz von Kulturdenkmälern betraf, nicht viel besser als die Deutschen verhielten.
Trotz Präsident Roosevelts Nachricht vom 10. Juli an den Papst mit der Zusicherung, der Vatikan stelle kein Ziel dar, machte die erste alliierte Bombardierung Roms am 19. Juli weltweit Schlagzeilen. Mit Beobachtern der Presse an Bord und strengsten Anweisungen, nichts außer die anvisierten Rangierbahnhöfe zu bombardieren, waren die amerikanischen Flugzeuge gestartet. Doch trotz aller Vorsichtsmaßnahmen fielen Bomben auf die alte, besonders ehrwürdige Basilika San Lorenzo Fuori le Mure – ein gefundenes Fressen für die Propaganda der Achsenmächte, die einen angeblich vom Papst verfaßten Brief verbreiteten, in dem er die Vergeblichkeit seiner Bitten, die Stadt zu verschonen, beklagte und die Alliierten aufrief, »sich doch zu überlegen, welch strenges Urteil nachfolgende Generationen sprechen werden«.[9]
Nach einem zweiten Luftangriff am 13. August erklärte Badoglio Rom

zur offenen Stadt, was allerdings keine Kriegspartei beachtete. Als er aus der Hauptstadt floh, verkündeten die Deutschen, sie hätten den Schutz des Vatikans übernommen, und riegelten den Kirchenstaat mit Ketten von bewaffneten Posten ab, während sie den Rest Roms mit zahlreichen Truppen besetzten. Als Antwort darauf verkündete der Papst, er werde Marschall Kesselring nicht empfangen, bis dieser seine Truppen aus Rom abgezogen habe, und mobilisierte seine Schweizergarde, die – mit modernsten Waffen ausgerüstet, aber in den alten Uniformen – den Deutschen Aug in Aug gegenüberstanden. Das Kräftemessen, über das die alliierte Presse eingehend berichtete, hielt mehrere Wochen an und löste überall Bestürzung aus. »Wie sollen die Alliierten den Feind schlagen, ohne den Vatikan in ein Schlachtfeld zu verwandeln?« fragte sich die *New York Times.*[10]

Ein Sonderbericht über die Zerstörungen und deutsche Greueltaten in und um Neapel, den der US-amerikanische Finanzminister Henry Morgenthau nach einem Besuch im Kriegsgebiet für Roosevelt verfaßte, veranlaßte die Roberts Commission, intensiv darauf hinzuwirken, daß die Alliierten eines oder mehrere Kulturzentren Italiens zu offenen Städten erklärten, damit die Bestände der Depots dorthin überführt werden konnten.[11] Sie erhielt allerdings wenig Unterstützung. Ein vertraulicher Kundschafter wurde vom päpstlichen Nuntius freundlich empfangen, doch man bedauerte; »praktische Probleme« würden eine solche Erklärung leider erschweren. Der Kardinalstaatssekretär meinte, sobald man eine Stadt als offen erkläre, zöge dies »ganz unvermeidlich Gegenbeschuldigungen und Klagen anderer, nicht gleichermaßen bevorzugter Orte nach sich«.[12]

Und auch Oberbefehlshaber Eisenhower war durchaus nicht willens, seine taktischen Möglichkeiten in irgendeiner Weise einzuschränken. McCloy schrieb an Finley zurück: »Eisenhower ist der Meinung, einer solchen Stadt könne der Beschuß durch amerikanische oder britische Truppen zwar gewiß erspart werden, es sei jedoch nicht möglich, von vornherein zu garantieren, daß die Truppenbewegungen nicht notwendig erfordern, eine solche Stadt mit Granaten zu beschießen, sollte sie von den Deutschen gehalten und der Vormarsch der Alliierten dadurch aufgehalten werden. Er ist zudem der Meinung, daß der Vorschlag zwar propagandistisch wertvoll, jedoch unmöglich durchzuführen sei.« Eisenhower zeigte sich auch nicht gerade begeistert davon, Kulturgüterschutz-Offiziere den Kampftruppen zuzuteilen. Seiner Ansicht nach wurde bereits »jede Vorsichtsmaßnahme getroffen, um Kunstwerke zu schützen«. Was die Restauration oder Bergung angehe, so sei dies ein ziviles Problem, das Italien selbst lösen müsse, vielleicht mit Hilfe von ein oder zwei britischen oder amerikanischen Fachleuten.[13]

Die Vorstellung, zivile Organe könnten sich in den eroberten Gebieten betätigen, war zum Zeitpunkt des Falls von Neapel bereits eines langsamen, aber unvermeidlichen Todes gestorben. Der erklärten Politik Roosevelts gehorchend, hatte die Abteilung für zivile Angelegenheiten während der Kämpfe in Sizilien bei der gemeinsamen alliierten Kommandostelle angefragt, wann man solchen zivilen Organen mitteilen könne, daß sie den Kriegsschauplatz betreten dürften. Die Antwort lautete, es sei noch viel zu früh. Am 30. August aber telegrafierte Eisenhower: »Die gegenwärtige Manöversituation wird es zivilen Organen binnen kurzem erlauben, Sizilien zu betreten.« Die Briten waren völlig außer sich, als sie diese Nachricht erhielten. »Die britische Regierung sieht der Aussicht, daß Tausende argloser amerikanische Zivilpersonen in Europa herumrennen, mit einigem Entsetzen entgegen«, lautete eines ihrer Telegramme. Sie akzeptiere lediglich Einzelpersonen, die sich in die Struktur der Militärverwaltung integrieren ließen. Im November gab Roosevelt es schließlich auf und beharrte nicht länger auf kombinierten militärisch-zivilen Operationen im Feld.[14]

Ein harter Schlag für die Roberts Commission, die sich ja ausschließlich aus Zivilpersonen zusammensetzte und vorhatte, sich direkt auf dem Kriegsschauplatz zu betätigen, nun jedoch auf eine rein beraterische Funktion beschränkt wurde, ja nicht einmal auf der Verteilerliste für wichtige militärische Berichte stand.

Damit lastete der Druck, die Lage zu verbessern, ganz auf der Militärverwaltung, und die Aufgabe war nicht einfach. Die Hauptquartiere der obersten Befehlshaber lagen in Algier, Neapel und in Unteritalien. Ihrerseits bestand die Militärverwaltung ebenso aus verschiedenen Divisionen mit eigenen Kommandos. Hinzu kam eine über alledem neuernannte alliierte Kontrollkommission für Belange der Regierung Badoglio mit ihrerseits ebenfalls drei verschiedenen Hauptquartieren. Kein Wunder, daß niemand zuständig schien.

Erst in diesem kritischen Moment, am 23. Oktober 1943, verlieh das britische Heeresministerium Leonard Woolley die offizielle Bezeichnung Archäologischer Berater des Leiters der Abteilung für zivile Angelegenheiten. Etwa zum selben Zeitpunkt erhielt die Roberts Commission die ersten Berichte von Mason Hammond zu den Ereignissen in Sizilien bis Ende August. Doch erst gegen Ende November wurden die ernannten Kulturgüterschutz-Offiziere, die ungeduldig in Palermo warteten, auf dem Festland stationiert. Strengstens auf die ihnen zugewiesenen Gebiete beschränkt und wie üblich ohne Transportmittel, konnten sie jedoch oft nur wenig ausrichten.

In der Zwischenzeit blieb Paul Gardner allein in Neapel, wo der Verwaltungsapparat des Oberkommandos weiterhin Kulturdenkmäler besetzte. Den Palazzo Reale benutzten sie als Offiziersklub, und in Caserta breiteten sich die verschiedenen Hauptquartiere immer weiter aus, bis sie die zweihundert Säle mit kostbaren Gemälden und Möbeln füllten, welche die Truppen herumrückten, wie es ihnen gerade zupaß kam. Es gab auch zahlreiche Berichte über Schäden in Pompeji. Die Truppen betrachteten die Gebäude als bedeutungslos. In einem der Jagdhäuser in Caserta griff sogar General Eisenhower persönlich zur Schußwaffe, um eine Ratte vom Toilettensitz zu vertreiben, statt sich mit einer konventionelleren Methode zu behelfen. (Er benötigte drei Schüsse.)[15]

Die Sanitäter waren in der Pinacoteca untergebracht; sie ließen die Türen meist weit offenstehen, wollten im Hof kochen und in den Sälen Feldbetten aufstellen. Es gab unaufhörlich Klagen über rüde Soldaten, die in verschlossene Bibliotheken und Lager eindrangen und Bücher, Münzensammlungen und Kunstwerke stahlen.

Woolley traf am 1. Dezember an diesem Schauplatz ein. Zu seinem großen Vorteil war er Oberstleutnant der britischen Armee und nahm in der Hierarchie des Heeresministeriums einen hohen Rang ein. In mehreren Treffen in den Hauptquartieren der Alliierten und mit einem scharfen Brief an den Chef der Militärverwaltung wies er auf die negative Propaganda und die politische Wirkung des äußerst destruktiven Truppenverhaltens hin und rügte, damit würden die »ausdrücklichen Wünsche« sowohl des Präsidenten der Vereinigten Staaten als auch die des britischen Kriegsministers mißachtet.

Der Anranzer für die oberen Chargen zeitigte Folgen: Man setzte eine Untersuchungskommission ein, um die ganze Situation in Neapel abzuklären, und am 29. Dezember 1943 erteilte General Eisenhower allen alliierten Befehlshabern folgenden Befehl zum Schutz von Kulturdenkmälern:

Wir kämpfen heute in einem Land, das viel zu unserem kulturellen Erbe beigetragen hat, in einem Land, das reich ist an Kulturgütern, welche durch ihr Entstehen unsere kulturelle Entwicklung förderten und diese heute, da sie alt sind, illustrieren. Wir sind verpflichtet, diese Denkmäler zu achten, soweit der Krieg dies zuläßt.
Wenn wir die Wahl haben, ein berühmtes Bauwerk zu zerstören oder das Leben unserer Leute zu opfern, dann zählt das Leben unserer Leute unendlich viel mehr, und das Bauwerk muß weichen. Doch die Wahl stellt sich nicht immer so deutlich. In vielen Fällen können Kulturgüter ohne jegliche Beeinträchtigung der operationellen Bedürfnisse verschont werden. Nichts läßt sich dem Argument militärischer Notwendigkeit entgegenhalten. Das gilt als anerkannter Grundsatz. Doch der Ausdruck »militärische Notwendigkeit« wird manchmal angewandt, wenn es eher angebracht wäre, von militärischer oder gar persönlicher Bequemlichkeit zu sprechen. Ich will nicht, daß damit Nachlässigkeit oder Gleichgültigkeit überdeckt werden.
Es gehört daher in den Verantwortungbereich höherer Befehlshaber, durch A.M.G.-Offiziere die Lage von historischen Kulturgütern abzuklären, sobald sie sich direkt vor unserer Front oder in von uns gehaltenen Gebieten befinden. Diesbezügliche Mitteilungen müssen an die niedrigeren Ränge auf dem Dienstweg weitergegeben werden und übertragen allen Befehlshabern die Verantwortung, im Sinne dieses Schreibens zu handeln.

Der Kulturgüter-Schutz wurde nun also, um es mit Woolleys optimistischen Worten auszudrücken, »was er immer schon hätte sein sollen: eine Angelegenheit militärischer Disziplin, und als solche von den Streitkräften willig akzeptiert. Die Tendenz, den Kulturgüterschutz-Offizier als Eindringling zu betrachten, der seinen eigenen Standpunkt gegen die Anforderungen militärischer Notwendigkeit durchzusetzen trachtete, entfiel, und so galt er fortan als Berater.«[16]
Man organisierte die ganze Kulturgüter-Operation neu. Die Büros kamen von Palermo nach Neapel, und durch ein neueingeführtes, flexibleres Zuteilungssystem konnte man die Offiziere dorthin schikken, wo man sie am dringendsten benötigte. Die Offziere in niederen Rängen erhielten besondere Instruktionen, und man nahm unverzüglich die Arbeit an leicht verteilbaren, handlichen Broschüren mit Listen

der Kulturgüter aller Regionen auf, um die unhandlichen »Harvard-Listen« zu ersetzen.

In Neapel beruhigte sich die Lage. Die Sanitätseinheit verließ die (unbeschädigte) Pinacoteca, und die Depots in Caserta, wo das Hauptquartier der Alliierten bis lange nach dem Krieg verblieb, wurden evakuiert. Doch der britische Oberbefehlshaber Sir Brian Robertson hatte keine Lust, den Palazzo Reale zu verlassen, wo sich die Offiziere richtige Cafés und Bars eingerichtet hatten. Sein kultureller Beitrag erschöpfte sich in einer Einführung zu einem Besichtigungsführer für den Palazzo mit der Aufforderung für die Truppen, »dessen Alter und Schönheit zu achten«, so daß die nachfolgenden Generationen »ohne Kritik oder Bedauern sagen« könnten: »Die Briten haben diesen Ort während ihres Aufenthaltes hier als Klub für ihre Leute benutzt.«[17] Zumindest, so schrieb Woolley später, »hat man das Experiment mit dem Palazzo in Neapel während des Italien-Feldzuges nicht wiederholt [...] das Experiment war seinen Preis wert«.[18]

Nun fühlten sich alle wohler bei der Aussicht auf die Besetzung Roms. Die Notwendigkeit, historische Gebäude zu schützen, war ausgesprochen und akzeptiert worden. Bald würden sie die Ewige Stadt einnehmen und die Deutschen wohl kapitulieren. Alliierte Streitkräfte hatten die feindlichen Linien im Ostzipfel bereits durchbrochen und die Deutschen am 22. Januar mit der Landung an der Küste bei Anzio hinter ihren Linien ganz offensichtlich überrumpelt. Nun mußten sie nur noch vorstoßen und eine Bresche in die befestigte Gustavlinie bei der alten Abtei Monte Cassino schlagen.

Mit ihrer Erfahrung im Einsetzen von Besatzungsverwaltungen fiel es den Deutschen viel leichter, sich als Herrscher über Rumpfitalien zu organisieren, als den Alliierten. Sie trachteten danach, das Land als »westliche« Nation unter der faschistischen Marionettenregierung zu belassen. So blieb die Verantwortung für die unermeßlichen Kunstschätze theoretisch in italienischer Hand, doch um sie während der Kampfhandlungen zu schützen – Hitler war ja fest entschlossen, die ganze Halbinsel zu verteidigen –, mußten die deutschen Behörden eine besondere Kunstschutz-Organisation einsetzen. Und in dieser Hinsicht waren sie fast ebenso unerfahren wie ihre Gegner, hatten sie doch in den östlichen Kampfgebieten nichts verschont und während des kurzen Angriffs im Westen kaum Gelegenheit, ihre Gefechtsmethoden zu verfeinern. Die beiden Organisationen in der Nähe, die sich mit derartigen Aufgaben befaßten, nämlich eine akademische Abteilung des Ahnenerbes mit der Bezeichnung Kulturkommission für Südtirol, welche in diesem Gebiet »germanische« Kulturdenkmäler klassifizierte, und der Kunstschutz in Frankreich, waren nicht gerade gefechtserprobt.

Zudem stellte sich ihnen ein ganz neues Problem: die weltweite öffentliche Meinung. Nach der Invasion Italiens waren die Nazis zum ersten Mal auf eigenem Boden der freien alliierten Presse ausgeliefert. Alliierte Zeitungen brachten sensationslüsterne Berichte über deutsche Exzesse in Neapel und ebenso sensationslüsterne und oft ungenaue Geschichten über die Besetzung Roms. Es hieß, Kunstraub und Kirchenplünderungen seien weit verbreitet und ganze Lastwagenladungen von Kunst würden in den Norden verfrachtet. Die französische Zeitschrift *Pour la Victoire* veröffentlichte einen Karikatur, auf dem unter einer Zeichnung von Michelangelos *Moses* stand: »Und der hier wird in Dachau interniert.«

Die Kritik kam allerdings nicht nur von seiten der Alliierten. Vögel, diesmal nicht ausgestopfte, gaben auch den Deutschen Probleme auf, reagierte doch der frisch zum Botschafter in Rom ernannte Rudolf Rahn völlig entsetzt, als er sah, wie einer der Fallschirmjäger, die auf dem Rasen vor der Botschaft ihre Zelte aufgeschlagen hatten, einen der berühmten weißen Pfauen erschoß, um ihn auf dem Grill zu braten. Seine diesbezüglichen Proteste nahm der Kommandant der Einheit eher respektlos auf.[19]

Feldmarschall Kesselring wußte, selbstverständlich, bestens um die Notwendigkeit, Bauwerke und Kunstwerke zu schützen. Er hatte unverzüglich einen SS-Offizier von seinem Nachrichtendienst, einen ehemaligen Angestellten der Deutschen Kunsthistorischen Biblioteca Hertziana in Rom, mit der Beschaffung von »Zutritt verboten«-Schildern und der Verlegung von schützenswerten Objekten aus Gefechtszonen an sichere Orte abgeordnet. Aber so nahe an der sich ständig verändernden Kampflinie war es nicht einfach, konsequent nach einem festen Plan vorzugehen, und die versprengten Einheiten, die um ihr Leben kämpften und die der Gedanke an eine Niederlage erbitterte, ließen sich fast nicht mehr kontrollieren. Zu seinem Glück konnte Kesselring dank der unerklärlichen Verzögerung des alliierten Vormarsches nördlich von Neapel gegen Ende Oktober nicht nur den

Französische Karikatur zum Thema Evakuierung von Kunstwerken aus Italien durch die Nationalsozialisten.

massiven Verteidigungswall Gustavlinie errichten, sondern auch einige Bereiche seiner Besatzungsverwaltung konsolidieren. Für die italienischen Kulturgüter kam das kein bißchen zu früh. Einige der Verlegungen an »sichere Orte« waren inzwischen ganz schön außer Kontrolle geraten.

Trotz der Bemühungen italienischer Offizieller, sie aufzuhalten, hatte man neununddreißig Kisten mit Gegenständen aus dem Palazzo Vecchio in Rom – wo Mussolini jahrelang residierte – aus einem *ricovero* in Gennazaio geholt und nach Mailand geschickt, unter dem Vorwand, es handle sich um persönliches Eigentum des Duce. Weit dramatischer gestalteten sich die Aktivitäten in der Abtei Monte Cassino, wo man wie wild Befestigungen errichtete. Die Abtei selbst gehörte eigentlich nicht zum ausgedehnten Netz von Schanzen, Bunkern und Tunnels, welches deutsche Ingenieure vorbereiteten, doch ihre Lage hoch über dem Tal machte sie zu einem leichten Angriffsziel. Am 14. Oktober erhielt der 79jährige Abt Besuch von Offizieren der Division Hermann Göring, eines Teils von Kesselrings Zehnter Armee. Diese Division hatte vor kurzem ihr Hauptquartier von Caserta nach Spoleto verlegt. Die Abordnung teilte dem Abt mit, Archiv, Kirchenschatz und Insassen der Abtei müßten evakuiert werden. Da er fürchtete, alles werde nach Deutsch-

land geschafft, weigerte er sich zunächst, mit der Begründung, die Bestände des Klosters seien Eigentum des italienischen Staates, doch schließlich sah er sich gezwungen, nachzugeben.
Die Division Hermann Göring ordnete eine Gruppe Packer ab, um die Lieferungen vorzubereiten; einen Teil sollten sie nach Rom und den anderen nach Spoleto zum Hauptquartier der Division bringen. Es ist nicht ganz klar, ob die deutschen Offiziere schon vor dem Packen wußten, daß sich im Kloster die Kunstschätze von Neapel befanden, doch es dauerte so oder so nicht lange, bis sie die Kisten entdeckten, die man erst vor so kurzer Zeit an diesen Zufluchtsort geschafft hatte. Andere, kleinere geheime Verstecke entgingen allerdings ihrer Suche: Herzog Filippo Caffarelli hatte im Dezember 1942 mehrere Kisten mit Originalmanuskripten aus der römischen Gedenkstätte für Keats und Shelley Pater Inguanez, dem Chefarchivar des Klosters, anvertraut. Sie lagen in einem Geheimfach hinter einer Wand der Bibliothek. Niemand erwähnte sie gegenüber den Deutschen, und es gelang Inguanez, sie unter seine persönlichen Habseligkeiten zu mischen, so daß sie sicher nach Rom und nicht nach Spoleto gelangten.[20]
Das Verpacken der Klosterbestände und der Transport in Konvois aus mehreren Lastwagen über die Haarnadelkurven der Straße hinunter ins Tal und zum nächstgelegenen Unterschlupf erforderte fast drei Wochen. Angesichts der heiklen Lage der deutschen Armee nördlich von Neapel kam dies einem außergewöhnlichen Einsatz von Militärkräften gleich.
Wer aber von diesem bemerkenswerten Altruismus profitierte, schien der italienischen Bevölkerung nur allzu klar, kannten sie doch den Geschmack des Oberbefehlshabers dieser Division ziemlich gut. Sorgen bereitete ihnen aber nicht nur Reichsmarschall Göring, sondern auch die Tatsache, daß das faschistische Außenministerium am 12. Oktober mit den Deutschen übereingekommen war, sämtliche beweglichen Kunstwerke von Rom nach Norditalien zu verlegen. Der Plan entsprach diametral dem Gegenteil dessen, was sich Lazzari, der für die Kunst verantwortliche Beamte, wünschte, versuchte er doch seit Juni, den Vatikan davon zu überzeugen, alle italienischen Kulturschätze anzunehmen und aufzubewahren, die man aus den verstreuten Depots an der Marschroute der stetig vorrückenden Armeen bergen und zurückbringen konnte. Zudem hatte er auf eigene Verantwortung seinen Untergebenen – auch in der Toskana – aufgetragen, Vorberei-

tungen zu treffen, um alle von ihnen betreuten Sammlungen nach Rom zu bringen. Am 2. November willigte der Vatikan schließlich ein, den Kunstschätzen Italiens Obdach zu gewähren.

Lazzari erhielt für seine Bemühungen Unterstützung von unerwarteter Seite, nämlich von einer Gruppe bekannter deutscher Intellektueller und Diplomaten in Rom und Florenz. Ihre Sorge war nicht ganz selbstlos. Die beiden Städte galten seit Jahrhunderten als kunsthistorisches Mekka – für Deutsche, denen im allgemeinen die Einführung dieser Disziplin zugeschrieben wird, noch mehr als für andere. Deutschland unterhielt vier bedeutende Einrichtungen in Italien: das Deutsche Archäologische Institut, die Biblioteca Hertziana, das Deutsche Historische Institut in Rom und das Deutsche Kunsthistorische Institut in Florenz. Leitung und Angestellte dieser weltbekannten Zentren hatten in der Panik nach Badoglios Waffenstillstand Italien mitsamt anderen deutschen Staatsangehörigen verlassen müssen.

Besonders in Rom hatten sie aber vorausgeplant. Nur wenige Tage nach dem Fall von Mussolini fragte Bruhns von der Biblioteca Hertziana heimlich bei seinem Kollegen Sjoqvist vom Schwedischen Institut für Klassische Studien an, ob er die Hertziana sowohl vor den alliierten als auch vor den italienischen Soldaten schützen würde. Auf Sjoqvists Bemerkung, den besten Schutz gewähre wohl der Vatikan, erwiderte Bruhns, den Heiligen Stuhl könne man nur über den diplomatischen Weg angehen und dies wäre Hochverrat, ließe es doch »Zweifel am Endsieg« erkennen. Er wollte aber immerhin versuchen, sich mit einzelnen Kardinälen im Vatikan in Verbindung zu setzen. Wenig später tat es von Gerkan vom Archäologischen Institut, der ebenso gegen die Nazis wie auch gegen Italien gesinnt war, Bruhns gleich; er händigte Sjoqvist gar einen offiziellen Brief aus, mit dem er ihm die Verantwortung für das Institut übertrug.

Von Weizsäcker, der deutsche Botschafter im Vatikan, duldete diese Vorstöße. Er erhielt sogar, angeblich vom Papst persönlich, die Zusage, der Vatikan werde die Bibliotheken, wenn nötig, schützen. Dieses Angebot mußte natürlich nach außen abgelehnt werden, war es doch »mit der Würde des Reichs unvereinbar«, doch der Vatikan schuf damit einen Präzedenzfall und tat halboffiziell kund, daß er als Zufluchtsstätte in Frage kam. Dieselben Deutschen, die die deutschen Einrichtungen dorthin zu verlegen wünschten, bevorzugten diese Zufluchtsstätte auch für das kulturelle Erbe Italiens. Sie fanden darin die stillschwei-

gende Unterstützung von Botschafter Rahn und den deutschen Konsuln in Rom und Florenz.[21]
So präsentierte sich die Lage Bernhard von Tieschowitz, dem Nachfolger Metternichs in Paris als Direktor des Kunstschutzes, der am 31. Oktober eintraf, um eine ähnliche Organisation wie in Frankreich auch für Italien auf die Beine zu stellen. Nach von Tieschowitz' ersten Berichten stand alles zum besten; zwischen den interessierten Parteien beider Nationen herrsche durchaus eine Atmosphäre des Vertrauens.[22] Bald brachten deutsche und schweizerische Presseorgane regelmäßig Berichte über die deutsche Rettung das italienischen Kulturerbes. Schon nach wenigen Tagen ernannte von Tieschowitz einen ständigen Leiter für den Kunstschutz, und zwar einen gewissen Professor Evers aus München, dessen Eintreffen man in ein paar Wochen erwartete. Man begann, Maßnahmen zu treffen, um die Objekte aus den am nächsten gelegenen *ricoveri* zurück nach Rom zu bringen. Am 15. November erklärte sich der Vatikan bereit, die ersten Lieferungen in Empfang zu nehmen, und von Tieschowitz requirierte Lastwagen, die die Bestände aus der Antikensammlung auf dem Palatin, aus der Galleria Borghese und aus verschiedenen römischen Kirchen zurückbrachten.
Während all dieser Vorgänge versicherte von Tieschowitz den Kunstverantwortlichen unermüdlich immer wieder, Durchführung und Leitung der Aktion lägen in italienischer Hand, und die Deutschen würden sich, abgesehen vom direkten Schutz von Kunstwerken und unbeweglichen Objekten in Kampfgebieten, auf die Zusammenarbeit in der Ausführungsphase beschränken; dabei wies er im besonderen auch auf die politische Bedeutung dieser Doppelaktion hin.[23] Trotz der geselligen Atmosphäre mißtraute man in Italien den eigentlichen deutschen Motiven und drängte weiterhin darauf, auch die in der Toskana untergebrachten Bestände in den Vatikan zu bringen. Angesichts der Gefahren, die dem Transport drohten, schlugen sie vor, die unschätzbaren Werke mit einem roten Kreuz zu markieren, nachts zu transportieren oder durch ein internationales Übereinkommen zu schützen.
Während dieser Diskussionen begab sich Botschafter Rahn am 10. November in Hitlers Hauptquartier an der Ostfront, um ihn davon zu überzeugen, Florenz – in den vorliegenden deutschen Plänen Angelpunkt der sogenannten Arnolinie – nicht verteidigen zu lassen. Hitler äußerte sich unverbindlich, meinte, Florenz müsse »beschützt« wer-

Kinder aus dem Seminar helfen den Deutschen, Kunstwerke in den Vatikan zu tragen.

den, sei es doch »eine zu schöne Stadt, um zerstört zu werden«.[24] Rahn aber teilte von Weizsäcker im Vatikan mit, Hitler habe den Sonderbefehl ausgegeben, jene Kunstwerke, die dem Genius der italienischen Nation zu verdanken seien, in die offenen Städte Florenz und Rom zurückzubringen, wo sie vor Bombenangriffen geschützt und für Europa sicher verwahrt werden könnten.[25] Die Angelegenheit schien entschieden. Am nächsten Tag forderte von Tieschowitz die Verantwortlichen in Rom auf, die Werke aus der Toskana in Florenz zusammenzuziehen. Diese waren aber mit dem Vorgehen nicht einverstanden und überhäuften Florenz den ganzen November und Dezember über mit Briefen und Anrufen und beharrten auf ihrem Standpunkt. Aber die Deutschen setzten ihren Willen durch. Hatte die italienische Bevölkerung noch daran gezweifelt, daß sie in einem besetzten Staat lebte, so war sie nun endgültig eines Besseren belehrt.

Und Tag für Tag trafen weitere besorgniserregende Nachrichten ein. Deutsche Soldaten hatten den Dom von Gaeta und die hübsche Villa Lante in Bagnaia geplündert und dabei deren Fresken gefährdet. Sie waren gewaltsam in die Engelsburg eingedrungen, die als Durchgangslager für die Objekte aus den *ricoveri* diente, und hatten die Parks des Tivoli in ein Munitionslager verwandelt. Am meisten aber beunruhigte sie die Tatsache, daß sich die Division Hermann Göring weigerte, die Lieferung von Monte Cassino, die sie in Spoleto festhielt, zurückzugeben, obwohl von Tieschowitz persönlich wiederholt darauf drängte. Die italienischen Museumsverantwortlichen durften nicht einmal den Zustand der Gemälde überprüfen, und selbst der von Kesselring ernannte SS-Kunsthistoriker durfte die hundertzweiundsiebzig Kisten nicht inventarisieren und konnte nur berichten, sie seien ordnungsgemäß versiegelt.

Auf von Tieschowitz' stetiges Drängen hin und nachdem dieser schließlich an Kesselring persönlich gelangt war, willigte die widerspenstige Division Göring schließlich ein, einen Teil der Bestände in ihrem Besitz zurückzugeben. Um sicherzustellen, daß diesen Worten auch Taten folgten, gab von Tieschowitz dies bei einer Pressekonferenz öffentlich bekannt. Die eigentliche Übergabe bot Gelegenheit für ein Propaganda- und Medienspektakel mit allen Schikanen. Die Lastwagen sollten »feierlich« bei der Engelsburg vorfahren, nachdem sie vor dem Kolosseum und an anderen geeigneten Orten für Fotoaufnahmen angehalten hatten. Die ganze Aktion sollte zudem gefilmt und der Film im Reich gezeigt werden. Die italienischen Behörden argwöhnten hinter dieser Inszenierung einen politischen Grund, dies besonders nach den im britischen Rundfunk verbreiteten Vorwürfen der Plünderung und den deutschen Bestrebungen, diese zu widerlegen. Die römische Bevölkerung mußte der Zeremonie als »Zeugin« beiwohnen.[26] Alle trugen ihre Sonntagsuniformen, es gab jede Menge Reden, und etwa vierhundert Kisten wurden pflichtgetreu vor den Kameras abgeladen.

Bloß – die Gemälde aus Neapel befanden sich nicht dabei. Sie kamen aber mit einer Nachlieferung am 4. Januar 1944 und wurden ebenso feierlich im Palazzo Venezia in Empfang genommen. Dort stellte man sogleich fest, daß an die fünfzehn Kisten fehlten. Der deutsche Kommandant des Konvois erklärte, zwei Lastwagen seien durch Maschinengewehrfeuer beschädigt worden und würden in Kürze folgen. Die italienischen Verantwortlichen warteten die ganze Nacht lang vergeblich – die Bilder kamen nicht. Sie konnten auch gar nicht mehr zurückkommen, denn sie befanden sich bereits in Reinickendorf, im Hauptquartier der Division Hermann Göring bei Berlin.[27] Der schüchterne Professor Evers, der in der Zwischenzeit von Tieschowitz' Posten als Leiter des Kunstschutzes übernommen hatte, wollte sein Leben nicht in Gefahr bringen und verweigerte jeglichen Zugang zu den Lagerräu-

men. Welche Bilder fehlten, erfuhr man in Italien erst, als die Alliierten die Stadt befreiten.
Hitler hatte zwar den Wunsch geäußert, das italienische Kulturgut im Land zu belassen, doch darin schloß er die Bestände der vier großen deutschen Institute nicht ein. Zweien von ihnen hatte nach dem Ersten Weltkrieg das Übereinkommen Benedetto Croce (ein Teil des verhaßten Versailler Vertrages) auferlegt, ihre Bestände für immer in Italien zu belassen, was Hitler nur um so mehr darin bestärkte, sie heim ins Reich zu holen. Botschafter Rahn hatte seinen Vorgesetzten anläßlich seines Besuchs in der Wolfsschanze jedoch davon zu überzeugen versucht, die Sammlungen mit den vielen Kunstwerken und wertvollen Büchern als Aushängeschild für das Ansehen Deutschlands in Italien zu belassen.
Hitler ließ die Institutsleitungen um ihre persönliche Meinung anfragen. Sie bemühten sich verzweifelt darum, die Bestände zusammenzuhalten, aber sie wußten auch instinktiv, daß Hitler eine Antwort erwartete, die den unbändigen Wunsch ausdrückte, die Sammlungen nach Deutschland zu bringen. In diesem Dilemma begründeten sie, vertreten durch Bruhns von der Hertziana, ihre Bitte, in Italien zu bleiben, mit dem Hinweis, es sei wegen der steten Bombardierung aller Kommunikationswege unmöglich, einen sicheren Transport zu gewährleisten. Diese defätistische Ausrede erzürnte Hitler so sehr, daß er anordnete, die Bibliotheken unverzüglich ins Reich zu schaffen. Bruhns wandte sich daraufhin erneut an seinen schwedischen Kollegen und erklärte ihm wenig überzeugend, die Evakuierung sei wegen drohender alliierter Bombardierungen notwendig. Sjoqvist machte es ihm nicht ganz so leicht: »Als ich ihn fragte, wie eine solche Annahme sich damit vertrage, daß man sämtliche Objekte aus Monte Cassino nach Rom bringe, wurde er leicht verlegen.« Etwas mitfühlender setzte Sjoqvist hinzu, Bruhns müsse wohl um das Leben seiner Familie fürchten, wenn er nicht mitmache.[28]
Die Bestände der Hertziana wurden Anfang Januar 1944 verpackt und trafen ein paar Wochen später in einem Salzbergwerk in der Nähe von Salzburg ein. Die anderen Institute packten so langsam wie möglich, in der vergeblichen Hoffnung, eine alliierte Offensive verhindere den Transport. Die ersten Wagenladungen fuhren als Teil eines Truppentransportes, der auf einer Brücke unter Beschuß geriet, Richtung Norden. Einige Waggons stürzten ins Wasser, andere verbrannten,

aber die Bücher blieben unversehrt. Spätere Transporte kamen ebenfalls wie durch ein Wunder unbeschädigt in Deutschland an. Hitlers Zorn war nun besänftigt, doch »seine« Bibliotheken mußten noch mehrere Wochen lang einige Abenteuer überstehen. Am 4. März 1944 standen noch etwa sechs Güterwaggons voller Bücher, Dokumente, fotografischen Materials und Kunstwerke heimatlos auf Nebengleisen im Reich herum, während Bruhns verzweifelt versuchte, in den überquellenden deutschen Depots Platz für seine Schätze zu finden. In Rom wußte niemand so genau, wo was hingekommen war.

Der Frontalangriff auf die Bergausläufer bei Monte Cassino nach der Landung in Anzio, den die Alliierten mit so großen Hoffnungen auf einen schnellen Vormarsch auf Rom begonnen hatten, kam nach wenigen Tagen an gut vorbereiteten deutschen Verteidigungslinien und durch das schlechte Wetter zum Stehen. In Schlamm und Regen frierend und auf den kahlen Berghängen ständig feindlichem Artilleriesperrfeuer ausgesetzt, lagen die alliierten Armeen in mißlichen Umständen in Sichtweite der über ihnen thronenden Fensterfront der großen Abtei. Es war nicht verwunderlich, daß sie das imposante Bauwerk bald als verhaßtes Hindernis und Symbol ihrer Ohnmacht betrachteten.

Ohne Zweifel betrachteten die amerikanischen Kommandanten – sich der potentiellen Propagandawirkung bewußt und eingedenk Eisenhowers Befehl – die Abtei als schützenswertes religiöses und historisches Kulturdenkmal; zudem drängte sich ihnen eine Zerstörung nicht als militärisch notwendig auf. Im Gegenteil würde der Gebäudekomplex, dem Erdboden gleichgemacht, eher das deutsche Verteidigungsnetz stärken, in dem er wie eine Fliege im Spinnennetz gefangen lag. Aber die Abtei galt mittlerweile als weit mehr denn nur ein Bauwerk. Presseberichte in Großbritannien und in den Vereinigten Staaten richteten ihr Augenmerk stärker auf Monte Cassino als auf irgendeinen anderen Stützpunkt oder Beobachtungsposten entlang der Gustavlinie. Den wiederholten Beteuerungen Kesselrings und von Weizsäckers, die Abtei werde von deutschen Streitkräften nicht benutzt, begegnete man allenthalben mit Mißtrauen. Eindringliche Reportagen von Ernie Pyle und anderen berichteten von hohen Verlustraten und wahrhaft unsäglichen Lebensbedingungen. C. L. Sulzberger von der *New York Times* behauptete am 29. Januar: »Daß Monte Cassino, wo die Späher

Was von der Abtei Monte Cassino nach den Bombenangriffen der Alliierten übrigblieb.

die Anwesenheit vieler deutscher Fahrzeuge feststellten, nicht unter Beschuß genommen wird, behindert unseren Vormarsch stark, denn die ganze Bergflanke darunter wird verteidigt.«

In Großbritannien verschlimmerte sich die Lage noch, als Anfang Februar im britischen Oberhaus mehrere Debatten über den Schutz von Kulturdenkmälern stattfanden, die mit der Aufforderung des Erzbischofs von Canterbury und des Bischofs von Chichester zur Zurückhaltung beim Beschuß der »hübschen Städte und Dörfer Italiens« begannen. Leider hatten die Bischöfe in ihren Reden nicht erwähnt, daß diese Zurückhaltung stets der militärischen Notwendigkeit nachgeordnet sein sollte. Es folgte ein Aufruhr. Die Leserbriefspalten der *Times* füllten sich mit Zuschriften erzürnter Eltern, die erklärten, ihre Söhne dürften ihr Leben nicht für ein Bauwerk hergeben. Bald darauf schrieb der bekannte Wirtschaftswissenschaftler John Maynard Keynes an John Walker von der National Gallery of Art in Washington: »Ich befürchte, die öffentliche Diskussion über dieses Thema hat ganz falsch angefangen und die Leute sind furchtbar verwirrt. [...] Man betrachtet die Sache nun als Abwägen von toter Materie gegen junge lebendige Körper.«[29]

Starken Druck, den Klosterkomplex zu zerstören, übten auch die Kommandanten der neuseeländischen und indischen Divisionen aus, deren Truppen bald Befehl erhalten sollten, den Berg, auf dem er stand, einzunehmen. Tagelang debattierte man in den alliierten Kommandostellen über eine allfällige Beschießung, wobei die USA und Frankreich sich dagegen und Großbritannien und Neuseeland dafür aussprachen. Man konsultierte Berichte der verschiedenen Nachrichtendienste und schenkte den leisesten Anzeichen für die Anwesenheit deutscher Soldaten Glauben. Aber in Wahrheit wußte niemand genau, was sich hinter den blinden Fenstern hoch über ihnen genau befand. Und niemand wollte die Verantwortung für die Entscheidung übernehmen. Doch schließlich fällte sie General Sir Harold Alexander, Kommandant der alliierten Streitkräfte in Italien, am 13. Februar.[30]

Tags darauf regnete es Flugblätter über dem Kloster, damit sich Mönche und Zivilpersonen, die sich dort aufhielten, in Sicherheit bringen konnten. Zwei Tage später verwandelten die Bomber die Abtei in einen Schutthaufen. Unten im Tal applaudierten Truppen und Kriegsberichterstatter bei dem Anblick. Doch am folgenden Tag stellten die gescheiterten alliierten Truppen beim Angriff fest, daß der Luftangriff den Deutschen in den Schützengräben rund um das Kloster nichts hatte anhaben können, sondern daß sie sich nun im Gegenteil in den Ruinen verbarrikadierten und diese als natürlichen Schutzwall auf dem Gipfel nutzten. Die Bombardierung erwies sich als ganz und gar vergeblich. Nach schlimmen Verlusten und weiteren drei Monaten Sperrfeuerbeschuß wurde die Abtei Monte Cassino schließlich am 18. Mai 1944 von polnischen Truppen eingenommen, nachdem die Deutschen sie verlassen hatten.

Unmittelbar nach dem Bombardement rügte der Kardinalstaatssekretär den amerikanischen Vertreter im Vatikan scharf und verurteilte den Angriff als »krasse Dummheit«.[31] Einige Wochen später wandte sich der Papst, sichtlich besorgt über das Schicksal Roms, an eine riesige Menschenmenge auf dem Petersplatz und ermahnte beide Seiten, die Stadt zu verschonen, »auf daß ihre Namen gesegnet bleiben und nicht auf Jahrhunderte hinaus verflucht sein müssen«.[32] Keine Seite wollte für immer und ewig im Lichte dieser Verdammnis stehen, und es ist augenscheinlich, daß beide die unvermeidliche Herrschaftsablösung in Rom mit einiger Sorgfalt planten. Hitler verbot Kesselring, die Brücken über den Tiber zu verminen, und die in der Stadt erlaubte Truppenstärke der Deutschen wurde möglichst gering gehalten. Die alliierten Kulturgüterschutz-Offiziere hatten ihrerseits bis Dezember 1943 ausgefeilte Vorbereitungen getroffen, um wertvolle Gebäude zu schützen.

Die Gefahr, daß weitere Kulturdenkmäler unter Beschuß gerieten, bestand nicht mehr unmittelbar. Im Februar erhielten die alliierten Luftstreitkräfte unter General Lauris Norstad endlich Karten mit dem Standort wichtiger Kulturdenkmäler auf Luftaufnahmen, die die Luftwaffe selber aufgenommen hatte. Die schwer lesbaren Frick-Karten hatten sich als ungeeignet erwiesen; und die Karten der Luftstreitkräfte boten den Vorteil, daß sie den Bomberpiloten genau das zeigten, was sie dann durch das Bombenzielgerät auch erblickten. Die italienischen Städte wurden in drei Kategorien eingeteilt: zur Kategorie A gehörten Rom, Florenz, Venedig und Torcello; sie durften »unter keinen Umständen ohne Ermächtigung dieses Hauptquartiers beschossen« werden. Der Vatikan galt als neutral und durfte nicht behelligt werden, ebenso andere päpstliche Besitztümer und irische Klöster auf der ganzen Halbinsel. In die Kategorie B fielen Städte wie Ravenna, Assisi, San Gimignano, Urbino und Spoleto; sie durften beschossen werden, wenn es als unumgänglich erachtet wurde. (»Die volle Verantwortung übernimmt dieses Hauptquartier.«) Doch Siena, Pisa, Orvieto, Padua und Dutzende von anderen Städten der letzten Kategorie blieben ihrem Schicksal überlassen, befanden sich doch in ihrer Nähe »wichtige militärische Objekte, [...] die beschossen werden müssen; jeglicher daraus entstehende Schaden wird in Kauf genommen.«[33]

Die Bombenabwürfe auf Eisenbahnknotenpunkte in Florenz und Siena und auf so entscheidende Ziele wie den Hafen von Venedig wurden gewöhnlich mit meisterhafter Präzision ausgeführt, doch es gab immer noch Beschädigungen an Kulturdenkmälern. Am 11. März erlitten die Mantegna-Fresken in der Kirche der Eremitani in Padua durch Bomben schwere Schäden, und die winzige Arena-Kapelle mit Fresken von Giotto ein paar hundert Meter daneben entging dem Angriff nur um Haaresbreite. Jeden diesbezüglichen Fehler trat die deutsche und faschistische Presse breit. Die italienische Marionettenregierung veröffentlichte sogar eine Briefmarkenserie mit »zerstörten« Kulturdenkmälern und einschlägig illustrierte Schriften mit Überschriften wie *Der Krieg gegen die Kunst, Befreier über Bologna – die Steine reden* und *Torino, ferita – mutilata.*

Am 2. Juni 1944 erreichten die Alliierten schließlich die Außenbezirke von Rom. Kesselring zog seine schwer mitgenommenen Truppen in einem weiteren seiner brillanten Rückzüge aus der Stadt ab, um sie etwas nördlich davon neu zu formieren. Am 4. Juni marschierte die amerikanische Fünfte Armee in die Stadt ein, ohne auf Widerstand zu stoßen. Diesmal hatte man jede erdenkliche Vorsichtsmaßnahme getroffen, um peinliche Zwischenfälle zu vermeiden. Ja, ein Kulturgüterschutz-Offizier hatte die Stadt, um Schäden einzuschätzen, sogar noch vor den Kampftruppen betreten. General Marshall hatte einige Tage zuvor telegrafisch Anweisungen verschickt, den Vatikan unverzüglich über die »Anstrengungen, die die alliierten Armeen in Italien unternommen haben, um Kircheneigentum und historische Kulturdenkmäler vor Schaden zu bewahren«, zu informieren und den Verantwortlichen Kopien der markierten Bombardierungskarten zu übergeben. Er verlangte auch, unverzüglich Kulturgüterschutz-Offiziere nach Rom zu schicken, »zum Zwecke der Zusammenstellung eines Inventars der an nichtmilitärischen Objekten entstandenen Schäden [...], die auf alliierten Beschuß zurückzuführen sind«.[34]

Am 5. Juni sprach der Papst erneut zu einer großen Menschenmenge, die diesmal vor allem aus alliierten Soldaten bestand, und dankte Gott, daß Rom nicht zerstört worden war. Am selben Tag traf Kulturgüterschutz-Offizier Perry Cott in der Stadt ein, wo alle Museen und Galerien geschlossen und nun unter Bewachung gestellt wurden. Am 7. Juni liefen Besprechungen mit den italienischen Kunstverantwortlichen bereits auf Hochtouren, und Leutnant Cott inspizierte Gebäude und schrieb einen Artikel für den *Corriere di Roma,* um die Funktion der Kulturgüterschutz-Offiziere zu klären und »damit die deutsche Propaganda zu widerlegen, es handle sich dabei um eine Ankaufskommission«.

Cott erhielt umgehend Bericht über die aus Neapel entwendeten Bilder sowie über die zweifelhaften Kunstgeschäfte Philipps von Hessen und anderer, doch seine ersten Untersuchungen brachten keine bedeutenden Fälle von Plünderungen deutscher Truppen in der Stadt zutage, die sich im fortdauernden Propagandakrieg hätten verwenden lassen.

Man schälte Michelangelos *Moses* aus den Schutzhüllen, entfernte von den Mosaiken die aufgeklebten Stoffabdeckungen und riß in der ganzen Stadt die grotesk wirkenden Backsteinkonstruktionen um die Standbilder nieder. Im August konnte Cott eine weitere der nachher nie mehr zu sehenden Ausstellungen organisieren, die nur der Krieg ermöglichte; er traf dafür eine wunderbare Auswahl aus den verfügbaren Bildern der Bestände von Rom und aus dem Exil.[35]

Während des Vormarsches von Neapel auf Rom und weiter Richtung Norden verbesserte sich die Organisation der Kulturgüterschutz-Offiziere im Feld erheblich. Deane Keller und Norman Newton erreichten die höchsten Befehlsebenen der Fünften und Achten Armee und trafen oft nur Stunden nach der Einnahme einer Stadt dort ein. Sie suchten sofort lokale Verantwortliche auf, stellten Wachposten auf und rapportierten Schäden und Plünderungen von deutscher Seite den Kollegen, die sie ablösten, wenn sie weiterzogen. Ihre Odyssee durch Italien hätte in Friedenszeiten dem Traum aller Reisenden entsprochen: die Küste entlang nach Gaeta, San Giovanni in Venera, Ostia und Pescara, durch Palestrina und Tivoli und über die wilden Ausläufer der Abruzzen zu den berühmten Städten Umbriens und der Toskana. Aber sie waren auch die ersten, die die ganze Wirkung von Churchills »glühendrotem Rechen« zu Gesicht bekamen, was die Traumreise vielmehr in einen Alptraum verwandelte.

Auch nahm man sie durchaus nicht allerorts immer freundlich auf. In einem zerstörten Dorf gab die frierende und hungernde Bevölkerung ihrem Zorn Ausdruck, daß vor allen anderen Soldaten Kulturgüterschutz-Offiziere eintrafen, und man hörte Klagen, daß »die sich mehr für alte Steine interessieren als für uns«. Vom Elend erschüttert, regte der betreffende Offizier an, »keine weiteren Inspektionen zu unternehmen [...] bei denen es nur um Denkmäler und Kunstwerke geht, bevor wir der obdachlosen Bevölkerung klargemacht haben, daß wir auch Maßnahmen getroffen haben, um ihnen vor Wintereinbruch wetterfeste Unterkünfte zu sichern.«[36] An anderen Orten herrschte absolute Apathie. Archiv-Spezialist R. H. Ellis beschrieb eine Ortschaft als »stumpfsinnigen und unbefriedigenden Ort«. Er habe »viel Zeit verschwendet mit dem Aufspüren schlafender Verantwortlicher« und das Archiv schließlich mit dem Prosindaco, dem Dorftrottel und einer jungen Frau besichtigt, die sich in einem der Räume befand, als aufge-

schlossen wurde«.[37] Zu dieser interessanten Ausgangslage gab er dann allerdings keine weiteren Erklärungen ab.
Bei der Inspektion von Dorfkirchen in Ortschaften längs der Mittelmeerküste erkannte Keller ein wiederkehrendes Muster von Plünderungen und Diebstahl durch die deutschen Truppen auf dem Rückzug: verstreute Meßgewänder, ansatzweise entfernte Graffiti, Unordnung in den geplünderten Archiven und Fehlen von Gold- und Silberschmuck in den Kirchen. Alles war vermint und der Schaden oft enorm. Im Städtchen Itri, das sich auf einem felsigen und strategisch wichtigen Paß an der Via Appia an die Hänge schmiegt, fand er das Denkmal des heiligen Martin als sechs Meter hohen Schutthaufen vor. Es gab keine Kirche mit intaktem Dach und Wände wie Böden waren von Granateneinschlägen durchlöchert. Hier und dort erhob sich aber auch inmitten all dieser Verwüstungen eine Statue oder ein Campanile unversehrt. In dem in Reiseführern als »hübsche malerische Stadt« bezeichneten Terracina entdeckte man die Leichen von mehr als zweihundert Deutschen im Jupiter-Tempel, und weitere lagen im Museum des Barberini-Palastes in Palestrina. In Frascati hatte ein deutsches Artillerie-Bataillon auf dem Rückzug selbst die alten Galeeren aus der Zeit des berüchtigten Herrschers Caligula in Brand gesetzt, die Mussolini unter großen Kosten aus dem – zu diesem Zweck vollständig trockengelegten – Nemi-See hatte bergen lassen.
Nördlich von Rom, wo der alliierte Vormarsch nun viel schneller vonstatten ging als während der letzten Wochen, hielten sich die in den »Kunststädten« zwischen Tiber und Arno angerichteten Schäden in Grenzen. Der Dom von Orvieto mit seiner gestreiften Fassade blickte unversehrt vom hohen Hügel herunter, und seine beweglichen Schätze lagerten in einem sicheren Depot in Boito. Assisi, wo sich zu den unersetzlichen Fresken von Giotto, Cimabue und Simone di Martini die evakuierten Werke aus Bergamo, Mailand und Foligno gesellten, hatten die Deutschen als Lazarett genutzt und entsprechend sorgfältig geschützt. Siena, wo die Bevölkerung die französischen Truppen am 3. Juli fahnenschwingend willkommen hieß, hatte Kesselring ebenfalls als Lazarett gekennzeichnet, und die Stadt blieb, abgesehen von den Ladenplünderungen seitens der Deutschen in letzter Minute, unbeschädigt, was die Berichte in der nationalsozialistischen Presse Lügen strafte, die Stadt sei durch alliierten Beschuß vollständig zerstört.
Die deutsche Propagana forderte aber dennoch ihren Tribut, und von

offizieller italienischer Seite begegnete man den Neuankömmlingen mit Mißtrauen. Der für die Kunst verantwortliche Beamte ging wie selbstverständlich davon aus, daß die Alliierten nach dem Friedensschluß unverzüglich alles mit sich nehmen würden, und die Angst, französisch-marokkanische und weitere »schwarze« Truppen »aus einem anderen Kulturkreis« könnten weder für das Volk noch für seine Kulturdenkmäler Achtung aufbringen, ging um.
Die hohen Türme von San Gimignano erzitterten zwar heftig unter dem Granatenbeschuß, blieben jedoch (entgegen Gerüchten in der Presse) intakt; die Militärpolizei bewachte die Stadt streng und untersagte den Truppen den Zutritt. Und so ging es weiter. Wieder und wieder tauchten Lager mit kostbaren Schätzen wie durch ein Wunder mitten in der Verwüstung sicher und unbeschädigt auf. Die deutsche Armee und der deutsche Kunstschutz hatten im allgemeinen die *ricoveri* ganz offensichtlich respektiert. Als sich die alliierten Streitkräfte Florenz näherten, entspannten sich die Kulturgüterschutz-Offiziere ein wenig. Aus Rom hatten sie die Meldung erhalten, die florentinischen Schätze seien, ebenso wie jene rund um Rom, aus den Kampfzonen entfernt worden und sicher in der Stadt verwahrt.

Wie anderswo in Italien kamen auch in Florenz die Sammlungen aus der Stadt erst einmal in Depots in der ländlichen Umgebung unter. 1940 requirierten die Verantwortlichen die ehemalige Medici-Villa in Poggio a Caiano und zwei weitere Palazzi zu diesem Zweck und ließen sie mit Meisterwerken füllen. Das acht Tonnen schwere Reiterdenkmal von Cosimo I. de' Medici von der Piazza della Signoria zogen nach der Demontage, in angemessener Weise, vier vor einen Karren gespannte Ochsen zu den Gärten von Poggio, eine Reise, die sechzehn Stunden dauerte: an einer Stelle mußte man die Straßenoberfläche tiefer ausheben, damit die Ohren des Pferdes unter einer Eisenbahnbrücke hindurchpaßten. Insgesamt eröffneten die Verantwortlichen schließlich noch achtzehn weitere Depots, einige in Privatvillen bekannter Florentiner Familien, andere in Bauwerken wie dem Oratorium von San Onofrio in Dicomano, wo die bedeutenden Statuen aus dem Nationalmuseum im Palazzo Bargello und aus dem Dom unterkamen. Im November 1943 ernannte Kunstschutz-Leiter Evers Ludwig Heydenreich, den bekannten Direktor des Deutschen Kunsthistorischen Instituts in Florenz, zu seinem Stellvertreter mit dem Verantwortungsbe-

reich Toskana. Heydenreich war vom selben Schlag wie seine römische Kollegenschaft und sehr darum besorgt, die florentinischen Sammlungen zu schützen. Die Vereinbarung, die Bestände aus den *ricoveri* wieder nach Florenz zurückzubringen, die von Tieschowitz noch vor seiner Rückkehr nach Frankreich ausgehandelt hatte, wurde in die Tat umgesetzt, doch aufgrund von Transportproblemen und Evers' mangelnder Effizienz ging es damit nur langsam voran.
Im Februar 1944 wurde Evers seinerseits durch eine von ihm sehr verschiedene Persönlichkeit ersetzt, nämlich SS-Standartenführer Alexander Langsdorff, ehemals bei den preußischen Staatsmuseen tätig, ein Archäologe, der vor dem Krieg mit keinem Geringeren als Woolley zusammengearbeitet hatte und dann in die SS eingetreten war, wo er unter anderem als persönlicher Kulturberater in Himmlers Stab diente. Im Juni lagen die Straßen rund um Florenz unter ständigem Beschuß, und es war undenkbar, weitere Versuche zur Verlegung von Kunstwerken zu unternehmen; alle waren sich einig, daß nun alles an seinem Ort bleiben mußte.
Am 19. Juni näherte sich die Kampffront, und der Kunstschutz und die übrigen deutschen Unterstützungsstäbe wurden nach Verona und in andere Städte zurückverlegt. Heydenreich kam nach Venedig, um sich dort um den Schutz von Kunst zu kümmern. Langsdorff ließ einen Abschiedsbrief zurück, in dem er sich Sir Leonard Woolley empfahl und darauf hinwies, daß der Kunstschutz sein möglichstes getan habe, um die florentinischen Werke zu retten.

Nach Abzug dieser wackeren Männer herrschte in Florenz die reine Verwirrung. Niemand schien zu wissen, was man in die Stadt zurückgebracht hatte und was sich noch in den Depots auf dem Land befand. Und weil keine Kunstschutz-Offiziere mehr in den Hauptquartieren vertreten waren, wußten die deutschen Truppen auch nicht, was mit den Depots anfangen, die sie auf dem Rückzug vorfanden. Kesselring befahl allen Einheiten, die Bestände der Depots unangetastet zu lassen, aber alle Funde dem Hauptquartier zu melden und sie nötigenfalls der Obhut der Kirche zu überantworten.
Am 4. Juli berief der deutsche Truppenkommandant von Florenz den für die Kunst verantwortlichen Beamten Poggi zu sich und teilte ihm mit, man müsse das riesige Depot mit zweihunderteinundneunzig Bildern aus den Uffizien und aus dem Palazzo Pitti in der Villa Bossi-

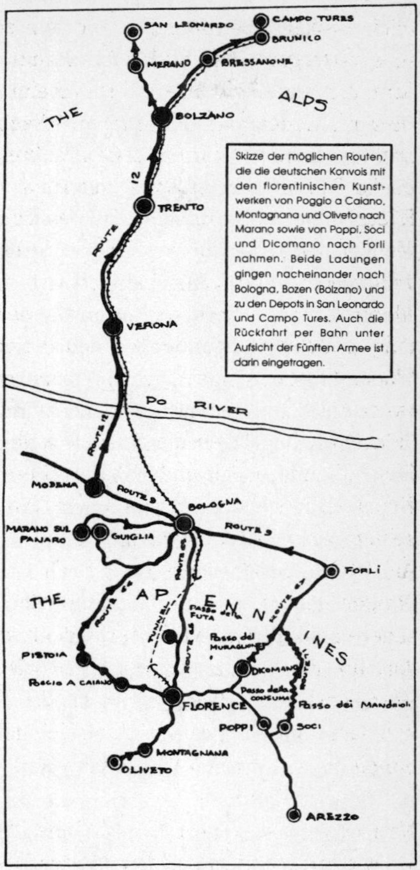

Skizze der möglichen Routen, die die deutschen Konvois mit den florentinischen Kunstwerken von Poggio a Caiano, Montagnana und Oliveto nach Marano sowie von Poppi, Soci und Dicomano nach Forli nahmen. Beide Ladungen gingen nacheinander nach Bologna, Bozen (Bolzano) und zu den Depots in San Leonardo und Campo Tures. Auch die Rückfahrt per Bahn unter Aufsicht der Fünften Armee ist darin eingetragen.

Frederick Hartts Karte der verschlungenen Irrfahrten, welche die florentinischen Werke hinter sich brachten.

Pucci in Montagnana verlegen, da das Gebiet durch Artilleriefeuer bedroht sei. Er behielt dabei allerdings für sich, daß die Gemälde sich bereits auf dem Weg nach Norden befanden. General Greiner von der 362. Infanterie-Division hatte sie nämlich am 3. Juli nach Bologna transportieren lassen, wo man ihm beschied, sie seien dem Kardinalerzbischof zu übergeben. Aus nur ihm selbst bekannten Gründen weigerte sich der Prälat, diese enorme Verantwortung zu übernehmen. Der Bischof von Modena lehnte ebenfalls ab, und die Bilder kamen vorübergehend in den nahegelegenen Ferienort Marano sul Panaro.

Ein paar Tage später tauchte eine andere deutsche Einheit in Florenz unerwartet mit den Beständen eines anderen *ricovero* auf, die die Soldaten ohne Sorgfalt auf offene Lastwagen geladen hatten. Man übergab sie Poggi, mit Ausnahme zweier Werke von Cranach: *Adam* und *Eva* aus den Uffizien.

Entsetzt, daß solche Gemälde ohne professionelle Überwachung im Kampfgebiet herumschwirrten, wandte sich Poggi an den deutschen Konsul, der sich immer noch in der Stadt aufhielt, und forderte ihn auf, Langsdorff auf die Aufsichtspflicht über das weitere Verlegen von Kunstwerken aufmerksam zu machen. Langsdorff erstattete dann in der Tat Bericht nach Florenz, doch es erwies sich deutlich, daß er seine Vorstellungen über die Pflichten des Kunstschutzes im NS-Hauptquartier in Verona geändert hatte. Als er entdeckte, daß die Wehrmacht die »germanischen« Cranachs heim ins Reich zu nehmen gedachte, versprach er den widerstrebenden Offizieren, er werde sie dem Führer persönlich übergeben. Dann versteckte er sie in seinem Zimmer im Excelsior, ohne Poggi etwas davon zu sagen.

Am 18. Juli teilte Langsdorff nach einer Unterredung mit lokalen Kommandanten dem Hauptquartier Kesselrings wie auch jenem von SS-General Karl Wolff – bei dem die Fäden aller SS-Operationen in Italien zusammenliefen und der direkt Himmler unterstellt war – mit, er nehme nun unverzüglich die Überwachung und Leitung der Evakuierungsmaßnahmen durch die deutschen Truppen an die Hand. Wiederum bemühte er sich nicht, Poggi zu informieren, sondern verließ die Stadt, ohne sich zu verabschieden, und nahm die zwei Bilder Cranachs mit zur deutschen Botschaft, die sich inzwischen in Fasano am Gardasee befand. Dort traf er sich am 22. Juli mit Wolff, der ihm den Sonderbefehl erteilte, alle noch irgendwie erreichbaren, gefährdeten Kunstwerke aus den Uffizien und dem Palazzo Pitti in Florenz zur Rettung aus den *ricoveri* fortzuschaffen, und ihm für diese Operation acht wertvolle Lastwagen zur Verfügung stellte. Der Konvoi brach unmittelbar darauf Richtung Florenz auf und kam dort nach drei Tagen und Nächten auf der Straße im Morgengrauen des 28. Juli an.[38]

Während dieser Trupp unterwegs war, traf ein weiterer SS-Oberst namens Baumann, der keine Ahnung hatte von Kunst, jedoch Wolffs Befehl kannte, in Florenz ein und teilte Poggi mit, sämtliche florentinischen Schätze, auch die in der Stadt selber, müßten verlegt werden. Das ungleiche Gespann Poggi und der deutsche Konsul konnten ihn davon abhalten, indem sie behaupteten, alles außer ein paar Monumentalstatuen sei bereits fort, und den Unglückseligen, ohne eine Miene zu verziehen, zu den größten und am unmöglichsten zu bewegenden Dingen führten, die sie finden konnten, darunter etwa Cellinis *Perseus* und die riesigen Bronzetore des Baptisteriums. Sie dachten gar nicht daran, ihm etwas einfacher zu transportierende Werke zu zeigen, wie etwa die grafische Sammlung aus den Uffizien oder die aus der ganzen Toskana zusammengezogenen Meisterwerke, die in geheimen Gängen unter dem Museum versteckt lagen.[39]

Den Kunstschutz-Leiter konnte Poggi allerdings nicht so leicht hinters Licht führen wie Baumann, und als Langsdorff ankam, sah sich Poggi gezwungen, ihm mitzuteilen, welche *ricoveri* am meisten in Gefahr waren. Nach Beurteilung der militärischen Lage kamen sie sofort auf das Skulpturen-Lager in Dicomano. Ohne seinen Leuten Schlaf zu gönnen, befahl ihnen Langsdorff, in die verlassene kleine Stadt zu fahren, wo das Oratorium mit den Kunstwerken als einziges Gebäude noch stand. Die folgenden drei Tage verbrachten die Soldaten damit, die schweren Statuen mit allen nur erdenklichen Tricks auf die Lastwagen zu hieven: keine leichte Aufgabe, denn der Konvoi zog die Aufmerksamkeit der Luftwaffe auf sich, und immer wieder unterbrachen Bombenangriffe die Arbeit. Zudem mußten die Fahrer zwischendurch Gemüse in den verlassenen Gärten zusammensuchen und dann in einem Topf aus den Trümmern eines zerbombten Hauses garen, damit sie überhaupt etwas zu essen hatten.

Am Abend des 30. Juli brach der beladene Konvoi auf, und zwar nicht nach Florenz, sondern nach Verona zu Wolffs Hauptquartier. Während die Lastwagen im Dunkel der Nacht auf einer schwankenden Pontonbrücke den Po überquerten, riß eine Bombe der Alliierten den Führerstand eines Lkws auf und verletzte den Fahrer. Verbissen fuhren sie weiter, nun auf Nebenstraßen, um weiteren Angriffen auszuweichen, und erreichten in der Abenddämmerung des 4. August Verona.

In der Zwischenzeit begann die faschistische Regierung, der das Verhalten ihrer »Verbündeten« merkwürdig vorkam, auf die Rückgabe der florentinischen Objekte zu drängen. Doch Wolff war fest entschlossen, sie unter seiner Kontrolle zu behalten, und am 5. August erfuhr Langsdorff, der Gauleiter im neuen »Gau Tirol« habe die Anweisung, in der Nähe von Bozen, möglichst tief in dem vom Reich annektierten Gebiet, Lagerraum für die umherirrenden Meisterwerke zu suchen. Man hatte

ihm eingeschärft, keinen Ort nahe der Schweizer Grenze zu wählen, aus Furcht, Mussolini könnte es irgendwie gelingen, die Werke über die Grenze auf neutrales Territorium zu entführen.
Während die Ladung aus Dicomano ihre Reise nach Bozen fortsetzte, hieß Langsdorff seine Helfer nach Marano sul Panaro zurückkehren und den Transport der zweihunderteinundneunzig zuvor dort zurückgelassenen Bilder vorbereiten. Diese Gemälde folgten, ohne daß Italien davon wußte, am 10. August den Skulpturen nach Bozen. Und zwar keinen Augenblick zu früh. Ein wohl kriegsverdrossener Offizier der Schutzeinheit von Marano hatte der Bevölkerung Unterhaltung geboten, indem er mit mehreren Ladungen von Gemälden in der Gegend herumkutschierte und »hier und dort Ausstellungen improvisierte, unter freiem Himmel, in Säulengängen und Villen. Der letzte Halt [...] fand in der Villa Taroni statt, anläßlich eines Balls mit Fackelbeleuchtung, und die Gemälde, darunter ein Tizian, schmückten die Säle. Und leider ist zu sagen, daß mehrere bekannte italienische Familien, die in dieser Gegend den Sommer verbrachten, diesen Ball besuchten.«[40]
Einen Versuch, sich am 8. August des etwa fünfzehn Kilometer nordwestlich von Florenz gelegenen Depots in der Villa Medici in Poggio a Caiano zu bemächtigen, mußten Langsdorff und sein Begleiter, der Adjutant von SS-General Wolff, wegen Artilleriebeschusses aufgeben. Am 19. August kam Langsdorffs Stellvertreter Reidemeister dann nach Poggio durch, wo er den Palazzo voller Flüchtlinge vorfand, welche die Kisten mit den Gemälden als Bettstatt benutzten und dazwischen kochten. Einen Hinweis darauf, daß die Feuerpause nicht ganz zufällig war, gibt das seltsame Telegramm, das die deutsche Gesandtschaft in Bern dem Außenministerium in Washington (über das schweizerische Auswärtige Amt) zur selben Zeit zukommen ließ:

> Deutsche Behörden in Italien lagern in Villa Reale Poggio bei Caiano [...] wertvolle Kunstsammlungen und Archive über toskanische Renaissance-Werke. [...] Deutsche Regierung hält fest, daß keine (wiederhole: keine) deutschen Truppen Nähe Villa Reale und daß Villa selbst nicht (wiederhole: nicht) für militärische Zwecke verwendet wird. [...] Deutsche Regierung wünscht amerikanische und britische Regierung zu informieren, sie wünsche Beschießung oder Zerstörung Villa Reale zu vermeiden.[41]

Deutsche Soldaten laden Bilder aus den Uffizien in San Leonardo ab (Kunstschatz-Aufnahme).

Ähnlich lautende Mitteilungen im Rundfunk gaben dieser Botschaft noch mehr Gewicht. Zwei Tage später, am 23. August, machten sich schließlich unter neuerlichem ständigem Beschuß dreißig Kisten aus Poggio auf durchlöcherten Straßen auf den Weg nach Bologna. Unterwegs zurück zur Basis nahmen die Deutschen, die sich nichts entgehen lassen wollten, gleich noch einundvierzig Bilder aus der Villa Podere di Trefiano mit, welche die Truppen dort entdeckten. Langsdorff erkannte sofort, daß sie aus der Sammlung Graf Contini Bonacossis stammten, Görings früherem Freund und Händler.
Zur selben Zeit brachten andere Einheiten hundertsechsundneunzig weitere Bilder und neunundsechzig Kisten mit Skulpturen aus der Villa Bocci und Schloß Poppi bei Bibbiena weg, darunter Donatellos *Heiligen Georg* und *David,* Michelangelos *Bacchus* und die *Venus von Medici.* Der Überfall auf das Schloß kam dem Drehbuch für einen zweitrangigen Film gleich. Nach Belästigungen und Drohungen zwangen die Deutschen die Ortsbevölkerung mit vorgehaltener Waffe, in den Kellern zu bleiben, während sie die Stadt verminten und nach versteckten

Waffen durchsuchten. Während die Leute bei völliger Dunkelheit in den Kellern hockten, drangen die Deutschen in das *ricovero* ein, brachen Kisten auf und luden eine scheinbar zufällige Auswahl auf einen einzelnen Lastwagen. In Wirklichkeit hatten sie die Gemälde, die sie in das Fahrzeug zwängten, mit Sorgfalt ausgewählt, und es handelte sich dabei vor allem um Exemplare der von Hitler so geschätzten nordischen Malerei. Drei Werke von Raffael, zwei von Botticelli und Tizians *Konzert* kamen noch dazu sowie ein Bild von Watteau und ein oder zwei von del Sarto. Überraschender war, was sie zurückließen: Botticellis *Geburt der Venus,* Leonardos *Anbetung der Könige* und Michelangelos *Heilige Familie (Madonna Doni)* lagen nämlich im weit offen stehenden Schloß zwischen Abfall von aufgebrochenen Verpackungen herum. Bevor die Deutschen den Ort verließen, entschuldigten sie sich beim Bürgermeister, weil sie nicht alles mitnehmen konnten, wiesen ihn an, die Villa zu schützen, und jagten das Stadttor und die einzige Zugangsstraße in die Luft.

Am 7. September befanden sich insgesamt zweiunddreißig Lastwagen mit fünfhundertzweiunddreißig Gemälden und hundertdreiundfünfzig Skulpturen, etwa die Hälfte dessen, was Florenz vom Feinsten zu bieten hatte, endlich in den Depots in den Bergen. Die nötigen Vorbereitungen an diesem Ende der Reise erwiesen sich als nicht viel einfacher als jene in den Kampfgebieten rund um Florenz. Reidemeister traf mit der ersten Lieferung im zugewiesenen Lagerareal ein und mußte feststellen, daß die Lastwagen nicht durch die engen Eingänge paßten. Das traf sich jedoch gut, denn niemand hatte zuvor bemerkt, daß sich neben den feuchten Räumlichkeiten auch noch ein großes Munitionsdepot befand. Der Gauleiter von Tirol schlug deshalb vor, bis in das sichere Innsbruck oder nach Bayern weiterzufahren. Reidemeister sagte später aus, er habe dies nicht getan, weil es dem Wunsch des Führers entsprochen habe, diese Wertsachen auf italienischem Boden sicherzustellen, so daß niemand im Ausland die Deutschen der Plünderung bezichtigen könne.

An eine Ausweichmöglichkeit ließ sich kaum denken, lag doch die Gegend, die zudem voller italienischer Partisanen steckte, unter heftigem Beschuß seitens der Alliierten. Reidemeister, Josef Ringler von der Südtirol-Kulturkommission des Ahnenerbes und der für Kunst verantwortliche Beamte vor Ort ließen die mit Kunstwerken vollgestopften Lastwagen zurück, wohl wissend, daß noch weitere folgen

würden, und eilten fort, um auf den abgelegenen Bergpässen nach einem anderen Depot zu suchen. Der Bürgermeister von San Leonardo im Val Passiria zeigte ihnen ein verlassenes Gefängnis, das sich zwar als perfekt, aber nicht ausreichend erwies, um alles zu fassen. Eine alte Papiermühle und ein zur Hälfte mit landwirtschaftlichen Geräten angefülltes Schloß, die ihnen eine Gräfin anbot, lehnten sie ab. Doch ein Wagenschuppen auf Schloß Neumelans in Sand bei Campo Tures, den eine weitere Dame anbot, erwies sich als ideal, und Reidemeister traf Anweisungen, daß die Lastwagen aus Dicomano dort am 11. August entladen werden konnten.
Am 27. August kam eine weitere Lieferung, unter anderem mit Cranachs berühmten Werken *Adam* und *Eva,* bis zu den Armeebaracken in Bozen; dort ging der Treibstoff aus. Ringler eilte hin, um sich um diese neue Katastrophe zu kümmern, und sah mit Entsetzen, daß man die Gemälde ohne jegliche Verpackungs- oder Schutzmaterialien auf die Lastwagen geladen hatte. Am 1. September – die Suche nach Treibstoff war erfolglos geblieben – erhielt Ringler ein Telegramm aus Wolffs Hauptquartier, mit der Aufforderung, die fünf Wagenladungen auf gedeckte Möbelwagen umzuladen, diese mit Pferden oder Ochsen zu bespannen und in die Lager zu bringen. Da dies ein Ding der Unmöglickeit war, ging die Treibstoffsuche weiter, wobei Ringler natürlich mit der ganzen deutschen Armee, die sich auf dem Rückzug über den Apennin befand, um die Wette suchte. Schließlich wurden auf persönlichen Befehl von General Wolff fünfhundert Liter herbeigeschafft, doch nun verschlechterte sich das Wetter so sehr, daß der Konvoi noch einen Tag lang auf der Straße herumstand und erst am 5. September in Schloß Neumelans abgeladen wurde. Zwei Tage später gesellten sich fünf weitere Wagenladungen dazu, die die beschlagnahmten jüdischen Sammlungen und die Contini-Bilder enthielten, alles in Holzwolle aus Obstkörben verpackt, die man in einem Kloster gefunden hatte. Das Abladen dauerte mehrere Tage, und das Depot war nun zum Bersten voll.

Die bemerkenswerte und überstürzte Evakuierung dieser Werke in den Norden fiel exakt mit dem Vormarsch der Alliierten auf Florenz zusammen, wobei die Stadt von keiner Seite offiziell als offen erklärt worden war. Das Zögern der Alliierten ging auf die widersprüchlichen Signale zurück, die sie von den Deutschen erhielten. Einerseits hatte

Hitler Florenz als »schöne Stadt« bezeichnet und bei verschiedenen Gelegenheiten den Wunsch bekräftigt, sie möge unbeschädigt bleiben. Andererseits hatte er am 3. Juli seine Truppen und Kesselring ermutigt, die Arnolinie zu halten, für die Florenz ein Dreh- und Angelpunkt war wie Monte Cassino für die Gustavlinie.

Entgegen Hitlers Aussagen blieb Florenz, zweifellos ein wichtiges Kommunikations- und Transportzentrum, das beiden Armeen nützlich gewesen wäre, gerammelt voll mit deutschen Truppen. Kesselring hatte Rom und seine Brücken intakt gelassen und damit den raschen Vormarsch der alliierten Truppen durch die Stadt begünstigt, was Hitler nun bedauerte. Für Kesselring aber stand fest, daß sich die gleiche Situation in Florenz abzeichnete. Mitte Juli nahmen zähe deutsche Fallschirmtruppen-Einheiten auf dem Rückzug südlich der Stadt ihre Stellungen ein, und am 19. befahl ihnen Hitler, sich wieder zu verteidigen. Laut einer Zeugenaussage aus dem Führerhauptquartier erklärte er allerdings ausdrücklich, Florenz dürfe nicht zum Kampfgebiet werden. Diese Aussage ging den Alliierten über den Vatikan zu, und Hitler bestätigte sie noch in einem Gespräch mit Mussolini tags darauf.

Doch dieser Tag war kein gewöhnlicher, sondern der 20. Juli 1944, der Tag des Attentats auf Hitler. Kesselring, der in alliierten Rundfunksendungen oft als nicht sehr überzeugter Anhänger Hitlers dargestellt wurde und in der Tat häufig nicht mit diesem gleicher Meinung war, konnte es sich zu diesem Zeitpunkt nicht leisten, den Verhandlungen mit den Alliierten gegenüber wohlwollend zu erscheinen oder die Verteidigung Italiens zu lockern. Doch sogar noch in diesem kritischen Moment gaben sich die Alliierten, Militär wie Presse, sicher, daß die Deutschen Florenz so schnell verlassen würden wie Rom.

In der Stadt teilte man diese Zuversicht allerdings nicht. Der deutsche Konsul hatte entsetzt eine Karte gesehen mit Plänen für die weiträumige Zerstörung eines Areals, welches die zentralen Florentiner Brücken umfaßte, auch die wunderschöne Santa Trinità (die Michelangelo entworfen haben soll) und die Ufer auf beiden Seiten. Nur der Ponte Vecchio, Hitlers Lieblingsbrücke, sollte verschont bleiben. Er protestierte bei Botschafter Rahn; dasselbe taten sein schweizerischer und sein rumänischer Kollege. Man beschied ihnen, die Zerstörung hänge vom Verhalten der Alliierten ab.

Letztere hatten sich inzwischen einen großen Propagandafehler zuschulden kommen lassen. Am Morgen des 29. Juli hatte General Alexander per Rundfunk eine Botschaft an die Florentiner Bevölkerung verbreiten lassen und sie aufgefordert, die Infrastruktur ihrer Stadt zu verteidigen, das heißt, den Feind daran zu hindern, Minen hochgehen zu lassen, und die Bahnlinien zu schützen. Die meisten dieser Anweisungen waren indes bereits Makulatur, hatten die Deutschen diese Einrichtungen doch einige Tage zuvor zerstört, und die einzige Wirkung bestand darin, daß sich nun jeder Mensch in Gefahr begab, sobald er sich ins Freie wagte. Die Botschaft endete mit der fatalen Aussage: »Es ist lebenswichtig für die Alliierten, daß die Truppen Florenz ohne Verzögerung durchqueren können, um die Vernichtung der deutschen Streitkräfte, die sich gegen Norden zurückziehen, zu vollenden.«[42] Für den Fall, daß jemand die Rundfunkmeldung verpaßt haben sollte, wurde sie noch auf Flugblätter gedruckt und über der Stadt abgeworfen.

Während der nächsten zwei Tage evakuierten die Deutschen rund fünfzigtausend Personen aus dem Stadtgebiet rund um die Brücken. Am 3. August wiesen sie die Bevölkerung an, sich in den Häusern einzuschließen und von den Fenstern fernzuhalten. Etwa um zehn Uhr in jener Nacht sah Bernard Berenson aus seinem Versteck außerhalb von Florenz – er wußte nicht, daß ein beträchtlicher Teil seiner eigenen Sammlung soeben zerstört worden war – ein »Feuerspektakel neronischen Ausmaßes [...] eine große Explosion schien sich im Herzen von Florenz zu ereignen: sie stieß den Rauch wie eine Schlange empor bis in den Himmel.«[43] Im Palazzo Pitti regnete es Glas auf die Vertriebenen, die im Hof Unterschlupf gefunden hatten. Erst nach drei Anläufen fiel die Brücke Santa Trinità in sich zusammen. Am folgenden Morgen marschierten britische Truppen in die südlichen Stadtviertel ein. Wie bei Monte Cassino zog sich auch in diesem Fall die Kontroverse um die Schuld an diesen Ereignissen noch Jahre dahin. Begnügen wir uns mit dem Hinweis, daß es für Kesselring eine logische militärische, zweifellos von Hitler abgesegnete Aktion war, um den Vorstoß des Feindes aufzuhalten, und in der Tat erlangten die Alliierten die Herrschaft über das Nordufer des Arno erst zwei Wochen später.

Da Florenz mitten im Kampfgebiet lag, hatten die Museumsleute keine Ahnung, was mit ihren Kunstwerken geschah. Inspektionen in den *ricoveri* waren gefährlich; dennoch machte sich Cesare Fasola, der Bibliothekar der Uffizien, am 20. Juli tapfer zu Fuß in Richtung Front

auf, um die Depots zu besichtigen. Entsetzt stellte er bei der Ankunft in der Villa Bossi-Pucci in Montagnana fest, daß sie bereits verlassen und fast leer war: »Türen und Fenster standen weit offen und waren aus den Angeln gehoben […] Ich trat durch ein unbeschreibliches Durcheinander ein, nur um zu sehen, daß sie fast vollständig ausgeräumt worden war […] ein paar unbezahlbare Bilder fanden sich noch: Peruginos *Christus am Kreuz* lag inmitten von Müll und Schutt auf dem Boden.« Man hatte die Bände der Bibliothek samt und sonders zu Boden geworfen und war auf ihnen herumgetrampelt.
In der Abenddämmerung ging Fasola weiter nach Montegufoni, einer Villa, die der exzentrischen Familie Sitwell gehörte, und fand dort ebenfalls Durcheinander und Dreck vor. Die Kisten mit den Bildern standen alle offen, man hatte sie herumgezerrt und einige »in einem dunklen Korridor aufgestapelt, in dem ein beißender Gestank keinen Zweifel zuließ über den Zweck, für den man diesen Durchgang verwendet hatte«. Aber nur wenige schienen weggebracht zu sein. Laut Aussage der Hausbesorgerinnen rührte die Unordnung von den Fallschirmtruppen und der Waffen-SS an der Front her, die die Stellung immer noch hielten. Umherziehende Flüchtlingstrupps erhöhten das ohnehin bestehende Chaos und die Gefahren für die Kunstwerke noch. Tagelang wirkte Fasola als Ein-Mann-Polizeitruppe und legte bei den Truppen für seine Bilder ein gutes Wort ein, wann immer er konnte:

> Das beste schien mir, ständig überall anwesend zu sein. Sobald Soldaten auftauchten, ging ich hin, begrüßte sie, unterhielt mich mit ihnen und begleitete sie auf ihrem Besuch in der Anlage wie in einem Museum. Manchmal gelang es mir, sie geradewegs an das andere Ende des Hauses zu führen und hinauszugeleiten. Welche Erleichterung! In der Zwischenzeit versuchte ich ihnen beizubringen, daß es um wichtige Bilder ging, die der Führer bewundere.[44]

Nach einer dramatischen Nacht in den Kellern (»Das Knattern der Maschinengewehre kommt näher, es wird ohrenbetäubend und schlägt gegen die Türen unseres Unterschlupfs«) lösten neuseeländische Truppen die deutschen ab, und Fasola begann mit seinen Erziehungsmaßnahmen wieder von vorne. Bald danach kam die Presse. »Ihre Überraschung war groß und ebensogroß ihre Freude, als sie vor

Cesare Fasola (Mitte, mit Brille) und Kollegen beim Auffinden der Werke von Montegufoni.

unseren Meisterwerken standen«, schrieb er später, wobei er um einiges untertrieb. Die beiden britischen Reporter Vaughn Thomas und Erik Linklater wollten die nun dort stationierten indischen Truppen interviewen – und fanden sich reichlich verblüfft direkt vor Botticellis *Frühling* wieder. Beim Umschauen bemerkten sie noch zahlreiche weitere vertraute Bilder, darunter so weltberühmte wie die *Madonna Rucellai,* alle ausgepackt und von Tee kochenden Soldaten umgeben. Draußen aber, weniger als einen Kilometer entfernt, erblickten sie eine Linie von deutschen Panzern, die Geschütze auf die Villa gerichtet.[45]

Die vier, ungeduldig hinter den Linien beim Trasimenischen See wartenden, Florenz zugeteilten alliierten Kulturgüterschutz-Offiziere hörten in den BBC-Morgennachrichten von der Befreiung der Stadt. Oberleutnant Frederick Hartt brach unverzüglich in einem weiteren der wenigen und später legendären Kulturgüterschutz-Jeeps auf, deren Laufbahn in Nordafrika begann und dann über Sizilien und Sardinien weiterführte. Da Hartt zerstörte Städte umfahren mußte und ihn mili-

tärische Operationen aufhielten, brauchte er den ganzen Tag für die ungefähr hundertfünfzig Kilometer Richtung Norden.
Am nächsten Morgen inspizierte er unter Granathagel die vielen, nun vom indischen Regiment nun sorgsam bewachten Räume mit den aufeinandergestapelten Bildern in Montegufoni. Die meisten fand er unversehrt, doch einige hatten beträchtlichen Schaden davongetragen, etwa Ghirlandaios *Anbetung der Könige,* das die Soldaten, so bemerkte Fasola, als Tischplatte benutzten. Der Anblick in Montagnana und anderen Depots, die noch immer unter Beschuß lagen, machte die enormen möglichen Verluste nur allzu deutlich. Unter Umgehung des üblichen Dienstweges bat Hartt den BBC-Mann Thomas, eine Botschaft direkt dem Kommandanten der Achten Armee zu überbringen und ihn zu bitten, für diese und zukünftige Schutzdepots zusätzliche Wachen abzuordnen. Die Entdeckung der *ricoveri* verursachte einen derartigen Aufruhr, daß General Alexander, der Oberbefehlshaber in Italien, am 3. August persönlich einen Augenschein vornahm, wofür ihm Professor Fasola, dem er wie ein »homerischer Held« vorkam, unendlich dankbar war.
Hartt, den nun mehrere in Montegufoni stationierte Kollegen unterstützten, verbrachte die folgenden Tage damit, zu den anderen *ricoveri* zu fahren und zu klettern, um die dortigen Bestände zu inspizieren und um überall Wachen aufzustellen. Es stand keinesfalls zur Diskussion, in dem sich stetig verändernden Kampfgebiet etwas abzutransportieren, um so mehr als Florenz selbst noch nicht sicher war. Die Wege von Hartt und Langsdorff mögen sich bei diesen Trips zum Schutze der Meisterwerke mehr als einmal fast gekreuzt haben.
Die alliierten Kulturgüterschutz-Offiziere erlebten die Begegnung mit großen Kunstwerken an merkwürdigen Orten oft als überwältigend. So erblickte Hartt beim Öffnen eines Depots in Torre a Cona, das die Deutschen auch noch als Garage benutzt hatten, »im plötzlichen Sonnenlicht, das durch die Außentore einströmte [...] die riesigen Statuen von Donatello und Michelangelo [...] immer noch in ihren Schutzhüllen. Ich konnte einen Ausruf des Entsetzens und Staunens nicht unterdrücken und stieg über die Kisten hinweg, identifizierte mit höchster Erregung eine nach der anderen, bis ich durch die Latten einer Verpakkung in das gequälte Gesicht von Michelangelos Statue *Der Morgen* blickte, deren schmerzliche Züge das von der Tür her einfallende Licht in aller Deutlichkeit enthüllte.«[46]

Obwohl alliierte Truppen schon am 4. August in die südlichen Stadtviertel von Florenz einmarschierten, gelang es ihnen erst am 11. ins Zentrum vorzudringen, als sich die Deutschen vom Arnoufer zurückzogen. Die nördlichen Stadtteile verblieben bis zur dritten Augustwoche unter deutscher Herrschaft. In der Zeit dazwischen ließ es sich auf beiden Flußufern kaum leben. Die Pitti- und Boboli-Gärten verwandelten sich in ein großes Flüchtlingszentrum, in dem sechstausend, vor der Zerstörung der Brücken evakuierte Menschen unter schrecklichen Umständen vegetierten.

Als Hartt den Hof des Palazzo Pitti am 13. August zum ersten Mal betrat, begrüßten ihn Poggi und Procacci, die beiden für Kunst hauptverantwortlichen Beamten in Florenz, mit freudiger Erleichterung und berichteten erschüttert von den vergangenen Ereignissen. Sie begaben sich sogleich zum Arno. Riesige Schuttmengen türmten sich an seinen Ufern, doch den Ponte Vecchio konnte man noch überqueren. Die Ruinen waren mit Minen versetzt, und über die Trümmer flossen ungereinigte Abwässer. Herbert Matthews von der *New York Times* berichtete: »Florenz, wie es die Welt kannte, ist nicht mehr.« Obwohl die großen Kulturdenkmäler noch stünden, werde »es nicht mehr das Florenz der Medici sein, nicht mehr die Vollendung, die reine, harmonische Atmosphäre ausstrahlen, die es einzigartig auf der Welt machten«.[47] In den Uffizien waren alle Fenster und Oberlichter zerschlagen, und die Fresken, die die Mauern schmückten, bröckelten ab. Jemand hatte mit Kreide unter die Statue Dantes im Säulengang der leeren Uffizien geschrieben:

In sul passo dell'Arno
I tedeschi hanno lasciato
Il ricordo della loro civiltà[48]

(Beim Überqueren des Arno haben die Deutschen das Andenken an ihre Kultur hinterlassen)

Die alliierte Vorherrschaft war erst Ende August gesichert. Und auch dies bot keinen Grund zu uneingeschränkter Freude, denn die bereits in Sizilien und Neapel aufgetretenen Probleme einer Militärregierung stellten sich auch hier wieder. Villenbesitzer verfolgten Leutnant Hartt hartnäckig und wollten ihre Häuser zu *monumenti nazionali* erklären lassen und so vermeiden, daß man bei ihnen Truppen einquartierte.

Auch Obdachlose, die ihn mit dem für Vertriebene zuständigen Leutnant Dart verwechselten, hielten ihn immer wieder auf. Die Armee-Einheiten versuchten mit allen möglichen Tricks, sich im Palazzo Pitti einzurichten, und Hunderte von Schadenseinschätzungen und Vorschlägen gingen ein, die sie alle durch die verschiedenen Büros schleusen mußten.

Dann gab es darunter auch reichlich überflüssige Anfragen. So erschien zum Beispiel ein Florentiner Graf, tadellos gekleidet in einen »weißen Leinenanzug, ein blaues Hemd und mit Sträußchen im Knopfloch«, um die Wiedereröffnung der Rennbahn in Cascine zu besprechen.[49] Neben Ärgernissen gab es aber auch viele Freiwillige, die Morgen für Morgen durch die Straßen gingen und Bruchstücke von Skulpturen und Gebäuden aufsammelten, die während der Nacht durch die Beschießungen abgebrochen waren, und andere, die Tage damit verbrachten, in den nun stark verschmutzten Arno zu tauchen, um zu bergen, was von den Verzierungen der Brücke Santa Trinità übriggeblieben war. (Sie fanden alles außer dem Kopf des *Frühlings*, und diesen spülte das Wasser 1961 durch einen glücklichen Zufall auf eine Sandbank kaum dreihundert Meter flußabwärts.)

Am schlimmsten aber gestaltete sich der Umgang mit Offizieren, die sich keinen Deut um den Schutz historischer Bauten kümmerten. Hartt konnte die Armee-Pioniere nicht davon abhalten, noch zu rettende Bruchstücke historischer Bauwerke, die die Nazis in die Luft gejagt hatten, samt Büchern, Manuskripten und Kunstwerken darin mit Bulldozern einzuebnen. Doch ein anderes Manöver war von Erfolg gekrönt: die Rückschaffung der Statue von Cosimo I. Den Ochsenkarren, in dem er die Stadt verlassen hatte, ersetzte ein zehn Tonnen schwerer Abschleppwagen der 477th Ordinance Evacuation Company, und ein italienisch-amerikanisches Team unter der Leitung von Deane Keller machte kurzen Prozeß und lud Pferd und Reiter einzeln auf. Ein Soldat saß rittlings auf dem Pferd und hob die Stromleitungen auf dem Weg nach Florenz an oder trennte sie durch. In den Dörfern kamen die Menschen aus den Häusern und jubelten dem Transport zu. Kurz vor Florenz stieß eine Eskorte aus Militärpolizisten auf Motorrädern zu dem Konvoi, und dieser fuhr unter Sirenengeheul zur Piazza della Signoria. Ein Pferdefuhrmann auf der Straße zog den Hut und schrie: *»Cosimo, bentornato!«* Kellers Bericht über diesen Tag läßt auch nicht die kleinste Begebenheit aus. »Dies ist ein langer Bericht über eine verhältnismäßig einfache Operation«, gestand er ein, doch für ihn handelte es sich um »ein gewichtiges und bedeutendes Unternehmen, ging es doch darum, einer leidgeprüften Bevölkerung eine Freude zu bereiten und zwischen diesen Menschen und ihren gegenwärtigen militärischen Herrschern eine gute Beziehung aufzubauen«.[50]

Florenz erhielt zwar den Löwenanteil an Beachtung, war aber nicht die am schlimmsten zerstörte Stadt in Norditalien. Im Herbst 1944 gab es große Anstrengungen, um andere Opfer des »glühendroten Rechens« zu retten. Im Städtchen Impruneta lagen die Dachbalken der Basilika Santa Maria wie die Stäbchen eines riesigen Mikado-Spiels über mit Knochen gefüllten aufgesprengten Gräbern, zerschmetterten Gedenktafeln von della Robbia und verbogenen Gemälden. Lucca, Pistoia und Arezzo wiesen schlimme Schäden auf. Pieve hatten die Nazis auf dem Rückzug Haus für Haus systematisch gesprengt; als einziges stand noch eine riesige Terrakottaarbeit *Mariä Himmelfahrt* von della Robbia in der kleinen Kapelle, die selbst fast zusammenfiel. Die Bevölkerung ließ nicht zu, daß die Kulturgüterschutz-Offiziere das Relief in Sicherheit brachten, sondern klagte: *»E' tutto quello che ci rimane!«* (Es ist alles, was uns noch bleibt!) Als die Offiziere ein paar Monate später zurückkehrten, fanden sie das Relief gesichert, die Straßen geräumt und sogar eine von der Bevölkerung erstellte Hängebrücke über den Fluß vor.[51]
Pisa mit dem Hafen Livorno, wo fast vierzig Tage lang Kämpfe stattfanden, bekam die vollen Auswirkungen des Krieges zu spüren. Am 3. September suchte sich Deane Keller mit bösen Vorahnungen einen Weg durch die verlassenen und verminten Trümmer zu den berühmten Denkmälern, die selbst die Unbedarftesten kennen: der Schiefe Turm stand noch, wenn auch ein wenig pockennarbig, das Dach des Doms war durchlöchert, doch das Baptisterium unversehrt. Aber der Camposanto – der alte Friedhof der Stadt, der die berühmte Piazza auf der einen Seite abschloß und nach alter Überlieferung Erde enthielt, welche Kreuzritter im dreizehnten Jahrhundert aus der Fremde mitbrachten, der von zierlichen gotischen Säulenhallen mit zahlreichen Fresken von Benozzo Gozzoli und einer ganzen Reihe weiterer Künstler gesäumt war – lag als verzerrte, rußgeschwärzte Masse vor ihm. Die übergroße Hitze hatte das Blei des Daches geschmolzen, und es war über die Fresken und Gräber geflossen. Fresken hingen halb abgelöst

dem Regen ausgesetzt, und zwar schon seit einem Artilleriebeschuß vom 27. Juli, wahrscheinlich von alliierter Seite und wohl gegen den Schiefen Turm gerichtet, den die Alliierten für einen deutschen Beobachtungsposten hielten.
Keller erkannte sofort, daß nur schnelles Handeln den Camposanto noch retten konnte. General Hume, der höchste Offizier der Abteilung für zivile Angelegenheiten, inspizierte die Trümmer innerhalb von wenigen Tagen. Fresken-Fachleute kamen aus Florenz, und italienische Soldaten wurden der amerikanischen Fünften Armee angegliedert, die unter der Leitung von amerikanischen Fachleuten begannen, die Bleischichten vom Boden zu entfernen. Alle arbeiteten zusammen, selbst der faschistische ehemalige Kommissar von Pisa, der eigentlich ins Gefängnis gehörte. Die Bedingungen waren ungünstig. Noch drei Wochen lang beschossen die Deutschen Pisa von der anderen Seite, es gab noch fast sechs Monate lang weder Wasser- noch Stromleitungen, und außer den Militärrationen stand nur wenig Nahrung zur Verfügung. Die wenigen intakt gebliebenen Restaurants konnten den Leuten, die vor dem Herbstregen ein provisorisches Dach erstellen wollten, nur »unidentifizierbares gekochtes Grünzeug« anbieten. Doch die Anstrengung lohnte sich. Mitte Oktober hatten Fachleute und Soldaten ein Segeltuchdach aufgezogen, Tausende von Fragmenten eingesammelt und die Fresken mit verschiedenen einfallsreich gebastelten Netzen und Trägern gesichert.[52]
Als hätte dies alles noch nicht genügt, setzten im Oktober die Regenfälle auch wirklich ein; sie ließen den Arno anschwellen, und er überflutete die Trümmer in Florenz und machte der Armee das Leben schwer, mußte sie sich doch auf einen zweiten Winter einrichten, eingebuddelt vor einer weiteren von Kesselrings scheinbar unendlichen Serie von Verteidigungslinien. Und beim Wintereinbruch wußten die alliierten Kulturgüterschutz-Offiziere immer noch nichts über das Schicksal fast der Hälfte der größten Schätze von Florenz.

In den toskanischen Hügeln gab es nicht nur mit Museumsbeständen vollgestopfte Kirchen und Villen. Mitten in diesem ausgedehnten Kampfgebiet ging für die Einheimischen wie für Zugezogene auch eine Art Alltag weiter. Die Toskana hatte schon immer eine große und kultivierte Gemeinde aus der Fremde angezogen. In und um Florenz lebten in ihren oft mit kostbaren Büchern, Gemälden und anderen

Restaurateure bei der Arbeit an den Fresken des Camposanto von Pisa unter dem von der Armee errichteten Schutzdach.

Kunstgegenständen vollgestopften Häusern Professoren des Deutschen Kunsthistorischen Instituts, britische intellektuelle Damen, Konsulatsangehörige aus vielen Nationen und Berühmtheiten der Kunstszene wie Bernard Berenson und Harold Acton.
Bei Kriegsausbruch zählten viele, die ursprünglich aus alliierten Ländern stammten, im Grunde zu den Feinden Italiens, doch die faschistische Regierung unter Mussolini, die schon so lange herrschte, zeigte sich diesen langjährigen Niedergelassenen gegenüber recht tolerant und ließ sie im allgemeinen in Frieden. Erst Mussolinis Sturz brachte Verwirrung, die sich bald in Furcht verwandelte, als die Ansässigen feststellten, daß zahlreiche Deutsche einmarschierten. Und Badoglios Kapitulation veränderte alles. Die Zensurbehörde überwachte fortan jegliche Kommunikation. Privatautos wurden beschlagnahmt. Ein ganzes Lebensnetz entwickelte sich im verborgenen, da italienische Familien Söhne und Ehemänner versteckten, die Fahnenflucht begangen

hatten und jetzt den Razzien der Deutschen zu entgehen trachteten. Andere hielten von Italien freigelassene alliierte Gefangene versteckt. Maßnahmen gegen jüdische Glaubensangehörige, die Mussolini auf Drängen Hitlers verordnet, jedoch nie sehr strikt vollzogen hatte, wurden nun bald denjenigen im Rest des Reiches angeglichen. Die Abtransporte in die Konzentrationslager begannen im Oktober 1943, und am 30. November wurde ein Gesetz verabschiedet, das die Beschlagnahmung von jüdischem Eigentum legalisierte; nun begannen die Enteignungen auch in Italien um sich zu greifen.

Viel mehr Schrecken aber als die Deutschen verbreitete die neue republikanisch-faschistische Regierung, die aus den schlimmsten noch verbliebenen Elementen des alten Regimes bestand und nach Rache dürstete. Alle, die auch nur im entferntesten mit der italienischen Königsfamilie oder mit dem Hof verwandt waren, galten bei den Faschisten wie bei den Nationalsozialisten als potentielle Verräter und befanden sich in größter Gefahr. SS und Gestapo in Florenz – aus Italienern zusammengestellt – standen unter der Leitung eines gewissen Carità, der seinem Namen alle Unehre machte, indem er – mit besonderer Vorliebe weibliche – Angehörige aristokratischer Florentiner Familien verhaften, demütigen und aufs grausamste foltern ließ. Darin ging er selbst für die Deutschen manchmal zu weit, besonders für ihren Konsul Gerhard Wolf, der oft die Freilassung von Caritàs Opfern erwirkte.[53]

Geiselnahmen, Repressalien und Beschlagnahmungen gehörten von nun an zur Tagesordnung. Die Münzsammlung des italienischen Königs kam in das SS-Hauptquartier in Verona und die Sammlung des Grafen von Bourbon Parma ins Schloß Dornsberg bei Meran.[54] Im Oktober 1943 hörte man die ersten Berichte von Beschlagnahmungen von Pelzen, Schmuck und Juwelen. Am 4. notierte die Marchesa Iris Origo, eine mit einem Italiener verheiratete Angloamerikanerin: »Verbrachte den Tag damit, Leinen, Decken, Silber usw. zu verpacken; wir werden es in einem Dachbodenraum verstecken und diesen im Hinblick auf den Rückzug der Deutschen zumauern.«[55] Im November wurde das Haus ihrer Familie in Fiesole, die berühmte Villa Medici, beschlagnahmt. Die Deutschen ließen sie jedoch die wertvollsten Möbel, Leinen, Glas und auch Porzellan mitnehmen, eine ungewöhnlich entgegenkommende Geste des befehlshabenden Offiziers der einquartierten Einheit, den selbst vor allem das Klavier interessierte, da er angeblich komponierte und eine Oper über Napoleon geschrieben hatte.[56]

Die deutschen Fallschirmtruppen auf dem Rückzug kamen erst im folgenden Sommer. Im Juni 1944 lösten einander in einer anderen Villa der Origos, im Val d'Orcia südlich von Siena, die Einheiten – die einen zivilisiert, die anderen weniger – in rascher Folge ab. Sie legten sich überall zum Schlafen hin, badeten in den Waschküchen, stellten in den Gärten Geschütze auf und zogen dann wieder ab. Unmittelbar hinter ihnen streiften schießfreudige Partisanen, nicht immer ganz klarer politischer Gesinnung, in den Wäldern umher und tauchten regelmäßig auf und verlangten zu essen oder andere Dinge, die sie immer öfter einfach »befreiten«. In der Zwischenzeit fielen aus Gründen, die niemand kannte, alliierte Bomben auf Dörfer, und es regnete Flugblätter beider Kriegsparteien vom Himmel mit einander genau entgegengesetzten Anweisungen. Es war nicht leicht zu durchschauen, was tatsächlich vor sich ging. Mitte Juni fragte die Marchesa einen deutschen Offizier, ob er an die Front gehe, worauf er lachend antwortete: »Ja, was denken Sie denn, wo *Sie* sind?« Verblüfft schrieb sie: »Dies ist eine neue Vorstellung für mich, stelle ich mir doch wie die meisten anderen Zivilpersonen vor, daß sich die Front irgendwo befindet, wo wir nicht sind.«[57]

Mit dem Gedanken, dadurch Plünderungen zu verhindern, blieben Hauseigentümer und Hauseigentümerinnen so lange wie möglich in ihren Villen. Am 22. Juni riet ein deutscher Artillerie-Offizier den Origos aber, sich unverzüglich in Sicherheit zu bringen. Die Truppen, die nun kamen, waren die schmutzigen und erschöpften Staffeln der Ersten und Vierten Fallschirmdivision, die sich nach Jahren des Kampfes nur noch um die Befriedigung der elementarsten Bedürfnisse kümmerten. Als sich die Front nach acht Tagen erneut verschoben hatte, kehrten die Origos zurück und fanden die Villa in unbeschreiblicher Verfassung vor, ein Ereignis, das sich in ganz Italien und Frankreich überall wiederholte. Der Bericht der Marchesa über diese Verletzung ihrer Privatsphäre steht stellvertretend für alle anderen:

> […] beim Hinauffahren nach La Foce fällt uns das Chaos auf. Das Haus steht noch, mit nur einem Granateneinschlag in der Gartenfassade […] und mehreren im Dach. […] Im Garten, in dem es ebenfalls mehrere Einschlaglöcher und Gräben für Maschinengewehre

gibt, haben sie die Zitronen und Azaleen aus den Töpfen gerissen und die Pflanzen vertrocknen lassen. Der Boden ist übersät mit meinen persönlichen Briefen und Fotografien, mit Matratzen und Polstern. Im Hausinneren sieht es aber noch viel schlimmer aus. Die Deutschen haben alles gestohlen, woran sie Gefallen fanden, Dekken, Kleider, Schuhe und Spielsachen sowie natürlich alles, was wertvoll oder eßbar ist, und sie haben mutwillig vieles von emotionalem oder persönlichem Wert zerstört. [...] Im Eßzimmer ist der Tisch noch gedeckt, und die Spuren zeugen vom feuchtfröhlichen Mahl; leere Weinflaschen und zerschlagene Gläser liegen neben einigen meiner Sommerhüte (die sie wohl anprobiert haben), zusammen mit Stiefelleisten, Spielzeug, umgestoßenen Möbeln und Toilettenpapier. [...] Die Toilette ist bis zum Rand voller Dreck, und verfaulendes Fleisch, das auf den Tischen herumliegt, trägt das Seine zum Gestank bei. Es gibt unzählige Fliegen. Und in unserem Schlafzimmer sieht es ebenso aus [...][58]

Wo genau sich die verschollenen Florentiner Meisterwerke befanden, blieb den alliierten Kulturgüterschutz-Offizieren und offenbar auch der italienischen Bevölkerung auf beiden Seiten im Herbst und Winter 1944/45 ein Rätsel.[59] Die alliierte Seite übte weiterhin Propagandadruck aus und beschuldigte die Deutschen des Diebstahls und der Plünderei. Langsdorff, auch seitens der italienischen faschistischen Regierung in Bedrängnis geraten, versuchte dies zu widerlegen und hatte auch bereits am 18. September von Weizsäcker im Vatikan gebeten, die dortigen Behörden über die Lage und die Sicherheit der Gegenstände zu informieren.
Als die Propaganda nicht abriß, bereiteten die Deutschen ein sorgfältig erstelltes Inventar und eine Schadenseinschätzung der Bestände vor, die sich allen Widerwärtigkeiten zum Trotz generell in gutem Zustand befanden. Den faschistischen Erziehungsminister Biggini überredeten sie dazu, einen Kommentar über die »loyale Zusammenarbeit der deutschen Kunstverantwortlichen beim Schutz von italienischen Kunstwerken« zu verbreiten, und am 17. Oktober hielt Langsdorff in Mailand zum selben Thema eine Pressekonferenz ab. Doch die Faschisten forderten ihn nun auf, auch tatsächlich den Beweis für seine Behauptungen, das heißt für die Anwesenheit der Objekte in Italien, anzutreten und sie die *ricoveri* inspizieren zu lassen.

Alexander Langsdorff (zweiter von rechts) zeigt dem britischen MFAA-Offizier J. B. Ward-Perkins die Kunstschutz-Depots.

Diese Forderung vertraten auch einige von Langsdorffs Kollegen, allen voran Heydenreich, der ehemalige Chef des Kunstschutzes in Florenz, der meinte, Hitler solle öffentlich bekanntgeben, daß die Florentiner Werke unter direkter Aufsicht des Kunstschutzes für die italienische Nation treuhänderisch verwaltet würden, und dafür eintrat, einen Ausschuß deutscher Experten (für den er schlauerweise auch den Direktor der Linzer Sammlungen Voss vorschlug) zu bilden, der die Bilder in regelmäßigen Abständen kontrollierte.
Bald erhöhte sich der Druck nach Informationen über das Schicksal der florentinischen Schätze so sehr, daß Hitler auf Empfehlung von Botschafter Rahn dem faschistischen Generalbevollmächtigten für Kunst, Carlo Anti, die Genehmigung erteilte, am 28. November die Depots zu inspizieren. Ein paar Tage später verkündete Anti der Welt, die Schätze seien in Sicherheit, aber er sagte nicht, wo. In der Zwischenzeit hatten die alliierten Kulturgüterschutz-Offiziere in Florenz eine Mitteilung vom Vatikan erhalten, in der es jedoch nur hieß, das Depot befinde sich in »Neumelans in Sand« – ein mysteriöser Name, den sie

in ihren Unterlagen nirgends fanden. Falls der florentinische Kunstbevollmächtigte Poggi wußte, wo das war, teilte er es seinen alliierten Kollegen jedenfalls nicht mit.

Ein Besuch in den Depots von einer ganz anderen Abordnung am 10. Dezember 1944 enthüllte den wenigen, die davon erfuhren, das eigentliche Ziel der wunderbaren Sammlungen. Bormanns Assistent von Hummel von der Reichskammer und Professor Rupprecht von der Linzer Gruppe kamen mit einem Münchner Kunsthändler namens Bruschwiller und brachten den Führervorbehalt auf den neuesten Stand. Wie üblich wurde keiner der Vertreter des deutschen Kunstschutzes in die Beratungen dieser Herren eingeweiht. Gleich nach ihrem Besuch befahl Himmler General Wolff, die Bestände der *ricoveri* nach Österreich zu bringen. Dieser weigerte sich allerdings, mit der immer plausiblen Begründung, es mangle an Transportmitteln. Vielleicht um zu zeigen, daß seine Loyalität ungebrochen und sein Glaube an den Endsieg des Vaterlandes unerschüttert war, wies er jedoch einige Fotografen an, zu Hitlers Geburtstag am 20. April 1945 ein Album über die Bestände in den *ricoveri* zu erstellen und so aufwendig zu gestalten, daß es mit früheren solchen Bänden aus Polen und Frankreich mithalten konnte.[60]

Im Januar glaubten alle – bei den Alliierten, beim deutschen Kunstschutz, bei den Faschisten und auch sonst überall, wenn auch aus verschiedenen Gründen –, die Schätze, über die jetzt voll und ganz die SS verfügte, seien für die Sammlungen Hitlers vorgesehen. Sie konnten nicht wissen, daß diese Objekte nun als Faustpfand im ausgeklügelten letzten Schachzug des Krieges in Italien dienten. Als eine Hauptfigur in diesem undurchsichtigen Spiel wirkte SS-General Wolff selbst, der in der NS-Hierarchie im Rang direkt nach Himmler kam.

Wolff hatte jahrelang als Himmlers persönlicher Assistent und dessen Verbindungsmann zu Hitler und von Ribbentrop gearbeitet, und daher genoß er ihr Vertrauen und uneingeschränkten Zugang zu den höchsten Kreisen. Hitler, der Wolffs Talente erkannte, hatte ihn als Quasi-Generalgouverneur nach Italien geschickt, damit er Mussolini im Auge behielt.

Als die endgültige Niederlage Deutschlands sich immer offensichtlicher abzeichnete, hielt es Wolff langsam für unumgänglich, Verhandlungen mit den Alliierten einzuleiten. Seine ersten Vorstöße waren an das Büro des Amtes für strategische Dienste (OSS) unter der Leitung von Allen Dulles in der Schweiz gerichtet, wo man ihnen mit Skepsis begegnete, galt es doch als nur zu bekannte Tatsache, daß Hitler einen Keil zwischen die Alliierten treiben und die Vereinigten Staaten und Großbritannien für einen gemeinsamen Kampf gegen Rußland gewinnen wollte. Wolff mußte daher eine andere Gelegenheit abwarten, während er nach außen hin die Loyalität zum Reich aufrechterhielt. Die Kunstwerke erwiesen sich für ihn in seinem Doppelspiel als äußerst nützlich. Indem er sich weigerte, sie Italien zu überlassen und indem er das Album für Hitler erstellen ließ, machte er deutlich, daß er sie für den Führervorbehalt aufbewahrte. Und indem er sie nicht über die Grenzen dessen, was die Alliierten als italienisches Territorium betrachteten, hinausschaffen ließ, demonstrierte er seinen Glauben daran, daß die Deutschen dieses Gebiet würden halten können.

Wolff hielt seine Verhandlungen nicht geheim. Bei einem Treffen Anfang Februar konnte er seinen Vorgesetzten davon überzeugen, daß er Zwietracht säe zwischen den Alliierten. Erschüttert über Hitlers körperlichen Zustand und über dessen strikte Weigerung, ein Ende der Kämpfe in Betracht zu ziehen, selbst nach der Niederlage in der Ardennenschlacht, kehrte Wolff nach Italien zurück, entschlossen, seine Anstrengungen zu vervielfachen. Dulles willigte schließlich ein, sich am 8. März mit ihm zu treffen. Um die Zusammenkunft vorzubereiten, hatte Wolff eine Art Aufstellung über seine Laufbahn und seine guten Taten in Italien vorausgeschickt, und darunter befand sich, zur Überraschung der OSS-Leute, eine Liste beinahe aller Werke aus Florenz, von denen sie je gehört hatten und von denen Wolff behauptete, er könne sie ihnen ausliefern.[61] Am 13. April waren die Verhandlungen so weit fortgeschritten, daß Wolff sogar einen OSS-Funker in seinem Hauptquartier duldete, um die Kommunikation zu erleichtern. Doch fest entschlossen, bis zum bitteren Ende auf eine bedingungslose Kapitulation hinzuwirken, besessen von der Vorstellung Bayerns als einer Alpenfestung und von Stalin aufgrund der eigenmächtigen Verhandlungen der Arglist bezichtigt, befahl das alliierte Oberkommando dem OSS am 20. April, jeglichen Kontakt abzubrechen. Dadurch gerieten Dulles und das OSS in eine äußerst mißliche Lage. Noch bevor es Dulles gelang, Wolff davon in Kenntnis zu setzen, realisierte er, daß dieser mit mehreren Vertretern der Wehrmacht, die er mit großer Anstrengung zum gemeinsamen Handeln hatte überreden können, sich bereits in der Schweiz befand, bereit, die Kapitulation zu unterschreiben. Während Dulles in der Hoffnung auf eine Änderung der Politik eine Funkmeldung an das Hauptquartier in Caserta durchgab, erhielt Wolff erneut eine Anweisung Hitlers: die Truppen müßten um jeden Preis standhalten. Wolff erkannte, daß er in sein Hauptquartier zurückkehren mußte, um ein Chaos zu verhindern, während die übrigen Mitglieder der Abordnung blieben, wo sie waren. Bevor er ging, überreichte er Dulles eine handschriftliche Notiz mit der Lage der florentinischen Schätze und riet ihm, Armee-Einheiten hinzuschicken, um Plünderungen zu vereiteln. Vier Tage später änderten die Alliierten ihre Politik, und die deutschen Offiziere wurden nach Caserta geflogen, wo sie unter höchster Geheimhaltung die Kapitulation Italiens unterzeichneten. Der Weltöffentlichkeit wurde dies am 2. Mai bekanntgegeben.[62]

Innerhalb weniger Tage befanden sich Kulturgüterschutz-Offiziere und italienische Kunstverantwortliche auf dem Weg zum Brenner. Hier, an der Grenze zum Reich, schien die Welt kopfzustehen. In Bozen gab es rund zehn mal weniger Sieger als »kolossal arrogante« Deutsche, die noch nicht in Kriegsgefangenenlagern eingesperrt waren und das Leben in den besten Hotels genossen, während die Amerikaner in Zelten campierten und der lokale Beauftragte der Militärregierung »zu Fuß in der Stadt herumtrotten mußte, schwitzend, mit rotem Kopf und staubbedeckt, während eingebildete und hochdekorierte SS-Generäle in Motorwagen mit Blondinen vorbeirasten«.[63]

Dulles' Stellvertreter Gero von Graevenitz, der eine Woche später Wolff besuchte, traf so ziemlich die gleichen Verhältnisse an: die deutsche Armee, die »den Frühling in den Alpen genoß [...] ihre verbliebenen Vorräte an Essen und Trinken verbrauchte [...] ein friedliches Bild, etwa wie zur Mittagszeit in den MGM-Filmstudios.« Auch er hatte Mühe, ein Hotelzimmer weg von den Besiegten zu ergattern, und er wurde mit allem Pomp in Wolffs Hauptquartier im Palazzo der Fürsten von Pistoia empfangen. Weiter die Brenner-Straße aufwärts trafen die Kulturgüterschutz-Offiziere dann gar keine Amerikaner mehr an. Die ländlichen Gebiete schienen sich ganz in den Händen schwerbewaffneter Deutscher zu befinden.[64] Aber die Reise lohnte sich: In den engen Gefängniszellen in San Leonardo waren sie alle, ohne Verpackung und eng aneinandergepfercht: Tizians *Bildnis Philipps II.*, Caravaggios *Bacchus*, die große *Pietà* von Bellini und, bescheiden unter einer alten Bettdecke versteckt, einmal mehr Cranachs *Adam* und *Eva*.

Die amerikanische Fünfte Armee bringt die florentinischen Schätze nach Hause.

In Campo Tures (oder »Neumelans«) erwartete sie Langsdorff ungeduldig. Hier gab es eine Anzahl erst vor kurzem in Kisten mit der Aufschrift »Kunstwerke aus italienischem Staatsbesitz« verpackte Gemälde. Der britische Oberstleutnant der Luftwaffe Douglas Cooper, Sammler und Kunsthistoriker, nun aber eingesetzt als spezialisierter Nachrichtenoffizier, verhörte Reidemeister und Langsdorff mehrmals; dies und auch das karge Leben im Kriegsgefangenenlager brachte die beiden bald auf den Boden der Realität, so daß sie schließlich uneingeschränkt kooperierten. Nach dem Durchgehen der Inventarlisten stellte sich heraus, daß der Verbleib aller Werke mit Ausnahme von zehn bekannt war – zu den verschollenen gehörten zwei kleine, außergewöhnlich wertvolle Gemälde von Pollaiuolo mit einer Darstellung von Arbeiten des Herakles.
Dem Fund wurde ungeheure Publizität zuteil, und mit größtem Eifer stürzte sich die amerikanische Fünfte Armee – wie auch alle anderen, die sich eine Scheibe abschneiden konnten – auf die Vorbereitungen zur Rückgabe der Schätze. Die Gebäude wurden schwer bewacht. Der

italienische Widerstand rekrutierte Packer und Packerinnen. Das persönliche Flugzeug des Kommandanten der Fünften Armee, Lucien Truscott, diente dem Herbeischaffen von Feuerlöschern. Es ging um eine große Operation und nicht zuletzt auch um den Stolz:

> Am Tag, an dem die Deutschen die Objekte in das Gefängnis in San Leonardo brachten, regnete es. Die Lastwagen waren offen und alt, die Gemälde waren mit ein paar Tüchern bedeckt und lagen auf losem Stroh. Die US-Armee wird, so ist zu hoffen, ihre Aufgabe ganz im Gegensatz dazu Ia verrichten.[65]

Man stellte einen Zug aus dreizehn Güterwagen zum Teil mit Spezialtüren zusammen und setzte Wagen für die Wachen dazwischen; spezielle Krans hoben die Skulpturen in die Höhe. Und so reisten Michelangelos *Bacchus* und Donatellos *Hl. Georg* los. Alle Beteiligten waren äußerst nervös. Die im Grunde unbezahlbare Ladung, im Frachtbrief schlicht als »Kunstschätze« vermerkt, hatte bereits damals einen Schätzwert von rund einer halben Milliarde Dollar.
In Florenz kamen ein paar Kisten auf beflaggte Lastwagen und paradierten in Begleitung zweier Jeepladungen von Museumsverantwortlichen und Kulturgüterschutz-Offizieren durch die heißen Straßen; seitlich stand auf einer Plane schlicht zu lesen: *»Le opere d'arte fiorentine tornano dall'Alto Adige alla loro sede.«* (Die florentinischen Kunstwerke kehren von der Oberetsch an ihren angestammten Platz zurück.) Auf der übervollen Piazza della Signoria übergab der General der Fünften Armee, Edgar E. Hume, die Kisten offiziell dem Bürgermeister von Florenz. »Weinende und tief berührte Bewohner und Bewohnerinnen der Stadt spendeten dem General spontan Beifall«, berichtete Keller später. Hartt war besonders gerührt von der »Ernsthaftigkeit und der Spontaneität der Bevölkerung«; sie drängte sich um General Hume, »umarmte ihn, weinte vor Freude, wollte seine Uniform berühren«. Der Krieg schien bereits vorbei. Später, so notierte der immer praktisch denkende Keller, »folgte ein gutes Bankett«.[66]

Wenige Wochen nach diesen festlichen Ereignissen fand die Tätigkeit der Kulturgüterschutz-Offiziere in Italien ein abruptes Ende. Sie waren enttäuscht und frustriert, mußten sie doch zahlreiche Projekte nicht abgeschlossen zurücklassen, aber sie wurden versetzt. Es blieb Italien überlassen, diese Aufgaben zu vollenden. Einem Mann besonders schienen sie bei weitem noch nicht abgeschlossen: Rodolfo Siviero, geheimnisumwittertes Mitglied des italienischen Widerstandes, der jahrelang heiße Informationen über Kunst gesammelt hatte, gab sich nicht damit zufrieden, daß nach dem Krieg nur die staatlichen Sammlungen zurückkamen. In Italien war vieles beschlagnahmt und an NS-Größen verkauft oder verschenkt worden. Siviero vertrat die Meinung, daß alle diese Gegenstände nach Italien zurückkehren sollten. Er mußte bald feststellen, daß darin eine ganze Menge Leute nicht mit ihm übereinstimmten.

10
Auf des Messers Schneide

Die Alliierten übernehmen die Macht: Nordeuropa 1944–1945

> Ich kann der Versuchung nicht widerstehen, die Bemühungen zur Rettung meiner Schätze aufzuzählen, zeigt sich doch darin, wie wenig Planung und Ränkespiel bedeuteten und wie sehr alles auf des Messers Schneide stand.
>
> Bernard Berenson, *Rumor and Reflection*
>
> Oktober 1944

Kaum hatten sich Roosevelt und Churchill darauf geeinigt, die Invasion in Nordeuropa im August 1943 durchzuführen, setzten bei den vereinten Militärstäben heftige Diskussionen über die geeignete Strategie für diese Operation ein. Die Schatten des Ersten Weltkrieges lagen über beiden beteiligten Parteien. Die Amerikaner betrachteten weder Italien noch Afrika als den richtigen Ort, um gegen die Deutschen zu kämpfen, sondern Nordfrankreich, aber die Briten, die sich an den furchtbaren und zermürbenden Stellungskrieg in Flandern erinnerten, zögerten begreiflicherweise, dieses Gebiet noch einmal zu betreten. Dennoch erhielten die Invasionspläne an der Konferenz in Teheran unter dem Druck von Stalin, der schon seit längerer Zeit eine zweite Front forderte, ihre Bestätigung. Auf dem Rückweg von dieser Konferenz teilte Roosevelt Eisenhower die Ernennung zum Oberkommandierenden der alliierten Streitkräfte mit.

Damit hatte Eisenhower erreicht, was er schon immer wollte. Die Aufregung um den bevorstehenden Feldzug in Frankreich griff auf alle über. Die amerikanischen Militärführer stellten sich einen schnellen Abzug der Streitkräfte vom Kriegsschauplatz in Europa vor, um diese nach dem unweigerlichen Sieg der Alliierten, den sie in fester Überzeugung 1944 erwarteten, bald im Fernen Osten einsetzen zu können. Die besetzten Länder sollten wieder der Kontrolle ihrer rechtmäßig gewählten Regierungen unterstellt und Deutschland so bestraft werden, daß ein neuerlicher Vormarsch für immer gebannt war. Es hieß lediglich noch festlegen, wie man dies alles erreichen konnte, und davon hatten bereits eine ganze Menge Leute ihre festen Vorstellungen.

Für Lieutenant Colonel Sir Leonard Woolley in London stand nach den Erfahrungen in Italien fest, daß es galt, die Vorbereitungen für den Einmarsch in Europa unverzüglich aufzunehmen, obwohl noch gar niemand genau wußte, wann er stattfinden sollte. Er übertrug Geoffrey Webb, Slade-Professor der Schönen Künste in Cambridge, die Leitung der Kulturgüterschutz-Operationen für das SHAEF (Supreme Headquarters, Allied Expeditionary Force), wie das Hauptquartier des Obersten Befehlshabers der alliierten Invasionsstreitkräfte, Eisenhower, kurz genannt wurde, und ernannte den amerikanischen Offizier Calvin Hathaway vom Cooper Union Museum zu dessen Assistenten. Zusammen entwarfen die beiden im Dezember eine erste Fassung der Richtlinien, die an die Kulturgüterschutz-Offiziere auf dem europäischen Kriegsschauplatz abgegeben werden sollten.[1] Als Leiter der ganzen Operation schlugen sie einen Oberstleutnant und zwei Majore vor, wobei sie ausdrücklich darauf bestanden, daß sich die Offiziere im Feld nicht nur mit dem Schutz von Gebäuden und der Verhinderung von Plünderungen befassen, sondern auch Beweise für Diebstähle von Deutschen sammeln sollten, dies im Hinblick auf eine spätere Kompensation oder Restitution im Rahmen der Bedingungen des Friedensvertrages. Zudem fügten sie eine Klausel ein, laut der monatliche Berichte direkt an die Roberts Commission und an das Hauptquartier der Abteilung für zivile Angelegenheiten nach London zu schicken waren.
Im März wurden Mason Hammond und ein paar weitere Offiziere aus Norditalien abbeordert, um bei dieser Arbeit mitzuhelfen, und im April waren die Kulturgüterschutz-Offiziere, in Planungsgruppen für die einzelnen Länder aufgeteilt, sowie ein Pool von acht Männern für die Fronteinheiten jeder Armee gut organisiert und fest entschlossen, das starre System zu vermeiden, das sich in Italien als so unglücklich erwiesen hatte. Die »Pool«-Offiziere sollten sich jeweils in die Region oder zu der Armee – ob britisch oder amerikanisch – begeben, wo man sie am dringendsten brauchte. Listen und Handbücher entstanden, und die Luftwaffe erhielt Karten. Die ellenlangen technischen Instruktionen von Stout und Constable schrumpften auf ein zweiseitig beschriebenes Blatt zusammen.

Karikatur in der *London Daily Mail* vom März 1944 als Antwort auf die deutsche Propaganda über die Zerstörung von Kunstwerken (Karikatur Illingsworth, Copyright London Daily Mail).

Auf dem Papier sah dies alles wunderbar aus, aber in den letzten Wochen vor dem D-Day schlug die Wirklichkeit zu. Das SHAEF warf einen einzigen Blick auf die Liste mit den zweihundertzehn geschützten Bauwerken in der Normandie und verwarf sie, weil sie keinen Platz übriglasse, wo man die Truppen noch einquartieren könne. Die Kulturgüterschutz-Offiziere wiesen höflich darauf hin, daß es sich bei vielen dieser Bauwerke um prähistorische Steinkreise und Dolmen handle, die sowieso nicht bewohnbar seien, und bei mindestens vierundachtzig um Kirchen. Da ließen sich die Militärstrategen beschwichtigen und akzeptierten die lange Liste.[2] Als viel schlimmer erwies sich die Tatsache, daß die MFAA-Abteilung (Monuments, Fine Arts, and Archives), wie die Abteilung der Kulturgüterschutz-Offiziere nun hieß, im endgültigen Organigramm für die Invasion nirgends aufgeführt war, was dazu führte, daß sich andere Abteilungen der Armee schon nach wenigen Tagen weigerten, der MFAA überhaupt Unterlagen oder Post zuzustellen, hätten diese doch keinen exakten »Status«.[3] Dieser Fehler wurde erst am 29. Mai berichtigt (dann allerdings unter vielen Entschuldigungen), also drei Tage nach Eisenhowers wortgewandtem Befehl, der analog zu demjenigen in Italien alle Kommandanten dazu verpflichtete, historische Stätten »zu schützen und zu achten«.[4] Und eine Nebenregelung hielt fest, die Kulturgüterschutz-Offiziere in den ihnen zugewiesenen Operationsbereichen so sinnvoll wie möglich einzusetzen – womit gesagt war, daß es solche tatsächlich gab.

Die Informationen über die Entwicklung in London erreichten die Roberts Commission noch immer nicht über die offiziellen Kanäle, sondern nur über private Briefe von Woolley und seinen Getreuen in England. Diese freundlichen Schreiben trugen nicht dazu bei, die nach Nachrichten hungernde Kommission zu beruhigen, machte man sich doch ohnehin Sorgen wegen Woolleys dominanter Stellung innerhalb der MFAA. Die Kommission hatte denn auch bereits einen Feldzug in die Wege geleitet, um einen ihr treu ergebenen hochrangigen amerikanischen Offizier nach England zu schicken und Woolley in den Räten des SHAEF zu ersetzen. Für diesen Job hatten sie einen Brigadegeneral der Reserve mit Architektur-Ausbildung namens Henry Newton ausgewählt. Sie waren so begierig, jemanden nach Übersee zu schicken, der es mit Woolley aufnehmen würde, daß sie Newtons Wahl bestätigten, obwohl er wegen Inkompetenz als Kommandant eines Pionier-Bataillons in den Manövern Anfang des Jahres militärisch auf den Grad eines Colonels zurückgestuft worden war. Newton wurde vorgeworfen, daß er »keine einzige Pionier-Kompanie zur rechten Zeit am rechten Ort hatte«, wodurch sich die Panzer bei einer Flußüberquerung hoffnungslos stauten; dies sollte sich als nur allzu typisches Merkmal bei seiner zukünftigen Arbeit erweisen. In einer langatmigen, an Paul Sachs gerichteten Rechtfertigung tat Newton sein Versagen als eine »Lappalie« ab.[5] Sachs, noch immer beeindruckt von dem ehemaligen General, hielt dafür, daß »nur er für den Generalstab und die Streitkräfte *ebenso wie für uns*« sprechen und deshalb die Arbeit »unserer werten Kollegen« koordinieren könne.

Zum Glück hatte ein Mitglied der Roberts Commission, nämlich Kongreßbibliothekar Archibald MacLeish, als Mitglied einer Delegation des Außenministeriums unter der Leitung des damaligen Kongreßabgeordneten J. William Fulbright eine Mission in London übertragen bekommen und war deshalb schon nach London geflogen, ausgerüstet mit einem Fragebogen zum Status von Kunstwerken in Privatbesitz. Durch seine Mission kam er in Kontakt mit der Conference of Allied Ministers of Education (Vermittlungsausschuß der alliierten Erziehungsministerien), die noch immer keinerlei konkrete Schritte zur Abklärung unternommen hatte, wie man bewegliche Kunstwerke am Ende der Feindseligkeiten überwachen könnte. MacLeish konnte sie nun über die Maßnahmen unterrichten, welche die Roberts Commission in den Vereinigten Staaten in die Wege geleitet hatte.

Die Roberts Commission erhielt nun auch nach und nach Kopien der Berichte des Finanzministeriums über die interkontinentalen Machenschaften im Kunsthandel. Sie weckten bei ihren Mitgliedern die Befürchtung, daß es nach der Befreiung Europas zu einem Massenverkauf von illegal erworbenen Kunstwerken kommen könnte, die sich seit der Einrichtung der britischen Blockade auf dem Kontinent angesammelt hatten, was jede Rückführung praktisch verunmöglichen würde. Laut einer Erklärung der Exilregierungen 1943 in England waren unter »illegal erworbenen Objekten« alle Kunstwerke zu verstehen, die in den von den Achsenmächten besetzten Gebieten verschoben worden waren, auch wenn die Transaktion legal aussah. Viele Fachleute empfahlen deshalb, die Verschiebung von Kunstwerken vom europäischen Kontinent nach dem Waffenstillstand unverzüglich zu unterbinden, so auch Georges Wildenstein, der löblicherweise dazu aufrief, dem »teuflischen« Plan, den der Feind zu seinem Vorteil für die Nachkriegszeit entworfen habe, einen Riegel vorzuschieben.[6]

Als Reaktion auf diese Befürchtungen hatte die Roberts Commission dem Finanzministerium im Februar empfohlen, die Zollbeamten dahingehend zu instruieren, daß sie alle in die USA eingeführten Kunstwerke mit einem Wert von fünftausend Dollar oder mehr sowie alle verdächtigen Objekte von historischem, wissenschaftlichem oder künstlerischem Interesse zurückhielten, bis für deren Herkunft ein zufriedenstellender Beweis erbracht sei. Die Roberts Commission erklärte sich zur Mithilfe bei diesen Abklärungen bereit.[7] Der diesbezügliche Befehl erging am 8. Juni 1944 unter der Bezeichnung Treasury Decision 51072.

Wenig später veröffentlichte die Währungs- und Finanzkonferenz der Vereinten Nationen (heute bekannt unter dem Namen Bretton-Woods-Konferenz) eine internationale Resolution, in der sie die Erklärung vom Januar 1943 bestätigte. Da »feindliche Führungspersonen in Erwartung ihrer Niederlage« Vermögenswerte, zu denen auch Kunstwerke gehörten, »in und durch neutrale Länder transferieren, um sie zu verstecken und um sich im Hinblick auf die Planung zukünftigen Aufstiegs und der Weltherrschaft ihren Einfluß, ihre Macht und ihre Möglichkeiten zu sichern«, empfahlen die Vereinten Nationen neutralen Ländern, die Veräußerung solcher Vermögenswerte innerhalb ihrer Grenzen zu unterbinden.

Dann erging die Anweisung an alle amerikanischen Botschaften, Informationen über Vermögenswerte und Aktivitäten von Angehörigen der Achsenmächte in ihrem Zuständigkeitsbereich zu sammeln und sie dem Außenministerium unter dem Kodewort »Safehaven« zukommen zu lassen. Die Angaben waren den durch die Kriegsproduktionsämter der einzelnen Länder bereits erhobenen Daten hinzuzufügen. Der Kunstmarkt stand als besonders wahrscheinlicher Bereich für das Verschwindenlassen oder das internationale Verschieben von Vermögenswerten unter besonderer Beobachtung; man ging davon aus, daß die Nazis ihre auf krummen Touren ergatterten Werke einige Jahre lang behalten würden, bis das öffentliche Interesse nachließ, um sie erst danach zu verkaufen. Nun wies zwar niemand ausdrücklich darauf hin, aber Nicht-Nazis konnten dies natürlich mindestens ebensogut tun.[8]

All diese Vorstöße wurden den neun alliierten Kultusministerien übermittelt, wo man eigens einen Ausschuß zum Schutz und für die Rückgabe von kulturellen Werken, die sogenannte Vaucher Commission, gebildet hatte. Ihren Mitgliedern schwebte nichts Geringeres vor als eine gigantische Informationszentrale mit einem Verzeichnis der Titel sämtlicher Werke, die mutmaßlich gestohlen oder illegal verkauft worden waren, den Namen aller Händler, Kuratoren und Beamten, die diesbezügliche Informationen haben könnten, den Angaben über alle gemeldeten Opfer und deren derzeitigen Aufenthaltsort sowie ein Register sämtlicher schützenswerter Orte. Alle diesbezüglichen Informationen wollte man aus Berichten und der Gerüchteküche von Flüchtlingen, Spionen, Widerstandsgruppen, der deutschen Presse, Geheimbotschaften und persönlichen Briefen erhalten und zuhanden einer für die Nachkriegszeit vorgesehenen Restitutionsdienststelle in sinnvoller Form aufbereiten: ein selbst im Computer-Zeitalter fast unvorstellbar schwer zu bewältigendes Vorhaben. In London war eine Kartei mit Querverweisen geplant, die man auf Mikrofilm verteilen wollte. Nur ein einziges Land war darauf vorbereitet: der unermüdliche Karol Estreicher aus Polen hatte bereits eine solche Liste erstellt. Diese war zwar nicht in allen Einzelheiten exakt, beruhte sie doch auf rudimentärsten Informationen, aber dennoch eindrucksvoll, denn sie enthüllte die enorme Verschiebung des polnischen nationalen Erbes.

Nun benötigte die Roberts Commission mehr denn je jemanden als Verbindungsglied zwischen den zivilen Ausschüssen und der Armee.

Ende April 1944 war von dem tief in seine Rückstufungs-Affäre und Positionierung innerhalb der Abteilung für zivile Angelegenheiten verstrickten Newton noch immer nichts zu sehen. MacLeish kabelte nach Hause: »Nun haben die Briten die Organisation der Kulturgüterschutz-Beamten auf diesem Schauplatz übernommen, weil Newton noch nicht erschienen ist.«[9] Dieser stand zu dem Zeitpunkt immerhin kurz vor der Abreise. Um der Armee unmißverständlich klarzumachen, wie die Roberts Commission Newtons Rolle sah, schrieb ihr Vorsitzender und Fürsprecher David Finley einen langen Brief an General Hilldring von der Abteilung für zivile Angelegenheiten beim Kriegsministerium, der wie folgt endete:

> Sofern dies mit der Politik des Kriegsministeriums vereinbar ist, hofft die Kommission, daß Colonel Newton in der Lage sein wird, bestimmte unerläßlich notwendige Aufgaben wahrzunehmen, die nicht strikt in der Zuständigkeit des Kriegsministeriums und des jeweiligen Feldkommandanten liegen, so etwa die Verbindungsarbeit mit den britischen und anderen europäischen Kommissionen sowie grundlegende Besprechungen mit britischen Beamten und Kunstsachverständigen der britischen Regierung.[10]

Dies stellte sich als fatale Fehleinschätzung heraus. Hilldring schrieb zurück, daß Newton alle im Brief genannten Funktionen übernehmen könne, außer die im letzten Absatz erwähnten:

> Wie die Kommission anscheinend selbst erkannt hat, liegen diese Angelegenheiten nicht im Kompetenzbereich des Kriegsministeriums und des Feldkommandanten. Aus diesem Grund kann das Kriegsministerium Col. Newton nicht dazu ermächtigen, irgendwelche im letzten Absatz angedeutete Aktionen auszuführen.[11]

So kam es, daß Newtons militärische Vorgesetzte ihm, als er nach England flog und dort am 6. Mai eintraf, fast alle Aufgaben verboten hatten, die er im Auftrag der Roberts Commission eigentlich hätte ausführen sollen.

Der vom Pech verfolgte Colonel, dessen Hoffnungen sich durch die Unterredungen mit der Roberts Commission und durch seinen Zugang zu den höchsten Kreisen der Regierung in Washington geradezu inflationär gebärdeten, war über seinen Empfang in London völlig vor den Kopf gestoßen. Kaum dort angelangt, stellte er fest, daß es außer Frage stand, daß er Geoffrey Webb ersetzte, geschweige denn Woolley. Auch trugen seine ersten Zusammenkünfte mit britischen und amerikanischen Offizieren – die seit vielen Monaten zusammenarbeiteten –, bei denen er seine Anti-Woolley-Haltung nicht im geringsten verhehlte, kaum dazu bei, daß ihn jemand inniger ans Herz drückte. Newton berichtete nach Amerika, Woolley und der amerikanische Generalmajor Ray W. Barker, Abteilungschef für die Invasionsplanung, dem mehr als tausend Offiziere unterstanden, hätten ihn zu einem Treffen geladen und vermerkte mißtrauisch, die beiden verstünden sich »sowohl offiziell als auch persönlich bestens miteinander«.

Ein späteres Treffen mit Woolley, Webb und Barker beschrieb er als »mehrheitlich einen Versuch herauszufinden, warum ich in London bin und was ich hier tue [...] die ganzen zwei Stunden brachte ich damit zu, Worte und Phrasen zu parieren [...] zuweilen hielt die Stille länger an [...], aber dann ließ ich sie einfach das folgende Thema anschneiden«. Er war außer sich vor Zorn, als die beiden britischen Offiziere ihm nahelegten, er wäre in Washington nützlicher, und entgegnete, daß das Kriegsministerium wohl kaum vorhabe, seine Vertreter fünftausend Kilometer vom Schauplatz der Ereignisse entfernt zu postieren, wo sie keinerlei Nutzen erbrächten. Barker, dessen eigener Vorgesetzter Brite war, gefiel diese chauvinistische Haltung nicht im geringsten. Er deutete auf Eisenhowers Büro und sagte zu Newton, die Politik hier auf diesem Schauplatz werde weder vom amerikanischen Kriegsministerium noch von der Roberts Commission gemacht, sondern von dem Mann dort drinnen.[12]

Noch weitere Treffen mit den hohen D-Day-Tieren folgten. Ende Mai hatte Newton so viele Leute auf die Palme gebracht, daß Eisenhowers stellvertretender Stabschef ein Schreiben an die Abteilung für zivile Angelegenheiten richtete und ihn darin als »aggressiv und einen Fachidioten« bezeichnete. Hilldring von der Abteilung für zivile Angelegenheiten riet der Roberts Commission, als Vertretung in London einen Zivilisten zu wählen; Newton könne als »Mitglied von Eisenhowers Stab« niemanden sonst vertreten. Wenige Tage später untersagte Hilldring Newton, »den Mitgliedern der Roberts Commission über irgend etwas anderes als rein persönliche Dinge zu schreiben«, und hieß ihn, ihm direkt Bericht zu erstatten. Er werde dafür sorgen, daß der Ausschuß informiert sei, indem er ihm Ausschnitte aus Newtons Berichten zukommen lasse.

Damit nahm die Angelegenheit eine ganz andere Wendung, als sich die Roberts Commission dies bei der Anwerbung Newtons vorgestellt hatte. Es sah ganz so aus, als stünde sie in ihren Bemühungen zur Informationsbeschaffung einmal mehr vor dem Nichts.[13] Dabei war alles auf ein simples Mißverständnis zurückzuführen. Von ihrer Bastion in Washington aus hatten sowohl die Roberts Commission als auch die Abteilung für zivile Angelegenheiten Newtons Stellung völlig falsch eingeschätzt. Obwohl uneins, was seine Aufgaben betraf, betrachteten doch beide Ausschüsse ihn als bedeutendes Mitglied von Eisenhowers Team. Tatsache war aber, daß Newton über keinerlei Befehlsgewalt oder ihm Untergebene im SHAEF verfügte und sowohl bei den Amerikanern als auch bei den Briten als austauschbarer Vertreter des Kriegsministeriums galt, der an Washington Bericht erstatten mußte – und zudem als einer, dem nicht unbedingt zu trauen war. Newtons Außenseiter-Status pflegte der amerikanische Offizier Marvin Ross ziemlich grob zu betonen, indem er in dessen Anwesenheit mit seinen britischen Kollegen nur französisch sprach.

Die Militärstrategen für Europa hatten getan, was sie für die Kunst zu tun gedachten, und waren nicht im geringsten gewillt, für Newton ein Plätzchen einzurichten. Mittlerweile hatten sie siebzehn Männer für die Arbeit der MFAA bestimmt, die unter den ausgeweiteten Regelungen, die MacLeish und Fulbright durchgesetzt hatten, bewegliche Kunstwerke aussondern und Informationen über die Plünderer einholen durften. Die Armee betrachtete das Problem, nach den Feindseligkeiten zu entscheiden, was mit den aufgefundenen Objekten geschehen sollte, nicht als militärische, sondern als zivile Angelegenheit.

Demgegenüber vertraten die Mitglieder der Roberts Commission in den USA die feste Überzeugung, daß für die Kontrolle der riesigen Anzahl von Kunstwerken, die erwiesenermaßen die Hand gewechselt hatten, die Hilfe der Armee unbedingt erforderlich sei. Daher versuchten sie weiterhin, einen ihrer eigenen Leute in der Armee einzusetzen und Woolley zu umgehen, den sie zu Recht als nicht sehr interessiert an der Frage der Rückerstattung einschätzten – ein Problem notabene, das England kaum betraf. Inzwischen gelang es Metropolitan-Direktor Francis Henry Taylor, der ja von Anfang an kaum erwarten konnte, sich in den Kampf zu stürzen, letztlich doch noch, die

Einwilligung der Armee zu ergattern: im Spätsommer reiste er nach London.

Erst am 27. Juli 1944, als die Befreiung Frankreichs schon weit gediehen war, erstatteten die RC-Mitglieder MacLeish und Dinsmoor – der eine Reise nach Italien unternommen hatte – Bericht und erzählten alles. »Diese Berichte geben uns erstmals wahre Kunde davon, was dort drüben vor sich geht«, schrieb Finley dazu einigermaßen nachdenklich. Die Roberts Commission begehrte vor allem brandheiße Nachrichten, die sie an die Presse weiterleiten konnte, um das Image der USA aufzumöbeln. Man war außer sich, daß Woolley Artikel über aktuelle Ereignisse hatte schreiben können, die zu einem großen Teil auf amerikanischen Leistungen beruhten, und daß er diese in britischen Zeitschriften bereits publiziert hatte, Monate bevor die Roberts Commission von der Abteilung für zivile Angelegenheiten auch nur die ersten armseligen Krümel an Information geliefert bekam, denn die geschilderten Ereignisse, die die amerikanischen Zeitschriften aufgriffen, wurden natürlich dem britischen Kriegsministerium gutgeschrieben.

Tatsächlich besaß die Roberts Commission bis im Juli 1944, einen Monat nach der Landung der Alliierten in der Normandie, erst Feldberichte über die Ereignisse bis im Februar, und diese waren zudem als so geheim eingestuft, daß man sie nicht veröffentlichen durfte.[14] Am Tag nach dieser Berichterstattung beantragten sie eine Unbedenklichkeitserklärung für einen weiteren Vertreter, Sumner Crosby, der ebenfalls nach London geschickt werden sollte. Wie Hilldring bereits betont hatte, war es zweifellos notwendig, ständig einen eigenen Vertreter dort zu haben.

Um so mehr, als die Roberts Commission nichts weiter von Newton hörte. Überzeugt, daß er beim SHAEF in London nichts erreichen konnte, und zudem von der Invasion in Frankreich ausgeschlossen, hatte er sich einen eigenen Auftrag verpaßt und sich nach Italien begeben. Dort genoß er das Leben, ging mit den Offizieren ins Feld und traf sich mit wichtigen Personen. (Es gelang ihm sogar, eine Audienz beim Papst zu bekommen, dem er eine dritte Ausgabe der MFAA-Handbücher und -Karten übergab – offensichtlich wußte er nicht, daß sowohl General Marshall als auch Dinsmoor dies bereits getan hatten.) Trotz dieser Ablenkungen verfaßte er in Italien aufschlußreiche Briefe und Berichte für die Roberts Commission, aber da er sie über den normalen Dienstweg schicken mußte, wurden sie nicht weitergeleitet, und so hatte die RC keine Ahnung, wo er überhaupt steckte. Dinsmoor konnte lediglich berichten, Newton sei letztmals auf dem Meer kurz vor Livorno gesehen worden. Anfang August schrieb Finley, der in bezug auf den Aufenthaltsort von Newton noch immer im dunkeln tappte, an den stellvertretenden Kriegsminister McCloy und bat ihn um die Bestätigung, daß »Col. Newtons Organisation gegenwärtig in England aktiv ist und daß eine angemessene Anzahl von Offizieren nach Frankreich abbeordert wurde«.[15]

Der New Yorker Taylor wirbelte dagegen bei seinen Verhandlungen mit der Regierung viel Staub auf. Über das Außenministerium verlangte er von der Abteilung für zivile Angelegenheiten, dem Oberkommando des SHAEF mitzuteilen, daß er von der Roberts Commission dazu ermächtigt worden sei, die für Kunst zuständigen Beamten des Hauptquartiers zu beraten.[16] Diese Erklärung ging direkt über die normalen Kanäle von mindestens fünf Dienststellen – ein eindeutiger Fauxpas von Washington. Um die Sache noch zu verschlimmern, entdeckte General Julius Holmes, stellvertretender Leiter der G-5 SHAEF, Taylor kurz nach der Befreiung von Paris in der Lobby des dortigen Hôtel Crillon, also lange bevor der Aufenthalt dort Zivilisten überhaupt erlaubt war. Entnervt schrieb er an Hilldring, er wisse nicht, was tun, »um diese Leute ruhigzustellen«. Eisenhower, so fuhr Holmes fort, »ist sich seiner kurzfristigen wie seiner langfristigen Verantwortung in dieser Hinsicht bewußt. [...] Im Vertrauen gesagt, finde ich, daß dieser ständige Druck der Sache nicht das geringste genützt hat«.[17] Hilldring leitete diese Angelegenheit brühwarm an die Roberts Commission weiter und warnte, daß das »Auftauchen von Zivilisten in den Einsatzgebieten unweigerlich einen Befehl des Feldkommandanten nach sich ziehen [werde], diese von allem auszuschließen«.[18] Doch der bereits angerichtete Schaden war nicht wiedergutzumachen: das Oberkommando der Alliierten und die Kulturgüterschutz-Beamten im Feld sahen in der Roberts Commission weniger eine alliierte denn vielmehr eine schlecht informierte und störende gegnerische Organisation.

Trotz dieses Hin und Hers begann die Roberts Commission Erfolge zu verbuchen. Ihre penetranten Emissäre brachten viele wertvolle Informationen mit, und Taylor war es gelungen, mit Jaujard und den französischen Museen Kontakt aufzunehmen; er hatte zudem mit der Ausarbeitung eines ernsthaften Planes für eine realistische Rückerstattungspolitik begonnen. Von Jaujard und anderen Quellen hörte er vom schwunghaften Kunsthandel und den Beschlagnahmungen, die im schrumpfenden Reich noch immer an der Tagesordnung waren.

Über seine Kontaktleute in Washington wußte er auch, daß es mit ziemlicher Sicherheit nicht zu einem Waffenstillstand wie in Versailles kommen würde – was die besetzten Länder erwarteten –, sondern eher zu einer Art »Übergabe an eine Dreiteilige Höchste Gewalt«, also Rußland, Großbritannien und die Vereinigten Staaten. Der Vorstoß der Alliierten kam nun so schnell voran, daß man in den obersten Kreisen damit rechnete, Deutschland breche im nächsten Moment zusammen. Taylor wollte keine Zeit verlieren und hatte bereits telegrafisch darum gebeten, sämtliche von den amerikanischen Ausschüssen zusammengetragenen Akten auf Mikrofilm aufzunehmen und vom nächsten RC-Emissär nach London bringen zu lassen.

Schon diskutierte die von den Außenministern der drei Großmächte im Oktober 1943 eingesetzte Europäische Beratungskommission in London über die Politik der Nachkriegszeit. Taylor und seine Kollegen betrachteten es als sicher, daß das endgültige Schicksal von Tausenden verschleppter Kunstwerke von diesen Beratungen abhing, und wollten unter allen Umständen dafür sorgen, daß die Vereinigten Staaten bei allen Rückgabe-Entscheiden ein gewichtiges Wort mitzureden hatten. Um dies sicherzustellen, richteten sie in London ein RC-Büro mit zwei Angestellten und einem den ganzen Tag anwesenden Vertreter ein.

Um den Widerstand der Armee gegen die Weitergabe von Mitteilungen zu umgehen, wandte sich Taylor einer wohlgesinnteren Quelle zu: dem OSS, dem Amt für strategische Dienste (Nachrichtendienst). Das OSS brauchte sich nicht an die Kanäle der Armee zu halten, und der Zugang stellte kein Problem dar, denn in seinen Rängen saßen nette Akademiker, und der Leiter der Londoner Zweigstelle war der ehemalige Direktor der National Gallery, David Bruce. Er hatte bereits kurz nach seiner Ernennung in den Nachrichtendienst 1942 Kontakt mit der Roberts Commission aufgenommen und wünschte einen Analytiker des Nachrichtendienstes an den Sitzungen der Roberts Commission teilnehmen zu lassen. Auch hoffte er, unter dem Deckmantel der MFAA-Agenten nach Europa schicken zu können. Diese Vorstellungen stießen aber bei allen auf Ablehung: sowohl bei Finley als auch bei Eisenhower und dem Armeestab.

Trotz dieser Widerstände begann Taylor im August 1944 in London mit dem Nachrichtendienst zu verhandeln. Die Untersuchung der Plünderungen durch die Nazis kam nicht nur der Roberts Commission gelegen, sondern paßte auch gut in die Spionageabwehrtätigkeit des Nachrichtendienstes, wo man Dossiers über Nazi-Agenten auf dem europäischen Festland zusammenstellte, die möglicherweise nach der Niederschlagung der deutschen Streitkräfte eine Bedrohung darstellten. Der Nachrichtendienst war, ebenso wie die Kriegsproduktionsämter, daran interessiert, den Kapitalfluß an geheime Orte aufzudecken und zu unterbinden, denn diese Gelder konnten durchaus dazu dienen, den Nationalsozialismus nach dem Krieg zu finanzieren. Nicht zuletzt begann der Nachrichtendienst zudem, Beweise für die geplante strafrechtliche Verfolgung von Kriegsverbrechern zu sammeln. Ende November 1944 gab es eine Looting Investigation Unit (Untersuchungskommission für Kunstraub), in der Kunstsachverständige vertreten waren, die die Roberts Commission empfohlen hatte. Theoretisch galten sie als Mitglieder der Streitkräfte, allerdings als »Mitglieder einer Einheit des Nachrichtendienstes […], denen sowohl in militärischen Gebieten als auch in neutralen Ländern Mittel zur Fortbewegung zur Verfügung stehen, die möglicherweise nicht alle Mitglieder anderer Dienststellen genießen können«.[19] Sie waren völlig unabhängig von den Kulturgüterschutz-Offizieren, die der Armee angehörten, und sollten direkt der Kunstraub-Kommission Bericht erstatten.

Aber auch das reichte nicht aus, um die Anti-Woolley-Besessenheit der Roberts Commission zu besänftigen, die ihre Informationen von der französischen Front noch immer nur spärlich erhielt und schließlich einsah, daß Newton es in den Zentralen des SHAEF nie zur Persona grata bringen würde. In der Abteilung für zivile Angelegenheiten erkannte man dies ebenfalls und befürwortete die Einsetzung eines weiteren zivilen Vertreters mit der Andeutung, Taylor gelte trotz seiner »Unverfrorenheit« als wünschenswerter Kandidat. Doch Taylor war nicht interessiert. Da schlug Finley jemanden vor, der sich in den höchsten Kreisen – ob militärisch oder zivil, ob in den USA oder in Europa – zurechtfinden würde: den Philanthropen und Amateur-Kunsthistoriker John Nicholas Brown.

Brown kannte sich in Sachen Denkmalschutz aus, hatte er sich doch an der Restaurierung der Hagia Sofia in Istanbul sowie weiteren ähnlichen Projekten beteiligt. Sein Status war ungewöhnlich: offiziell Zivilist, erhielt er den »simulierten« Titel eines Oberstleutnant – gleichrangig mit Woolley – und sollte Uniform tragen. In Washington vermittelte man ihm den Eindruck, er sei als Sonderkulturberater von Eisenhower vorgesehen und werde dessen persönlichem Mitarbeiterstab angehören.

All diese chauvinistischen Kleinkriege hätten, was die alliierten Streitkräfte anbelangte, ebensogut auf dem Mond stattfinden können. Eisenhowers großer Feldzug hatte nämlich endlich begonnen. Die freien Menschen der Welt, so sagte er, marschierten gemeinsam zum Sieg. Unglaublicherweise war trotz der Millionen Menschen, die in die Planung der alliierten Invasion in der Normandie involviert waren, nichts durchgesickert, und die Landung erwies sich, zusätzlich durch stürmisches Wetter getarnt, als Überraschungscoup für die Deutschen, die sich wie ihre Gegner zuvor durch eine Reihe von Fehlalarmen hatten einlullen lassen. Am Nachmittag des 6. Juni 1944 berichtete Churchill dem englischen Unterhaus, alles verlaufe nach Plan. Am 10. Juni hatten die Alliierten bereits einen so großen Küstenstreifen eingenommen, daß Churchill mit seinen Stabschefs auf zwei Zerstörern hinfahren und einen Augenschein vornehmen konnte. Es herrschte schönstes Wetter, und inmitten der Kämpfe bemerkte Churchill, daß auf den sonnigen Wiesen »viele hübsche, rot und weiß gefleckte Kühe« grasten. Auf dem Rückweg ließ der glückselige Premier den Zerstörer die Küste entlangfahren, so daß er höchstpersönlich ein paar Schüsse auf deutsche Stellungen abgeben konnte. An Roosevelt, der in Washington ungeduldig auf Neuigkeiten wartete, schrieb er später an diesem Tag: »Ich verbrachte einen sehr vergnügten Montag am Strand und weiter landeinwärts.« Die fünfundsiebzig Kilometer lange Front von Kriegsschiffen entlang der Küste bezeichnete er als »verblüffend«.[20] Aber nach den Erfahrungen in Italien wußten alle, daß dies erst der Anfang war. Die deutschen Streitkräfte würden nicht viel Zeit brauchen, um sich neu zu formieren.

Als erster Kulturgüterschutz-Offizier auf dem französischen Festland traf der New Yorker Architekt Bancel LaFarge noch in der ersten Woche nach dem 6. Juni ein. Da sein Zuständigkeitsbereich – er konzentrierte sich um Bayeux – sehr eingeschränkt war, konnte er in den ersten Tagen fast das ganze Gebiet zu Fuß oder per Anhalter besichtigen. Bayeux fand er wenig beschädigt und bewohnt vom offiziellen Architekten der Monuments Historiques vor, welcher die Tatsache, daß die alliierten Streitkräfte über Kulturgüterschutz-Offiziere verfügten, verblüfft zur Kenntnis nahm. Unter anderem erfuhr LaFarge vom neuesten Schicksal des Wandteppichs von Bayeux: man sagte ihm, er sei in das Depot von Sourches gebracht worden, wo sich auch andere bedeutende Werke aus dem Louvre befänden. Daß dieses Lager existierte, stellte für LaFarge trotz der verschlüsselten, von der BBC bestätigten Botschaften eine Neuigkeit dar, und er leitete diese Information unverzüglich an höhere Hauptquartiere weiter.[21] Während sich der Landekopf langsam ausdehnte, trafen weitere Kollegen von LaFarge ein. Der als letzter ankommende George Stout feierte den amerikanischen Nationalfeiertag auf einem Schiff vor Utah Beach; das sonst übliche Feuerwerk bot ihm für einmal ein nächtlicher Luftangriff. Das intakte Bayeux war leider nicht typisch für das, was LaFarge später antraf. Vor dem Fall von Caen hatte man tagelang in der Ferne die beiden Türme der zwei großen Klosterkirchen der Stadt erkennen können, was zur Hoffnung Anlaß gab, die Stadt sei nicht zu sehr in Mitleidenschaft gezogen. Doch LaFarge und Stout fanden Caen schließlich zu siebzig Prozent durch alliierte Bomben zerstört und die Bevölkerung außer sich vor Zorn vor. In den Wochen, bevor die Alliierten die deutschen Linien durchbrechen und geradewegs auf Paris und die Niederlande vorstoßen konnten, wurden solche Szenen zur Regel.

Zuerst konnten sie das Ausmaß der Zerstörung kaum fassen. »Die Zerstörung ist derart umfassend, daß jegliche, auch noch so starke Beschreibung eine Untertreibung der Tatsachen wäre«, berichtete der britische Offizier Dixon-Spain, nachdem er das Städtchen Vire im Département Calvados gesehen hatte. In Saint-Lô, wo die Deutschen in und zwischen den alten Gebäuden Schützengräben und Bunker gebaut hatten, sah es noch schlimmer aus, und dies nicht nur infolge der Bomben. In den Trümmern des Fenster-Maßwerks der großen Kirche Notre-Dame lagen zerbrochene und zerschossene Tabernakel und Tresore, in der Kirche selbst Granaten, Rauchbomben, Rationspakete und alle möglichen Arten von Abfall zuhauf. Auf der Kanzel und dem Altar waren Minen angebracht. Beim Eingang war an einem heruntergefallenen Stück Mauerwerk mit einem Seil oder Draht eine Dynamitladung befestigt.[22] In der Pfarrkirche in La Haye-du-Puits aus dem dreizehnten Jahrhundert entdeckte James Rorimer eine funktionstüchtige deutsche Flugabwehrwaffe, die der Zerstörung entgangen war, weil sich die Alliierten bei der Bombardierung an die Karten gehalten und die Bombardierung von historischen Gebäuden vermieden hatten.[23] Um die Überreste dieser beschädigten Kirchen vor übereifrigen Ingenieuren und Souvenir-Jägern zu schützen, sperrte Stout die Ruinen mit einem weißen Band ab, das sonst gefährliche verminte Bereiche kennzeichnete.

Wie zuvor in Italien suchten die Kulturgüterschutz-Offiziere auch hier nach den oft unter Schock stehenden und verzweifelten örtlichen Kunstsachverständigen. In Coutances half Rorimer, Kisten mit den Beständen aus den lokalen Museen aus einem feuchten Keller hervorzuholen. Die Deutschen hatten sie dort vier Jahre lang eingelagert, und die Kuratorinnen und Kuratoren durften sie die ganze Zeit nie ansehen. Ergriffen schauten die Amerikaner zu, wie die mit Schimmel überzogenen Objekte ausgepackt wurden. Für Rorimer sahen sie eher wie Camembert als wie Kunstwerke aus. Die Alliierten hielten dies hoffnungsvoll für eine Ausnahme, hatte man ihnen doch überall in der Normandie von den guten Absichten des deutschen Kunstschutzes erzählt, aber niemand wußte wirklich, was man in den großen Depots hinter der deutschen Front noch antreffen würde.

Der Kunstschutz, noch bis zum bitteren Ende tätig, konnte auch tatsächlich zahlreiche auf dem Rückzug befindliche aufmüpfige Truppeneinheiten aus aufgelisteten Gebäuden werfen, aber er stand selbst unter großem Druck und vermochte die Zerstörungswut und Gier der Soldaten, die durch die neue Erfahrung einer Niederlage verstärkt zum Ausdruck kamen, oft nicht zu kontrollieren. Nicht nur in Italien entschlossen sich die zum Rückzug gezwungenen deutschen Streitkräfte, so einiges mitgehen zu lassen. Am 18. Juni erhielt von Tieschowitz, der nach dem Aufbau der Kunstschutzabteilung in Italien als Leiter des Kunstschutzes nach Frankreich zurückgekehrt war, ein Telegramm seines Oberkommandos: »Auf Wunsch Reichsführer SS im Einvernehmen mit französischem Kultusminister soll Mathildenteppich aus Bayeux von Sourches nach Paris aus Sicherheitsgründen in den nächsten Tagen gebracht werden. SS führt Transport mit eigenen Mitteln in der Nacht durch.« Himmler hatte Botschafter Abetz offenbar seine Sorge um diesen »germanischen« Schatz anvertraut. (Wie es scheint, war er

Vire im Herbst 1944.

aber nicht gleichermaßen besorgt um die großartige Medici-Zyklus von Rubens und um die anderen Meisterwerke in diesem Depot.) In der Nacht vom 26. auf den 27. Juni wurde der Teppich von Sourches in den Louvre gebracht. Von Tieschowitz schrieb einem Kollegen in Angers, die Bayeux-Angelegenheit sei ein »Keulenschlag« gewesen, aber er denke, der Teppich bleibe nun in Paris, und zwar »voraussichtlich in einer französischen Bank«. (Dies traf nicht zu.) Seine eigene Arbeit, so fügte er verständlicherweise hinzu, werde »ja nun immer problematischer und schwieriger«.[24]

Als das fünfte Kriegsjahr näherrückte, war in den westlichen besetzten Ländern die Schicht von oberflächlicher Höflichkeit und Korrektheit, die sowohl den unverhohlenen Wunsch nach totaler Kontrolle seitens der Besetzer als auch den Haß der Unterdrückten überspielen sollte, schon sehr dünn geworden. Der tägliche Hunger und die Erschöpfung der unter der Besatzung in kalten Häusern und dunklen Straßen lebenden Menschen stärkten zusammen mit den durchsickernden Neuigkeiten von Niederlagen der Deutschen den Widerstand und nährten die Hoffnung. Die Menschen versuchten, ihre haßerfüllten,

»Skorpionbissen« ähnlichen Blicke nicht mehr zu verbergen. Es war nur allzu klar, daß in Westeuropa bald wieder Kriegshandlungen stattfinden würden. Die Deutschen hatten ihre Verteidigungsfront an der Küste verstärkt und in Italien und Südfrankreich Truppen zusammengezogen, wo die verstärkten Bombardierungen viele dort Ansässige – darunter Henri Matisse, dessen Tochter in der Résistance äußerst aktiv war – zwangen, sich von der Küste weg in die Berge und Hügel in Sicherheit zu bringen.

Seit Anfang Frühjahr 1944 durchstreiften SS-Einheiten die ländlichen Gebiete in der ehemals unbesetzten Zone, um Angehörige der Résistance aufzuspüren und zu bestrafen und ganz allgemein ihrem Zorn über die Wende des Kriegs freien Lauf zu lassen. Sie hielten sich nicht mehr damit auf, zuerst ihre Kollegen in Vichy zu konsultieren, sondern schlugen einfach zu. Am frühen Morgen des 30. März suchten sie das Schloß von Rastignac in der Dordogne heim, wo die Familie Bernheim-Jeune 1940 ihre Gemälde versteckt hatte. Zum Pech des Besitzerehepaars Lauwick war das Haus eine Nachbildung des Weißen Hauses in Washington, und die Familie unterhielt Verbindungen zu Großbritannien. Sämtliche Anwesenden mußten drei Stunden lang in einer Reihe vor dem Haus stehen, während aus dem Inneren das Scheppern von herausgerissenen und zu Boden geworfenen Schubladen und das Geräusch von zersplitterndem Holz drang. Vom nahegelegenen Dorf vernahmen sie zudem Gewehrsalven: die Exekution des Bürgermeisters. Danach wurden auch sie ins Dorf gebracht und an eine Mauer gestellt, wo sie weitere Erschießungen mitanhören mußten.

Unterdessen fuhren fünf Lastwagen mit geplünderten Objekten weg, und dann steckte ein Sonderkommando in brandsicheren Schutzanzügen das Schloß in Brand. Nachdem dies erledigt war, wandten sich die Nazis den Nebengebäuden zu, wo Silbergegenstände aus dem Haus an die Soldaten verteilt wurden. Schließlich wurden die Lauwicks laufengelassen. In der Asche des Hauses fanden sie die Überreste vieler geliebter Objekte, aber keine Spur der Bernheim-Jeune-Gemälde. Nach der Befreiung schrieben sie, leider sei alles verlorengegangen; die Deutschen seien offenbar keine »Connaisseurs« und hätten die Gemälde in ihrer Ignoranz wohl verbrannt, falls sie sie überhaupt fanden. Die Lauwicks konnten nicht wissen, daß es sich bei der Wahl von Rastignac nicht um einen Zufall handelte: nur drei Wochen vor der Zerstörung waren mehrere Mitglieder der Familie Bernheim-Jeune von der SS in Nizza verhaftet worden, und man hatte ihnen Geld, Papiere, Adreßbücher, Schmuck, einen Manet und einen Pissarro abgenommen, bevor man sie endlich wieder gehenließ.[25] Von den Rastignac-Bildern fand man keines jemals wieder. Der einzige Hinweis darauf, daß es sie noch gibt, ist die Zeugenaussage einer Frau, die sich erinnert, als Kind gesehen zu haben, wie die Soldaten gerollte Leinwände auf Nazi-Lastwagen luden.[26]

Die letzten Zufluchtsorte der französischen Staatssammlungen lagen nun ebenfalls mitten im Gebiet der Résistance-Aktivitäten. Man hatte sie, einmal mehr, aus der schönen Stadt Montauban weggebracht, als die deutschen Streitkräfte im November 1942 die Tarn-Brücken überquerten. Die für die Schätze Verantwortlichen, die aus den Fenstern des Musée Ingres ohnmächtig auf die sich bewegenden Kolonnen hinunterschauten, durften gar nicht daran denken, was eine auf diese Armee abgeworfene Bombe der Alliierten den dreitausendfünfhundert Meisterwerken in ihrer Obhut antun würde. Obwohl es aussah, als seien die deutschen Truppen selbst mehr daran interessiert, Bilder der schönen Stadt und des Flusses zu knipsen, als Krieg zu führen, drängte sich ein neuerlicher Umzug entschieden auf. Und wieder wurden die Verpackungskisten hervorgeholt, aber jetzt war die Wahl der Verstecke schwieriger geworden. Aus Pau und von der Résistance kam der Rat, möglichst weit von Städten, Eisenbahnlinien, Brücken und der Küste entfernte Standorte zu wählen.[27] Dies ließ nicht mehr viele Möglichkeiten übrig. Einige der wertvollsten Objekte kamen in das kleine Schloß in Loubéjac, nördlich von Montauban. Es war aber viel mehr Platz notwendig, denn nun kamen noch die Bestände kleinerer Museen aus Nordfrankreich und dem Rhonetal dazu. Im April 1943 hatte man die Sammlungen auf weit über zehn neue Orte verteilt. Die größten Bestände des Louvre befanden sich nun in den Schlössern Montal, Lanzac und Latreyne in der Nähe von Souillac in der Dordogne, jene aus Bordeaux in Hauteford und die aus Nancy in Cieurac, um nur einige wenige zu nennen. Die Museumskustoden lebten nun sehr abgeschieden, doch es gab auch einige Abwechslungen. In einem Depot ließ der Bürgermeister des Ortes für die nach Fleisch hungernden Kunstsachverständigen zum Beispiel höchst illegal ein Spanferkel rösten. Im Schloß Latreyne erstanden sie selbst gar eine Kuh, der sie den Namen MN (für Musées Nationaux) verpaßten; in diesen Dingen reichlich unbedarft, entdeckten sie allerdings zu spät, daß es sich bei MN um ein Schlachtrind handelte, das bald keine Milch mehr gab.

All diese Lagerorte mußten regelmäßig inspiziert werden – eine nicht immer einfache Prozedur. Die Sammlungen aus Narbonne und Carcassonne lagerten in zwei benediktinischen Klöstern, wo unter Mönchen und Nonnen Schweigepflicht herrschte. Nach der Inspektion im Kloster Calcat wurde Kurator André Chamson in das Refektorium geführt, um mit den Mönchen zu essen. Unsicher, ob sie all seine Anweisungen richtig verstanden hatten, hörte er während der schweigend eingenommenen Mahlzeit zu, was ein Mönch anstelle des sonst üblichen Bibelausschnitts vorlas. In seiner Erinnerung lautete es in etwa wie folgt:

> Dann befahl ihn Caesar zu sich und sagte: Gib mir, was dir anvertraut worden ist, oder ich werde dich töten. Und er antwortete: Sie können mich töten, aber niemals werde ich herausgeben, was man in meine Obhut gegeben hat.

Jeder weitere Kommentar erübrigte sich. In Saint-Scholastique, dem benachbarten Nonnenkloster, wurden sowohl das Gesetz, das die Anwesenheit von Männern untersagte, als auch das Schweigegelübde zugunsten der Kunst außer Kraft gesetzt. Während einer ganzen Stunde redeten die Nonnen angeregt miteinander, bevor sie sich wieder von der Welt zurückzogen. Manchmal fanden sich an diesen abgelegenen und stillen Orten aber nicht nur Gemälde; die Keller von Saint-Guilhem-le-Désert bargen außer den Werken der Museen von Nîmes und Montpellier auch Kisten mit Maschinengewehren und einen vor kurzem von den Briten mit dem Fallschirm abgesetzten Agenten. Die Museumsverantwortlichen verlangten, letztere zu entfernen.[28]

Im Sommer 1944 gehörten die Depots um Souillac in der Dordogne zu den bedeutendsten. Angestellte waren leicht zu finden: die Stelle als Museumswächter bedeutete die Befreiung von der immer häufiger werdenden Aufbietung zur Zwangsarbeit, und manchen verhalf diese Arbeit zu noch viel mehr, so den elf Aufsehern von René Huyghe in Montal, die aus dem Elsaß stammten und in Abwesenheit von den Nazis zum Tod verurteilt worden waren. Durch eine Abmachung mit dem Vichy-Beamten und Résistance-Mitglied Gérard André erhielten sie falsche Papiere sowie ihre Stelle. Die Deutschen dachten nie daran, diese Wachen zu überprüfen, denn sie gingen davon aus, daß man eine derart verantwortungsvolle Aufgabe ohnehin nie einem »Kriminellen« übertragen würde.[29]

Huyghe (der den Rang eines Majors bekleidete), seine elsässischen Wachen und viele andere waren aktiv in der Résistance tätig und unter einem Decknamen bekannt. Die Verantwortlichen der Depots unterstützten diese Untergrundtätigkeit oft auf verschiedenste Art und Weise, etwa indem sie ihre kostbaren Treibstoffvorräte mit den Widerstandskämpfern teilten. Zu Beginn geschah dies alles aus Patriotismus und ohne Schaden, aber nach der Landung in der Normandie erhöhte sich die Gefahr für die Sammlungen bedrohlich. Herumstreunende Truppen, die Revanche suchten, konnten mit den Lagern ohne weiteres ebenso verfahren wie in Rastignac. In allen Depots lagen »Zutritt verboten«-Schilder sowohl vom Kunstschutz als auch von der Résistance bereit, je nachdem welche Truppen auftauchen würden. René Huyghe bewahrte ein Paar davon in seiner Mütze auf.

Valençay, wo sich die großen Skulpturen aus dem Louvre befanden, wurde von der SS-Abteilung »Das Reich« aufgesucht, einer harten, durch monatelangen Kampf in der Sowjetunion abgebrühten Truppe, die gerade das schreckliche Massaker unter der Zivilbevölkerung von Oradour angerichtet hatte. Sie suchte nach Angehörigen der Résistance, die bei den Stallungen des riesigen Schloßkomplexes mit einer deutschen Panzerkolonne zusammengestoßen waren. Die Louvre-Aufseher mußten das Gebäude verlassen und sich auf der Wiese davor auf den Boden legen, während die SS-Leute auf die Fenster schossen. Direktor Gerald van der Kemp fragte sie herausfordernd, ob sie für den Verlust der *Venus von Milo* verantwortlich sein wollten. Als im Schloß Feuer ausbrach, bemerkte der SS-Kommandant zu van der Kemp, die Aufseher könnten ja jetzt hineingehen und die Skulptur herausholen, aber kaum erhoben sie sich, wurden sie mit Maschinengewehrsalven eingedeckt, und einer von ihnen kam dabei um. Nach diesem Vorfall besetzte mehrere Wochen lang eine Einheit nach der anderen das Schloßgelände. Als sich die Deutschen schließlich zurückzogen, kamen die Freien Franzosen. Musées-Direktor Jaujard mußte direkt an ihren leitenden General Koenig appellieren, seine Truppen andernorts einzuquartieren, bevor rund um das Schloß endlich wieder Ruhe einkehrte.[30]

Die spannungsgeladenen Wochen des alliierten Vormarschs auf Paris prägte in den Depots auch die Angst. Es gab keinerlei Autorität mehr; die Vichy-Regierung war machtlos, Flugzeuge der Alliierten flogen zu Hunderten über französisches Gebiet gegen Osten. Aber trotz des Chaos funktionierte doch noch einiges. So überwies zum Beispiel die Post den Museumsangestellten wundersamerweise weiterhin ihre Gehälter, womit diese sich wenigstens das kaufen konnten, was es noch gab. Als letzter Schrecken kam dann von den Beamten der Beaux-Arts in Paris der Befehl, den Kubikmeterbedarf aller eingelagerten Objekte der Musées Nationaux auszumessen, sollten sie doch wie die Schätze aus Florenz aus Sicherheitsgründen hinter die Maginot-Linie gebracht werden, die die Deutschen nun offenbar doch als nützlich betrachteten. Um die Verschiebung zu verhindern, gaben die Kuratoren phantastisch übertriebene Schätzungen ihrer Kunstschätze ab, so daß dieser Plan sang- und klanglos unterging. Damit war das letzte Gemälde in das Reich gegangen, und die Meisterwerke warteten im Schloß nunmehr auf ihre Befreiung.

In der ersten Augustwoche 1944 durchbrachen dann die Alliierten endlich die deutschen Verteidigungslinien in der Normandie und stießen Richtung Paris vor. Für die Depots erhöhte sich dadurch allerdings die Gefahr von sporadischen und unkontrollierten Angriffen. Schloß Chambord, das aus der Luft klar zu erkennen war, benutzten die alliierten Bombergeschwader als Treffpunkt, was zu häufigen Luftkämpfen über diesem Ort führte, in deren Verlauf denn auch eine englische Maschine nach einem knappen Flug über die hohen Kamine auf den Rasen abstürzte. Anfang August gab es immer wieder Kämpfe in der Nachbarschaft. Nervöse deutsche Soldaten feuerten auf alles, was nach Résistance-Aktivität aussah; am 21. ließen sie eine Bar in die Luft fliegen, in der sich die Museumswachen jeweils getroffen hatten und nahmen vierzig Männer als Geiseln, während sie das riesige Schloß nach Waffen und Flüchtlingen durchsuchten und das gesamte Personal verhörten. Vier der Geiseln wurden, nur vier Tage vor der Befreiung Chambords, erschossen.

Andernorts begann man unter den Befreiern zu leiden. Am 9. August gelang es dem amerikanischen Kulturgüterschutz-Offizier Robert Posey endlich, Mont-Saint-Michel zu erreichen. Er ging davon aus, daß man den Ort für das Militär gesperrt habe. Die Sperrtafeln waren auch tatsächlich angebracht, aber man konnte beim besten Willen nicht

René Huyghe (zweiter von rechts, stehend) und seine »Truppe« in Montal.

behaupten, diese berühmteste aller touristischen Attraktionen stehe leer. Immerhin stellte Posey nur geringfügige Schäden fest, und er berichtete, wohlerzogene amerikanische Besatzungssoldaten besuchten den Ort jeweils in kleinen Gruppen und unter der Führung eines Offiziers. Dies sollte sich jedoch rasch ändern. Als James Rorimer zehn Tage später dort eintraf, herrschte ein totales Chaos. Französische Bars und geschäftstüchtige Hotels hatten so schnell wie möglich ihre Tore geöffnet; betrunkene Soldaten fuhren mit Jeeps die engen, steilen Gassen auf und ab, und ein britischer General und dessen Freundin hatten sich gemütlich in einem der Hotels eingerichtet. Rorimer berichtete von tagtäglich mehr als tausend Soldaten, »die sich so vollständig und so schnell wie möglich vollaufen lassen und unter dem Einfluß des Alkohols derart unflätig aufführen, daß sie von den örtlichen Kontrollbehörden nicht mehr zu bändigen sind«. Die Lebensmittel- und Benzinvorräte gingen rasch zur Neige, und Gerüchten zufolge reiste eine große Anzahl von Air-Force-Männern an, um hier Ruhe und Erholung zu suchen. Rorimer gelang es mit Hilfe des Bürgermeisters, die Anlage abzusichern, Wachen auf den Zinnen zu postieren, den Einsatz von Jeeps zu verbieten und den Verkauf von Alkohol in der Stadt zu untersagen. Seine strikte Haltung zeitigte so viel Erfolg, daß er selbst

ein paar Stunden lang von der Militärpolizei festgehalten wurde, weil er weder ein Transportmittel besaß, noch eine erkennbare Verbindung zu einer bestimmten Einheit nachweisen konnte.[31]
Einige Tage später machten sich alliierte Offiziere auf, um das Kunstdepot in Sourches und andere in der Umgebung zu inspizieren. Auf ihrer Fahrt durch die ländliche Gegend rannten Kinder auf die Straße und boten ihnen Wein und frisches Obst an. In Sourches empfing sie Germain Bazin, der zum Schutz vor Bombern in riesigen Buchstaben MN auf den Rasen hatte malen lassen. Da das Heizöl ausgegangen war, hatte man in den Kellern stets Kohlefeuer am Brennen gehalten, um die Feuchtigkeit in Grenzen zu halten, und zwar mit Erfolg: allen Widrigkeiten zum Trotz hatten weder das Veronese-Gemälde aus der Medici-Galerie, die großformatige *Hochzeit von Kana,* noch andere Bilder Schaden gelitten. Bazin berichtete Rorimer und seinen Kollegen derart offen alles über den widerwärtigen Abel Bonnard und so viel über den Zustand der übrigen staatlichen Sammlungen, daß Rorimer es nicht mehr für notwendig befand, »die französischen Beamten, wie die Deutschen es getan hatten, um vollständige Listen der Depots und deren Bestände zu ersuchen«. Die Verantwortung für diese Sammlungen lastete damit auf den Franzosen.[32]

In den westlichen besetzten Ländern tummelten sich bis zuletzt zahlreiche Deutschen. Die Überwachung der deutschen Beamten in Frankreich stellte zum größten Teil der höchste SS-Polizeiführer General Oberg sicher, nachdem der Militärkommandant von Paris, von Stülpnagel, nach dem Attentat vom 20. Juli versucht hatte, Selbstmord zu begehen und danach hingerichtet worden war. Ende der ersten Augustwoche 1944 war der Exodus bereits in vollem Gang. In der Sommerhitze rauchten die Kamine, wo man Dokumente verbrannte. Die Pariser Bevölkerung, die bis dahin gespenstisch ruhig geblieben war und sich darauf beschränkt hatte, am Tag des Sturms auf die Bastille rot-weiß-blaue Kleider zu tragen, um die Deutschen zu provozieren, zeigte ihre wahren Gefühle nun offener. Die Eisenbahnarbeiter traten in Streik, und deutsche Zivilisten, die sperrige Gepäckstücke zu den Bahnhöfen schleppten, konnten keine Träger finden. Die von ihnen beschlagnahmten Wagen, grotesk beladen mit dem Inhalt aus den requirierten Wohnungen, wiesen die seltsamsten technischen Probleme und eine Rekordzahl an platten Reifen auf. Selbst die Mächtigen in Vichy, die so

Rorimer und Bazin in Sourches vor Goyas Allegorie der Zeit: *Que Mal?*

sorgfältige Vorkehrungen getroffen hatten, erwiesen sich dagegen nicht als gefeit. Abel Bonnard hatte drei Wagen bestellt, um sich selbst, seine Berater, die Familie und die Akten nach Deutschland in Sicherheit zu bringen, doch Angehörige der Widerstandsbewegung bekehrten seinen Fahrer, und die Wagen verschwanden auf Nimmerwiedersehen. Bonnard mußte seinen Freund Abetz um eine Fahrgelegenheit nach Osten bitten.[33]

Das komplexe System der Händler begann sich aufzulösen. Nun floß viel Energie in den Schutz des eigenen Lebens und des Vermögens. Alois Miedl verließ Holland im Juli Richtung Spanien. Er nahm rund zwanzig Gemälde mit und wies seine Assistenten an, weitere nach Berlin zu schicken und sie dort in drei Banken zu hinterlegen. (Miedl hatte einem Anwalt in der Schweiz bereits sechs Gemälde von Paul Rosenberg anvertraut, die Hofer ihm netterweise gegen eine nicht unerhebliche Summe überließ.) Gustav Rochlitz wartete die alliierte Landung in der Normandie ab, dann ließ er seine noch in Frankreich verbliebenen Kunstwerke, zu denen einundfünfzig über den ERR erstandene Gemälde gehörten, an fünf verschiedene Orte in Deutschland verfrachten. Er selbst reiste erst am 20. August ab, nur wenige Tage vor dem Fall von Paris. Am 13. Juli schrieb Bruno Lohse an Hofer, Hugo Engel, Haberstocks Protégé, sei geflohen und Haberstock befinde sich in Schwierigkeiten. Aber Lohse war noch immer geschäftstüchtig genug, einen Teil des Schreibens den Abmachungen über den Kauf zweier Skulpturen für Göring zu widmen.[34]

Was im Jeu de Paume zurückgeblieben war, »entartet« oder nicht, wurde in aller Eile in hundertachtundvierzig Kisten verpackt, am 1. August zum Bahnhof gebracht und auf einen wartenden Zug verladen. Fünf der zweiundfünfzig Eisenbahnwaggons füllten sich mit ERR-Objekten, die übrigen waren für eine letzte Fracht verschiedener Gegenstände reserviert, die sich bei von Behrs M-Aktion angesammelt hatten. Rose Valland, genauso unermüdlich wie von Behr, konnte die Nummern der Güterwagen notieren, in die die ERR-Kisten verladen wurden. Sie informierte Jaujard, der seinerseits Verbindung zu den Résistance-Mitgliedern bei den französischen Staatsbahnen aufnahm. Der vollbeladene Zug stand im Bahnhof Ambervilliers auf einem Abstellgleis neben gefährlichen Gastanks und wartete auf eine Abfahrmöglichkeit im Stau der ins Reich zurückfahrenden Züge. Eine Woche verstrich. Nachdem von Behr ein ziemliches Theater aufgeführt hatte, konnte der Zug dann endlich losfahren, aber »aufgrund der extrem schweren Fracht« traten »mechanische Probleme« auf, die in Le Bourget einen zweitägigen Halt notwendig machten. Dann fuhr der Zug weiter nach Aulnay, noch immer in den Vororten von Paris, und kam erneut auf ein Abstellgleis, weil er eine neue Lokomotive brauchte. Er stand noch immer dort, als am 27. August eine Abteilung von General Leclercs Armee, von den Eisenbahnbeamten über den kostbaren Inhalt informiert, ihn samt den Wachen überrumpelte. Der kommandierende Offizier Alexandre Rosenberg, Paul Rosenbergs Sohn, erlangte auf diese Weise unerwartet vierundzwanzig Gemälde von Dufy, vier von Degas, drei von Lautrec, elf von Vlaminck, zehn von Utrillo, vierundsechzig von Picasso, neunundzwanzig von Braques, fünfundzwanzig von Foujitas, zehn von de Segonzac, über fünfzig von Laurencin, acht von Bonnard sowie verschiedene von Cézanne, Gauguin, Modigliani, Renoir und anderen wieder, von denen er viele zuletzt in seinem eigenen Haus gesehen hatte.[35]

Die Angestellten des Jeu de Paume hatten die Stadt zusammen mit dem größten Teil der deutschen Besatzungsregierung ebenfalls am 16. August verlassen, dies in ziemlicher Panik, nachdem sie gehört hatten, daß sie innerhalb der nächsten achtundvierzig Stunden möglicherweise zur Verteidigung des Reiches aufgeboten würden. Gute Verbindungen erwiesen sich da als sehr hilfreich. Bruno Lohse etwa gelang es, vorübergehend eine sichere Stelle in Görings Berliner Regiment und später im ERR-Kunstgutdepot auf Neuschwanstein zu finden. Als der alliierte Vorstoß in Holland gestoppt wurde, erhielt von Behr eine neue Order von Alfred Rosenberg, nämlich alle noch übriggebliebenen Objekte der M-Aktion und viele andere Wertsachen, die der ERR in Holland »sichergestellt« hatte, ins Reich zu überführen.[36] Dabei ließ er sich von der nachfolgenden Ardennenoffensive nicht stören. Noch am 15. Januar 1945, als sich die deutsche Wehrmacht aus den Ardennen zurückzog, diskutierten von Behr und Utikal, ob sie dem Gauleiter von Westfalen die Verantwortung für die Evakuierung der für den ERR interessanten beschlagnahmten Bücher aus Arnheim abnehmen sollten.[37] Erst als die alliierten Streitkräfte tatsächlich die Grenze zu Deutschland überschritten, zog sich von Behr mit seiner Frau auf seinen Familiensitz zurück. Andere Stabsmitglieder verteilten sich auf die verschiedenen ERR-Kunstgutdepots in Deutschland.

Von Tieschowitz, der bereits von einer Zukunft ganz anderer Art träumte, schickte so viele Kunstschutzakten wie möglich an seinen ehemaligen Vorgesetzten Metternich in Bonn, damit dieser sie in den Rheinland-Depots in Sicherheit bringe.[38] Ähnliche Kalkulationen und Gewissenskämpfe wurden überall in Paris ausgetragen – genau wie in Italien –, und das Schicksal der Stadt hing dann tatsächlich vom Ehrgefühl eines einzigen Mannes ab.

Man kann sich schwerlich einen weniger wahrscheinlichen Rebellen vorstellen als den steifen und stämmigen kleinen Preußen, der gestiefelt und gespornt und mit Medaillen dekoriert auf den Fotos von damals verewigt ist. Aber General Dietrich von Choltitz, der frischgebackene Kommandant von Paris, hatte, wie man heute allgemein weiß, nach einer langen Karriere bedingungsloser Treue beschlossen, sich den wiederholten Befehlen seines Vorgesetzten zu widersetzen und damit Paris nicht demselben Schicksal zu überantworten, das nur einige Wochen zuvor Warschau erlitten hatte. Dies war nicht einfach. Von anderen Dienststellen kamen Ingenieure und Abbruchfachleute mit dem Auftrag, die Seine-Brücken zu verminen. Infanterie und Luftwaffe-Einheiten hatten den Befehl, sich auf einen Kampf von Haus zu Haus und ein Bombardement einzustellen, welches Paris in ein Trümmerfeld verwandeln würde. Der Grand Palais wurde zwei Tage vor dem Eintreffen der Alliierten gesprengt, und man plazierte überall Sprengkörper, in den Kirchen Notre-Dame und La Madeleine, im Invalidendom, im Palais Luxembourg und sogar in Hitlers Lieblingsbau, der Oper.

General von Choltitz, den Hitler mit Vernichtungsbefehlen nur so überhäufte, mißachtete diese nicht direkt, sondern schob die Entscheidungen einfach vor sich her, und es gelang ihm sogar, die SS von der Idee abzubringen, den Wandteppich von Bayeux ins Reich zu schaffen. Er erhielt von vielen Seiten Hilfe: Im Senatsgebäude wurden zum Beispiel die Keller und der Garten vermint, was der Hausmeister dem Präfekten von Paris meldete. Als dies keine Wirkung zeigte, wandte er sich an die Arbeiter des Elektrizitätswerks, und der Senat wurde daraufhin Opfer einer ganzen Serie von unerklärlichen Stromausfällen, während denen es den Arbeitern gelang, die Sprengsätze zu entschärfen.[39] Der Druck stieg ins Unerträgliche, als die Alliierten wegen Unstimmigkeiten in ihren Räten über die Frage, ob Paris zu besetzen sei oder nicht, nur wenige Kilometer vor der Stadt haltmachten. Als von Choltitz jedoch am Nachmittag des 25. August die Kapitulation von Paris bekanntgab, waren alle Brücken und Gebäude unversehrt.

Der Louvre wie das Jeu de Paume standen im Zentrum der Aufstände, die etwa eine Woche vor der Befreiung von Paris einsetzten. Ungeduldige Angestellte mußten von Jaujard daran gehindert werden, die Trikolore auf dem Museum verfrüht zu hissen. Alle wurden geheißen, auf dem Posten zu bleiben und sich nicht unter die rebellierenden Volksmassen in den Straßen zu mischen. Rose Valland bemerkte bei ihrem Eintreffen im Jeu de Paume, daß das Museum in die deutschen Verteidigungsvorkehrungen in den nun von Schützengräben durchzogenen Tuilerien integriert worden war. Die Deutschen hatten die Terrassen über Nacht mit Stacheldraht befestigt. Zwar war das Museum geräumt, aber im Keller befanden sich noch eine große Anzahl zeitgenössischer nichtfranzösischer Werke. In den Kämpfen um das deutsche Hauptquartier wenige Tage später wurden neun deutsche Soldaten beim Versuch, das kleine Museum zu verteidigen, getötet; dreihundertfünfzig weitere ergaben sich und kamen in ein Gefängnis für Kriegsgefangene im Cour Carrée des Louvre. Befreier und Befreite strömten zum Jeu de Paume. Rose Valland versuchte sie von den Kellern fernzuhalten und wurde prompt der Kollaboration verdächtigt und mit vorgehaltener Maschinenpistole gezwungen, die Lagerräume zu öffnen. Zum Glück hatte kein deutscher Soldat dort drin Zuflucht gesucht, und so konnte sie ihre Landsleute schnell dazu bringen, das Gebäude zu verlassen.

Im Hauptgebäude des Louvre, wo aufmerksame Wachen auf den alten Dächern patrouillierten, bereit, eventuelle Brände zu bekämpfen, und wo alle verfügbaren Kuratorinnen und Kuratoren Tag und Nacht in den riesigen Sälen Wache halten mußten, kam nichts zu Schaden. Aber Jaujard, Aubert und mehrere andere wurden wie Rose Valland ohne viel Federlesens von den französischen Truppen festgenommen. Während sie sich aus der Haft herausredeten, brach unter den Kriegsgefangenen im Cour Carrée Panik aus. Sie zertrümmerten die Fensterscheiben zum Museum, stoben auseinander und versteckten sich in ägyptischen Sarkophagen, hinter Statuen und in den zahlreichen Winkeln des Gebäudes. Es dauerte Stunden, bis man sie alle wiederfand. Am Abend fand der letzte deutsche Luftangriff statt, und dann war alles vorbei: Paris war frei.[40]

Rund um Paris stürmten die alliierten Streitkräfte Richtung Elsaß und gegen Antwerpen und Gent, hinüber nach Luxemburg und Holland. Erst kurz vor Brügge wurden sie gestoppt. Ende September erreichten sie Arnheim in Westholland. Das Näherkommen der Front löste in Belgien eine bereits bekannte Reaktion aus. Das größte Kunstdepot mit belgischen Sammlungen, das alte, von einem Wassergraben umgebene Schloß Lavaux St. Anne, lag ungefähr zwanzig Kilometer südlich von Dinant nahe der französischen Grenze. Mit der Evakuierung zurück nach Brüssel hatte man im Juli begonnen. Mitte August trafen Berichte ein, das Schloß werde von einer eigentümlichen Gruppe bewaffneter Zivilisten angegriffen, bei denen es sich vermutlich um Deutsche handle. Der Architekt Max Winders, mit der Leitung der belgischen Depots betraut, ließ die Polizei hinschicken, worauf sich die Plünderer zurückzogen. Die Evakuierungsfahrten gingen weiter. Der letzte Konvoi wurde auf der engen Straße an der Meuse in Dinant von alliierten Sturzkampfbombern angegriffen. Drei Polizisten kamen dabei um, aber Winders requirierte andere Lastwagen, und die Gemälde trugen nur geringe Schäden davon.

Andere Leute in Belgien wollten ebenfalls Objekte befördern. Museumsangestellten in Brügge, die viele ihrer großartigsten Werke in der Stadt unter deutscher Überwachung eingelagert hatten, gelang es, neun der wertvollsten Gemälde hinter dem Rücken der deutschen Wachen herauszuschmuggeln. Die Kisten, in denen sich unter anderem zwei der größten Meisterwerke des Abendlandes befanden, nämlich Memlings *Schrein der heiligen Ursula* und van Eycks *Madonna des Kanonikus Georg van der Paele,* vermißte offenbar niemand im Depot. Sie gelangten heimlich in die Tresorräume der Société Nationale nach Brüssel – ein besonders geschickter Schachzug in diesem Krieg, denn inzwischen verspürte der Leiter des Kunstschutzes in Belgien, Rosemann, ebenfalls den Drang, »Sicherstellungen« durchzuführen.
Seit den ersten Tagen der Besatzung hatte er sich immer sehr bemüht gezeigt um einen vorbildlichen Schutz von Michelangelos *Madonna von Brügge,* dem Glanzstück der Brügger Kirche Notre-Dame. Er wie sein Assistent hatten Fotos davon auf ihren Schreibtischen stehen. Weil das Werk bei der Besatzungsmacht so beliebt war, entfernte man es im Gegensatz zu so vielen anderen vorerst nicht aus der Kirche, sondern nahm die Plastik nur vom Seitenaltar, wo sie sonst stand, herunter und stellte sie unter einer eigens erstellten Schutzvorrichtung im nördlichen Schiff der Kirche auf.
In der ersten Septemberwoche 1944 begannen deutsche Offizielle Belgien zu verlassen. Rosemann packte seine Fotos ein und suchte die *Madonna* von Michelangelo ein letztes Mal auf. Dem Sakristan gegenüber jammerte er, er könne Belgien nicht verlassen, ohne einen letzten Blick darauf zu werfen. Bevor er ging, ordnete er beiläufig an, man solle ein paar Matratzen in das Schutzräumchen bringen. Am nächsten Morgen kam der Bischof von Brügge, um die Kirche zu inspizieren und das Schutzräumchen zumauern zu lassen. Doch er kam zu spät: In der Nacht waren zwei deutsche Offiziere mit ein paar Wachen und der Behauptung aufgekreuzt, sie hätten den Befehl, die Statue wegzubringen, um sie vor den Amerikanern zu schützen. Da die hohen Fenster der Kirche verdunkelt waren, wickelten sie die Marmorstatue im Licht ihrer Taschenlampen in Matratzen und luden sie auf einen Lastwagen des Roten Kreuzes. Im Vorbeigehen nahmen sie noch zehn Gemälde mit. Der Lastwagen bot jedoch so wenig Platz, daß sie zwei Flügel des großen Altars von Pourbus zurücklassen mußten.[41]
Tags darauf erhielt der Bischof das ergebene Schreiben eines Leut-

Belgien: Kulturgüterschutz-Offizier Daniel Kern inspiziert den Fortgang der Reparaturarbeiten in Namur.

nants namens Figlhuber, der sich als »Sonderbeauftragten des Oberkommandos der Wehrmacht« bezeichnete. Der Leutnant und Doktor schrieb darin, die Erfahrungen in Italien und Frankreich hätten gezeigt, daß die Anglo-Amerikaner »Kunstschätze, welche als erhabenste Schöpfungen des Geistes u. Genies des europäischen Raumes« gälten, mit sich nähmen, um sie in ihren eigenen Museen auszustellen oder sie an Privatleute zu verkaufen. Deshalb sei es die Pflicht des Deutschen Reiches, diese Kunstschätze für Europa und die katholische Kirche zu erhalten. Abschließend versicherte er dem Bischof, daß »bei der Durchführung der Sicherstellung die Würde u. Heiligkeit des Gotteshauses geziemend geachtet wurde«. Während dieses erbauliche Dokument tunlichst zur Kenntnis genommen wurde, wartete die Madonna auf einem Kai in der Nähe auf ein kleines deutsches Schiff, stellte doch der Seeweg für die belagerten nationalsozialistischen Streitkräfte noch den einzigen Fluchtweg dar. Der für diese Aktion verantwortliche Offizier berichtete später, daß am späten Nachmittag des 7. September »infolge plötzlich aufgetretenen Orkans die See derart bewegt war, daß die Ladung auf der Fähre nicht absolut gesichert werden konnte«: eine Darstellung, die so manches niederländische Seestück illustriert. Letztlich fand der Transfer aber doch noch statt. Für die belgischen Behörden war es vielleicht besser, daß sie nicht genau wußten, wie ihr Kleinod das Land verlassen hatte.[42]

In ihrem seit kurzem erweiterten Territorium stellte sich das für die alliierten Kulturgüterschutz-Offiziere eingerichtete »Gleitsystem« sowohl als Fluch wie auch als Segen heraus. Die Offiziere verfügten zwar über Freiheit und Mobilität, nicht aber über die Mittel, um diese auch zu nutzen. Die Tatsache, daß sie zu keiner bestimmten Einheit gehörten und noch immer einen sehr niedrigen Dienstgrad innehatten, verschlimmerte das Problem des Transports mehr denn je zuvor. George Stout konnte sich einen klapprigen deutschen Wehmachts-Volkswagen beschaffen. Obwohl das klägliche Ding jede nur erdenkliche Panne und im November nicht einmal mehr ein Dach hatte, erwies es sich als unbezahlbar.
Am 17. September eilte Stout auf eine dringende geheime Nachricht hin nach Maastricht. Die holländische Regierung bat um Schutz für ihre in einem Abschnitt der endlosen, stadtnahen Kalksteintunnels gelagerten Meisterwerke. Diese Tunnels erstreckten sich bis nach Deutschland hinein, und viele Menschen hatten sie für die Flucht aus dem Reich benutzt. Leider kam diese Nachricht auch der BBC zu Ohren. Stout vernahm sie als Rundfunkmeldung in seinem VW. Bald erhielt das Kunstdepot, das der deutschen Front gefährlich nahe lag, ungebetenen Besuch und Publicity. Aber die Geschichte, die Anne O'Hare McCormick, die Kriegskorrespondentin der *New York Times,* der Welt in einem spannend geschriebenen Artikel schilderte, steckte voller Fragezeichen. Fern vom »Schlamm und Blut des Krieges« und der damit verbundenen Stimmung »dunkler Gefahr« wurde Anne O'Hare McCormick in die auf römische Zeiten zurückgehenden Höhlen geführt, wo rund achthundert Gemälde an endlos vielen Eisenhaken hingen. Sie war überwältigt vom »Lebenswillen, den die glühenden Farben und die überwältigende Kraft dieser unsterblichen Kunstwerke ausstrahlten. [...] Diese vergrabenen Kunstschätze unter dem umkämpften Maastricht zu erblicken, bedeutete, wieder eine Ahnung vom Sinn des Kampfes, um einen zivilisierten Frieden zu bekommen«.[43] George Stout, der genauso erfreut war, die Bilder in gutem Zustand vorzufinden, dies aber weniger blumig zum Ausdruck brachte, half den holländischen Behörden, die so lebenswichtige Telefonverbindung

zum Depot einzurichten und empfahl ihnen, alles an Ort und Stelle zu lassen.
Erst in Aachen, wo er sich mit seinen MFAA-Kollegen Walker Hancock – im bürgerlichen Leben ein bekannter Bildhauer – traf, erfuhr Stout am eigenen Leib die schrecklichen Zustände, die nun in Deutschlands Städten herrschten. Nichts, was sie in der Normandie gesehen hatten, ließ sich mit den Zerstörungen vergleichen, die die monatelangen Bombardierungen verursacht hatten. Zwei Wochen lang hatten sie die brennende Stadt aus der Entfernung beobachtet. Nun, da sie von einigen Fotografen und Presseleuten mitgenommen wurden, fuhren die Männer, die für den Schutz dessen verantwortlich waren, was von der Hauptstadt Karls des Großen übrig war, langsam in die Stadt hinein. Aachen war menschenleer. Die neue Militärregierung hatte alle noch Anwesenden aus der Stadt weggewiesen. Aus den ausgebrannten Häusern fielen Einrichtungsgegenstände auf die Straße, und die alliierten Truppenangehörigen scheuten sich nicht, die derart preisgegebenen Dinge nach Lust und Laune aufzusammeln, wenn auch nicht alles sich als das erwies, wonach es zunächst aussah. Als Hancock dem Treiben zuschaute, bemerkte er verblüfft, wie ein GI mit dem ausgewachsenen Federschmuck eines Indianerhäuptlings auf dem Kopf auf einem mageren Pferd vorbeigaloppierte. Die Stadt war wie ein Skelett, und Hancock meinte später, eine »Skelett-Stadt sei schlimmer als eine durch Bomben dem Erdboden gleichgemachte«. Ständig auf der Hut vor Granaten, die noch immer umherschwirrten, machte er sich auf den Weg zum Münster:

> In der eigenartigen Ansammlung von Kirchen, die das Aachener Münster bilden, standen sämtliche Türen offen. Einmal im dunklen achteckigen Innern, im Herzen des Münsters, fühlte ich mich plötzlich geborgen. Mehr als elfhundert Jahre sind diese Mauern intakt geblieben. Daß ausgerechnet *ich* zu dem Zeitpunkt dort war und zum einzigen Zeugen ihrer Zerstörung wurde, erschien mir unvorstellbar.[44]

Eine Bombe war durch das Dach auf den Hochaltar gestürzt, aber nicht detoniert, und im großen und ganzen war der wundervolle achteckige Zentralbau mit dem zierlichen Maßwerk unversehrt geblieben. Zu seinem Erstaunen fand Hancock den Geistlichen noch auf seinem

Posten, wenn auch etwas eingeschüchtert. Er erklärte Hancock, am vordringlichsten liege ihm daran, die sechs Hitlerjungen wiederzufinden, die auf dem Dach des Münsters patrouilliert und Feuerwache gestanden hätten. Stout und Hancock fanden die Jungen in einer Vorortsstraße, die die Alliierten als Artilleriestellung benutzten. Ihre Panik vor den amerikanischen Offizieren schwand bald dahin, als sie merkten, daß man sie wieder brauchte. Nach einer kurzen Befragung durch die Beamten der Gegenspionageabteilung wurden den Knaben und einer ihrer Mütter, die sich erbot, für sie und den Vikar im Münster zu kochen, Pässe ausgestellt. Hancock bemerkte: »Ihre Gesichter strahlten vor Freude, als wären sie damit aller Sorgen ledig.« Die Amerikaner hießen sie, sich zu kämmen und die Uniformen auszuziehen. Sie gingen, und »wir sahen sie den langen Weg zur Hölle unter die Füße nehmen. Wir sahen auch, wie Gesichter an allen Fenstern erschienen und sie beobachteten.« Das Verhältnis der alliierten Eroberer zum deutschen Volk stellte sich als ein ernsthaftes Problem heraus.

Bevor sie Aachen verließen, überprüften die Offiziere die leeren Museen und Flüchtlingslager in der Hoffnung, wie in Frankreich Museumsangestellte aufzuspüren, die ihnen halfen, die städtischen Kunstsammlungen zu finden und zu schützen. Sie hatten zwar keinen Erfolg, fanden aber in den Ruinen der Büros des Suermondt-Museums eine Kopie des Katalogs mit dem Vermerk, bestimmte Werke seien vor kurzem von Meißen nach Siegen transportiert worden. Hancock überlegte sich, daß man unter den herrschenden Umständen wohl nur die besonders kostbaren Objekte auf den langen Weg quer durch ganz Deutschland geschickt hatte. Aber Siegen lag jenseits des Rheins, zwischen Köln und Marburg, und sie würden noch sehr lange nicht dorthin gelangen.

Von Aachen wurde Stout zum SHAEF zurückgerufen und zum »Special Emergency Inspector« ernannt, eine Reaktion auf die pflichtgetreue Meldung vieler »Michelangelos« (der Oberbegriff für Gemälde), die nun von den Kampfeinheiten hereinkamen, nachdem sie viele davon versteckt in den deutschen Grenzzonen aufgefunden hatten. Zwar wußten bis dahin alle, daß es Pflicht war, diese Gemälde zu schützen, aber noch gab es keine klaren Anweisungen, wohin sie zu bringen waren und wer dafür verantwortlich zeichnete. Walker Hancock folgte mit einer Sammlung in einem Waffentransporter einer Panzerkolonne,

Altarraum des Aachener Münsters im Herbst 1944.

»die sich durch den dunklen Dezemberwald vortastete«, und brachte sie zum nächstgelegenen Hauptquartier. »Die vergoldeten Rokoko-Rahmen glänzten geradezu unanständig in der bewegten Masse von braunem, grünem und olivfarbenem Wollstoff. Wir schauten einander grinsend an und sagten zueinander: ›Mein Gott! Was für ein Krieg!‹« Diese pittoreske Art der Evakuierung war natürlich alles andere als ideal, aber die Armee weigerte sich noch immer standhaft, den Kulturgüterschutz-Offizieren vernünftige Transportmittel zur Verfügung zu stellen.

Man beachtete die Vorschriften so peinlich genau, daß sich die Armee-Versorgungsoffiziere sogar weigerten, Stout – einem Marine-Offizier – eine Schlechtwetter-Ausrüstung abzugeben, und er sich selbst einen Militärmantel kaufen mußte. Aus demselben Grund hatte er auch Schwierigkeiten, einen Ort zum Essen oder Schlafen zu finden. Als Colonel Newton schließlich am Ort des Geschehens auftauchte, sorgte er trotz der Unfähigkeit, die er auf höheren Ebenen vielleicht bewiesen hatte, doch für etwas Erleichterung. Newton, ein regulärer Armee-Colonel, erhielt einen Dienstwagen und nahm Stout im November ein paar Wochen mit auf »Inspektionstour« in sein Zuständigkeitsgebiet, das von Beauvais über Brüssel bis Paris reichte. Sie fanden einige bedrohte Sammlungen, aber vorerst gab es nichts anderes, als sie in der Obhut der örtlichen Militärverwaltung zu belassen, »bis diese sie zuständigen zivilen Verwaltungsbeamten übergeben konnte«. Nach einem Monat des Herumvagabundierens gab Stout dieses Vorgehen auf und gliederte sich in die Zwölfte Armee ein. Dort mußte er sich zwar für jede Inspektionsreise um schriftliche Befehle bemühen, aber wenigstens bekam er nach seinen Achtzehn-Stunden-Tagen auf den vereisten Straßen Belgiens und Frankreichs etwas zu essen und Unterkunft.[45]

Um einiges angenehmer gestaltete sich die Lage für einen anderen Kulturgüterschutz-Offizier, der Ende August mit Lastwagen und Fahrer in der Normandie eintraf, nämlich Major Lord Methuen von der britischen einundzwanzigsten Heeresgruppe. Dank seiner geradezu luxuriösen Ausrüstung konnte Methuen die Überprüfung der von den Alliierten aufgelisteten Denkmäler in nahezu der ganzen befreiten Zone westlich von Paris und bis Brüssel und Antwerpen übernehmen – eine beachtliche Aufgabe, gab es doch allein in Calvados an die achthundert Kunststätten. Methuen arbeitete äußerst gründlich. Acht Monate lang reiste er durch sein Gebiet, wobei die Tatsache, daß er über zahlreiche Verwandte in der Region verfügte und vorher bereits intensiv mit den Demeures Historiques zusammengearbeitet hatte, seine Inspektionsbesuche beträchtlich erleichterte.

Die Zerstörungen waren ganz willkürlich verteilt und von beiden Kriegsparteien verursacht. Neben einem völlig zerstörten Haus konnte gut und gern ein anderes stehen, an dem noch immer die vom Kunstschutz angebrachten Sperrtafeln hingen und dessen Inhalt gesichert und absolut unbeschädigt war. Auf seinen Fahrten zeichnete Methuen hübsche Skizzen und Aquarelle der besuchten Stätten und entdeckte viele wenig bekannte Orte. All dies hielt er in einem säuberlich geschriebenen Tagebuch voller historischer Anmerkungen, Naturbeobachtungen und Okkupations-Anekdoten fest, welches 1952 publiziert wurde. Damals gab es keine andere Informationsquelle, war Lord Methuen doch der einzige wirklich mobile Informant.

Auf seine Fahrten nahm Methuen französische Beamte mit, damit diese die Schäden ihrerseits abschätzen konnten. Gemeinsam erstellten sie Gipsformen verbrannter Skulpturen, die allmählich zu Staub zerfielen, stützten Dächer ab und retteten kostbare Fragmente. An seiner Route lagen alle bedeutenden Stätten des Impressionismus. Honfleur fand er unbeschädigt. Giverny, wo in verschiedenen Ateliers über hundert Monet-Gemälde lagerten, hatte unter dem Granatenhagel gelitten: drei Gemälde waren zerstört und andere beschädigt. Aber der Garten war, wie er sein mußte: »Ein Meer von Dahlien und Herbstastern.« Methuen sorgte dafür, daß Monets Schwiegertochter Unterstützung erhielt, so daß sie die zerbrochenen Oberlichter und Fenster reparieren lassen konnte. Nachdem er dies in Auftrag gegeben hatte, aßen er und sein französischer Kollege »hier belegte Brote, ergänzt durch köstlichen Wein und Früchte, die Frau Monet freundlich im gelben, mit japanischen Drucken geschmückten Eßzimmer servierte«.[46]

Die Arbeit an den Baudenkmälern in und um Paris bot nichts von den bukolischen Entschädigungen der Gegenden von Lord Methuen; dafür gab es dort keine wankenden Kirchtürme und Geröllhalden. Die gloriosen Paläste und Denkmäler präsentierten sich im großen und ganzen unbeschädigt, wenn auch oft mit leeren Fenstern. Das französische Staatsarchiv beispielsweise hatte nicht weniger als siebenhundert Fensterscheiben eingebüßt. Die intakten Wohnungen des französischen Hochadels stellten denn auch eine beinahe unwiderstehliche Versuchung für die siegessicheren hohen Tiere unter den Amerikanern dar, die stilvoll einquartiert werden wollten. Trotz Woolleys optimistischer Meinung, die Untersuchung in Neapel habe die Autorität der MFAA gesichert, befanden sich die Kulturgüterschutz-Offiziere erneut inmitten eines Gerangels um die Macht.

Lieutenant James Rorimer war mit der Entourage des Kommandanten, die »seine Section«, die Stadt und Umgebung umfaßte, nach Paris gekommen. Sie trafen nur wenige Stunden nach der deutschen Kapitulation ein, und schon hatte sich die alliierte Luftabwehr in den Tuilerien eingerichtet, die britische Fernmeldetruppe ihr Lager in den Gärten von Versailles aufgeschlagen, wobei sie die Statuen sorgsam mit Tarnnetzen abdeckte, und das scheinbar leere und so günstig gelegene Jeu de Paume war für ein Armee-Postamt requiriert. Nach wiederholten Aufforderungen räumten die Truppen die Tuilerien, allerdings erst nachdem die Gärten von deutschen Flugzeugen bombardiert worden waren. Rorimer konnte zwar die Einrichtung des

Postamts verhindern, aber nicht die Einquartierung von Einheiten im Petit Palais. All dies aber war geradezu unerheblich im Vergleich zum Streit um die großen Paläste von Versailles und Fontainebleau.[47]
Es steht nicht fest, weshalb die Vorhut des SHAEF entschied, ihre höchsten Vorgesetzten in und um Versailles einzuquartieren; ohne Zweifel haben sie jedoch die Kulturgüterschutz-Offiziere nicht konsultiert. Für ihre Kommandanten schien nur das Beste gut genug. Ein leerstehendes Stadtpalais hatte man für General Eisenhower requiriert, und der Stadtmajor O. K. Todd meinte, es sollte etwas aufgemöbelt werden; so schickte er an Jacques Jaujard ein Gesuch um Mobiliar aus den Schloßsammlungen und der Mobilier National. Jaujard, der dies für ein persönliches Gesuch Eisenhowers hielt, fühlte sich genötigt, die Liste, auf der auch elf Gemälde (eines von van Dyck und zwei von Oudry mit Szenen aus Fabeln von La Fontaine) sowie ein wunderschöner Sekretär aus dem achtzehnten Jahrhundert und nicht minder schöne Teppiche, Plastiken und Stiche standen, gutzuheißen.
Weder der französische Verbindungsoffizier noch der leitende Kurator von Versailles, an den sich Todd wandte, wußten, daß Versailles und seine Bestände auf der offiziellen Militärliste standen und somit für das Militär gesperrt waren. Sie wollten sich »bloß hilfsbereit« zeigen. Rorimer erfuhr am 16. September um halb acht in der Früh von der Angelegenheit. Ein Leutnant läßt sonst nicht die Möbel eines Oberkommandierenden entfernen, aber trotz des Rangunterschieds befanden sich die aus Versailles entfernten Objekte innerhalb von vierundzwanzig Stunden wieder auf dem Heimweg. Die Objekte der Mobilier National blieben dagegen trotz Rorimers Protest im Palais zurück, in dem sich auch immer noch eine Menge Handwerker aufhielten. Direktor Fontaine sah nichts Schlechtes darin, einem so erlesenen Besucher Objekte auszuleihen, hatte er dies doch in der Vergangenheit bereits mehrfach getan. Sein guter Wille zahlte sich jedoch schlecht aus: Möbelstücke verschwanden, und fünf Jahre später stand er wegen des Verlustes unter Anklage. Bestürzt schrieben sowohl Rorimer, der sich zu diesem Zeitpunkt wieder am Museum of Modern Art befand, als auch Eisenhower persönlich Briefe zu seiner Entlastung.[48]
In Fontainebleau beschränkten sich die Schwierigkeiten nicht nur auf die Parks und die umliegenden Gebäude. Die elfhundert in den Anlagen biwakierenden Truppenangehörigen mußten in die Wälder verlegt und davon abgehalten werden, in den künstlichen Kanälen Rheinüber-

querungen zu simulieren. Als schwieriger stellte sich die Umquartierung einiger ihrer Offiziere aus den Gebäuden heraus. Ein Colonel Potter weigerte sich glattweg, den Louis-XV.-Flügel zu räumen. Als er einmal mehr vom kommandierenden General des gesamtes Gebietes und französischen Beaux-Arts-Beamten zum Auszug aufgefordert wurde, handelte er über deren Köpfe hinweg und erhielt vom stellvertretenden Feldkommandanten die Erlaubnis, dort zu bleiben, was er denn auch tat, bis seine Einheit weiterzog.
Die französische Gastfreundlichkeit erschwerte die Durchsetzung der Sperrzonen für das Militär oft erheblich. Im Schloß Grosbois gab man Anlagen und Stallungen für die Requirierung frei, wenn auch nicht das Gebäude selbst. Der Sohn des Besitzers, Godfrey Tour d'Argent, hatte jedoch fünfzehn Offiziere eingeladen, im Schloß zu wohnen, »als Beitrag zu den Kriegsanstrengungen und als Annehmlichkeit für die Offiziere«. Letztere hatten die Einladung ohne schriftliche Erlaubnis ihrer Vorgesetzten angenommen, die, beunruhigt über die irreguläre Situation, die MFAA informierten. Rorimers Versuch, mit einem der äußerst angenehm untergebrachten Offiziere zu verhandeln, scheiterte:

> Captain Beasley äußerte sich ziemlich ungehalten über »historische Gebäude«, als ich ihm den Grund für meinen Besuch erklärte. Er hielt sich um halb zwölf noch immer im Bad auf. Zwei elektrische Heizöfen liefen in einem Raum, und ein weiterer befand sich in seinem Schlafzimmer. Auf der Kommode standen drei Flaschen Cognac und auf dem Boden ein Karton mit etwa zwölf Flaschen Wein. Als ich ihm die Lage des berühmten Gebäudes und der erstaunlichen Sammlungen darlegte und sagte, der General wünsche angesichts der gültigen Richtlinien, die ich ihm vorlegte, möglicherweise nicht, daß das Schloß von unseren Truppen benutzt werde, wies Captain Beasley Captain Smyth an, sich meinen Namen zu notieren, und sagte, wenn der General ihm befehle auszuziehen, werde er »aus- und dann wieder einziehen«. [...] Weder der Fürst [Tour d'Argent] noch die Offiziere wußten, wer für den zusätzlichen Stromverbrauch durch unsere Einheit aufkommen würde.[49]

Der niedere Adel zeigte keinerlei Hemmungen: Sobald man wußte, daß Rorimers Büro »für die an Palais und Schlössern entstandenen Schäden zuständig war, belagerten es verarmte Gräfinnen, deutsche Sympathisanten und nach Mitleid heischende angebliche Opfer deutscher Brutalität, mit denen ebenso schwierig umzugehen war wie mit den gestrengen amerikanischen Offizieren, die ebenfalls Beschwerden einreichten. Es zeigte sich bald, daß die zuständigen Männer im Außenbüro den entschlossenen Kunstsammlerinnen und Schloßbesitzern nicht gewachsen waren; ihr wildes Gestikulieren und ihre ohrenbetäubende Präsenz verwandelten mein Büro in ein Tollhaus.«[50] Um mit diesem Ansturm fertig zu werden, stellte Rorimer kurzerhand eine knallharte französische Sekretärin aus der Oberschicht ein und entließ die Soldaten.

Die Probleme waren enorm. Im Herbst 1944 mußten sich die Männer der MFAA, die für das große, von den alliierten Streitmächten besetzte Gebiet verantwortlich waren, die meiste Zeit mit der Einquartierung von Truppen und den von ihnen verursachten Schäden befassen. In den sorgfältig vorbereiteten Listen fehlten Hunderte von weniger bekannten Landschlössern, weshalb sich selbst verantwortungsbewußte Quartiermeister frei fühlten, diese zu requirieren und sich weigerten, einmal einquartierte Truppen wieder zu verschieben. Eine Einheit nach der anderen zog durch, und eine jede mußte neu über militärische Sperrgebiete informiert werden. Als der Winter mit extrem tiefen Temperaturen kam, wurden immer mehr Unterkünfte gebraucht, und der Bedarf verzehnfachte sich während der Ardennenoffensive, als immerzu Verstärkung zum Kriegsschauplatz vorstieß. Bald häuften sich die Klagen so, daß die Situation in einem Bericht als »explosiv« beschrieben wurde. Die regelmäßig herausgegebenen Weisungen zeigten bei den frierenden, erschöpften Kampfeinheiten nur wenig oder gar keine Wirkung. So bemerkte ein sonst völlig sanftmütiger Mann zu Walker Hancock: »Wenn man nach einer Schlacht ein wunderschönes Schloßgemach betrat, *mußte* man einfach auf den Kronleuchter feuern.«[51]

Zum Glück verhielten sich die zwei-, dreitausend amerikanischen Infanteriesoldaten, die Schloß Haute Koenigsbourg nördlich von Colmar – wo die Deutschen einige der größten Kunstschätze aus dem Elsaß eingelagert hatten – zuerst eroberten und dann verteidigen mußten, verhältnismäßig zurückhaltend. Sie zertrümmerten zwar das Schlafzimmer Kaiser Wilhelms II., stahlen einige Fahnen und benutzten Tapisserien aus dem Schloß Rohan als Decken und zur Verdunkelung der Fenster, aber eine ganze Reihe von Zimmern, vollgestopft mit einer Fülle von Gemälden und Skulpturen aus dem Mittelalter und der Renaissance, rührten sie nicht an. Doch selbst diese »erstaunliche Ansammlung« – so Kulturgüterschutz-Offizier Marvin Ross in seinem Bericht – verblaßte im Vergleich zu mehreren Tafeln von Grünewalds großem Isenheimer Altar, die er in einem trockenen und luftigen Keller fand, »gut plaziert mitten im Raum, gehalten von schweren Strebebalken« und bewacht von einem Mann namens Pauli, »der die ganze Zeit über in diesem Raum auch geschlafen hatte«.[52]

Die Männer der MFAA reisten je nach Schadensmeldungen beider Seiten unermüdlich umher und verfolgten die Spur vieler massiver Plünderungen des Feindes. Aus Schloß Chamerolles hatten die Deutschen rund tausendsiebenhundert Gemälde und Zeichnungen, hundertfünfzig Teppiche und Tapisserien und eine Lastwagenladung Silber verschleppt. Die Böden waren übersät mit Weinflaschen und zertrümmerten Möbeln. Keine zwei Orte sahen gleich aus. Die menschlichen Schwächen und Stärken zeigten sich überall. In Gien hatten die GIs Gegenstände aus dem Schloß entwendet und sie an die etwas freizügigeren Damen des Dorfes verschenkt. Ein anderer Landsitz, dessen wundervolle Sammlungen sich in bestem Zustand befanden, weil seine Besitzer mit den Nazis kollaboriert hatten, war nicht durch die alliierten Truppen bedroht, sondern durch die Ortsansässigen, die sich nach der Inhaftierung der adeligen Besitzer begeistert über die dort vorgefundenen Dinge hermachten. Der Besitzer von Vaux-le-Vicomte weigerte sich, sein Schloß für das Militär sperren zu lassen, und schrieb: »Unser tiefer Wunsch, unsere Alliierten zu empfangen, veranlaßt uns, von dieser Einschränkung nur im äußersten Notfall Gebrauch zu machen. Im Gegenteil: nach diesen Jahren der erneuten Besetzung freuen wir uns auf so viele ›très sympathiques‹ Besucher.«[53] Es gab auch gewisse Bestrebungen, es der Nachbarschaft gleichzutun. Die aus Amerika gebürtige, kurz zuvor verwitwete Gräfin Gourgaud ließ die Kulturgüterschutz-Offiziere wissen, daß sie »als Beitrag zu den Kriegsanstrengungen gerne ein paar Zimmer für Inspektions-Offiziere zur Verfügung stellen möchte. Alle Nachbarn beherbergen bereits Truppen, und sie ist eifrig darauf bedacht, dies nun ebenfalls zu tun.«[54]

In manchen Fällen ließen sich die Motive nicht so leicht durchschauen. In dem vom Unglück verfolgten Schloß Dampierre hatten die Deutschen nicht nur im Salon direkt vor einem großen Ingres-Gemälde eine Bar eingerichtet, sondern zudem eine Sammlung von Bossuet-Briefen aus dem siebzehnten Jahrhundert als Toilettenpapier verwendet. Ein wirklich besonders ergebener Bediensteter stellte diese hernach jeweils sicher, reinigte sie und tat sie in die Bibliothek zurück. Kaum waren dann die Nazis abgezogen, erschien eine ausgelassene, wenn auch etwas weniger einfallsreiche Gruppe von GIs; sie schlugen Nägel in die Holzverkleidungen und entfachten überall Feuer. Deshalb waren die Kulturgüterschutz-Offiziere erstaunt, als der Besitzer, Graf von Luynes, nach alledem noch immer »ein paar höhere Offiziere oder eine ausgewählte Einheit der Alliierten« im Haus beherbergen wollte. Offenbar trachteten Seine Durchlaucht danach, ihren Besitz vor dem »in der Nachbarschaft um sich greifenden Kommunismus« zu schützen.

Sehr bald wurde all dies zur Routine, ganz im Gegensatz zu den verzweifelten Telefonanrufen, die im November in Rorimers Büro eintrafen. Offenbar war die Villa eines gewissen Monsieur Robert de Galea am Seine-Ufer in der Nähe von Paris requiriert worden. Sowohl der Besitzer als auch die Pariser Museumsbeamten gerieten außer sich, weil das Haus eine große Anzahl von Werken aus der ehemaligen Sammlung des berühmten Kunsthändlers Ambroise Vollard beherbergte, der die Hälfte seines Besitzes an Madame de Galea vermacht hatte. Vollard war 1939 kurz vor Kriegsbeginn gestorben, und seither hatte man nichts mehr von der Sammlung gehört, und niemand wußte, was sie genau umfaßte. (Von der Beschlagnahmung der über sechshundert Objekte aus dieser Sammlung, die Martin Fabiani in die Vereinigten Staaten auszuführen versuchte [siehe Kapitel 4] wußte man noch nichts.) Rorimer fuhr hin, um der Sache nachzugehen; zwar erwartete er, eine gewisse Anzahl Gemälde zu Gesicht zu bekommen, aber er war nicht vorbereitet auf das, was er tatsächlich vorfand. An den Wänden der eiskalten Villa hingen in Schichten übereinander mehr als hundert ungerahmte Gemälde von Renoir, Cézanne, Degas und anderer Meister, und unzählige weitere stapelten sich überall im ganzen Haus.

Rorimer konnte den Requirierungsbefehl nicht rückgängig machen, da die Villa selbst kein historisches Gebäude und das ganze Verfahren ordnungsgemäß abgelaufen war. Er bot an, alle Gemälde nach Paris mitzunehmen, um sie angemessen zu lagern, aber de Galea lehnte dies aus wohl nur ihm bekannten Gründen ab. Als Rorimer wenige Tage später noch einmal vorbeikam, war alles weg. Dann hörte man nichts mehr davon, bis de Galea Ende März in einem jämmerlichen Zustand wieder auftauchte. Er hatte die Sammlung in einer kleinen, sorgsam getarnten Hütte auf einer Insel in einem von Sumpfgebiet umgebenen See bei Chantilly untergebracht, die zur Gänsejagd benutzt wurde. Diesen abgelegenen Ort gedachte nun die amerikanische Luftwaffe ausgerechnet als Bombenübungsplatz zu benutzen. Rorimer konnte die Bomber mit einem Notruf noch von ihrem vorgesehenen Zielgelände abbringen. Aus den Dokumenten geht nicht genau hervor, wo die Gemälde danach hinkamen, aber sie haben überlebt.[55]

Die Planer im SHAEF hatten sich bei den Vorbereitungen für die Landung in der Normandie den ganzen langen Winter hindurch vorgestellt, Paris als ausgehungerte Stadt vorzufinden, in der soziale Unruhe herrschte und Krankheiten drohten. Zu ihrer großen Überraschung fanden sie jedoch die Bevölkerung ruhig, gesund, schick und wie immer gern im Café sitzend vor. Das Essen war zwar knapp, aber noch immer schmackhaft, auch fehlten Kohle und Gas, aber Paris ging es trotz der fehlenden Statuen, der Kugellöcher und der deutschen Straßenschilder gut. Das Leben war allerdings nicht gerade billig. Als Maßnahme gegen die drohende Inflation erhielten die alliierten Streitkräfte einen extrem tiefen Wechselkurs von fünfzig Francs je Dollar, und die Soldaten konnten in ihrer Freizeit etwa in den Nachtclubs nicht mit der Spendierfreudigkeit der französischen Zivilbevölkerung mithalten. Auf dem blühenden Schwarzmarkt hingegen waren für einen Dollar zwischen hundertfünfundzwanzig und zweihundertfünfundfünfzig Francs zu erhalten.

Die GIs waren nicht als einzige ob der hohen Preise schockiert. Kenneth Clark und John Rothenstein, die sich vorgestellt hatten, die französischen Sammlerinnen und Händler seien verarmt und begierig darauf, ihre Gemälde zu verkaufen, eilten sofort nach der Befreiung nach Paris, um günstige Käufe für die National Gallery beziehungsweise die Tate Gallery zu tätigen. Statt dessen gewahrten sie »eine Atmosphäre der Prosperität und geselligen Fröhlichkeit, gegen die London trist erschien. Das einzige Problem war die Benzinknappheit. Das bedeutete einen Himmel frei von Rauch und Straßen, von einigen wenigen Armee-Jeeps abgesehen, ohne Verkehr. Paris wird nie wieder so schön sein.«[56]

Der Kunstmarkt blühte natürlich wie nie zuvor. »Die Deutschen waren die beste Kundschaft, die die Händler je hatten. Als ich die mir bekannten Kunsthandlungen, darunter auch jüdische, aufsuchte, wurde ich ausgelacht«, schrieb Clark.[57] Es war keine ganz zufällige Reise. Ein RAF-Bomber hatte die beiden Museumsdirektoren mit Genehmigung des britischen Außenministers Anthony Eden und des Botschafters Duff Cooper nach Frankreich geflogen, weil die beiden den Verdacht hegten, die Amerikaner versuchten, britische Staatsangehörige von Paris fernzuhalten. Rothenstein, der zweifellos auf den Besuch von Francis Henry Taylor anspielte und durch die deutsche Propaganda beeinflußt war, hatte das »hartnäckige Gerücht gehört, daß die Amerikaner einen unfairen Vorteil aus der Präsenz ihrer Truppen in Paris schlagen und daß eine große Anzahl ihrer Beamten und Geschäftsleute, einschließlich Kunstbeamte und Kunsthändler, aktiv ihre eigenen und die Interessen ihres Staates wahrnehmen«. Auch er fand in den Kunsthandlungen nur wenig, das er sich hätte leisten können.

In Martin Fabianis Galerie bestaunte Rothenstein eine Ausgabe der Werke von Buffon, illustriert von Picasso und herausgegeben von Fabiani. Leider war sie längst vergriffen, aber Fabiani versprach großzügig, ein Exemplar für Rothenstein zu beschaffen.[58] Kurz nach diesem Besuch vollzog der opportunistische Kunsthändler jedoch eine Kehrtwendung und setzte eine Ausstellung zugunsten britischer Kriegsverwundeter an, bei der er eine Reihe erstklassiger Leihgaben von de Galea, einen kunstvollen Katalog von Louis Aragon und, als *pièce de résistance,* ein Gemälde von Winston Churchill zeigte.[59]

Kunstinteressierte Befreier, allen voran Hemingway, der eine Kiste mit scharfen Granaten in Picassos Atelier zurückließ, suchten ihre Ikonen auf und fanden sie unversehrt. Picasso wurde regelrecht belagert. Kenneth Clark beschrieb sein Atelier wie folgt: »Im Erdgeschoß hielten sich GIs und amerikanische Presseleute auf; dann kamen die kommunistischen Abgeordneten und prominente Parteimitglieder, die Anzeichen von Ungeduld zeigten, dann alte Bekannte, und schließlich kam man zu Picasso.«[60] Andere wandten sich Gertrude Steins sagenumwobener Wohnung zu. Sie selbst war noch nicht dort, wenn auch von den alliierten Streitkräften, die von Marseille her nach Norden vorstießen, befreit. Gertrude Stein, Alice Toklas und ihr Hund Basket trafen erst im Dezember in Paris ein, wieder mit dem Bild von Picasso im Wagen, das ihnen als Paß diente, wenn sie von Résistance-Leuten angehalten

Die Picasso-Gemälde für den Salon d'Automne 1944.

wurden. In der Wohnung fehlten nur wenige Dinge, die SS-Angehörige im letzten Augenblick im Zorn mitgenommen hatten, nachdem sie versucht hatten, die »entarteten« Werke von Picasso zu zerstören: offensichtlich nicht mehr die Supermänner von einst, hatten sie sich dabei von der Polizei vertreiben lassen, die die Nachbarn alarmiert hatten.[61]

Trotz ihrer mageren Sammlungen öffneten die Museen ihre Tore bald wieder, das Carnavalet mit einer Ausstellung im September als erstes. Der Louvre setzte eine Sonderausstellung des Teppichs von Bayeux an, wobei man den Teil mit der Darstellung des Sieges über England taktvoll hinter unverfänglicheren Szenen verbarg. Auch die Säle mit den nicht evakuierten Plastiken wurden geöffnet, aber für den Fall, daß die Stadt erneut bomardiert werden sollte, stellte man die Statuen tunlichst mit dem Rücken zu den Fenstern auf. Die kostbarsten Objekte konnten noch nicht nach Paris zurückgebracht werden, weil es noch immer keine Kohle gab, um die weitläufigen Museen zu heizen. Aber es fand ein Salon d'Automne im Musée Tokyo statt, und dort sah

Rothenstein, der Direktor der Tate Gallery, in der »Mattigkeit und Frustration« vieler Gemälde endlich den überzeugenden Beweis für die Härten der Besatzungszeit. Ihm schien dieser Zug selbst aus vielen Bildern Picassos zu sprechen, der durch eine Art Retrospektive mit vierundsiebzig Werken im Salon gewürdigt wurde. Picassos extremer Modernismus und seine kontroverse und vielzitierte Mitgliedschaft in der kommunistischen Partei weckten dann aber prompt so viele aus dieser Mattigkeit, daß es in den Räumen zu Krawallen kam, in deren Verlauf die Bilder von den Wänden gerissen wurden. Zwanzig Polizisten mußten schließlich für die Dauer der Ausstellung die Räume bewachen. Als Rothenstein von der Wachablösung in den Sälen erzählte, bemerkte Picasso begeistert: »Ganz wie im Buckingham-Palast, nicht wahr?«[62]

Auf ihren Streifzügen zu den Landschlössern und den Häusern, Palais und Museen in Paris hatten die Kulturgüterschutz-Offiziere auch Informationen zu den Millionen Objekten gesammelt, die vermutlich ins Reich entschwunden waren. Es war fast unmöglich, dazu einen genauen Lagebericht abzugeben. Von jüdischen wie auch nichtjüdischen Sammlerinnen und Sammlern versteckte oder verlegte Objekte tauchten zuweilen unerwartet in Alkoven, Schränken und Scheunen auf, nah oder fern ihres rechtmäßigen Standorts. Die Holztäfelung eines Schlosses fand man ein paar Kilometer entfernt in einem anderen Schloß. Einige Objekte waren weder versteckt noch gestohlen worden. In Robert de Rothschilds Pariser Haus, das während des Kriegs ein deutscher General bewohnte, lag und stand alles unberührt an Ort und Stelle.

Selbst die, denen die Werke gehörten und die sie in den Händen ihrer Dienerschaft, Freunde, Anwälte und Banken zurückgelassen hatten, wußten oft gar nicht, wo sie mit der Suche beginnen sollten. Einige Objekte gerieten auch ganz und gar in Vergessenheit. Deutsche Truppen, die im Schloß des Juweliers Henri Vever einquartiert waren und eine Sammlung von Goldmünzen mitgenommen hatten, hatten seine kostbaren islamischen Miniaturen übersehen. Vever starb noch während der Besatzungszeit eines natürlichen Todes, und die Miniaturen, die er seiner Familie hinterließ, wurden verpackt und verstaut und tauchten erst 1988 wieder auf. Inventare – falls es sie überhaupt gab – waren zuweilen so vage, daß man sich die Haare raufte. Ein Offizer schrieb: »Es ist immer noch nicht möglich zu sagen, was die [...] Sammler und Sammlerinnen vor oder während der deutschen Besatzung versteckt, was die Deutschen zerstört und was sie im Unterschied dazu entwendet [...] was die Deutschen von einem Haus in ein anderes gebracht haben und was ganz einfach in einer chaotischen Zeit verlegt worden ist.«[63]

Damals wußte man noch wenig über Einzelheiten im Kunsthandel und von den Aktionen des ERR, und lange Zeit behielt Rose Valland, die einzige verläßliche Quelle zu diesem Thema, ihre sorgfältig gesammelten Informationen für sich, weil sie niemandem traute, und deutete nur an, daß ihr so einiges bekannt sei. So war sich allmählich niemand mehr sicher, ob sie nun tatsächlich etwas wußte oder nicht. Sie aber kannte den bürokratischen Lauf der Dinge gut genug, um zu wissen, daß ihre kostbaren Listen und Fotos spurlos verschwinden konnten, wenn sie dem SHAEF erst mal in die Hände gerieten.

Während der Verhandlungen mit James Rorimer über die Einrichtung eines Postamtes im Jeu de Paume kam sie zur Überzeugung, in ihm einen Amerikaner gefunden zu haben, »der nicht den unseligen Eindruck machte, sich in einem Land zu befinden, dessen Bevölkerung nicht zählt«. Rorimer zeigte sich bereits beeindruckt von ihrem detaillierten Wissen, als sie gemeinsam den berühmten, von Alexandre Rosenberg befreiten Zug aufsuchten. Dennoch erklärte sich Rose Valland erst im Dezember endlich bereit, ihn zu ehemaligen Treffpunkten des ERR mitzunehmen. Die Tour begann in einer Garage in der Rue Richelieu 104, wo sie Tausende von konfiszierten Büchern fanden, die nach Thema und Bestimmungsort aufgestapelt für die Verfrachtung nach Deutschland bereit lagen. Dann besuchten sie die Wohnung von Lohse und andere ERR-Büros, wo Rorimer deutsche Dokumente mitnahm, die den MFAA-Offizieren erste detaillierte Einblicke in die Beschlagnahmungsaktivitäten der Nazis verschafften.

In seinem Tagebuch vermerkte Rorimer, Rose Valland habe, obwohl kürzlich zur Sekretärin eines neu gebildeten französischen Ausschusses zur Wiederbeschaffung von Kunstwerken ernannt, »den französischen Behörden noch nicht all ihre Informationen über den Bestimmungs- und Aufenthaltsort der Kunstwerke preisgegeben, die nach Deutschland geschafft wurden«. Dies habe sie nur ihm, so Rorimer in einem später verfaßten Buch, während eines privaten Diners bei Kerzenlicht und Champagner im Vertrauen mitgeteilt. Rose Valland schweigt sich in ihrem eigenen Buch über romantische Details allerdings aus, aber ihr Vertrauen zu Rorimer ist offensichtlich. Sie zeigte ihre Listen nicht nur pflichtschuldig ihren französischen Kolleginnen und Kollegen, sondern auch dem MFAA-Offizier Rorimer und drängte ihn, so rasch wie möglich nach Deutschland zu fahren und dafür zu sorgen, daß die alliierte Vorhut über die Lager des ERR informiert werde. Rorimer konnte allerdings nicht mehr tun, als diese Information an die höheren Dienststellen weiterleiten. Er selbst wurde erst im März 1945 nach Deutschland beordert, und zu dem Zeitpunkt befanden sich viele Objekte nicht mehr dort, wo Rose Valland sie vermutet hatte.

Natürlich liefen auch in Deutschland die Schutzmaßnahmen gegen das unausweichliche Vordringen der Alliierten in Nordeuropa auf Hochtouren. Nicht nur würden sich die in Erwartung des Endsiegs mit beschlagnahmten Werken vollgestopften Depots nun niemals in Hitlers Museen und Regierungspaläste entleeren; den Kunstwerken drohte vielmehr zusätzlich eine unmittelbare Gefahr durch die flächendeckenden Bombardierungen seitens ihrer früheren Besitzer.
Die Berliner Museen hatten in den dreißiger Jahren wie alle anderen Vorkehrungen getroffen, um die eigenen Sammlungen vor den Luftangriffen zu schützen.[64] Während der Sudetenkrise kamen die Kunstwerke in die Keller und einige wenige, besonders bedeutende, in die Tresorräume der Reichsbank, danach aber wurden sie alle auf Befehl der Regierung wieder ausgestellt, um die Öffentlichkeit zu beruhigen. Etwas verärgert verstärkten die Kuratoren und Kuratorinnen die Schutzmaßnahmen in den Museen selbst. Die Gerüchte über eine bevorstehende Invasion Polens erreichten sie am 25. August 1939. Zu diesem Zeitpunkt befanden sich die französischen und britischen Sammlungen bereits unterwegs. In Berlin war bis dahin weder etwas vom ursprünglichen Standort entfernt worden, noch lag eine Order der Regierung vor, dies zu tun. Nun aber wies der preußische Finanzminister Carl Weickert von der Antikenabteilung an, Schutzräume für die Berliner Sammlungen ausfindig zu machen und sich nicht um ein Einschreiten zu sorgen. Fürs erste wurden die Sammlungen verpackt, aber sie blieben in der Stadt, in Schutzräumen oder in den Tresoren der Neuen Münze und der Reichsbank. Um den praktisch unbeweglichen Pergamon-Altar zog man eine Schutzvorrichtung hoch.
Andere Verantwortliche, die sich im Gegensatz zu jenen in Berlin

weniger auf ihre Schutzkeller und Abwehrvorrichtungen verließen, begannen die Sammlungen in ihrer Obhut aufs Land zu bringen. Bald gab es kaum mehr ein Schloß im Reich, das nicht irgendwelche Kunstschätze beherbergte. Die Wiener Museen hatten in Österreich hundertacht Depots eingerichtet; Dresden belegte deren sechzig. Die Rheinländer Museen, die einer feindlichen Macht nach dem Fall Polens am nächsten lagen, sandten eine große Anzahl von Werken nach Ostdeutschland, während die bayerischen Sammlungen auf die Regionen südlich von München verteilt wurden.

Nach einem Bombenangriff auf Berlin im Dezember 1940, der die Schutzvorrichtung für den Fries des Pergamon-Altars wie Karton wegblies, galt es das Problem neu zu überdenken. Anfang 1941 wurde der Altar in mühseliger Arbeit auseinandergenommen – dafür mußte die Außenmauer des Museums abgerissen werden – und nach sorgfältiger Kennzeichnung der Einzelteile in die Neue Münze gebracht, die ihrerseits mehrere Betonschichten Verstärkung erhielt. Der sagenúmwobene trojanische Schatz, der angeblich dem legendären König Priamos gehörte, kam in drei Kisten von der Prähistorischen Abteilung in einen Tresorraum der Preußischen Staatsbank.

Die zunehmend heftigeren Bombardierungen machten klar, daß auch dies nicht genügte. Aber noch dachte kaum jemand daran, etwas aus Berlin wegzubringen. Man zog statt dessen vielmehr die von Albert Speer gebauten riesigen, mit Waffen gespickten Luftabwehrtürme in Betracht, die man jedem Angriff für gewachsen hielt. Obwohl vielen Museumsverantwortlichen die Vorstellung, militärischer Kontrolle zu unterstehen, gar nicht behagte, wurde entschieden, die wertvollsten Berliner Objekte dort einzulagern. Zwischen September 1941 und 1942 wurde dieses Vorhaben schrittweise in die Tat umgesetzt. Es gab zwei Türme: derjenige am Friedrichshain beherbergte die erste Wahl aus dem Kaiser-Friedrich-Museum, der späteren Gemäldegalerie, und zwar ein gut Teil der grafischen Sammlung, die islamischen Bestände und die berühmte Büste der *Nofretete;* der zweite, beim Zoo, bot unter anderem Schutz für die Gemälde der »gesäuberten« Nationalgalerie und den Schatz des Priamos.

Im Jahr dieser Umlagerungen veränderte sich die militärische Lage entscheidend. Der Rußland-Feldzug entwickelte sich nicht wie vorgesehen, und die Bombardierungen nahmen ständig zu. Die zuvor undenkbare Vorstellung von Kampfhandlungen innerhalb Deutschlands schlich sich nun in alle Köpfe ein, und obwohl sich noch niemand Berlin als Kriegsschauplatz vorstellte, beriet man erneut über die Evakuierung der Sammlungen aus der Stadt. Aber erst im März 1943 vermochte Weickert – mit Unterstützung durch eine Weisung des Propagandaministeriums, absolut sichere Unterbringungsmöglichkeiten für alle Sammlungen zu finden –, seinen Kollegen und Kolleginnen schmackhaft zu machen, die Bestände eventuell in den zahlreichen Grubenschächten in Thüringen zu lagern, und bis Ende Mai 1944 geschah immer noch nichts. Die ersten Objekte gelangten erst am ohnehin ereignisreichen 6. Juni in ein Bergwerk in Grasleben, rund fünfzig Kilometer westlich von Magdeburg. Trotz der Nachricht von der Landung in der Normandie und der neuen Angst vor Brandbomben brachte man nur die weniger wertvollen Kunstgegenstände, die noch immer in den Kellern der Museen lagen, fort.

Im Januar 1945 gab die Wehrmacht den Museen plötzlich Befehl, den Flakturm am Zoo zu räumen. In den wenigen Stunden des Tages, da keine Bomben fielen, schaffte man die kostbaren Objekte zum Turm am Friedrichshain. Doch die russischen Streitkräfte standen nun bereits so nahe, daß sie auch dort nur zu offensichtlich nicht in Sicherheit waren. Der furchtbare Brandbombenbeschuß von Dresden, die am 13. Februar einsetzte, erhöhte die Angst aller. Gerüchte über eine Gesamtevakuierung Berlins gingen um. Der für die Museen verantwortliche Ministerialdirektor Kümmel erbat von seinem Ministerium die Erlaubnis, die Kunstschätze nach Westen bringen zu dürfen. Das Ministerium stimmte zu, aber einzelne Museen verweigerten selbst an diesem kritischen Punkt noch ihre Zustimmung, weil sie davor zurückschreckten, wertvolle Objekte auf den gefährlichen Straßen zu befördern. Außer sich forderte Kultusminister Rust von Hitler eine Entscheidung. Dieser wußte zu dem Zeitpunkt über die alliierten, in Jalta beschlossenen Pläne zur Aufteilung Deutschlands Bescheid – er hatte die eigenen Sammlungen, wie wir später sehen werden, bereits lange zuvor in Sicherheit bringen lassen – und erteilte den Evakuierungsbefehl schließlich am 8. März 1945.

Die Leitung der Operation bekam der Ministerialbeamte F. K. Thone übertragen, der zuvor schon die Überführung nach Grasleben beaufsichtigt hatte. Er überging die in Stellungskämpfe verwickelten Direktoren und arbeitete direkt mit den Kuratorinnen und Kuratoren zusammen. Es behagte ihnen nicht, ihre Oberen zu hintergehen, aber viel bitterer war die Einsicht, daß Berlin am Ende war. Paul Ortwin Rave von der Nationalgalerie sollte den ersten Konvoi der fünfundvierzig Kisten mit erstklassigen Werken aus dem Kaiser-Friedrich-Musem zu verschiedenen Gruben im Bezirk Werra begleiten. Er verließ Berlin am 11. März. In der Nacht zuvor war die Neue Münze von Bomben schwer beschädigt worden und zu einem großen Teil den Flammen zum Opfer gefallen. An einigen Stellen stand in den Depots das Löschwasser kniehoch. Es dauerte Tage, bis die Räume soweit ausgekühlt waren, daß die Rettungsarbeiten in Angriff genommen werden konnten.

Den abgelegenen Bezirk Werra südwestlich von Erfurt hatte man in der Annahme ausgewählt, daß er innerhalb der geplanten amerikanischen Zone zu liegen kommen würde. Die Berliner Gemälde waren keiner bestimmten Grube zugeordnet worden. Der Konvoi hielt in Hattorf an, einer Kaliumkarbonat-Grube bei Phillipsthal, die bereits die Bestände der Preußischen Staatsbibliothek enthielt. Da diese einer anderen Jurisdiktion unterstanden, weigerten sich die dortigen Beamten, die Gemälde aufzunehmen. Nach einigem Hin und Her fuhr der Konvoi zur eineinhalb Kilometer entfernten Grube Ransbach weiter, die vor allem für SS-Archive und »kulturelles« Material reserviert war. Dort stellte sich schnell heraus, daß die Luftfeuchtigkeit eine Langzeitlagerung unmöglich machte. Mit Hilfe von Grubentechnikern ging die Suche nach einem geeigneten Depot weiter und endete schließlich in der Mine Kaiseroda bei Merkers an der Werra. Noch sieben weitere Konvois mit Werken verschiedener Herkunft fuhren dorthin. Die letzte Ladung traf am 30. März ein, danach verhinderten die näherrückende Front und das andauernde Artilleriefeuer den Fortgang der Evakuierungen. Rave richtete sich mit seiner Familie in Merkers ein und wartete dort das Schicksal der Werke und seiner selbst ab.

In Merkers gab es viel verlockendere Dinge, die die Habgier befriedigten, als die Kunstwerke. In den dunklen Schächten stapelten sich hundert Tonnen Goldbarren, Tausende von Säcken mit Münzen sowie der Goldschmuck, den man jüdischen und anderen »Untermenschen« vom Leib gerissen hatte. All dem war bei der Evakuierung Berlins erste Priorität eingeräumt worden, und man hatte es direkt nach Merkers geschafft, als die Reichsbank im Februar stark beschädigt wurde. Während die letzten Kunstwerke in der Grube verschwanden, versuchte die Reichsbank angesichts Pattons Vormarsch von Westen her ihre

Guthaben in Sicherheit zu bringen. Das Gold noch einmal zu verlegen erwies sich allerdings als unmöglich, aber vierhundertfünfzig Säcke mit Reichsmark in Noten kamen noch weg, bevor die Aktion ins Stocken geriet, weil – so unglaublich es auch scheinen mag – die Bahnangestellten darauf bestanden, den Ostersonntag zu feiern. Goebbels konnte es kaum fassen und schrieb wutentbrannt in sein Tagebuch, man könnte sich jedes Haar einzeln ausreißen bei der Vorstellung, daß die Reichsbahn den Osterfeiertag einhalte, während der Feind ihre Goldlager ausräume.[65]
Die letzten beiden Konvois, die das belagerte Berlin verließen, fuhren am 6. und 7. April im allgemein ausgebrochenen Chaos nach dem leichter zugänglichen Grasleben. Sie brachten Meisterwerke aus der Nationalgalerie, unverpackt, sowie rund fünfzig Kisten aus dem Prähistorischen Museum, mit nicht genau bekanntem Inhalt, weil die Inventarlisten später verloren gingen – doch offenbar ohne den Schatz des Priamos. Direktor Unverzagt vom Prähistorischen Museum konnte nach eigenen Aussagen im letzten Augenblick den Schlüssel zu dem Teil des Flakturms beim Zoo nicht finden, in dem dieser lagerte, und als es ihm schließlich doch noch gelang, nicht feststellen, in welchen Kisten der Schatz sich befand. Sein reichlich unwahrscheinliches Versagen beim Identifizieren der drei Kisten mit dem wertvollsten Schatz des Museums führte später zu Mutmaßungen über die wahren Motive des Herrn Unverzagt, der enge Beziehungen zum Ahnenerbe pflegte und dessen früherer Assistent Alexander Langsdorff zur gleichen Zeit über die in den Bergen versteckten Bestände der Uffizien wachte. Immerhin war es ihm zuvor gelungen, vierhundertfünfzig Kisten mit anderen Werken aus seinen Beständen in Flußkähnen zu einer Grube in Schönebeck an der Elbe bei Magdeburg zu schicken. Damit standen die Flaktürme in Berlin aber noch keineswegs leer: den Pergamon-Fries, die meisten Plastiken sowie fünfhundert großformatige Gemälde aus dem Kaiser-Friedrich-Museum und viele Objekte aus der Antike hatte man nicht wegbringen können, und der Schatz des Priamos lag ebenfalls im Bereich der über Berlin hereinbrechenden Schlacht.

Die Kuratoren für das Linzer Projekt und Hitler suchten ab 1943 genauso eifrig nach Schutzräumen für ihre Sammlungen. Sie verteilten die Objekte im ganzen Reich. Der Führerbau in München stand zum Bersten voll, obwohl bereits tausendachthundert Bilder nach dem österreichischen Kremsmünster gegangen waren. Das Dresdener Museum, Hauptquartier von Posse und später Voss, hatte einige Zeit die Grafische Sammlung Koenigs und viele spätere Käufe beherbergt, bevor diese nach dem rund zwanzig Kilometer weiter östlich gelegenen Schloß Weesenstein gebracht wurden. Das tschechische Kloster Hohenfurth barg hauptsächlich das Mobiliar und Nippes aus den Sammlungen Mannheimer und Rothschild, und der Genter Altar befand sich auf Neuschwanstein. Der stellvertretende Befehlshaber von Linz, Gottfried Riemer, begann sich nach einem sicheren Ort umzusehen, um die verstreuten Sammlungen, die noch immer weiterwuchsen, wieder unter einem Dach zu vereinen.[66]

Mit diesem Anliegen stand er nicht allein. Im Sommer 1943 hatte der österreichische Beamte Herbert Seiberl eine Untersuchung über das Labyrinth von Salzminen im Salzkammergut abgeschlossen. Diese Minen erschienen ihm perfekt: sie waren abgelegen und wiesen eine konstante Feuchtigkeit und Temperatur auf. Am besten eignete sich Altaussee, wo die Hauptkammern fast zwei Kilometer im Berginnern lagen und nur mit kleinen Sonderloren zu erreichen waren. Es gab außerdem nur wenige Ein- und Ausgänge, und in den Minen arbeitete eine verschworene Mannschaft, deren Mitglieder seit Generationen ansässigen Familien entstammten. Die Entdeckung einer kleinen Kapelle in den Salinen, in der seit 1933 Ölgemälde hingen, ohne daß sie Schaden genommen hatten, bestärkte Seiberl zusätzlich in seiner Überzeugung. Der Zugang war allerdings gefährlich: das einzige Bahngleis rund fünfzehn Kilometer entfernt und das Sträßchen zur Mine hinauf eng und sehr steil. Zudem mußten, wie bereits die Briten erkannt hatten, in den weitläufigen Kammern Vorrichtungen für die Lagerung der Kunstwerke eingerichtet werden.

Seiberl gedachte dort nicht die Linzer Bestände unterzubringen, sondern die österreichischen Sammlungen, die sich nun erstmals in Reichweite der alliierten Bomber – von Italien her – befanden. Aber die Nachricht vom vollkommenen Versteck drang bald zu Riemer durch, und Altaussee wurde unverzüglich dem ausschließlichen Nutzen Hitlers vorbehalten. Keine andere Organisation durfte Objekte dorthin bringen, wobei man für Seiberls eigenes Institut für Denkmalschutz in Wien eine Ausnahme machte.

Diese Vereinbarung fand Hitlers Zustimmung. Bauarbeiter wurden vom Militärdienst abkommandiert, um die notwendigen Einrichtungen zu errichten, kilometerweise Kabel zu verlegen und Regale zu installieren. Sie veränderten die ganze Umgebung; es entstanden neue Büros und Restaurierungsateliers. Der Oberdonau-Gauleiter, in dessen Zuständigkeitsbereich Altaussee lag, erschien zu einer Inspektion. Bewaffnete Wachen standen postiert. Der Gauleiter von Tirol, der den vor Kunstwerken strotzenden Norden Italiens unter sich hatte, versuchte, die Salinengegend unter seine Jurisdiktion zu bekommen und mußte von Himmler zurechtgewiesen werden. Salinendirektor Pochmüller beschrieb die Lage als irrenhausreif. Er wußte, daß Kunstwerke eintreffen sollten, aber er war nicht im mindesten auf die Anzahl vorbereitet, die hereinströmte, sobald die Räumlichkeiten bereitstanden. Seiberl nutzte seinen Sonderstatus bis zum letzten aus, und Ladung um Ladung kam nicht nur aus den Wiener Museen und Schloß Schönbrunn, sondern auch aus kleinen Städten und Kirchen ganz Österreichs. Im darauffolgenden Jahr trafen tausendsechshundertsiebenundachtzig Gemälde aus dem Führerbau ein, im Herbst der Genter Altar, für den eigens ein Raum ausgebaut worden war, sowie neunhundertzweiundneunzig weitere Kisten aus Neuschwanstein und im Oktober schließlich die *Madonna von Brügge*. Neapels Meisterwerke aus Monte Cassino schickte Göring im März 1945, um zu verhindern, daß man sie unter seinen Privatsammlungen vorfinden würde. Vom Schnee auf dem Weg nach Altaussee aufgehalten, verbrachten sie zwei Wochen in einer kleinen Pension in St. Agatha.[67]

Der nominelle Besitzer dieser Schätze lebte Mitte März 1945 etwa in denselben Verhältnissen wie sie. Tief in seinem Bunker unter der Reichskanzlei vergraben, vermochte Hitler, was von seinem Reich übriggeblieben war, nur durch die Angst und den Schrecken, die seine loyale Gefolgschaft noch immer verbreitete, unter Kontrolle zu halten. Aber er hoffte noch immer. Am 9. Februar hatte er das endgültige Modell für den Neubau von Linz erhalten und es mit sich in die Unterwelt genommen. Nun saß er oft da und starrte auf die kleine Darstellung seines großen Traummuseums, das sich als wunderschöne Allee leuchtend weißer Gebäude vom Donauufer emporzog. Die in Altaussee sicher gelagerten Bestände warteten nun nur noch auf seine Vollendung.

Im August 1944 hatte Hitler zornbebend angeordnet, beim Rückzug alle militärischen und versorgungswirtschaftlichen Einrichtungen, Kommunikationsanlagen, Archive, Bauten, Nahrungsmittelläden und

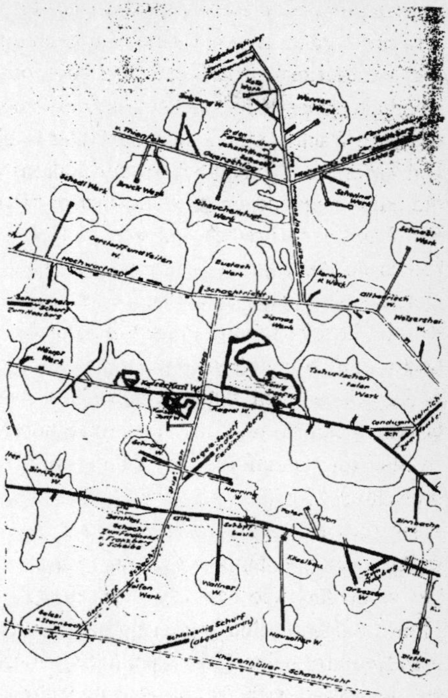

Lageplan (Ausschnitt) der Kammern und Stollen in Altaussee.

Transportmöglichkeiten zu zerstören, so daß die Alliierten eine Wüste erwartete. Mitte März 1945 erweiterte er diese Politik der verbrannten Erde und schloß neue Industrieanlagen und die Infrastruktur ein und fügte dem einen Befehl zur vollständigen Evakuierung der in Kürze als Kampfzonen in Betracht kommenden Gebiete hinzu. Die Verantwortung für diese unmögliche Aufgabe wurde den örtlichen Gauleitern übertragen. Albert Speer, der einen realistischeren Plan vorgeschlagen hatte, mußte sich eine Zeitlang von seinem Posten entfernen, aber es gelang ihm, sich mit Hitler zu einigen und den Befehl zur Zerstörung in »Lähmung« umzuwandeln; die ganze Zeit über versuchte er Hitlers Order zu hintertreiben.[68]

Zusätzlich zum Befehl der »verbrannten Erde« hatten alle Soldaten und Gauleiter unter Exekutionsandrohung bis zum letzten zu kämpfen. Hitlers Theorie – so hatte Wolff in Italien erkannt – beruhte auf dem sicheren Glauben, die westlichen Alliierten würden sich Deutschland im Kampf gegen den Bolschewismus anschließen, wenn die Deutschen nur lange genug standhielten. In diesem Szenario blieb Deutschland intakt, und man würde die geraubten Schätze brauchen. Es galt deshalb, sie so lange wie möglich vor dem Feind zu bewahren. Tatsächlich verfügte Hitler in dem einen Tag vor seinem Selbstmord aufgesetzten Testament, er vermache all seine Sammlungen dem Staat.

Nicht die ganze Gefolgschaft Hitlers verstand die Feinheiten in seinen Befehlen, was denn nun gerettet werden sollte und was nicht. Oberdonau-Gauleiter Eigruber hatte sich die Order der verbrannten Erde besonders zu Herzen genommen und war überzeugt, daß die Kunstwerke in Altaussee auf keinen Fall in die Hände der Bolschewisten oder des »Internationalen Judentums« fallen dürften. Zudem gedachte er die wertvollen Salinen zu »lähmen«. (Gauleiter sollen übrigens, laut Speer, ganz allgemein wenig kunstorientiert gewesen sein. In Essen hatte ihm der dortige Gauleiter vorgeschlagen, das teilweise durch Bomben zerstörte Münster ganz abzureißen, denn »der Modernisierung der Stadt sei es nur hinderlich«. Speer konnte das Münster zwar retten, aber viele andere historische Gebäude wurden zerstört.[69]) Der Bericht über Eigrubers fanatischen Zerstörungswillen und die Versuche, ihn aufzuhalten, ist als Legende von Altaussee bekannt geworden. Was tatsächlich geschah, läßt sich nicht mehr genau rekonstruieren, bemühten sich doch in den letzten Tagen des Reichs viele verzweifelt darum, sich selbst zu retten, und in diesem Lichte sind denn auch die Aussagen zum Fall Altaussee zu betrachten.

Im wesentlichen berichtet die Legende, daß Eigruber Bomben in den Salinen legen ließ, um alles in die Luft zu sprengen, und daß die österreichischen Arbeiter diese heldenmütig wieder entfernten und damit unbezahlbare Kunstwerke für die Menschheit retteten. Ganz so einfach verlief die Sache aber wohl doch nicht.[70] Alle sind sich einig, daß Eigrubers Assistent Glinz die Mine am 10. und 13. April 1945 aufsuchte und acht Kisten mit der Aufschrift »Marmor – nicht stürzen« mitbrachte. Laut Glinz handelte es sich dabei um Eigrubers persönliches Eigentum, das sorgfältig in der Mine gelagert werden sollte. Am 13. April traf zudem eine hochrangige Kommission, bestehend aus Bormanns Assistenten von Hummel und allen wichtigen Salinenverantwortlichen ein, um die »Lähmung« des Bergwerkkomplexes zu besprechen. Von Hummel, dem Eigruber zuvor ein Schweigegelübde abgenommen hatte, war über die Pläne des Gauleiters genau im Bild. Er kannte aber auch Hitlers Anordnung, dieses sowie weitere Depots zu verschließen und die Kunstwerke um jeden Preis zu retten. Eigruber mußte demnach diese Order ebenfalls erhalten haben, aber offensichtlich war er, da er seit dem Fall von Wien niemandem mehr traute, fest entschlossen, ihn zu ignorieren. Von Hummel vertraute sich den Verantwortlichen für die Salinen an, alles treue Nationalsozialisten, die Hitlers Macht noch immer fürchteten. Sie redeten von Hummel zu, Bormann zu informieren und einen Befehl Hitlers zu erwirken, um die Sache aufzuhalten. Der Befehl kam umgehend, und von Hummel beauftragte einen Kollegen, Eigruber davon in Kenntnis zu setzen. Doch von mündlichen Botschaften ließ sich dieser schon gar nicht mehr überzeugen, und er weigerte sich, seinen Entscheid noch einmal zu bedenken.

Die in das Geheimnis Eingeweihten wandten sich daraufhin heimlich an bestimmte Mitarbeiter, um sie zur Mithilfe zu bewegen. Sie wußten, daß sie mit diesem äußerst gefährlichen Vorgehen die Hinrichtung als Defätisten und Verräter riskierten. Als nächstes versuchten sie, Eigruber davon zu überzeugen, daß die Bomben nur dann alles in den Schächten und Kammern zerstören würden, wenn man die Eingänge versiegelte. So kam man zwar nicht mehr an die Bomben heran, aber die Mineure versicherten Eigruber, sie ließen sich auch über eine lange Zündschnur von außen zünden. Die Kuratoren begannen unterdessen, die wertvollsten Werke in kleine und weiter entfernte Kammern zu verteilen, um sie so vor Brand zu schützen, falls ein solcher dennoch ausbrechen sollte. Den Czernin-Vermeer und fünfzehn äußerst kostbare Rothschild-Gemälde brachten sie in einem Raum unter, und kleinere Konvolute verstreuten sie in mehreren weiteren. Der Linzer Münzenkurator Rupprecht schnappte sich zweitausendzweihundert Goldmünzen im Wert von vier Millionen Dollar und übergab sie von Hummel, der eigentlich Verstecke für die obersten Nazis in Südtirol hätte vorbereiten sollen. Die Altdorfer-Gemälde aus St. Florian und dreißig andere Schätze aus Österreich brachte man klammheimlich in ein anderes Bergwerk in Lauffen.

Bis zu diesem Zeitpunkt hatte von Hummel auch seine Freunde im ERR über die Lage informiert. Entgeistert eilte Robert Scholz herbei und gab das etwas unpraktische Versprechen ab, auf ein geheimes Paßwort der Salinenwache umgehend bewaffnete Männer zu schicken, um

Eigruber und seinen Wachen Widerstand zu leisten. Pochmüller erkannte, daß sich kein Fortschritt abzeichnete, und beschloß am nächsten Tag, die Bomben auf eigene Verantwortung zu entschärfen. Leider hörte Eigrubers Assistent Glinz seine diesbezüglichen telefonischen Anordnungen ab; er drohte dem mit der Ausführung betrauten Ingenieur und stellte schwerbewaffnete Verstärkung auf, um seine Bomben zu schützen.

In ihrer Verzweiflung erwogen die Kuratoren nun sogar, sich von den Amerikanern gefangennehmen zu lassen, aber schließlich beschränkten sie sich darauf, die Hilfe der Bergleute in Anspruch zu nehmen, die seit längerer Zeit wußten, daß etwas in der Luft lag. Ihre Mitarbeit war nicht ganz selbstlos, sorgten sie sich doch darum, daß ihre einzige Einkommensquelle zerstört werden könnte. Bald hatten die Verschwörer auch den Leiter von Eigrubers Wachen auf ihre Seite gebracht.

Von Hummel setzte unterdessen einen nutzlosen Brief auf, in dem stand, der Führer habe »letzte Woche« erneut entschieden, daß die Kunstwerke vom Feind ferngehalten, aber nicht zerstört werden sollten.[71] »Letzte Woche« mußte er schreiben, weil Hitler sich in der Zwischenzeit umgebracht hatte. Und wer besaß nun die höchste Autorität? Bormann war entschwunden, und die Fernleitung nach Berlin hatte am 27. April den Geist aufgegeben. Eigrubers Opponenten wandten sich in der Not an die höchste noch verfügbare Parteiautorität: SS-Leiter des Reichssicherheitshauptamtes Ernst Kaltenbrunner, den man in Altaussee, wo er eine Geliebte hatte, gut kannte.

Kaltenbrunner ordnete die sofortige Entfernung der Bomben an und versprach, Eigruber dahingehend zu informieren. Am 3. Mai um halb acht Uhr morgens wurde die Operation in Angriff genommen. Sie schien eine Ewigkeit zu dauern. Es war schwierig, in den Salinen etwas zu verschieben, und die eine halbe Tonne schweren Bomben mußten auf die kleinen Loren gehievt und kilometerweit zu den Eingängen gefahren werden. Bis Eigruber von dem Unternehmen vernahm, waren sie draußen, und er konnte nur noch verlangen, sie für »späteren Gebrauch« aufzuheben. Pflichtgetreu verbarg man sie in einem Holzstoß. Am 5. Mai wurden die Eingänge zu den Salinen zugesprengt, und in ihrem Innern ruhten die Meisterwerke in Sicherheit.

Die großen Wiener Museen hatten ihre Objekte ebenfalls in Gruben gelagert, zwar nicht in Altaussee, aber ganz in der Nähe, nämlich in der Grube Lauffen in Ischl. Die Einrichtungen waren in Altaussee zwar viel besser, aber nach einigen Überlegungen fanden die Wiener, die mit dem Eintreffen der Alliierten rechneten, es sei besser, ihre Sammlungen nicht mit denen Hitlers zu mischen.[72] Nach Lauffen kamen die wertvollsten Objekte aus dem Kunsthistorischen Museum und aus der Albertina. Das Depot war der Leitung von Victor Luithlen unterstellt. Nach dem 8. April, als die Russen vor Wien standen, verlor er die Verbindung zu seiner Zentrale, und da er befürchtete, Eigruber könnte seine Aufmerksamkeit nun bald Lauffen zuwenden, ordnete er an, sofort mit dem Versiegeln zu beginnen.
Bevor diese Arbeiten aber abgeschlossen werden konnten, erschien Hermann Stuppack auf der Bildfläche, der Kulturassistent Baldur von Schirachs (NS-Reichsstatthalter von Wien), und erklärte, sein Vorgesetzter wünsche, die Wiener Meisterwerke wegzubringen, um sie vor Eigruber zu schützen und sie in Tirol zu verteilen, wobei er unter anderen als unmöglichen Lagerort eine Insel im Bodensee vorschlug. Die für die Kunstwerke Verantwortlichen protestierten, jedoch ohne Erfolg. So ging das Packen von neuem los, wenn auch äußerst schleppend, weil sie auf das Eintreffen der Amerikaner hofften, bevor die Lastwagen voll waren. Vier Tage nach seinem ersten Besuch erschien Stuppack erneut und sah, daß inzwischen nicht gerade viel geschehen war. Mit seiner Geduld am Ende sandte er sechs Offiziere und zwanzig Mann der Sondereinheit zum Schutz Baldur von Schirachs unter Major Fabian vom Eliteregiment Großdeutschland nach Lauffen und befahl ihnen, die Wiener Gemälde auf die Lastwagen zu laden, ob verpackt oder nicht. Tags darauf erfuhr Stuppack von Hitlers Tod und von Schirachs Flucht und brach die Operation ab. Aber Major Fabian hatte andere Pläne und befahl unter Waffenandrohung, mit dem Aufladen fortzufahren. Am 3. Mai fuhr der Konvoi unter dem ständigen Bombardement der Alliierten mit unbekanntem Ziel davon. Luithlen hatte mit gutem Grund versucht, die Verfrachtung zu verhindern: unter den hundertvierundachtzig aufgeladenen Gemälden befanden sich alle großen Werke von Bruegel, drei von Rembrandt, sieben von Velázquez, neun von Tizian und zwei von Dürer sowie neunundvierzig Tapisserien aus der berühmten Sammlung des Kunsthistorischen Museums.[73]

Im Januar 1945 beschloß auch Göring, Familie und Sammlung aus Karinhall fortzubringen, das nun gefährlich nahe der Roten Armee lag. Schon seit einiger Zeit hatte er Objekte in die Bunker von Karinhall sowie von Kurfürst bei Potsdam gebracht, aber Karinhall war noch immer bis zu den Decken gefüllt mit Kunstgegenständen. Er hätte sein geliebtes Haus nie den Russen überlassen und ließ es deshalb vor seiner Flucht verminen, und größere Objekte, die nicht weggeschafft werden konnten, im Boden vergraben, zusammen mit Wein und Silberwaren. Gemeinsam mit Hofer besichtigte Göring seine Sammlung und suchte aus, was weggebracht werden sollte. Er wollte zuerst keine der belastenden Objekte aus den Beständen des ERR mitnehmen, aber nach langer Diskussion konnte Hofer ihn dazu überreden, auch diese wegzuschicken. [74]

In aller Eile wurden einige große Busse requiriert, um die Werke vom riesigen Anwesen zu zwei von Görings Sonderzügen zu bringen, die, mit elf Extragepäckwagen aufgerüstet, am Bahnhof Forst Zinna bei Juterbog warteten. Hofer brachte weitere Lastwagenladungen mit.

Zwischendurch mußte einmal alles umgeordnet werden, weil sich Frau Göring beklagte, man habe ihr nicht genügend Platz für ihr persönliches Gepäck zugestanden, das etwas an Umfang gewonnen hatte durch einige sehr wertvolle kleinere Gemälde – Görings Lieblingswerke –, die er ihr sozusagen als Notgroschen für den Ernstfall mitgab. Darunter befanden sich zwei Madonnendarstellungen von Memling, von denen eine ursprünglich den Rothschilds gehörte und die andere bei Renders in Holland gekauft worden war, ein Werk von van der Weyden aus derselben Sammlung, die vier kleinen Memling-Putten von Goudstikker und Görings Parade-»Vermeer« *Christus und die Ehebrecherin.*[75] Von dieser eindrucksvoll klingenden Zusammenstellung waren allerdings nur gerade zwei, nämlich das Rothschild-Gemälde und das Werk van der Weydens, über alle Zweifel erhaben.

Karinhall ging in die Luft, und die beiden Züge setzten sich in Richtung Göring-Schloß Veldenstein in der Nähe von Nürnberg in Bewegung. Eine weitere Fracht folgte, aber Anfang April stand auch diese Gegend unter Beschuß, und die besten Objekte wurden erneut eingepackt und am 10. April nach Berchtesgaden geschickt. Dort angekommmen, bemerkte SS-Mann Franz Brandenburg, Mitglied der persönlichen Schutztruppe von Frau Göring, daß ein anderer Sonderzug Görings, der »Flitzer«, bereits mit der letzten Fracht aus Berlin eingetroffen war.

Görings Lieblings-Vermeer: *Christus und die Ehebrecherin* – leider eine Fälschung.

Aus Sicherheitsgründen stellte man die Eisenbahnwaggons in den Tunnels von Unterstein kurz vor Berchtesgaden und in Berchtesgaden selbst ab, wo Hofer sich in einem davon häuslich einrichtete und auf Göring wartete.

Reichsmarschall Göring, der im Berliner Bunker Hitlers Geburtstag beigewohnt hatte, traf am 21. April ein und begann zu entscheiden, wo alles gelagert werden sollte, doch da kamen ihm Staatsangelegenheiten dazwischen. Am 23. April teilte er Hitler, den er aufgrund widersprüchlicher Meldungen aus Berlin für nicht mehr regierungsfähig hielt, telegrafisch mit, ohne Gegenbericht werde er die »Gesamtführung des Reiches« übernehmen. Doch es kam ein Gegenbericht. Hitler meldete sich zurück, beschuldigte Göring des »Hochverrats« und verlangte, daß er all seine Ämter umgehend niederlege, während Intrigant Bormann eigenmächtig Görings Verhaftung durch die SS betrieb.[76] Göring wurde in seinem Haus in Berchtesgaden festgehalten und, nachdem dieses ausgebombt war, auf seinen Familiensitz Mauterndorf verlegt.

In der Zwischenzeit fuhr Hofer mit dem Entladen der Waggons fort. Einige Kisten ließ er in einen feuchten Raum in einem Luftschutzbunker direkt vor Berchtesgaden stopfen und zum Schutz mit Tapisserien

bedecken. Den Raum verschloß schließlich eine massive Betonmauer, die zusätzlich mit Holz verkleidet wurde, damit sie wie eine Deckenstütze aussah.[77] Doch blieb weit mehr in den Güterwaggons zurück. Brandenburg bemerkte bei seiner Ankunft in Unterstein mit Entsetzen, wie Männer, Frauen und Kinder Teppiche und Tapisserien wegschleppten. Nahrungsmittel und andere Gegenstände lagen auf dem Bahnhof verstreut. Ein anderer SS-Mann gab später zu Protokoll, er habe unzählige Personen wie die Ameisen aus allen Richtungen zum Bahnhof Unterstein strömen gesehen. Die ganze Bevölkerung schien auf den Beinen, man erkämpfte sich Zutritt zu den Waggons, trug schwere Lasten davon, zerschnitt große Teppiche, schlug, kratzte und biß vor Gier, einen Teil von Görings Hinterlassenschaft in die Finger zu bekommen.[78] Bewaffnete Eisenbahnwachen taten nichts, um diese Plünderung zu verhindern. Brandenburg versuchte, zu retten, was zu retten war, und es gelang ihm, die Leute von den Zügen abzuhalten, indem er die Eßwaren und den Wein an Bord herausgab. Und davon war ein Übermaß vorhanden: der »Renaissance-Mensch« Göring hatte nicht vor, im Exil zu darben. In Karinhall hatte er zwei Waggons mit Lebensmitteln anhängen lassen, und weitere waren von Veldenstein geliefert worden.
Die aufrechte Bürgerschaft von Berchtesgaden wurde, durch die leeren Häuser der gefallenen Mächtigen in Versuchung geführt, in diesen letzten Tagen des Reichs auch in der Stadt aktiv. Sie stürmte das putzige Haus Schneewinkel, das Himmler für seine Geliebten hatte bauen lassen, und entführte das Mobiliar. Der allmächtige Bormann verlor seine Sammlung von mehr als tausend Aquarellen und Zeichnungen von Rudolf Alt an den Pöbel. Inmitten dieses Tohuwabohus erreichten die ersten alliierten Streitkräfte den Stadtrand.[79] Brandenburg berichtete trocken: »Der Bahnhof war im Handumdrehen leer.«

Während dieser chaotischen Ereignisse fühlten sich Mason Hammond und Calvin Hathaway, die sich in London mit Plänen für die Besetzung Deutschlands herumschlugen, immer öfter völlig mutlos ob des scheinbaren Desinteresses an ihrer Arbeit. Und nicht nur sie hatten das Gefühl, ihre Arbeit sei völlig sinnlos. Viel schwerwiegendere Fragen blieben ebenso ungelöst. Am 12. September 1944 hatte die Europäische Beratungskommission nach monatelangen nervenaufreibenden Verhandlungen, in denen die drei Siegermächte sorgfältig jede klare

Stellungnahme vermieden, einen vagen Entwurf für die Besetzung Deutschlands vorgelegt. Deutschland sollte in drei Zonen aufgeteilt werden, wobei die Russen den Osten übernahmen, aber noch gab es keine klare Demarkationslinie. Die Vereinigten Staaten und Großbritannien wollten den Westen, aber sie konnten sich nicht einmal darauf einigen, wer den Norden und wer den Süden bekam. Für Frankreich war überhaupt keine Zone eingeplant. Wie man aber diese Zonen regieren und mit Deutschland verfahren wollte, war noch unklarer, und die amerikanische Armee hatte als Folge davon auch keine konkreteren Pläne vorzuweisen. Zwar trafen die Beamten der Abteilung für zivile Angelegenheiten im Kriegsministerium Maßnahmen, um den naheliegendsten Organisationsproblemen bei der Besetzung zu begegnen, aber Robert Murphy, der politische Berater Eisenhowers, bemerkte, Ike kümmere sich nicht besonders darum, was im Deutschland der Nachkriegszeit geschehen werde; er nehme zu Recht an, daß dies nicht in seinen Verantwortungsbereich falle. Eisenhower vertrat die Ansicht, daß die Besatzungsregierung ein ziviles Oberhaupt haben solle, und bemerkte zu Murphy: »Gott sei Dank habe ich nichts damit zu tun.«[80]

Die Meinungen in der Administration Roosevelt über die kommende Besatzungszeit waren sehr gespalten. Roosevelt und insbesondere Finanzminister Morgenthau vertraten eine harte Linie, und Morgenthau schlug vor, mit Deutschland mehr oder weniger so zu verfahren wie die Deutschen mit Polen. Die ganze Schwerindustrie mitsamt der Kohleproduktion würde man eliminieren, das Land, nachdem es erst von den nationalsozialistischen Schwerverbrechern befreit war, indem man diese kurzerhand erschoß, in eine sich knapp selbst versorgende Landwirtschaftsnation verwandeln und die überschüssigen Arbeitskräfte dazu zwingen, in den einstmals besetzten Ländern zu arbeiten. Kriegsminister Stimson nannte den Vorschlag ein »wunderbares Nazi-Programm«.[81] Kollege und Innenminister Hull bezeichnete ihn als einen »Plan der blinden Rache«.

Sowohl das Innen- wie das Kriegsministerium, wo man sich an die katastrophalen Folgen der Strafmaßnahmen nach dem Ersten Weltkrieg erinnerte, hegten weit bescheidenere Pläne, die einen beschränkten wirtschaftlichen Wiederaufbau für Deutschland vorsahen. Roosevelt sprach sich inmitten dieser Kampagne für eine vierte Lösung aus und gab Hull und Stimson zu verstehen, er werde nicht unbedingt für den drakonischen Morgenthau-Plan eintreten. »Es ist schön und gut, daß wir alle möglichen Vorkehrungen für die Behandlung Deutschlands treffen, aber es gibt noch Dinge in diesem Zusammenhang, die mich veranlassen zu glauben, daß Eile zum gegenwärtigen Augenblick nicht unbedingt vonnöten ist. Es kann noch eine Weile dauern, noch einen Monat oder sogar mehrere Monate. Ich mag keine detaillierten Pläne für ein Land erstellen, das wir noch gar nicht besetzt haben.«[82] Die Europäische Beratungskommission betrachtete Roosevelt lediglich als eine beratende Organisation auf »dritter Ebene« und deren Weisungen nicht als bindend.[83]

Im Dezember stellte sich heraus, daß Roosevelts Bemerkung, die Sache könne noch mehrere Monate dauern, nur allzusehr zutraf. Die Deutschen griffen die alliierten Streitkräfte in einer letzten verzweifelten Offensive an und hielten deren stürmischen Vormarsch in den verschneiten Ardennen, die sie selbst vier Jahre zuvor so schlau ausgenutzt hatten, auf. In den Monaten darauf ging der Streit über die Behandlung Deutschlands in allen Ausschüssen und Ministerien weiter. Die Vorschläge Morgenthaus erfuhren zwar Änderungen, nicht aber Verwerfung. Die bedingungslose Kapitulation wurde auf der Jalta-Konferenz im Februar 1945 ebenso beschlossen wie die von ihm vorgeschlagene Aufteilung Deutschlands, dazu die Vereinbarung, Ostpreußen und Schlesien als Kompensation für den großen Teil abzutreten, den die Sowjetunion Polen im Osten abluchste. In Jalta diskutierte man auch erstmals konkret über Reparationszahlungen, die Einrichtung einer französischen Besatzungszone und die provisorischen Grenzen der einzelnen Zonen. Es herrschte Einigkeit darüber, daß jede Siegermacht in ihrem Sektor völlig unabhängig sein, das ganze Gebilde aber von einem gemeinsamen Alliierten Kontrollrat in Berlin zu führen sei, wobei für Berlin ebenfalls die Aufteilung in vier Sektoren vorgesehen war. In Wasnington und London paßte man die Planung diesen Beschlüssen an.

Die Herren hatten in Jalta allerdings nicht klar festgelegt, wer all die Arbeit im besetzten Deutschland erledigen sollte. Roosevelt, der seine Truppen so schnell wie möglich nach Hause bringen wollte, kam wieder auf seine Vision einer zivilen Besatzungsregierung zurück und bot den Posten des Hochkommissars für Deutschland dem stellvertretenden Kriegsminister John J. McCloy an. McCloy wußte aber um die Unerläßlichkeit militärischer Präsenz, wenn es darum ging, die horrenden Probleme im zerstörten Deutschland zu bewältigen. Er lehnte deshalb das Angebot ab und schlug statt dessen General Lucius Clay vor, einen brillanten Organisator, der für den Versorgungsnachschub der Truppen in Europa zuständig war. Am 31. März wurde Clay zum – Eisenhower unterstellten – Militärgouverneur ernannt. McCloy begab sich nach Europa, um diesem die Entscheidung zu präsentieren, hatte man sie doch, ohne ihn zuvor zu konsultieren, gefällt. Nach einigen Beschwichtigungen stimmte Eisenhower zu, daß eine Militärregierung wie in Italien die beste Lösung sei, zumindest für die ersten Jahre der Besatzung.

Nach der Konferenz von Jalta hatten sich das amerikanische Außen-, Kriegs- und Finanzministerium zusammengeschlossen, um eine detaillierte politische Weisung für den Kommandanten der Militärregierung auszuarbeiten. Aus dieser Arbeit resultierte das berüchtigte Dokument JCS 1067, das Morgenthaus Vorschläge zwar erheblich abschwächte und viele Möglichkeiten zur Improvisation offenließ, aber noch immer vom Prinzip der Bestrafung ausging. Deutschland, so steht darin, »wird nicht besetzt werden zum Zweck der Befreiung, sondern als eine besiegte Feindnation«. Die Besatzung wurde angehalten, »gerecht, aber fest und distanziert« zu sein. Jede »Fraternisierung mit den deutschen Beamten und der deutschen Bevölkerung« sei strengstens zu unterbinden und ihr Lebensstandard unter demjenigen der alliierten Staaten zu halten. Reparationsprogramme sollten eingeleitet und die Wirtschaft »dezentralisiert« und Kunstwerke – in dieser Weisung unter dem Abschnitt »Finanzen« aufgeführt – »ihrer Eigentumsverhältnisse ungeachtet« beschlagnahmt werden. Es gab wenige nützliche Details in diesem Dokument, welches nur gerade festhielt, daß sämtliche vernünftigen Anstrengungen unternommen werden müßten, um historische Archive, Museen, Bibliotheken und Kunstwerke zu schützen.[84] Zudem durften selbst diese scheinbar simplen Anweisungen aufgrund der Klassifizierung »Streng geheim« nur an einige wenige hochrangige Offiziere weitergegeben werden. Der schwammig und negativ formulierte Plan würde, buchstabengetreu ausgelegt, das Regieren von Deutschland praktisch unmöglich machten. Die Armee, mit einer Aufgabe betraut, die sie nie wollte, wäre gezwungen, von Fall zu Fall zu improvisieren. Clay bekam dieses Dokument Anfang April 1945 zum ersten Mal zu Gesicht, als er nach Paris flog, um seine Arbeit aufzunehmen. Die Kapitulation Deutschlands war noch einen Monat entfernt.

Während all dieser streng geheimen Aktivitäten führten die Vertreter der Roberts Commission in Absprache mit Hammond und Hathaway vom SHAEF ihre Arbeit an der Ausformulierung einer Restitutionspolitik mit Vertretungen der alliierten und der besetzten Länder fort. Ihrer Bitte um Beratung durch das Außenministerium wurde praktisch nicht entsprochen (was nicht erstaunt, lief doch der Streit über die Besatzungspolitik auf Hochtouren). In London hatten die Alliierten eine Reihe von Vorschlägen hervorgebracht und sich endlich in so grundlegenden Voraussetzungen wie der genauen Definition des Begriffs Kunstwerk und der präzisen Bedeutung des französischen Wortes *spolié* (geplündert) in rechtlichen Dokumenten geeinigt.[85] Nachdem diese gewichtigen Angelegenheiten einmal geklärt waren, kam man allgemein überein, daß alles während der Besetzung Frankreichs nach Deutschland geschaffte Eigentum als unter Zwang entferntes Besitztum betrachtet werden sollte und deshalb als geplündert galt.

Es wurde zudem vereinbart, alle identifizierbaren Werke an die Regierungen der Länder zurückzugeben, aus denen sie entfernt worden waren, und nicht an die einzelnen Eigentümerinnen oder Eigentümer. Ein Gesetz der amerikanischen Militärregierung verlangte die Einfrierung des gesamten Handels und des Imports oder Exports von Kunstwerken nach oder von Deutschland, und einmal mehr hieß es, Deutschland sei dazu zu verpflichten, verlorene Kunstwerke durch vergleichbare Werke aus eigenen Sammlungen zu ersetzen. Um diesen Vorschlag mit der Bezeichnung »Wiedergutmachung in Naturalien« durchzusetzen, stellte man sich eine Art internationale Kommission vor, die über derartige Forderungen jeweils entscheiden sollte. Die Roberts Commission unterbreitete diese Vorschläge im Juli und November 1944 und noch einmal im Februar 1945 dem Außenministerium.[86] Die alliierten Regierungen legten sich jedoch in dieser Sache ebensowenig fest wie in allen anderen. Das Außenministerium teilte der Roberts Commission schließlich mit, was mit Wiedergutmachung zu tun habe, werde einer Wiedergutmachungskommission übergeben, deren Bildung die drei Siegermächte anläßlich der Konferenz von Jalta in Auftrag gegeben hätten. Ärgerlich war nur, daß auch im April 1945 noch weit und breit keine Wiedergutmachungskommission ernannt worden war.

Die Kulturgüterschutz-Offiziere (von links nach rechts) Mason Hammond, Henry Newton, John Nicholas Brown, Calvin Hathaway und Kenneth Lippman.

John Nicholas Brown, von dem die Roberts Commission erwartete, daß er Eisenhower in dieser Sache beriet, traf am 9. März 1945 in London ein. Er fand eine »blinde Stadt« vor, deren nackte, mit Brettern vernagelte Fenster nur einen minimalen Schutz gegen Hitlers gefährlichste Waffe bot: die V2. (Brown wurde übrigens tatsächlich kurz nach seiner Ankunft bei einem Angriff durch Glassplitter leicht verletzt.) Alle Gitterzäune der Parkanlagen waren längst eingeschmolzen. In Uniformen vieler Nationen suchte sich die Londoner Bevölkerung ihren Weg durch die verdunkelte Stadt. Aber das Wissen um den bevorstehenden Sieg verbreitete ein Gefühl der Hoffnung, in den zaunlosen Parks blühten Jonquillen, und es gab viele Theateraufführungen; man konnte den neuen Film *Henry V.* von Laurence Olivier sehen, es war warm und gab heißes Wasser, und im Connaught und in anderen Lokalen wurde erstaunlich gutes Essen serviert. Hammond, Hathaway und Crosby führten Brown in London herum und brachten ihm all die Tricks des Überlebens und Vorwärtskommens im Krieg bei. Sie stellten ihn auch mehreren Generälen vor. »Sie empfingen mich herzlich und sagten, sie möchten bald ein längeres Gespräch mit mir führen«, schrieb er an seine Frau.

Zu Browns Erstaunen schien Newton, über den man ihn in Washington instruiert hatte, als Leiter einer neuen Abteilung mit Namen »Reparations, Deliveries and Restitution« (Reparation, Auslieferung und Wiedergutmachung) zu amtieren, was eigentlich für ihn selbst vorgesehen war. Nach fünf Tagen erkannte er, daß »General Hilldring und David [Finley] mir einen völlig falschen Eindruck vermittelt haben. Es stand gar nie zur Diskussion, ein brandneues Projekt zu leiten, Personal auszuwählen usw. Es stand schon alles fest und lief, eine mehr oder weniger routinemäßige Sache, wenigstens in dieser Planungsphase. So gab es keinen Platz für Grandeur. Ich bekam keine Hilfe, war nicht von großem Nutzen, und was Gen. Ike betrifft, der galt bloß nominell als Kopf, war irgendwo weit weg. Zu behaupten, ich sei Gen. Ikes Adjutant, ist mehr als lachhaft.«[87]

Brown war der Ansicht, daß Newton (den er als »kalifornischen Kirchenarchitekten« bezeichnete) und die anderen gute Arbeit leisteten; er war sogar derart beeindruckt von Newtons Fähigkeit, den Papierkrieg der Armee zu umgehen, daß er empfahl, ihm die Verantwortung »für alle MFAA-Offiziere« zu übertragen. Die MFAA, so meinte er im Vertrauen, sei »in der Armee *sehr* schlecht angesehen«. Er nahm alles gleichmütig hin, denn auch er hatte Trümpfe in der Hand. Als McCloy nach London kam, gelang es ihm, »diesen, sehr zum Erstaunen der Armee, zu treffen«. McCloy empfahl ihm ein Gespräch mit General Clay, dem neuen Leiter des Kontrollrates. Dies ließ sich allerdings nicht so leicht bewerkstelligen, denn Clay hielt sich in Paris auf. Weniger unverfroren als Francis Henry Taylor in Sachen nicht genehmigte Reisen ließ sich Brown in London nieder; er arbeitete sich still und leise in die neue Materie ein und hoffte, sich später bei der diplomatischen Behandlung der Angelegenheiten, die damals Sumner Crosby leitete, sowie im SHAEF nützlich zu machen, falls man ihn dorthin berief. Sir Leonard Woolley bezeichnete er als »angenehm und unkompliziert«. Aber nachdem er ein qualvolles Abendessen an der Seite Lady Woolleys verbracht hatte, der anderen Hälfte des Woolley-Teams, lautete sein Kommentar, sie sei »eine Kombination von Taktlosigkeit und Snobismus«.

Brown fand es nicht problematisch, mit Woolley und Newton an der Wiedergutmachungspolitik zu arbeiten. (Finley freute sich ausnehmend über diesen sonst seltenen Bericht einer harmonischen Zusammenarbeit im Hauptquartier.) Anfang April nahmen weitere Grundsätze der Wiedergutmachung in London Form an. Deutscher Kirchenbesitz, so die unumstößliche Meinung aller, sollte von der Nutzung als Ersatz ausgenommen werden. Die Briten, so berichtete Brown nach Washington, wollten überhaupt für die Wiedergutmachung keine Kunstwerke heranziehen, auch nicht solche in deutschem Besitz, und er schlage für die Vereinigten Staaten vor, eine ähnliche Haltung einzunehmen und zu erklären, »daß kulturelle Objekte in deutschen öffentlichen oder privaten Sammlungen nicht in die Schätzung des deutschen Kapitalvermögens einbezogen werden sollten, das beschlagnahmt oder zum Zweck der Reparationszahlung zurückgehalten wird«.[88] Diesen Grundsatz erachtete er als äußerst wichtig, und er regte an, das Finanzministerium in dieser Angelegenheit zu konsultieren. Wenige Tage nach dieser Empfehlung wurde Brown nach Frankreich in die kleine Stadt Barbizon versetzt. Newton betrachtete dies als gute Gelegenheit, ihn auf eine Reise nach Italien mitzunehmen, und arrangierte eine Papstaudienz und eine Rundfahrt durch den befreiten Norden, wo sie über die Entdeckung eines Kunstdepots in San Leonardo informiert wurden. Diese von Newton in großem Stil vorbereitete Reise war vielleicht der Tropfen, der das Faß für die Armee zum Überlaufen brachte, und man telegrafierte wütend nach Washington, Newton halte sich »ohne zuvor eingeholte Genehmigung« in Italien auf und unterzeichne Mitteilungen mit »Special Advisor, War Department«. Browns Status war ihnen noch unklarer. Ein Offizier verlangte Aufschluß, »inwieweit er als Vertreter der Politik des Kriegsministeriums zu betrachten ist«. Hilldring beantwortete diese Telegramme aus Italien seitens der Abteilung für zivile Angelegenheiten unbeholfen und unklar. Im Kriegsministerium sei man »weder darüber informiert, warum Newton und Brown auf diesem Kriegsschauplatz erschienen, noch weshalb. [...] Man würde zwar begrüßen, wenn Mr. Browns Ansichten angehört würden, aber es steht Ihnen selbstverständlich frei, mit seinen Empfehlungen nach Ihrem Gutdünken zu verfahren.«[89] Brown hatte nicht geringste Ahnung, wie wenig die MFAA-Mission in den Augen der hohen Tiere der Armee galt.

11
In Schutt und Asche

Auf Schatzsuche im zerstörten Dritten Reich, 1945

In den ersten Monaten des Jahres 1945 zog eine kleine Gruppe von Kulturgüterschutz-Offizieren direkt hinter den Fronteinheiten in den schmalen Streifen des soeben eroberten deutschen Territoriums ein. Was sie empfing, unterschied sich auf bestürzende Weise vom bisher Gesehenen. Im vergangenen Oktober hatten sie zwar in Aachen eine Ahnung davon bekommen, zu welchen Zerstörungen der totale Krieg führt, doch der lückenlose alliierte Bombenteppich und der verbissene Widerstand der deutschen Truppen seither hatten die Ruinenstädte nun in eine mit Trümmern übersäte Wüste verwandelt; nur hier und dort ragten durchlöcherte Kirchen empor, die dank den Karten der Roberts Commission erhalten geblieben waren.

Die verbliebene Bevölkerung dieser Mondlandschaften wohnte notdürftig versorgt in Kellern, und erst vor kurzem befreite halbverhungerte Zwangsarbeiterinnen und Zwangsarbeiter sowie Verschleppte zogen umher und suchten Eßbares oder Wertsachen, um sie dafür einzutauschen. Unter diesen Bedingungen war es unmöglich, ja geradezu absurd, historische Gebäude schützen und instandsetzen zu wollen. Trotzdem taten die MFAA-Offiziere weiter, was sie konnten, um Statuen oder bewegliche Werke aus den schwelenden Trümmern zu bergen und sie an besser geschützten Orten, die bewacht werden konnten, zu sammeln. Es war ein beinahe hoffnungsloses und auch gefährliches Unterfangen. So kam der britische Major Ronald Balfour am 10. März beim Versuch, Statuen aus einer Kirche aus dem vierzehnten Jahrhundert in Kleve zu retten, durch Granatensplitter um.

George Stout wartete ungeduldig auf die Befreiung der Depots auf der ständig länger werdenden Liste, die die Nachrichtendienste übermittelten, doch nach diesem tragischen Vorfall erschien ihm die riesige Aufgabe für die wenigen MFAA-Offiziere noch hoffnungsloser als zuvor. Nun befanden sich nur noch fünf von ihnen an der Front. Bei kurzen Treffen mit den Befehlshabern in den Hauptquartieren oder fernmündlich versuchte er zu erwirken, daß seine Kollegen an vorderster Front eingesetzt und Maßnahmen für den sachgerechten Umgang mit den großen Kunstdepots getroffen wurden, denen sie bald gegenüberstehen würden. Er ließ eine Liste mit den Namen deutscher Museumsleute zirkulieren, die möglicherweise die Lage der versteckten Depots preisgaben, um sie vor der Zerstörung zu bewahren. An erster Stelle stand Graf Metternich, der auf seinen Posten als Provinzkurator in Westfalen zurückgekehrt war, nachdem ihn Göring entlassen hatte. Aber die Alliierten konnten ihn in Bonn nach dem Einmarsch nicht finden. Auch in Köln gab es keine Museumsleute, die Stout die Verstecke der Sammlungen hätten verraten können. Er verspürte keinerlei Lust, in der Stadt zu verweilen, und schrieb an seine Frau, man begegne ihm mit »Bitterkeit, Haß – von der Art eines rauhen Nordwinds«.[1] Dies überrascht eigentlich nicht, wenn man bedenkt, daß die Städte im Osten immer noch unter heftigem Beschuß standen und der deutsche Rundfunk ständig Bulletins wie das folgende verlas:

> Wie die Hyänen fallen die angloamerikanischen Barbaren in den besetzten Westgebieten über deutsche Kunstwerke her und setzen einen systematischen Plünderungsfeldzug in Gang. Unter fadenscheinigen Vorwänden werden alle Privathäuser und öffentlichen Gebäude im ganzen Gebiet von – zumeist jüdischen – Kunstexperten durchsucht, die sämtliche Kunstwerke »beschlagnahmen«, deren Besitzer ihre Eigentumsrechte nicht unumstößlich nachweisen können. […] Diese auf echt jüdische Art gestohlenen Kunstwerke werden nach Aachen gebracht, dort aussortiert und verpackt und dann in die Vereinigten Staaten geschickt.[2]

Die Bürokraten der Armee empfanden die mitten im Kampfgeschehen erhobenen Forderungen der Kulturgüterschutz-Offiziere als lästig und behandelten sie entsprechend, so daß die wenigen Fachleute kaum wirksam eingesetzt werden konnten. Weder erhielt Stout die Erlaubnis, von einem Hauptquartier zum nächsten zu reisen, noch druckte das SHAEF »Zutritt verboten«-Schilder. Pattons Dritte Armee, die geradewegs auf Süddeutschland und damit die dichteste Ansammlung von Depots zusteuerte, ließ sogar verlauten, die Anwesenheit von MFAA-Offizier Robert Posey sei nicht notwendig und er solle abgelöst werden.

Stout und seine Kollegen gaben aber nicht um Haaresbreite nach, und es gelang ihnen, durch ständiges Herumhacken auf den Stäben in den Hauptquartieren sowie weite Verbreitung deutscher Propaganda wie der oben erwähnten ihre Anwesenheit aufrechtzuerhalten, bis sie auf allen Ebenen als wahrhaft notwendig erkannt wurde.

Vom Depot in Siegen wußte man seit Oktober. Im Dezember hatte Rose Valland der Liste Schloß Neuschwanstein mit den Schätzen des ERR und vier weitere Depots hinzugefügt. Aus dem befreiten Metz kam die Nachricht, daß sich die Fenster des Straßburger Münsters und andere Schätze aus dem Elsaß in einem Bergwerk bei Heilbronn befänden.

Ende März folgte Walker Hancock Stout nach Köln, dann nach Bonn und spürte Metternichs Stellvertreter auf, der die Liste um hundertneun weitere Depots verlängerte. Von einem Hauptquartier zum nächsten eilend, zeichnete Hancock sie auf den Einsatzkarten der drei Armeecorps der Dritten Armee genauestens ein.[3]

Von den Evakuierungen in Berlin und den dramatischen Ereignissen im Salzkammergut wußten sie bis dahin noch nichts. Stout hielt Siegen, wo, wie er wußte, die Reliquien Karls des Großen lagen, für das wichtigste Depot, und die Truppen, die sich der Stadt näherten, erhielten eigens Telegramme mit Einzelheiten über dessen möglichen Inhalt. Schon lange bevor die Stadt eingenommen wurde, hatte Stout eine Zugangsgenehmigung beantragt, wobei er als Datum vorläufig den 2. April angab.

Am selben Ostersonntag, der Goebbels so frustriert hatte, machten sich Stout und Walker Hancock zu diesem Ziel auf und holten auf dem Weg den Pfarrer des Aachener Münsters ab. Es gab nur eine Straße, die nicht beschossen wurde, und diese war mit Trümmern übersät und voller Blutlachen. Amerikanische Patrouillen kreisten immer noch deutsche Widerstandsnester ein, während die Hauptschar der Deutschen vom anderen Ufer der Sieg sporadisch Schüsse abgab. Die Truppenangehörigen hatten die vorausgeschickten Anweisungen eingehalten; den Bürgermeister von Siegen überrumpelte der amerikanische Kommandant nach der Einnahme der Stadt sogar fast als erstes mit der Frage: »Wo sind die Bilder?«[4] Beim Eintreffen der Kulturgüterschutz-Offiziere bewachte die Achte Infanterie-Division das Bergwerk bereits strengstens. Mit dem Pfarrer suchten sie nach dem richtigen Zugang. Bis dahin war ihnen in der zerstörten Stadt nichts Ungewöhnliches begegnet. Sie hatten in den letzten Wochen schon viele solche Städte gesehen. Dann aber betraten sie das Bergwerk. Stout schrieb:

> Der Schacht [...] war etwa einen Meter achtzig breit und zweieinhalb Meter hoch, gewölbt und roh behauen. Kaum hatten wir uns vom Eingang entfernt, hüllte uns Dampf ein, und unsere Taschenlampen leuchteten nur als schwache Punkte durch die Düsternis. Es befanden sich Menschen darin. Ich dachte zuerst, wir würden sie bald hinter uns lassen, es handle sich um ein paar Versprengte, die sich hier in Sicherheit gebracht hatten. Doch wir ließen sie nicht hinter uns. [...] Wir gingen fast einen halben Kilometer [...] weitere

> Stollen zweigten ab. [...] Die ganze Zeit gingen wir auf einem Pfad von kaum mehr als einem halben Meter. Den Rest nahmen zusammengedrängte Menschen ein. Sie standen, sie saßen auf Bänken oder auf Steinen. Sie lagen auf Feldbetten oder auf Bahren. Es war die Bevölkerung der Stadt, alle, die nicht hatten fliehen können. Gestank lag in der feuchten Luft – Babys schrien jämmerlich. Wir waren die ersten Amerikaner, die sie zu Gesicht bekamen, und man hatte ihnen zweifellos gesagt, wir seien Wilde. In den blassen, schmutzigen Gesichtern, die im Taschenlampenschein auftauchten, stand nichts als Furcht und Haß [...] und uns voran ging das angsteinflößende Wort, kaum lauter als ein Flüstern: »Amerikaner«. Das war das Ungewöhnliche an diesem Vorfall: der Haß und die Furcht in den Hunderten von Herzen, hautnah um uns herum und wir das Ziel.

Ein Kind löste die Spannung. Stout spürte eine Berührung an der Hand, und als er seine Taschenlampe darauf richtete, sah er einen kleinen Jungen:

> Er lächelte und faßte meine Hand und kam mit mir. Ich hätte ihn nicht gewähren lassen sollen, doch ich habe es getan und fühlte mich erleichtert. Woher mag er gewußt haben, daß ich kein Ungeheuer bin?[5]

Das Depot befand sich nicht in diesem Stollen, aber der richtige war nicht weniger voll, allerdings mit alliierten Kriegsgefangenen und Zwangsarbeitern, die protestierten und wissen wollten, wann sie denn nach Hause dürften. In einem verschlossenen Raum mit gewölbten Backsteinmauern und Betonboden, etwa sechzig auf neun Meter, fanden sie an die sechshundert erstklassige Gemälde aus rheinischen Museen, hundert Plastiken und ganze Stapel von eingepackten Kisten. Das Manuskript von Beethovens Sechster Sinfonie war ebenso darunter wie die großen Eichentore der Kölner Kirche St. Maria im Kapitol. Viele der Bilder überzog Schimmel. Der Pfarrer geriet in Ekstase, als er sechs Kisten mit Gold- und Silberschreinen der Reliquien Karls des Großen, den Mantel der Muttergottes und den übrigen Domschatz fand. Die Lagerungsbedingungen waren so schlecht, daß eigentlich alles unverzüglich hätte weggebracht werden müssen, doch es gab noch keinen Ort für die empfindlichen Objekte. Stout und Hancock blieb im Augenblick nichts anderes übrig, als Wachposten aufzustellen und die zuständigen Befehlshaber von der Bedeutung des Raumes zu überzeugen. Beim Weggehen folgte ihnen ein alter Mann und zählte lauthals die Greueltaten der Nazis auf. In der Dunkelheit fuhren sie langsam zu ihrer Unterkunft zurück.

Nicht alle Verstecke erwiesen sich als so grauenhaft; ein paar Tage später entdeckten Stout und Hancock in zwei ruhig, geradezu idyllisch gelegenen, vollständig unbehelligt gebliebenen Depots an der Lahn einen weiteren wichtigen Teil der Sammlungen aus dem Rheinland.[6]

Ihre Kollegen fanden anderes. Das seltsame Gespann Robert Posey (ein jovialer Architekt, der aber auch gar nichts mit Museen zu tun hatte) und der Gefreite Lincoln Kirstein (der eine wichtige Rolle bei der Gründung des Museum of Modern Art spielte) war eher zufällig auf das Versteck des Genter Altars gestoßen.

Captain Posey hatte in Trier Zahnschmerzen bekommen und einen deutschen Zahnarzt aufgesucht, der ihm erzählte, sein Schwiegersohn habe mit dem Kunstschutz in Paris zu tun gehabt. Der Zahnarzt führte Posey und Kirstein ins Haus seiner Tochter, wo sie Hermann Bunjes trafen, Görings einstigen großen Helfer. Zahlreiche Fotos französischer Kulturdenkmäler schmückten das Haus, zweifellos aus der Dokumentation, die das Deutsche Institut in Paris erstellt hatte. Bunjes sprudelte in kurzer Zeit ganze Bände von Informationen hervor – auch die Existenz von Altaussee – und vergaß nicht zu erwähnen, daß er in Harvard studiert habe und nun, da der Krieg vorbei sei, gerne für die Vereinigten Staaten arbeiten würde. Bald ließ er durchblicken, daß es ihm noch lieber wäre, für sich und seine Familie freies Geleit nach Paris zu erhalten, damit er sein Studium der bildenden Kunst des zwölften Jahrhunderts auf der Île-de-France weiterführen könne. Im Verlauf seiner langen Rede gestand er auch seine Mitgliedschaft bei der SS ein und die Furcht vor Vergeltungsakten seitens andersgesonnener Deutscher. Posey und Kirstein, die noch nicht viel über die Machenschaften des ERR wußten, fanden ihn charmant, konnten ihm aber nichts zusichern und gingen wieder. Mit Charme hatte er jedoch nur seine Verzweiflung überdeckt. Nach einem weiteren Verhör erschoß Bunjes Frau und Kind und richtete dann sich selbst.[7]

Während ihre Kollegen dergestalt beschäftigt waren, machte sich ein weiteres Zweier-Team, nämlich Captain Walter Huchthausen und Ser-

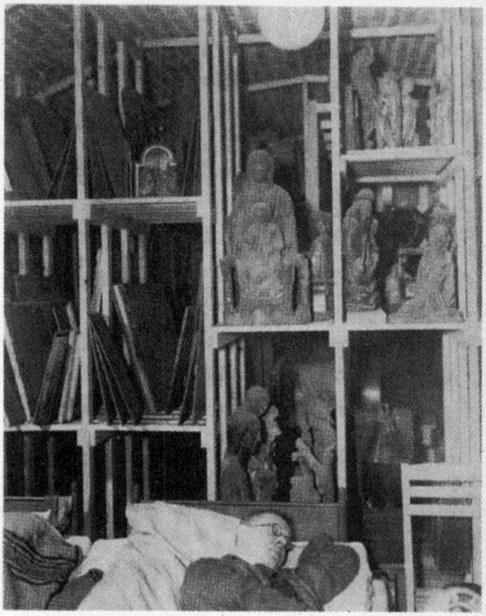

Kunst und Mensch haben in Siegen Obdach gefunden.

geant Sheldon Keck, im Zivilleben Konservator, auf, um einer Inspektionsanfrage seitens einer Fronteinheit der Neunten Armee irgendwo nördlich von Essen nachzukommen. Da die vorgesehene Route unpassierbar war, versuchten sie es auf einem Umweg, und bald kamen sie auf eine Autobahn und fuhren ostwärts. Nach einer Weile fiel Sergeant Keck auf, daß keine anderen amerikanischen Fahrzeuge mehr zu sehen waren, doch Huchthausen, der sich sicher fühlte, drängte zur Weiterfahrt. Schließlich entdeckten sie hinter der Straßenböschung amerikanische Soldaten, aber als sie anhielten, um nach dem Weg zu fragen, wurde ihr Jeep mit Maschinengewehrfeuer eingedeckt. Keck warf sich in Deckung, aber Huchthausen wurde getroffen; Keck konnte ihn aus der Deckung nicht sehen. Ein GI berichtete: »Der Captain blutete aus dem Ohr, und sein Gesicht war schneeweiß.« Während sich Keck zum nächsten Gefechtsstand durchschlug, brachten Sanitäter Huchthausen weg. Drei Tage lang lang klapperte Keck eine Sanitätseinheit nach der anderen ab, bis er von Huchthausens Tod erfuhr.[8] Dieser zweite Todesfall ereignete sich, als Pattons Dritte Armee über

Deutschland hinwegfegend die Werra in Thüringen erreichte und Merkers einnahm. Am 6. April hielt eine Militär-Patrouille zwei Frauen an, die trotz Ausgangssperre am Stadtrand unterwegs waren. Nach dem Verhör boten die Militärpolizisten den Frauen an, sie in die Stadt mitzunehmen, und als sie am Eingang zur Mine Kaiseroda vorbeifuhren, erzählten diese, darin würden Goldbarren aufbewahrt. Dies bestätigten bald auch einige Verschleppte und Kriegsgefangene, die das Gold bei der Anlieferung hatten abladen müssen. Alles deute darauf hin, daß es sich um einen Großteil der Goldreserven Deutschlands handelte. Da ging es also nicht einfach um einen Haufen alter Bilder, die ein paar Wachen beaufsichtigen konnten. Nachdem man ein paar Soldaten mit Helmen voll Goldmünzen erwischt hatte, schickte Patton ein ganzes Panzerbataillon und siebenhundert Mann, um jeden möglichen Zugang zu den Schächten zu bewachen, und stellte die Berichte über die Entdeckung unter Zensur.

Die Verantwortung für den Inhalt dieser Mine wurde nicht der MFAA übertragen, sondern der Finanzabteilung des SHAEF. Deren stellvertretender Chef Colonel Bernard Bernstein war ein bewährter Insider von Morgenthaus Finanzministerium, wo immer noch hitzige Diskussionen über die Zukunft Deutschlands in Gang waren. Da es keine einheitliche alliierte Politik gab, handelte er nach dem neuesten, am 20. März vorgelegten Entwurf der »Financial Directive«, in der es hieß, »Gold, Silber, Valuta, Aktien [...] Wertpapiere und alle anderen Vermögenswerte« seien zu beschlagnahmen, auch in Form von »Kunstwerken oder wertvollem kulturellem Material, wem immer es gehört«.[9]

Bernstein schickte nach Robert Posey, den die Dritte Armee noch vor so kurzer Zeit als überflüssig betrachtet hatte, damit er sich der ungefähr vierhundert Tonnen Kunst aus den Berliner Museen in Kaiseroda annehme. Posey informierte MFAA-Leiter Geoffrey Webb über den Fund und beantragte Unterstützung durch den Fachmann Stout. Als sie kamen, war die Nachricht vom Goldfund trotz allem durchgesickert, worauf Patton den verantwortlichen Zensurbeamten zornig entließ. Stout und Webb registrierten mit einiger Überraschung, daß Bernstein mit der Aufsicht über den ganzen Inhalt der Mine betraut war und sie, da sie nicht der Dritten Armee angehörten, seine Erlaubnis benötigten, um die Kunstwerke zu inspizieren. Um seine Befugnis zu bekräftigen, wies Bernstein einen Brief von Patton persönlich vor. Nach ein paar Stunden durfte Stout hinein, nicht aber der Brite Webb. Stout wurde

Die Generäle Patton, Bradley und Eisenhower begutachten die neben Tonnen von Goldbarren in Merkers gefundenen Gemälde.

angewiesen, bis auf weiteres an Ort und Stelle zu bleiben, und bei einem großen Kontingent des Finanzstabes einquartiert.
Bevor etwas angerührt werden durfte, inspizierten Eisenhower, Bradley und Patton die Mine; später witzelten sie beim Abendessen darüber, was sie mit dem Fund »zur Zeit des guten alten Freibeutertums, als ein Soldat seine Beute noch behielt«, hätten anstellen können. Sie brauchten dringend ein wenig Ablenkung. Vor dem Besuch in Kaiseroda hatten sie zum erstenmal ein ganz anderes Lager gesehen: das KZ Ohrdruf. Dort lagen dreitausendzweihundert ausgemergelte Tote, nackt und voller Läuse, die ihre Peiniger vor der Flucht erschossen hatten. Und in der Nacht kam die Nachricht von Franklin Roosevelts Tod.
Stout hatte in der Zwischenzeit Paul Ortwin Rave aufgespürt, und dieser erzählte ihm von den fünfundvierzig Kisten aus dem Kaiser-Friedrich-Museum in Ransbach, die sie allerdings nicht inspizieren konnten, da der Minenaufzug nicht funktionierte. In Merkers selbst befanden sich

außer den verpackten Objekten zusätzlich noch rund vierhundert Gemälde ohne jeglichen Schutz. Stout rechnete aus, wieviel Verpackungsmaterial er dafür benötigen würde, und notierte lakonisch: »Keinerlei Chance, das zu kriegen.« Am Freitag, den 13., ging er nach Ransbach zurück und entdeckte, daß sieben der Kisten aus dem Kaiser-Friedrich-Museum durchsucht und in großer Unordnung zurückgelassen worden waren: »Domenico Venezianos *Bildnis einer vornehmen jungen Frau* liegt auf Kiste herum, dazu etwa ein Dutzend weitere Werke. Kiste Nr. 10 sehr wichtig – Dürer, Holbein, Dom. Venez. und andere.« Wenigstens schien nichts zu fehlen. Außer den Bildern lagen hier mehr als anderthalb Millionen Bücher sowie die Kostüme und Requisiten des Berliner Staatstheaters und der Oper. Auch diese waren durchwühlt worden, laut den Wachen von russischen und polnischen Zwangsarbeitern. Rave, dem aufgefallen war, daß die Russen beim Anblick religiöser Objekte stets das Kreuz schlugen, meinte, sie hätten wohl nicht gewagt, die zumeist religiösen Werke in den Kisten des Kaiser-Friedrich-Museums anzurühren, und sich lieber darauf beschränkt, die ihnen nützlicheren Kostüme mitzunehmen.

Am selben Freitagnachmittag erfuhr Stout von Bernstein, daß der Kunstkonvoi am Montag morgen abfahren würde, »ein überstürztes Unternehmen, militärischer Notwendigkeit zuzuschreiben« – das heißt der großen russischen Offensive, die die Generäle jeden Augenblick erwarteten. Zweieinhalb Millionen sowjetische Soldaten standen vor der Einnahme Berlins und dem Zusammentreffen mit britischen und amerikanischen Truppen – ausgerechnet in der Umgebung der mit Schätzen vollgestopften Bergwerke. Hinter der amerikanischen Front versank der eroberte Teil Deutschlands, wo die Wehrmacht immer noch kämpfte, im regierungslosen Chaos mit Millionen Verschleppten, kapitulierenden Soldaten und einer hungernden Bevölkerung. Bernstein wollte die Schätze deshalb sofort an einen sicheren Ort bringen. Die Operation Gold war am nächsten Tag schon weit gediehen. Transportprobleme stellten sich nun keine mehr. Man hatte Jeeps samt Anhängern in die Mine hinuntergelassen, um die Barren zu den Aufzügen zu transportieren. Ladung für Ladung ging eskortiert zu den zweiunddreißig Zehn-Tonnen-Lastern aus Frankfurt, wo man sie sorgfältig registrierte und auflud. Die Mannschaften arbeiteten die ganze Nacht durch. Um Mitternacht am Samstag, dem 14., wies Bernstein die Kulturgüterschutz-Offiziere an, drei Wagenladungen Kunst vorzubereiten, die unter die Goldladungen gemischt werden sollten, damit die Lastwagen insgesamt weniger wogen. Stout ließ zwischen zwei und halb fünf Uhr morgens die verlangte Menge in Kisten verpackter Objekte zum Bergwerksschacht bringen, inklusive Inventarlisten. Der Gold-Konvoi fuhr am Sonntag morgen um 8.45 Uhr los, eskortiert von zwei Maschinengewehrkommandos, zehn mobilen Luftschutzeinheiten, einer Menge Infanteriesoldaten und unter ständiger Deckung aus der Luft.

Nach dem Abtransport des Goldes machte sich eine Mannschaft aus fünfundzwanzig erschöpften Soldaten an die heikle Aufgabe, die vierhundert unverpackten Gemälde heraufzuholen. Um zu verhindern, daß sich Salzkristalle bildeten, wusch Rave jedes einzelne Bild sorgfältig ab, wenn es an die frische Luft kam. Bis zum Mittag kamen noch fünfzig weitere Helfer dazu, doch laut Stout gab es nun Schwierigkeiten, die Männer zur Arbeit anzuhalten, und durch den Hauptschacht flossen Salzwasserbäche. Einmal oben angelangt, mußten die Gemälde für den Transport mit irgend etwas umwickelt werden. Auf seinen Inspektionen in den umliegenden Bergwerken war Stout auf gut tausend lange Schaffellmäntel gestoßen, die die frierenden Wehrmachtstruppen an der Ostfront nie erreicht hatten. Sie kamen nun bei dieser Verlegung und bei vielen späteren doch noch zum Einsatz. Am Montag halfen Kriegsgefangene die Lastwagen beladen, ein Unterfangen, das mehr als zwölf Stunden in Anspruch nahm. Der Kunst-Konvoi verließ Merkers am 17. April 1945, wieder mit einer spektakulären Eskorte.

Das Abladen durch »hundertfünf Kriegsgefangene in schlechtem Gesundheitszustand« in der Frankfurter Reichsbank beschrieb Stout lakonisch als »kompliziert«. Die dortige Infrastruktur eignete sich schlecht für die Lagerung von Kunstwerken. 393 unverpackte Gemälde, 2091 Kartons, 1214 Kisten und 140 Stoffbündel wurden in neun feuchte Räume gestopft. Nun lastete die Verantwortung für die besten Stücke aus dem Kaiser-Friedrich-Museum, für die *Nofretete* und vieles mehr, auf der Finanzabteilung des SHAEF. In einiger Nervosität beorderten ein paar höhere Offiziere Stout so schnell wie möglich zurück, damit ein vollständiges Inventar erstellt werden konnte. Ihre Sorge war berechtigt. Bei jedem Besuch bemerkte Stout, der versuchte, die Gegenstände aus den jeweiligen Museen beisammenzuhalten, daß die Kisten und Gemälde rücksichtslos herumgeschoben worden waren. Schließlich gelang es ihm, alles ins Erdgeschoß zu schaffen, doch bei

Geraubte Bilder, die man im Bergwerk bei Heilbronn unversehrt wiederfand (Foto Helga Glassner).

seiner nächsten Inspektion fand er wieder ein Durcheinander vor. Und mit jedem Tag füllte sich die Reichsbank als einziges offizielles Militärdepot noch mehr, da die Einheiten von Colonel Bernstein immer noch Banktresore und Verstecke nach Gold und Valuta durchsuchten und das Gefundene tonnenweise hinbrachten.[10] Diese Lieferungen hörten zwar bald auf, doch der Zufluß von Kunstwerken hatte gerade erst angefangen.

Dank den ununterbrochenen Bemühungen von LaFarge und seinem Stab in der SHAEF-Zentrale, die sich lästigerweise immer noch in Frankreich befand, erhielt der erschöpfte Stout endlich ein bißchen mehr Unterstützung. Rorimer kam aus Paris, ebenso Lamont Moore, ein ehemaliger Angestellter der National Gallery, der am 4. April über »wichtige Depots im Gebiet der Kampffronten bei Magdeburg« Bericht erstattete. Es handelte sich um den Komplex Schönebeck-Grasleben, den der lokale Kommandant im Gedanken an Gold sofort unter die gleiche scharfe Bewachung hatte stellen lassen wie Merkers. Allerdings lag dort nicht Gold in dem Sinne, wie er es erwartete. Moore und Keck fanden keine Barren, sondern Tausende von Objekten aus polni-

Lincoln Kirstein verhört einen Verwalter in Hungen.

schen Kirchenschätzen. Rorimer, der sich nun bei der Siebten Armee und damit etwas mehr westlich befand, berichtete von der Entdeckung eines Verstecks in der Kochendorf-Mine bei Heilbronn nördlich von Stuttgart, und fast gleichzeitig bat Hancock aus einem Ort namens Bernterode in Thüringen um Unterstützung.

Heilbronn, das Depot für die Bestände der Museen und Bibliotheken im Elsaß und in Heidelberg, stand unter Wasser, noch lagen in den schwelenden Gebäuden Leichen, manchmal flammte ein Brand wieder auf, und die Stadt war gerammelt voll polnischer und russischer Deportierter sowie verängstigter Einwohnerinnen und Einwohner. Weil Rorimer weder technische noch sonstige Unterstützung erhielt, mußte er das Bergwerk vorerst Militärwachposten und deutschen Minenangestellten noch unklarer politischer Haltung überlassen.[11]

Posey und Kirstein hatten in der Zwischenzeit in Hungen in acht großen Gebäuden jede Menge jüdische Bücher, Zeitungsausschnitte mit antisemitischem Inhalt und religiöse Gegenstände aus ganz Europa entdeckt, gelagert, um später an Rosenbergs am Chiemsee geplantem Institut für Rassen-Theorien Verwendung zu finden.[12]

Stout schwirrte von einem Hauptquartier zum andern und suchte zwischendurch das SHAEF auf, um das unbedingt Benötigte zusammenzubetteln: mindestens zweihundertfünfzig Leute, um die bereits entdeckten Depots zu bewachen, Lastwagen und, vor allem, einen Ort, an den er die unglaublichen Mengen von Kunstobjekten hinbringen konnte, die sie bereits gefunden hatten und die, wie sie wußten, ins Unermeßliche steigen würden, sobald sie auf die ERR- und Linzer Depots stießen. Seine Empfehlungen hielt Stout Abend für Abend nach dem harten Tagwerk in Berichten und Anfragen fest. Er kam erst am 1. Mai nach Bernterode.

In dieser Mine hätte man zuletzt Kunstwerke vermutet, denn das deutsche Oberkommando hatte sie als riesiges Munitionsdepot genutzt und darin vierhunderttausend Tonnen Munition und noch mehr militärisches Versorgungsmaterial gelagert; über siebenhundert französische, italienische und russische Zwangsarbeiter hatte man in den dreiundzwanzig Kilometer langen Schächten und in den Kammern eingesetzt. Aber Mitte März kamen alle Zivilpersonen weg, und deutsche Militäreinheiten brachten laut Berichten von Deportierten zahlreiche Ladungen in die Mine und versiegelten sie am 2. April. Eine amerikanische Ordonnanz mit Bombenentschärfungsexperten entdeckte sie dann am 27. April. Fünfhundert Meter den Hauptstollen hinunter fiel ihnen eine vor kurzem errichtete Backsteinmauer auf. Sie zu durchbrechen erwies sich als ziemlich schwierig. Sie war eineinhalb Meter dick, und dahinter befand sich eine verschlossene Tür.

In ihren wildesten Träumen hätten sich die Amerikaner nicht vorstellen können, was sie dort fanden. Im unterteilten Raum standen vier riesige Särge, einer davon geschmückt mit einem Kranz und Bändern mit NSDAP-Symbolen und dem Namen Adolf Hitler in großen Lettern. Über den Särgen hingen sorgfältig verteilt zahlreiche deutsche Reichsfahnen. In einer Ecke stapelten sich Kisten, Gemälde und Tapisserien. Überzeugt, Hitlers Grab gefunden zu haben, und deshalb auf der Hut vor Minenfallen, stellten die erschrockenen Männer einen Wachposten auf und benachrichtigten ihre Vorgesetzten in der Ersten Armee. Eine genauere Untersuchung brachte »ein reich mit Juwelen besetztes Zepter und einen ebenso verzierten Reichsapfel, zwei Kronen und zwei Schwerter mit fein geschmiedeten Scheiden aus Gold und Silber« zutage. Hancock, der am nächsten Tag eintraf, hielt das Ganze eindeutig für einen Schrein mit »Anklängen an ein heidnisches Ritual«. Die

Särge enthielten dann zwar laut den flüchtig mit handgeschriebenen und auf den Deckel geklebten Kärtchen nicht die sterblichen Überreste von Hitler, aber doch die dreier besonders verehrter Deutscher, nämlich Hindenburgs, Friedrichs des Großen und Friedrich Wilhelms I. Dies bestätigten die Bombenentschärfungsexperten, die kein Risiko eingehen wollten und auch das Innere untersuchten und die geschrumpften, aber gut konservierten Reste des »Soldatenkönigs« fanden. Im vierten Sarg lag Hindenburgs Frau. Daneben stand eine kleine Metallkiste mit vierundzwanzig Fotos zeitgenössischer deutscher Heerführer, gekrönt von Hitlers Konterfei. An der Decke hingen zweihundertfünfundzwanzig Fahnen aus verschiedenen Epochen von den ersten Kriegen Preußens bis zum Ersten Weltkrieg. In drei Kisten lagerten die preußischen Krönungsinsignien, die neben den bereits erwähnten Gegenständen auch einen wundervollen mit Federn geschmückten Totenhelm enthielten. Eine kurze Notiz versicherte einem möglichen Finder, daß sich in den Kronen keine Edelsteine mehr befänden, da man sie zwecks ehrlichen Verkaufs entfernt habe.
In der Aufregung schenkte Hancock den Bildern zuerst nicht viel Aufmerksamkeit. Es waren insgesamt zweihunderteinundsiebzig, und sie hoben sich seltsam vom militärischen Pomp rundherum ab. Als erstes sah er dann unter anderem zu seiner Überraschung Watteaus wunderbares Gemälde *Aufbruch von Kythera* aus Schloß Charlottenburg, Bouchers *Venus und Adonis,* Chardins *La Cuisinière* und mehrere Lancrets. Eher zur Umgebung paßten die paar Cranachs, und es gab viele Hofporträts aus dem Potsdamer Schloß Sanssouci. Eine genaue Untersuchung des ganzen Raumes, zu dem es nur einen, von innen verschlossenen Eingang gab, ließ ein letztes Rätsel offen: Wie waren jene, die all dies hineingebracht hatten, wieder hinausgekommen?
Der Abtransport der Riesensärge war schwierig. Zur Unterstützung ordnete die Erste Armee Leutnant Steve Kovalyak ab, dessen Geschick, den Dienstweg zu umgehen und Ausrüstung zu beschaffen, für die MFAA-Offiziere so unbezahlbar wurde, daß sie seine Dienste fortan ständig beanspruchten. Sie begannen am 3. Mai mit Packen, doch wegen ständiger Stromunterbrechungen verzögerte sich die Arbeit. Ihre Nerven waren zum Zerreißen gespannt, wußten sie doch, daß unter ihnen Tausende von Tonnen Sprengstoff lagen. Einmal mehr regte der Mangel an Material ihren Erfindungsgeist an: Diesmal polsterten sie die Watteaus und Lancrets mit Gasschutzanzügen aus den

Armeebeständen. Die Kisten gelangten am 7. Mai 1945 ans Tageslicht; während der Arbeit hörten die Männer im Rundfunk die Nachricht vom Sieg der Alliierten. Um den letzten und schwersten Sarg, mit Friedrich dem Großen, in den Aufzug zu laden, brauchten sie mehr als eine Stunde. Während er langsam nach oben schwebte, erklang zuerst die amerikanische und darauf die britische Nationalhymne.

Die preußischen Helden erhielten keine Eskorte wie das Gold; sie wurden in aller Stille in Schloß Marburg abgeladen. Den Beigaben erging es besser: Walker Hancock hatte die Krönungsinsignien zum Hauptquartier der Ersten Armee in Weimar mitgenommen, und der befehlshabende General Courtney Hodges wies ihn nach einem ersten Augenschein sofort an, sie nach Frankfurt zu schaffen und beim Gold aufzubewahren. Als Route wählten sie die Autobahn, welche Hancock nun als »so sicher wie den Merritt Parkway« erachtete, doch General Hodges war anderer Meinung, und der Schatz, obwohl seiner Juwelen längst beraubt, erhielt zwei Motorräder, drei Jeeps mit Maschinengewehren, zwei gepanzerte Fahrzeuge mit Luftabwehrwaffen und einen Waffentransporter mit zwei Wachposten zum Geleit.[13]

Wähend die Kommandanten an der Front relativ einfach zu überreden waren, Transportmittel und Arbeitskräfte für so spektakuläre Evakuierungen wie aus Merkers oder Bernterode (die Lamont Moore später als »ganz besonderes Hochglanz-Projekt« und »antinationalsozialistischen Schachzug, ausgelöst durch eine Laune des Generals in diesem Gebiet«[14] bezeichnete) zur Verfügung zu stellen, hielt sich die Begeisterung bei der Verlegung des Verstecks von Siegen sehr in Grenzen. Die Achte Division bewachte die Stelle immer noch stolz, und inzwischen war der Inhalt zu einer Art militärtouristischer Attraktion avanciert. In ganz Aachen wiesen Schilder Neugierigen den Weg; die Soldaten wurden überall herumgeführt und durften sogar die Krone aufsetzen, die sie für diejenige Karls des Großen hielten, bei der es sich aber in Wirklichkeit um eine Reproduktion handelte. Der Inhalt der Mine litt sehr unter der Feuchtigkeit, die ohne Elektrizität nicht zu regeln war; aber es schien keinen anderen Ort zu geben, wo man die Sachen hätte hinbringen können.

Die Entscheidung fiel, als plötzlich einige der so dünn gesäten Lastwagen zur Verfügung standen. Walker Hancock nahm die Angelegenheit selber an die Hand, belud den Konvoi mit Posten aus Köln und mit den Reliquien Karls des Großen aus Aachen und schickte sie in die Keller-

Siegen 1945: Die Achte Armee steigt ins Museumsgeschäft ein.

gewölbe der Dome dieser beiden Städte, der praktisch einzigen Gebäude, die noch standen. Arbeitskräfte, um den Konvoi zu beladen und entladen, holte der findige Kovalyak aus Gefängnissen und Lagern für Verschleppte. Diese Lieferung verletzte jede Armeevorschrift. Zum einen lag keine Erlaubnis für die Verlegung von einem Kommando zum andern vor, und zum andern gingen die Objekte damit ja an die Deutschen zurück. Am Steuer der Lastwagen nach Aachen saßen merkwürdigerweise französische Fahrer, die als rücksichtslos galten. Hancock hämmerte ihnen ein, sie hätten »Karl den Großen persönlich, das Kleid der gesegneten Gottesmutter, die Windeln des Jesuskindes, das Totenhemd von Johannes dem Täufer und die Knochen mehrerer anderer Heiliger« an Bord: aus Furcht vor der Strafe Gottes seien sie dann äußerst vorsichtig gefahren.[15]
Den in Siegen verbliebenen Objekten erging es weniger gut. Sich mit vor Hunger entkräfteten Zwangsarbeitern und den immer größeren Transportproblemen abmühend, konnten Lamont Moore und Stout die Gegenstände erst in der ersten Juni-Woche fortbringen lassen. Im Stadtarchiv von Marburg gesellten sie sich zu den Bernterode-Gemälden. Die Verzögerungen und das Hin und Her in den verschiedenen Hauptquartieren brachten aber nicht nur Nachteile. Am 20. Mai kam

endlich der Bescheid des SHAEF, die Kommandanten sollten, anstatt sich auf frühere Direktiven zu stützen, sich »von MFAA-Sonderoffizieren beraten lassen und zu diesem Zweck geeignete Gebäude reservieren und den Anforderungen entsprechend als Sammeldepots für Kunstwerke einrichten«.[16] Als Folge davon entstand in Marburg die erste offizielle amerikanische Sammelstelle (»Collecting Point«) in Deutschland. Die Armee mußte, wie es die Begründer der Roberts Commission und John Nicholas Brown vorausgesehen hatten, die Verantwortung für einen ungeordneten Haufen übernehmen. Und er sollte sich noch um ein Hundertfaches vergrößern.

Mitte April wandten sich die amerikanische Dritte und Siebte sowie die französische Erste Armee, die sich mittlerweise alle tief auf deutschem Territorium befanden, gegen Südosten nach Bayern und Österreich. Sie erreichten Neuschwanstein am 28., München am 30. April, Berchtesgaden am 4. und Altaussee am 8. Mai. Rorimer, gewappnet mit den Informationen von Rose Valland, traf nur eine Woche später in Neuschwanstein ein. Auf dem Weg hatten sich Vallands Mitteilungen im Kloster Buxheim bestätigt und Rorimer einen Vorgeschmack erhalten auf das, was noch kommen würde, fand er dort doch zweiundsiebzig Kisten mit der Aufschrift »D-W« für David-Weill und den französischen Lieferetiketten. Rorimer wurde übrigens nicht gerade freundlich empfangen. Der Verwalter weigerte sich anfänglich, das Tor zu öffnen. Im Innern waren die Korridore vollgestopft mit schönem Mobiliar aller Epochen und Länder von Frankreich bis Rußland, und auf dem Boden der Kapelle lag eine dreißig Zentimeter hohe Schicht von Teppichen und Tapisserien. In den Nebenräumen traf Rorimer auf einen Schlafsaal für hundert evakuierte Kinder.[17]

Rorimer ließ dieses »weniger bedeutsame« Depot unter Bewachung zurück und reiste weiter zum märchenhaften Schloß in der Nähe von Füssen. Neuschwanstein war intakt und gut bewacht, wenn auch die Lücken in einigen Räumen deutlich zeigten, daß der ERR große Anstrengungen unternommen hatte, um in letzter Minute möglichst viel fortzuschaffen. Rorimer verschlug es fast die Sprache, als er dreizehnhundert Gemälde aus den bayerischen Museen vermischt mit beschlagnahmten französischen Werken fand. In einem Gewölbe hinter einer verborgenen Stahltür lagen Kisten mit dem Schmuck der Rothschilds, anderen kostbaren Goldschmiedearbeiten und mehr als tausend Silbergegenständen aus der Sammlung von David-Weill. Den Höhepunkt brachte allerdings der Raum mit den peinlich genau geführten ERR-Unterlagen: mehr als zwanzigtausend Karteikarten zu den beschlagnahmten Kunstwerken, achttausend Negative, Lieferlisten und sogar die Stempel, mit denen die Code-Namen der verschiedenen Sammlungen auf Rahmen und Kisten angebracht worden waren. Rorimer riegelte diesen Raum besonders sorgfältig ab und brachte zusätzlich Wachssiegel an der Tür an, für die er ein altes Rothschild-Emblem verwendete und die die Wachposten regelmäßig zu kontrollieren hatten.

Vom Schloßverwalter erfuhr Rorimer, daß sich Bruno Lohse und ein Kollege in einem städtischen Altenheim aufhielten. Die Heimvorsteherin, die von den Nazis als »Hunden und Teufeln« sprach, führte Rorimer und die ihn begleitenden Offiziere der Spionageabwehr zu den beiden ERR-Funktionären. Lohse gab Rorimer die Namen der anderen ERR-Depots, behauptete aber, weiter nichts zu wissen; um Lohses Gedächtnis auf die Sprünge zu helfen, ließ Rorimer ihn verhaften und ins Gefängnis überführen.

Das Kunstgutlager in Neuschwanstein war eindrucksvoll, doch bis dahin wußte noch niemand, wo sich die wichtigsten Posten, mit denen Göring und Hitler beliefert worden waren, befanden. Rorimer ging der Sache weiter nach und reiste, nun in Begleitung von Calvin Hathaway, in die neu eroberten Gebiete im Südosten, vorbei an der Abzweigung nach Schliersee, wo Hans Frank bald darauf verhaftet werden sollte, und weiter bis zur Fraueninsel im Chiemsee mit der alten Benediktinerinnenabtei und der Herreninsel mit dem für Ludwig II. erbauten Schloß Herrenchiemsee, einer aufwendigen Nachbildung von Versailles. Im Schloß stapelten sich neben den Möbeln aus der Münchner Residenz dreihundert weitere Kisten aus der ERR-Kriegsbeute, und außerdem tummelten sich dort zahlreiche schaulustige GIs.

Darauf fuhren Rorimer und Hathaway weiter nach Berchtesgaden. Hier herrschte das Chaos. Französische Truppen hatten die Straßen in den Ort und zu den Ruinen von Hitlers Berghof blockiert, damit die amerikanischen Truppen nicht durchkamen, und sich, nachdem sie die französische Flagge über der Hitler-Villa gehißt hatten, mit großem Eifer an die Plünderung dieser und anderer Villen in dem bei den Nazi-Funktionären beliebten Luftkurort gemacht. Leere Bilderrahmen waren verstreut, zwei Tondi von della Robbia lagen im Freien am Boden vor einem der Verbindungstunnels zwischen den Häusern. Französische Offiziere sah man Teppiche und anderes wegtragen. Langsam kehrte mit den amerikanischen Elitesoldaten der 101. Luftlandetruppe unter der Leitung von General Maxwell Taylor dann wieder Ordnung ein.

Eine vorläufige Durchsuchung der Umgebung förderte kein wichtiges Depot zutage. Ratlos forderte Rorimer die Soldaten auf, nach einem großen Versteck Ausschau zu halten, und kehrte in sein Hauptquartier zurück. Auf dem Rückweg inspizierte er die Münchner NSDAP-Gebäude, die die Bevölkerung geplündert und kurz und klein geschlagen hatte, noch bevor die amerikanischen Truppen einmarschierten und sich ihnen anschlossen, und sicherte sie, so gut es ging.[18]

Auch Reichsmarschall Göring sorgte sich um seine Sammlungen. Er hatte im Gegensatz zu vielen Kumpanen nicht Gift geschluckt, sondern war einigermaßen stilvoll mit Frau Emmy Göring und viel Gepäck im schicken Auto auf der Fahrt nach Schloß Fischhorn bei Salzburg verhaftet worden, wo er Eisenhower zu treffen hoffte. Darin sah er sich getäuscht; man brachte ihn statt dessen in ein Häftlingslager bei Augsburg.

Rorimer bat, Göring zum Verbleib seiner Sammlungen zu verhören. In der Zwischenzeit bestätigte sich in Gesprächen mit dem nun kooperationswilligeren Bruno Lohse, daß sie wahrscheinlich in Berchtesgaden zu finden waren und Hofer gewiß in ihrer Nähe. Am 14. Mai teilte der französische Vernehmungsbeamte Zoller Rorimer mit, während eines nächtlichen Trinkgelages mit Göring habe dieser ihm erzählt, er sei nun mal ein »Renaissancetyp«, und ausführlich von seinen Sammlungen und seiner Absicht berichtet, sie dem deutschen Staat zu vermachen. Daher wolle er unbedingt, daß sie gerettet würden. Zuletzt habe er sie persönlich auf seinem Zug in den Tunnels von Unterstein gesehen. Im Gegensatz zu Lohse zweifelte Göring aber daran, daß Hofer sich noch in der Gegend befand.[19]

Rorimer und Hathaway eilten zurück nach Berchtesgaden, wo sie erfuhren, daß Offiziere der 101. Armee Hofer am Tag nach Rorimers letztem Besuch in der Tat gefunden hatten; er erzählte ihnen vom Sonderzug. Die Offiziere stießen zudem auf Görings Haushälterin, die aussagte, sie habe gehört, wie Gegenstände in den Passagen unter dem Haus versteckt wurden. Nach einiger Überzeugungsarbeit führte ein deutscher Wartungstechniker die Offiziere zu dem zugemauerten Bunker, und von dort brachten sie die Gegenstände in ein Häuschen in Unterstein. Danach begannen die amerikanischen Soldaten den Zug zu entladen. Die Nachricht von dieser Entdeckung war gar nicht erst bis zu den MFAA-Offizieren durchgedrungen.

Während Rorimer den Fund mit dem diensthabenden Offizier Harry Anderson besprach, traten Hofer und seine Frau, die früher einmal in New York gearbeitet hatte, ein, als ob nichts geschehen wäre, stellten sich vor und erkundigten sich nach möglichen gemeinsamen Bekannten in den Vereinigten Staaten. Nach diesen Höflichkeiten betrachteten sie alle gemeinsam die bis dahin gefundenen Gemälde und gingen dann zu Görings Villa. Die della Robbias lagen noch dort – in Stücke zerschlagen, weil der Nachrichtenoffizier, dem Rorimer den Auftrag erteilt hatte, sie an einen sicheren Ort zu bringen, seinem Rat nicht gefolgt war und sie am Boden hatte liegen lassen.

Später begann Hofer, in dem Häuschen, in das man die Ladung aus dem Sonderzug gebracht hatte, über die Herkunft der Göringschen Erwerbungen auszupacken. Während er sich ungerührt durch die Bilderstapel hindurcharbeitete, hörten Rorimer und Hathaway all die ihnen bekannten Namen von Sammlern und Händlern. In dem Chaos fanden sich *La Belle Allemande,* eine Skulptur aus dem fünfzehnten Jahrhundert aus dem Louvre; ein Rubens, der einst Richelieu gehörte, aus der Sammlung Koenigs; ein von Contini in Florenz erworbener Masolino und Hunderte weiterer Werke. Die Aufzeichnungen von Göring fanden sie in oder bei den Waggons des Sonderzuges, zerfleddert und in schrecklicher Unordnung. Hathaway arbeitete die ganze Nacht hindurch, um sie einigermaßen zu ordnen. Dann verweigerte ihm die 101. Armee die Erlaubnis, sie zur genaueren Untersuchung ins MFAA-Hauptquartier mitzunehmen. Im Staatsarchiv der USA kann man heute noch die Schmutzabdrücke von Militärstiefeln auf diesen Dokumenten der menschlichen Gier sehen.

Sich um das Kunstgutlager Görings in Berchtesgaden zu kümmern war ein Alptraum für die Kunstfachleute. Mehr als tausend Gemälde und Plastiken befanden sich in mindestens sechs verschiedenen Depots verstreut, und es galt dringendst, sie an einem Ort zu sammeln, den man bewachen konnte. Die Stadt war von Schaulustigen geradezu überschwemmt. Die Angehörigen der 101. Armee hatten über dem Tor zu den Lagerräumlichkeiten ein Schild mit der Aufschrift »Hermann

Görings Kunstsammlung, mit freundlicher Genehmigung der 101. Luftlandetruppe« aufgehängt und einige Posten der Presse vorgeführt, und Rorimer hatte sie äußerst widerwillig gewähren lassen. Hofer, den Rorimer in der Zwischenzeit unter Hausarrest gestellt hatte, aber unbedingt brauchte, um Ordnung in die Sammlung zu bekommen, stahl ihnen die Schau: Betont unbekümmert hob er Gemälde von Rembrandt und Rubens hoch, schwenkte sie vor den Presseleuten hin und her und schwatzte diesen die Ohren voll. Als Rorimer ihn zur Vorsicht mahnte, murmelte er, der Herr Leutnant werde wohl entschuldigen, aber die Verantwortung für Görings Schätze liege bei ihm. Rorimer, der genauer als die Presse über den widerwärtigen Hintergrund der Sammlung Bescheid wußte, korrigierte diese Bemerkung trocken, aber der Schlauberger hatte erreicht, was er wollte. Marguerite Higgins von der *New York Herald Tribune* schrieb prompt, Hofer habe bei jedem einzelnen der über fünfhundert Millionen Dollar teuren Gemälde betont, es sei »legal bezahlt worden«, ja er habe sich »mit einem Augenzwinkern« damit gebrüstet, bei einem Rembrandt Hitlers Agenten überboten zu haben. Von Beschlagnahmungen war nicht die Rede.[20]

Der Artikel erschien, komplett mit vielen Fotos, in der Woche darauf auch in *Life* und *Time*. Letztere Zeitschrift hatte offensichtlich bei den MFAA-Offizieren nachgehakt, denn der betreffende Artikel äußerte Zweifel an der Rechtmäßigkeit von Hofers Aussagen, vor allem jener eklatanten Lüge, »alles, was der Sammlung Rothschild entnommen (und von dem er [Hofer] behauptete, man habe es ›gesammelt‹), sei später von französischen Fachleuten geschätzt worden und man habe dem französischen Staat, der seinerseits natürlich beträchtliche Schulden bei Deutschland hatte, etwas dafür bezahlt«. Der Bericht zählte zahlreiche Einzelheiten über erzwungene oder sonstwie zweifelhafte Verkäufe auf und bemerkte: »Oft erwähnt wird der Einsatzstab Reichsleiter Rosenberg, der, soweit ich herausfinden konnte, in Frankreich, Holland und Belgien Kunstsammlungen beschlagnahmte.«[21] Keine und keiner der Schreibenden hatte es jedoch für nötig befunden, die MFAA-Offiziere auch nur zu erwähnen.

Kunstsachverständige betrachteten die Sammlung aus einem anderen Blickwinkel. Kurator Walker von der National Gallery, der sie am 21. Juli inspizierte, schrieb, Göring sei »während all der Jahre offensichtlich beim Kauf von Bildern übers Ohr gehauen, dagegen ausge-

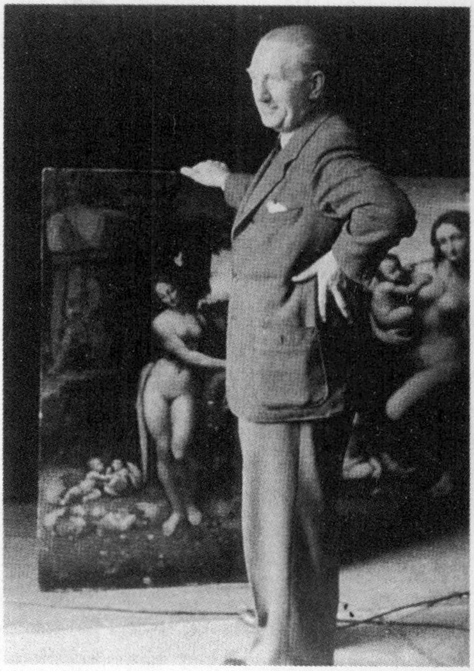

Walter Andreas Hofer setzt sich in Berchtesgaden vor der Presse in Szene.

zeichnet beraten worden, wenn es um Plünderungen ging. Wunderbare Gemälde aus den Sammlungen von Rothschild, Koenigs, Goudstikker, Paul Rosenberg, Wildenstein und anderen privaten Sammlungen und Handlungen. Sein berühmter Vermeer ist eine Fälschung, die wohl vor vier Jahren eigens für ihn angefertigt wurde.«[22]

Hofers ehemaliger Boß setzte dessen Auftritt noch die Krone auf: Er sandte in den ersten Tagen seiner Inhaftierung einen Dienstboten mit amerikanischer Eskorte zu seiner Frau Emmy, um frische Wäsche und eine Ziehharmonika zu holen, die ihm die Stunden im Gefängnis verkürzen helfen sollte. Und er trug ihm zudem auf, die kleine *Madonna* von Memling aus der Sammlung Rothschild mitzubringen, ein Teil des »Notgroschens« für seine Frau. Einem der amerikanischen Gefängnisaufseher gegenüber räumte er zwar pflichtbewußt ein, sie gehöre nicht ihm, sondern stamme »aus dem Louvre«, aber er schenkte sie ihm dennoch großzügig. Der Dienstbote sagte später aus, Göring habe ihm mitgeteilt, der so Beschenkte sei ein in Deutschland geborener, 1928 ausgewanderter und inzwischen eingebürgerter Amerikaner, und zwar der Sohn eines Meistermusikanten der preußischen Sicherheitspolizei. Der Sproß dieses außergewöhnlich talentierten Vaters sprach fließend Deutsch mit Berliner Akzent; Göring »besuchte das Privatquartier dieses Offiziers oft und kam von diesen Besuchen gewöhnlich in einigermaßen angeheitertem Zustand in den frühen Morgenstunden zurück«. Er hatte aber den Reiz sowohl der alten Heimat als auch der Bestechung für den inzwischen durch und durch amerikanischen Aufseher dummerweise überschätzt. Das Gemälde ging mit einigem Trara an die 101. Armee zurück, und Emmy Göring sah sich der restlichen Bilder aus ihrem Notgroschen in der Folge ebenfalls entledigt.[23]

In all diesem Hin und Her vor der vollständigen Sicherstellung der Sammlung verschwanden zwei der vier kleinen Memling-Engel aus der Sammlung Goudstikker, um die man Emmy Göring ebenfalls erleichtert hatte, sowie zwei kleine Landschaften von van Goyen und ein Boucher zugeschriebenes kleines Porträt von Madame de Pompadour. Ein amerikanischer Offizier hatte es in Berchtesgaden herumliegen sehen, bei seinem nächsten Urlaub mit nach Paris genommen und es, in einer Papiertüte verstaut, einer Freundin geschenkt, die in einem amerikanischen Amt arbeitete. Ihr gefiel es, aber sie machte sich weiter keine Gedanken darüber und nahm es schließlich mit nach Hause. Einige Jahre später heiratete sie einen anderen Mann; das Bild hängte sie in einer Zimmerecke an die Wand. Erst als viel später jemand bemerkte, es könnte sich um ein wertvolles Bild handeln, ging sie der Sache nach. Die folgenden Nachforschungen ergaben dann nicht nur, um was für ein Bild es sich handelte, sondern auch, daß es bei einer den französischen Rothschilds zugehörigen Familie beschlagnahmt worden war. Diese hatte aber die Entschädigung dafür längst kassiert und mochte die alten Probleme nicht wieder aufrollen. Die Zufallsbesitzerin hat das Bild heute noch, und es hängt nun gut sichtbar in ihrem Salon.

Nach der ersten Aufregung begann das mühsame Inventarisieren. Es hieß Listen anzulegen von dem, was sich in amerikanischen Händen befand, und diese mit anderen Listen zu vergleichen, die nach Verhören und nach Görings Aufzeichnungen entstanden. Erst dann konnten die Kulturgüterschutz-Offiziere wissen, was überhaupt fehlte. Ein Aufruf an die Bevölkerung von Berchtesgaden, »gefundene Gegenstände« abzuliefern, fand kein großes Echo. Später gedachte man ihre Raubzüge genauer zu untersuchen, doch für den Augenblick gab es für die MFAA-Offiziere genug zu tun: Am 8. Mai war die Armee bis Altaussee vorgestoßen, und dieses Depot stellte durch seine schiere Größe alle anderen in den Schatten.

Der Einmarsch der Amerikaner verlief nicht sehr dramatisch: Unter dem Kommando von Major Ralph Pearson krochen zwei Jeeps und ein Lastwagen voll Soldaten der 80. US-Infanterie bedächtig die steilen Straßen zum Bergwerk hinauf, um den Hinweisen auf ein Depot nachzugehen. Sie waren besonders wachsam, weil sie ins Herz der Alpenfestung eindrangen, die als letzte Bastion des fanatischen Kerns der Nationalsozialisten galt, und sie wußten nicht, ob die Kunde von Deutschlands Kapitulation bis in diese abgelegene Gegend gedrungen war oder ob, falls sie sie erreicht hatte, danach gehandelt würde. Doch sie stießen auf keinerlei Widerstand; vielmehr ergaben sich die mit Maschinengewehren bewaffneten Soldaten der Abordnung Eigruber wie die Lämmchen, und bald überrannten hilfsbereite Bergleute und Kulturverantwortliche Pearson und bemühten sich, ihm ihre Verdienste bei der Rettung der Kunstwerke kundzutun.[24] Die Amerikaner bekamen die berüchtigten Bomben zu sehen, und die Minenarbeiter, GIs und Kunstsachverständigen wurden angemessen auf einer Fotografie verewigt. (Das Bild ging nachher um die Welt mit der Unterschrift: »Bergleute des österreichischen Widerstands«. Zu der Zeit hatten die Amerikaner noch keinerlei Kenntnis von der Rolle des Personals von Altaussee; sie hatten viel mehr damit zu tun, im Ort die Ordnung wiederherzustellen und das weitläufige Bergwerk zu bewachen.

Man berief Posey und Kirstein zur Inspektion, doch sie wurden unten an der Straße nach Altaussee stundenlang aufgehalten durch immer noch voll bewaffnete, aber freundliche Soldaten der deutschen Sechsten Armee, die zu den Kriegsgefangenenlagern bei Salzburg unterwegs waren, um sich zu ergeben. Einmal im Bergwerk brauchte der Architekt Posey nicht lange, um durch die Blöcke einen Zugang zum Hauptstollen zu öffnen. Im zweiten Raum, den sie betraten, »lagen, dreißig Zentimeter über dem Boden, auf vier leeren Pappkartons und praktisch ungeschützt, acht Tafeln, unter ihnen *Die Anbetung des Lammes«:* Sie hatten den Genter Altar gefunden. Kirstein bemerkte: »Die Juwelen in

der Krone Mariens schienen das Licht unserer flackernden Acetylenlampen auf wundersame Weise anzuziehen.« Weiter hinten lag die *Madonna von Brügge* noch immer auf der schmutzigen alten Matratze, mit einer Lage Teerpappe bedeckt.[25]
Die alte, verwinkelte Mine, in der man von verschiedenen Ebenen und aus mehreren Richtungen zu den Kammern gelangen konnte, war äußerst schwierig zu sichern. Zudem war es fast unmöglich, herauszufinden, wem man trauen konnte, denn die Geschichten über die in die Vorgänge in Altaussee verwickelten Personen stellten sich als genauso labyrinthisch heraus wie die Schächte. Kirstein schrieb: »Splittergruppen der Bergwerksangestellten hingen sich gegenseitig an der Kehle, und jede behauptete, allein und gegen alle anderen das Bergwerk gerettet zu haben.«[26] Scholz vom ERR, der sein Versprechen, Bewaffnete zu schicken, eingehalten hatte (welche die Amerikaner sofort verhafteten), sandte Posey einen langen Bericht und schrieb kriecherisch, er liefere darin bis ins Detail die Informationen, die er Kirstein bereits gegegeben habe, und beschreibe wahrheitsgemäß die Rolle des ERR bei den Maßnahmen, die ergriffen wurden, um diese Schreckenstat zu verhindern.[27] Davon unbeeindruckt ließ Posey die augenfälligsten Nazi-Anhänger verhaften und die übrigen arbeiten. Aber George Stout hielt angewidert fest: »Ich habe die Schnauze voll von all den Intriganten, von all den eitlen Kröten, die sich jetzt in vorteilhafte Stellungen hieven und aus dem Leid selbstsüchtig Gewinn oder Ruhm schlagen wollen.«[28] Die Aufgabe, die ihnen bevorstand, verdrängte diese Gefühle bald.
Bei seinem ersten Besuch in Altaussee schätzte Stout, gestützt auf die verfügbaren Aufzeichnungen, die Bestände folgendermaßen ein: »6577 Gemälde, 2300 Zeichnungen und Aquarelle, 954 grafische Blätter, 137 Skulpturen, 129 Waffen und Rüstungsteile, 122 Tapisserien, 78 Möbelstücke, 79 Korbwaren, 484 Kisten wohl mit Archivmaterial, 181 Bücherkisten, 1200 bis 1700 Kisten anscheinend mit Büchern oder ähnlichem, 283 Kisten vollständig unbekannten Inhalts.«[29] In dieser Aufzählung sind die Wiener Bestände in Lauffen noch nicht enthalten. Stout ging zurück ins Hauptquartier der Dritten Armee, um von seinen Funden zu berichten. Er meinte, die Gegenstände in Altaussee lägen aus kuratorischer Sicht auf Jahre hinaus sicher, und gedachte, Pläne für ihren Transport und ihre Lagerung auszuarbeiten. Er rechnete mit mindestens sechs Wochen, um »die wichtigen Bestände auszusortieren«.[30]

Vor den demontierten Tafeln des Genter Altars in Altaussee.

An dem Tag, als Stout nach Altaussee hinauffuhr, erhielt Calvin Hathaway, der seinen nächsten Besuch im Hauptquartier der Siebten Armee in Augsburg plante, einen merkwürdigen Anruf aus dem Verbindungsbüro der deutschen Armee in Zell am See, ganz in der Nähe des großen Bergwerks. Das deutsche Oberkommando, so erfuhr er, sei »im Besitz von wertvollen Kunstwerken, die es der Obhut der Zivilverwaltung in Innsbruck übergeben will«. Der Anrufer sagte nicht, um was für Werke es sich handelte oder wo sie sich befanden. Hathaway ließ alles stehen und liegen und eilte nach Zell am See, wo er eher mühsam in Erfahrung bringen konnte, daß es um die aus dem Wiener Kunsthistorischen Museum entführten Gemälde ging und daß sie sich nun in Sankt Johann in Tirol befanden. Im Nachrichtenbüro der amerikanischen 42. Division in Kitzbühel, wo er als nächstes hinging, um die Rückführung der wertvollsten Schätze dieser Wiener Sammlung vorzubereiten, mußte er sich zuerst einen Vortrag über die »Banalität und Unwichtigkeit von Kunstwerken« vom Befehlshabenden anhören, bevor ihm dieser dann doch noch die nötige Unterstützung zukommen ließ.

Im Wintersportort Sankt Johann führte man Hathaway und seine Begleiter zum Gasthaus zum Goldenen Löwen, wo »Emil God, ein Gast des Hauses, das anfängliche Zögern der Besitzerin und ihrer englischsprechenden Nichte, Kenntnis von Kunstwerken auf dem Grundstück einzugestehen, zunichte machte«. God ging mit ihnen in das von ihm bewohnte Haus nebenan und dort in den feuchten Keller, wo sie zwischen Pfützen auf dem Boden zweiunddreißig Bilder, neunundvierzig Hüllen mit Tapisserien und neun geöffnete Holzkisten vorfanden. God behauptete, die Deutschen hätten beim Zurücklassen der Kisten gesagt, sie enthielten Nahrungsmittel, und er habe sie deshalb geöffnet. Die Bilder hatte er noch nicht ausgewickelt. Nachforschungen in dem kleinen Ort ergaben viele verschiedene Versionen darüber, wie die Objekte eintrafen und verborgen wurden. God sagte, SS-Offiziere hätten ihm gedroht und versucht, ein paar davon mitzunehmen. Er flüsterte Hathaway zu, er sei sicher, daß sich Cellinis berühmtes *Salzfaß,* das einzige bekannte eigenhändige Werk des Meisters, in einer der Kisten befinde, was allerdings nicht der Fall zu sein schien. Hathaway ordnete an, God weiter zu verhören, falls es sich nicht finden lasse. Der Bürgermeister versuchte sich herauszureden: er habe den ständig wechselnden amerikanischen Einheiten nichts von den Kisten gesagt, weil er den amerikanischen Absichten nicht traute und befürchtete, die Gegenstände würden in Deutschland landen.

Die 42. Division, deren Begeisterung für die Sache sich merklich steigerte, als sie vom Wert des kleinen Verstecks erfuhr, willigte nun ein, Wachposten aufzustellen und die Bilder in Gods Wohnzimmer heraufzuschaffen. Die übliche Jagd nach Decken und Verpackungsmaterial folgte, wobei der befehlshabende Offizier, wie er grimmig bemerkte, erstere am liebsten »von den Betten der Nazis« gezerrt hätte, was sich allerdings als unnötig erwies, da man welche in einem deutschen Militärlazarett fand. Die Bilder wurden im Salzburger Mozarteum sicher eingelagert.[31] Später stellte sich heraus, daß es im kleinen Sankt Johann während der letzten Kriegstage ziemlich geschäftig zugegangen war: In einer Scheune des Oberförsters fanden Angehörige des Spionage-Abwehr-Korps zwei Millionen Dollar in verschiedenen Fremdwährungen und mehrere Säcke mit Goldbarren, Schmuck und Münzen, von denen Reichsführer SS Himmler in Zukunft hatte leben wollen.[32]

Es gab noch andere eingefleischte Nazis, die in aller Umsicht ihre Vorkehrungen für die Zukunft getroffen hatten. Keiner aber war umsichtiger vorgegangen als Bürgermeister Liebl von Nürnberg, der seiner Stadt so eifrig zu den größten germanischen Schätzen verholfen hatte. Die raffinierten Bunker unter der Kaiserburg aus dem elften Jahrhundert, die sich im Untergrund bis weit unter die Straßen ausdehnten, erwiesen sich als ein Wunderwerk der Baukunst und Klimatechnik. Dorthin hatte er den Veit-Stoß-Altar und die Insignien des Heiligen Römischen Reiches gebracht, zusammen mit Nürnbergs rechtmäßigen Sammlungen. Ein geheimer Zugang zu den Bunkern lag in einer engen Seitenstraße, getarnt als Eingang zu einem kleinen Laden. Von dort führte eine lange Betonrampe, die in regelmäßigen Abständen durch drei Meter hohe Stahltüren versperrt war, zum Fundament der Burg.

Trotz seines Vertrauens in Hitler hatten sich selbst bei Liebl schließlich Zweifel am Endsieg eingeschlichen. Nach heftigen Luftangriffen im Oktober 1944 bestellte er nach einer Unterredung mit Himmler sonderangefertigte Kupferbehältnisse für fünf der Reichsinsignien, nämlich Krone, Schwert, Zepter, Reichsapfel und das Schwert des heiligen Mauritius. Sie kamen aus ihren Originalkisten in die neuen Behältnisse, und diese wurden zugelötet und dann von Liebl und den beiden städtischen Beamten Friese und Lincke am 31. März 1945 unter strengster Geheimhaltung in einem Durchgang im Bunkerkomplex eingemauert. Um die Sache zu vertuschen, behaupteten Liebl und die höchste SS-Führung, die SS habe die Insignien mitgenommen und im Zeller See in Österreich versenkt. Damit die Geschichte überzeugend wirkte, inszenierten sie mit Hilfe zweier lokaler SS-Leute einen Transport. Doch, ach, Liebls Vertrauen war schließlich endgültig dahin. Am 19. April verbrannte er all seine Unterlagen und brachte sich um, als die alliierten Truppen in seine germanische Stadt einmarschierten. Diese entdeckten die unbeschädigten Bunker, zu denen kooperative städtische Beamte die Schlüssel lieferten, und stellten sie unter Bewachung.

Erst im Juni kamen Gerüchte auf, daß etwas fehle. Eberhard Lutze, Direktor des Germanischen Nationalmuseums, wurde zum Verhör nach Ellingen gebracht und erwähnte den Transport der SS. Dieselbe Geschichte hatten die Alliierten vom berüchtigten SS-General Josef Spacil vernommen, den sie im Zusammenhang mit den in Österreich gefundenen Geldverstecken verhört hatten. Gespräche zwischen SS-Leuten, die die Befrager rapportierten, enthüllten, daß die fehlenden Kronjuwelen offenbar »vom Leiter des deutschen Sicherheitsdienstes

als Symbol für die künftige deutsche Widerstandsbewegung vorgesehen waren«. Die Alliierten erachteten dies als nicht ganz den richtigen Zweck.
Leutnant Walter Horn, ein des Deutschen mächtiger MFAA-Offizier für Sonderermittlungen, wurde nach Nürnberg geschickt. Liebls Stellvertreter Friese schwor Stein und Bein, unbekannte SS-Leute hätten die Kisten in einem Wagen abtransportiert, doch Horn ließ sich nicht überzeugen. Er ließ Friese verhaften und zur Gegenüberstellung mit Spacil ins Verhörzentrum bringen – einen nicht sonderlich angenehmen Ort. Vorher verhörte Horn Friese noch ein wenig, und »unter den Auswirkungen einer Nacht in Einzelhaft und unter dem Druck eines Kurzverhörs, das der Gegenüberstellung vorausging«, schwand Frieses Nazi-Treue dahin, und er gestand. Ein paar Tage später führte er ein paar Leute zum Versteck in einem kleinen Raum in den Tunnelbunkern fünfundzwanzig Meter unter dem Paniersplatz. Die Objekte wurden hervorgeholt und zu den übrigen gebracht, die man unversehrt im Hauptdepot gefunden hatte.[33]

Sich um die unermeßlichen Funde in Altaussee, Berchtesgaden und Siegen zu kümmern war nur ein Teil des endlosen Tagwerks der Stabsoffiziere. Kulturgüterschutz-Offizier John Skilton vollbrachte eines der Wunder der Besatzung, als es ihm gelang, ein Schutzdach über dem beschädigten Gewölbe der barocken Würzburger Residenz zu errichten. Das Gewölbe, eines der größten der Welt, mit dem von Tiepolo und seinen Helfern gemalten Fresko vom Olymp und den vier Erdteilen, war seit einem Bombenangriff der Alliierten im März Wind und Wetter ausgesetzt gewesen. Als Skilton im Juni in Würzburg eintraf, begannen die kunstvollen weißen Rokoko-Gipsdekorationen sich im Regen bereits aufzulösen. Wochenlang suchten er und sein Assistent das Land nach Holz und Teerpappe ab. Durch puren Zufall fand Skilton Hunderte von frisch gefällten Baumstämmen verkeilt in einem Nebenfluß des Mains bei Ochsenfurt und betätigte sich als Flößer, um sie nach Würzburg zu bringen. Später rief man ihn, um einen rheinabwärts treibenden Kahn mit mittelalterlichen Manuskripten zu bergen. Er fand ihn etwas flußabwärts von Schloß Rothenfels, das als Quarantänelager für Typhuskranke diente. Skilton machte einen großen Bogen um das Schloß und sicherte den Kahn. Darin befand sich die größte Anzahl Bücher, die er je auf einmal zu Gesicht

Kulturgüterschutz-Offiziere in Österreich prüfen die gefundenen Reichsinsignien. Von links nach rechts: unbekannter Offizier, Andrew Ritchie, Perry Cott, Ernest De Wald.

bekommen hatte, und es kostete ihn zwei mühsame Wochen, sie in Sicherheit zu bringen.[34]

Im allgemeinen blieb den Kulturgüterschutz-Offizieren in Deutschland wenig Zeit, um sich mit so langfristigen Projekten zu beschäftigen. Sie reisten ständig und meist allein umher. Im Verlauf dieser Fahrten entdeckten sie nach und nach mehr als zweitausend Verstekke, von Schlössern bis zu Ställen, in denen, oft einfallsreich verborgen, nicht nur wunderbare Kunstwerke ruhten, sondern auch Aufzeichnungen und Geräte der wahnwitzigsten Unternehmen und grauenvollsten Experimente der Nazis. Die Leute, denen die Schlösser gehörten oder die mit deren Verwaltung Beauftragten empfingen die Kulturgüterschutz-Offiziere auf alle Arten: von eklig und mißtrauisch über arrogant oder unterwürfig bis zu kooperativ und freundlich. Es gab wenige Anzeichen für Schuldgefühle oder Reue. Einige beschwerten sich sogar über ihre Entbehrungen. Nach fünf Jahren Krieg fiel es den MFAA-Offizieren, die im Zivilleben oft einen hierarchisch höheren Rang bekleideten und meist nach stundenlanger Fahrt im Jeep in schmutzstarrenden Felduniformen ankamen, schwer, höflich zu bleiben, wenn sie von elegant gekleideten Schloßdamen und -herren mit Herablassung empfangen wurden. Ein Offizier, bei dem sich ein Adliger darüber beklagte, daß polnische Verschleppte sein Schloß in Unordnung brächten, erwiderte scharf, schließlich hätten nicht seine Landsleute Polinnen und Polen nach Deutschland gebracht. Es gab zahlreiche Beschwerden über die »Unannehmlichkeiten«, die die alliierte Besatzung mit sich brachte. Der sanftmütige Bildhauer Walker Hancock meinte später einmal, es sei offenbar vielen Deutschen vollkommen entgangen, wie viele »Unannehmlichkeiten« Hitler dem Rest der Welt bereitet habe.

Aber die MFAA-Offiziere waren zuviel unterwegs, als daß sie sich über solche Kränkungen hätten aufhalten können. Ein Auszug aus Calvin Hathaways Tagebuch, peinlich genau in den vielsagenden Details,

Düstere Aussichten: Fünftausend in ganz Europa zusammengestohlene Glocken warten in Hamburg auf ihre Identifizierung.

vermittelt uns einen Eindruck der raschen Abfolge und der Verschiedenartigkeit der Entdeckungen, die alle erledigt und registriert (daher die vielen Versalien) oder anderen Behörden zur Kenntnis gebracht werden mußten:

> Freitag, 1. Juni. In Schloß HIRSCHBERG Gespräch mit dem Herrn des Hauses CORINTH (verwandt mit dem Maler). [...] Kellerdurchgang mit aus ITALIEN hergebrachten und im Schloß aufgestellten Möbeln verstellt. [...] Zwei Räume im Keller, angeblich Eigentum der Baronin von HIRSCHBERG enthaltend, sind verriegelt (Corinth sagt, die Baronin habe die Schlüssel bei sich in GOSSENHOFEN) und mit Verbotsschildern des Gestapo-Leiters MÜNCHEN versiegelt. Schwimmbad im Keller mit Möbeln und Textilien, die angeblich BLEICHRODER und HIRSCHBERG gehören. Bücherkisten in der Passage, Teil der Bibliothek aus dem Prinz-Karl-Palais in MÜNCHEN, sind Partei-Eigentum. Meiner Aufforderung vor drei Wochen, Kunstwerke, die den Bayerischen Staatssammlungen gehören, in einem Raum zusammenzutragen und den Zutritt dazu dann zu verbieten, wurde nicht Folge geleistet. Corinth behauptet, nachfolgende Militärbefehlshaber (amerikanische) hätten gewünscht, daß die Bilder an den Wänden hängen blieben, wo sie gut aussähen [...] eine Truhe mit Silber aus Parteibesitz, die in einem der Räume im Keller aufbewahrt wurde, hat man fortgenommen. [...] Abfahrt Schloß HIRSCHBERG 10.00 Uhr. [...] Schloß BERNRIED, früher Eigentum von Baron WENDLAND, jetzt von Schweizer Gesandtschaft als Klinik verwendet; keine Kunstwerke hier. Mrs. BUSCH, amerikanische Staatsbürgerin, die von den Einkünften aus der Brauerei Anheuser-Busch lebt, angeblich Besitzerin mehrerer Kilometer Seeanstoß nördlich von BERNRIED, soll während des ganzen Krieges in Deutschland geblieben sein, hat all ihre wertvollen Möbel aus ihrem großen Sitz nördlich von BERNRIED entfernt und diesen Lt. Gen. PATCH als Unterkunft angeboten. Es heißt, sie sei nun in der Schweiz und wohne beim US-Gesandten. [...] Weiter zu Schloß EURASBURG [...] Besitzer Kurt WOLF, Eigentümer der Textilmühle in Sachsen, ist in der Nähe und lästig. Einrichtung des Schlosses sehr zweitklassig, wird von den gegenwärtig dort Untergebrachten nicht in Unordnung gebracht. [...]. Das Schloß ist Depot für ungefähr 280 Kisten mit Büchern und Archivmaterial, evakuiert

aus MÜNCHEN; leichte Neigung ersichtlich, den Kisten Material zu entnehmen und herumliegen zu lassen. Im Fahrzeugschuppen an der südwestl. Ecke des Schlosses etwa 2500 Bündel mit Archivmaterial aus MÜNCHEN, an der Mauer aufgestapelt hinter geplünderten Packkisten mit evakuiertem persönlichem Eigentum von verschiedenen Einzelpersonen. Die am leichtesten zugänglichen Bündel scheinen zum HEERESARCHIV zu gehören. [...] Ankunft um 20.55 Uhr in AUGSBURG. 180 km.[35]

Und dann zu Bett.

Das Mißtrauen der schloßbesitzenden Adligen bestand nicht ganz zu Unrecht, denn es kam natürlich in den alliierten Reihen durchaus zu unehrlichen Ausrutschern. Während die wenigen verfügbaren Kulturgüterschutz-Offiziere an den bedeutenden Funden arbeiteten und das Armeeoberkommando potentielle Goldschätze von ganzen Panzerbataillonen umstellen ließ, war die Bewachung von kleineren Verstecken und persönlichen Entdeckungen weniger streng. Und noch viel schwieriger waren Kunstwerke in zerschossenen Gebäuden zu überwachen. Für viele, die in ganz Europa gekämpft hatten oder Verwandte durch die Nazis verloren hatten, galt das Gebot »Du sollst nicht stehlen« in bezug auf Deutschland ganz einfach nicht. Es gab von der ersten Stunde an Fälle von Plünderungen durch amerikanische Armeeangehörige, und die Palette reichte von gutgemeinten, aber fehlgeleiteten Versuchen, Werke zu schützen, bis zu offensichtlichem Diebstahl und arroganter Einschüchterung der Besiegten. Anzeigen von Diebstählen mußten alle zuständigen Behörden gründlich nachgehen. Einige erlangten sogar durchaus Berühmtheit.
Besonders spektakulär gestaltete sich die Affäre um den Schmuck der Familie von Hessen. Die fraglichen Juwelen hatten Bedienstete Prinzessin Margarets von Hessen – Enkelin von Königin Victoria, Schwester Kaiser Wilhelms II. und Mutter des als Kunstagent für die Nazis tätigen Prinzen Philipp von Hessen – im Oktober 1944 unter alten Steinplatten im Keller von Schloß Kronberg bei Frankfurt vergraben. Es handelte sich um eine sehr ansehnliche Menge, hatten doch mehrere Mitglieder dieser großen Familie aus Angst vor den Geschehnissen am Ende des Krieges ihre Besitztümer aus Banktresoren zurückgezogen, um sie der Erde anzuvertrauen. Die Juwelen lagen in einer

Bleischatulle verpackt, die ihrerseits in eine Holzkiste kam. Ein Steinmetz verschloß die Grube und machte sie unkenntlich. Leider beschränkte sich die Familie nicht darauf, Juwelen zu verstecken: Sie trug dem Steinmetz auch auf, sechzehnhundert Flaschen edlen alten Weines zu verstecken, was unendlich viel schwieriger war. Weitere achtzehnhundert Flaschen weniger edler Tropfen ließen sie schließlich an Ort und Stelle liegen.

Im April 1945 marschierte Pattons Dritte Armee ein, ließ der Familie vier Stunden Zeit, um auszuziehen, und beschlagnahmte das Schloß als Hauptquartier. Die nicht verborgenen Flaschen verschwanden schnell. Als das Hauptquartier weiterzog, wurde im Schloß eine Offiziersmesse eingerichtet. Die Neuankömmlinge stöberten die eingemauerten Weine bald auf und fanden dann, auf der Suche nach mehr, die frisch eingelassenen Platten, unter denen die Juwelen versteckt lagen. Ein Sergeant übergab sie der Leiterin des Klubs, einer Offizierin des Frauenhilfsdienstes namens Katherine Nash, die ihm versicherte, sie werde sie den zuständigen Behörden abliefern. Was sie jedoch nicht tat. Einige Monate später fragte Prinzessin Sophie von Hessen, die von einer Angestellten erfuhr, daß man die Juwelen gefunden hatte, Captain Nash, ob sie etwas von dem Schmuck auf ihrer Hochzeit tragen dürfe. Diese willigte ein, doch als Sophie von Hessen kam, um die Juwelen abzuholen, sagte man ihr, sie seien gestohlen worden. Der Fall wurde der für die Untersuchung krimineller Tatbestände zuständigen Armeedienststelle mitgeteilt, doch bevor dort etwas unternommen werden konnte, kehrte Captain Nash in die Vereinigten Staaten zurück, da ihre Dienstpflicht zu Ende war. Doch bei der Armee hatte man Verdacht geschöpft, und zwar nicht nur gegen Nash, sondern auch gegen ihren Freund, einen gewissen Colonel Durant, dessen Dienst ebenfalls zu Ende war. Beider Entlassung wurde aufgeschoben, damit sie unter militärischer Gerichtsbarkeit verblieben. Das inzwischen verheiratete Paar – aber nicht der Schmuck – wurde in einem Hotel in Chicago aufgespürt. Nach einem Verhör gestanden sie und wurden verhaftet, ebenso der Sergeant, der das Versteck entdeckt hatte und dem sie einen Anteil an der Beute versprochen hatten. Die Edelsteine fanden sich in einem Schließfach am Bahnhof, wo sie der Hehler, weil er die Nerven verlor, zurückgelassen hatte. Sie waren zu einem Großteil aus den unbezahlbaren Originalfassungen herausgebrochen.

Nach der Verhaftung der beiden setzte die Armee im Pentagon eine Pressekonferenz mit allem Drum und Dran an. Die Presse beäugte so beeindruckende Stücke wie einen »zwölfkarätigen kanariengelben Diamanten« und »Haufen von Perlen, blitzende Saphire und Rubine«. Katherine Durant-Nash hatte sich offensichtlich nicht auf Schmuck beschränkt, sondern haufenweise weitere hübsche Dinge aus dem Schloß mitlaufen lassen und nach Hause geschickt, so ein ganzes Vermeil-Besteck, mehrere Konvolute mit Briefen an die britische Königin Victoria, eine Bibel mit persönlicher Widmung, die sie 1858 ihrer Tochter zur Hochzeit mit dem zukünftigen Kaiser Friedrich geschenkt hatte, und zahlreiche weitere Bücher, Orden, goldene Fächer und Uhren – alles in allem mit einem von zunächst auf anderthalb, später nach oben auf drei Millionen Dollar korrigierten Schätzwert. Die Armee beschrieb die Sache, vom Skandal scheinbar ungerührt, als »den größten Diebstahl der Neuzeit«. Katherine Durant-Nash und ihr Mann wurden zurück nach Deutschland gebracht, wo man ihnen einen als »stürmisch« bezeichneten Prozeß machte. Als Zeugen und Zeuginnen traten zahlreiche Mitglieder der Familie von Hessen und deren Dienstpersonal auf. Die Verteidigung führte an, die Familie habe die Juwelen »aufgegeben«, als sie sie vergrub und ihre Klage sei zudem ungültig, weil einige Familienangehörige Mitglied der NSDAP gewesen seien. Katherine Durant-Nash sagte aus, sie sei in einer Irrenanstalt zwangsverhört worden und habe nur gestanden, um dort herauszukommen, und die Armee habe ihr zugesagt, von einer weiteren Strafverfolgung abzusehen. Sie legte sogar beim Obersten Gerichtshof in den USA Berufung ein. Es brachte ihr nichts; sie erhielt fünf, ihr Ehemann fünfzehn Jahre Gefängnis.[36]

Andere kamen dank Umständen, die sich der Kontrolle der Armee entzogen, für den Augenblick davon. Etwa zur selben Zeit, als die amerikanischen Streitkräfte Merkers und Grasleben einnahmen, marschierten sie auch in der Harzer Kleinstadt Quedlinburg ein, die bei der SS besonders beliebt war. 1936 wünschte Himmler dort die Tausendjahrfeier zum Tod König Heinrichs I. von Sachsen abzuhalten, eines Vorfahren der Kaiser des Heiligen Römischen Reiches, dem erfolgreiche und ausgedehnte Eroberungen den Titel »Gründer Deutschlands« eingetragen hatten. Heinrich und die ihm angetraute Königin Mathilde hatten mehrere Klöster gestiftet und waren von der Kirche heiliggesprochen worden; es heißt, sie seien in der Kirche von

Quedlinburg bestattet. Himmler stellte sich ein jährlich wiederkehrendes Fest vor: die Heinrichsfeier. Obwohl kein Mensch wußte, wo die Gebeine des Königs wirklich lagen, wurde 1936 gehörig gefeiert. Zahlreiche SS-Archäologen förderten bei späteren Ausgrabungen rechtzeitig für die zweite Feier ein paar Knochen zutage, die dann anläßlich des Festes in der Quedlinburger Gruft beigesetzt wurden. In der Umgebung wurde eifrig weitergeforscht, um Parallelen zwischen dem Leben Heinrichs I. und demjenigen Heinrich Himmlers aufzudecken, der sich »mehr und mehr als eine Reinkarnation des sächsischen Königs betrachtete«.[37] Die Quedlinburger Kirche wurde säkularisiert und in einen SS-Schrein verwandelt und mit all dem üblichen Putz und den Symbolen der NSDAP geschmückt; SS-Offiziere führten darin Besichtigungen durch.

Während des Krieges hatten die Geistlichen von Quedlinburg die unbezahlbaren Schätze aus ihrer Kirche, unter denen sich fragile Reliquienschreine aus Bergkristall auf goldenem Untersatz, eine silberne Urne mit Elfenbeinreliefs und Edelsteinen und das sagenumwobene, ganz mit Goldtinte geschriebene und mit einem goldenen Einband versehene »Samuhel-Evangeliar« befanden, in einen Bergwerksstollen außerhalb der Stadt gebracht, wobei nicht ganz klar ist, ob sie sie vor der SS, der russischen oder der amerikanischen Armee in Sicherheit bringen wollten. Nachdem ein Soldat der amerikanischen 87. Feldartillerie das Versteck zufällig entdeckt hatte, wurde ein Wachposten aufgestellt, der Deutschen und Flüchtlingen den Zugang verwehrte, seine Kameraden aber ohne weiteres einließ, damit sie sich die »Kriegsbeute der Nazis« ansehen konnten.

Einer davon war Leutnant Joe Tom Meador aus Whitewright in Texas. Meador hatte nicht nur seit dem Tag der alliierten Landung in der Normandie drei militärische Auszeichnungen erhalten, sondern war, so scheint es, auch ein Kunstliebhaber. Er erblickte die Objekte im Bergwerk, wickelte ein paar davon in seinen Mantel und nahm sie kurzerhand mit. Die Schätze wieder loszuwerden stellte ihn vor keine größeren Probleme. Er packte sie in kleine Kartons und schickte sie schlicht nach Hause. Die anderen Offiziere wußten sehr wohl von dem Diebstahl, doch sie befanden sich, wie einer von ihnen viel später bemerkte, schließlich seit fast einem Jahr im Krieg, und es war ihnen gleichgültig.

Meador ließ sich hier nicht zum letzten Mal in Versuchung führen.

Nach dem Krieg begann er an der amerikanischen Universität von Biarritz zu unterrichten, die von der Armee für Armeeangehörige geführt wurde. Der Unterricht fand in der beschlagnahmten Villa einer französischen Marquise statt, die ein Zimmer noch bewohnen durfte. Meador stahl Silber und Porzellan und erhielt, vor ein Kriegsgericht gestellt, einen scharfen Verweis und eine Geldstrafe. Die Kirchenbehörden in Quedlinburg hatten den Diebstahl ihrer Schätze der Armee mitgeteilt, und diese leitete eine Untersuchung ein. Als Quedlinburg in der sowjetischen Zone hermetisch abgeriegelt wurde, konnte man die Angelegenheit nicht weiter verfolgen. Die Untersuchung des Falles – eines Falles von Hunderten – wurde 1949 abgebrochen. Meador kehrte nach Texas zurück, wo er seine Sammlung Bekannten und Verwandten zeigte, die sie hübsch fanden, aber nicht nach ihrer Herkunft fragten. Er versuchte nie, etwas davon zu veräußern, und so hielt die Öffentlichkeit die Quedlinburger Schätze für verschwunden.[38]
Schwieriger zu verurteilen waren die Robin-Hood-Typen. Im April 1945 bat ein kunstliebender Reservemarineoffizier namens Maley, der fließend Deutsch sprach, die berühmte Sammlung griechischer Vasen der Würzburger Universität zu besichtigen. Während seines Besuches vertrauten ihm die Kuratoren an, daß die Räume, in denen die Vasen standen, wegen der fehlenden Türen nicht sicher seien und daß die Sammlung jede Nacht von Plünderern heimgesucht werde. Der amerikanische Offizier war so entrüstet, daß er sich an den überlasteten lokalen MFAA-Offizier Giuli wandte und ihm anbot, auf eigene Kosten eine Arbeitsgruppe zusammenzustellen, um die Vasen in Sicherheit zu bringen. Giuli nahm das Angebot an, Maley erledigte die Arbeit, schrieb einen ordnungsgemäßen Bericht, und der MFAA-Offizier inspizierte die neue Unterkunft. Was aber Giuli nicht wußte und Maley nicht erwähnte: Der hilfsbereite Maley hatte eine wundervolle Vase (und mehrere kleinere Gefäße) in eine Kiste gepackt und dem verblüfften deutschen Kurator erklärt, ein anderer Verantwortlicher der Würzburger Universität habe darauf bestanden, ihm diese Gegenstände als Dank für seine Hilfe zu überreichen, unter der Bedingung, daß Maley sie dem Art Institute in Chicago als Leihgabe zur Verfügung stelle. Maley verließ dann Würzburg, nachdem er die Vase wirklich nach Chicago abgeschickt hatte.
Der deutsche Kurator erstattete den amerikanischen Behörden Bericht, und am 8. Mai wurde eine Untersuchung eingeleitet. Es dauerte

mehrere Monate, bis der Fall Washington erreichte. Im August trug die Abteilung für zivile Angelegenheiten der Roberts Commission auf, herauszufinden, ob das Art Institute einen derartigen Gegenstand erhalten habe. Und siehe da: Chicago *hatte* die Vase erhalten! Direktor Daniel Catton Rich führte nicht aus, aus welchen Gründen er das fragliche Objekt angenommen hatte, sondern wies einen »klärenden« Brief von Leutnant Maley vor, in dem dieser seine Behauptung wiederholte, jedoch einverstanden war, daß die Vase umgehend wieder nach Deutschland zurückging, und bedauerte, daß man »seine Bemühungen offenbar falsch ausgelegt« habe. Die Abteilung für zivile Angelegenheiten schickte die Vase zurück, ließ aber das Art Institute für die Verpackung sorgen.[39] In diesem wie in vielen ähnlichen Fällen gab es weder Strafen noch Verweise, denn die Armee und die Roberts Commission legten mehr Wert auf die Rückführung der Kunstwerke als auf Bestrafung und das damit unvermeidlich verbundene Aufsehen.

Auch die Gegenstände, die bewacht und über die ordnungsgemäße Berichte erstellt wurden, stellten ein immer größeres Problem dar. Die in Marburg eingerichtete Sammelstelle war schon ziemlich voll mit im Norden gefundenen Objekten und viel zu weit entfernt von den größten Depots in Österreich und Bayern. München, nur wenige Stunden von den dortigen Kunstlagern entfernt, bot sich geradezu für die Einrichtung eines zweiten Zentrums an. James Rorimer hatte sich bei seinem ersten kurzen Besuch am 9. Mai von den beiden kurz zuvor geplünderten NSDAP-Gebäuden Führerbau und Verwaltungsbau am Königsplatz beeindrucken lassen. Hitlers Büros und der große Raum, in dem Maria Dietrich für ihn ihre kleinen Kunst-Präsentationen inszeniert hatte, waren ebenso durchwühlt wie die Tresorräume und die Ateliers, in denen Hitlers Sammlung inventarisiert und aufbewahrt wurde. Der Boden war über und über mit ausgefallen gerahmten Fotografien von Hitler, mit Büchern, Schreibpapier mit NSDAP-Symbolen und massenhaft Parteiunterlagen übersät.[40]

Viele Dinge waren aus den Kellern gestohlen worden, darunter der größte Teil der Sammlung Adolphe Schloss, die zu spät aus Frankreich eingetroffen war, als daß man sie noch hätte in die Bergwerke bringen können. Aber die Bausubstanz war weitgehend intakt und erfüllte perfekt die Bedürfnisse der MFAA. Das Problem bestand nun darin, die begehrenswerten Räumlichkeiten Pattons Dritter Armee wegzuschnappen, die gerade ihr Hauptquartier in München einrichtete. Es gingen Gerüchte um, Patton persönlich habe ein Auge auf Hitlers ehemalige Büros geworfen. Dagegen konnten die MFAA-Offiziere, die in der Hierarchie niedrigere Ränge einnahmen, nur die SHAEF-Direktive anführen, in der die Einrichtung einer Sammelstelle angeordnet wurde. Die offizielle Erlaubnis aber mußte von der Dritten Armee kommen, in deren Territorium München lag. Zum Glück war der Kulturgüterschutz-Offizier der Dritten Armee, Robert Posey, offiziell verantwortlich für Altaussee.

Als Leiter der neuen Sammelstelle wählten Stout und LaFarge Leutnant Craig Hugh Smyth, einen weiteren Offizier, den Paul Sachs dank seiner Bemühungen in Washington bei der Kriegsmarine hatte abwerben können. Smyth war ausgezeichnet qualifiziert. Als einer der ersten Kuratoren der brandneuen National Gallery of Art in Washington hatte er die evakuierten Bilder in das Depot in Biltmore begleitet. In Deutschland mußte er nun, praktisch über Nacht, eine ähnliche Operation vorbereiten, allerdings für eine Anzahl Kunstwerke, die jene an seinem alten Arbeitsplatz um ein Mehrfaches überstieg, und alles unter ganz anderen Bedingungen. Er führte einen Blitzstart durch. Am Abend des 4. Juni wurde er nur zwei Stunden nach seiner Ankunft in München zur zukünftigen Sammelstelle geführt.

Am selben Tag hatte Rorimer mit dem für die Beaufsichtigung für Eigentum zuständigen Offizier der Dritten Armee einen Stadtrundgang gemacht und ihn davon überzeugt, daß die Alternative, nämlich das Haus der Deutschen Kunst – immer noch mit wogenden dunkelgrünen Tarnnetzen verhangen –, für eine Sammelstelle zu klein sei. Als sie an den NSDAP-Gebäuden vorbeikamen, schüchterte Rorimer den Offizier mit einem Hinweis auf die »absurden Sicherheitsvorkehrungen« ein, mit denen man die verbleibenden Wertsachen im Gebäude schütze, habe man doch einige Zugänge durch Granatenexplosionen blockiert, und fügte sofort hinzu, dies wäre der geeignetste Ort für eine Sammelstelle und man sollte das Gebäude unverzüglich sichern. Der Offizier willigte zögerlich ein, wies aber darauf hin, daß die endgültige Erlaubnis noch ausstehe. Smyth hielt das Gebäude ebenfalls für gut geeignet, und am nächsten Morgen zog er in den riesigen Komplex ein. Rorimer, der ihn eingeführt hatte, reiste unverzüglich weiter nach Neuschwanstein.[41]

Die Aufgabe, die Smyth bevorstand, war beängstigend. In einer zerstörten Stadt und in einem Staat, in dem fast nichts mehr ging, wo jedes übriggebliebene Teilchen Baumaterial von Hunderten von Leuten begehrt wurde, mußte er in einem beschädigten Gebäude einen sicheren Hort für etwa zehntausend Kunstwerke, darunter die bedeutendsten der Welt, einrichten. Das Gebäude sollte sicher sein und die Kostbarkeiten nicht nur vor Wind und Wetter schützen, sondern auch die Möglichkeit bieten, Temperatur und Feuchtigkeit fachgerecht zu regeln. Und die Objekte kamen nicht in sorgfältig verpackten Kisten an, aus denen weißbehandschuhte Fachkräfte sie sorgfältig heraushoben, sondern in endloser Folge auf Lastwagen, Tag und Nacht.

Smyth konnte mit der Arbeit nicht auf die formale Erlaubnis der Dritten Armee warten. Das dazu nötige machiavellistische Manövrieren überließ er Posey und dessen grauer Eminenz Lincoln Kirstein. Er hieß die Gebäude von den dort stationierten Einheiten räumen und reinigen, was sich noch an Wertvollem dort befand, inventarisieren und zerschlagene Fensterscheiben und Einschußlöcher im Dach zu reparieren. Bombenentschärfungstrupps mußten nach Minen und zurückgelassenen Sprengkörpern suchen, und sie fanden auch tatsächlich eine große Menge davon. Smyth entdeckte bald einen ganzen Irrgarten an unterirdischen Gängen, durch die die Gebäude miteinander und mit mehreren Nebengebäuden verbunden waren und die er sperren oder bewachen lassen mußte. Um den ganzen Komplex war ein Stacheldraht zu ziehen. Hinzu kamen natürlich die nötigen Aufenthalts- und Verpflegungsmöglichkeiten mit Kochgelegenheit für Angestellte, Arbeiter, Wachposten und Lastwagenfahrer, die es außerdem nach allen Regeln der Bürokratie anzuheuern oder zu rekrutieren galt. Das Oberbürgermeisteramt von München hatte Arbeitskräfte zur Verfügung zu stellen, und die Dritte Armee ordnete mürrisch Militärpolizisten ab. Smyth selbst mußte aus einer genehmigten Liste vermuteter Nicht-Mitglieder der NSDAP einen Stab von Fachleuten zusammenstellen, die der militärische Nachrichtendienst seinerseits zuerst zu akzeptieren hatte. Unmittelbare Unterstützung erhielt er von einem weiteren Marineoffizier namens Hamilton Coulter, einem Architekten, der sich um die Reparaturen kümmerte.

Die Dinge liefen bereits wie geschmiert, als am 9. Juni der für Unterkünfte zuständige Offizier der Dritten Armee, ein Oberst, plötzlich auftauchte, um zu überprüfen, »ob die Gebäude anders von der Dritten Armee genutzt werden könnten und andere als Depots ausreichen«

würden. Smyth und seine Leute zogen sämtliche Register, um ihn davon abzubringen. Sie betonten den immensen materiellen Wert der ankommenden Werke und wiesen darauf hin, wie perfekt das Gebäude für ihre Zwecke geeignet sei; sie stellten der Dritten Armee und Patton einen Sonderplatz in der Geschichte als Retter der größten Schätze der Welt in Aussicht, und sie erwähnten, wie unpassend es doch wäre, wenn Patton dieselben Räume bewohnen würde wie der verhaßte Diktator. Der Oberst ging wieder, ohne eine Entscheidung getroffen zu haben, doch sie hatten gewonnen: Am 14. Juni wurde das Gebäude offiziell zur Sammelstelle erklärt. Damit waren dann alle zufrieden. Pattons Leute übernahmen das Haus der Deutschen Kunst, die Wiege der vom Reich gebilligten Kunst, verwandelten es in ein schickes Kasino mit Offiziersklub und dekorierten es mit riesigen Symbolen der Dritten Armee. Im Innern spielte eine deutsche Band jeweils die neuesten »entarteten« amerikanischen Hits zum Cocktail und zum Abendessen.

Die folgenden Tage ging es wild zu und her. Nun, da die Sammelstelle offiziell genehmigt war, konnte Smyth Versorgungs- und Dienstleistungen beanspruchen. Die Einheiten, die die meisten Räume belegt hatten, zogen aus, wobei sie das gesamte Mobiliar mitnehmen wollten. Kaum waren sie fort, versuchte das Korps der Spionage-Abwehr mit riesigen verschlossenen Tresoren voller Dokumente einzuziehen. Putzleute kamen, konnten aber nur halbtags arbeiten, weil sie den anderen halben Tag für die verzweifelte Suche nach Eßbarem für ihre Familien brauchten. Bevor Deutsche eingestellt werden durften, mußten sie den gefürchteten Fragebogen ausfüllen und jegliche Verbindungen zu den Nazis angeben, und Untersuchungsbeamte der Militärregierung mußten jeden und jede zuerst für unbedenklich erklären. Dies stürzte Smyth in ein Dilemma, war er sich doch sicher, daß einige Techniker, die für die Heizung sorgten und auf die er daher nicht verzichten konnte, Nationalsozialisten waren; vorerst konnten sie bleiben. Aber das größte Problem stellte nach wie vor die Dritte Armee dar, von der Smyth die Sicherheitskräfte bezog. Willkürlich zog sie Wachposten wieder ab und teilte ihm keine ständige Truppe zu, so daß er jede neue Mannschaft mit dem komplizierten Grundriß und den Problemen in den beiden Bauten von neuem vertraut machen mußte. Während alledem warteten rund um Smyth herum unbezahlbare Objekte auf einen sicheren Zufluchtsort. Am 14. Juni, dem Tag, an dem die Sammelstelle offiziell genehmigt worden war, hatte er den Kunst-

Lastwagen mit Kunstwerken vor der Münchner Sammelstelle.

schatz aus Franks Haus, den man zum Hauptquartier gebracht hatte, inspiziert. Beim Öffnen einer Kiste fand er unter anderem Leonardos *Dame mit dem Hermelin* und in derselben Kiste ein Dürer-Porträt, drei Rembrandts, darunter das Landschaftsbild aus der Sammlung Czartoryski, sechs weitere Gemälde und mehrere Zeichnungen. Keine Spur dagegen vom Czartoryski-Raffael. Smyth verpackte die Bilder wieder, bis der Verwaltungsbau gesichert werden konnte. Doch die acht Lastwagenladungen mit Gemälden, die in nur drei Tagen aus Altaussee eintreffen sollten, konnte er beim besten Willen nicht einfach wieder einpacken.

Die Russen hatten ebenfalls Kunstdepots gefunden und sie ebenso gründlich geleert wie die westlichen Alliierten, wenn nicht noch gründlicher. Darin besaßen sie schon Übung, als sie deutschen Boden betraten: Mehr als ein Jahr lang hatten sie stapelweise Kisten entdeckt, die der ERR und das Ahnenerbe auf einer Linie, die durch das Baltikum und Polen bis nach Berlin und Schlesien reichte, zurückgelassen hatten. Anfänglich waren sie noch bestrebt, ihr Eigentum zurückzuholen, doch die außerordentlich brutale und gründliche Verwüstung, die die Deutschen im Osten angerichtet hatten, verleitete sie dazu, mitzunehmen, was ihnen in die Hände fiel.

Der Pawlowsker Kurator Anatoly Kuchumow, der den größten Teil seiner Reisen zu Fuß zurücklegte, begann mit seiner Suche in der unmittelbaren Nachbarschaft des Palastes. Die ersten Gegenstände, die er fand, waren einfach in die verminten Parkanlagen geworfen worden. Brokatfetzen, Tische mit abgesägten Beinen, in Hocker verwandelte Stühle und zerschlagene Gußformen fand er in Bunkern. Aus seltenen Hölzern geschnitzte Türen hatte man dazu mißbraucht, Gräben zu überdecken. In den als Truppenunterkünfte genutzten Räumen und in den Gärten der umliegenden Dörfer fand er Statuen aus dem Palast. Ein Ganzfigurbildnis von Peter dem Großen lag, aus dem Rahmen gesäbelt und zerknittert, auf einem Speicher herum.

Bis September 1944 hatte sich Kuchumow, so gut es ging, nach Estland durchgeschlagen. Im Städtchen Vyr fand er ein Depot mit Mobiliar aus dem Katharinenpalast. Seine weiteren Entdeckungen illustrieren nur zu gut, wie weitherum die Deutschen das Erbe seines Landes verstreut hatten: Beim Umherstreifen und Durch-die-Fenster Spähen erblickte er in einem Haus einen ihm vertraut aussehenden Tisch. Er bat höflich, ihn sich ansehen zu dürfen – und fand auf der Plattenunterseite wahrhaftig die Inventarnummer des Museums. In einem Kaffeehaus, wo er mittags aß, sah er, wie in der Küche zwei japanische Schalen des achtzehnten Jahrhunderts aus Pawlowsk als Teigschüsseln verwendet wurden. Als er Vyr mit einem Armeelastwagen verließ, entdeckte er in einem Straßengraben einen Haufen ledergebundener Bücher und kleinerer Skulpturen und hob sie auf. Am Ende hatte er auf dieser Exkursion annähernd eine Eisenbahnwagenladung solcher Gegenstände eingesammelt. Er ging weiter: In Tallinn zog er verblüfften Stabsoffizieren der Roten Armee Stühle aus Pawlowsk buchstäblich unter dem Hintern weg. In Riga entdeckte er vierhundert Gemälde, achttausend Kameen und noch viel mehr, und so fuhr ein weiterer Waggon nach Osten. Bei Kriegsende war Kuchumow bis nach Königsberg gelangt, wo die Nazis die größte Menge an Schätzen aus den besetzten Ostterritorien zusammengetragen hatten. Das Schloß war zerschossen und in Brand gesteckt, und die Reste des Mobiliars befanden sich in den endlosen Räumen und den bei den Nazis so beliebten unterirdischen Zimmern und Passagen verstreut. Doch nirgendwo konnte er in all den weitläufigen Räumlichkeiten die neunundzwanzig Holzkisten mit der Auskleidung des berühmten Bernsteinzimmers finden, die angeblich hier versteckt lagen.[42]

Die Rote Armee war in der Zwischenzeit in Deutschland auf die westlichen alliierten Streitkräfte gestoßen und belagerte Berlin. Die Stadt wurde so gründlich bombardiert wie zuvor von den Nazis Sankt Petersburg, Sewastopol und so viele andere. Rund um Berlin gab es jede Menge Stollen, Kammern und Schlösser mit Kunstwerken. Die Sowjetunion war aber nicht unvorbereitet: Die Rote Armee, die oft als eine Horde von Wilden dargestellt wird, verfügte über eine gut organisierte Gruppe ausgebildeter Kunstfachleute, die mit Umsicht die bedeutendsten Objekte wegbrachten, bevor die weniger zimperlichen Truppen losgelassen wurden. Sie waren jedoch nicht daran interessiert, Bauwerke zu schützen oder Plünderungen zu verhindern, sondern gehörten der sogenannten Trophäen-Kommission mit dem Ziel an, Wertvolles aller Art, von Maschinen bis zu Lebensmitteln, einzusammeln und in die Sowjetunion zu bringen.

Die Russen erreichten die Berliner Museumsinsel am 2. Mai, drei Wochen nachdem die Amerikaner Merkers eingenommen hatten. Die Museen waren Teil des letzten Verteidigungswalles, und in diesen Wochen fielen die Bomben praktisch ununterbrochen. Die beiden Museumsleute, die die Verantwortung für den riesigen Bereich Nationalgalerie, Pergamon-Museum, Kaiser-Friedrich-Museum sowie Altes und Neues Museum trugen, hatten versucht zu schützen, was die deutschen Verteidiger übrigließen, die in ihrer aussichtslosen Lage unter anderem den Pergamon-Altar für Barrikaden verwenden wollten. Die ersten russischen Soldaten kamen nur wenige Stunden, nachdem die deutschen Streitkräfte die Gebäude verlassen hatten.

Tags darauf führten die Russen Otto Kümmel, den Direktor der Berliner Museen, zu allen Museumsgebäuden und zum Flakturm am Zoo. Der Anblick war niederschmetternd: Das Pergamon-Museum war stark beschädigt; die Abteilung Ferner Osten hatte kein Glasdach mehr, und empfindliche Reliefs waren Wind und Wetter ausgesetzt. Im Kaiser-Friedrich-Museum waren die Ravenna-Mosaiken zerschlagen, Büros und Magazine ausgeplündert und mit Abfall übersät. Zu denken gab, daß man deutschen Museumsverantwortlichen den Zugang zu den beschädigten Depots in der Neuen Münze und im Schloßmuseum verwehrte.

Vier Tage später – fünf Tage vor der endgültigen Kapitulation Deutschlands – fingen die russischen Truppen an, Werke aus all diesen Stätten abzutransportieren. Sie begannen mit den Depots und Museen, die später in die alliierten Westsektoren zu liegen kamen, und brachten die Gegenstände zu einer Sammelstelle in Karlshorst, tief in der nachmaligen sowjetischen Zone. Allein die Evakuierung des Flakturms am Zoo, der später zum britischen Sektor gehörte, dauerte einen Monat. Direktor Unverzagt vom Prähistorischen Museum, der an Ort und Stelle ausgeharrt hatte, mußte die Bestände des Museums ausliefern; darunter soll sich auch der Schatz des Priamos befunden haben. Verbliebene Bilder der Nationalgalerie transportierten die russischen Truppen in ein Schloß außerhalb von Berlin. Man wählte die besten davon aus und brachte sie in die Sowjetunion; die restlichen überließ man all denen, die sie wollten, so daß sie bald in Berliner Handlungen auftauchten.

Was im Flakturm am Friedrichshain geschah, in dem sich immer noch zahlreiche Objekte, darunter viele großformatige erstklassige Bilder, befanden, ist weniger klar. Die zugewiesenen deutschen Wachposten erreichten den Turm nur zwei Tage nach den Russen, und da schien noch alles in Ordnung zu sein. Auf einem neuerlichen Kontrollgang am 5. Mai entdeckten sie aber, daß in einige der Lagerräume jemand eingedrungen war, und als sie am folgenden Tag kamen, sahen sie, daß in einem Stockwerk Feuer gelegt worden war, das noch brannte. Rauch und Hitze verwehrten ihnen den Zugang zu anderen Bereichen. Als Kümmel und seine russische Eskorte am 7. Mai eintrafen, stand der Turm unbewacht und Plünderern offen, die sich denn auch schadlos hielten. Eine Schadenseinschätzung war in den unbeleuchteten Räumen praktisch unmöglich. Kümmel bat die russischen Offiziere, einen Wachposten aufzustellen, der diesen Namen auch verdiente, doch sie scheinen seiner Bitte nicht Folge geleistet zu haben. In den nächsten Tagen gingen die Plünderungen weiter, und es brach noch einmal Feuer aus, dem alles noch Vorhandene zum Opfer fiel. Ohne die am Boden zerstörten deutschen Zuständigen davon in Kenntnis zu setzen, brachten die Russen in Lastwagen eine große Menge Schutt und Asche weg und siebten sie gründlich nach kleineren Gegenständen durch; doch vieles blieb unbeaufsichtigt in den riesigen Trümmerhaufen im Bunker zurück.[43]

Der Abtransport der Objekte, die auf der Museumsinsel sicher in der russischen Zone in Kellergewölben verblieben, wurde auf später im Jahr verschoben. Die russischen Kommandos verhielten sich durchaus wählerisch; sie räumten sozusagen alles ab, außer Hitlers bevorzugtem Kitsch aus dem neunzehnten Jahrhundert. In Berlin beklagten

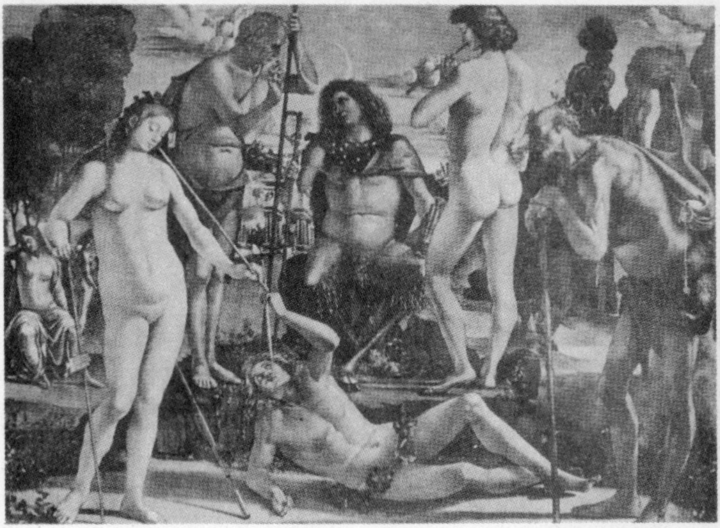

Signorellis Gemälde *Pan als Gott des Naturlebens und als Meister der Musik mit seiner Begleitung* soll im Flakturm am Friedrichshain verbrannt sein.

sich deutsche Beamte später beleidigt, daß keine anständigen Dokumente oder Quittungen für diese Abtransporte ausgestellt wurden. Bis zum heutigen Tag verstehen viele Deutsche nicht, weshalb die Russen so handelten. Noch 1984 grollte ein damaliger Kurator über das Vorgehen Rußlands, dessen nationales Erbe in jenen Mai-Tagen immer noch in NS-Depots vor sich hin moderte, die sowjetische Besatzungsmacht habe die Abtransporte »Sicherstellungen« genannt, aber man habe keinen Sinn dahinter gesehen: Vor wem oder wovor die Werke denn geschützt werden sollten; die Deutschen wären durchaus in der Lage gewesen, für diese Dinge zu sorgen. Vielleicht hätte es ihm sein damaliger Vorgesetzter Kümmel, Verfasser des Berichts, der die vollständige Plünderung Frankreichs enthüllte, erklären können.
In den beiden Monaten zwischen dem Fall Berlins und der Ankunft der Alliierten in der Stadt versuchte die Museumsverwaltung den Anschein von Ordnung aufrechtzuerhalten und ihre Gebäude einigermaßen benützbar zu machen. Die verbliebenen Gegenstände wurden sorgfältig untergebracht, und das ewige Listenerstellen, diesmal um festzustel-

len, was verloren war, begann von neuem. Niemand wußte, wie lange er oder sie noch angestellt war. Am 17. Mai setzten die Russen eine sorgfältig durchleuchtete Regierung, den Magistrat, ein und stellte Museumsangestellte wieder ein, sofern sie keine Nazis waren. (Nur sechs, darunter Kümmel, der entlassen und später von den Amerikanern verhaftet wurde, galten als solche.) Da es den preußischen Staat, der für die Museen verantwortlich gewesen war, nicht mehr gab, hießen die Museen ab sofort Staatliche Museen, und die Aufgabe ihrer Angestellten bestand darin, zu sammeln, was noch vorhanden war, und dies »dem Volk« wieder zugänglich zu machen.
Weniger offiziell waren die Bemühungen eines Kunsthistorikers namens Kurt Reutti, der den Magistrat überredete, ihm die Bildung einer Gruppe zu bewilligen, die die Kunstwerke in den Büros und Wohnungen der früheren NS-Mächtigen aufstöbern sollte. Reutti und seine Gruppe mit der unverdächtigen Bezeichnung Zentralstelle für die Registrierung und den Unterhalt von Kunstwerken, oder kurz Zentralstelle genannt, durchstöberten die zerstörten öffentlichen Gebäude, nachdem die Russen die Nase voll hatten. Es war eine entsetzliche Arbeit. In den dunklen Kellern fanden sie nur zu oft Leichen und nicht explodierte Minen. Für den Transport verfügten sie nur über einen kleinen Handwagen von der Staatsbibliothek. Städtischen Beschäftigten trugen sie auf, alles, was sie fanden, der Zentralstelle abzuliefern. Da diese nicht geschult waren für eine derartige Aufgabe, brachten sie Tonnen von wertlosem Abfall. Dies erwies sich allerdings auch als Vorteil. So warf ein russischer Offizier, der ihre Arbeit überprüfen wollte, nur einen Blick auf die Sachen und verließ den Ort angewidert. In den Jahren danach führte diese Organisation ihre Arbeit nicht mehr in den Ruinen durch, sondern hauptsächlich in der Umgebung Berlins und auf dem schwunghaften Schwarzmarkt, der während des ganzen kalten Krieges blühte.[44]

Eine weitere russische Trophäen-Einheit traf am 8. Mai in den traurigen Überresten von Dresden ein. Majorin Natalia Sokolowa, die sofort einen Rundgang durch die Ruinen des Zwingers und der übrigen Stadt unternahm, konnte sich nicht vorstellen, daß hier irgend etwas überlebt haben könnte, doch dann erinnerte sie sich plötzlich daran, daß es Kuratoren und Kuratorinnen der Eremitage gelungen war, ihre Gemälde trotz der Belagerung zu retten. Sie ging davon aus, daß die Deutschen das gleiche getan hatten. Und tatsächlich fand man bald die Evakuierungspläne für ganz Sachsen, und die Dresdener Museumsleute in Schloß Weesenstein, wo ein großer Teil der städtischen Sammlungen und ein Teil des Linzer Lagers immer noch lag, schlüsselten sie auf.

Die mit der Untersuchung Beauftragten begaben sich zuerst nach Großcotta, wo sie in einen dunklen, feuchten Steinbruchschacht hinunterstiegen. Tief im Berginnern fingen ihre Lampen endlich einen goldenen Schimmer ein, und vor ihnen stand ein Lastwagen mit ausgepackten Gemälden. Als erstes erkannten sie im flackernden Licht Rembrandts *Raub des Ganymed,* danach die *Schlafende Venus* von Giorgione, von Tizian die *Dame in Weiß (Lavinia als Braut)* und Dürers wunderbaren *Dresdner Altar.* Und gesondert in einer anderen Kiste lag Raffaels *Sixtinische Madonna.* In Weesenstein fanden die russischen Kommandos einen Großteil der Dresdener Grafik-Bestände sowie, ungeordnet daruntergemischt, die grafische Sammlung von Koenigs, die Posse in Rotterdam gekauft hatte. In einer Sandsteinhöhle und in Baracken nahe der tschechischen Grenze entdeckten sie über hundert weitere erstklassige Dresdener Bilder, zum Teil tropfnaß. Sie hievten sie mit einer Winde empor, die sie zuerst anhand des Gewichts dreier Kuratoren testeten. Insgesamt sandten sie rund siebzehnhundert Bilder in einem schwer bewachten Sonderzug mit einer Spezialvorrichtung für den Transport großformatiger Werke in die Sowjetunion.[45] Im Moskauer Puschkin-Museum vereinigte sich diese Sendung mit dem Pergamon-Altar und den anderen Objekten aus Berlin. Später eintreffende Werke wurden auf die Magazine der Eremitage und mehrerer anderer Museen verteilt. Im Westen sollte sie für eine recht lange Zeit niemand zu Gesicht bekommen.

Nicht alle russischen Transporte waren so offiziell geregelt, es gab schlichtweg zu viele Verstecke. In einigen Depots verbrannten die Truppen den Inhalt einfach oder warfen die Objekte zum Fenster hinaus, um Platz für Unterkünfte zu schaffen. Offiziere, die von Antiquitäten bis zu wertlosem Kram an verschiedenem Gefallen fanden, schickten ungehindert große Mengen davon nach Hause. Daß sie dabei nicht unbedingt aus materiellen Gründen handelten, zeigt sich am Beispiel dessen, was den aus der Bremer Kunsthalle evakuierten Werken widerfuhr.

1944 hatte der nationalsozialistische Bürgermeister von Bremen angeordnet, die Bestände der Kunsthalle in den Osten zu verlegen. Widerwillig kamen die Angestellten der Aufforderung nach. Es war schwierig, einen geeigneten Ort zu finden, doch Direktor von Alten hatte einen Freund, den flotten Grafen Königsmarck, der mit seiner Freundin auf Schloß Karnsow bei Kyritz, etwa achtzig Kilometer nordwestlich von Berlin, wohnte. Dieser Herr erklärte sich bereit, die Sammlung aufzunehmen. So packte man die Bestände der Kunsthalle auf engstem Raum zusammen; die besten Stiche und Zeichnungen wurden aus den Wechselrahmen genommen, in Ordnern abgelegt und dann in Kisten verpackt. Die Gemälde löste man ebenfalls aus den Rahmen. Die Sammlung erreichte das Schloß am Seeufer sicher und wurde in den Kellern untergebracht. Als sich die Rote Armee näherte, mauerte der Graf die Sammlung in einem kleinen Raum ein und rückte Metallschränke davor. Lediglich seiner Freundin von Kutschenbach erzählte er von dem Versteck. Als die russischen Streitkräfte den Ort erreichten, ruderten die beiden auf den See hinaus, schnitten sich die Pulsadern auf und wollten sterben. Der Graf fiel über Bord und verschied, doch die Freundin rief um Hilfe und wurde in ein Kyritzer Krankenhaus gebracht, wo sie einige Monate blieb.[46]

Die russischen Truppen brauchten nicht lange, um das Versteck aufzuspüren. Viktor Baldin, in Friedenszeiten Architekt, kam, um den Inhalt zu untersuchen. Er fand die Zeichnungen verstreut wie Blätter nach einem Herbststurm und war überwältigt von ihrer Qualität: eine Vorstudie van Goghs für das Bild *Sternennacht über der Rhone,* Dürer-Zeichnungen und Werke von Goya, Rubens und Rembrandt. Da seine Vorgesetzten wenig Interesse zeigten und ihm keine Transportmöglichkeiten zur Verfügung stellten, wählte er etwa vierhundert Blätter aus und packte sie in einen Koffer, den er sorgfältig hütete. Während seines Aufenthaltes in Karnsow entdeckte er weitere Stiche und Zeichnungen in der ganzen Umgebung. Was die russischen Soldaten aufgelesen hatten, kaufte er ihnen ab, oder er tauschte es ein. Durch einen solchen Tausch handelte er sich für ein paar Stiefel einen *Christuskopf* von Dürer ein. Einige Blätter waren allerdings nicht mehr zu retten. Mitten im Wald stolperte er einmal über einen Haufen von Zeichnungen, die der Regen in Brei verwandelt hatte. Im Juli 1945 zogen die russischen Truppen ab und überließen das Schloß den Einheimischen und der gräflichen Erbin von Kutschenbach. Die Abenteuer der Werke aus der Kunsthalle waren damit allerdings noch lange nicht zu Ende.

Bis 1946 hörte man nichts mehr von ihnen. In diesem Jahr bat ein Berliner Händler Reutti, den Initianten der Zentralstelle, einen großen Holzschnitt von Cranach mit dem Stempel der Kunsthalle zu überprüfen, den man ihm angeboten hatte. Der Händler sagte, sein Kunde besitze noch hundertvierunddreißig weitere Blätter mit demselben Stempel. Eingehendere Nachforschungen ergaben, daß auch anderen Berliner Handlungen Objekte aus Bremen angeboten worden waren. Dann hieß es, zweihundertachtzehn weitere befänden sich im Haus eines weiteren Händlers. Dieser weigerte sich zunächst, sie herauszugeben, besann sich dann aber angesichts der Drohung der Behörden, sie würden, wenn nötig, sämtliche Böden aufreißen, um die Werke zu finden, eines Besseren. Offenbar stammten alle aus derselben Quelle bei Kyritz.

Reutti fuhr im August mit Schwarzmarkt-Benzin nach Kyritz. Im Haus eines Druckers fand er weitere hundert Blätter, darunter das Dürer zugeschriebene zarte Aquarell *Eine Schwertlilie,* eine Anzahl Gemälde aus der Kunsthalle und Mobiliar aus Schloß Karnsow. Im verlassenen Schloß selbst stand der Lagerraum weit offen, und überall lagen leere Kisten und scheinbar Abfall. Doch es war nicht alles Müll: Unter einem alten Kerzenstummel lag eine Darstellung der *Geburt Christi* von Altdorfer, auf einem anderen Haufen Dürers *Heiliger Onuphrios,* und es fanden sich genügend Fragmente eines Gemäldes von Caspar David Friedrich für eine mögliche Restaurierung. Das Ansinnen, in der Kleinstadt, wo die meisten Amtsangestellten mit dem ursprünglichen Anbieter verwandt waren, weitere Untersuchungen durchzuführen, lehnte der Polizeichef mit der interessanten Begründung ab, er habe vierundsechzig Mordfälle zu untersuchen und sei daher zu beschäftigt.

Über zwanzig Jahre hinweg tauchten immer wieder Werke aus Bremen auf dem Berliner Markt auf. Einige davon konnte man retten. Die Herkunft einer *Madonna mit Kind* von Masaccio ließ sich bis zur Erbin von Kutschenbach zurückverfolgen: das Bild fand sich 1951 in einem Kartoffelsack. 1956 brachte eine Frau einen Cranach und erhielt dafür hundertfünfzig Mark und ein Pfund Kaffee. Zwei weitere Dürer-Aquarelle tauchten 1962 auf. Doch erst 1990, nach dem Ende des Kalten Krieges, konnte Viktor Baldin, der seinen Koffer mit Zeichnungen seit 1945 sorgfältig gehütet hatte, über Michail Gorbatschow vorschlagen, die Zeichnungen an Bremen zurückzugeben. Verhandlungen über die

Rückgabe begannen nach einer Ausstellung in der Eremitage im Jahr 1992.

Es war Reutti, der Rose Valland nach Karinhall führte, nachdem die Russen dort fertig waren. Von dem enormen Komplex stand nur noch eine Giebelwand mit Görings Wappen und das Puppenhaus seiner Tochter, eine Miniaturausgabe von Schloß Sanssouci. Auf dem Grundstück lagen von ihren Sockeln gestürzte französische Statuen aus dem achtzehnten Jahrhundert verstreut und Bruchstücke der Säulen und Tempel, die der Reichsmarschall so leidenschaftlich gesammelt hatte. Grabähnliche Löcher zeigten an, wo großformatige gerollte Gemälde und andere Schätze vergraben waren, bevor sie die Russen entdeckten. Mitten in dieser Zerstörung entdeckte Rose Valland aber noch eine beträchtliche Anzahl von beschlagnahmten Werken auf ihrer Liste. Dennoch mußte sie feststellen, daß mindestens ein Dutzend, darunter eine kleine Marmorgruppe aus der Sammlung von Maurice de Rothschild mit einer Darstellung vom Raub der Europa, spurlos verschwunden war, sei es nach Rußland oder in den Tiefen des Sees vor dem Haus, wo sich laut den Erzählungen einheimischer Fischer seltsame Dinge in den Netzen verfingen. In einem verborgenen Gartenwinkel fand Rose Valland Görings Kopie der *Nike von Samothrake,* »verwittert und vom Regen ganz aufgelöst. Eine arme Nike aus feuchtem Gips; während die wahre – mit ausgebreiteten Flügeln – bereits in den Louvre zurückgekehrt war!«[47]

12
Allerlei Motive

Die Versuchung durch die heimatlosen deutschen Sammlungen

Präsident Roosevelt starb, knapp einen Monat bevor die siegreichen Streitkräfte sowohl von Osten als auch von Westen her mitten in Deutschland aufeinandertrafen, und dem damaligen Vizepräsidenten Truman, der nicht einmal die Protokolle der Konferenz von Jalta zu Gesicht bekommen hatte, fiel die schwere Verantwortung für das Deutschland der Nachkriegszeit zu. Im Gegensatz zu Roosevelts starkem Wunsch wollten Truman und sein Stab der Sowjetunion nach dem Krieg jedoch weder entgegenkommen noch sie unterstützen. Für die Verhandlungen über Reparationszahlungen mit der Sowjetunion und Großbritannien bestimmte Truman den knallharten Ölhändler und Wahlgeldeintreiber für die Demokraten Edwin Pauley, der als Sonderbeauftragter direkt ihm und nicht Finanzminister Morgenthau Bericht zu erstatten hatte.

Pauley vertrat die Ansicht, die Vereinigten Staaten sollten sich den Löwenanteil der Reparationsforderungen an die Deutschen in der Höhe von zwanzig Millionen Dollar holen, auf die sich die drei Siegermächte geeinigt hatten, und zwar rasch, denn er hatte Ende April festgestellt, daß die Russen alles mitlaufen ließen – ob von kulturellem Wert oder nicht –, was sie in den von ihren Streitkräften kontrollierten Gebieten nur in die Hände kriegen konnten. Die für die anstehende Moskauer Konferenz zur Frage der Reparationsforderungen für ihn vorbereiteten Weisungen enthielten daher Klauseln, dank denen auch die USA im Rennen bleiben konnten: In der »Anfangsphase« der Besetzung sollte es jeder Siegermacht erlaubt sein, alles, was ihr wesentlich erschien, aus ihrer Zone abzutransportieren. Der zuständige Zonenkommandant würde jeweils entscheiden, ob »sich der Abtransport mit dem Ziel der Besetzung vereinbaren« lasse, und müßte sich »an allenfalls vereinbarte Regelungen« halten, welche »der Alliierte Kontrollrat« und die Kommission für Reparationsfragen noch zu formulieren hätten. In der Übergangsphase vor den gemeinsamen Verhandlungen dieser beiden Behörden blieb so eine ganze Menge an Handlungsspielraum übrig.[1]

Pauley legte auf seiner Reise nach Moskau Ende Mai 1945 in London einen Zwischenhalt ein. Gemeinsam mit seinem Begleiter Isadore Lubin vom Finanzministerium wurde er von John Nicholas Brown und Colonel Newton über den Stand der Dinge in Sachen Kunst informiert. Die Haltung des Teams aus Washington war für alle eine böse Überraschung. Brown schrieb, er habe den Eindruck, die »Jungs, die nach Moskau unterwegs sind, haben nicht ganz dieselben Ansichten über Kunst wie ich. Wenn es allerdings zum Schlimmsten kommen sollte, so könnte ich noch immer nach Amerika zurückfahren und dort die notwendigen Kontakte herstellen oder genügend Stunk machen. [...] Das könnte mir sogar noch gefallen. Aber ich glaube nicht, daß es soweit kommen wird, denn die Briten stehen voll und ganz auf meiner Seite«.[2] Sumner Crosby, der Vertreter der Roberts Commission, berichtete ebenfalls, Pauley, General Clay und Colonel Bernstein – der ehemalige Beamte des Finanzministeriums, der die Vorgänge in Merkers überwacht hatte – befürworteten die »Verwendung von Kunstwerken als Basis für Reparationszahlungen« und fügte an: »Die Vereinigten Staaten wünschen keinen materiellen Ersatz wie etwa Industrieanlagen oder Arbeitsleistung. In Tat und Wahrheit gibt es in Deutschland abgesehen von Kunst und kulturellem Besitz wenig, woran die Vereinigten Staaten Interesse haben. So besteht zum Beispiel der Plan, eine internationale Treuhandschaft für die wertvollsten Objekte in deutschen Museen und Sammlungen einzurichten, bis Deutschland sich als würdig erweist, sie wieder zurückzuerhalten. Angeführt wird zusätzlich das Argument, daß es in Deutschland keine angemessenen Gebäude gibt, um Kunstwerke zu lagern oder auszustellen.« Dem fügte Crosby noch hinzu, keiner der westlichen Alliierten teile diese Haltung und die Vereinigten Staaten müßten der Welt »beweisen, daß wir nicht die Absicht haben, die nationalsozialistische Propaganda zu bestätigen, und selbst zivilisiert genug sind, uns nicht ebenfalls in Plünderungen zu ergehen«.[3]

Daß Pauley wirtschaftlich dachte, wurde an einer Pressekonferenz in Paris deutlich, wo er bemerkte, das in Merkers gefundene Gold werde von seiner Kommission als Quelle für Reparationszahlungen betrachtet.[4] Besorgte Kulturgüterschutz-Beamte erinnerten sich nur allzu gut

Das deutsche Kunstdepot in Ellingen: Inhalt unbekannt. Eines von den Hunderten, für welche die Angehörigen des Kulturgüterschutzes verantwortlich waren.

daran, daß Colonel Bernstein die Gemälde, die neben den Goldbarren lagerten, ebenfalls als »Vermögenswerte« bezeichnet hatte. John Brown schickte deshalb sofort ein ausführliches Memorandum an Clay, in dem er die in erster Linie treuhänderische Verantwortung der Armee unterstrich und betonte, daß die Verwendung kulturellen Materials für Reparationszahlungen »weder in den Vereinigten Staaten noch in Großbritannien allgemein befürwortet« werde. Die Armee, so sein Rat, solle sich nicht in die komplizierten Wiedergutmachungsgeschäfte einmischen, sondern dies einer unabhängigen interalliierten Kommission überlassen.

Um das Ausmaß der treuhänderischen Aufgaben und den Bedarf nach mehr Personal deutlich zu machen, benutzte Brown einen Vergleich, der sich später als unglücklich erweisen sollte: »Ein riesiges Lager verschiedenster Objekte und Akten wird unter die Kontrolle der US-amerikanischen Militärregierung kommen. Die gegenwärtigen Hinweise lassen vermuten, daß die Anzahl von Depots in Deutschland so groß und ihr Inhalt so unermeßlich ist, daß der Militärregierung damit eine große Last auferlegt wird. […] Das Ausmaß der Aufgabe, ein Inventar der beschlagnahmten Kunstwerke zu erstellen, läßt sich vielleicht erst erahnen, wenn man darauf hinweist, daß sich allein in der russischen Zone gut und gern mehrere Millionen Objekte befinden können. Es ist offensichtlich unmöglich, mit dem zum jetzigen Zeitpunkt verfügbaren oder geplanten Personal […] eine so riesige und verschiedenartige Menge zu katalogisieren.«[5] Damit übertrieb er keineswegs: Browns Zahlen stimmten, und sie erhöhten sich zusehends.

Die Linie, an der die sowjetischen und alliierten Streitkräfte Halt gemacht hatten, entsprach nicht den Zonengrenzen, auf die sich die Europäische Beratungskommission in monatelangen Verhandlungen in London geeinigt hatte. Die Alliierten waren auf einer Frontlänge von rund sechshundertfünfzig Kilometern mehr als hundertfünfzig Kilometer in die geplante sowjetische Zone auf deutschem Boden vorgedrungen. Am 5. Juni weigerte sich Stalin, ein Gipfeltreffen mit Truman oder auch ein Treffen des Alliierten Kontrollrates zu vereinbaren, solange der Rückzug auf die vereinbarten Grenzen nicht vollzogen sei. Mit Eisenhowers Zustimmung ordnete Truman diesen Rückzug am 21. Juni an. Stalin, noch immer zielstrebig damit beschäftigt, seine Machtstellung im Osten Deutschlands zu festigen, verschob das Datum auf den 1. Juli. Was Österreich anging, fiel keinerlei Entscheidung, und Truman schlug lediglich vage vor, die dortigen Angelegenheiten den Lokalkommandanten zu überlassen. Die potentielle Lage war beängstigend: Die Sowjets hatten britische Staatsangehörige aus Wien ausgewiesen, und kein Mensch wußte, wann Stalin weitere Forderungen stellen würde.

In den sich überlappenden Regionen, zu denen auch die Thüringer Salzbergwerke gehörten, gab es noch immer Hunderte von nicht geborgenen Kunstdepots. Die Roberts Commission hörte über das Außenministerium vom bevorstehenden Rückzug. Da sie fürchtete, der Inhalt der nicht geborgenen Verstecke könnte in die Hände der Russen fallen, wurde eiligst eine Delegation zu McCloy geschickt. Deren Mitglieder legten ihm dar, ihrer Ansicht nach habe »die amerikanische Armee gegenwärtig eine Treuhänderfunktion inne und könnte später haftbar gemacht werden, falls sie Kunstwerke, die sich zur Zeit in ihrer Obhut befinden, aufgibt«. Sie verlangten daher, »alle

Kunstwerke, die die Deutschen geplündert oder verschleppt haben und die sich zur Zeit auf einem Territorium unter der Kontrolle der amerikanischen Streitkräfte befinden«, in die amerikanische Zone zu bringen. McCloy schickte umgehend ein Telegramm an Eisenhower und bat ihn um Erlaubnis, zusammen mit dem Armeematerial auch Kunstwerke abzutransportieren. Das Außenministerium unterstützte diese Politik. Zehn Tage später bestellte Hilldring, der Leiter der Abteilung für zivile Angelegenheiten, David Finley an einem Samstagnachmittag zu sich, um präziser zu definieren, was alles weggebracht werden sollte. Das Außenministerium wünschte, daß Sammlungen in privatem oder öffentlichem Besitz, die mit ihrem Standort eng verbunden waren, nicht darin enthalten sein sollten. Der Befehl – laut Finley mit dieser Änderung nicht mehr so eindeutig, wie gewünscht – wurde von Präsident Truman persönlich gutgeheißen und am 18. Juni 1945 erlassen.[6]

Die Armee war angehalten, sich, »soweit es die Zeit erlaubt«, an die Anweisungen Trumans zu halten.[7] Aber gerade davon stand wenig zur Verfügung, hatte man den Abzug doch auf den 1. Juli festgelegt. Aus Finleys Memorandum geht klar hervor, daß die Roberts Commission zwar über die Entdeckung der Sammlungen für Linz und jener Görings im Bild war, aber keinerlei Informationen über deren Inhalt erhalten hatte. Noch weniger wußte man über die Kunstwerke, die nun zu den bereits in der amerikanischen Zone befindlichen hinzukommen würden. Um dieser unbefriedigenden Situation abzuhelfen, wurde unverzüglich die Versetzung John Walkers nach Deutschland in die Wege geleitet, wo er abklären sollte, was sich in der Obhut der Armee befand. Sollte sich die geringste Möglichkeit ergeben, daß die Vereinigten Staaten etwas von dieser Beute abbekamen – eine Frage, die wahrscheinlich von Pauley und Co. an der Moskauer Konferenz geklärt wurde, die am 11. Juni begonnen hatte –, dann wollte die Roberts Commission darauf vorbereitet sein.

Die Tagebücher aller Kulturgüterschutz-Offiziere berichten von plötzlich angesetzten Konferenzen, Treffen und Planänderungen in der dritten Juniwoche. Craig Smyth hielt fest, Posey sei ganz unvermittelt nach Frankfurt gereist. »Grund dieser Reise: Befehl des Kriegsministeriums, den Transport der Beute aus Gebieten, die den Russen übergeben werden könnten, zu beschleunigen. Bemühen, alles in die eigene Zone zu schaffen.« Am 21. Juni stand die Weisung Präsident Trumans im Mittelpunkt einer größeren Strategiesitzung in Frankfurt, der einzigen Zusammenkunft so vieler Vertreter verschiedener Armeeabteilungen und des SHAEF-Kommandos, bevor ganz andere Gründe die Beteiligten später im selben Jahr erneut zusammenriefen. Dieses Treffen kam den Offizieren so ungewöhnlich vor, und sie hatten sich mittlerweile derart an militärische Formen gewöhnt, daß James Plaut vom Nachrichtendienst und Lincoln Kirstein, die über Jahre hinweg gemeinsam am Aufbau des späteren Institute of Contemporary Art in Boston zusammengearbeitet hatten, unwillkürlich strammstanden und salutierten, als sie einander einmal unverhofft begegneten.[8]

Alle stimmten darin überein, daß viel mehr Lagerfläche benötigt wurde. Am nächsten Tag fuhren LaFarge und Rorimer nach Wiesbaden, wo es ihnen gelang, als dritte Sammelstelle ein weiteres großes Gebäude, nämlich das Landesmuseum, ehemals Territorium des Linzer Direktors Voss, sicherzustellen.

Der Erlaß der Abzugsweisung beschleunigte das bereits fieberhafte Tempo der Arbeiten im Feld. George Stout, der sich am 15. Juli mit seinen inzwischen bekannten Schaffellmänteln nach Altaussee begeben hatte, um mit der sechswöchigen Evakuierung zu beginnen, wußte zunächst noch nichts davon. Er konnte am 16. Juni zwar einen Konvoi losschicken, aber seine ganze sorgfältige Planung geriet durcheinander, als plötzlich sowohl Transportmöglichkeiten wie auch die ihm zugesicherten zusätzlichen Offiziere gestrichen wurden. Da es noch immer keine Telefonverbindung zur Dritten Armee gab, reiste er nach Salzburg, um Posey anzurufen, und der legte ihm dann die Gründe für die Verschiebung des Zeitplans dar.

Stout, dem nun als neuer Assistent Thomas Carr Howe (Direktor des San Francisco Legion of Honor Museum) und Lamont Moore zur Seite standen, lief ein Rennen gegen die Zeit. Am 24. Juni dehnte er die Arbeitszeit von vier Uhr morgens bis acht Uhr abends aus. Die Logistik war aufreibend. Stout trug nicht nur die Verantwortung für den Transport und die Verpackung der unzähligen Kunstwerke, sondern auch für die Unterbringung und Ernährung der Fahrer, Transportangestellten und Wachen, die Organisation der Konvois und die Bergung von Lastwagen, die irgendwo im Nichts mit einer Panne steckenblieben. Tag und Nacht fuhren die MFAA-Offiziere und Bergleute – noch immer in ihren auffälligen, mit Knöpfen übersäten weißen Uniformen – auf den Miniaturzügen zwischen den dunklen Kammern hin und her. Unzähli-

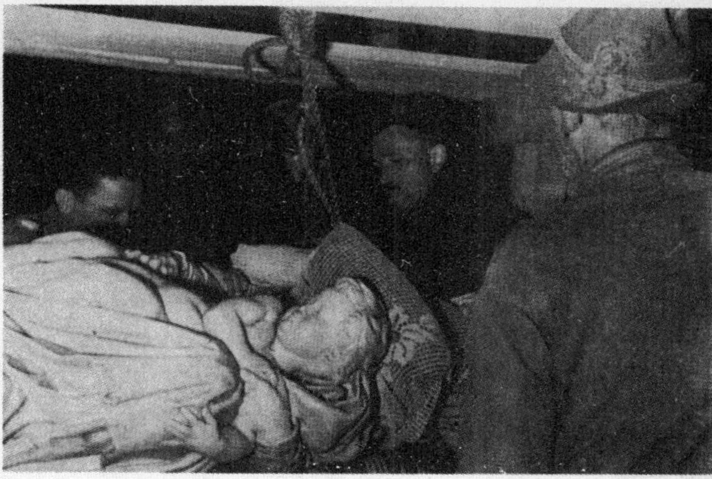

George Stout überwacht die Bergung der *Madonna von Brügge* in Altaussee; man beachte die als Packmaterial benutzte Matratze und Spitzengardine.

ge Lastwagenladungen krochen die steilen Straßen hinunter und machten sich auf den rund zweihundert Kilometer langen Weg nach München. Es regnete ohne Unterlaß, und Nahrungsmittel waren knapp; »Alles murrt«, notierte Stout.

Als die Verpackungsmaterialien ausgingen, schickten sie anstelle der Gemälde zunächst zahlreiche Tapisserien auf die Reise und warteten auf die Rücksendung der Schaffellmäntel, Kisten und Holzwolle nach dem Auspacken in München. Der perfektionistische Stout wollte nichts wegschicken, ohne es richtig zu verpacken, und auf die Konvois war so wenig Verlaß, daß die belgischen Meisterwerke am 1. Juli – dem Stichtag – noch nicht weggekommen waren. Da bis dahin noch keine Einigung über die Grenzziehung für Österreich erzielt worden war, gingen die Evakuierungen bis in den Juli hinein weiter. Am 19. Juli, also einen Monat nachdem das Team in Altaussee die Arbeit aufgenommen hatte, waren achtzig Lastwagen mit tausendachthundertfünfzig unverpackten Gemälden, vierzehnhunderteinundvierzig Kisten mit weiteren Bildern, elf große Plastiken, zwanzig Möbelstücke und vierunddreißig große Pakete mit Textilien abgewickelt worden, und noch immer blieb eine große Masse für die kommende Generation von Angehörigen des Kulturgüterschutzes zurück. Völlig erschöpft reiste George Stout nach Paris und am 29. Juli nach Hause; er hatte ziemlich genau ein Jahr in Europa verbracht und sich in dieser ganzen Zeit gerade eineinhalb Tage frei genommen.

Obwohl die Briten mit der amerikanischen Politik nicht einig gingen, unterstützten sie diese Operation. Aus Schönebeck, einem der Berliner Depots, hatten die Amerikaner in den ersten Tagen nach der Befreiung nur eine große Menge Dokumente mitgenommen, die mit dem Industriegiganten Siemens zu tun hatten, und die Kunstwerke dort gelassen, als sie das Territorium den Briten übergaben. In der Nähe lagen die Frachtkähne an den Kais, die Museumsdirektor Unverzagt aus Berlin hergeschickt hatte und die zur Hälfte noch beladen waren; der Rest der Fracht lag vor der Mine aufgestapelt. In den letzten drei Tagen bevor Schönebeck an die Sowjets übergeben wurde, schafften die Briten all dies und massenhaft Archivmaterial zu einer temporären Sammelstelle im ehemaligen Kaiserpalast in Goslar, der tief innerhalb ihrer eigenen Zone lag.

Der britische Kulturgüterschutz-Offizier Felix Harbord, den die Tatsache, daß der Herzog von Braunschweig entfernt mit der englischen Königsfamilie verwandt war, nicht ganz kalt ließ, leitete auch die Evakuierung des herzoglichen Schlosses Blankenburg. Dorthin hatte Provinzialkurator Karl Seeleke mit großem Mut und der Unterstützung der ganzen Stadtbevölkerung einschließlich der herzoglichen Söhne Braunschweigs Schätze in Sicherheit gebracht. Die Räumung des Schlosses begann am 25. Juni, und Harbord konnte damit bis zum 23. Juli fortfahren, wobei er die Fracht auf verschiedenen Routen durch den Harz nach Goslar brachte, und zwar mit dreißig britischen Armeelastwagen und eskortiert von drei Panzerwagen; dann sperrte die Rote Armee auch die letzte Verbindungsstraße.[9]

Jene, die die umfangreichen Transporte in Empfang nehmen sollten, arbeiteten genauso hart wie ihre fahrenden Kollegen. Einen Tag vor der Ankunft des ersten Konvois sah es in der Münchner Sammelstelle noch immer katastrophal aus. Zwar gab es einen wettersicheren Raum, und ein Registrierungssystem für die eintreffenden Werke hatte man ebenfalls ausgearbeitet, aber noch stand die Zuteilung einer ständigen Wacheinheit aus. Im nebenstehenden Führerbau war eingebrochen

Ein Alptraum für Museumsleute: einer der überfüllten Lagerräume in der gerade eröffneten Münchner Sammelstelle.

worden, die Verbindungstunnels waren alles andere als sicher, und einen Zaun gab es auch noch nicht, ja nicht einmal ein Telefon. Die Hälfte der deutschen Angestellten waren als Nazis abgelehnt, und andere, wahrscheinlich ebenso verdächtige, in aller Eile von einer Münchner Speditionsfirma angeheuert worden. Fünf Stunden bevor die Lastwagen eintreffen sollten, gab der Wachtrupp seinen Abzug bekannt; er sollte durch einen anderen ersetzt werden, der sich natürlich im Gebäude nicht auskannte. Smyth mußte persönlich im Hauptquartier vorsprechen und dafür kämpfen, daß er für diese Nacht noch eine Wachmannschaft zugesprochen bekam.

Am 17. Juni traf die erste bedeutende Lieferung aus Altaussee ein: acht Lastwagen mit einer großen Anzahl besonders wertvoller ERR-Gemälde. Ende Juli war Smyth bereits für sechstausend und zweiundzwanzig »Posten« verantwortlich, wobei viele Kisten mit mehreren Objekten darunter waren, so daß die tatsächliche Zahl von Kunstobjekten weit höher lag. Unter ihnen befanden sich der Altdorfer-Altar aus St. Florian, die belgischen Kunstschätze, die Bilder aus Monte Cassino, das Beste aus dem Budapester Museum, das Vermeer-Gemälde von Czernin und jenes aus der Sammlung Rothschild, die Rothschild-Juwelen, ein antikes Idol aus Thessaloniki, ein Großteil von Görings Sammlung und vieles mehr. Zum Glück stand mittlerweile auch der Stacheldrahtzaun, und endlich war auch die Zahl der Angestellten erhöht worden, um mit der Flut von Werken zu Rande zu kommen. Im Vorzimmer gab es ein Sekretariat mit auf Herz und Nieren geprüften und ausnahmslos rassigen deutschen Baronessen und anderen Frauen guter Herkunft, die wie besessen tippten, eine Einrichtung, die der humorlose Posey als unpassend kritisierte. Aber die Sicherheitsvorkehrungen im Gebäude waren noch immer rudimentär, als einziger Feuerschutz stand das zur Verfügung, was die kriegsgeschädigte Stadt von der Art zu bieten hatte, und viele Räumlichkeiten waren noch nicht wetterfest. Und es stand noch Schlimmeres an. Obwohl Bombenentschärfungsteams das Gebäude durchsucht hatten, explodierte am 20. Juli eine Bombe; sie tötete einen sechzehnjährigen Arbeiter und brachte die gesamte Stromversorgung in der Sammelstelle zum Erliegen.

Dieser Vorfall ereignete sich zwei Stunden nach dem Eintreffen von Bancel LaFarge und John Walker, die gekommen waren, um das Depot für die Roberts Commission zu inspizieren. Walker fand, alles sei »perfekt eingerichtet und funktioniert bestens«, hielt aber auch fest, daß »das Gebäude baufällig« sei und daß »Bombenentschärfungsteams nun bereits zum fünften Mal nach versteckten Bomben« suchten. Eine Besichtigung von Hitlers Räumlichkeiten, zu der Smyth ihn mitnahm, fand Walker interessant, »nicht nur, weil sie von ausgesprochen schlechtem Geschmack zeugen, wegen der pornographischen Wandzier [Zieglers] und der Möblierung im Stil eines Schlafwagens [...], sondern auch wegen der kindischen Vorliebe zu Geheimgängen [...], die von einem Gebäude zu einem andern führen und sogar unter dem Platz davor durchgehen«.[10]

Die beiden Besucher besprachen verschiedene Probleme mit Smyth, so auch die Notwendigkeit, die Sammelstelle den kommenden Winter über zu heizen. Dies war alles andere als sichergestellt. Smyth notierte: »Wenn nicht, leichte Arbeit. Falls doch, brauche ich mehr Offiziere, vorzugsweise Versorgungsoffiziere oder Pioniere als Helfer. Wenn nicht, Behelfslösung – nichts Ausgeklügeltes, ganz einfach. Falls doch, müßte man weitsichtiger planen, weil eine Isolation eingebaut werden muß.« Später kam die Frage auf, woher man die Kohle für die Heizung nehmen sollte. »Antwort: Gruppe CC müßte entscheiden und liefern.

Frage: Unmittelbares Vorgehen. Antwort: Vorgehen, als würden die Räumlichkeiten geheizt.«[11] Wenig später teilte Smyth seinen Angestellten lediglich mit, daß sie die Temperatur im Museum »gerade so über dem Gefrierpunkt« würden halten können. Gruppe CC war General Clays Ressort, und Clay befand sich zu dem Zeitpunkt gerade auf der Potsdamer Konferenz, wo er versuchte, ein klares Mandat für die Führung der amerikanischen Zone im zersplitterten deutschen Staat zu erhalten.

Die Sammelstelle in Wiesbaden befand sich noch immer in der Planungsphase. Die Erfahrungen in München hatten gezeigt, daß eine architektonische Ausbildung der Verantwortlichen, zumindest zu Beginn, ebenso wichtig war wie Museologie. Das Landesmuseum mit seinen dreihundert Räumen hatte zweifellos jemanden nötig, der es so schnell wie möglich bewohnbar machen konnte. Und das Schicksal bescherte der MFAA mit Captain Walter Farmer einen weiteren besonders engagierten Offizier, einen Ingenieur mit bautechnischer und innenarchitektonischer Erfahrung. Farmer, der sich nach Entlassung aus seiner Einheit sehnte – welcher die mühselige Aufgabe zustand, Gefängnisse für Kriegsgefangene zu bauen –, hatte seine Dienste über das SHAEF dem MFAA-Büro angeboten und wurde sofort angenommen. Er sollte seine Arbeit am 1. Juli aufnehmen und die Sammelstelle bis zum 20. August instandsetzen. Das war zwar eine Ewigkeit im Vergleich zu den zwei Wochen, die Smyth zur Verfügung standen, aber dennoch knapp bemessen.

Das Landesmuseum befand sich nicht in einem besseren Zustand als der Münchner Bau. Einen großen Teil hatte die Luftwaffe als Maschinenraum benutzt, und Überreste von Luftabwehrwaffen zierten das Dach. Die amerikanische Zwölfte Armee unterhielt in den Museumssälen ein Kleiderdepot, und das Rationierungsbüro hatte sich in der Archäologie-Abteilung häuslich eingerichtet. In allen übrigen bewohnbaren Räumen lebten umgesiedelte Familien. Es gab nicht ein Fenster, das nicht zerbrochen war, und die Heizung war seit Jahren nicht mehr in Betrieb. Als erstes sicherte Farmer das Gelände ab. Für diese Arbeit wurden ihm hundertfünfzig deutsche Pioniere zugeteilt, die, noch immer in Uniform, anfingen, Zäune und Scheinwerfer aufzustellen. Um herauszufinden, wo sich noch verborgenes Baumaterial befinden könnte, berief er im Kino eine Versammlung der lokalen Bauunternehmen ein.

Bald waren die Fenster des Museums wieder verglast, Tonnen von Schutt und Flak-Überresten von den Dächern geräumt und die Innentüren, von denen neunzig Prozent aus den Angeln gerissen herumlagen, wieder eingehängt. Das Erstaunlichste war aber, daß das Heizsystem mit List und Tücke wieder in Gang gebracht werden konnte; die für die Bilder so unbedingt notwendige richtige Luftfeuchtigkeit erreichte man mittels feuchter Laken in den Belüftungsschächten und indem man die Böden teilweise naß hielt. Personal hielt Einzug, und Farmer bekam von anderen Angehörigen der MFAA in Frankfurt wertvollen kunsthistorischen Rat. Zu diesen gehörte auch Edith Standen, Captain des Frauenhilfsdienstes und ehemalige Kuratorin der Sammlung Widener. Ihr unterstand die ungeheure und mühselige Aufgabe, als Vorbereitung für die Verlegung nach Wiesbaden ein Inventar der Kunstwerke in der Frankfurter Reichsbank zu erstellen. Ihre Arbeit war muffig und ermüdend. Die Kisten, die Gemälde der Nationalgalerie und die Goldschätze aus den Kirchen in Polen waren eine Sache, etwas ganz anderes dagegen die rund einen halben Meter hohen Stapel von Teppichen und verkohltem Archivmaterial.
Gegen Ende Juli schrieb Farmer, den seine Arbeit offenbar in Hochstimmung versetzte, reichlich euphemistisch, alles Notwendige habe sich auf die eine oder andere Weise beschaffen lassen. Ein wahres Glück, daß er so zuversichtlich war, denn bald sollte ihm die Verantwortung für den gesamten Bestand der aus Berlin evakuierten Kunstwerke – und vieles mehr – übertragen werden. Dies war, wie Smyth bereits in München festgestellt hatte, nicht zu unterschätzen. Farmer bekam ebenfalls Probleme hinsichtlich der Sicherheit. Mit dem Hinweis, daß er »zwar höchst ungern Wertschätzungen abgebe, der Durchschnittsamerikaner dies aber eben verlangt«, bemerkte er gegenüber dem örtlichen Kommandanten beiläufig, die eintreffenden Werke wären gut und gern mehr als fünfzig Millionen Dollar wert. Diese Zahl machte einen solchen Eindruck, daß ihm zusätzliche Wachen zugeteilt wurden – und Farmer konnte sie gebrauchen. In der ersten Woche nach der Eröffnung der Sammelstelle trafen zweiundfünfzig Lastwagen unter imponierendem Panzergeleitschutz ein. Und dann kamen immer mehr: »Drei weitere Lastwagenladungen mit Grafik gestern, am Dienstag zwei Lastwagen mit Gold und Kirchenschmuck und wenig später sechs Ladungen Gemälde usw.«, hielt Farmer fest. Es blieb keine Zeit, um die Werke auszupacken und zu

Britische Offiziere vor Hunderten von unverpackten Gemälden der Nationalgalerie in Grasleben.

begutachten. Selbst die berühmte *Nofretete,* die Farmer besonders stolz bewachte, mußte darauf bis 1946 warten.[12]

Ende August verlegten auch die Briten die meisten ihrer Bestände an eine zentrale Sammelstelle, und zwar in das weitläufige Schloß Celle, rund fünfundvierzig Kilometer nordwestlich von Braunschweig. Dorthin kamen die Werke aus den Berliner Sammlungen, die man in den in der britischen Zone liegenden Minen gefunden hatte. Aus den Salzbergwerken Schönebeck und Grasleben, die geplündert worden waren und wo tagelang ein Brand wütete, der im Filmarchiv begonnen hatte und großen Schaden anrichtete, wurden Objekte in einem furchtbaren Durcheinander und schlechtem Zustand angeliefert. Direktor Harbord, mehr an der Wiederbelebung der Aufführungen im Celler Schloßtheater und an der Inszenierung von Ausstellungen interessiert, überließ die Verwaltung der Sammelstelle gänzlich dem deutschen Kaufmann und Sammler Ernst-Jürgen Otto, der ihm seine Dienste anbot. Auch Harbords Nachfolger zeigten nicht viel mehr Begeisterung an der mühseligen Arbeit, die Tausende von Kisten mit Objekten aus deutschem Besitz zu öffnen und deren Inhalt, darunter den unbezahlbaren römischen Goldschmuck der Sammlung Gans, zu überprüfen.

Wiederholte Anträge von Berliner Beamten, Zutritt zur Sammelstelle zu bekommen, wiesen sowohl Otto als auch die Briten stets zurück. Erst im September 1947 entdeckte ein Assistent mit Hilfe erst kurz zuvor aus Berlin eingetroffener Inventarlisten, daß zweiunddreißig Schmuckstücke aus dem Goldschatz fehlten. Bis dahin war es allerdings unmöglich geworden herauszufinden, wann sie weggekommen waren. Peinlich berührt, entließen die Briten Otto und seine Angestellten samt und sonders. Sie leiteten eine polizeiliche Untersuchung ein, und ein Kurator vom Schloßmuseum in Berlin wurde neu als Verantwortlicher für die Sammelstelle eingesetzt. Eine weitere Untersuchung brachte zutage, daß noch mehr Schmuckstücke aus Gold verschwunden waren. Sie kamen nie wieder ans Licht.[13]

Während die Offiziere im Feld mit diesen aufreibenden Aufgaben beschäftigt waren, trommelten einige ihrer Arbeitskollegen in Friedenszeiten Leute zusammen und sammelten Informationen. Die OSS Art Looting Investigation Unit (Untersuchungseinheit für Kunstraub des Nachrichtendienstes), bestehend aus den drei Marineoffizieren und Kunsthistorikern James Plaut, Theodore Rousseau und Lane Faison, hatte ihre Arbeit Ende Mai 1945 in Deutschland aufgenommen, und zwar in einer Zuckerguß-verzierten Villa unweit von Altaussee. Ihre Erkenntnisse waren nicht nur für die MFAA-Offiziere von Interesse. Hauptsächlich stand hinter ihnen das Büro des Militärkriegsgerichtsrats für die Untersuchung von Kriegsverbrechen. Bevor die drei Offiziere nach Deutschland kamen, hatten sie Alois Miedls Aktivitäten in Spanien verfolgt und ohne Erfolg versucht, seine Auslieferung zu erwirken. Zudem hatten sie auch in Frankreich und England Vorarbeiten geleistet, wobei sie sich auf Dokumente von Geheimdiensten verschiedener Nationen stützten. Seit Herbst 1944 verfügten die Armeebehörden über Listen von Nazi-Größen im Kunstgeschäft, und Douglas Cooper vom britischen Geheimdienst hatte alle Kriegsgefangenen, die nach England gebracht wurden, verhört. Die Namen der NS-Dienststellen gingen an alle Geheimdiensteinheiten. Als das Verhörzentrum in Altaussee eingerichtet war, befanden sich Kajetan Mühlmann, Bruno Lohse, Görings Sekretärin Gisela Limberger sowie sämtliche Verhörprotokolle Görings in Gewahrsam.

Die Verhaftungen und Verhöre gestalteten sich nicht sonderlich angenehm. Maria Dietrich ließ ihren ganzen Charme fallen, den sie Hitler gegenüber zu zeigen pflegte, als Lane Faison ihre Buchhaltung zu sehen verlangte, aber beim Anblick seiner (nie benutzten) Pistole verstummte sie ziemlich schnell.[14] Einmal in Haft, rückten die Kunsthändler und -händlerinnen ihre Informationen rasch heraus. Hofer schien sich an jede einzelne Transaktion erinnern zu können und rasselte die Einzelheiten einiger dieser Geschäfte mit Leichtigkeit herunter, während er bei solchen, die seine Korruptheit offenbarten, größere Gedächtnislücken aufwies. Mühlmann, der zweimal zu entkommen versuchte und zunächst verächtlich antwortete, gab letztlich eine ganze Menge preis und schließlich sogar ein paar Anekdötchen über Hitler und Hoffmann zum besten. Seine Zeugenaussagen sind gespickt mit Behauptungen: er habe versucht, die Sammlungen zusammenzuhalten und Objekte für Österreich zu retten, und er habe geholfen, polnische Kunstschätze zu schützen. Aber im Gegensatz zu vielen seiner Kolleginnen und Kollegen machte er sich keinerlei Illusionen über seine Taten, und am Schluß einer seiner Aussagen schrieb er, das Dritte Reich habe den Krieg verlieren müssen, weil dieser Krieg auf Diebstahl und auf einem ungerechten und gewalttätigen System beruhte, welches nur von außen gebrochen werden konnte; jeder einzelne müsse nun persönlich für die Hypothek bezahlen, die das deutsche Volk auf sich genommen habe.[15]

Einige hatten bereits bezahlt. Nicht nur Bunjes hatte Selbstmord begangen. Das Ehepaar von Behr fand man – ihn noch in Uniform – in seinen Gemächern auf Schloß Banz bei Bamberg. Die beiden waren einigermaßen stilvoll von dieser Welt geschieden, indem sie sich ein Glas Champagner eines ausgezeichneten Jahrgangs (1918) mit einem Schuß Blausäure genehmigten. In einem Lagerraum tief in ihren Kellern lagen, aufgestapelt für eine unbekannte Nachwelt, alle Unterlagen von Alfred Rosenbergs unglückseligem Ministerium, die man nun in Nürnberg als Beweismittel heranzog. Haberstock und seine Aufzeichnungen wurden ganz in der Nähe aufgefunden, im Schloß des Barons von Pollnitz, der sich bei der Wiedererlangung der Sammlung Wildenstein aus der Obhut des Louvre als so hilfreich erwiesen hatte. Gurlitt befand sich ebenfalls dort. Nach Haberstocks Verhaftung bot von Pollnitz Frau Haberstock an, die noch vorhandenen Gemälde zu verstecken, wenn sie ihm sage, wo sie sich befänden. Sie lehnte das Angebot ab. MFAA-Offiziere fanden später zufällig einige davon auf dem berühmten Schloß Thurn und Taxis in Württemberg.

Mit Hermann Voss verhielt es sich anders. Ihm gelang es, nach Wiesbaden zu kommen, und dort bot er den Amerikanern seine Hilfe für die Wiedererlangung der Linzer Sammlungen aus Altaussee an. Ihm scheint nie der Gedanke gekommen zu sein, die Alliierten könnten seine Aktivitäten während des Kriegs als kriminell einstufen; er erwartete vielmehr von den Amerikanern, daß sie für den Transport seiner Frau sowie seiner persönlichen Unterlagen aus Dresden sorgten, die er einer öffentlichen Institution oder einer Universität vermachen wollte, wo er zweifellos seine Studien weiterzuführen gedachte. Den Kulturgüterschutz-Offizieren zeigte er eine Abschrift seines Klagegedichts zum deutschen Sieg über Frankreich. Er war deshalb baß erstaunt, als Walter Farmer ihn unverzüglich verhaften und zum Verhör nach Altaussee schicken ließ.[16]

Gerhard Utikal, den leitenden Mann im ERR, ausfindig zu machen dauerte etwas länger. Dieser wußte nur zu gut, was ihm blühte, und deshalb arbeitete er unter falschem Namen auf einem Bauerhof. Frau Utikal und zwei kleine Kinder wurden in einer bayerischen Kleinstadt

Das Team vom Amt für strategische Dienste (OSS): Theodore Rousseau (links) und James Plaut vor ihrer Villa. Links: Lane Faison im Juli 1945.

aufgestöbert. Vor die Wahl gestellt, den Aufenthaltsort ihres Mannes preiszugeben oder selbst interniert zu werden, gab sie seine Anschrift bekannt. MFAA-Offizier Thomas Howe lobte den Offizier, der sie aufgespürt hatte, später für seine »Diskretion und das psychologische Gespür, das [er] im Umgang mit ihr bewies«.[17]

Während die nationalsozialistischen Sammler und Sammlerinnen samt ihren Aufzeichnungen eingebracht wurden, bekam das OSS-Trio allmählich eine Ahnung vom atemberaubenden Ausmaß der deutschen Operationen. Je mehr sie darüber wußten, desto weniger Mitgefühl brachten sie für all jene auf, die mit den und für die Nazis Handel betrieben hatten. Und tatsächlich gab es schlagende Beweise für deren kaltblütige Kollaboration. Berichte und Verhöre förderten endlose Beispiele von Betrug und Korruption zutage und enthüllten auch eine außergewöhnliche Fähigkeit, einzelne Taten zu zerlegen und einsichtig zu machen. Die Antworten hörten sich in der Regel erschreckend ähnlich an: man hatte bloß Kunstwerke geschützt, man hatte bloß Befehle ausgeführt. Und ganze Stapel von gestempelten und beglaubigten Zeugenaussagen von Ehepartnern, mit Doktor Betitelten und Kollegen stützten diese Aussagen und fügten regelmäßig hinzu, die so Verhörten hätten dieser Jüdin oder jenem Juden geholfen und zur NSDAP nur ein Lippenbekenntnis abgelegt.

Nach monatelangen Nachforschungen legten Plaut, Rousseau und Faison drei äußerst lange und überwältigend detaillierte »Consolidated Interrrogation Reports« vor. Einen weiteren Bericht über die Dienststelle Mühlmann verfaßte Jan Vlug, ein holländischer Geheimdienstoffizier, der mit ihnen zusammenarbeitete. Zudem wurden Einzelberichte über die Hauptakteure erstellt. Immer wieder scheinen persönliche Gefühle der Schreibenden zwischen der trockenen Amtssprache auf. Inmitten der endlosen Seiten mit Einzelheiten erlaubte sich Vlug die Bemerkung, Mühlmann sei »widerspenstig, er hat kein Gewissen, er schert sich keinen Deut um Kunst, er ist ein *Lügner* und ein *abscheulicher* Mensch«. Rosseau kam zum Schluß, seine Analyse von Görings Sammlung »zerstöre alle Illusionen, die von Göring als dem ›besten‹ Nazi vielleicht noch bestehen. In diesem einen Streben, in dem er sich tatsächlich als anderer Typ Mensch hätte erweisen können, war er der Prototyp des Bösen im Nationalsozialismus. Er war grausam, gierig, betrügerisch und scheinheilig [...] bestens geeignet, seinen Platz neben Hitler, Himmler, Goebbels und all den andern einzunehmen.« [18] Faison hielt dafür, die Operation Linz als kriminelle Handlung einzustufen. Die Plünderungen der Nazis, so schrieb er, hätten sich von denen in allen früheren Kriegen dadurch unterschieden, daß sie »offiziell geplant und fachmännisch durchgeführt wurden [...], um das kulturelle Prestige der Herrenrasse zu erhöhen«.[19]

Trotz ihrer Abscheu reagierten die OSS- und MFAA-Offiziere menschlich. Craig Smyth, der später den Hausarrest von Hermann Voss überwachen mußte, fand es schwierig, mit einem so herausragenden Gelehrten wie mit einem Kriminellen umzugehen, und deshalb richtete er es so ein, daß sich Voss jeden Tag bei einem anderen Offizier melden mußte. Der Kulturgüterschutz-Offizier Charles Parkhurst, der die Witwe von Hans Posse verhören sollte und herausfand, daß sie vom Verkauf des lächerlichen Inhalts zweier Koffer mit Nippsachen lebte, bezeichnete sie als »sanfte, ältere Person« und brach das Verhör ab, als sie zu weinen begann. Aus ihren wenigen Antworten ging hervor, daß sie sehr stolz auf das von ihrem Ehemann Erreichte war. Sie zeigte Parkhurst sogar Fotos von Hitler, der an Posses Staatsbegräbnis teilnahm; von Posses eigentlichen Transaktionen wußte sie offensichtlich nichts.[20] Plaut glaubte nicht recht, daß Bruno Lohse das Ausmaß von Görings Missetaten tatsächlich kannte und hielt fest, sowohl Lohse wie Gisela Limberger seien sehr niedergeschlagen gewesen, als er ihnen alles enthüllte. Nach wochenlangen Verhören waren auch Rousseau und Faison überzeugt, daß Gisela Limberger keine Schuld traf, obwohl sie jeweils die belastende tägliche Korrespondenz zwischen Hofer und Göring gelesen hatte. Als die Verhöre beendet waren, brachte es Faison nicht übers Herz, sie in dem schmutzigen Internierungslager zurückzulassen, in das man sie eingeteilt hatte, und fragte sie statt dessen, wohin sie gehen möchte. Sie nannte den Münchner Kunsthändler Walter Bornheim: den mit den Koffern voller Francs und Hauptlieferant sowohl für Linz als auch Göring. Faison stimmte zu und ließ sie in Gräfelfing, wo Bornheim wohnte, am Militärposten absetzen.[21]

Im Juni 1945 glaubten sowohl die amerikanischen wie auch die europäischen Verantwortlichen – die inzwischen einen eigenen Bergungsausschuß eingerichtet hatten – noch immer an die Einsetzung einer internationalen Wiedergutmachungskommission. Am Eröffnungstag der Moskauer Konferenz erzielten die Briten einen Durchbruch bei den Verhandlungen, indem sich die Europäische Beratungskommission in London bereit erklärte, deutsche Kunst als Wiedergutmachung für »noch hängige Restitutionsforderungen« zu verwenden.[22] War dies einmal erledigt, so dachten sie, würden Forderungen um den »Ersatz in Naturalien« von vermißten oder zerstörten Objekten an die noch immer erträumte Kommission gehen – eine Vorstellung, die insbesondere in Frankreich beliebt war. Allerdings ließ sich keiner dieser Beschlüsse in die Tat umsetzen, bevor sich die drei Siegermächte über die Aufteilung Deutschlands in vier Besatzungszonen geeinigt hatten; dies sollte an der für den 17. Juni in Potsdam geplanten Gipfelkonferenz geschehen.

In der zweiten Juliwoche wimmelte es in der Frankfurter SHAEF-Zentrale von militärischem und diplomatischem Personal, das sich auf die bevorstehende Konferenz vorbereitete. John Brown war am 12. Juni eingetroffen, nachdem er die Depots unter amerikanischer Aufsicht inspiziert hatte, und kam in einem komfortablen, voll möblierten Haus der »Mittelklasse« unter, in dem es außer Heißwasser alles gab. Diese Annehmlichkeiten, so fand er beim Lesen der Einquartierungsanzeige heraus, verdankte er folgendem Vorgehen: »Im Haus lebenden Personen wird höchstens vier Stunden im voraus mitgeteilt, daß sie dieses räumen müssen, damit sie es bewohnbar zurücklassen. Im Haus lebenden Personen ist es nicht gestattet, Möbel, Teppiche oder Einrichtungsgegenstände zu entfernen.«[23] John Walker, der unterdessen ebenfalls in Frankfurt eingetroffen war und von fürstlichen sieben Dollar am Tag lebte, bereitete sich auf seine Inspektionsreise vor. Brown, der sich endlich mit Clay treffen konnte, um das Vorgehen der MFAA zu besprechen, gab sich optimistisch, daß »die Konferenz in Potsdam konstruktive Ergebnisse zeitigen wird. [...] Ich spüre, daß etwas in der Luft liegt [...] Präsident Truman ist mit seiner ruhigen Art eine große Persönlichkeit.«[24]

Die Diskussionen innerhalb der MFAA konzentrierten sich auf die zukünftige interalliierte Wiedergutmachungskommission und deren Beziehung zur Militärregierung. Man ging dabei davon aus, daß die immer neuen Entdeckungen von Meisterwerken in den Kunstgutdepots ihre Aufgaben erleichtern würden, was wiederum die Notwendigkeit für einen Ersatz in Naturalien aus dem deutschen Erbe vermeiden helfen konnte. Niemand in dieser Gruppe ahnte etwas von den ganz anders gelagerten Plänen auf höchster Ebene der amerikanischen Regierung, obwohl ihnen bewußt war, daß nicht alle so dachten wie sie. In seinem Tagebuch erwähnte Walker am Rande, Colonel Leslie Jefferson, der Leiter der Abteilung, zu der die MFAA gehörte, sei »ein hartgesottener gewöhnlicher Armee-Colonel ohne das geringste Interesse an Kunst. Er will, daß für die USA etwas aus diesem Krieg rausspringt. Mag Franzosen nicht.«[25]

Die Wiedergutmachungskommission der Alliierten hatte ihre Verhandlungen am 11. Juni in Moskau aufgenommen. Pauley war von Anfang an klar, daß die Sowjetunion vorhatte, soviel wie möglich aus ihrer Besatzungszone abzutransportieren. Er drängte daher darauf, daß die Vereinigten Staaten »Anspruch auf alles erhoben, was wir annehmen können. [...] Wir können weder Pflanzen, noch Maschinen oder Arbeitskräfte gebrauchen. Aber wir können unseren Anspruch auf Goldwährung, ausländische Vermögenswerte, Patente, Verfahren und technisches Know-how jeder Art erheben, und wir sollten uns diesen Anspruch bis zu einem möglichst großen Ausmaß sichern.«[26] Kunstwerke wurden in dieser Botschaft nicht eigens erwähnt, aber Pauley dachte zweifellos auch daran, denn am 26. Juni wurde Eisenhower »auf Wunsch des Präsidenten« mitgeteilt, daß jeder Abtransport von Eigentum unter Kontrolle der amerikanischen Streitkräfte in Deutschland und Österreich zum Zwecke der Wiedergutmachung »erst dem amerikanischen Vertreter der Wiedergutmachungskommission zur Genehmigung vorgelegt werden muß«.

Um das Verfahren zu beschleunigen, wurde ein Mitglied von Pauleys Stab ohne Verbindung zu den schon etablierten MFAA-Dienststellen, mit der »Ermächtigung, vorgelegte Sachgeschäfte prompt zu erledigen«, an Eisenhower abbeordert. Kunstwerke sollten nur dann an die Regierung einer alliierten Nation zurückerstattet werden, wenn »Beweise, die meinem Vertreter vorgelegt werden, einen schlüssigen Hinweis auf die Identität des jeweiligen Kunstwerks zulassen. Vor jeder Lieferung eines Kunstwerks an eine alliierte Nation ist eine korrekte Erklärung zu schicken [...], in der festgehalten wird, ob der Wert des zurückerstatteten Kunstwerks in die letztliche Wiedergutmachungsbilanz für alle Nationen einbezogen werden soll oder nicht.«[27]

Da alle alliierten Partnerstaaten einen gewissen Prozentsatz von Deutschlands verbleibendem Vermögen erhalten sollten, würde um so mehr für die Vereinigten Staaten übrigbleiben, je kleiner sich die Wiedergutmachungsanteile der anderen durch Kunstwerke oder andere Objekte ausnahmen. Pauley bezog sich nicht auf Kunstwerke wie etwa die *Madonna von Brügge,* sondern dachte vielmehr an die Kunst im Wert von mehreren Milliarden Reichsmark, die die Nazis aufgekauft hatten. Bei einem Gespräch mit Walter Andreas Hofer hatte dieser ihm gegenüber festgehalten, Görings Gemälde seien alle »rechtmäßig gekauft« worden, und auch hinzugefügt, für wieviel.[28] Für Pauley handelte es sich dabei um ganz gewöhnliche Vermögenswerte, die Amerika zugute kommen konnten. Bis zum 14. Juli, drei Tage vor der Potsdamer Konferenz, konnten sich die alliierten Vertreter in Moskau allerdings nicht darauf einigen, wer welchen Anteil von Deutschlands Vermögen erhalten sollte, ja nicht einmal, welche Staaten überhaupt Anrecht darauf hatten. Auch herrschte noch immer Uneinigkeit über die genaue Bedeutung der Wörter Wiedergutmachung, Kriegsbeute und Trophäen.[29] Es kristallisierte sich immer mehr heraus, daß alle Siegermächte in ihren Zonen schlicht nach eigenem Gutdünken verfahren würden. Innerhalb der amerikanischen Regierung selbst wüteten Kontroversen über den Einbezug von Kunstwerken und Gold in die Wiedergutmachungssumme. Auf Drängen Großbritanniens wurden Kunstwerke in den endgültigen Arbeitsunterlagen für die Diskussion am Gipfeltreffen wieder aus der Wiedergutmachung ausgeschlossen. Als einziges stand folgendes fest: »Mr. Pauley ist der Ansicht, die USA sollten einen möglichst hohen Anspruch auf Wiedergutmachungen erheben und wir sollten versuchen, die Zahlung in deutschem Gold oder Fremdvermögen zu erhalten.«[30]

Zur selben Zeit wurde General Lucius Clay, der soeben neuernannte Stellvertretende Militärgouverneur von Deutschland, in andere, frustrierendere Verhandlungen verwickelt. Es ging darum, das Funktionieren des Alliierten Kontrollrats und damit der geplanten Regierungsbehörde für ganz Deutschland festzulegen, und die Sowjetunion hatte die USA bereits ausgetrickst, hatten sich diese doch fälschlicherweise darauf verlassen, daß der Teamgeist der Kampfphase auch in den Verhandlungen der Nachkriegszeit Bestand haben würde. Am 5. Juni hatten Eisenhower und der sowjetische Marschall Schukow in verschiedenen Proklamationen formell die staatliche Regierung Deutschlands aufgelöst und die höchste Macht sich selbst zugesprochen und zudem erklärt, die Besatzungsmächte müßten über alle Angelegenheiten, die ganz Deutschland beträfen, einstimmig beschließen, jedoch könne, falls ein solcher Beschluß nicht zustande kommen sollte, jeder Zonenkommandant über die Angelegenheiten in seiner eigenen Zone selbst entscheiden, ohne mit den anderen Rücksprache zu halten. Die Schaffung des Kontrollrats wurde jedoch auf die Zeit nach der Gipfelkonferenz vertagt, und so gab es keine zentrale Behörde, die die Aktionen der Zonenkommandanten würde begrenzen oder auch nur der Kritik unterziehen können, sobald sich die Streitkräfte erst hinter ihre festgelegten Grenzen zurückgezogen hatten.
Im Rückblick erscheint die Aufgabe, vor der Clay im Juli 1945 stand, unlösbar. Die Zahl der Flüchtlinge, der befreiten Zwangsarbeiterinnen und Zwangsarbeiter, der Deportierten aller Nationalitäten und der obdachlosen Deutschen, die durch das Land strömten, wuchs täglich. Nahrungsmittel und Treibstoff waren noch immer äußerst knapp, Transport- und Kommunikationswege zerstört. Clay sah überall »unglaubliches menschliches Leid«. Und dann galt es noch die riesigen amerikanischen Truppen zu ernähren, zu versorgen und auf die asiatischen Kampfschauplätze zu verlegen. Die Treuhänderschaft für Millio-

nen von Kunstwerken war nur einer von Clays furchteinflößenden Verantwortungsbereichen in dieser verworrenen Übergangsphase.

Sobald die Russen widerwillig ihre Zustimmung gaben, begannen Briten und Amerikaner in das Ödland, das Berlin nunmehr war, vorzudringen, um ihre Militärregierungen einzurichten und sich auf die Potsdamer Konferenz vorzubereiten. Die Staatsoberhäupter trafen sich am 15. Juli. Truman kam ohne Morgenthau, der unter Protest zurückgetreten war, nachdem man ihn nicht eingeladen hatte. Im Verlauf der Konferenz besprach sich Clay mit Stimson, McCloy, Pauley, Hilldring und anderen. Zu Stimson sagte er, »die Vereinigten Staaten seien Treuhänder der weltgrößten einzelnen Kunstsammlung«,[31] und legte in einem Memorandum einen Plan vor, wie mit dieser »Sammlung« zu verfahren sei. Daraus geht hervor, daß Clay versuchte, die Verantwortung für die Pflege der Berge von Kunst, die die Armee unfreiwillig angehäuft hatte, soweit wie möglich loszuwerden. Die Werke teilte er in diesem Plan in drei Kategorien ein:

> *Klasse A:* Kunstwerke aus von Deutschland überfallenen Ländern, die direkt als öffentliches Eigentum identifizierbar sind, sowie Kunstwerke aus Privatbesitz in überfallenen Ländern, die durch Beschlagnahme und ohne Entschädigung fortgenommen wurden.
> *Klasse B:* Kunstwerke aus Privatbesitz in überfallenen Ländern, für die angeblich eine gewisse Entschädigung entrichtet wurde.
> *Klasse C:* Kunstwerke, die Deutschland zur Sicherstellung in die amerikanische Zone brachte und bei denen es sich nach dem Rechtsgrundsatz von Treu und Glauben um Eigentum der deutschen Nation handelt.[32]

Clay ging bei seinen Vorschlägen für die Behandlung dieser Werke sowohl von der äußerlichen Lage Deutschlands am 17. Juli aus als auch von den Empfehlungen der Kulturgüterschutz-Offiziere und des Wiedergutmachungsberaters Pauley. Da in der amerikanischen Zone »weder Personal noch genügend Einrichtungen vorhanden sind, um diese unbezahlbaren Kunstwerke fachgerecht aufzubewahren und zu sichern« – so das Memorandun –, sollten Werke der Klassen A und B in ihre Herkunftsländer überführt werden. Für Werke der Klasse B »könnte man Quittungen ausstellen, so daß die Rückerstattung der durch die Deutschen geleisteten Entschädigungen zu einem späteren Datum geregelt werden kann, dies möglicherweise unter Anrechnung auf Reparationszahlungen.« Dann kam der Knüller: der Vorschlag, Werke der Klasse C seien »in die USA zu bringen, um durch unsere führenden Museen inventarisiert, identifiziert und gepflegt zu werden«. Clay empfahl, sie »in den USA auszustellen, jedoch der Öffentlichkeit, das deutsche Volk eingeschlossen, unmißverständlich anzukündigen, daß diese Kunst treuhänderisch verwaltet und an den deutschen Staat zurückgehe, sobald sich Deutschland wieder das Recht verdient hat, als Staat betrachtet zu werden«.

Am 17. Juli fand in Stimsons Potsdamer Wohnung eine Diskussion von über einer Stunde statt, bei der es »hauptsächlich um das Thema Kunstschätze in der Hand der amerikanischen Streitkräfte ging«.[33] Clay sagte, er hoffe auf Annahme seines Plans. Stimson »stimmte seiner Haltung grundsätzlich zu«, ebenso Außenminister James Byrnes. Es erforderte kaum Überzeugungskraft, denn alle in Potsdam Anwesenden hatten den schrecklichen Zustand der ausgebombten Stadt mit eigenen Augen gesehen und auch die Züge auf den Abstellgleisen, die bis oben gefüllt mit Beute auf den Abtransport in die Sowjetunion warteten. Clay traf sich am 18. Juli mit Truman und erhielt sofort »informelle Zustimmung« zu seinem Kunstevakuierungsplan.

Niemand vom MFAA hatte Clays Memorandum gesehen. John Nicholas Brown, theoretisch Eisenhowers Kulturberater, kam erst in Berlin an, als Clay bereits Trumans Zustimmung erhalten hatte, und hielt sich dort verfügbar für den Fall, daß man ihn zur Gipfelkonferenz rufen sollte.[34] In der Zwischenzeit begleitete er die lokale MFAA-Abordnung auf ihren Inspektionsfahrten durch Berlin. Am nähesten kam er Eisenhower auf seiner ganzen Dienstreise, als er am 22. Juli bei der in Trumans Anwesenheit abgehaltenen Feier im fähnchenschwingenden Publikum vor dem neuen amerikanischen Hauptquartier in Berlin stand. Am 26. Juli schrieb er nach Hause, ein gewisser Colonel Reid »hat nach mir gesucht [...] man hat ihn zur Konferenz gerufen. Er hoffte, mich mitnehmen zu können.«[35] Aber der nicht rechtzeitig in Kenntnis gesetzte Brown besichtigte gerade eine große, von der dänischen Regierung beanspruchte Löwenstatue und verpaßte so seine Chance.

Die Kulturgüterschutz-Offiziere im Frankfurter Hauptquartier hörten erstmals am 29. Juli von Clays Memorandum. Mason Hammond schrieb umgehend an Calvin Hathaway in Berlin, er habe gehört, daß »General Clay mit Präsident Truman über die Rückgabe von Kunstwerken gesprochen und ihn überredet hat [...], die deutschen Werke in die Vereinigten Staaten zu überführen, wo sie treuhänderisch aufbewahrt und der amerikanischen Bevölkerung gezeigt werden sollen«. Auf seine Nachfrage hin habe sich ergeben, daß »die ganze Sache von General Clay ausging, mit der Bitte, diese Meldung bis nach der Konferenz weder zu verbreiten noch zu veröffentlichen«.[36] Mason Hammond kam dieser Bitte keineswegs nach und bat Hathaway, diskret herauszufinden, »von wem die brillante Idee stammt, deutsche Kunst in die USA zu schicken«.[37] Zudem machte er heimlich eine Kopie des Memorandums und ließ diese Eisenhowers politischem Berater Robert Murphy zugehen. Inzwischen hatte das Memorandum auch Pauley und seinen Kollegen William Clayton, einen stellvertretenden Minister, der sich mit Wirtschaftsfragen befaßte, erreicht. Die beiden hießen den Vorschlag abgesehen von einem Punkt gut: Sie wollten nicht ausdrücklich festhalten, daß die Werke der Klasse C an das deutsche Volk zurückgehen würden, sondern vielmehr, daß »ihr endgültiges Schicksal Thema einer zukünftigen Entscheidung der Alliierten sein wird«.[38] Diese Formulierung fand nicht nur die Zustimmung des Außenministers (der sich nicht mit Clay absprach), sondern wurde auch in Briefen an die Außenminister Molotow der UdSSR und Bevin von Großbritannien wortwörtlich so weitergeleitet.

John Nicholas Brown bekam diesen Stein des Anstoßes erst zu Gesicht, als er am 1. August von Frankfurt nach Berlin zurückkehrte. Wutentbrannt schrieb er an Hathaway, dies sei »höchst ärgerlich, spricht doch ein so großer Teil des Dokumentes die Sprache, die wir gebrauchen, und verdreht sie doch am Ende vollkommen [...] Nun, wir werden ja sehen [...] Meine erste Reaktion war, dies publik zu machen und meine unverzügliche Rückkehr in die USA zu verlangen.«[39] Clay war, allerdings aus anderen Gründen, nicht weniger aufgebracht. Am 2. August telegrafierte er nach Washington:

> Das Fehlen einer öffentlichen Absichtserklärung in bezug auf deutsche Kunst steht selbstverständlich im Widerspruch zur informellen Zustimmung des Präsidenten. [...] Ich bin überzeugt, daß der Abtransport von deutscher Kunst ohne eine Absichtserklärung von der Mehrheit der Öffentlichkeit nicht gutgeheißen wird. [...] Ich bin

> nicht sicher, ob Claytons und Pauleys Brief mit der informellen Zustimmung des Präsidenten vereinbar ist, deutsche Kunst treuhänderisch zu verwalten [...] erwarte deshalb weitere Anweisungen.[40]

Clay hatte völlig recht mit der Annahme, man werde diese Politik nicht »gutheißen«, doch bezog sich die negative Reaktion auf den Abtransport deutscher Kunstwerke überhaupt. Brown sandte ihm eine scharfe Protestnote, in der er seiner Verärgerung Ausdruck gab, daß man ihn nicht konsultiert hatte, und versicherte – im Gegensatz zu früheren Berichten, die er vor der Schaffung von Sammelstellen schrieb –, daß es in Deutschland nun sehr wohl zufriedenstellende Einrichtungen und genügend Personal gebe, um für die Kunstwerke dort zu sorgen. Zudem wies er darauf hin, daß viele der Werke in amerikanischer Obhut Institutionen in anderen Zonen gehörten und daß der Transport der Werke über den Atlantik ebenso gefährlich sei, wie sie in Deutschland zu belassen. Aber sein Haupteinwand war moralischer Art: Deutschlands Erbe unter »die fragwürdige rechtliche Fiktion einer ›Treuhandschaft‹ zu stellen, erscheint dem Schreibenden und seinen Kollegen der MFAA-Abteilung nicht nur unmoralisch, sondern auch scheinheilig«. Diesen Schritt würden »unsere Alliierten mit Mißtrauen und Mißfallen betrachten«. Und es »wäre in der Tat erniedrigend«, wenn sich die deutsche Propaganda, welche die Arbeit der MFAA als Plünderung darstellt, als zutreffend herausstellen würde. Brown schlug vor, das Beste aus deutschen Sammlungen während des Wiederaufbaus der deutschen Museen für einige Leihausstellungen in die Vereinigten Staaten und die ehemals besetzten Länder zu schicken, statt sie »in einem als legal verbrämten Kriegsakt an sich zu nehmen«.[41] An seine Frau schrieb er wutentbrannt:

> Ich bin zutiefst betrübt, daß, während ich in Berlin saß, über eine Politik entschieden wurde, von der ich seit meiner Ankunft hier immer abgeraten habe. Es besteht ja wohl kein Bedarf an einem Berater, wenn sein Rat nicht einmal eingeholt wird [...] Ich muß sagen, daß ich mit dem Gefühl, meine Mission nicht erfüllt zu haben, von dieser Dienstreise zurückkehre, traurig und deprimiert.[42]

Seine Verbitterung wurde etwas gemildert in einem letzten Treffen mit Clay, in dessen Verlauf dieser ihm im Vertrauen sagte, das Versprechen, die Kunstwerke an Deutschland zurückzugeben, habe Präsident Trumans persönliche Unterstützung.

Als Antwort auf Clays Einwände kabelte Außenminister Byrnes an Pauley, die Vereinigten Staaten sollten »in dieser Beziehung einen hohen Standard von Wohlverhalten setzen«. Die Kunstwerke sollten »sichergestellt« werden, aber es müsse klar hervorgehen, daß sie »letztlich intakt zurückgegeben werden, abgesehen von Beschlagnahmungen, die auferlegt werden könnten zum Ersatz von geplündertem künstlerischem oder kulturellem Eigentum, das zerstört oder unrettbar beschädigt wurde«.[43] Dieser halbherzige Rückzug kam allerdings zu spät. Heftige Einwände gegen den Abtransport waren sowohl von Großbritannien als auch scheinheiligerweise vom sowjetischen Außenminister Molotow eingetroffen. Byrnes und Pauley, die nachgeben mußten, mäßigten ihren Ton in einem Schreiben, in dem sie die Roberts Commission darüber informierten, daß »die Regierung jede Absicht hat, alle Kunstwerke aus ehrlichem Besitztum zurückzugeben, sobald die Bedingungen für ihre sichere Aufbewahrung wieder gewährleistet sind«.[44] Das Schreiben garantierte zwar die Rückgabe von langjährigem Staatseigentum, ließ aber eine große Lücke offen für Objekte, die Einzelpersonen legal erworben oder Nazi-Kunstsammler und -Kunstsammlerinnen in neutralen Ländern gekauft hatten.

Die Mitglieder der Roberts Commission waren erzürnt, daß man sie übergangen hatte, und die Kontroverse riß eine Kluft auf. John Walker, der letzte Emissär in Deutschland, hörte erst von Clays Plan, als er am 14. August auf der Rückreise nach Amerika in London eintraf, wo ihm ein Assistent von Clayton eine undatierte Kopie davon zeigte.[45] Dinsmoor und Francis Henry Taylor zeigten sich hocherfreut, daß die deutschen Kunstwerke in die Vereinigten Staaten gebracht werden sollten. Ihrer Ansicht nach war es nur recht und billig, daß das amerikanische Volk die Möglichkeit bekam, diese Sammlungen zu sehen, und Taylor erklärte vehement, er »würde keine Einwände erheben gegen einen wie auch immer gearteten Beschluß der Regierung über den Gebrauch kultureller Objekte für Wiedergutmachungszwecke [...] das amerikanische Volk hat sich in diesem Krieg das Recht auf eine solche Kompensation verdient, als es beschloß, sich auf ihn einzulassen«. Als Taylor von der OSS-Dienststelle für Kunstraub in London mitgeteilt wurde, Woolley »bedaure die Folgen« der geplanten Transporte, wischte er die britischen Bedenken vom Tisch und fand, die

Briten sollten dem Beispiel Amerikas folgen. Um die Propaganda sorgte er sich nicht: »Ich denke, wir müssen den Mut aufbringen, unserem eigenen gesunden Menschenverstand zu folgen und im Interesse einer Nation zu handeln, die für ein geeintes Europa bereits zweimal in einer einzigen Generation ihr Blut vergossen und ihre Schätze geopfert hat.«[46] Nach »Einsicht in die Dokumente und den Briefwechsel zwischen hohen Ämtern« zeigte sich Taylor zuversichtlich, daß Truman und Byrnes Wort halten würden, und bemerkte, die Unfähigkeit der Armee, weiterhin fachlich hochstehendes Personal in Deutschland zu stationieren, mache den Transfer der Objekte nach Amerika »einleuchtend«.

Andere stimmten mit dieser Meinung jedoch nicht überein. Sumner Crosby bekam einen solchen Wutanfall, daß er einen geharnischten Rücktrittsbrief schrieb – den er allerdings später zurückzog –, und Charles Sawyer, Sekretär der Roberts Commission, der Pauleys Beweggründen mißtraute, prophezeite: »Die tatsächliche Präsenz dieser Werke im Land wird einen großen Druck auslösen, zumindest ein paar davon unter irgendeinem Vorwand ganz einfach zu behalten.«[47]

National-Gallery-Direktor David Finley plagten andere Sorgen: Die Armee hatte ihn darum ersucht, die evakuierten Werke in seinem Museum einzulagern, was eine enorme und kostspielige Verantwortung bedeutete. Er benötigte dafür die Zustimmung des höchstrangigen Mitglieds des Verwaltungsrates, Justizminister Harlan Stone. Dieser verbrachte gerade in New Hampshire seinen Urlaub, und daher fuhr Finley die Nacht durch, um sich mit ihm zu treffen. Stone meinte: »Wenn die Regierung darum bittet, daß wir uns um diese Gemälde kümmern, dann müssen wir dies tun. Es handelt sich um eine Pflicht, der wir uns, selbst wenn wir dies wollten, nicht entziehen können, und natürlich wollen wir es gar nicht.« Finley, dessen Mission damit erfüllt war, blieb nicht einmal zum Mittagessen, sondern kehrte sofort nach Washington zurück.[48] Die Aufgabe der National Gallery bestätigte am 14. September ein offizielles Schreiben des stellvertretenden Außenministers Dean Acheson, und es enthielt zudem die Mitteilung an Finley, daß Clay »gebeten wurde, Informationen über den benötigten Lagerraum zu beschaffen [...], damit die ersten Lieferungen schon in nächster Zukunft eintreffen können«. Im Außenministerium war man sich durchaus bewußt, daß diese Vereinbarung am Rande des Rechtmäßigen lag. Das ganze Projekt, so telegrafierte Acheson an Murphy in

Deutschland, solle deshalb geheim bleiben, um die Bekanntgabe auf eine andere abzustimmen, die »allernächstens in Washington formuliert werden muß, um Gerüchten und voreiliger Kritik an dieser Aktion entgegenzutreten«.[49]

Die MFAA-Abteilung in Deutschland war offiziell nicht in diese Abmachungen auf höchster Ebene eingeweiht. Deren Angehörige fühlten sich ohnehin sicher, daß angesichts der knappen Transportmittel in Deutschland und der großen Mengen an Kunst in deutschem Besitz nie etwas aus diesem Projekt werden könne. So traf sie die Aufforderung des Kriegsministeriums, eine Schätzung des benötigten Lagerraums für das gesamte kulturelle Erbe Deutschlands abzugeben, wie ein Schock. Mason Hammond sandte umgehend ein Telegramm an John Nicholas Brown, der Ende August in die Vereinigten Staaten zurückgekehrt war, um ihm mitzuteilen, daß »die Angelegenheit, die Sie mißbilligen, verwirklicht wird – schlage vor, daß Sie sofort auf höchster Ebene Informationen einholen«.[50] In Deutschland wirbelte Hammond so viel Staub auf, daß ihm ein Gespräch mit General Clay zugestanden wurde, dem er drei »gute Gründe« vortrug, den Plan nicht durchzuführen: »erstens aus moralischen Gründen, zweitens, weil es eine schwerwiegende Kritik an der amerikanischen Kontrolle auslöst, und drittens, weil der Plan praktisch sehr schwierig durchzuführen ist«.[51] Clay gab jedoch nicht nach, und die Bekanntgabe des Plans wurde auf den 17. September festgelegt.
Inzwischen hatte man aber bei der Armee kalte Füße bekommen. In Washington schrieb General Hilldring von der Abteilung für zivile Angelegenheiten an die Roberts Commission, »gewisse Fachleute« hätten gesagt, es sei gefährlicher, die Gemälde aus Deutschland abzutransportieren, als sie dort zu belassen, und bat um einen Rat. Derlei Zweifel bei dem guten General hatte Charles Sawyer, Sekretär der Roberts Commission, geweckt, war er doch gegen diese Operation und hatte der Abteilung für zivile Angelegenheiten mitgeteilt: »Auch das Außenministerium zweifelt langsam daran, ob die Entscheidung von Potsdam der Weisheit letzter Schluß gewesen sei.«
Zudem wußte kein Mensch, wieviel überhaupt zu transportieren war. Erste Schätzungen klangen wenig ermutigend: es hieß, es würden rund zweitausendachthundert Quadratmeter Lagerraum benötigt, um die bereits in den Sammelstellen befindlichen Gemälde aus deutschem

Besitz unterzubringen, und zusätzlich gab es in der amerikanischen Zone sechshundertsiebenundsiebzig bereits bekannte Kunstdepots, deren Inhalt noch nicht einmal durchgesehen worden war. Unterdessen traf das gegen Clays Ansinnen gerichtete Memorandum von John Nicholas Brown in Washington ein und ging an den stellvertretenden Kriegsminister McCloy weiter, der offenbar selbst einige Bedenken hegte. Als nächstes folgte ein Besuch von Brown höchstpersönlich. McCloy kabelte an Clay und bat ihn »um eine aktuelle Schätzung [...] nach Rücksprache mit den Sachverständigen vor Ort«, wobei er hinzufügte, daß »wir bei echtem Handlungsbedarf das Risiko auf uns nehmen sollten, ohne Rücksicht auf etwaige negative Reaktionen«. Er gehe davon aus, daß »es eine Art Auswahlverfahren gibt und nur die wirklich gefährdeten Artikel verschickt werden«.

Es gibt keinen Hinweis darauf, daß Clay mit jemandem gesprochen hat, bevor er verärgert antwortete:

> Es trifft zu, daß sich die Lagerungsbedingungen für deutsche Kunst hier verbessert haben; allerdings verlangten dieselben Leute, die sich nun gegen den Abtransport von deutschen Kunstobjekten wenden, sehr rasche und sofortige Aktionen, als es um die Rückführung von Objekten in befreite Gebiete ging, mit der Begründung, unsere Einrichtungen seien völlig unzulänglich, um diese Objekte zu schützen [...] Es war ihre Sorge [...], aus der meine Sorge um den Schutz von deutschen Kunstobjekten hervorging.

Er habe nie an eine Rückgabe weniger wertvoller Objekte gedacht und glaube auch, daß es die amerikanische Öffentlichkeit verdient habe, diese Kunstwerke zu sehen, bis sie an ihren angestammten Ort in Deutschland zurückkehren könnten. In einer klaren Anspielung auf Rußland und Frankreich riet er davon ab, Kunstwerke in andere Zonen zurückzuführen, »wenn wir diese für das deutsche Volk erhalten wollen«. Er schloß mit der Bemerkung, daß er sich bezüglich der Richtigkeit des endgültigen Entscheids ebenfalls nicht sicher sei, es aber »für uns hier nicht für hilfreich [halte], wenn solche Empfehlungen aufgrund der Ansicht von Untergebenen, die nach Hause zurückgekehrt sind, geändert werden«.[52] Hilldring vertagte die Bekanntgabe der Operation dennoch, damit die Roberts Commission die ganze Angelegenheit mit ihren Fachleuten auf der nächsten Sitzung besprechen konnte.

Diese fand am 25. September 1945 statt. Die Kommission hatte Crosby, Brown, Walker, Stout und Plaut gebeten, als Fachleute teilzunehmen und ihre Voten abzugeben. Brown erinnerte sich jedoch später daran, daß man diesen Sachverständigen bei ihrem Eintreffen höchst merkwürdig begegnete. Zuerst »wurden wir in einen separaten Raum gescheucht und mußten anderthalb Stunden warten; dann durften wir eintreten, und zwar alle miteinander, und uns kurz vor der Kommission äußern. Es war ein peinlicher Moment und unter unserer Würde. Niemand von uns fühlte sich imstande, die innersten Gefühle in einer so offenen Zusammenkunft preiszugeben.«[53] Ihre schriftlichen Memoranden wurden entgegengenommen.

Stout hielt einen Transport für ebenso gefährlich wie die Bedingungen in Deutschland während eines Winters ohne Heizung, aber er merkte an, daß der Entscheid wahrscheinlich nicht nur auf den materiellen Schutz, sondern auch auf politische Überlegungen zurückgehe. Plaut vom OSS, der seine Aussage später zurückzog, schrieb ziemlich pathetisch, daß diese Aktion keinen Deut besser sei als diejenigen der Nazis, wobei er diese Aussage mit Zitaten aus ERR-Berichten belegte, wo man annähernd dieselbe Sprache benutzte, um die »Sicherstellungen« zu rechtfertigen. Brown trat einmal mehr dafür ein, die Gemälde nur als Leihgabe auszustellen. John Walker von der National Gallery sagte, die Sammelstellen, die er gesehen habe, seien zwar in Ordnung gewesen, aber er habe Hunderte davon nicht besucht und verfüge »nicht über die notwendigen Informationen, um sich für oder gegen General Clays Empfehlung auszusprechen«. Weiter bemerkte er, sämtliche Kulturgüterschutz-Offiziere, die er getroffen habe, sehnten sich danach, nach Hause zu kommen, und er riet davon ab, die Armee zu verärgern, »denn nichts kann für den Schutz dieser Werke getan werden ohne die volle und bedingungslose Mitarbeit unserer Armeeführung«. Die moralische Frage sei durch die Zusicherungen des Präsidenten und des Außenministers beantwortet, und angesichts der chaotischen Zustände in Deutschland könne »die Haltung eines weisen Kustoden nur darin bestehen, zumindest einen Teil dieser unersetzlichen Werke in den sichersten Hafen zu bringen, und als dies erscheinen mir gegenwärtig die Vereinigten Staaten«.[54] Die letzte Empfehlung der Roberts Commission bestand in einem höchst eigenartigen und verworrenen Versuch, den Schwarzen Peter jemand anderem zuzuschieben:

Nach eingehender Beratung kam die Kommission zum Schluß, sie verfüge nicht über die notwendigen Fakten, um daraus schließen zu können, daß General Clays Empfehlungen, auf die sich der Entscheid des Präsidenten abstützte, nicht durch Fakten begründet war, die ihm bekannt waren.

Zusätzlich empfahl die Roberts Commission, Objekte in der Obhut der Vereinigten Staaten aus Museen in anderen Zonen gleich zu behandeln wie solche aus Museen innerhalb der amerikanischen Zone.[55] Dies machte den Weg frei für den Abtransport aller Objekte aus Berliner Museen, die sich in den Sammelstellen befanden.
Tags darauf gaben Pressemitteilungen des Weißen Hauses und der National Gallery den Plan bekannt, deutsche Kunstwerke in die Vereinigten Staaten zu bringen, dies »mit der alleinigen Absicht, diese Schätze sicher und treuhänderisch für das deutsche Volk oder« – wie verlockend – »für andere rechtmäßige Eigentümer aufzubewahren«, da in der amerikanischen Zone nicht ausreichend Fachpersonal vorhanden sei, um deren Sicherheit zu gewährleisten. Die Bemerkung, daß sich Deutschland sein Recht auf diese Werke »wiederverdienen« müsse, war gestrichen. John Brown äußerte sich philosophisch; er schrieb an LaFarge in Deutschland: »Dank unseren Protesten hat die Regierung eine reine Weste behalten.«[56] George Stout war zynischer: »Haben diese Kerle in Washington die Armee tatsächlich manipuliert? Und dann die Roberts Commission mißbraucht, um alles zu verschleiern? [...] Ich habe ja manche dieser hohen Tiere von Museumsdirektoren nie für mehr als erstklassige Beispiele gelungener Taxidermie gehalten, aber großer Gott, ich hätte doch gedacht, es würde ihnen gelingen, weiterhin wenigstens den Anschein von Menschen zu machen.«[57]
Als Reaktion auf die Entscheidung der Armee bestellte Walker nun eine Liste von Deutschlands Meisterwerken bei Hanns Swarzenski, einem Exildeutschen, der im Depot der National Gallery in Biltmore vorübergehend eine Stellung erhalten hatte. Aus dem Gedächtnis, mit Hilfe von Katalogen aus der Vorkriegszeit und einer Kopie der Berliner Evakuierungsdokumente auf Mikrofilm stellte dieser eine Liste von zweihundertvierundfünfzig Gemälden, dreiundsiebzig Plastiken und neununddreißig Objekten zusammen. Mehr, so schrieb er an Walker, habe er nicht aufgeführt, weil es sonst gar keine Grenze geben würde. Vermut-

lich habe er aber vieles in den kleineren Museen wie Stuttgart und Karlsruhe vergessen.[58]

Auf der Liste, die keine Hinweise auf den gegenwärtigen Standort der Werke enthielt, standen hundertzwei Werke aus dem Kaiser-Friedrich-Museum, Watteaus *Gersaints Ladenschild* aus Schloß Charlottenburg, Daumiers *Don Quichotte* aus der Nationalgalerie, zwei Chardins aus Potsdam, dreiundvierzig Werke aus dem Frankfurter Städel, von Manet *Die Erschießung Kaiser Maximilians von Mexiko* aus Mannheim, sechsundzwanzig Werke aus der Alten Pinakothek in München – darunter Dürers Heiligendarstellungen, mit der Bemerkung, »möglicherweise zu empfindlich« –, neun Werke aus Nürnberg und viele mehr aus Dresden, Wien, Karlsruhe, Stuttgart und Kassel. Diese Auswahl zusammenzutragen würde nicht einfach sein, denn niemand wußte genau, wo sich die Werke zur Zeit befanden. Zwar hatte John Walker die ungeöffneten Kisten aus der Berliner Gemäldegalerie in Frankfurt vor dem Transfer nach Wiesbaden gesehen, aber es gab noch keine vollständigen Inventarlisten der Sammelstellen, wo tagtäglich neue Objekte eintrafen und wo vordringlich jene Werke inventarisiert wurden, die an andere alliierte Nationen zurückgehen sollten. Die Münchner Gemälde befanden sich noch immer dort, wo die Deutschen sie zurückgelassen hatten, nämlich in den Depots auf dem Land, in Dietramszell, Ettal und Raitenhaslach, und obwohl Walker anläßlich seines Besuchs im Juli dazu geraten hatte, war noch nichts zu den Sammelstellen gebracht worden.

An die MFAA-Beauftragten – die mittlerweile vom möglichen Abtransport der Werke wußten – gerichtete Bitten um detaillierte Informationen wurden im Hauptquartier auf Betreiben von LaFarge und Kuhn absichtlich verschleppt. Edith Standen zählte auf die Bitte um ein Verzeichnis von Meisterwerken in Marburg und Wiesbaden »nur Objekte auf, die ich mit eigenen Augen gesehen habe, nannte ihnen fünfzehn Gemälde […] ausschließlich aus Museen außerhalb unserer Zone. Ich tat dies eher ungern; Bancel und Charles Kuhn vertreten die Meinung, Information weiterzugeben bedeute nicht unbedingt, eine schändliche Politik zu unterstützen, also mache ich mit.«[59]

In der Tat bezweifelten die meisten, die sich mit Kulturgütern beschäftigten, noch immer daran, daß die Aktion auch wirklich durchgeführt würde; Perry Cott beispielsweise schrieb aus Wien, man halte »das Projekt dort einmütig für total hirnverbrannt […] es wird wahrscheinlich eines natürlichen Todes sterben, sobald sich die Leute, die es geplant haben, der materiellen Schwierigkeiten bewußt werden, die die Durchsetzung des Vorhabens mit sich bringt.«[60] Sogar Graf Metternich stellte auf Anfrage von Freunden die Gerüchte über einen amerikanischen Kunstabtransport in Abrede. Ihrer aller Optimismus erwies sich jedoch als zu groß. Anfang Oktober sprach McCloy von der um sich greifenden Angst vor den Russen und der »fast mittelalterlichen Isolation des Lebens in Deutschland«, wo für den kommenden Winter wegen der fehlenden Kohle Kälte und Krankheiten drohten.[61] Diese Lageeinschätzung trug nicht zu einer Meinungsänderung bei Clay bei, der nach wie vor seine Verantwortung für die deutschen Kunstschätze loswerden wollte.

Die National Gallery begann sofort mit Vorbereitungen, um ihren Verwalter und Troubleshooter des Außenministeriums, Colonel Henry McBride, nach Deutschland zu entsenden, wo er den Transfer der Gemälde organisieren sollte. Als die MFAA-Beauftragten im Feld von seiner Ankunft hörten, reagierten sie ausnahmslos mit Zorn und Unglauben. Niemand unter ihnen wußte von den hochgeheimen politischen und wirtschaftlichen Gründen, die zu dieser Mission geführt hatten, und alle waren erzürnt, weil der Abtransport der Werke den Anschein erweckte, sie seien nicht kompetent. Das Mißtrauen der National Gallery und dem Metropolitan Museum of Art gegenüber trieb wilde Blüten. Hathaway berichtete aus Berlin über »den Schwindel, von dem die National Gallery so sehr profitiert«.[62] Edith Standen beschrieb »den höchst elenden Zustand, in dem wir uns nun alle befinden [...] Walker Hancock meinte schlicht und einfach, es sei für ihn absolut undenkbar, mit dem Projekt in Verbindung gebracht zu werden; er habe in erster Linie mit den Menschen zu tun, nicht mit den Objekten. Col. McBride hat uns allen (auf nette Art und Weise) mit dem Kriegsgericht gedroht.«[63] Diese Reaktionen zeugen von außergewöhnlichem Mut. Das Kriegsgericht war keine leere Drohung und die Auswirkung einer Mißachtung der Befehle von Vorgesetzten, die ihre zukünftige Museumskarriere beeinflussen konnten, nicht zu unterschätzen.

Die ersten präzisen Befehle ergingen telegrafisch an Walter Farmer von der Sammelstelle in Wiesbaden:

> Höheres Hauptquartier wünscht, daß unverzüglich Vorbereitungen getroffen werden für den sofortigen Transport nach UNITEK [US]

> einer Auswahl von wenigstens zwei null null deutschen Kunstwerken von größter Bedeutung. Die meisten dieser Kunstwerke jetzt in Sammelstelle Wiesbaden. Auswahl trifft Personal des Hauptquartiers US Streitkräfte Kriegsschauplatz Europa, das beim Verpacken und Transport durch Motorfahrzeuge nach Bremen behilflich ist.[64]

McBride war nicht auf den unterkühlten Empfang vorbereitet, den man ihm bereitete. Als er am 5. November in Frankfurt eintraf, wandte er sich an Marineleutnant Charles Parkhurst, einen ehemaligen Registrator der National Gallery, um mit ihm Einzelheiten des Transports zu besprechen. Parkhurst wollte nichts damit zu tun zu haben. Einigermaßen überrascht wies ihn McBride darauf hin, ihm sei »dies befohlen worden«, und gab ihm zudem »weniger freundlich« zu verstehen, er könne sich eine Weigerung nicht leisten, »da Sie Frau und zwei Kinder haben«. Parkhurst ließ ihn einfach stehen. Erst als Bancel LaFarge vom Hauptquartier intervenierte, ließ sich Lamont Moore, der ebenfalls an der National Gallery ausgebildet worden war, dazu überreden, das Verpacken zu übernehmen und die Fracht in die Vereinigten Staaten zu begleiten. McBride fand in Commander Keith Merrill einen alten Bekannten, der nichts mit der MFAA zu tun hatte und sich bei seiner Schreibtischarbeit in Frankfurt langweilte, und ernannte ihn zum zweiten Eskorte-Offizier. »Untergebene machten Schwierigkeiten, aber einige lassen sich langsam überzeugen«, kabelte McBride optimistisch nach Hause.

Am 7. November trafen LaFarge, Moore und McBride in der Wiesbadener Sammelstelle ein und begannen den Transport zu organisieren. McBride verdarb es gleich mit Walter Farmer, als er sich abschätzig über die von diesem so sorgfältig angelegten Pfützen mit luftbefeuchtendem Wasser äußerte und sie, nicht ganz abwegig, als Beweise für Löcher im Dach interpretierte. Kaum war McBride abgereist, regte sich Widerstand. Zweiunddreißig der fünfunddreißig Kulturgüterschutz-Beauftragten auf dem europäischen Kriegsschauplatz kamen in den folgenden Tagen nach Wiesbaden oder nahmen Verbindung auf, um eine Protestnote zu unterzeichnen, die Everett Lesley offiziell aufsetzte und die später als Wiesbadener Manifest Berühmtheit erlangte. Nach einigen angemessenen einführenden Abschnitten stand darin:

> Die alliierten Nationen bereiten sich gegenwärtig darauf vor, einzelne Personen für die Straftat der unter dem Vorwand der »Sicherstellung« erfolgten Beschlagnahme kultureller Schätze in den von Deutschland besetzten Ländern vor Gericht zu stellen. Ein Großteil der Anklagen folgt der Argumentation, daß von diesen Personen, obgleich militärischen Befehlen unterstehend, zu erwarten gewesen wäre, im Namen eines höheren moralischen Gesetzes eine Beteiligung an deren Ausführung zu verweigern und sie zu mißbilligen. Wir, die Unterzeichneten, sehen uns dazu verpflichtet, darauf hinzuweisen, daß wir, obwohl Mitglied der Streitkräfte, bei Ausführung der erhaltenen Befehle vor klaren Blicken nicht weniger schuldig dastehen als diejenigen, deren Verurteilung wir billigen.
> [...] Wir möchten darauf hinweisen, daß unseres Wissens keine historische Kränkung so langlebig ist und so viel gerechtfertigte Verbitterung hervorruft wie die aus welchem Grunde auch immer erfolgende Wegnahme eines Teils des kulturellen Erbes einer Nation, sei es auch, daß dieses Erbe als Kriegstrophäe aufgefaßt wird. Und obwohl diese Entfernung in altruistischer Absicht erfolgt, halten wir es nichtsdestoweniger für unsere Pflicht, individuell und gemeinschaftlich dagegen zu protestieren. Bei allen Verpflichtungen zu allgemeiner Gerechtigkeit und Anstand sowie zur Etablierung der Macht des Rechts, nicht der Gewalt, unter zivilisierten Nationen.[65]

Die Gründerväter wären stolz gewesen.

Fünfundzwanzig Angehörige der MFAA unterschrieben; fünf weitere taten in Abwesenheit ihre Unterstützung schriftlich kund. Drei, darunter James Rorimer, stimmten dem Manifest zu, wollten aber nicht unterzeichnen. Statt dessen wandte sich Rorimer tags darauf an seinen Kommandierenden Offizier und bat um Ablösung.[66] Sein Antrag wurde abgelehnt. Das Manifest, als interner Protest gedacht, ging an MFAA-Offizier Bancel LaFarge im Hauptquartier, und dieser legte es zum Schutz seiner Kollegen und Kolleginnen zu den Akten, ohne es an jemanden weiterzuleiten.

Doch derart starke Gefühle ließen sich nicht lange verheimlichen. Vor allem jene, die Tag und Nacht in den Minen und Sammelstellen mit Deutschen zusammengearbeitet hatten, fühlten sich beschämt. Walker Hancock kam es vor, als habe er sie betrogen. Als er Professor Hamann aus Marburg die Entscheidung verlegen eröffnete, antwortete dieser, wenn man ihnen die alte Kunst nehme, müßten sie eben versuchen, gute neue Kunst zu schaffen. Dann, nach einer langen Pause, fügte er hinzu, er hätte nie gedacht, daß sie sie nehmen würden.[67] Farmer schrieb: »Sie können sich nicht vorstellen, wie schwierig es ist, etwas in den Augen anderer zu rechtfertigen, was man selbst für grauenvoll hält.«

Die aufgebrachten MFAA-Angehörigen machten Janet Flanner, der Korrespondentin des *New Yorker* gegenüber, die in Wiesbaden für eine Artikelserie über den ERR recherchierte, keinen Hehl aus ihren Gefühlen. Am 9. November kabelte sie nach Amerika: »Kulturgüterschutz-Offiziere in Wiesbaden erhielten vor wenigen Tagen den offiziellen Befehl, aus ihren Depots 400 [sic] der bedeutendsten Gemälde in deutschem Besitz in die USA zu schicken.« Dieses »Exportprojekt, das amerikanische Offizielle beiläufig in Potsdam planten«, so Janet Flanner, »wird im befreiten Europa bereits als der Praxis des ERR schockierend ähnlich empfunden«.[68] Der raffinierte Artikel erschien am 17. November im *New Yorker*.

Bis dahin hatte McBride, der sich zum ersten Mal mit den üblichen Problemen Wetter, fehlende Transportmöglichkeiten und mangelnde Verpackungsmaterialien herumschlagen mußte, erkannt, daß die erste Lieferung auf Objekte aus einer einzigen Sammelstelle begrenzt werden mußte. Wiesbaden mit der großen Zahl Gemälde aus deutschem Besitz bot sich als geeignetste Wahl an. McBride telegrafierte an Washington, die Lieferung bestehe ausschließlich aus Werken auf der von Walker und Swarzenski in der National Gallery erstellten Liste. Die endgültige Wahl der zweihundertzwei Gemälde – alle außer zweien aus dem Kaiser-Friedrich Museum – trafen McBride und die für die Überführung zuständigen Offiziere.[69] Ihre Auswahl war sowohl hinsichtlich Empfindlichkeit als auch Qualität atemberaubend, bestand sie doch zu drei Vierteln aus Tafelbildern, die sowohl Temperatur- als auch Schwankungen in der Luftfeuchtigkeit besonders schlecht vertrugen. Die Liste umfaßte je fünf Werke von van Eyck und von Botticelli, vier von Dürer, eines von Bosch, etliche von Bruegel, zwei von Vermeer, eines von Giorgione, acht von Masaccio, drei von Memling, fünfzehn von Rembrandt, vier von Tizian, je eines von Velázquez und Georges de la Tour, zwei von van der Weyden und viele mehr.

Allerdings wollte McBride unbedingt noch ein bestimmtes Gemälde, das sich nicht in Wiesbaden befand und das die National Gallery besonders begehrte: den Vermeer von Czernin. Dieses Werk gehörte jedoch in eine ganz andere Kategorie, da es als von Hitler rechtmäßig erworben galt und deshalb für Reparationszahlungen an die Vereinigten Staaten in Frage kam. McBride kam zu spät. Als er am 12. November in der Münchner Sammelstelle ankam, fand er das Gemälde verpackt und bereit für die Rückkehr nach Wien vor, denn man hatte entschieden, österreichischen Besitz unter die Obhut der dortigen US-Streitkräfte zu stellen. Den Transfer sollte der für Österreich zuständige MFAA-Offizier Andrew Ritchie höchstpersönlich durchführen, und dieser war klar gegen den Abtransport von Kunstgütern. Craig Smyth, der Leiter der Münchner Sammelstelle, der ebenfalls hinter dem Wiesbadener Manifest stand, packte das Gemälde für McBride zwar aus, aber es gelang ihm, die verhaßten Militärregeln zu seinen Gunsten auszulegen: Er verweigerte die Herausgabe des Vermeers mit der Begründung, er habe keinen entsprechenden Befehl der Dritten Armee erhalten, unter deren Rechtsprechung seine Sammelstelle falle.[70] McBride bestand denn auch nicht darauf. Sonst stand nichts weiter auf seiner Münchner Liste. Die Gemälde der Alten Pinakothek und viele andere waren noch nicht angeliefert worden. Beeindruckt von der Arbeit in der Sammelstelle, vertraute McBride Smyth an, »man werde die Politik des Gemäldetransports im Winter noch einmal überdenken«.[71]

In den Vereinigten Staaten, wo niemand das Manifest zu Gesicht bekommen hatte, lösten Gerüchte über die vehemente Reaktion der Kulturgüterschutz-Beauftragten allenorts Konsternation aus. John Nicholas Brown schrieb an Edith Standen, er sei »bekümmert über die offensichtlich deprimierte und enttäuschte Haltung in den Reihen der MFAA«. Man müsse versuchen, die Angelegenheit nüchtern und sachlich zu betrachten. Er sei sich der lauteren Absichten der Regierung sicher, und obwohl er das ganze Projekt bedaure, glaube er, »daß die ganze Sache bald vergessen und vorüber und alle Parteien mehr oder weniger zufrieden sind, wenn pro forma ein paar Kunstwerke in die USA transportiert werden«.[72] Paul Sachs äußerte sich besorgt über »all das dumme Geschwätz, das in dem für den *New Yorker* typischen Artikel zum Ausdruck kommt«, und drängte Außenminister Byrnes dazu, die Absichten der Regierung unmißverständlich darzulegen.

Letzterer mußte sich allerdings bereits auf höherer Ebene verteidigen. Jetzt, da der Abtransport Tatsache war, ließ er sich endlich dazu herab, die mehr als zwei Monate zuvor eingegangene Protestnote des britischen Außenministers zu beantworten. Byrnes Antwort zeugt von einem deutlichen Sinneswandel: Seine verspätete Anwort sei »auf mein Bestreben zurückzuführen, den Wünschen des britischen Außenministers nachzukommen, und dies schloß Gespräche mit mehreren Beamten ein«. Es werde – so wand sich Byrne verlegen – keinen großen Transport von Kunstschätzen in die Vereinigten Staaten geben, lediglich »eine Wagenladung«, und diese Aktion, so log er, gehe auf eine »dringende Empfehlung unserer Fachleute im Feld zurück, seien sie doch der Ansicht, daß für die von ihnen getroffene Auswahl in Deutschland während des Winters nicht hinreichend gesorgt werden kann«.[73] Doch der Spaß hatte in Wahrheit gerade erst begonnen.

Nie zuvor ist etwas so sorgsam verpackt worden. Die neuen Kisten kleidete man innen mit Wachspapier aus den Vorräten der Wehrmacht aus. Alle ausgewählten Gemälde kamen, nachdem man sie zum ersten Mal behutsam aus den ursprünglichen, rund je ein Dutzend Werke enthaltenden Berliner Kisten ausgepackt hatte, in besonders dafür eingebaute Öffnungen in den für den Transport vorgesehenen Kisten. Danach wurden diese Kisten versiegelt und noch einmal in wasserfestes Papier eingewickelt, das ursprünglich als Schutz gegen Giftgas vorgesehen war.

Es regnete in Strömen, als man die Kisten auf Lastwagen lud, die sie von Wiesbaden zu einem schwerbewachten Schnellzug mit zwei ausgeräumten, geheizten Lazarettwaggons brachten. Darin sollten die fünfundvierzig Kisten nach Le Havre gelangen und von dort mit dem Schiff nach New York. Als die Waggons voll waren, bemerkte Eskorte-Offizier Merrill, daß der für diese Arbeit zuständige deutsche Pionier ausgesprochen lange brauchte, um den Schnellzug nach Paris zu finden. Bald stellte sich heraus, daß die Verzögerung kein Zufall war – die Deutschen hatten ein paar Dinge von der französischen Résistance gelernt. Merrill zog die Pistole und setzte sie dem Pionier an den Kopf. Sie erreichten den Zug nach Paris rechtzeitig.

Während der Reise nach Paris mußten sie einmal einem brennenden Zug auf dem Hauptgleis ausweichen und dann die Ventilatoren vom Zugdach abmontieren, weil der Zug sonst nicht durch einen Tunnel

gekommen wäre. Dann stand die kostbare Fracht eine ganze Woche lang bei bitterer Kälte auf dem Dock in Le Havre, wobei man versuchte, mit einer kleinen, an die Waggons angeschlossenen Dampfmaschine die Temperatur auf ungefähr fünfzehn Grad zu halten. Und schließlich band man die Kisten in der Offiziersmesse eines Truppentransporters fest, und deren eigentliche Benutzer mußten in zwei Schüben essen, während sich Militärpolizisten glücklich an den Offiziersrationen gütlich taten und die Kisten Tag und Nacht bewachten. Die Kisten mit den Kunstwerken trafen am 6. Dezember in New York ein und wurden dort unter massiven Sicherheitsvorkehrungen und strengster Geheimhaltung abgeladen. Dann gelangte die Lieferung in einem Konvoi bei einer Geschwindigkeit von durchschnittlich fünfundfünfzig Kilometern in der Stunde nach Washington, eskortiert von einander ablösenden Polizeischichten aus den Staaten, die die Fahrzeuge durchquerten. Der ganze Transfer aber wurde offiziell als »ereignislos« bezeichnet.[74]
Die Kunde, daß die Gemälde kommen sollten, war ihnen allerdings vorausgeeilt. Am 24. November, noch bevor sie den alten Kontinent überhaupt verlassen hatten, kündigte die *Washington Times Herald* den Transport an und schrieb: »Der Schutz der deutschen Kunstschätze wird als wichtiger betrachtet als das Schicksal der deutschen Frauen und Kinder und die Heimführung kriegsmüder GIs.«[75] Dies wurde noch überboten durch einen Artikel in *Stars and Stripes* – wo man es eigentlich hätte besser wissen sollen –, laut dem es sich bei der Lieferung um Gemälde handelte, die die Nazis in anderen europäischen Ländern geplündert hatten. Diese Meldung griff die *New York Times* auf, wo man auf das geheimnisvolle Getue um die Ankunft des Schiffes und die Auskunftsverweigerung der Begleitmannschaft mit besonderer Neugier reagierte und den Artikel unter der Schlagzeile »Gemälde im Wert von achtzig Millionen Dollar treffen mit Truppentransporter aus Europa ein« veröffentlichte. Auch in diesem Artikel ging man, trotz der Pressemitteilung des Kriegsministeriums mit einer Darstellung des wahren Sachverhalts, davon aus, daß es sich bei den Gemälden um Beutegut der Nazis handle. Dem Ansehen der National Gallery in Museumskreisen nicht gerade förderlich war auch die Tatsache, daß Francis Henry Taylor, dem weder Details zur Ankunft der Fracht noch zum Inhalt bekanntgegeben worden waren, keine Antwort wußte, als Presseleute ihn mitten in der Nacht weckten und ihn über die geheimnisvolle Lieferung ausfragten.[76]

Die deutschen Werke treffen in der Washingtoner National Gallery of Art ein. Von links nach rechts: Walker, McBride, Merrill, Finley, Moore.

Um die Wogen zu glätten, gab Justizminister Stone am 14. Dezember erneut eine Richtigstellung bekannt. Da aber hatten die Zeitungen und die Roberts Commission bereits eine Flut von Protestbriefen der Öffentlichkeit und von MFAA-Offizieren im Feld erhalten, die sich achtzehn Stunden täglich abrackerten, um die geplünderten Werke an die befreiten Länder zurückzugeben. Craig Smyth schickte sogar ein kleines Fotoalbum, um die Zulänglichkeit der Lagerungsmöglichkeiten in der ihm unterstellten Sammelstelle zu belegen. Andrew Ritchie wandte sich an David Finley von der Roberts Commission und ersuchte ihn, die bedeutenden Kunstvereinigungen der Vereinigten Staaten zu mobilisieren, um »Washington zu veranlassen, das zur Zeit einseitige Vorgehen zu korrigieren«.[77] Lincoln Kirstein, der damals bereits aus der Armee ausgetreten war, schickte einen Brief mit dem Text des Wiesbadener Manifests, ohne Unterschriften, an das *Magazine of Art*.[78] Im Januar eskalierten die Ereignisse. Auf einen Artikel des ehemaligen MFAA-Offiziers Charles Kuhn im *College Art Journal* hin, in dem der Inhalt des Wiesbadener Manifests ebenfalls bekanntgegeben wurde, warf der Vorsteher der College Art Association in einem Protestbrief dem Außenminister vor, die Integrität der Vereinigten Staaten stehe auf dem Spiel. Paul Sachs von der Roberts Commision war so wütend, als er dies las, daß er aus der College Art Association austrat, »nach Washington stürmte und dort die Herren der Roberts Commission aus ihrer moralischen Lethargie aufrüttelte, bis sie Verwünschungen gegen alle, die das Manifest unterzeichnet hatten, ausstießen und sie zum Erschauern aller vor ein Kriegsgericht stellen wollten«.[79] Auch Francis Henry Taylor verteidigte die Überführung der Kunstwerke in einem engagierten Kommentar in der *New York Times.* David Finley, der das Manifest unglaublicherweise noch immer nicht zu Gesicht bekommen hatte, konnte nicht verstehen, daß man am Wort von Präsident und Justizminister zweifeln konnte. »Das unbegründete Mißtrauen«, so schrieb er, stelle eine Beleidigung für die Regierung dar, die doch »in einem noch nie dagewesenen Akt der Großzügigkeit die Werke in deutschem Besitz nicht nur für Deutschland, sondern für die ganze Welt schützt«.[80] Er, der Direktor der National Gallery, bekam erst im Februar eine vollständige Kopie des Manifests zu Gesicht, und auch da nur, weil der Herausgeber des *Magazine of Art* es ihm zustellte. In seinem Dankesbrief schrieb Finley, er sei »neugierig gewesen, den Text zu sehen«.[81]

Clay erfuhr erst von der Kontroverse, als ein Gast seines Hauses, nämlich Eleanor Roosevelt, die Deutschland als Journalistin besuchte, ihn über den Streit in der Presse ausfragte, besonders über das Wiesbadener Manifest, das er selbstverständlich nie zu Gesicht bekommen hatte. Sie löste »rundum Räuspern« aus. Bancel LaFarge wurde zur Schnecke gemacht, aber er gab Clay zu bedenken, das Manifest habe die Armee immerhin davor bewahrt, »mit so um zweiunddreißig vor Kriegsgericht gestellten MFAA-Offizieren konfrontiert zu werden«. Zum Glück hatte kein diensttuender Offizier das Dokument durchsikkern lassen, und entschlossen, seine Leute vor Strafmaßnahmen zu schützen, nahm LaFarge in einem Schreiben an Thomas Howe alle Verantwortung auf sich: »Ich werde es mit Freuden tun und ihnen dies auch sagen.« In diesem Streit ohne Gewinnchance für irgendwen ergriff General Clay keine weiteren Maßnahmen.

Die Kontroverse schwelte den ganzen Frühling über, angeheizt auch durch die Frage, ob es richtig sei, die Werke der Öffentlichkeit zugänglich zu machen, und sie erreichte ihren Höhepunkt im Mai, als fünfundneunzig Kunsthistorikerinnen und Kunsthistoriker unter der Federführung von Juliana Force, Direktorin des Whitney Museum, und Frederick Clapp, Direktor des Frick Museum, eine engagierte Petition an Präsident Truman richteten, die in der Aussage gipfelte, für viele, die Deutschen eingeschlossen, »ist es wohl schwierig, zwischen der jetzigen Situation und der *Schutzhaft* der Nazis zu unterscheiden«. Das ging aber nun endgültig zu weit: die Kongreßabgeordnete Frances Bolton rief dem Kongreß alle vorhergehenden Regierungserklärungen in Erinnerung, in denen die Rückgabe der Werke garantiert wurde. Die *Washington Post* nannte die Petition eine »absurde Anschuldigung« und meinte, die Armee verdiene ein großes Lob für die Rettung der Werke und fügte etwas umständlich hinzu, es läge »kein Vandalismus darin, wenn dem amerikanischen Volk erlaubt würde, dieses große Erbe der Vergangenheit zu sehen und sich dadurch inspirieren zu lassen«.[82]

Aber die Armee und die Roberts Commission hatten vorderhand genug von Publizität. Entgegen Clays Wünschen einigten sie sich darauf, die Gemälde nicht auszustellen, bis »die Integrität unserer Absicht nicht mehr angezweifelt werden kann«, das hieß so lange, bis angekündigt worden war, daß sie nächstens zurückgebracht würden.[83] Für den Moment verblieben die »202«, wie die Fracht nun genannt wurde, hinter den verschlossenen Türen der klimatisierten Tresorräume in der National Gallery of Art. Die unlogischen, verworrenen Winkelzüge der amerikanischen Demokratie zeigten aber eine Wirkung. Sie brachten jede Diskussion über weitere Lieferungen von Kunstwerken deutscher Museen in die USA zum Verstummen.

Noch Jahre später gaben sich alle an dieser Kontroverse Beteiligten verbittert, und bis heute fallen die damals ohne Wissen um die – durch die Dokumente in den Archiven belegten – politischen Machenschaften im Feld Tätigen in ihre alte mit Leidenschaft vertretene Überzeugung zurück, die Offiziere von der National Gallery hätten den Kunsttransfer inszeniert, um die Lücken ihres neuen Museums zu füllen. Francis Henry Taylor, der offenbar mehrmals geäußert hat, »wir sollten etwas aus diesem Krieg herausschlagen«, gilt ebenfalls nicht als unschuldig. Die Beweise stützen diese Sicht der Dinge jedoch nicht. Dagegen gibt es genügend Belege dafür, daß die Beamten des Finanzministeriums ein solches Konzept befürworteten und daß Clay damals in Potsdam durch die Forderung der Kunstfachleute nach mehr Personal und Material tatsächlich zur Überzeugung gelangte, er könne für die Sicherheit der geretteten Sammlungen nicht mehr garantieren. Ebenso klar ist, daß die National Gallery nach der Formulierung dieser Politik die Verwaltung der Gemälde übernahm und die Möglichkeit einer in dieser Größe noch nie dagewesenen Ausstellung bereitwillig ins Auge faßte, was im übrigen jedes Museum getan hätte. Durch den Beginn des kalten Krieges erschien es zudem nicht als unwahrscheinlich, daß die Gemälde noch lange Zeit in den USA bleiben würden: eine zusätzliche erfreuliche Aussicht.

John Walker und Francis Taylor waren in der Tat sehr daran interessiert, gewisse Werke aus deutschem Besitz zu erwerben. Walker machte dies früh durch seine Nachforschungen nach dem Czernin-Vermeer deutlich und auch durch Anmerkungen in seinem Tagebuch der Fahrten von 1945 in deutsche Depots, vor allem in Berchtesgaden, wo Görings Sammlung bearbeitet wurde. Wie gewohnt erstellte er Listen der Werke, die er gesehen hatte, mit kurzen Kommentaren neben den Titeln. Neben manchen Werken, die Göring von Fischer in Luzern gekauft hatte, notierte er ein kleines »NG« für National Gallery. Die so gekennzeichneten fünf Werke Cranachs und das eine von Lochner hätten zweifellos Lücken in der National Gallery geschlossen. Zudem notierte Walker: »Diejenigen aus dem Schweizer Handel brauchen wir meiner Meinung nach nicht zurückzugeben.«[84] Ein Jahr nach der Potsdamer Konferenz kehrte Walker nach Europa zurück. Aus London schrieb er an Finley, der ihn dazu ermutigt hatte, ein Treffen mit General Clay zu beantragen, um über die Verwendung der Fotoarchive in Marburg zu diskutieren: »Ein vielleicht wichtigerer Grund für ein Treffen mit Clay wäre der Versuch, ein paar Werke aus Görings Sammlungen zu bekommen, die in der Schweiz und von Contini in Italien erworben worden sind. Nichts von diesen Gemälden und Plastiken sollte in die Herkunftsländer zurückkehren. Und einige der Kunstwerke sind von sehr hoher Qualität. Über diese sollten wir zugunsten amerikanischer Museen verfügen können.«[85] In dieser Hinsicht wurde er allerdings enttäuscht.

Die zweihundertzwei abgeschieden gelagerten Kunstwerke stellten mittlerweile selbst für diejenigen, die sich ihrer Anwesenheit vehement widersetzten, eine fast unwiderstehliche Versuchung dar. Aus verschiedenen Gründen, Neugier oder Nostalgie, kamen sie, um einen versteckten Blick auf die Gemälde zu erhaschen. Die Werke standen noch immer unter der Obhut von Lamont Moore, der seit der Auflösung der Roberts Commission im Juni 1946 als Kurator für sie zuständig war. Lincoln Kirstein kam mit Christopher Isherwood, ebenso ihre Kollegin vom Kulturgüterschutz, Edith Standen, und Peter Wilson von Sotheby's. Von Zeit zu Zeit tauchte jeweils wieder das Ersuchen um eine Ausstellung auf, nur um von der Armee abgelehnt zu werden, die einen erneuten Aufruhr in der Öffentlichkeit befürchtete. Gerüchte über mögliche Ausstellungen zogen Bittgesuche von anderen amerikanischen Museen nach sich, die ebenfalls eine Ausstellung in ihrem Hause regelrecht ersehnten.

Im Oktober 1946 wandte sich die Armee, die sich endlich ihrer kontroversen Verantwortung entledigen wollte, telegrafisch an Clay mit der Bitte, doch dafür zu sorgen, daß man die Werke nun zurückgeben könne. Doch dieser zeigte sich noch immer nicht gewillt, die Bilder den Russen zu übergeben, in deren Zone das Kaiser-Friedrich-Museum nun mal stand, und er wollte ihnen auch keinen Anlaß zu Protest geben, indem er die Werke in Wiesbaden behielt. Also empfahl er, sie in Washington auszustellen und öffentlich bekanntzugeben, daß sie ausgestellt bleiben würden, bis sich »eine verantwortungsbewußte deutsche Regierung gebildet hat, die sie wieder übernehmen kann«.[86] Im Kriegsministerium hatte man allerdings nicht den Mut, diesem Rat zu folgen. Vor Januar 1948 geschah nichts; da aber mußte etwas unternommen werden.

Überrumpelt von einer Ankündigung des Außenministeriums, man werde die Armee als Regierungsgewalt in Deutschland ersetzen, bat Clay seine Frau, die Sachen zu packen und nach Hause zu schicken, während er selbst ebenfalls begann, noch anstehende Probleme im Hinblick auf die Heimreise zu erledigen. Am 31. ersuchte er das Kriegsministerium telegrafisch, die deutschen Gemälde vor seiner Abreise möglichst ohne viel Aufsehen nach München und Wiesbaden zu schicken. Die Beziehungen zu Rußland waren mitterweile so schlecht, daß er sich nicht mehr darum scherte, ob er die Russen verärgern könnte. (Nur wenige Wochen später leiteten diese in der Tat eine Reihe von Manövern ein, die in der Berliner Blockade gipfelten und derentwegen Clay noch anderthalb Jahre länger in Deutschland bleiben mußte.) Das Außenministerium, das an den dringenden Wunsch der Kongreßabgeordneten Bolton und anderer nach einer

Ausstellung der Werke in den Vereinigten Staaten dachte, kabelte zurück: »Wenn sie ohne vorherige Ausstellung in Washington an Deutschland zurückgegeben werden, ist eine erneute Welle des Protests zu erwarten.«[87] Höchst erstaunt über diesen vollständigen Sinneswandel erwiderte Clay – der ja selbst lange für eine Ausstellung eingetreten und stets zurückgepfiffen worden war –, es scheine ihm nun zu spät, die zweihundertzwei Werke in Amerika zu zeigen, und wies auf die Propagandawirkung einer Rückgabe an Deutschland hin. Er erklärte sich aber doch mit einer kurzen Ausstellung einverstanden, vorausgesetzt, sie wäre begleitet von der unmißverständlichen Erklärung, daß die Gemälde hernach zurückgingen.[88]

Das Interesse im Kongreß beschränkte sich vorerst auf ein außerordentliches Treffen eines Unterausschusses des Senate Committee on Armed Services (Senatsausschuß für bewaffnete Dienste) unter dem Vorsitz von Wayne More aus Oregon, um »allen Interessierten die Gründe darzulegen, warum diese Kunstschätze nach Deutschland zurückkehren«. Die Zeugen der Armee zitierten die Erklärung des Weißen Hauses, die Den Haager Konvention aus dem Jahre 1907, die Landkriegsordnung sowie Clays Versicherung, für die Bilder könne nun gesorgt werden. Damit gab sich der Senat zufrieden.[89]

Die Armee bat die National Gallery nun, die Gemälde sofort für »eine angemessene Zeitspanne« auszustellen: etwa einen Monat. Im Museum, wo man keine Hinweise im voraus erhalten hatte, begann eiligst die Arbeit für die Ausstellung, deren Eröffnung auf den 17. März 1948 angesetzt war. Die Zeit, eine Eröffnungsfeier zu planen, fehlte, aber Finley schrieb einen persönlichen Brief an Präsident Truman und lud ihn zu einem Besuch »der wichtigsten Ausstellung von Gemälden aus europäischen Museen, die je in diesem Land gezeigt wurde«. Die Zeit fehlte auch, einen Katalog zu erstellen, und so ging nur ein simples Verzeichnis mit dem vorsichtig gewählten Titel »Paintings from the Berlin Museums Exhibited at the Request of the Department of the Army« (Gemälde aus den Berliner Museen, ausgestellt auf Wunsch des Militärdepartements) in Druck. Zeitungen und Zeitschriften sorgten für viel Werbung. Von allem Anfang an setzten sich die Presseleute dafür ein, die Ausstellung über die vier armseligen, von Washington geplanten Wochen hinaus zu verlängern. Die Gemälde sollten zumindest noch im Metropolitan Museum in New York zu sehen sein, würden sie doch ohnehin in New York nach Deutschland eingeschifft werden.

Ausstellung der »202«: die erste Sensation der National Gallery.

Viele beanstandeten, daß man die Sammlung praktisch den Russen ausliefere, und der Druck interessierter Museen wuchs. Die Armee wollte jedoch auf alle Fälle jedes Risiko vermeiden und die Gemälde planmäßig zurückschicken.

Niemand hatte mit dem unerhörten Erfolg gerechnet, den die Schau erzielte. Am Eröffnungstag strömten achttausenddreihundertneunzig Personen in die von einem Spezialtrupp der Militärpolizei in schicken Uniformen bewachte Ausstellung. Am Sonntag darauf zählte man die noch nie dagewesene Zahl von 35 593 Schaulustigen. Am Ende der ersten Woche belief sich die Besucherzahl auf insgesamt 109 779, und am 1. April war die Viertelmillion-Grenze längst überschritten. Die Zeitungen führten eine laufende Zählung durch. Briefe an Zeitungen und Kongreßmitglieder von Bürgerinnen und Bürgern, die die Ausstellung zu sehen verlangten, stapelten sich. Viele der Schreibenden wiesen darauf hin, bereits seien zwei weitere Ausstellungen – eine mit ebenso prestigeträchtigen verschleppten Werken aus dem Kunsthistorischen Museum in Wien und eine weitere mit französischen Tapisserien – in Europa auf Tournee und auf dem Weg in die USA. Es kam sogar ein Brief vom Herausgeber des Berliner *Tagesspiegels*, der größten Tageszeitung Deutschlands, in dem sich dieser persönlich für eine Verlängerung der Ausstellung in den Vereinigten Staaten aussprach. Er hatte die Ausstellung in Washington gesehen und meinte, eine Tournee durch ganz Amerika würde für ein besseres gegenseitiges Verständnis sorgen. Zur selben Zeit schürte die kommunistische Machtübernahme in der Tschechoslowakei die antisowjetischen Gefühle. Schließlich erhöhte sich der Druck, die deutschen Kunstschätze auch im Rest der Vereinigten Staaten zu zeigen, so sehr, daß Senator William Fulbright am 2. April eine Vorlage mit dem Antrag auf eine Wanderausstellung durch die USA einbrachte, wobei der Erlös aus den Eintrittsgebühren einem UNICEF-Fonds für die Bekämpfung von Tuberkulose bei deutschen Kindern zugute kommen sollte. Daraufhin schrieb Clay aufgebracht zurück, die Rückkehr der Gemälde sei in Deutschland bereits groß angekündigt worden und »jeglicher Fehlschlag bei der Rückgabe der Objekte würde als Versuch unsererseits interpretiert, die Objekte zu behalten, und zudem direkt den Kommunisten in die Hände spielen und deren konstant wiederholte Propaganda über die amerikanische Ausbeutung bestätigen«.[90]

Aber dieser Kommentar ging im Mediengewitter in den Vereinigten Staaten unter. Dort gehörte die Ausstellung inzwischen zu den Dingen, die man gesehen haben mußte. Ingrid Bergman kam und verbrachte drei Stunden darin. Am 5. April zählte man 62 983 Personen, nicht mitgerechnet die kleine, unerwartete Gruppe Präsident Trumans und seiner Leibwache. Truman meinte vorsichtig, die Sammlung sollte nach Deutschland zurückkehren, »sobald dies gefahrlos möglich ist«. In all der Zeit mußten die erschöpften Angestellten der National Gallery mit der wachsenden Anzahl von VIPs zu Rande kommen, die entschlossen waren, sich *den* Kunstanlaß der Saison nicht entgehen zu lassen, und zusammen mit ganzen Familien, die gerade von einem Ausflug in die Kirschblüte zurückkamen, durch die Ausstellung geschleust werden mußten. Mrs. Ford kam mit einem Sonderzug aus Detroit, und John D. Rockefeller und Lady Astor wurden zu einem kleinen Lunch bei David Finley eingeladen, nachdem sie sich durch die Ausstellung gequetscht hatten. Der Herzog von Windsor, der am Tag vor der Schließung der Ausstellung in den Vereinigten Staaten eintraf, fragte telegrafisch an, ob er sie noch besuchen könne. Er konnte. Die Ausstellung wurde schließlich um eine Woche verlängert. Die Besucherzahl betrug am Ende annähernd eine Million.

Am 17. April hielt der Senatsausschuß für bewaffnete Dienste ein zweites Hearing ab. Die Armee, die ihre Verantwortung noch immer zurückgeben und ihr Versprechen gegenüber Deutschland einhalten wollte, griff nun zur Verteidigung ihres Standpunktes auf die im rebellischen Wiesbadener Manifest aufgestellten Grundsätze zurück. Dabei erhielt sie Rückenstärkung vom Außenministerium, wurde allerdings vom ehemaligen Botschafter William Bullitt bekämpft, der Westdeutschland als »gefährliche Zone mit der Roten Armee vor der Tür« beschrieb und erklärte, die sowjetische Regierung sei fest entschlossen, die ganze Welt für den Kommunismus zu erobern. Der Senat schlug in seiner Verwirrung ob diesem Wortgefecht vor, die Deutschen selbst um ihre Zustimmung zu bitten. Die Vertretung der National Gallery, die finanziell vollumfänglich auf den Kongreß angewiesen war, vermied einen klaren Standpunkt, wobei sich John Walker noch am deutlichsten gegen eine Wanderausstellung aussprach, indem er den Grundsatz der National Gallery anführte, keines der eigenen Tafelbilder auszuleihen. Sein Votum ging jedoch unter: Perry Rathbone vom St. Louis Museum und eine Gruppe des Metropolitan Museum überschlugen sich förmlich, um anhand von Statistiken und Grafiken zu belegen, wie viele Kunstwerke sie seit 1938 ohne Schaden ausgestellt und befördert hatten, und immer wieder zu betonen, daß bei einer Annahme der Vorlage der ganze Mittlere Westen und rund zwölfeinhalb Millionen Menschen in New York und Umgebung die Ausstellung sehen könnten. Damit war die Sache gelaufen, und über die Vorlage wurde gar nie abgestimmt.

General Clay, der sich nun mit der Halbblockade von Berlin durch die Russen herumschlagen mußte und sich in der Tat bei deutschen Beamten umgehört hatte (die einer Wanderausstellung zustimmten), hielt eine Act of Congress für einen ungünstigen Präzedenzfall. Er schlug deshalb vor, die zweihundertzwei Kunstwerke »auf den Vorschlag und mit der Genehmigung des Committee on Armed Services und gestützt auf Empfehlungen des Militärgouverneurs und nach Rücksprache mit einer deutschen Vertretung« auszustellen und sie danach über ein paar Monate hinweg in mehreren Sendungen nach Deutschland zurückzuschicken.[91]

Zweiundfünfzig besonders empfindliche Werke – alles Tafelbilder – gingen sofort zurück. Der Rest reiste, unter steter Bewachung bewaffneter Posten und von einem deutschen Kuratorenteam begleitet, langsam in den Vereinigten Staaten herum und machte Halt in New York, Philadelphia, Chicago, Boston, Detroit, Cleveland, Minneapolis, San Francisco, Los Angeles, St. Louis, Pittsburgh und Toledo. Wegen »widriger klimatischer Bedingungen« gingen die Südstaaten leer aus. Vierhundertfünfzig Gemälde verließen die Ausstellung in Boston Richtung Deutschland, und der Rest reiste am 22. April 1949 mit dem Schiff von New York weg, wieder begleitet von Commander Keith Merrill, der schon mitgeholfen hatte, die Kunstwerke 1945 nach Amerika zu bringen. Rund zehn Millionen Menschen hatten die Ausstellung gesehen, und es waren mehrere hunderttausend Dollar für deutsche Kinder zusammengekommen, die rührende Dankesbriefe an die verschiedenen beteiligten Institutionen schrieben. Keines der Gemälde, die am 4. Mai wieder zu den Berliner Sammlungen in Wiesbaden stießen, hatte Schaden genommen. Während ihrer Reise quer durch die Neue Welt war die Berliner Luftbrücke erstellt und wieder aufgehoben worden, aber die Gemälde kehrten erst 1955 nach Berlin zurück, und zwar nach Dahlem im amerikanischen Sektor und nicht auf die zertrümmerte Museumsinsel, die nun hinter dem Eisernen Vorhang lag.

13
Die Kunst des Möglichen

Fünfzig Jahre Bergung und Rückführung

Die zweihundertzwei Gemälde Deutschlands, die in die Vereinigten Staaten gelangt waren und eine solche Aufregung verursacht hatten, stellten natürlich nur einen winzigen Teil der Millionen verschleppter Werke dar, von denen die alliierten Streitkräfte täglich neue entdeckten. Keine Meinungsverschiedenheiten, was mit ihnen geschehen sollte, bestanden hinsichtlich der Objekte, die in den überrannten Ländern beschlagnahmt oder ohne Entschädigung weggebracht worden waren. Sie sollten an die betreffenden Länder zurückgehen. Weniger klar war allerdings, auf welche Weise dies geschehen sollte. In den seit Sommer 1944 befreiten Westgebieten rührten verschiedene Bergungskomitees seit der Kapitulation Deutschlands heftig die Trommel für sofortiges Handeln. Leo van Puyvelde, Direktor der belgischen Museen, heuerte fünfundzwanzig Lastwagen an und fuhr ohne jegliche Genehmigung kurzerhand mit der festen Absicht, den Genter Altar zurückzuholen, nach Deutschland los.[1] (Er hatte sich während des ganzen Krieges in England seinen Forschungen hingegeben, und seine einzige militärische Erfahrung bestand in einigen Sonntagsübungen auf der Brüsseler Grand' Place im Ersten Weltkrieg, erschien aber – sehr zur Erheiterung seiner Kollegen – im Kampfanzug eines Obersten wieder zu Hause.) Diese Einmischung nahm weder Posey in Altaussee noch Rorimer in Heilbronn wohlwollend auf, die beide immer noch verzweifelt versuchten, die Werke, für die sie verantwortlich waren und die sie keinesfalls einfach jemandem übergeben konnten, zu schützen. Die belgische Abordnung sah sich daher gezwungen, mit leeren Händen zurückzukehren. (Etwa zur selben Zeit wurde Rose Valland – ebenfalls in Uniform und im Range eines Captains, jedoch bezüglich Transportmittel weniger gut ausgerüstet – der Zugang zu Neuschwanstein verweigert, wo auch sie unangekündigt auftauchte, um die beschlagnahmten französischen Sammlungen zu überprüfen.) Van Puyveldes Auftritt erregte in der Presse großes Aufsehen und ermunterte Polen dazu, im Londoner Büro der Roberts Commission ebensolche »SHAEF-Genehmigungen« zu beantragen.[2]

Um alle zu besänftigen, schlug John Nicholas Brown Ende Mai 1945 vor, eine Anzahl Werke unbestrittener Herkunft unverzüglich zurückzugeben und ein Programm zur Rückführung »ad interim« zu erstellen, auf das sich die US-Armee und die jeweiligen Empfängernationen gemeinsam einigen sollten.[3] Das war eine heikle Angelegenheit. Die Vereinigten Staaten, die nicht in Streitigkeiten über Anspruchsforderungen verwickelt werden wollten und »das überstürzte und unverantwortliche Vorgehen der französischen und der belgischen Regierung« bedauerten, hielten es für unabdingbar, die sorgfältigste Kontrolle über die Objekte zu bewahren. Sumner Crosby telegrafierte: »Das gesamte Vorgehen muß als eine Tat des guten Willens seitens unserer Armeen erscheinen und nicht als ein Nachgeben auf die von den besetzten Ländern vorgebrachten Forderungen.«[4] Die Armee ihrerseits sah im Rückführungsprogramm eine einfache Möglichkeit, um eine unerwünschte Last loszuwerden. Wenn die amerikanische Armee rasch und auf eigene Faust handelte, hatte die seit langem diskutierte, aber immer noch nicht existente gemeinsame Rückführungskommission der Alliierten später weniger zu tun und konnte die schwierigeren Probleme mit nicht identifizierten Posten rascher angehen. Das Prinzip der Rückgabe »ad interim« wurde deshalb Ende Juni von allen Beteiligten genehmigt und an der Potsdamer Konferenz bestätigt.

Als erstes Kunstwerk wollte man den Genter Altar zurückgeben. Bald nach der Potsdamer Konferenz eilte John Brown nach Brüssel, um die Vorbereitungen dafür zu treffen. Man kam überein, daß der belgische Prinzregent den Altar am 3. September, dem ersten Jahrestag der Befreiung der Stadt, in einer Feier im Königspalast in Brüssel formell in Empfang nehmen sollte. Mitte August wurden die Tafeln in München in zehn Kisten gepackt und in eine von Captain Posey begleitete Militärmaschine geladen. Währenddessen versammelten sich auf dem Brüsseler Flughafen eine Abordnung von Würdenträgern und ein Sonderkommando bewaffneter Wachposten, um sie zu empfangen. Doch zur vereinbarten Stunde war nichts von der Maschine zu sehen, und nach endlosem Warten im Regen setzten sich mehrere Mitglieder der Gruppe in die Stadt ab. Nach sechs Stunden waren alle verschwunden, und Brown begann besorgt der Sache nachzugehen. Die beunru-

Craig Smyth, Leiter der Münchner Sammelstelle, mit Armeeangehörigen verschiedener Nationen. Von links nach rechts: Marcelle Minet (Frankreich), Craig Smyth (USA), H. de Bry (Frankreich), Alphonse Vorenkamp (Holland), Doda Conrad (USA), Raymond Lemaire (Belgien), Charles Parkhurst (USA), Pierre-Louis Duchartre (Frankreich).

higten MFAA-Offiziere wollten sich lieber nicht ausmalen, daß der Altar nach all seinen Abenteuern nun endgültig verlorengegangen sein könnte. Schließlich landete aber das Flugzeug doch noch wohlbehalten, und der Genter Altar verbrachte die erste Nacht in Belgien zwar endlich zu Hause, allerdings elendiglich eingesperrt im Lagerraum der amerikanischen Militärgesandtschaft.[5]

Zwei Tage nach der Übergabe belagerten Vertretungen aus anderen »überrannten« Ländern Mason Hammond während eines Besuchs in London. Sie wollten ihre Schätze zurück und forderten Zugang zu den Sammelstellen. Hammond riet ihnen, sich mit Geduld zu wappnen, denn die US-Militärregierung sei »komplex« und es werde ihnen »vorkommen, als bewege sie sich sehr träge«. Doch auch im Außenministerium äußerte man die Vermutung, daß die Rückgabe des Altars »andere Nationen wohl anspornt, Forderungen zu stellen«, und drängte auf eine schnelle Zulassung der ausländischen Vertretungen. Dies schloß die Achsenmächte allerdings nicht ein. Die vormaligen kriegführenden Länder Italien und Ungarn sollten so lange »anstehen« müssen, um ihre Schätze einzufordern, bis die »befreiten alliierten Länder« die ihren erhalten hatten.[6] Nun ging alles sehr schnell. Eisenhower hatte bereits persönlich angeordnet, den Veit-Stoß-Altar für die Rückkehr nach Polen vorzubereiten, und Anfang September ein Mitglied seines Stabes mit der Empfehlung an Craig Smyth abgesandt, soviel wie möglich »auf einmal« an die verschiedenen Länder zurückzuschicken. Am 15. setzte eine Direktive aus dem Hauptquartier die Sache offiziell in Gang; ausdrücklich verlangt wurde darin die unverzügliche Rückkehr von Michelangelos *Madonna von Brügge* nach Belgien und von »fünfzig besonders wertvollen und repräsentativen Werken französischer Herkunft« nach Paris.

Die Verantwortung für die Organisation dieses enormen Transfers von Kunstobjekten fiel wieder den überlasteten MFAA-Beauftragten zu. Zuerst galt es, die einzelnen Posten aus jedem Land zu identifizieren, sodann, sie aus der ganzen Masse herauszusuchen, irgendwo ein Inventar davon zu erstellen und sie zu verpacken. Und schließlich mußten sie deren Transport in die entsprechenden Länder in die Wege leiten. Die amerikanischen MFAA-Offiziere waren zuerst etwas unmutig darüber, sich mit ausländischen Vertreterinnen und Vertretern herumschlagen zu müssen, merkten aber bald, daß sie ohne deren Hilfe nicht auskamen. Die damit Beauftragten aus Frankreich, die sonst jedes einzelne Objekt pedantisch genau kontrollieren wollten, schlugen selbst vor, die ERR-Werke in Neuschwanstein, die mit nationalsozialistischen Unterlagen dokumentiert waren, ungeöffnet nach Paris zu schicken und dort in Anwesenheit einer amerikanischen Vertretung auszupacken und zu inventarisieren. Man plante die Lieferungen abwechselnd in verschiedene Richtungen, damit kein Land bevorzugt wurde, und bereitete für jedes als Beweis für die Ernsthaftigkeit des Vorhabens eine erste Lieferung mit wichtigen Werken vor. In München erhielt jede Nation ein Büro samt deutscher kuratorischer Assistenz zugeteilt, wenn auch alle damit rechneten, daß manche Vertretungen sich wohl kaum würden dazu durchringen können, mit Deutschen zusammenzuarbeiten. (Smyth fürchtete besonders für den Polen Estreicher, dessen Bruder in Nazi-Gefangenschaft umgekommen war.) Um Dispute zu vermeiden, behielten sich die Amerikaner

Neuschwanstein gibt seine Schätze widerwillig wieder heraus.

das Recht auf die letzte Entscheidung über die Freigabe eines Werks vor. Und so begann die Rückführung.

Bald flossen wahre Ströme von Kunst in beiden Richtungen durch die Münchner Sammelstelle. Die *Madonna von Brügge* ging, zur Enttäuschung aller Anwesenden, die sie sehnlichst zu sehen wünschten, direkt in der Verpackung, die Stout in Altaussee zusammengestiefelt hatte, zurück und sah eher aus wie ein großer Schinken; eine kleine Delegation begleitete sie zum Flughafen. Rorimer richtete es so ein, daß die dreiundsiebzig Kisten mit den Glasfenstern des Straßburger Münsters direkt aus ihrem Refugium im Heilbronner Bergwerk nach Hause gingen. Sie wurden mit großen Feierlichkeiten empfangen, die zugleich dem Triumph über die Rückkehr des Elsaß unter französische Herrschaft galten. Und während all dieser Ereignisse wurde Rorimer zu seiner großen Freude – und nach einiger Einflußnahme Rose Vallands hinter den Kulissen – als erster Beauftragter für Kulturgüterschutz in die Ehrenlegion aufgenommen.

Zwei Tage nach der Straßburger Lieferung trafen die ersten Werke in Paris ein. Es handelte sich mehr oder weniger um dieselben (zumeist Eigentum der Rothschilds), die die Stadt mit Görings erstem Sonderzug verlassen, sowie zusätzlich um die Mannheimer-Bilder, die die Deutschen in letzter Minute aus Frankreich abgezogen hatten. Die Amerikaner hofften auf eine kleine Feier in Paris, doch Frankreich lagerte die Lieferung rasch ein, bis mehr Eigentümer und Eigentümerinnen daran würden teilnehmen können. Im Oktober erhielt Holland die Rubens-Werke der Sammlung Koenigs/van Beuningen, das *Selbstbildnis* Rembrandts aus Rathenau, zahlreiche Goudstikker-Werke und Görings gefälschten Vermeer. Craig Smyth begleitete sie, und ihre Ankunft wurde mit einem beispiellosen Festessen im Rembrandt-Saal des Rijksmuseum gefeiert. Holland bot seine ganzen Kräfte auf: die Tische waren mit Porzellan, Silber und Glas aus den wundervollen Sammlungen des Museums gedeckt, und man servierte den sprachlosen Gästen ein erlesenes Mahl aus Austern, Kiebitzeiern und Wildbret. Aber nicht etwa, um zu prahlen. Es gab auf den streng rationierten holländischen Märkten schlicht kaum etwas anderes zu kaufen.[7]

Nach diesen anfänglichen »Hochglanz«-Rückführungen nahm die Angelegenheit weniger gediegene Züge an. Die »Auf-einmal«-Lieferungen sollten in Neuschwanstein beginnen. LaFarge betraute den amerikanischen Quartiermeister Edward Adams mit dieser Aufgabe und ließ ihn wissen, er müsse sich, was Arbeitskraft und Material angehe, mit dem begnügen, was im Land vorhanden sei. Als Kunstsachverständigen hatte Adams einen charmanten, ausnehmend unmilitärischen französischen Offizier bei sich: Hubert de Bry, Fachmann für französische Malerei des achtzehnten Jahrhunderts. Im Schloß warteten an die sechstausend Posten sowie die Akten und Unterlagen des ERR auf den Transport die Wendeltreppen hinunter und über verschneite Terrassen zu den Lastwagen. Die einzige Ablenkung von ernsthafter Arbeit bot eine große, vom ERR beschlagnahmte Sammlung von Erotika, die in der Eingangshalle gestapelt war. Der erste Zug aus zweiundzwanzig Waggons mit sechshundertvierunddreißig Kisten fuhr nach zwei Wochen ab. Einen Monat später, am 2. Dezember, befanden sich alle in Neuschwanstein eingelagerten, identifizierbaren französischen Werke wieder in Paris.[8]

Während all dies geschah, schickte die Münchner Sammelstelle bis zu zwölf Wagenladungen pro Woche mit allen möglichen Objekten auf die Reise. Wanda Landowskas Klavichord und Chopin-Piano, die man in einem deutschen Offiziersklub gefunden hatte, kehrten nach Paris zurück. Den Czernin-Vermeer, beharrlich vor der Überführung nach Amerika bewahrt, brachte Andrew Ritchie, Leiter des MFAA für Österreich, eigenhändig nach Wien zurück. (Ritchie schloß sich mit dem Gemälde und einem köstlichen Picknick aus Fasan und Burgunderwein, das ihm eine französische Kollegin beschafft hatte, in einem Schlafwagenabteil ein.) Auch galt es, aus den undurchdringlichen Nürnberger Bunkern die Insignien des Heiligen Römischen Reiches wieder nach Wien zu bringen. Diese Operation lief unter strenger Geheimhaltung, um jegliches Wiederaufflackern des deutschen Nationalismus zu verhindern. Als die Packer das Riesenbehältnis mit dem seidenen Krönungsgewand (welches man, um Schäden zu vermeiden, ungefaltet hatte einpacken müssen) nicht in den für die Reise vorgesehenen Stahlsonderwaggon reinbekamen, sah sich Ritchie gezwungen, eine C-47 zu organisieren. Vom Hauptquartier, wo man sich immer beeindruckt zeigte, wenn es um Kronjuwelen ging, wies man ihm denselben Piloten zu, der Göring zum Nürnberger Prozeß geflogen hatte.[9]

Der Veit-Stoß-Altar, der sich ebenfalls in Nürnberg befand, kehrte nicht so schnell zurück, wie es sich Eisenhower erhofft hatte. Die großen Figuren waren in den Bunkern durch Tonnen von anderen eingelagerten Gegenständen blockiert, und es dauerte mehrere Monate, bis man an sie herankam. Sie und andere polnische Schätze, darunter Leonardos *Dame mit dem Hermelin,* zu transportieren erforderte schließlich einen Zug mit nicht weniger als siebenundzwanzig Waggons. Bis all dies organisiert war, wurde es April 1946, und da zeigte es sich nun klar, daß die polnische Exilregierung in nächster Zukunft die Herrschaft nicht würde übernehmen können. Die im Potsdamer Abkommen vereinbarte »Provisorische Polnische Regierung der Nationalen Einheit« aber war kommunistisch beherrscht und von der Sowjetunion unterstützt und würde die mit der von der amerikanischen Armee organisierten Rückkehr des Altars verbundene Publizität wohl nicht unbedingt willkommen heißen. Aber Befehl war Befehl, und offizielle Reisen in die östlichen Länder gab es zudem herzlich wenige, so daß der Kerntrupp Militärpolizei und eskortierender Offizier auf eine ganze Reisegesellschaft anwuchs, in der eine Anzahl Presseleute und mehrere Damen vertreten waren. Außer Captain Lesley, dem für die Kunstwerke verantwortlichen MFAA-Offizier, verfügte niemand über alle benötigten Reisedokumente, und auch niemand hatte bei der amerika-

nischen Botschaft in Warschau Informationen zum Ablauf der Übergabe eingeholt.
Der Zug verließ Nürnberg am 28. April. Lesley berichtete später:

> Man hätte wohl kein ungünstigeres Datum für die Rückkehr wählen können. Die Ankunft der größten Schätze Polens, von der US-Armee in einer Geste demokratischer Freundlichkeit überbracht, fiel ausgerechnet mit der Feier der Arbeiterschaft zum 1. Mai und jener zum 3. Mai, dem Unabhängigkeitstag Polens, zusammen. Der Altar und alle Personen, die mit ihm in Verbindung standen, wurden so unabsichtlich plötzlich zum Brennpunkt von Demonstrationen der Solidarität und des Widerstandes gegen das amtierende Regime. Die Anwesenheit amerikanischer Offizieller, die der Bevölkerung Krakaus dergestalt die Möglichkeit gab, die gefühlsträchtige Verehrung nationalen Heiligtums mit jener für die Demokratie zu verbinden, war hochnotpeinlich für die Verantwortlichen in der amerikanischen Botschaft.[10]

Zuerst war aber noch alles eitel Wonne. An der polnischen Grenze grüßten Kulturverantwortliche den Zug. In Kattowitz füllten von den katholischen Schulen gesandte Chöre den Bahnhof. In Tunel schmückten Kinder den Zug über und über mit grünen Zweigen, und Estreicher, der polnische Vertreter, behängte die Seitenwände der Waggons mit polnischen und amerikanischen Fähnchen. Der Bahnsteig in Krakau war verschwenderisch in derselben Weise dekoriert. Es gab eine Ehrenwache, und eine Kapelle spielte auf, dann hießen der Stadtpräsident und der Erzbischof den Altar willkommen. Bei jedem Zwischenhalt ertönten blumige Reden der Dankbarkeit für die amerikanischen Bemühungen. Am 1. Mai besichtigte die amerikanische Abordnung das Krakauer Schloß und wohnte sogar der Parade zum 1. Mai bei. Doch tags darauf schleppte man die ganze Gesellschaft, selbst die Militärpolizisten, plötzlich auf eine zweitägige Besichtigungsrundfahrt außerhalb der Stadt. Als sie zurückkamen, erfuhren sie, daß bei Demonstrationen während der Parade zum polnischen Nationalfeiertag dreißig Demonstrierende erschossen worden waren.
Trotzdem wurde die auf den 5. Mai geplante Feier zur Rückkehr des Altars nicht abgesagt. Allein, die Öffentlichkeit erhielt weder Zugang zur Willkommensmesse noch zur Umgebung der Marienkirche, und

Karol Estreicher heißt Leonardos *Dame mit dem Hermelin* zu Hause willkommen.

der Erzbischof boykottierte das anschließende Mittagessen. Für die amerikanischen Staatsangehörigen war das Ganze noch unangenehmer, hatten sie doch mitten in der Nacht zuvor erfahren, daß einer ihrer Leute zwei Angehörige der polnischen Kommunistenmiliz angeschossen habe und darauf eine Untersuchung eingeleitet worden sei. Sie erhielten den Befehl, sich sofort zu ihrem Zug zu begeben, der am nächsten Tag wieder abfahren sollte. Von polnischer Seite brachte man eine Anzahl Zeugen herbei, die den Zug inspizierten und einen Gefreiten namens Bagley als den Schuldigen identifizierten. Als ihm seine Kollegen ein Alibi verschafften, brachten sie weitere »Zeugen«, umstellten den Zug mit bewaffneten Wachposten und weigerten sich, ohne Bagley wieder abzuziehen. Inzwischen mußte die herbeigerufene Vertretung der amerikanischen Botschaft konsterniert feststellen, daß fast alle mangelhafte Reisedokumente hatten. Dies verwies die Begleitgruppe in den Status der Illegalität, und die Botschaft konnte ihr nicht helfen.

Inmitten dieser Wirrungen gestand ein anderer Militärpolizist, ein

Gefreiter namens Vivian, er, nicht Bagley, habe Schüsse auf mehrere Männer abgegeben, weil sie versucht hätten, ihn auszurauben. Damit bekam die Botschaft eine machiavellistische Lösung für die angespannte Lage in die Hand: Bagley willigte »mit äußerst selbstlosem und bewundernswertem Mut« ein, sich der polnischen Geheimpolizei auszuliefern, damit der Zug losfahren konnte. Unterwegs »gestand« Vivian und wurde »verhaftet«, was die Botschaftsvertretung Polen mitsamt einem Gesuch um Bagleys Freilassung mitteilte. Der kalte Krieg stand noch in den Kinderschuhen, und der ungemein riskante Schachzug gelang. Man kann nur hoffen, daß der Gefreite Bagley dafür wenigstens eine Medaille erhielt.

Ein paar Jahre später machte man in Polen diesen unangenehmen Vorfall wieder gut. Anläßlich eines Besuchs in Krakau durfte John Nicholas Brown an einer Messe in der Marienkirche teilnehmen, wo der wunderbare Hochaltar in seinem alten Glanz wieder erstrahlte. Karol Estreicher begleitete ihn, und nach dem Gottesdienst gingen sie zum Essen in ein nahegelegenes Arbeiterrestaurant. Als Estreicher der versammelten Menge, darunter auch dem Priester, der die Messe gelesen hatte, erzählte, Brown sei für die Rückkehr des Altars verantwortlich gewesen, klatschten alle begeistert Beifall und ließen ihn hochleben. Brown konnte damals noch nicht wissen, daß es sich bei dem sympathischen, dankbaren Priester um den späteren Papst Johannes Paul II. handelte.

Kaum befanden sich die verschiedenen Zug- und Lastwagenladungen wieder in den Ländern, aus denen man sie gestohlen hatte, oblag es den verschiedenen nationalen Komitees, zu entscheiden, wem was gehörte. In Frankreich zählten Jacques Jaujard, Rose Valland, René Huyghe und andere uns bekannte Personen zur Commission de Récupération Artistique (Kommission zur Wiedererlangung künstlerischer Werke), die im September 1944 auf die Beine gestellt und im November offiziell eingesetzt wurde. Die von Albert Henraux, Vizepräsident des Conseil des Musées Nationaux, geleitete Kommission war zuerst – höchst passend – im Jeu de Paume untergebracht. Sie erhielt und identifizierte die Werke, überließ die eigentliche Restitution aber den Ämtern des Außen- und des Finanzministeriums, in Frankreich hauptsächlich dem Office de Biens et Intérêts Privés (Dienststelle für Güter und Interessen von Privatpersonen) oder kurz OBIP genannt. Holland und Belgien gingen in der gleichen Weise vor.

Als die Existenz der Kommission öffentlich bekannt wurde, deckten französische Staatsangehörige und Flüchtlinge auf der ganzen Welt, die seit Jahren nichts mehr von ihrem Eigentum gehört hatten, sie mit Forderungen ein. So bald wie möglich ergingen Beschwichtigungsschreiben und Telegramme an jene Personen, deren Sammlungen intakt waren. Maurice de Rothschild vernahm in Toronto mit Erstaunen, daß sich viele seiner Besitztümer in Latreyne in der Dordogne befanden. Für andere stellte sich ein viel ernsteres Problem. Die Haupthürde war, sich als Besitzerin oder Besitzer auszuweisen. Die Werke lagen im Jeu de Paume und in verschiedenen Lagerhäusern, wo man sich einer verwirrenden Auswahl von Gemälden und Möbeln gegenübersah. Einige Mitglieder der Familie Rothschild fühlten sich überfordert und riefen eilends alte Bedienstete herbei, »die sich auf ihre Fahrräder schwangen und bald wie Trüffelschweinchen am Ort des Geschehens eintrafen und jedes Ding genauestens zuzuordnen wußten. ›Das ist der Vermeer *[Der Astronom]* aus dem Ankleidezimmer der Baronin [...]‹ und so weiter« riefen sie ihren Herrschaften in Erinnerung.[11]

Andere, ohne so treu ergebenes Dienstpersonal, fanden das ganze Verfahren eher einschüchternd. Das Ehepaar Arnhold kam aus New York zurück, um von den Sachen, die es in den dreißiger Jahren aus Deutschland nach Paris gebracht hatte, zu retten, was es zu retten gab. Frau Arnhold erschütterte ein erster Besuch in dem düsteren Lagerhaus mit den Möbeln so sehr, daß sie nicht mehr hinging. Im Jeu de Paume fanden die Arnholds einige Gemälde, doch vieles, darunter sechs große Porträts von Angehörigen des preußischen Adels aus dem achtzehnten Jahrhundert, befand sich einfach nicht dort. In den folgenden Jahren erlangten sie eher zufällig noch einige Objekte zurück: Frau Arnhold entdeckte eine Perlmutt-Schatulle mit den Initialen der Familie im Schaufenster eines Pariser Antiquitätengeschäftes, und ein paar Möbel tauchten bei einem Zürcher Händler auf; diese Stücke kauften sie einfach zurück.[12] Tausende weiterer Personen – Flüchtlinge wie auch Schloßeigentümer –, deren Kunstwerke verschachert oder nicht von den großen Nazi-Dienststellen eingesackt, sondern von Nachbarn, Soldaten oder unbekannter Täterschaft entwendet worden waren, hatten nicht einmal so viel Glück – sie erhielten nichts wieder zurück.

Vermißte Gegenstände wiederzuerlangen, die in den offiziellen Depots aufgehoben lagen, war schon mühsam genug, aber als noch schlimmer erwies es sich, die durch den Handel verstreuten Objekte wiederaufzufinden. Zaghafte hatten hier keine Chance. Die Dinge hatten zumeist mehrere Gerichtsbarkeiten durchlaufen, und ihre neuen Besitzer und Besitzerinnen waren und sind nicht immer bereit, sie wieder abzutreten, selbst angesichts schlüssiger Beweise. Kein Fall illustriert diese Schwierigkeiten besser als der jahrzehntelange Kampf der Rosenbergs und ihrer Nachkommen, deren Besitztümer sich nicht nur in Frankreich und Deutschland, sondern auch in der neutralen Schweiz befanden.

Die Rosenbergs begannen sehr früh mit der Suche. Sie hatten mehr als vierhundert Bilder aus Privat- und Geschäftsbesitz verloren. Im Juli 1942 schickte Paul Rosenberg eine Liste der Gemälde, die er in Frankreich hatte zurücklassen müssen, an die Zollbehörden der Vereinigten Staaten. Kaum war die Kommunikation 1944 mit Frankreich möglich, versuchte sich Rosenberg mit langen Briefen an seinen Bruder Edmond, der in Frankreich geblieben war, über die vergangenen vier Jahre Familien- und Geschäftsgeschichte Klarheit zu verschaffen. Von Edmond erfuhr Paul Einzelheiten darüber, wohin seine Gemälde gelangt waren und daß die Nazis sein Haus und die Geschäftsräume in Paris geplündert und beschlagnahmt hatten. Er bereitete sich auf einen langen Kampf vor und bat seinen Bruder Edmond, die ersten Forderungen der Commission de Récupération vorzulegen.

Der Anfang war einfach. Die Kommission erstattete unverzüglich all das zurück, was sich in dem von Alexandre Rosenberg befreiten Zug befunden und was man in Abetz' kleinem Versteck in der deutschen Botschaft gefunden hatte. Bald kamen weitere Objekte aus Schloß Neuschwanstein. Frau Rosenberg besaß nicht nur ein Inventar der Möbel, sie hatte auch jedes Stück mit einer Identifikationsnummer gekennzeichnet, wodurch sich die Besuche in dem ungemütlichen Lagerhaus äußerst effizient gestalteten. Aus Dankbarkeit über die Rückgabe überließen die Rosenbergs den französischen Museen dreiunddreißig Werke als Schenkung und versprachen weitere dem Louvre. Edmond Rosenberg hatte unterdessen die gerichtliche Verfolgung gegen Angestellte eingeleitet, die da und dort etwas hatten mitlaufen lassen. Im gleichen Verfahren wurden auch fünf Händler, darunter Fabiani und Petrides, als unrechtmäßige Besitzer von Rosenbergschen

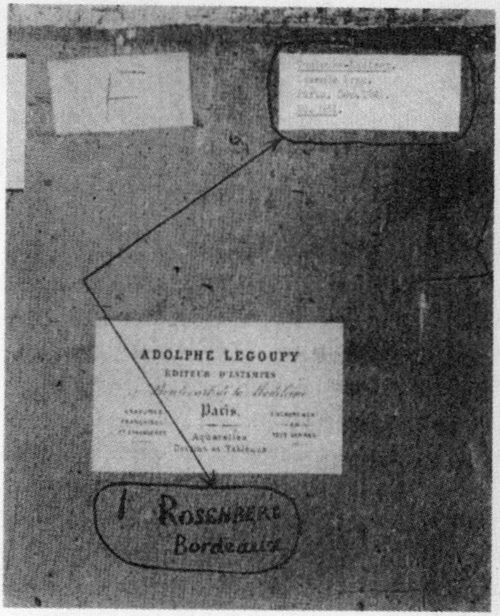

Rückseite eines gestohlenen Gemäldes von Paul Rosenberg mit den Etiketten des ERR.

Werken zitiert. Petrides machte geltend, er habe nie wissentlich aus jüdischem Besitz entwendete Bilder gekauft, legte aber doch zwei Werke von Matisse und eines von Utrillo vor, die er von Rochlitz erworben hatte, »einem in Kunstkreisen seit zwanzig Jahren bekannten Händler«.[13] Fabiani gab widerstandslos vierundzwanzig Bilder zurück und versuchte gleichzeitig, Rosenberg für einen Handel mit den Vollard-Bildern, die sich immer noch in Kanada befanden, zu gewinnen. Die Kommission konnte zwischen 1946 und 1948 mindestens vier weiterer Posten Bilder aus Rosenbergs Besitz in Deutschland habhaft werden.

Die Rosenbergs hatten durch einen Anwalt in Zürich schon sehr früh von den Gemälden Kenntnis bekommen, die in die Schweiz gelangt waren, und Henraux darauf hingewiesen, daß die Frist für Rückforderungen von Diebesbeute nach Schweizer Gesetz fünf Jahre betrage. Dadurch blieb ihnen nicht viel Zeit. Im Dezember 1944 hatten sie der französischen Botschaft in Bern Informationsmaterial zu den Beschlagnahmungen eingereicht, doch dort hatte man nur wenig Interesse an der Wiedererlangung dieser französischen Vermögenswerte gezeigt. Alle verfügbaren Kenntnisse über ungesetzlichen Kunsthandel in der Schweiz waren bisher vom britischen Kriegsproduktionsamt und von Offiziellen der amerikanischen Gesandtschaft vorgelegt worden; sie hatten die Hauptschuldigen auf eine schwarze Liste gesetzt. Im Februar 1945 reiste der britische MFAA-Untersuchungsbeamte Douglas Cooper auf Befehl in die Schweiz, und zwar als Interessenvertreter nicht nur der MFAA, sondern auch der französischen Commission de Récupération. Die britische Botschaft bezeichnete ihn zur Tarnung als Technischen Berater der britischen Handelsdelegation, die mit der Schweiz über die nun eher schwierige Frage schweizerisch-deutscher Wirtschaftsbeziehungen und der Verfügung über deutsche Vermögenswerte verhandelte.

Ausgerüstet mit den Informationen auf der schwarzen Liste, begann Cooper seine Inspektionsrunden. Ein Anwalt namens Wiederkehr, der auf der Liste stand, weil er sich im Besitz von Werken aus der Hand Alois Miedls befand, und auf einen Persilschein erpicht war, verhielt sich besonders kooperativ und konnte vor Freude kaum an sich halten, den Alliierten bei der Suche nach geraubter Kunst zu helfen. Er erzählte dem skeptischen Cooper, er habe versucht, den amerikanischen Konsul über die Gemälde in seinem Besitz zu informieren, aber keine Antwort erhalten. Er sagte, es sei ihm an Miedls Besitz nichts verdächtig vorgekommen, bis die Konferenz von Bretton Woods Näheres über nationalsozialistische Vermögenswerte im Ausland bekanntgegeben habe. Da habe er die Bilder Nathan Katz gezeigt und dieser sie seinerseits sofort als Eigentum Rosenbergs erkannt (unschwer, stand dies doch auf der Rückseite aller Bilder deutlich drauf). Er habe sie dann auf eine Bank gebracht und Miedls Forderung, sie nach Spanien zu schicken, abgelehnt. Es handelte sich um eine hübsche Auswahl, darunter van Goghs *Selbstbildnis mit verbundenem Ohr* und vier Werke von Cézanne.

Je weiter Coopers Untersuchung voranschritt, desto mehr enthüllte sich allmählich das komplizierte Netz von Beziehungen, das jene gewoben hatten, die mit den Nazis Geschäfte machten. Unter dem wachsenden Druck veränderte sich die Geschichte des Kunsthändlers Theodor Fischer von Tag zu Tag. In seinen Geschäftsräumen fand Cooper einunddreißig aus französischen Sammlungen geraubte Bilder, von denen sich zehn sofort als Rosenbergsches Eigentum identifizieren ließen. Cooper entdeckte bald, welche Bilder Emil Bührle gekauft hatte, und fand heraus, daß Fischer nicht nur beschlagnahmte Werke auf seinen Auktionen verkauft, sondern weitere nach Rio de Janeiro geschickt und dem Basler Kunstmuseum einen geraubten Seurat angeboten hatte, den man dort als gestohlenes Gut ablehnte. Nach diesen Enthüllungen zeigten sich die Schweizer Behörden zur vermehrten Zusammenarbeit bereit und willigten rasch ein, Objekte »in deutschem Besitz« einzufrieren und deren Meldung zu verlangen. Ebenso sollte der Verkauf solcher Werke als illegal erklärt und versucht werden, die in das Land eingeschmuggelten Objekte aufzuspüren. Nachdem er dies erreicht hatte, verließ Cooper im März 1945 die Schweiz, um auf den Schauplatz Italien zurückzukehren.[14]

Trotz der Zusage zur Zusammenarbeit hatten die Schweizer Behörden bis September 1945 noch keine Anstrengungen unternommen, um die von den Alliierten bezeichneten Werke sicherzustellen und die versprochenen Sanktionen in Kraft zu setzen. Paul Rosenberg entschied sich, persönlich vorzusprechen. Anfang September reiste er mit Listen und Fotos nach Zürich und begann eine Reihe von Gegenüberstellungen. In der Galerie Neupert zeigte man ihm sein Matisse-Gemälde *Femme au fauteuil jaune* mit dem Hinweis, es stamme aus einer »Privatsammlung«. Als Rosenberg sagte, es sei ihm gestohlen worden, betonte Neupert, er habe es von einem Bildhauer namens Martin in Kommission. Martin erzählte Rosenberg des langen und breiten, wie er das Gemälde von einem Freund in Frankreich erworben habe – doch der Freund saß im Gefängnis. Neupert räumte ein, einen weiteren Rosenberg-Matisse verkauft zu haben, und zwar *Harmonie bleue,* an einen französischen Juden namens Aktuaryus, und dieser habe das Gemälde seinerseits an Bührle veräußert.

Als nächstes suchte Rosenberg Bührle auf, der, wie Rosenberg schrieb, überrascht war, ihn zu sehen, da er offenbar beschlossen habe, das Gerücht, Rosenberg sei tot, zu glauben. Rosenberg teilte Bührle mit, er irre sich, wenn er glaube, die Angelegenheit lasse sich regeln, indem er die Bilder einfach neu erwerbe, und warf ihm vor, wissentlich gestohlenes Gut gekauft zu haben. Bührle antwortete, er gebe die Werke an Fischer zurück, wenn er sein Geld zurückbekäme, und Rosenberg könne dann mit diesem verhandeln. Fischer erklärte wenig überzeugend, er habe die Bilder von Hofer zur Begleichung einer Schuld erhalten und versucht, sie nach Deutschland zu schicken, als er sich ihrer Herkunft bewußt geworden sei. Davon hätten ihm die alliierten Delegationen in der Schweiz abgeraten, weil sie dann unmöglich wiederzuerhalten seien. Rosenberg ließ sich durch diese Aussage nicht abschrecken, und nach ein paar Tagen gelangte ein Vermittler an ihn, der Fischer, Bührle und nun auch Wendland vertrat, welch letzterer befürchtete, von der Schweiz nach Deutschland ausgewiesen zu werden, wo er von den Alliierten gesucht wurde. Dieses Trio legte neue Vorschläge vor und bot ihm eine bestimmte Summe an, die durch Clearing in Frankreich bezahlt werden sollte. Rosenberg war überzeugt, daß hinter diesem Schachzug die Schweizer Regierung steckte, weil sie jegliches Aufsehen vermeiden wollte. Bald erhielt er ein zweites Angebot: er erhalte achtzig Prozent der Bilder zurück, wenn er bereit sei, auf zwanzig Prozent zu verzichten. Aber Rosenberg führte einen Kreuzzug und wünschte eine offizielle Regelung auf Regierungsebene.[15]

Kurz darauf kehrte Cooper in die Schweiz zurück und traf sich ebenfalls mit Bührle. Der Industrielle erzählte ihm, Fischer habe zuerst behauptet, es handle sich bei den Bildern um »entartete« Werke aus deutschen Museen, daß jedoch sein Berater, der Kunsthändler Fritz Nathan, ihn gewarnt habe, dies treffe nicht zu. Er, Bührle, habe dann seinen Anwalt hinzugezogen, und der habe ihm mitgeteilt, falls sich herausstelle, daß die Bilder gestohlen seien, müsse er sie gegen eine Entschädigung an Fischer zurückgeben. Trotz all dieser Ratschläge aber, so gab er zu, habe er zweimal bei Fischer gekauft, das zweite Mal auf Wendlands Empfehlung hin. Am Ende des Gesprächs empfahl Cooper Bührle, »in einer Geste die Bilder der Schweizer Regierung zur Verfügung zu stellen«, stehe doch die Arglist von Fischer wie von Wendland außer Zweifel; die Alliierten würden in naher Zukunft all ihre Beweise der Schweiz übergeben. Bührle versicherte, er werde »in der folgenden Woche entsprechend handeln«.[16]

Das Schweizer Amt für Kompensationsleistungen, das Cooper erneut anmahnte, sicherte ihm zu, bei allen von ihm genannten Schweizer Firmen Untersuchungen einzuleiten, und im Departement des Innern (Innenministerium) wurde ihm die »baldige« Bildung einer Sonderkommission zugesagt. Ein Dr. Vodoz vom Sekretariat des Innenministeriums zeigte sich beeindruckt von den dokumentierten Beweisen, die Cooper vorlegte, sagte aber, die klagenden Regierungen müßten sich private Schweizer Rechtsvertretungen nehmen und ihre Forderun-

gen vor die kantonalen Gerichte bringen, bevor Werke sichergestellt werden könnten. Sollten die alliierten Kläger diesen Prozeß verlieren, müßten sie dann »gegen einzelne Besitzer und Besitzerinnen im Rahmen des schweizerischen Rechts« vorgehen. Als Cooper darauf hinwies, in Schweden habe man einen Zentralausschuß für gestohlenes Gut eingerichtet, erwiderte Vodoz besänftigend, Schweden sei eben im Gegensatz zur Schweiz nicht föderalistisch organisiert.
Bührle handelte zwar in der Tat bald nach dem Treffen, aber nicht so, wie sich Cooper das vorgestellt hatte. Bührle behauptete nun in einer schriftlichen Aussage, er habe nicht die geringste Ahnung gehabt, daß die von ihm erworbenen Bilder zweifelhafter Herkunft seien, um so mehr, als er sie von Fischer, dessen Galerie er als bedeutendes Schweizer Unternehmen mit gutem Ruf bezeichnete, gekauft habe. Trotz seiner vorherigen Zugeständnisse Cooper gegenüber schrieb er, zum erstenmal habe er erst anläßlich Rosenbergs Besuch vom 6. September genaue Informationen über die illegale Herkunft der Bilder erhalten und sich dann spontan bereit erklärt, den Verkauf rückgängig zu machen. Dem folgte ein Brief an den guten Dr. Vodoz, der Bührle früher persönlich geholfen hatte, als dieser bei der Einfuhr der Bilder, die er in Paris von Dequoy gekauft und die sein Anwalt 1944 bei Göring abgeholt hatte, wegen fehlender Unterlagen Schwierigkeiten mit den Zollbehörden bekam. Bührle teilte Vodoz mit, daß er »durch zwei private Besuche bei mir durch die Herren P. Rosenberg und Douglas Cooper […] darauf aufmerksam geworden« sei, daß einige Bilder, die er erworben habe, »als in Frankreich abhanden gekommen angesprochen werden« und Rosenberg ihn gebeten habe, sie der französischen Botschaft in Bern zur Verfügung zu stellen. »Diesem Ansuchen […]«, so Bührle, »konnte ich natürlich nicht stattgeben«; dagegen erklärte er sich bereit, »die fraglichen Bilder gegen Rückerstattung des Kaufpreises« dem Händler zurückzugeben, da »es mir natürlich peinlich wäre, sogenanntes geraubtes Gut in meiner Sammlung zu haben«.[17]
In der Zwischenzeit beantwortete das schweizerische Departement des Äußern (Außenministerium) die Briefe, die es zu diesem Thema erhielt, ziemlich vage. Ende November schickte das OSS, das sich nun in die Streitigkeiten einmischte, Plaut und Rousseau nach Bern, um die Angelegenheit voranzutreiben. Sie entdeckten bald, daß Peyrot des Gachons von der französischen Botschaft, der die Schweiz unter Druck setzen sollte, »nicht geneigt war, sein Amt zu ernst zu nehmen«. Und

auch die Schweizer Regierung hatte keinerlei weitere Maßnahmen ergriffen. Die OSS-Beauftragten brachten Vodoz dazu, daß er Dokumente der Zollbehörden herausgab, die zweifelhafte Einfuhren aufdecken konnten, und fanden einen ehemaligen Angestellten der deutschen Gesandtschaft, der das Diplomatengepäck mit den Bildern abgeliefert hatte. Sie verhörten Wendland, und der begann auszupacken. Sie fanden heraus, daß die Schweizer Behörden Fischer vertrauliche Dokumente der Alliierten hatten zukommen lassen und die Schweizer Kunsthändlervereinigung ihren Mitgliedern verboten hatte, freiwillig mit Informationen zu dem Thema herauszurücken. Der Sturm im Wasserglas führte zu einem kleinen Fortschritt. Am 10. Dezember 1945 verabschiedete die Schweizer Landesregierung ein Gesetz, das die Rückgabe der aus den von Deutschland besetzten Gebieten entwendeten Besitztümer regelte. Es enthielt aber keinerlei Befugnisse für Untersuchungen oder für den versprochenen »Untersuchungsausschuß«, und zwar mit der Ausrede, bislang seien lediglich fünfundsiebzig Kunstwerke betroffen. Wieder wurde zugesichert, es werde »bald« etwas geschehen, und die französische Botschaft »versprach«, gemäß dem neuen Gesetz Klage einzureichen.[18]

Aber die Zeit wurde knapp. Im Zuge des allgemeinen amerikanischen Abzuges sollte auch die OSS-Einheit im Frühjahr 1946 aufgelöst werden, und es gab wirklich wenig Rechtfertigung für eine weitere Einmischung der USA, es sei denn, wie Plaut notierte, »um die Führung bei der Beilegung internationaler Streitigkeiten moralischer und kultureller Natur beizubehalten«. Die Schweiz belastete sich offenbar nicht mit solch erhabenen moralischen Ansprüchen. Nach der Abreise der alliierten Untersuchungsbeamten verfiel man dort wieder in Untätigkeit, und der Fall wurde nur durch sporadische Nachfragen der MFAA-Offiziere in Deutschland, die hinter der Auslieferung Wendlands her waren, am Leben erhalten. Schließlich ließ die Schweiz Wendland nach Rom ausreisen, wo die amerikanische Militärpolizei ihn dann im Juni verhaftete.

Paul Rosenberg verfolgte über das Auswärtige Amt Frankreichs seine Forderungen weiterhin. Im April 1947 erfuhr er, daß er seinen Fall in der Schweiz vorbringen könne, und bekam einen Monat, um sich darauf vorzubereiten. Diese unmögliche Frist ließ sich nicht einhalten, und er brauchte auch tatsächlich mehr als ein Jahr, um die notwendigen eidesstattlichen Aussagen zu erhalten. Acht Personen standen unter Anklage; Wendland befand sich nicht darunter, da er schon lange zuvor gestanden und das eine noch in seinem Besitz befindliche Rosenberg-Bild bereits zurückgegeben hatte. Vier der kleineren Händler gaben nun auf und rückten die Bilder in ihrem Besitz heraus. Die restlichen gingen vor Gericht. Bührle hatte jedoch erkannt, daß der Fall für ihn aussichtslos war, und Miedl konnte nicht teilnehmen, da er sich in Spanien aufhielt. So blieb Fischer als Hauptangeklagter übrig, und er verteidigte sich am vehementesten.

Die Verteidigung war viel schlimmer als das Verbrechen selbst. Keiner der Angeklagten leugnete, wissentlich gestohlenes Gut angekauft zu haben, sondern sie versuchten vielmehr, Rosenbergs Anspruch auf die Gemälde mit der Begründung anzufechten, die Beschlagnahmungen seien mit der Zustimmung der zu jener Zeit rechtmäßigen Regierung Frankreichs erfolgt. Sie wollten sogar die Haager Konvention zu ihrem Zweck zurechtbiegen. Mit Hilfe der französischen Commission de Récupération und der nun entlassenen OSS-Beauftragten, die Rosenberg die Unterlagen der Nazi-Beschlagnahmungen zur Verfügung stellten, zerfetzten dieser und sein Anwalt die Verteidigung. Es gereicht dem Schweizer Bundesgericht zur Ehre, daß es am 3. Juni 1948 zu Rosenbergs Gunsten entschied und die Rückgabe der Bilder anordnete.[19]

Rosenberg hatte seinen Kampf ums Prinzip gewonnen. Später verkaufte er die gestohlenen Bilder – und viele weitere – an Bührle. Heute sind sie diskret als »Erworben 1951 aus französischer Privatsammlung« oder ähnlich beschriftet. In der Einführung zum Katalog einer Ausstellung von Werken aus der Sammlung Bührle in der National Gallery of Art steht über diese Zeitspanne: »Doch zeigte sich schon Ende des Krieges ein neues Kauffieber. [...] Der unentwegte Sammler entdeckte [...] durch Paul Rosenberg weitere bedeutende Werke [...].« Dann fährt die Autorin in aller Unschuld fort: »Einem kleinen, zufällig erhalten gebliebenen Zettel von 1944 ist zu entnehmen, daß der Sammler in kurzer Zeitspanne zwölf Bilder von Corot bis Matisse angekauft hatte. Diese stattliche Reihe dokumentiert den unstillbaren Drang nach Malerei und nach der lebendigen Auseinandersetzung mit Kunst.«[20]

1953 vermißte Rosenberg immer noch einundsiebzig Bilder; fünf Jahre später waren es noch zwanzig. Noch einmal sammelte er seine Unterlagen zusammen und reichte bei der Bundesrepublik Deutschland Klage ein, nachdem man dort im Juli 1957 ein Gesetz verabschiedet hatte, welches finanzielle Entschädigungen für solche Verluste vorsah. Nach zwei Jahren Verhandlungen boten die Deutschen ihm weniger als die Hälfte des geforderten Betrags. Paul Rosenberg war inzwischen gestorben, und seine Familie nahm das deutsche Angebot an. Aber dies war noch immer nicht das Ende. Seit 1958 ist der Verbleib von sieben weiteren Bildern bekannt, doch noch sind nicht alle zurückgegeben worden. Eines davon ging irrtümlich an die Rothschilds zurück. 1970 teilte ein Anwalt aus Köln Alexandre Rosenberg mit, sein Degas-Gemälde *Deux danseuses* befinde sich im Besitz ungenannter Klientel, die eine Einigung erstrebe. Den Rosenbergs standen verschiedene Möglichkeiten offen: Sie konnten vor Gericht gehen und versuchen, es zurückzuerhalten, und falls sie es zugesprochen bekamen, der deutschen Regierung den Wert zurückzahlen. Sie konnten es zurückkaufen. Oder aber sie konnten eine Zahlung von den neuen Besitzenden annehmen und diese somit als rechtmäßig anerkennen. Alexandre Rosenberg hatte genug von den endlosen Verfahren und wählte die dritte Möglichkeit, obwohl die Zahlung weit unter dem Marktwert blieb. Nicht daß es ihm gefalle, die Nachkommen von Dieben auf diese Weise zu bereichern, schrieb er, aber er habe erfahren müssen, daß die Verteidigung persönlicher und familiärer Interessen der Politik ähnlich sei, ja dem Leben selbst, nämlich im Grunde genommen nicht mehr als die Kunst des Möglichen.[21]

Immer noch tauchen weitere Rosenberg-Bilder auf dem Markt auf. 1974 konnten die Nachkommen auf einer Auktion in Versailles von Braque *Le Guéridon au paquet de tabac* wiedererlangen. So etwas ist aber nicht einfach. Wer immer das Bild ursprünglich besaß, muß über ausgezeichnete Unterlagen verfügen und die zuständigen Behörden von der Rechtmäßigkeit der Forderung überzeugen können. Wenn eine Warnung durchsickert, ziehen die in der Regel anonym Einreichenden das Werk wahrscheinlich zurück: so geschehen bei einem anderen verschollenen Bild, nämlich Degas' *Bildnis Gabrielle Diot.* Ein Hamburger Händler hatte diese Zeichnung 1987 in einer ganzseitigen Anzeige angepriesen, mitsamt Angabe der Provenienz aus der Samlung Rosenberg, aber als dies zu viele Nachforschungen auslöste, verschwand sie wieder.

Sammlungen wie die von Paul Rosenberg wiederzuerlangen bedeutete harte und unangenehme Arbeit. Noch schwieriger aber war es, zu entscheiden, ob die Objekte, für die die Nazis bezahlt hatten, ihren ursprünglichen Besitzern und Besitzerinnen zurückgegeben werden sollten oder nicht. Diese unangenehme Pflicht fiel den nationalen Rückführungskommissionen zu, die darüber zu befinden hatten, ob ein Verkauf »erzwungen« oder ob Kollaboration im Spiel war. Einige, die für enorme Beträge an die Nazis verkauft hatten, scheuten sich nun nicht, ihren früheren Besitz zurückzufordern, und die Publizität rund um die Rückführung der Werke machte es den Diskreteren unter ihnen schwierig, sich im Hintergrund zu halten. Mit großangelegter Berichterstattung organisierte die französische Kommission im Januar 1946 eine Ausstellung mit dreihundert wiedererlangten Werken. Die meisten davon hatte die Öffentlichkeit noch nie zu sehen bekommen, da sie in Privatsammlungen gehörten, deren Namen im Katalog unerwähnt bleiben, fürchtete man sich doch nach alter Gewohnheit vor dem Steueramt.

Die beiden Werke von Rembrandt, die Weinmagnat Etienne Nicolas an Haberstock verkauft hatte (siehe Kapitel 6), führte der Katalog zwar nicht auf, aber sie befanden sich in der Ausstellung. Dort entdeckten sie Kriminalbeamte der französischen Zollbehörden und stellten bei der Kommission formell den Antrag, die Herausgabe an Nicolas zu verhindern, denn die Dienststelle beabsichtige sie zu beschlagnahmen und dem Louvre zu übergeben.[22] Nicolas leistete eine Weile Widerstand und berief sich in seiner Korrespondenz auf »die Bilder, die die Deutschen bei mir beschlagnahmt haben«, gab aber bald auf und teilte Henraux von der Kommission mit, daß er sie schon immer dem Louvre habe geben wollen, was natürlich auch wieder zutrifft.[23] Damit gab sich die Regierung nicht ganz zufrieden, und sie belegte Nicolas exakt mit der Geldstrafe, den er von den Deutschen erhalten hatte, mit der Begründung, er habe »wesentlich zur Verarmung des Staates beigetragen«.

In Belgien machte Emile Renders (siehe Kapitel 4) in etwa dieselbe Erfahrung, wobei er die Klage einreichte und nicht die Regierung. Das Gericht entschied, daß sein zähes Feilschen mit Göring um höhere Preise die Drohungen des letzteren übertroffen habe, und seine Bilder gingen an den belgischen Staat. Graf Jaromir Czernin forderte seinen Vermeer, einen Tag nachdem ihn Ritchie nach Österreich zurückgebracht hatte, mit der Begründung zurück, die Nazis hätten ihm das Werk abgenötigt. Ein österreichisches Gericht entschied, seine Forderung habe nichts mit den Tatsachen zu tun, und legte den kurzen gräflichen Dankesbrief (siehe Kapitel 2) an Hitler vor. Laut einer Quelle erhob Czernin gegen diesen Entscheid Einspruch, und zwar mit Unterstützung eines ungenannten Amerikaners, der den Vermeer kaufen wollte.[24] Der Einspruch wurde abgelehnt, und das Gemälde hängt nun im Kunsthistorischen Museum, wo man ja damals gehofft hatte, daß Hitler es zu diesem Zweck erwarb.

In Holland stellte niemand van Beuningens äußerst profitable Verkäufe an Posse (siehe Kapitel 4) öffentlich zur Diskussion, was aber vielleicht auch gar nicht nötig war: Die wiedererlangten Bilder und der Rest seiner Sammlungen gingen bald als Schenkung an das Boymans-Museum, und sein Name wurde dessen bisheriger Bezeichnung hinzugefügt. Lange nahm man an, die Zeichnungen der Sammlung Koenigs, die Posse von ihm gekauft hatte, seien zerstört worden, doch nach und nach deckten Hinweise in wissenschaftlichen Veröffentlichungen in Ostdeutschland auf, daß sie in die UdSSR gelangt waren. 1983 bot ein Berliner Händler als Vertreter eines anonymen sowjetischen Klienten, der durchblicken ließ, er habe noch mehr von der Sorte, dem Rotterdamer Museum Boymans-van Beuningen einen Baldung Grien aus der Sammlung an. Das Angebot wurde zurückgezogen, als die holländische Regierung eingriff. Einige Jahre später tauchte die Zeichnung in den Händen des amerikanischen Händlers Ian Woodner auf. Er widersetzte sich der Rückgabe bis zu seinem Tod im Jahr 1991, worauf das Blatt aus seinem Nachlaß zurückgegeben wurde. Das niederländische Amt für Bildende Künste, Nachfolgeamt der Rückführungskommission, veröffentlichte 1989 einen sorgfältig edierten Katalog der fünfhundertsechsundzwanzig noch nicht wieder aufgefundenen Zeichnungen und vertrat die Annahme, daß sich der größte Teil in der Sowjetunion befinde. 1992 bestätigte der russische Kultusminister dies offiziell, und man geht davon aus, daß die Zeichnungen bald nach Rotterdam zurückkehren.

Komplizierter gestaltete sich für die holländische Kommission der Umgang mit den Sammlungen Mannheimer und Goudstikker. Dabei ging es betont geschäftlich zu. Zwar galten die Mannheimer-Werke nach holländischem Gesetz, das alle nationalsozialistischen Händel für illegal erklärte, als beschlagnahmt, aber der Ertrag aus dem Verkauf

war zur Begleichung von Schulden des Besitzers gegenüber dem holländischen Volk verwendet worden. Die Kommission entschied daher, Frau Mannheimer habe keinen Anspruch auf die Objekte, die nach Holland zurückgeführt wurden. Die bedeutendsten übernahm das Amsterdamer Rijksmuseum, und der Rest der riesigen Sammlung wurde auf Auktionen versteigert, wobei der Gewinn an den holländischen Staat ging. Die Gemälde, die Mühlmann im letzten Augenblick in Frankreich deponiert hatte, waren dorthin zurückgegangen. Holland wollte darauf jedoch nicht verzichten, denn sie waren Teil von Mühlmanns ursprünglichem Vertrag gewesen. Eine Vertretung des Rijksmuseum nahm mit Frau Mannheimer in Paris Verhandlungen auf, eine heikle Sache, hatte ihr verstorbener Mann doch auch französische und britische Geschäftsverbindungen, aber zu guter Letzt kam ein Handel zustande, und Frau Mannheimer durfte eine Anzahl Werke behalten,[25] darunter das hübsche Bild *Les bouteilles de savon* von Chardin, das schließlich in die Vereinigten Staaten ging und an das Metropolitan Museum verkauft wurde.
Der Fall Goudstikker war ebenso komplex. Alois Miedl hatte Wort gehalten und Desi Goudstikkers Anteil an der Firma geschützt und umsichtig in holländische Aktien und Währung und nicht in Reichsmark investiert. Auch ließ er das, was vom Vermögen und vom Grundeigentum der Goudstikkers übrigblieb – wenn auch in einiger Unordnung – zurück. Als Desi Goudstikker wieder nach Holland kam, empfingen sie alle alten Angestellten der Firma, auch die, die sie verkauft hatten. Sie wußte wenig über die Vorgänge und fühlte sich deshalb unsicher, wie sie ihnen begegnen sollte. Es lag an ihr, zu beweisen, daß der Verkauf der Firma erzwungen und der dafür bezahlte Preis zu niedrig gewesen war. Letzteres wurde noch dadurch erschwert, daß Goudstikker in den dreißiger Jahren ständig Werke zu gering angesetzt oder gar abgeschrieben hatte: mehr als hundertsechzig Bilder hatten laut seinen Geschäftsbüchern den Gegenwert von einem Gulden. Und auch die holländischen Behörden waren keineswegs überzeugt, daß der von den Angestellten Goudstikkers arrangierte Verkauf unter Zwang stattfand. Desi Goudstikker, die sich nicht geschäftlich betätigt hatte, befürchtete nun, alles zu verlieren, und sah von der Rückforderung der an Göring verkauften Bilder ab. Eine Zeitlang versuchte sie, die Objekte, die noch auf Miedls Namen liefen, zurückzuerhalten, doch nach sechs Jahren gab sie auch dies auf; alle

zurückgeführten Werke gingen an den holländischen Staat. Am Ende kaufte sie die drei Häuser, die Miedl übernommen hatte, zurück, mußte aber bald Schloß Nyenrode und den Amsterdamer Hauptsitz der Firma verkaufen. Das schöne Anwesen Ostermeer wollte sie der holländischen Regierung gegen die Erlaubnis überlassen, ein Landhaus auf dem Grundstück zu beziehen. Der Staat lehnte die Schenkung aber ab, da sie mit zu großen Kosten verbunden sei, und Desi Goudstikker verkaufte auch dieses Haus.

Der Vorschlag von Georges Wildenstein und Jacques Seligmann zu Kriegsbeginn, den Kunsthandel in den vordem besetzten Gebieten gleich bei der Befreiung einzufrieren, ging sang- und klanglos unter. Kenneth Clark entdeckte, daß der Handel in Europa nach nur kurzer Pause weitergegangen und nur in Deutschland unterbrochen worden war. Ja, das Unternehmen Wildenstein nahm als eines der ersten seine internationale Tätigkeit wieder auf. Schon einige Zeit vor der Kapitulation Deutschlands deckte der Angestellte Dequoy die Zweigstellen in New York und London mit redseligen Telegrammen voller Neuigkeiten und potentieller Verkäufe ein und leitete die Rückforderung der beschlagnahmten Gegenstände in die Wege. Er galt sogar eine Zeitlang als Held der Résistance. Ein Artikel in der *New York Times* vom 11. September 1944 mit dem Titel »Pariser Galerie narrte Nazi-Kunstsammler« lautete wie folgt:

> Die Franzosen haben genüßlich aufgedeckt, wie die Nazis mindestens in einem Fall für französisches Plünderungsgut bezahlt, es aber nie erhalten haben. Roger Dequoy, Geschäftsführer der Kunstgalerie Georges Wildenstein, focht einen vier Jahre währenden Kampf mit deutschen Kunstsammlern, der mit seinem umfassenden Sieg endete. Während der deutschen Besetzung brachten Deqouy und seine Angestellten in der Nacht Renoirs, Manets, Goyas, wertvolle Möbel aus dem achtzehnten Jahrhundert, Teppiche und Tapisserien in verschiedene Verstecke. […] Als die Nazis erfuhren, daß die Gemäldesammlung in den Tresoren eingelagert war, verlangten sie das Recht, daraus zu kaufen. Dequoy wußte, daß er nur ein Zehntel des wahren Werts der Sammlung erhalten würde, und es gelang ihm, sie durch weniger wertvolle Werke zu ersetzen, bevor die Käufer kamen.

Ende 1944 hatten die Behörden noch keine Galerie schließen lassen. Diese offensichtliche Unbekümmertheit seitens Frankreichs erzürnte die OSS-Untersuchungsbeamten, deren stapelweise Belege direkt auf zahlreiche Pariser Händler hinwiesen, die aber von ihrer französischen Partnerorganisation, der Direction Générale des Etudes et Recherches (DGER), nur wenig Unterstützung erhielten, wenn dies auch mehr auf Chauvinismus und politische Wirren als auf Untätigkeit zurückzuführen war.

Es gab nämlich sehr wohl Gesetze, um diejenigen Personen belangen zu können, die illegal von Geschäften mit dem Feind profitiert hatten. Eine Mitarbeiterin der DGER berichtete, daß sich nach einer offiziellen Sitzung der Kunsthändlervereinigung Anfang Januar 1945 deren wichtigste Mitglieder insgeheim trafen, um ihr Vorgehen auf diese Erlasse festzulegen. Die Lage der Kunsthändler bezeichnete sie als »mißlich«, hätten doch achtzig Prozent von ihnen direkt oder indirekt bedeutende Händel mit den Deutschen getätigt, die nicht in ihren Büchern erschienen, da sie einfach nicht mit der Pingeligkeit der Nazis rechneten: »Sie haben Schwierigkeiten, ihre Operationen geheimzuhalten, da bestimmte Transaktionen bereits bekannt sind und die Kunstgegenstände in Deutschland gefunden werden könnten.« Aus Furcht vor Bußgeldern einigten sie sich darauf, überhaupt keine Informationen herauszurücken, ein Verhalten, so die DGER-Mitarbeiterin, das das höhere Ziel, nämlich das Wiederfinden beschlagnahmter Kunstwerke, verzögern könnte.[26]

Im April 1945 saß Lefranc, der Vichy-Händler, der die Sache mit der Sammlung Schloss (siehe Kapitel 6) arrangiert hatte, im Gefängnis, und weitere wurden verhört und mit Bußen belegt, was das Auktionsgeschäft bei Drouot erlahmen ließ und statt dessen den Schwarzhandel gegen Bargeld anheizte. Bei der DGER bedauerte man diese Entwicklung. Die strenge Regelung, so wurde lamentiert, vertreibe die Geschäfte ins Ausland. Man war schließlich zwar einverstanden, daß die schlimmsten Übeltäter bestraft werden sollten, legte der französischen Rückführungskommission aber nahe, die Sammlerinnen und Händler wieder zu ermutigen, um den Kunsthandel wiederzubeleben, und zwar sollten sie vor allem nach französischen Werken aus dem neunzehnten Jahrhundert im besetzten Deutschland suchen, wo sie ja gewiß günstig zu erwerben seien und wo »amerikanische Kunstzentren bereits Vertretungen vor Ort« hätten. Nur wenn sie diese Gelegenheit beim Schopf packten, könne Paris »das unbestrittene Kunstzentrum der ganzen Welt« bleiben; sollte sie ungenutzt verstreichen, sei man »dazu verdonnert, mit anzusehen, wie das Zentrum des Kunsthandels über den Atlantik entschwindet«.[27]

Doch bei der Rückführungskommission und bei den französischen Vertretungen in den Sammelstellen war man anderer Meinung. Kommandant Pierre-Louis Duchartre in München erklärte Henraux, ein korruptes Image des Pariser Kunsthandels käme nur denen entgegen, »die glücklich wären, den Kunsthandel geschädigt zu sehen«, und drängte auf stärkere Unterstützung seitens der Regierung für die Vertretung in der Sammelstelle, was die DGER bisher verhindert hatte. Wegen Personalmangels mußte Duchartre zwei etwas dubiose jugoslawische Flüchtlinge einstellen, die allerdings bisher erfolgreich gearbeitet und in und um München einundzwanzig der vermißten Bilder aus der Sammlung Schloss aufgestöbert hatten.[28]

Martin Fabiani wurde im September 1945 verhaftet, jedoch nicht bevor es auch ihm gelungen war, sich ein Visum für London zu erschleichen, wo er in der Wildenstein-Suite im Hotel Dorchester untergebracht wurde.[29] Er mußte eine Buße in der enormen Höhe von hundertsechsundvierzig Millionen französischen Franc zahlen. Seine Schwierigkeiten nahmen noch lange kein Ende: Da gab es noch die Angelegenheit der fünf- oder sechshundert – die Angaben variieren – Vollard-Bilder, die in Ottawa festsaßen, wo man sie im Magazin der National Gallery of Canada mit Umsicht pflegte. Er konnte sie nicht einfordern, da die Alliierten ihn endlich auf die schwarze Liste gesetzt hatten und er daher kein Visum erhielt. Zudem bestand eine weitere kleine Komplikation: Vollard hatte in seinem Testament festgelegt, daß seine Sammlung inventarisiert werden müsse, was zu seinen Lebzeiten nie geschehen war, und dann auf verschiedene Erben und Erbinnen, darunter die Stadt Paris, verteilt werden solle. Fabiani und die Miterbin de Galea hatten die Sammlung vor Kriegsausbruch nie inventarisiert, so daß nun niemand wußte, was sie zum Zeitpunkt von Vollards Tod genau umfaßte.

Dadurch erklärte sich hinreichend, weshalb Monsieur de Galea damals nicht wünschte, daß Rorimer seine Bilder nach Paris bringen ließ, und sie statt dessen in einer kleinen Jagdhütte versteckt hielt. Am 2. Juni 1949 verhängte die Stadt Paris ein Handelsverbot über die Sammlung Fabiani. Es war knapp zu spät: Diplomatische Nachfragen enthüllten, daß die Behörden die Bilder am 30. Mai in Ottawa an Fabiani und einen Herrn Jonas freigegeben und diese sie wohl nach London und in die Vereinigten Staaten gebracht hatten. Frankreich ließ dem amerikanischen Außenministerium eine Note mit der Bitte um Hilfe zukommen, worin es hieß, »ihr Verkauf in den Vereinigten Staaten würde das französische Schatzamt um eine große Summe in fremder Währung betrügen«.[30] Wie es Fabiani gelungen war, nach Kanada zu gelangen, und wie sich die beteiligten Parteien einigten, bleibt unklar, doch er hielt sich in Paris viele weitere Jahre im Geschäft und schrieb sogar ein nettes, wenn auch nicht ganz der Wahrheit entsprechendes Buch über seine Geschäfte. Bis 1947 hatte man zwanzig weiteren französischen Händlern eine Geldstrafe auferlegt, darunter Dequoy und Petrides. Ihre deutschen Kollegen Lohse und Rochlitz (letzteren hatte James Plaut nach einer langen Fahrt im ungeheizten Jeep mit Freuden an Paris ausgeliefert) saßen in französischen Gefängnissen. Die Klagen gegen das Unternehmen Wildensteins seitens der Rückführungskommission und der französischen Zollbehörden aber wurden 1949 vom Gericht mit der Begründung, es gebe keine Belege für freiwillige Verkäufe an den Feind, abgewiesen.[31]

In Holland fanden ähnlich geartete Gerichtsverfahren wegen »wirtschaftlicher Kollaboration« statt. Das Museumswesen dort liege in Scherben, ist den gereizten Berichten des britischen MFAA-Offiziers Ellis Waterhouse, der 1945 als erster auf dem Schauplatz eintraf, zu entnehmen. Viele angesehene Museumsleute seien gestorben oder hätten sich zurückgezogen. Direktor Hannema vom Rotterdamer Museum Boymans habe man ins Gefängnis gesteckt, und die holländische Rückführungskommission sei durch »lokale Kunstpolitik« (Waterhouse) und Strategien zur Selbsterhaltung gespalten. Die Lage beruhigte sich schließlich, als zwei Männer, die die Kriegsjahre außer Landes verbracht hatten, nämlich Alphons Vorenkamp und A. B. de Vries – der sich nach seiner Entlassung aus dem Rjiksmuseum durch die Nazis in der Schweiz aufhielt – mit der Aufgabe betraut wurden. Betroffene sollten Verzeichnisse der nach Deutschland abtransportierten Gegenstände einreichen, und die Händler und Händlerinnen wurden verhört. Die Beauftragten der MFAA und des OSS erhielten während ihres kurzen Aufenthaltes in Holland nur verschwommen Einsicht in die Tätigkeit der holländischen Händler und ihrer zur Mitarbeit

gezwungenen Experten Friedländer und Vitale Bloch, über den Waterhouse verächtlich schrieb: »Jetzt ist er eifrig damit befaßt, Kings Beweisführung umzudrehen, um sich Rückversicherung zu verschaffen.« De Boer mißtraute er ebenso und warf ihm vor, er bemühe sich um »Anschluß an jedwelche Kommission holländischer Fachleute, die möglicherweise irgendwann nach Deutschland geht, um Rückführungsforderungen zu überprüfen«, um dort »vielleicht eigene Spuren zu verwischen«. Dagegen hielt er Görings Lieblingshändler Hoogendijk »gute Absichten« zugute, wenn dieser auch »wie besessen ist vom Problem der fünf Vermeer zugeschriebenen religiösen Werke«. Das hatte er allerdings auch nötig. Falls es sich nämlich um Fälschungen handelte – was sich als immer wahrscheinlicher erwies, je mehr Holland aus der Treibhaus-Atmosphäre der Besatzungszeit wieder auftauchte und die Bilder internationaler Überprüfung ausgesetzt waren –, konnte er für beträchtliche Summen haftbar gemacht werden.[32]
Die Berichte über die holländische Kollaboration sind, wie die jedes anderen Landes, wenig erbaulich. Die schriftlichen und mündlichen eidesstattlichen Aussagen strotzen nur so von Klatsch, verstecktem Antisemitismus, kommunistischen Extremhaltungen und Kumpanei. De Vries bekam selbst Schwierigkeiten, weil er ohne Zustimmung des Kollegiums einunddreißig Bilder an Nathan Katz zurückgab, der ihm in der Schweiz geholfen hatte. Dabei ging es um das Problem, daß die Kommission meinte, diese Werke seien nicht »zwangsverkauft« worden. Verschlimmernd kam hinzu, daß Katz zehn davon gleich in die Schweiz schickte, wo sie nicht mehr zugänglich waren, und mindestens eines, nämlich ein *Bildnis von Saskia* (ehemals Sammlung Ten Cate) von Rembrandt, in der »gefräßigen« Bührle-Sammlung auftauchte. Die Angelegenheit wurde schließlich ohne viel Aufsehen erledigt, indem Nathan Katz dem holländischen Staat drei Bilder zurückgeben mußte.
De Boer verbarg nichts und blieb bei der Aussage, all seine Verkäufe hätten unter Zwang stattgefunden. Er betonte auch, daß nicht nur seine Frau, sondern viele andere, denen er geholfen habe, jüdischer Abkunft seien. Er habe von den Deutschen absurd hohe Preise verlangt, um die bedeutenden Sachen in Holland behalten zu können, aber sie hätten sie ihm dennoch abgekauft. Er wurde nicht weiter gerichtlich belangt. Wer wollte sich anmaßen zu entscheiden, wo der Kampf ums Überleben aufhörte und wo die Kollaboration begann?[33]

Das einzige echte Gerichtsverfahren in Sachen Kunst aufgrund der Kriegsereignisse scheint in Holland der Prozeß gegen den Vermeer-Fälscher Hans van Meegeren gewesen zu sein, der nicht etwa wegen Fälschung verhaftet wurde, sondern wegen mutmaßlicher wirtschaftlicher Kollaboration. Van Meegeren hatte seinen Zwischenhändlern eindringlich davon abgeraten, an Deutsche zu verkaufen, aber nicht mit Görings Vermeer-Fixierung gerechnet. Als *Christus und die Ehebrecherin* nach Holland zurückkam, wollten die Untersuchungsbeamten natürlich genau wissen, woher das Gemälde kam, um alles zu regeln. Van Meegeren wurde als einer der früheren Besitzer routinemäßig befragt. Als er die Herkunft des Bildes nicht preisgeben wollte, überführte man ihn ins Gefängnis, wo er gestand, dieses wie auch die anderen Bilder selbst gemalt zu haben. Das Gericht sprach ihn dann vom Vorwurf der Kollaboration frei, und er wurde zum Volkshelden. 1947 kam er erneut vor Gericht, diesmal wegen Fälschung. Dieses Verfahren wurde rasch abgewickelt; die Fachleute wollten ihr Versagen nicht in aller Öffentlichkeit bezeugen. Aber die Presse ließ sich dies natürlich nicht entgehen. Es war der letzte Triumph des Fälschers, der bald nach der Verhandlung starb. Allerdings hatte er sich einen Ruf geschaffen: Im November 1990 ging das Bild *Jesus unter den Schriftgelehrten,* das er als Beweis für das Gericht gemalt hatte, bei Sotheby's für dreiundzwanzigtausend Dollar weg.[34]

Die deutschen Händler und Händlerinnen wünschten ebensosehr wie ihre Kollegen den Handel wieder auf die Beine zu bringen, doch dies hatte eine Verfügung der Militärregierung schon lange vor dem Einmarsch in Deutschland unterbunden. So verlegte sich der Kunsthandel einmal mehr in den Untergrund. In manchen Gebieten ersannen Ortskommandanten eigene Lizenzierungssysteme und ließen Händlervereinigungen zu, um Schwarzhandel und Schiebergeschäften zwischen den Zonen zuvorzukommen. Sie dachten dabei nicht nur an gestohlene Werke alter Meister, sondern wollten auch den vom Dritten Reich so lange unterdrückten Modernen vermehrt Verkaufsgelegenheiten verschaffen.[35] Aber niemand ging soweit, die Ausfuhr von Werken aus Deutschland zu erlauben, und alle Verkäufe von Werken über tausend Mark waren meldepflichtig. Wer bekanntermaßen mit den Nazis Geschäfte getätigt hatte, erhielt keine Lizenz, und die meisten standen sogar unter Arrest irgendwelcher Art, aber sie hatten nicht aufgegeben.

Als General Clay 1949 die Anforderungen für den Erhalt einer Geschäftslizenz in den meisten anderen Handelsbereichen lockerte, war auch der Kunsthandel für einen Neuanfang bereit. Als Resultat, schrieb MFAA-Offizier Theodore Heinrich aus Wiesbaden, »sind im Kunsthandel in diesem Gebiet mehrere Händler aufgetaucht, denen wegen bekannter Verfehlungen unter dem Nazi-Regime zuvor Lizenzen verweigert wurden«.[36] Die Lizenz- und Ausfuhrgesetze wurden darauf für den Kunsthandel unverzüglich wieder in Kraft gesetzt und blieben während der ganzen Dauer der amerikanischen Besatzung gültig.

Die Lieferungen aus Deutschland, so umfangreich sie im ersten Besatzungsjahr auch waren, konnten es in keiner Weise mit den »Posten« aufnehmen, die immer noch aus allen Ecken und Enden in den Sammelstellen eintrafen. Zu den in ihren Verstecken gefundenen Dingen kamen aufgrund des Militärregierungsgesetzes Nummer 52 noch Tausende hinzu, denn dieses verpflichtete das deutsche Volk, jegliches während des Krieges im Ausland erworbene Besitztum den Behörden zu melden, und erlaubte gleichzeitig, derartige Güter zurückzugeben, ohne daß Fragen gestellt wurden.

Am 1. April 1946 waren in München insgesamt 23 117 Posten registriert und 5149 Posten mit 8284 Einzelartikeln den Behörden übergeben worden. In einem zusammenfassenden Bericht für Wiesbaden hieß es im Dezember 1950, seit der Einrichtung der dortigen Sammelstelle seien 340 846 Posten zurückgegeben worden – eine wenig aussagekräftige Statistik, wenn man bedenkt, daß einer dieser »Posten« (eine Bibliothek) 1,2 Millionen Objekte umfaßte und ein anderer gar drei Millionen. In den Lagerräumen warteten noch etwa hunderttausend Posten auf die Verteilung, und während der letzten beiden Jahre der Besatzung tröpfelten noch weitere herein.[37]

Die Streitkräfte der Vereinigten Staaten hatten auf keinen Fall damit gerechnet, sich mit all dem herumschlagen zu müssen. Im Frühjahr 1946 waren die meisten Kulturgüterschutz-Offiziere, die in ganz Europa gekämpft und die großen Depots gefunden hatten, nach Hause zurückgekehrt und hatten die Rückführungsarbeit einer viel kleineren Gruppe überlassen. Die Armee plante, in der Annahme, die Rückführung von identifizierbarem Plünderungsgut werde im September abgeschlossen sein und die Verantwortung für die verbleibenden Posten dann den deutschen Ländern übergeben, die Zahl der Kulturgüterschutz-Offiziere auf zwölf zu beschränken. Die Roberts Commission, die schon 1945 nur knapp die Budgetdebatte im Kongreß überlebt hatte, stellte ihre Tätigkeit im Juni 1946 ein und übergab ihre Aufzeichnungen dem Office of International Information and Cultural Affairs (Dienststelle für internationale Information und kulturelle Angelegenheiten) im Außenministerium, die der Leitung von Ardelia Hall unterstand. Da noch immer keine internationale Vereinbarung in dieser Sache vorlag, erklärte die Kommission vor ihrer Auflösung noch einmal öffentlich: »Kulturelle Objekte [...] dürfen in Reparationsübereinkünften, die aus dem Zweiten Weltkrieg erwachsen, weder berücksichtigt noch damit verbunden werden.«[38]

Doch es erwies sich als unmöglich, die Operationen im Herbst 1946 zu beenden, denn zu diesem Zeitpunkt waren viele Depots noch nicht einmal ein zweites Mal besucht, geschweige denn geleert worden, und die Sammelstellen standen immer noch voll mit Objekten unbekannter Herkunft. Die Armee war trotz all ihrer Bemühungen, sich der Last zu entledigen, zur Rückführungskommission für eine riesige Anzahl von Werken geworden, die sich nicht einfach »auf einmal« abtransportieren ließen und die man, so glaubten die MFAA-Offiziere felsenfest, auch nicht so ohne weiteres der Obhut der Deutschen überlassen durfte. Im Grunde verzögerte sich die ganze Sache, gerade weil die Militärregierung das Problem Kunst so unbedingt loswerden wollte; kaum war nämlich die Euphorie über die großen Entdeckungen dahin, kehrten die alten Dämonen Personal- und Transportmittelmangel zurück wie Racheengel, und Sparmaßnahmen wie zum Beispiel die Verringerung der Kohlerationen für die Sammelstellen brachten sie noch zusätzlich aus dem Tritt.

1947 veränderte sich die Lage in Deutschland langsam. Die großen Depots standen fast leer, und die Kulturgüterschutz-Beauftragten sahen sich vor ganz andere Probleme gestellt. Nun galt es nämlich, einzelne Werke aufzuspüren, die in den Händen von Schwarzhändlern und Dieben, sowohl alliierten als auch deutschen, verschwunden waren. Dies erforderte Detektivarbeit an vorderster Front und sogar Tarnung. MFAA-Offizier Edgar Breitenbach, der fließend Deutsch sprach, durchstöberte in Krachledernen die Dörfer und versuchte, der widerstrebenden Lokalbevölkerung Objekte aus den Sammlungen Görings zu entlocken. Ein großer Hehler-Ring, der mit Diebesgut aus dem Führerbau in München handelte, kam dank Spitzel-Methoden allmäh-

lich ans Tageslicht. Manchmal führte die Spur an ganz verblüffende Orte. So stellte sich heraus, daß es sich bei sechs für General Clays Diensträume erworbenen Gemälden um Raubgut aus Holland handelte; sie wurden schleunigst ersetzt.
Auch die Rückführungsbedingungen veränderten sich. Als der kalte Krieg einsetzte, mußten sich die Kulturgüterschutz-Offiziere mit Forderungen von Bürgerinnen und Bürgern aus nun sowjetisch beherrschten Ländern befassen, die in den Westen geflohen waren und als Flüchtlinge Anspruch auf Objekte in den Sammelstellen erhoben. Der strikte Grundsatz, Kunstobjekte in das Land zurückzuführen, wo sie gestohlen worden waren, mußte unter diesen Umständen der politischen Realität angepaßt werden. Ein solcher Fall waren die Dürer-Zeichnungen aus Lwow (siehe Kapitel 3), die Hitler so gefallen hatten. Dabei handelte es sich um eine besonders dornige Angelegenheit, da Lwow ehemals polnisch gewesen war und nun zur Sowjetunion gehörte. Die Zeichnungen waren, um die Wahrheit zu sagen, in der riesigen Sammelstelle fast vergessen worden und lagen noch in derselben Kiste, in der man sie aus Altaussee hergebracht hatte.
Im April 1947 erhielt das MFAA-Büro im Hauptquartier einen Brief mit der Mitteilung, Fürst Georg Lubomirski, zur Zeit in der Schweiz wohnhaft, wünsche als Besitzer der Zeichnungen darauf Anspruch zu erheben und sie der National Gallery of Art in Washington als Schenkung zu übergeben. Dies traf nicht ganz zu, denn der Fürst hatte gleichzeitig an die Galerie Rosenberg and Steibel in New York geschrieben und sie gebeten, ihn bei der Wiederlangung der Werke zu unterstützen, wonach er sie verkaufen wolle. Diese Anfrage erreichte die Sammelstelle erst im Januar 1948. Deren damaliger Leiter Stewart Leonard packte die Zeichnungen aus und verhörte den immer noch inhaftierten Kajetan Mühlmann noch einmal über die Einzelheiten der Beschlagnahmung. Leonard hielt sich an die Regeln und erklärte Lubomirski, er könne die Zeichnungen nur an einen Staat freigeben, nicht an eine Einzelperson. Lubomirski protestierte mit dem Hinweis, die Russen hätten alles, was er zurückgelassen habe, beschlagnahmt, und behauptete, er sei der rechtmäßige Erbe des Lubomirski-Besitzes. Der für den Fall zuständige amerikanische MFAA-Offizier Bernard Taper, dem schon einige Geschichten aufgetischt worden waren, glaubte ihm nicht und schrieb in seinem Bericht, daß er sich »schwach daran erinnere, irgendwo gelesen zu haben, daß die Lubomirskis diese Zeichnungen

Von den Nazis aufgenommenes Foto einer Dürer-Zeichnung mit der Bildunterschrift: »Früher Lemberg (Lwow), Museum Lubomirski«.

dem Lwower Museum als Schenkung übergeben hatten«.[39] Dennoch empfahl man Lubomirski, seine Forderung weiterzuziehen.

Ein paar Monate später erfuhren die MFAA-Beauftragten von der Armee-Ermächtigung, »Flüchtlingen, ob oder ob nicht Staatsangehörige der Sowjetunion oder sowjetischer Satelliten, Gegenstände, die von ihnen unabhängig beansprucht werden, zurückzugeben«, und man teilte ihnen mit, die Dürers »ohne Aufsehen« an Lubomirski zu übergeben. Dies konnte dem Fürsten nur recht sein, denn er hatte nicht nur keinen begründeten Anspruch auf die Zeichnungen, die tatsächlich um 1840 als Schenkung an das Museum in Lwow gegangen waren, sondern auch den meisten seiner Verwandten nicht erzählt, was er unternommen hatte. Die Zeichnungen wurden in New York verkauft, und Lubomirski konnte danach, zum Leidwesen der übrigen Verwandtschaft, auf recht großem Fuß leben. Doch im Museum von Lwow, in der inzwischen unabhängigen Ukraine gelegen, wurde die Sache nicht vergessen. Bevor er 1992 durch Diebeshand auf tragische Weise ums Leben kam, hatte Dmitri Shelest, sein ehemaliger Direktor, erwogen, dem Beispiel Hollands in seiner Forderung nach den Zeichnungen aus der Sammlung Koenigs zu folgen und international Anspruch auf die Dürer-Zeichnungen zu erheben.[40]

Die Vereinigten Staaten waren nicht die einzige Treuhändernation, der die Staaten, die nun unter sowjetischem Einfluß standen, Probleme bereiteten. Die kanadische Regierung brauchte beinahe fünfzehn Jahre, um sich den Komplikationen rund um die Rückgabe der Tapisserien aus Schloß Krakau, denen sie 1940 Unterschlupf gewährt hatte, zu entwinden.

Das Problem um die ungarische Stephanskrone – ein weiterer berühmter Fall – zu lösen zog sich sogar noch länger hin. Ein ungarischer Oberst namens Pajtas hatte sie im Mai 1945 mit einer Eskorte von zwölf Mann ins Hauptquartier der Siebten Armee gebracht; sie hatten alle geschworen, die Krone mit ihrem Leben zu verteidigen, und dies auch seit 1943 getan, indem sie sie von einem Ort zum anderen transportierten, damit sie nicht der Roten Armee in die Hände geriet. Sie präsentierten eine mit drei Schlössern versehene Kiste, zu denen Pajtas angeblich keinen Schlüssel besaß. Die bei der Siebten Armee Zuständigen versprachen, die Kiste nicht aufzubrechen, und bewachten sie streng, doch die Nachricht vom Auftauchen dieses Schatzes sickerte durch, und die Presse wollte ihn sehen. Ein paar Wochen später wurden die Schlüssel »gefunden«, doch als die Kiste geöffnet wurde, war sie leer.

Pajtas gestand nun, er habe dies die ganze Zeit gewußt und die Krone und andere Teile der königlichen Insignien Ungarns in Tat und Wahrheit an einem geheimen Ort versteckt. Die Amerikaner wiesen ihn darauf hin, daß das Fehlen der Krone eine Anklage wegen Diebstahls nach sich ziehen könnte, was ihnen in der Öffentlichkeit nicht gerade gute Noten einbrächte, und überredeten Pajtas, die Krone herzuschaffen. Dies geschah ohne offizielle Genehmigung mitten in der Nacht. Der Kronschatz befand sich in einem schmutzstarrenden Ölfaß. Pajtas und die MFAA-Leute wuschen die Prachtstücke in einem Badezimmer und legten sie wieder in die ursprüngliche Kiste zurück. Darin wurden sie mit viel Trara der Presse vorgeführt. Danach verschlossen sie die

Kiste mit einem Wachssiegel der Erkennungsmarke des für die Beaufsichtigung von Eigentum zuständigen Offiziers der Siebten Armee und brachten sie in die Frankfurter Reichsbank zu all den anderen Kronschätzen.[41]

Trotz Ungarns Status als verbündetes Land der Achsenmächte, die eigentlich als letzte für Rückführungen vorgesehen waren, gaben die Vereinigten Staaten im April 1947 im vergeblichen Bemühen, die politische Lage zu stabilisieren, eine Anzahl Gegenstände zurück, darunter eine große Menge von den Nazis abtransportierte Gold- und Silberbarren und die Bestände des Budapester Museums. Doch der unter einem schlechten Stern stehende Ministerpräsident Ferenc Nagy fürchtete, daß die Ankunft der Krone Unruhen auslösen könnte, und ließ durchblicken, daß er es vorzöge, wenn dieser geweihte Gegenstand nicht zurückkäme. Nach einer Weile schickte die Armee die Krone unauffällig nach Fort Knox. Ungarn wartete von Zeit zu Zeit mit Forderungen und Drohungen auf, die man überging, bis Präsident Carter 1977 beschloß, daß die Krone nach Hause zurückkehren könne. Dies löste immer noch Kontroversen aus. Ungarische Flüchtlinge in den Vereinigten Staaten protestierten und demonstrierten vor dem Weißen Haus. Die ungarische Regierung ihrerseits hatte ein anderes Problem: Auf die erschröckliche Kunde hin, daß die Krone von *Rosalynn* Carter zurückgebracht werden sollte, telegrafierte sie, daß »wir, bei allem Respekt für die Emanzipation der Frau, einen hohen Regierungsvertreter und wenn möglich eine Kongreßabordnung stark vorziehen würden«. Die Kongreßmitglieder, stets bereit für eine von den Steuerzahlenden finanzierte Reise, kamen der Aufforderung willig nach, und am 6. Januar 1978 brachten Außenminister Cyrus Vance und eine Gruppe vom Parlamentshügel die Stephanskrone nach Ungarn zurück.[42]

Im August 1948 versuchte General Clay eine endgültige Frist für die Rückführung in die ehemals besetzten Länder zu setzen. Er ließ den ausländischen Vertretungen in den Sammelstellen mitteilen, sie müßten ihre Forderungen bis zum 15. September einreichen und diese würden nur noch bis zum 31. Dezember bearbeitet. Die MFAA-Leute schufteten Tag und Nacht und erledigten Hunderte von Anfragen, doch zur Bestürzung der antragstellenden Nationen waren viele Fälle bei Ablauf der Frist dennoch nicht abgeschlossen. Doch ihre Sorge stellte

sich als unnötig heraus: Die Beauftragten in den Sammelstellen leiteten noch drei Jahre lang Rückführungen von identifizierbaren Objekten an die anspruchsberechtigten Länder in die Wege. Danach blieb noch das sogenannte interne Plünderungsgut übrig, das heißt Objekte, die deutschen Staatsangehörigen abgenommen worden waren, rechtmäßig deutscheigenes Gut sowie – und damit war am schwierigsten umzugehen – von niemandem zurückgefordertes Eigentum Toter, sogenanntes »Eigentum ohne Erbanspruch«.
Clay hatte bereits im April 1947 angeordnet, deutsches Eigentum der Verwaltung der Bundesländer zu übergeben; diese sollten ihre eigenen Regelungen zur Verteilung der Objekte treffen. Die MFAA-Offiziere hielten diese Lösung für unannehmbar, fürchteten sie doch, daß die Deutschen, einmal im Besitz dieser Objekte, die Herkunft der Werke nicht ordnungsgemäß überprüfen und Posten, die sich als Plünderungsgut herausstellten, nicht mehr zurückgeben würden. Und tatsächlich hatten einige Länder-Vertretungen nach der Bekanntgabe der Ende Dezember 1948 ablaufenden Frist sofort verlauten lassen, dies gewähre den klagenden Nationen zuviel Zeit. Auf verschiedene für sie vorteilhafte Anregungen wie zum Beispiel verminderte Haftung für verlorene Werke hin verzichteten sie schließlich darauf, ein allgemein geltendes Rückführungsgesetz zu verabschieden, da es in der russischen Zone ohnehin nicht angewendet werden könnte, wo sich niemand um Rückerstattungen im geringsten kümmere. Damit lag der Ball also wieder bei Clay, und die Militärregierung mußte sowohl den nationalen als auch den internationalen Rückführungsprozeß überwachen. Dies tat sie in Zusammenarbeit mit den deutschen Gerichten und nach den Vorschriften des im November 1947 verabschiedeten Militärregierungsgesetzes Nummer 59. Nach einer Weile führten Frankreich und Großbritannien dasselbe in ihren Zonen ein, und so konnten Hunderttausende von Objekten an deutsche Antragstellende freigegeben werden.[43]

Blieb immer noch das Problem des jüdischen Eigentums »ohne Erbanspruch«. Üblicherweise fiel kulturelles Eigentum, auf das niemand Anspruch erhob, dem Staat zu und wurde auf Museen und Bibliotheken verteilt. Dies kam natürlich auf keinen Fall in Frage für Staaten, in denen man ganze Teile der Bevölkerung umgebracht oder für immer vertrieben hatte. So wurde die während des Krieges in den freien

Samuel Blinder beim Sichten von Thora-Rollen in der Sammelstelle von Offenbach.

Ländern so lange hin und her diskutierte Idee einer überstaatlichen Schiedsgerichtskommission, die Kunstwerke bergen und über sie verfügen sollte, schließlich für jüdisches Eigentum, auf das niemand Anspruch erhob, in die Tat umgesetzt. Das lief allerdings nicht reibungslos ab: Frankreich und Großbritannien standen der ganzen Idee ablehnend gegenüber, und die Sowjetunion beteiligte sich wie üblich gar nicht erst daran. Doch in der amerikanischen Zone erhielt das Militärregierungsgesetz Nummer 59 einen Paragraphen hinzugefügt, der besagte, daß eine wohltätige, also nicht gewinnorientierte Vereinigung als »Nachfolgeorganisation« handeln und anstelle eines einzelnen Staates jüdisches Eigentum ohne Erbanspruch einfordern könne. Die Jewish Restitution Successor Organization (JRSO), 1947 in New York gegründet, um jüdische Gruppierungen aus ganz Europa und aus Palästina zu vertreten, nahm sich dieser Aufgabe an. Als zweite Organisation arbeitete die Jewish Cultural Reconstruction (JCR) mit der JRSO zusammen bei der schwierigen Aufgabe, religiöse und kulturelle Objekte an auf der ganzen Welt versprengte Gemeinden zu verteilen.

Endgültige Vereinbarungen zu den Einzelheiten hinsichtlich Übergabe und Transport konnten erst im Februar 1949 abschließend getroffen werden.

Wie üblich forcierte Clay die Sache: die JCR erhielt die unmögliche Frist von drei Monaten, um den Abtransport von Gütern ohne Erbanspruch aus der amerikanischen Zone zu organisieren. Mehr als eine Viertelmillion Bücher sowie Tausende von Thora-Rollen, Zeremoniengewändern und rituellen Gefäßen befanden sich allein noch in der Offenbacher Sammelstelle, wo man die von Lincoln Kirstein in Hungen aufgefundenen Objekte und noch vieles mehr hingebracht hatte. Ursprünglich waren es sogar eine Million gewesen, aber Captain Seymour Pomrenze, ein ehemaliger Angestellter des Staatsarchivs in Washington, hatte bereits in einem außerordentlichen Einsatz tonnenweise Bücher an die einst besetzten Länder in Westeuropa zurückgeschickt. Zum Glück für die drei Gelehrten, welche die Bücher aufzuteilen versuchten, wurde die Frist um drei Monate verlängert. Der weitaus größte Teil der Gegenstände ging nach Israel und in die Vereinigten Staaten, doch die Verteilung erwies sich als konfliktträchtig. Die wenigen noch in Deutschland lebenden Juden und Jüdinnen wollten nicht, daß die Überbleibsel ihrer zerstörten Gemeinschaften ins Ausland gingen, und wenn noch so viele Angehörige ihres Volkes in den betreffenden Ländern lebten. Und nichtjüdische deutsche Gemeinschaften trennten sich nicht immer würdevoll von wertvollen jüdischen Manuskripten und Archiven. Die Streitigkeiten zogen sich über viele Jahre hin und verflochten sich mit den Vereinbarungen, die Deutschland und der Staat Israel schließlich trafen.[44]

Trotz aller Bemühungen Clays standen die Sammelstellen immer noch nicht leer, als er im Mai 1949 Deutschland verließ. Die verbleibenden Kunst- und Archiv-Depots nahmen die Aufmerksamkeit von Fachleuten noch viele Jahre lang in Anspruch. Für den letzten Schwung seitens der Vereinigten Staaten bot Ardelia Hall im Außenministerium die alten Füchse Thomas Howe und Lane Faison auf, und sie schlossen die Sammelstellen im September 1951. Die restlichen »Posten«, immer noch einige an der Zahl, gingen an eine deutsche »Treuhandstelle«, die in den folgenden zehn Jahren rund sechzigtausend davon mit mehr als einer Million Einzelgegenständen an Eigentümer und Eigentümerinnen zurückgab, von denen annähernd drei Viertel im Ausland lebten. Etwa dreitausendfünfhundert Lose kamen dann an deutsche Museen und Institutionen, und dort können sie, wie es heißt, unter Vorlegung beweiskräftiger Unterlagen immer noch zurückgefordert werden.[45]

Stellte schon die Ausarbeitung dieser Lösungen die politisch Verantwortlichen vor Probleme, so war ihre praktische Umsetzung doppelt so schwierig, und diese oblag den MFAA-Leuten. Sie begegneten den Problemen nicht nur auf dem Papier und sahen sich prinzipiell und emotional immer wieder herausgefordert, denn ihre Arbeit deckte häufig ganz besonders unerbauliche Züge der menschlichen Natur auf. Und die Nürnberger Prozesse, die Ende 1945 begannen, trugen nicht gerade dazu bei, diese Emotionen zu besänftigen. Die Zeugenaussagen, in denen die Kunst einen hohen Stellenwert einnahm, führten ihre Entdeckungen auf scheußliche Weise weiter. Auch blieb niemand unberührt von der durch und durch korrupten Atmosphäre der unmittelbaren Nachkriegsjahre in Deutschland, wo sich bald offenkundig zeigte, wie falsch es war, die Wirtschaft zu unterdrücken. Bald stellte die Zigarette die allgemeingültige Währung dar. Für einige Glimmstengel konnte man von einem Rembrandt bis zu einem Kohlkopf alles kaufen, je nach der Not der Verkaufenden. Die Menschen logen und intrigierten, um Arbeit und ein Auskommen zu finden. Die Ernährungslage war noch immer so schlecht, daß eine Amtsstelle der zuständigen Militärpolizei offiziell mitteilte, man habe einer deutschen Angestellten erlaubt, die Abfalleimer der Kantine zu durchwühlen. Die Briefe der MFAA-Angestellten nach Hause enthielten immer wieder Bitten um Pakete mit Seife und Lebensmitteln für deutsche Bekannte, die sie zu kleinen Treffen luden in der Hoffnung, daß sie etwas Eßbares mitbrachten – was sie natürlich auch taten.

Die Kulturgüterschutz-Beauftragten fanden etwas Trost, indem sie einem Aspekt Zeit widmeten, der in den ersten hektischen Monaten vernachlässigt worden war: der Wiederbelebung des nicht von der Nazi-Ideologie verdorbenen kulturellen Lebens in Deutschland. Sie veranstalteten Konzerte und Ausstellungen, und selten stand Museumsverantwortlichen eine solche Auswahl an Objekten zur Verfügung.

In Wiesbaden organisierte Edith Standen (Nachfolgerin von Walter Farmer), die auf beispiellose Ressourcen zurückgreifen konnte, eine Reihe von Ausstellungen, die Tausende Deutsche besuchten. Craig

Smyth hatte seit Beginn seiner Amtsdauer in der Münchner Sammelstelle den Gedanken gehegt, diese später wenn möglich in ein kunsthistorisches Institut umzuwandeln, und als das besteht sie heute tatsächlich. Ab 1946 wurden besondere Verbindungsleute für Kunst eingesetzt, um die kulturelle Wiederbelebung zu fördern. Unter ihnen befand sich Hellmut Lehmann-Haupt, der im Verlauf seiner Untersuchungen über die Auswirkungen politischer Kontrolle im Bereich der Kunst als erster die Aufzeichnungen der SS-Einheit Ahnenerbe analysierte und klassifizierte und dabei das Ausmaß von Himmlers »archäologischen« Tätigkeiten in Polen und in der UdSSR aufdeckte.

Für etwas schwarzen Humor sorgten die unverfrorenen Forderungen einiger Hauptakteure in Sachen Kunstraub an die Militärregierung. In den Jahren nach dem Hausarrest, den Prozessen und Verhören erbaten sich Haberstock, Fischer, Lohse und sogar Emmy Göring verschiedene Gefallen und forderten ihnen abgenommene Werke zurück, die sie auch tatsächlich, wenn sie ihre Forderungen unumstößlich begründen konnten, zurückerhielten. Emmy Göring wurde im April im Büro des Sammelstellenleiters Lane Faison vorstellig und wollte eine kleine flämische Madonnenstatue des fünfzehnten Jahrhunderts zurückholen, welche die Stadt Köln ihr, und nicht ihrem Mann, geschenkt habe. Sie kam nicht kniefällig. Faison hielt in seinem Tagebuch fest, sie sei »mit einem todschicken flachen Hütchen« angerauscht, »eine hochgemute Brünhilde. Hat 'ne gute Show abgezogen. Lehnte es ab, einen Teil der Göring-Bilder (via Haberstock und Galerie Wildenstein) auf den Markt zu bringen als Gegenleistung für Unterstützung bei ihrer Entnazifizierung.« Ihre Forderung erfuhr keine weitere Bearbeitung.[46]

Haberstock, der 1951 in München neben dem Haus der Deutschen Kunst ein Geschäft eröffnet und die Kontakte mit seinen Pariser Geschäftsbekanntschaften von vor dem Krieg wiederhergestellt hatte,[47] war offenbar so sehr um seinen Ruf besorgt, daß er an Janet Flanner vom *New Yorker* schrieb und sich über Ungenauigkeiten in ihrem Bericht über seine Tätigkeit während des Krieges in einer Artikelreihe über Plünderungen und Kunstraub beschwerte. Er leugnete nicht, für Hitler Geschäfte getätigt zu haben, sondern bemängelte, daß sie geschrieben habe, er fahre einen Mercedes, wo es doch ein Ford gewesen sei.[48] Später schrieb er an Ardelia Hall im Außenministerium, sie solle doch den Diebstahl von einigen Büchern durch Angehörige der amerikanischen Streitkräfte untersuchen lassen, der »den Ruf der Armee im Ausland schädigen, aber im Rahmen Ihrer Tätigkeit aufgeklärt werden könnte«, und bot an, Namen zu nennen. Ardelia Hall mochte sein edles Unterstützungsangebot nicht in Anspruch nehmen und schrieb: »Der Fall ist bereits untersucht worden, was zu keinem Ergebnis geführt hat.«[49]

Doch empörendes Verhalten beschränkte sich nicht auf Deutsche. Der jugoslawische Vertreter in der Münchner Sammelstelle, ein Mann namens Topic, erhob unberechtigt Anspruch auf hundertfünfundsechzig Gemälde, die mindestens bis 1960 nicht wieder auftauchten.[50] Aber dies war bloß ein Scharmützel im Vergleich zum jahrelangen Krieg um die italienischen Werke in den Sammelstellen.

Die Rückführung an die mit Deutschland früher verbündete Nation hatte man so lange wie möglich hinausgeschoben. Zu gegebener Zeit gingen so eindeutig geraubte Objekte zurück wie die neapolitanischen Gemälde aus Monte Cassino und die Bestände der großen deutschen kunsthistorischen Institute, bei deren Stiftung ausdrücklich verlangt wurde, daß sie in Italien aufzubewahren seien. Doch die Werke, die Hitler und Göring von Mussolini erhalten oder auf dem italienischen Markt gekauft hatten und von denen John Walker gehofft hatte, sie gingen in die Vereinigten Staaten, waren etwas anderes. Stewart Leonard, 1947 Leiter der Münchner Sammelstelle, fand, sie sollten nicht zurückgegeben werden. Darin unterstützten ihn seine deutschen Kollegen, von denen einige lange selbstgerechte Erklärungen verfaßten, warum die Werke in Deutschland bleiben sollten. Als Gegenspieler dieses Lagers trat der schillernde und geheimnisumwitterte Rodolfo Siviero, selbsternannter Retter des italienischen Vermächtnisses, auf. Von Siviero hieß es, er habe eine dem Schutz der Kunst verpflichtete Geheimtruppe gebildet, die in ganz Italien mit regionalen Partisanengruppen zusammenarbeitete. Agentinnen und Agenten dieser Truppe hätten die faschistische Geheimpolizei in Italien infiltriert und nach der Machtübernahme der Deutschen deren Telegrammverkehr überwacht. Sie hätten daher von der Absicht des Kunstschutzes, Kunstwerke nach Norden zu verlegen, gewußt, den Transfer aber alleine nicht verhindern können und daher, laut Siviero, heimlich das alliierte Oberkommando über die Intrige informiert.[51] Diese Information scheint die dort zuständigen Dienststellen allerdings nie erreicht zu haben. Als die Alliierten 1944 Siena einnahmen, bot Siviero seine Dienste Deane

Keller an, doch der MFAA-Offizier, sich der Beweggründe oder Absichten des Italieners nicht gewiß, lehnte ab. Siviero machte Keller in Florenz erneut das Angebot, sich den Amerikanern bei der Bergung der Schätze aus den Uffizien anzuschließen, doch diesmal lehnte das Spionage-Abwehr-Korps ab.[52]

Das nächste Mal hörte man 1948 von Siviero in seiner Funktion als Haupt bei den italienischen Rückführungsbemühungen, als er bei der amerikanischen Militärregierung nicht nur die Werke einforderte, die Mussolini verschenkt hatte, sondern auch diejenigen, die die Nazis von Contini und anderen italienischen Händlern erworben hatten. 1946 hatte die italienische Regierung sämtliche »unter Druck« erfolgten Transaktionen für null und nichtig erklärt. Es schien daher logisch, daß die Vereinigten Staaten alle eindeutig als aus Italien stammend identifizierten Werke nach Italien zurückbrachten, wie dies bereits bei Österreich und allen anderen Ländern geschehen war. Doch für die Vereinigten Staaten fielen Österreich und Italien nicht in dieselbe Kategorie. Österreich betrachteten sie trotz des so überaus enthusiastischen Empfangs, den man dort Hitler bereitet hatte, als »überrannte« Nation und nicht als Achsenmacht, und weil Italien Deutschland freiwillig bis 1943 verbunden blieb, erfüllten sie dessen Forderungen nicht automatisch.

Dies schien Siviero unannehmbar, und er begann sich ganz auf seine Kampagne zu konzentrieren. Er schrieb, die umstrittenen Objekte seien »unter Umgehung der Gesetze aus Italien heimlich exportiert oder aber verkauft oder verschenkt« worden.[53] Er beschränkte sich nicht darauf, mit der Militärregierung zu kommunizieren, sondern informierte auch das amerikanische Außenministerium und die italienische Presse. Sammelstellenchef Leonard (der später einräumte, seine Haltung sei »unnachgiebig«[54] gewesen) und die Deutschen legten stapelweise Unterlagen vor, um zu beweisen, daß viele der eingeforderten Werke weder nationale Schätze noch überhaupt italienischen Ursprungs waren, seien sie doch in anderen Ländern auf dem Markt verfügbar gewesen, bevor sie nach Italien gelangten, und daß die Verkäufe keineswegs heimlich stattgefunden hätten. Bald kamen die Auseinandersetzungen auch General Clay zu Ohren, der sich gerade intensiv mit der Berliner Luftbrücke herumschlagen mußte. Sein sehnlicher Wunsch, weitere Kunstwerke loszuwerden, wurde noch verstärkt durch das Bedürfnis, in Italien, wo 1948 nach allgemeiner An-

Rodolfo Siviero beim Empfang von Meisterwerken aus Monte Cassino mit Kulturgüterschutz-Offizier Edgar Breitenbach.

sicht die Gefahr bestand, daß der Kommunismus den Sieg davontrug, die prowestliche Haltung zu stärken. Daher ordnete Clay die unverzügliche Rückgabe der von Siviero verlangten Werke an.[55]

Stewart Leonard weigerte sich, den Befehl auszuführen, und ging dabei so weit, anderslautende Unterlagen vorzulegen. Er konnte einen Teilerfolg verbuchen: Clay ging einen Kompromiß ein und ließ nur neununddreißig der über hundert Gemälde sofort zurückschicken, während die anderen noch einmal genauer untersucht werden sollten. Leonard war so verärgert, daß er zurücktrat und nach Hause fuhr, jedoch erst nachdem er weitere Protestnoten an die Rechtsabteilung des Außenministeriums geschickt hatte. Sein eilends ernannter Nachfolger Stephen Munsing schickte das Memling-Gemälde *Männliches Bildnis* aus der Sammlung des Grafen Corsini und *Leda und der Schwan* der Familie Spiridon, das zu der Zeit noch Leonardo zugeschrieben wurde, sowie sechzehn weitere Werke ab. In den Artikeln zu diesen Ereignissen bezeichnete die deutsche Presse Siviero als einen Piraten, der die herrschende politische Situation ausnütze.

Bevor noch mehr Gemälde verschickt werden konnten, wirkten sich

Leonards Proteste beim Außenministerium aus, wo man durch das Aufsehen um die »202« sensibilisiert war. Allerdings zeitigten sie nicht das von ihm beabsichtigte Ergebnis. Mit der Unterschrift des stellvertretenden Außenministers Lovett kam ein langes Telegramm, in dem dieser bedauernd bemerkte, die Gerüchte über »Vorschläge für den Verkauf von Kunstwerken, um sich ihrer zu entledigen, verbreiten sich immer weiter«. Niemals, so fuhr er fort, dürfe die Regierung der Vereinigten Staaten »direkt oder indirekt den Verkauf oder die Verteilung von Kunst in Europa unterstützen«. Sodann ging er in dem Telegramm auch auf Gerüchte ein, daß »französische Händler versuchen, Zugang zu den Sammelstellen zu gewinnen, vorgeblich um bei der Identifizierung von Kunst behilflich zu sein«, und daß »gewisse amerikanische Museumsverantwortliche offen für den Verkauf von Objekten aus öffentlichen nationalsozialistischen und deutschen Sammlungen eintreten« – Quelle für letzteres war eine Bemerkung von Theodore Rousseau, der das OSS verlassen hatte und nun Kurator für die Gemäldesammlung am Metropolitan Museum war. Der *New Yorker* hatte ihn wie folgt zitiert:

> Amerika bietet sich die Gelegenheit, in den folgenden Jahren ein paar wunderbare Dinge herzubekommen. Die deutschen Museen sind am Boden und werden verkaufen müssen. […] Ich halte es für völlig daneben, den Deutschen die Gemälde zu überlassen, die die Nazi-Bonzen, oft durch erzwungene Verkäufe, aus ganz Europa zusammengetragen haben. Einige davon sollten hierhin kommen, und ich meine nicht ins Metropolitan, das mit Gemälden ganz schön gut dasteht, sondern in Museen im Westen, wo dies weniger der Fall ist.

Lovetts Telegramm endete mit der Forderung, die Sammelstelle in München solle öffentlich bekanntgeben, daß man dort nichts Derartiges beabsichtige.[56]

In Italien hatte Siviero in der Zwischenzeit der Presse verkündet, er habe »einen diplomatischen Sieg über die Amerikaner in Berlin errungen und deutsche Sabotage in München überwunden«, indem er nationale Schätze zurückgeholt habe, die die gewissenlosen Nazis stahlen, »kurz bevor wir sie 1945 heldenhaft aus unserem Land vertrieben«. Diese revisionistische Geschichtsbetrachtung ging dem Kulturgüterschutz-Beauftragten Theodore Heinrich, der sich zufällig in Florenz aufhielt, denn doch über die Hutschnur. Er trat Siviero entgegen, drohte ihm, die Angelegenheit vor die amerikanische Botschaft zu bringen, und setzte ihn so unter Druck, daß er seine Behauptungen öffentlich zurücknehmen mußte.[57]

Siviero ging nun wieder nach München, um auch noch den Rest der Gegenstände auf seiner Liste zurückzuerobern. Er bestach deutsche Angestellte in der Sammelstelle, damit sie ihm sagten, was sich dort befand, und versuchte, auch deren Leiter Munsing zu beeinflussen, indem er ihm eine Luxusreise nach Italien anbot.[58] Doch er überreizte sein Blatt; am 1. Juni 1949 wurden ihm die Ausweispapiere entzogen mit der Begründung: »Mr. Siviero ist nachgewiesenermaßen ein Kommunist, der eine gehässige Pressekampagne gegen die Rückführungspolitik der USA führt und viele Unwahrheiten über die amerikanische Regierung, die Münchner Sammelstelle und das dortige Personal verbreitet hat.«[59] Keineswegs eingeschüchtert, fuhr Siviero mit seiner Kampagne von Italien aus fort. Die Sache eskalierte, und schließlich richteten hundertfünfundzwanzig deutsche Angestellte der Sammelstelle eine Petition an den amerikanischen Präsidenten Truman. Eine ebenso heftige Breitseite der intellektuellen Mitglieder von Italiens Accademia Nazionale dei Licei folgte als Reaktion. Da verbot die italienische Regierung Siviero hastig »die weitere Amtsausübung im Zusammenhang mit diesem Unternehmen, weil sich herausgestellt hat, daß er nicht erfolgreich mit den Amerikanern umgehen kann und weil er sich auf Pressepolemik eingelassen hat, die sich als unangenehm für die italienische Regierung erweist«.[60]

Danach herrschte eine Weile Funkstille, doch ein Jahr später stand Siviero erneut in den Sielen. Allerdings taten die Umstände rund um die *Leda* der Spiridons seiner Glaubwürdigkeit in den Augen seiner Gegner noch stärker Abbruch. Nachdem das Bild nämlich nach Italien zurückgekehrt war, ging es nicht an die frühere Besitzerin Gräfin Margaretha Spiridon-Callotti zurück, sondern der italienische Staat behielt es ein. Die Gräfin klagte auf Rückgabe und behauptete, das Bild sei ihr 1941 abgenötigt worden, aber ein Verfahren seitens Siviero trug ihr die Anklage ein, sie habe versucht, den Staat zu betrügen. In diesem Gerichtsfall verwendete die italienische Regierung gegen die Gräfin exakt dasselbe Argument wie die Verantwortlichen der Sammelstelle zuvor: das Bild sei erst 1939 nach Italien gelangt, und zwar zum Zwecke des Verkaufs. Dazu kam noch ein bißchen Klatsch, so, die Gräfin habe den Handel mit einer Party gefeiert, eine Leonardo-Zeichnung für Hitler dazugegeben und den eingeheimsten Gewinn in die palastähnliche Residenz von Barbara Hutton, bekannt als Abtei von San Gregorio, investiert.[61] Das Außenministerium stellte sich daraufhin hinter die Offiziere von der Sammelstelle, und diese rückten nichts mehr an Italien heraus.

Siviero schlug nie einen anderen Ton an. Wann immer möglich, schmälerte er die Rolle der USA bei der Bergung der Schätze aus den Uffizien und nahm das Verdienst für sich selbst in Anspruch, was regelmäßig Proteste ehemaliger Kulturgüterschutz-Beauftragter nach sich zog. Doch für Italien erwies sich seine Hartnäckigkeit als erfolgreich. 1953 gelangten nach dem Abzug der Amerikaner durch ein Sonderabkommen mit der Adenauer-Regierung die meisten der auf seiner Liste verbliebenen Objekte zurück. Unermüdlich und wie besessen jagte er bis zu seinem Tod 1983 nach Kunstwerken, die aus Italien fortgebracht worden waren. So kam er auch durch eine Reihe von Ausstellungen wiedererlangter Werke zu Ruhm, deren Höhepunkt eine postume Veranstaltung zu seinen Ehren im Palazzo Vecchio in Florenz bildete. Der überschwengliche Katalog wiederholt Sivieros Wunderthesen und schmückt sie, wie es schon seiner Gewohnheit entsprach, mit einer Anzahl amüsanter Variationen aus.

Noch lange nachdem die amerikanischen Kulturgüterschutz-Offiziere Deutschland verlassen hatten, führte Rose Valland wie ihr italienischer Kollege ihre Suche weiter mit dem Ziel, jedes einzelne Stück, das Frankreich verlassen hatte, zurückzuholen oder mindestens herauszufinden, was damit geschehen war. Auch sie hatte ruhmvolle Tage erlebt. André Malraux hatte ihr den Orden der Ehrenlegion und die Medaille der Résistance überreicht. 1964 erfuhr die Welt – ziemlich ungenau allerdings – ihre Geschichte aus einem Film mit dem Titel *The Train* mit Paul Scofield als von Behr, Burt Lancaster als Held der Résistance und der bezaubernden Suzanne Flon als Rose Valland. Doch nach einiger Zeit machte sie sich mit ihrer Hartnäckigkeit und ihren Kenntnissen über Kollaborateure und undurchsichtige Geschäfte bei all denen unbeliebt, die nicht an die Ereignisse während des Krieges erinnert werden wollten. Rose Valland wehrte sich besonders heftig gegen eine endgültige Frist zum Einreichen von Forderungen nach den übriggebliebenen noch nicht identifizierten und nicht besonders hochklassigen Objekten, nachdem die besseren Werke auf die Museen verteilt worden waren. Diese bereiteten allen in der Verwaltung Kopfzerbrechen, und viele waren dafür, sie zu verkaufen. 1965 ließ sich der Direktor der Musées de France angesichts Rose Vallands Beharrlichkeit zur Bemerkung hinreißen, es sei an der Zeit, vorwärts zu blicken auf Frieden und Gemeinschaft, die Vergangenheit zu vergessen und die Verteilung der Werke den Lebenden zu überlassen, was »keinesfalls die Achtung vor den Toten mindere«.[62] Doch die Résistance-Heldin Rose Valland ging zeit ihres Lebens keine Kompromisse ein, und ihre letzten Lebensjahre verbrachte sie zurückgezogen inmitten ihrer geheimen Unterlagen, die man nach ihrem Tod, ungeordnet und chaotisch, kurzerhand in einem Magazin der Musées-Verwaltung in Malmaison verschwinden ließ.

Auch in Deutschland suchten die Engagierten weiter. Rechtsanwalt Wilhelm Arntz verbrachte Jahre damit, jedem einzelnen von den Nazis abtransportierten »entarteten« Bild nachzuspüren, und deckte dabei zahlreiche Widerwärtigkeiten von Auktionshäusern, Kunsthandlungen und Museen auf. Kurt Reutti, der die Berliner Zentralstelle aufgebaut hatte, durchkämmte das ländliche Ostdeutschland, indem er wie ein Landstreicher in leeren Güterwaggons oder was für Vehikel er auch auftreiben konnte, von einem Ort zum anderen reiste. Er wurde manchmal mit gemischten Gefühlen empfangen: In einem Dorf verteidigten zwei Frauen ihren Besitz – ein gestohlenes Bild – mit Hacke und Schaufel, während ihn eine andere freundlich in ihr Haus führte, wo er zu seiner Überraschung den Kadolzburger-Altar aus der Erasmus-Kapelle im Berliner Schloß fand. Die Russen hatten ihn umgestürzt, und die Frau hatte ihn gerettet, weil sie den lieben Gott nicht einfach habe liegen lassen können. Besonders ungewöhnlich verlief seine Entdeckung einer Gruppe von vermißten großen chinesischen Tempelfiguren aus der Sammlung Barons von der Heydt. Ihre Spur verfolgte er bis zu einem abgelegenen Haus in Angermünde an der polnischen Grenze. Als Reutti ankam, hieß es, »das Zeug« sei im Schuppen:

> Ein großer Schuppen. Ein Mann macht Holz. Die kleinen Stücke spaltet er auf dem Kopf eines grauen Tigers. [...] im Hintergrund ein Berg von halbvermodertem Stroh, aus dem dämonische Stein-

fratzen heraussehen, und auf dem Ziegen herumspringen; daneben ein Verschlag, in dem Schweine grunzen. Eine große chinesische Bronzetrommel dient als Faß für Kunstdünger.

Reutti war gerade noch zur rechten Zeit gekommen, denn der Bauer, der da am Holzspalten war, hatte die chinesischen Plastiken in den folgenden Tagen im See versenken wollen. (Reutti fragte sich in seinen Aufzeichnungen, welche Theorien über interkontinentale Handelsbeziehungen sich spätere Kunstsachverständige wohl dafür ausgedacht hätten.) Baron von der Heydt hatte Schwierigkeiten, die Plastiken in die Schweiz zu schaffen, wo er nach dem Krieg Wohnsitz genommen hatte, doch Ostdeutschland gab sie schließlich her im Tausch gegen zwei Buttermesser und ein Teeglas samt -sieb, die einst Lenin gehört hatten.[63]
Reutti folgten andere, ebenso eifrige Forschende, wie etwa Klaus Goldmann, Kurator des Museums für Vor- und Frühgeschichte in Berlin, der Jahre damit verbrachte, den Schatz des Priamos aufzuspüren. Dieses Rätsel löste sich erst 1992 durch die Enthüllung, daß der Schatz tatsächlich 1945 nach Rußland gelangt war.

Mitte der fünfziger Jahre klang das Interesse an der Kriegsbeute der Nationalsozialisten außer bei Museumsleuten und Enteigneten ab, wenn auch sporadische Funde und Rückgaben immer wieder etwas Aufsehen erregten. Die beiden kleinen Holzplastiken *Herakles und die Hydra* und *Herakles und Antaios* von Antonio del Pollaiuolo aus den Florentiner Uffizien, deren Verbleib 1945 nicht geklärt werden konnte, tauchten im Besitz eines ehemaligen Wehrmachtsoldaten auf, der nach Kalifornien ausgewandert war. Die Sowjetunion führte Ende der fünfziger Jahre den größten Teil der Sammlungen aus Dresden und Berlin in die damalige Deutsche Demokratische Republik zurück. 1955 erreichte die Familie Czartoryski mit Hilfe von Ardelia Hall im amerikanischen Außenministerium – nachdem sie mit einem gerichtlichen Verfahren gedroht hatte –, daß sie eine finanzielle Entschädigung für die beiden mittelalterlichen Emailmalereien erhielt, die sie vor so langer Zeit in Polen versteckt hatte. Wildenstein hatte sie in Liechtenstein gefunden und an das Boston Museum verkauft. Diese Auseinandersetzung hinterließ kein böses Blut; später schlossen sich die Czartoryskis und Wildenstein zusammen, um das Gemälde der Czartoryskis von Raffael aufzuspüren, an dem das Metropolitan Museum Interesse zeigte. Doch ihre Bemühungen blieben leider umsonst, und das Bild ist bis heute verschwunden geblieben.[64]

Lange waren keine Neuigkeiten über das Schicksal verschollener Kunstgegenstände zu hören. In Washington bearbeiteten Ardelia Hall und ihre Nachfolgerinnen und Nachfolger mühselig Fälle von Diebstahl durch Militärangehörige und was ihnen sonst noch alles zu Ohren kam. In Österreich moderten mehrere tausend nicht identifizierte Werke im Kloster Mauerbach vor sich hin, bis Andrew Decker von *ArtNews* 1984 ihren Aufenthaltsort enthüllte. In allen Staaten stehen die meisten Aufzeichnungen zur Beschlagnahme und zur späteren Auffindung unter Geheimhaltung und für fünfzig oder mehr Jahre unter Verschluß. Bei ihrem Abzug vernichtete die amerikanische Armee zudem jene Akten, in denen sich jahrelang nichts bewegt hatte, darunter diejenigen, die sich auf den nicht aufgeklärten Diebstahl des Kirchenschatzes in der ostdeutschen Kleinstadt Quedlinburg bezogen.

Dies war zu schade, denn nach jahrzehntelangem Schweigen wurden Gerüchte laut, es stünden mehrere Objekte aus dem Schatz in der Schweiz zum Verkauf. Joe Tom Meador, der GI mit den langen Fingern, war 1980 gestorben, und seine beiden Geschwister hatten die Sachen geerbt. Sie verkauften dann anscheinend ein paar davon in der Umgebung. Ihr Anwalt hatte jedoch Höheres im Sinn und rechnete sich aus, daß die Objekte auf dem New Yorker Markt mehr einbringen würden. So ließ er das mit Gold und Edelsteinen verzierte »Samuhel-Evangeliar« schätzen. Erbe und Erbin waren überwältigt, als sie hörten, daß dieser Kunstgegenstand allein wohl mehr als zwei Millionen Dollar wert sei, jedoch schrecklich enttäuscht, als man ihnen mit der Einschätzung auch mitteilte, daß er wahrscheinlich gestohlen und daher unverkäuflich sei. Trotzdem nahmen sie in den folgenden Jahren Fühlung mit Museen und Kunsthandlungen auf. Das Getty-Museum wies sie ab, ebenso das Auktionshaus Sotheby's. Ein Pariser Händler, der bereit war zu pokern, bot das Evangeliar schließlich in ganz Europa für den Fantasiepreis von neun Millionen Dollar an.

Nun verbreitete sich das Gerücht, daß die Handschrift zum Verkauf stehe, wie ein Lauffeuer. In Washington ging Willi Korte, ein freiberuflich tätiger deutscher Forscher, der in amerikanischen Archiven aufwendige Recherchen betrieben hatte, um Klaus Goldmann bei seiner Suche nach dem Schatz des Priamos zu unterstützen, den amerikanischen Anwalt Thomas Kline um Rat an, wie er die gegenwärtigen Besitzer oder Besitzerinnen aufspüren und den Schatz sichern könnte. Doch bevor er sie gefunden hatte, hieß es 1990, eine Vereinigung namens West German Cultural Foundation of the States (später: Kulturstiftung der deutschen Länder) habe das Evangeliar einem bayerischen Händler für drei Millionen Dollar abgekauft, wovon die Meadors bei Übergabe zwei Drittel erhielten. Der Bayer habe das Manuskript in der Schweiz erworben und verhandle insgeheim über den Verkauf eines weiteren Objekts aus Quedlinburg durch dieselben Kanäle.

Ein Verkauf dieser Größenordnung mußte einfach die Aufmerksamkeit der Presse auf sich ziehen, und William Honan, der der Geschichte für die *New York Times* nachging, begann auf eigene Faust nach der eigentlichen Quelle des Angebots zu forschen. Er brauchte nicht lange zu suchen: Kaum waren die Namen veröffentlicht, riefen Meadors ehemalige Kameraden aus der Armee bei Honan an und erzählten ihm, sie könnten sich gut daran erinnern, wie Meador die Quedlinburger Gegenstände mitgenommen habe. Kurze Nachforschungen in den Armee-Akten enthüllten dessen damaligen Wohnort. Korte und Kline eilten nach Texas und versuchten, mit der Familie zu verhandeln. Die Meadors willigten zuerst ein, daß die beiden die noch vorhandenen Objekte fotografieren und dann in sicheren Gewahrsam bringen sollten, überlegten es sich jedoch plötzlich anders. Kline, der mittlerweile die Quedlinburger Kirchenbehörden vertrat, gelang es, ein Handelsverbot zu erwirken, welches das Verlegen der Objekte untersagte, aber dennoch verschwanden noch zwei davon aus der Bank.

Nun boten das deutsche Innenministerium und die Kulturstiftung der deutschen Länder, wo man vorher nicht gewußt hatte, wer die Objekte wirklich anbot, Verhandlungen über eine Einigung an. Am Ende erhielten die Meadors zweidreiviertel Millionen Dollar für die noch in ihrem Besitz befindlichen Objekte. Die Kulturstiftung der deutschen Länder, wo man bereit gewesen wäre, einen viel höheren Preis zu bezahlen, erhob keine Anklage gegen sie und willigte sogar ein, daß die kostbaren Zeugnisse des Mittelalters in einer kleinen Schau im Kunstmuseum von Dallas gezeigt wurden, bevor sie in eine neu eingerichtete Schatzkammer in der Quedlinburger Kirche zurückkehrten. Die amerikanische Regierung nahm die Sache nicht ganz so locker: Die Meadors müssen sich nun mit der Bundessteuerbehörde der Vereinigten

Immer noch verschollen: Giovanni Bellinis Werk *Maria mit dem Kinde* aus dem Kaiser-Friedrich-Museum.

Staaten und möglicherweise sogar mit dem FBI herumschlagen. Natürlich ist zu bedauern, daß für gestohlene Güter auf diese Weise »Lösegeld« bezahlt wird, doch hat die Sache auch ihr Gutes: sie bewog eine ganze Anzahl anderer ehemaliger GIs oder ihre Familien dazu, Gegenstände, die sie im Dienst in Europa »gefunden« hatten, abzugeben.[65]

Die Suche nach verschollenen Kunstwerken geht immer noch weiter. Internationale Rechtsinstanzen und private Stiftungen wie das Institute for Art Research in New York haben ein wachsames Auge auf die Märkte. Die Vereinigung der beiden Deutschland und der Fall des Eisernen Vorhangs hatten zur Folge, daß in ganz Europa erneut Untersuchungen aufgenommen wurden. In den nun zugänglichen ostdeutschen Gebieten durchkämmen Schatzgräberinnen und Abenteurer lange Zeit zugemauerte Schächte und abgelegene Kammern in der

Hoffnung, das Bernsteinzimmer zu entdecken oder den Glanz von Gold aufschimmern zu sehen. Das französische Außenministerium hat Rose Vallands Unterlagen wieder hervorgekramt und läßt sie nun im Quai d'Orsay genauestens untersuchen. Forschungsgruppen in Deutschland und in Osteuropa machen sich einmal mehr daran, Verluste aufzulisten, während die russische und die deutsche Regierung Verhandlungen zum politisch immer noch heiklen Thema der Rückführung von Gegenständen im Besitz des jeweils anderen Staates aufgenommen haben.

Daher ist dies eine Geschichte ohne Ende. Sechzig Jahre ist es nun her, seit der nationalsozialistische Wirbelsturm wütete und Millionen von Menschen hinwegfegte. Niemals zuvor hatte eine politische Bewegung Kunstwerken einen so großen Stellenwert beigemessen, und niemals waren sie in einem derart riesigen Ausmaß hin und her geschoben worden, als Pfand in zynischen Machtspielen von Ideologie und Gier sowie in verzweifelten Versuchen, zu überleben. Viele sind verlorengegangen, und viele sind noch verschollen. Das Wunder daran aber ist, daß unendlich viele mehr gerettet wurden, was fast ausschließlich den wenigen Kulturgüterschutz-Beauftragten der verschiedensten Nationen zu verdanken ist, die sie allen Widrigkeiten zum Trotz für uns bewahrt haben.

Anmerkungen

Wechselkurse 1939

1.00 \$ = 2.50 RM
1.00 \$ = 50 Ffr.
1.00 \$ = 1.90 Hfl.
1.00 \$ = 4.30 Sfr.

100 Hfl. = 133 RM
20 Ffr = 1 RM

Abkürzungen

AAA	Archives of American Art (Archiv für amerikanische Kunst), Washington, D. C.
ANF	Archives Nationales de France (Französisches Staatsarchiv), Paris
CIR	Consolidated Interrogation Report (Konsolidiertes Verhörprotokoll)
DIR	Detailed Interrogation Report (Detailliertes Verhörprotokoll)
FRUS	Foreign Relations of the United States (Auswärtige Beziehungen der USA)
LC	Library of Congress (Kongreß-Bibliothek, Abteilung Manuskripte), Washington, D. C.
MFAA	Monuments, Fine Arts, and Archives (Denkmäler, Kunst und Archive)
NA	National Archives (Staatsarchiv), Washington, D. C.
NGA	National Gallery of Art (Staatliches Kunstmuseum), Washington, D. C.
OSS/ALIU	Office of Strategic Services/Art Looting Investigation Unit (Amt für strategische Dienste/Untersuchungseinheit für Plünderung von Kunstschätzen)
RC	Roberts Commission (Kommission Roberts)
RG	Record Group (Protokollgruppe)
SD	State Department (Außenministerium), Washington, D. C.
SG	Secretary General (Generalsektretär)
UST/FFC	United States Treasury/Foreign Funds Control (Schatzamt der Vereinigten Staaten/Kontrollstelle für Auswärtige Bestände), Washington, D. C.

1 Prolog: Sie hatten vier Jahre Zeit

1 M. Feilchenfeldt im Gespräch mit der Autorin, 1986.
2 J. Pulitzer jr. in einem Brief an die Autorin, 20. November 1986.
3 Ebd.
4 Zitiert nach P. Gardner: »A Bit of Heidelberg Near Harvard Square«, *Art News,* Sommer 1981.
5 P. Assouline, *Der Mann, der Picasso verkaufte. Daniel-Henry Kahnweiler und seine Künstler,* Bergisch Gladbach 1990, Seite 368.
6 AAA, Barr Papers, Barr an Mabry, 1. Juli 1939.
7 Beaux Arts, »La Vente des œuvres d'art dégénérés à Lucerne«, 7. Juli 1939.
8 A. Hentzen, *Die Berliner National-Galerie im Bildersturm,* Berlin 1971, Seite 53.
9 Barr Papers, verschiedene Briefe.
10 Zitiert nach Alfred H. Barr, »Art in the Third Reich – Preview 1933«, *Magazine of Art,* Oktober 1945, Seite 213.
11 Ebd., Seite 214.
12 Barr Papers, undatierte Notiz.
13 Dissent: The Issue of Modern Art in Boston (Ausstellungskatalog des Institute of Contemporary Art), Boston 1985, Seite 32.
14 H. Lehmann-Haupt, *Art under a Dictatorship,* New York 1954, Seite 15.
15 Zitiert nach B. Hinz, *Die Malerei im deutschen Faschismus. Kunst und Konterrevolution,* München 1974; 1984, Seite 22.
16 Ebd., Seite 24f.
17 Zitiert nach H. Lehmann-Haupt, op. cit., Seiten 37–40. Es handelt sich um den Sozialanthropologen Hans Friedrich Karl Günther (A. d. Ü.).
18 Hentzen, op. cit., Seite 61.
19 A. Speer, *Erinnerungen,* Propyläen Verlag, Berlin 1969, Seite 110.
20 B. M. Lane, *Architecture and Politics in Germany 1918–1945,* Cambridge 1985, Seiten 156–158.
21 Hinz, op. cit., Seite 32, und Anm. 53.
22 Speer, op. cit., Seite 62.
23 Ebda., Seite 40f.
24 Hentzen, op. cit., Seite 10–16.
25 Lehmann-Haupt, op. cit., Seite 75.
26 Oskar Schlemmer (Ausstellungskatalog des Kunstmuseums Baltimore), Baltimore 1986, Seite 204.
27 Fünfzig Jahre Galerie Nierendorf, 1920–1970 (Ausstellungskatalog), Berlin 1970, Seiten 14, 68–69.
28 Nolde: Forbidden Pictures (Ausstellungskatalog der Galerie Marlborough Fine Arts), London 1970, Seite 5.
29 Lehmann-Haupt, op. cit., Seite 87.
30 Nolde, op. cit., Seite 10.
31 Käthe Kollwitz: *Tagebuchblätter und Briefe,* Hrsg. von Hans Kollwitz, Berlin 1948, Seite 110.

32 P. O. Rave, *Kunstdiktatur im Dritten Reich,* Hamburg 1949, Seite 41.
33 Siehe auch Hinz, op. cit., Seite 30.
34 NA, RG 260/394, Aussage Mühlmann.
35 Dieses und das folgende Zitat aus Hinz, op. cit., passim, und F. Roh, *»Entartete« Kunst,* Hannover 1962, passim.
36 Rave, op. cit., Seite 66.
37 F. Roh, op. cit., listet die aus allen Museen entfernten Werke detailliert auf.
38 Hentzen, op. cit., Seite 29.
39 Rave, op. cit., Seite 55f.
40 Siehe dazu auch Hinz, op. cit., Seiten 40ff; Rave, op. cit., Seite 54f; Hentzen, op. cit., passim; sowie Peter-Klaus Schuster (Hrsg.), *Die »Kunststadt« München 1937. Nationalsozialismus und »Entartete Kunst«,* Prestel, München 1987. Das letztgenannte Buch erschien anläßlich der Ausstellung »Entartete Kunst«: Dokumentation zum nationalsozialistischen Bildersturm am Bestand der Staatsgalerie moderner Kunst, München.
41 Aus dem Nachdruck des Ausstellungsführers in Roh, op. cit. Dieser ist ebenfalls wiedergegeben in Schuster, op. cit.
42 Hentzen, op. cit., S. 38.
43 Ebd., Seite 39.
44 Roh, op. cit., Seite 231f.
45 NA, RG 260/438, MFAA-Verhör Angerer, 20. Mai 1947.
46 J. Goebbels, *Die Tagebücher von Joseph Goebbels* (Sämtliche Fragmente, hrsg. von Elke Fröhlich), München 1987, Teil 1, Band 3, Seite 494. Hier zitiert nach St. Barron (Hrsg.), *»Entartete Kunst«. Das Schicksal der Avantgarde im Nazi-Deutschland* (Ausstellungskatalog Los Angeles County Museum und Deutsches Historisches Museum), München 1992, Seite 135.
47 Siehe auch A. Hüneke, »Spurensuche – Moderne Kunst aus deutschem Museumsbesitz«, in Barron (Hrsg.), op. cit., Seite 122.
48 Hentzen, op. cit., Seite 44; Rave, op. cit. Seite 65.
49 Gespräch mit Feilchenfeldt; Schuster, op. cit., Seite 7 und Seite 297.
50 Roh, op. cit., Seiten 124ff. Für weitere Einzelheiten siehe auch Hüneke, »Spurensuche«, in Barron, op. cit.
51 Zitiert nach Hüneke, »Spurensuche«, in Barron, op. cit., Seite 127; dort nachgewiesen: Franz Hofmann an Joseph Goebbels, 28.11.1938, Bundesarchiv Potsdam, 50.01, 1020, Bl. 19–20.

2 Zeit der Anpassung

1 N. Henderson, *Fehlschlag einer Mission,* Zürich o. J., Seite 108f.
2 W. Shirer, *Aufstieg und Fall des Dritten Reiches,* Köln, Berlin 1961, Seiten 292ff, Anm. 48; dort zitiert nach Ch. Tansill, *Die Hintertür zum Kriege,* Düsseldorf 1955.

3 Politischer Lagebericht gestützt auf die Korrespondenz in NA, RG 260/417, Akte »Cultural Life in Germany and Occupied Territories. I.«.
4 R. Huyghe im Gespräch mit der Autorin, Paris, Januar 1990.
5 *ArtNews,* November 1939.
6 Ebd., 27. Januar 1940.
7 Ebd., 16. September 1939, Seite 16.
8 Dissent, Seite 36.
9 Ebd., Seite 32.
10 NA, RG 239/84, DIR Bornheim.
11 NA, RG 239 und 260, verschiedene Quellen: DIR Hoffmann, CIR Linz, Verhöre Dietrich 1945. Siehe auch Anmerkung 26.
12 NGA, Bibliothek, Parkhurst Papers, »Statement of K. Haberstock«, 4. Juni 1945, Seite 5.
13 NA, RG 260/386, Korrespondenz Posse.
14 Ebd., Kunisch, Reichsminister und preußischer Minister für Wissenschaft, Erziehung und Volksbildung, an Hitler, 24. November 1935; an alle Museumsdirektoren, 17. Dezember 1935.
15 NA, RG 260/405 IV, Korrespondenz Haberstock.
16 Gespräch mit Feilchenfeldt.
17 NA, RG 260/386, Korrespondenz Posse.
18 A. Speer, *Erinnerungen,* Berlin 1969, Seite 104.
19 Ebd., Seite 49.
20 Ebd., Seite 50.
21 S. Welles, *The Time for Decision,* New York 1944, Seite 118f.
22 NA, RG 239/ 85, OSS/ ALIU CIR 2, Rousseau, »The Goering Collection«, 13. September 1945.
23 NA, RG 260/172, Verhör Göring, 22. Dezember 1945; und 260/82, Geburtstagslisten.
24 Henderson, op. cit., Seite 139.
25 NA, RG 239/77, OSS/ALIU CIR 4, Faison, »Linz: Hitler's Museum and Library«, 14. Dezember 1945, Seite 2.
26 W. Schellenberg, *Aufzeichnungen. Die Memoiren des letzten Geheimdienstchefs unter Hitler,* Wiesbaden und München 1979, Seite 52.
27 W. Shirer, *Berlin Diary,* New York 1984, 22. März 1938, Seite 110f.
28 D. Wilson, *Rothschild,* New York 1988, Seite 370f.
29 Shirer, op. cit., 19. März 1938, Seite 109.
30 NA, RG 59, SD Telegramm 862.4016/2103, Geist, Berlin, an Staatssekretär, 11. April 1939.
31 NA, RG 260/388, Korrespondenz Posse – Bormann.
32 Speer, op., cit.
33 NA, RG 260/415, vollständige Akte der deutschen Berichte über den Transfer.
34 NA, RG 260/185, Nürnberger Dokumente 1499-PS.
35 Siehe E. Kubin, *Sonderauftrag Linz,* Wien 1988, Seite 21f. Aus einer Akte im Archiv des Kunsthistorischen Museums, Duveen an Mühlmann, 2. März

1939, und Dworschak an das Reichsstatthalteramt Wien, 4. April 1939. Auch NA, RG 260/388, Dworschak an Posse, 20. Oktober 1939.
36 NA, RG 260/394, Verhöre Mühlmann.
37 S. L. Faison, Mitteilung an die Autorin, Februar 1993.
38 D. Tutaev, *Der Konsul von Florenz,* Düsseldorf, Wien 1967, Seite 22.
39 NA, RG 260/298.
40 CIR Linz, Anhang 1.
41 NA, RG 260/386 II, Hauptbücher der Operation Linz.
42 NA, RG 260/388 II, Bormann an Buerckel.
43 Columbia University, Hathaway Papers, Limberger an Zentralstelle für Denkmalschutz, Wien, 23. Oktober und 19. November 1939.
44 Dies und das folgende NA, RG 260/388, Bormann an Gießler, 24. Juli 1939, Korrespondenz Posse – Bormann, 16. und 17. Mai 1940.
45 NA, RG 260/298, Aussage Dr. Buchheit, Direktor der Bayerischen Staatsgemäldesammlungen, 18. April 1946; auch OSS/ALIU CIR Buchner.
46 NA, RG 260/388, Korrespondenz Posse – Bormann, 17. Mai 1940.
47 Ebd., Posse an Bormann, 17. Mai 1940.
48 NA, RG 260/386 VI, Posse Report, Juni 1940.
49 NA, RG 260/438, Originalakte der Reichskanzlei zum Erwerb.
50 Beaux Arts, 18. August 1939, Brief von Maria Teresa Le– [unleserlich] und Rafael Alberti.
51 ANF, RG F21-3981, Bericht an das Erziehungsministerium, 13. November 1939.
52 Ebd.
53 K. Clark, *The Other Half,* London 1977, Seite 1.
54 Siehe *The National Museums and Galleries: The War Years and After,* London 1948.
55 Siehe A. Frankfurter, »Rescued Prado at Geneva«, *Art News,* 15. Juli 1939; *Magazine of Art,* Juli 1939; und J. Russell, »Masterpieces Caught Between Two Wars«, *The New York Times,* 3. September 1989.
56 R. Gimpel, *Journal d'un collectionneur marchand de tableaux,* Calmann-Lévy, 1963, Seite 469.
57 Siehe P. Corémans, *La Protection scientifique des oeuvres d'art en temps de guerre,* Brüssel 1946.
58 M. Hours, *Une Vie au Louvre,* Paris 1987, Seite 43.
59 Ebd., Seite 44.
60 Ebd., Seite 46.

3 Ostpolitik

1 A. Hitler, *Mein Kampf,* München 1927, Kapitel 14, passim.
2 Shirer, *Drittes Reich,* Seite 547ff.
3 NA, RG 59, SD Telegramm 740.00/1906 1120, Warschau, 26. Juni 1939.
4 Siehe S. Lorentz, *Museums and Collections in Poland, 1945–55,* Warschau,

1956; C. Estreicher, *Cultural Losses in Poland,* London 1944; *Nazi Kultur in Poland,* London 1945.
5 E. Raczynski, *In Allied London,* London 1962, Seite 66f.
6 NA; RG 59, SD Telegramm 740.00116 EW 1939/96 1075, 22. September 1939.
7 W. Schellenberg, *Aufzeichnungen,* Wiesbaden und München 1979, Seite 73.
8 R. C. Lukas, *The Forgotten Holocaust,* Lexington 1986, Seite 3, Anm. 9.
9 Shirer, *Drittes Reich,* Seite 862 und Anm. 15.
10 O. Abetz, *Das offene Problem,* Köln 1951, Seite 111.
11 Leonard Papers, Washington D. C., H. Lehmann-Haupt, »Cultural Looting of the Ahnenerbe«, *OMGUS,* Berlin, 1. März 1948, Nr. 183, Seite 60.
12 Nazi Kultur, Seite 100.
13 T. Potocki, Gespräch mit der Autorin.
14 Siehe A. Potocki, *Master of Lancut,* London 1959.
15 NA, RG 260/394, Aussage Mühlmann.
16 G. Mihan, *Looted Treasure,* London, 1944, Seite 62.
17 NA, RG 260/416, 417, Dokumente Ahnenerbe.
18 NA, RG 239/77, CIR Linz, Anhang 5; zitiert nach der amerikanischen Ausgabe.
19 NA, RG 239/85, CIR Göring, Seite 31.
20 Aussage Mühlmann; zitiert nach der amerikanischen Ausgabe.
21 NA, RG 260/430, MFAA »Report on the Cracow Altarpiece«, 8. November 1947.
22 Dies und das folgende aus NA, RG 260/ 394, Barthel an Mühlmann, 19. Dezember 1939.
23 NA, RG 260/430, Breslauer Korrespondenz.
24 A. Speer, *Erinnerungen,* Seite 108.
25 Diese und weitere aus NA, RG 260/430, Bericht über Krauts Tätigkeit, gestützt auf umfangreiche Akten zu SS-Korrespondenz.
26 Berliner Morgenpost, 10. Februar 1942.
27 NA, RG 260/430, Aussage Grundmann. Auch D. Frey, »Report on My Activity in Poland«, 1947, Universität Regina, Heinrich Papers.
28 D. Frey, *Bausteine zu einer Philosophie der Kunst,* Hrsg. W. Frodl, Darmstadt 1976, S. IX.
29 NA, RG 239/9, DIR Dienststelle Mühlmann.
30 Potocki, op. cit., Seiten 281ff.
31 Grundmanns Verhalten nach seinen Aussagen und seinem Tagebuch, die der Autorin freundlicherweise von C. Friemuth zur Verfügung gestellt wurden.
32 NA, RG 238/66c, Tagebuch Frank, verschiedene Einträge. Frank führte während seines ganzen Aufenthaltes in Polen ein zeitlich genau gegliedertes Tagebuch. Es wird in den NA als Teil des Beweismaterials der Nürnberger Prozesse aufbewahrt.
33 Aussage Grundmann; zitiert nach der amerikanischen Originalausgabe.
34 Tagebücher Frank, 17. März 1945.

4 Leben und Privateigentum

1 D. Sutton, »L'Amateur accompli: Frits Lugt« in *Treasures from the Collection of F. Lugt at the Institut Neerlandais,* Paris 1976.
2 Gespräch mit Feilchenfeldt.
3 A. Venema, *Kunsthandel in Nederland,* 1940–1945, Amsterdam 1986, Seite 56.
4 S. K. Binkhorst, Gespräch mit der Autorin.
5 D. H. Goudstikker von Saher, Gespräch mit der Autorin.
6 Ebd.
7 Ebd.
8 A. Scherpuis, »Een Heer in de Kunsthandel«, *Vrij Nederland,* 10. November 1990, mit freundlicher Genehmigung von S. K. Binkhorst.
9 NA, RG 239/11, SHAEF First Canadian Army Report, 2.–16. September 1944.
10 H. Brubach, »Survivors«, *The New Yorker,* 27. August 1990, Seite 74.
11 P. Guggenheim, *Ich habe alles gelebt – Bekenntnisse einer Sammlerin aus Leidenschaft* (Übertragung aus dem Amerikanischen von Dieter Mulch), Bern und München 1980, Seite 177.
12 Ebd., Seite 179f.
13 R. Valland, *Le Front de l'art,* Paris 1961, Kapitel 2; L. Mazauric, *Le Louvre en voyage, 1939–1945,* Paris 1978, Kapitel 2.
14 Mazauric, op. cit., Seite 45.
15 Y. Bizardel, *Sous l'occupation,* Paris 1964, Seite 11f.
16 A. Barr, *Matisse,* New York 1951, Seite 255.
17 Mazauric, op. cit., S. 58–59.
18 W. Shirer, *Der Zusammenbruch Frankreichs: Aufstieg und Fall der Dritten Republik,* München 1970, Seite 818f.
19 R. Murphy, *Diplomat among Warriors,* London 1964, Seite 62; dt. *Diplomat unter Kriegern,* Seite 56.
20 W. Churchill, *Der Zweite Weltkrieg,* Band 2, Buch 1, *Der Zusammenbruch Frankreichs* (Aus dem Englischen von N. O. Scarpi, Ben O. Stempell und W. Keller), Bern 1949, Seite 188.
21 P. Guggenheim, op. cit., Seite 187.
22 NA, RG 239/75, Rosenberg an Henraux, 15. Dezember 1944.
23 Barr, op. cit., Seite 256; zitiert nach Henri Matisse, *Über Kunst,* hrsg. von Jack Flam, in der Übersetzung von Elisabeth Hammer-Kraft, Zürich 1982, Seite 19.
24 D. Wilson, *Rothschild,* New York 1988, Seite 406.
25 NA, RG 239/74, eidesstattliche Aussage Bernheim-Jeune.
26 M. Fabiani, *Quand j'étais marchand de tableaux,* Paris 1976, Seite 22f.
27 SD, RG 59/10, Ardelia Hall Records, Bericht 9E135341, 13. Juli 1949.
28 NA, RG 239/82, British Economic Advisory Board Report, 3. Juli 1945.
29 UST/FFC, Bericht NY 8-943, RG 131/785, 28. Mai 1942.

30 Siehe M. Davies und I. Rawlins, *War Time Storage in Wales of Pictures from the National Gallery,* London 1940.
31 J. Rothenstein, *Brave Day, Hideous Night,* London 1967, Seite 84.
32 R. Breitmann, *Architect of Genocide: Himmler and the Final Solution,* New York 1991, Seite 117.
33 M. Kater, *Das Ahnenerbe der SS,* Stuttgart 1974, Seite 171.
34 Ebd., Seiten 174ff.
35 Goebbels, Joseph, *Tagebücher aus den Jahren 1942/43* (mit anderen Dokumenten hrsg. von Louis P. Lochner), Zürich 1948, Seite 397.
36 NA, RG 260/185, Keitel an CIC-OKW, 5. Juli 1940.
37 Ebd., Bericht über die Aktivitäten des ERR in Holland, Nürnberger Dokumente 175-PS.
38 F. Duparc, *Een eeuw wedstrijd voor Nederland's cultureel erfgoed,* Den Haag 1975, Seite 28.
39 NA, RG 260/394, CIR Dienststelle Mühlmann, Vlug, 25. Dezember 1945.
40 Duparc, op. cit., Seite 28.
41 NA, RG 239/85, CIR Göring, S. 139; CIR Dienststelle Mühlmann, Seite 46, 29.
42 NA, RG 260/387, Korrespondenz Posse–Bormann, 23. September 1940.
43 Duparc, op. cit., Seite 230.
44 NA, RG 239/83, Waterhouse, »Report on Amsterdam«, 13. Mai 1945; und 239/79, »Traduction 3448 for J. Vlug«.
45 Alle Berichte über die Aktivitäten von Plietzsch von der CIR Dienststelle Mühlmann; zitiert nach der amerikanischen Ausgabe.
46 Siehe Venema, op. cit.
47 Ebd., S. 62; und NA, RG 239/61, SHAEF Report, LaFarge, »Removal of Works of Art from the Netherlands«, 29. Dezember 1944.
48 NA, RG 239/77, CIR Linz, Anhang 2.
49 Venema, op. cit., Seite 218.
50 NA, RG 260/394, Verhöre Mühlmann.
51 NA, RG 239/80, OSS/ALIU Miedl Report 2, Rosseau, undatiert.
52 CIR Göring, Seiten 65ff.
53 LaFarge Report; CIR Göring, Seite 68.
54 CIR Göring, Seiten 92ff, Anhänge 41–44 und Seite 60.
55 Venema, op. cit., Seiten 238ff; und CIR Göring, Seiten 74ff.
56 Venema, op. cit., Seiten 254ff; CIR Göring, Seite 82; NA, RG 260/387, Korrespondenz Posse, »Memo for Bormann«, 10. Mai 1941.
57 NA, RG 239/84, DIR Hofer, Seite 7.
58 Venema, op. cit. Seiten 267ff; und CIR Göring, Seiten 80ff.
59 CIR Göring, Seite 62.
60 H. von Schirach, *Der Preis der Herrlichkeit,* München 1975, Seite 196f; und Venema, op. cit., Seite 143f.
61 OSS Miedl Report.
62 CIR Linz, Anhang 60, 14. Oktober 1940.
63 Ebd., Zusatz, Seite 8.

64 Bericht gestützt auf Venema, op. cit., Seiten 173–185; CIR Linz, Seiten 36ff; OSS Miedl Reports.
65 Verhöre Mühlmann.
66 NA, RG 260/387, Bormann an Hannsen, 13. Oktober 1940.
67 CIR Linz, Anhang 8.
68 NA, RG 260/387, Korrespondenz Posse–Bormann, 4. Februar 1941.

5 Milde und Grausamkeit

1 Shirer, William L., *Der Zusammenbruch Frankreichs,* München 1970, Seiten 898ff.
2 A. Horne, *To Lose a Battle,* London 1979, Seite 647; J. Fest, *Hitler,* Frankfurt am Main u. a. 1973, Seite 866f.
3 R. Aron, *Histoire de Vichy,* Paris 1954, Seite 72.
4 Zitiert in Shirer, op. cit., Seite 956.
5 Shirer, *Berlin Diary,* New York 1941, Seite 449: 9. Juli 1940.
6 Ebd., Seite 43.
7 Shirer, *Der Zusammenbruch Frankreichs,* Seite 816.
8 Speer, *Erinnerungen,* Seiten 185ff.
9 Na, RG 260/428, Keitel an Lorey, 24. Juni 1940.
10 Aron, op. cit., Seiten 232ff.
11 Horne, op. cit., Seite 652.
12 NA, RG 239, Metternich, »Concerning My Activities as Adviser on the Protection of Monuments, 1040–42«, undatiert.
13 Mazauric, *Le Louvre en voyage,* Seite 79.
14 J. Cassou, *Le Pillage par les Allemands,* Paris 1947, Seite 77.
15 O. Abetz, *Das offene Problem,* Köln 1951, Seite 137.
16 Valland, *Le Front de l'art,* Seite 235f.
17 Cassou, op. cit., Seite 80f, Armeebefehl des 15. Juli 1940.
18 Ebd., Seite 82.
19 Valland, op. cit., Seite 235f. Abetz an von Brauchitsch, 8. August 1940.
20 NA, RG 239, Verhör Hentzen, 22. Juni 1945.
21 Bibliothek des Metropolitan Museum, »Bericht auf Erlaß des Herrn Reichsministers und Chefs der Reichskanzlei [...]«, bekannt als Kümmel-Bericht, vervollständigt am 31. Dezember 1940.
22 Siehe F. H. Taylor, *The Taste of Angels,* Boston 1948; E. R. Chamberlain, *Loot,* New York 1983; P. Clemen, *Protection of Art During War,* Band 1, Leipzig 1919.
23 Metternich-Bericht, Seite 7.
24 NA, RG 260/411, »Zusammenarbeit der Chefs der Militärverwaltung [...]«, Bericht, 13. September 1940.
25 G. Lowry, *A Jeweler's Eye,* Washington, D.C., 1988, Seite 11.
26 Na, RG 260/411, Keitel an CIC Frankreich, 17. September 1940.
27 NA, RG 260/429, Abetz-Bericht, 1. Februar 1941.

28 Nach C. Friemuth, *Die geraubte Kunst,* Braunschweig 1989, Seite 29f.
29 Aron, op. cit., Seite 209.
30 Valland, op. cit., Seiten 55ff.
31 NA, RG 239/85, CIR Göring; Valland, op. cit., Kapitel 8.
32 Cassou, op. cit. Seite 132f.
33 CIR Göring.
34 Cassou, op. cit., Seite 105.
35 NA, RG 239/ 85 OSS/ ALIU CIR I, Plaut, »Activity of the ERR in France«, 15. August 1945, Anhang 4.
36 NA, RG 239/77, CIR Linz, Anhänge 56a und 56b.
37 NA, RG 260/427, ERR-Akten, Korrespondenz Landowska.
38 CIR Linz, Anhang 56.
39 NA, RG 239/82, »Report on Measures for the Seizure of Jewish Property«, 29. Januar 1941.
40 Valland, op. cit., Seite 75.
41 NA, RG 260/410–413, Korrespondenz ERR.
42 Valland, op. cit., Seite 85; NA, RG 239/85, CIR ERR, Seite 53.
43 Ebd.
44 Ebd., Seite 20f.
45 NA, RG 260/387, Korrespondenz Posse, 30. und 31. Januar 1941.
46 L. B. Dorléac, *Histoire de l'art,* Paris 1986, Seite 301.
47 Mazauric, op. cit., Seite 135f.
48 Cassou, op. cit., Seiten 92ff.
49 CIR ERR, Anhang 9.
50 Ebd., Anhang 5, 18. Dezember 1941.
51 Ebd., OKH an CIC Frankreich, 28. Januar und 8. Februar 1942.
52 NA, RG 260/411, von Behr Direktive, 21. Februar 1942.
53 NA, RG 260/413, COD-Transportplan, 1. März 1942.
54 NA, RG 260/414, Pottier an Seligman, 28. Oktober 1942.
55 NA, RG 260/185, Erfolgsbericht der Dienststelle Westen vom 31. Juli 1944, Nürnberger Dokument L188.
56 Nouveau Journal, 24. März 1942, Seite 2.
57 Bizardel, *Sous l'occupation,* Seiten 93ff.
58 Mazauric, op. cit., Seiten 81ff.
59 Ebd., Seite 128.
60 Interview mit Huyghe, Paris, Januar 1990.
61 Valland, op. cit., Seiten 130ff.
62 NA, RG 260/428, verschiedene Akten und Berichte der Reichskanzlei; 260/181 Korrespondenz Buchner.
63 *New York Herald Tribune,* 26. Februar 1943.
64 Aron, op. cit., Seite 564.
65 Na, RG 239/76, SHAEF Bericht, 6. März 1945.
66 Siehe CIR Göring; Valland, op. cit., Kapitel 16; Bericht Metternich, Seite 13f. Auch Interview Huyghe.
67 P. Assouline, op. cit., Seite 373.

68 G. Stein, *Kriege, die ich gesehen habe* (aus dem Amerikanischen von Marie-Anne Stiebel), Frankfurt am Main 1984, Seiten 61ff.
69 J. Weld, *Peggy, The Wayward Guggenheim,* New York 1986, Seite 210f.
70 P. Guggenheim, op. cit., Seiten 194ff.
71 C. McCabe, »Wanted by the Gestapo: Saved by America«, in J. C. Jackman und Carla M. Borden (Hrsg.): *The Muses Flee Hitler. Cultural Transfer and Adaptation 1930–1945,* Smithsonian Institution Press, Washington, D. C., 1983, Seite 82.
72 Weld, op. cit., Seite 212.
73 McCabe, op. cit., Seite 85f.
74 V. Fry, *Auslieferung auf Verlangen. Die Rettung deutscher Emigranten in Marseille 1940/41.* (Hrsg. und mit einem Anhang versehen von Wolfgang D. Elfe und Jan Hans; aus dem Amerikanischen von Jan Hans und Anja Lazarowicz), München/Wien 1986, Seite 142.
75 Weld, op. cit., Seite 218.
76 Ebd., Seiten 218 und 233f.
77 Fry, op. cit, Seiten 157ff.
78 Guggenheim, op. cit., Seite 206; Fry, op. cit., Seite 130.

6 Arbeit und Vergnügen

1 NA, RG 239/6 »The Bunjes Papers; German Administration of the Fine Arts in the Paris Area«, Kontrollrat für Deutschland, britische Abteilung, 16. Februar 1945, Seite 45.
2 *Nieuwe Rotterdamsche Courant,* 25. März 1942.
3 ANF, RG AJ40/1673, Bunjes Papers.
4 *Nouveau Journal,* 14. Dezember 1942.
5 K. E. Maison, *Honoré Daumier,* London 1968, Seite 16 und 157.
6 NA, RG 239/85, CIR Göring.
7 NA, RG 239/84, Schenker Papers.
8 NA, RG 260/32, Aussage Philipp von Hessen, 13. Juli 1945.
9 NA, RG 239/77, CIR Linz, Anhang, Seite 8.
10 NA, RG 239/84, DIR Bornheim.
11 NA, RG 260/404, Akten Dietrich.
12 NA, RG 260/387, Korrespondenz Posse, 24. Februar 1941.
13 NA, RG 239/77, Sonderbericht OSS über die Firma Wildenstein, Cooper, 20. September 1945, S. 1; UST/FFC, Bericht NY 8-943, RG 131, Butler an Pehle, 9. Oktober 1941.
14 Siehe OSS, Bericht Cooper, 20. September 1945, und UST/ FFC, Bericht NY 8-943.
15 NA, RG 239/84, DIR Haberstock.
16 P. Assouline, op. cit., Seite 394.
17 UST/FFC, RG 131/719, abgefangen, Wildenstein an Dequoy, 2. April 1941.
18 ANF, RG AJ38, Inventar der Akten des Commissariat Général aux Questions

Juives (Generalkommissariat für jüdische Fragen). Die Akten selber stehen unter Verschluß, doch das Inventar und die Einführungen sind schon informativ genug.
19 Assouline, op. cit., Seite 396.
20 NA, RG 260/412, Berichte Kunstschutz, 15. Mai 1941.
21 ANF, RG AJ40/614, Dossier Wildenstein.
22 Bericht Cooper, Anhang B.
23 Akten UST/FFC, verschiedene abgefangene Briefe.
24 Ebd. Auch NA, RG 260/ 82, British Economic Advisory Branch Report, 7. März 1943.
25 NA, RG 239/14, Dinsmoor an Cairns, 11. Dezember 1943.
26 NA, RG 239/7, durch Zensuramt abgefangener Brief.
27 Art Digest, 15. Januar 1941, S. 2; Art News, September 1941, Seite 26.
28 NA, RG 239/7, UST/FFC, Bericht NY 8-2818, 18. Januar 1944.
29 Ebd., Akte New Yorker Kunstmarkt.
30 NA, RG 239/84, DIR Rochlitz.
31 CIR Göring, Anhang 1, Hofer an Göring, 26. September 1941.
32 NA, RG 239/84, DIR Hofer, Seite 5 f.
33 Getty Center, Cooper Papers, Hofer an Göring, 18. Juli 1941.
34 Das folgende stützt sich auf Cooper Papers, Reports on Looted Works in Switzerland, 21. Januar 1945; und NA, RG 239/37, 22. März 1945.
35 NA, RG 239/39, Bericht Safehaven 225, von Hirsch an nicht identifizierte Person, 24. August 1942.
36 NA, RG 260/188, Rosenberg an Hitler, 16. April 1943. Dokument Nürnberg 015-PS; C. Friemuth, *Die geraubte Kunst,* Braunschweig 1989.
37 Valland, Le Front de l'art, Seite 180f.
38 Getty Center, Archiv Arntz, Liste und Brief Valland, 10. Dezember 1962.
39 NA, RG 239/84 DIR Voss.
40 NA, RG 239/79, DGER, Bericht über die Sammlung Schloß, nicht datiert; CIR Linz, S. 29–34; DIR Lohse; Valland, op. cit., Kapitel 13; NA, RG 260/405, Korrespondenz Haberstock.
41 CIR Linz, Anhang 35a.
42 Venema, *Kunsthandel in Nederland,* Seite 153.
43 G. Heller, *In einem besetzten Land,* Seite 224.
44 E. Jünger, *Das erste Pariser Tagebuch,* Stuttgart, o. J. Einträge vom 8. und 21. Oktober 1941, 8. und 23. Februar sowie 6. März 1942.
45 Heller, op. cit., Seite 84f.
46 NA, RG 260/410, »The Gould Case«, Bericht des Leiters der Militärverwaltung Nordwestfrankreichs, 27. Juli 1943.
47 P. Audiat, *Paris pendant la guerre,* Paris 1946, Seite 29.
48 Bizardel, *Sous l'occupation,* Seiten 58ff.
49 Ebd., Seite 65; Dorléac, *Histoire de l'art,* Seiten 51 und 118.
50 Bizardel, op. cit., Seiten 71ff.
51 Dorléac, op. cit., Seiten 121ff.
52 Bizardel, op. cit., Seiten 147ff.

53 Ebd., Seite 92.
54 Jünger, op. cit., Eintrag vom 22. Juli 1942.
55 Zitiert nach Dorléac, op. cit., Seite 94.
56 Ebd., Seiten 93 und 420.
57 Ebd., Seiten 29 und 54.
58 J. Flanner, *Men and Monuments,* New York 1957, Seite 163.
59 Barr, *Matisse,* Seite 562f; Matisse, *Über Kunst,* Zürich 1982, Seite 168f.
60 Bizardel, op. cit., Seite 123f.

7 Wendepunkt

1 Shirer, *Aufstieg und Fall des Dritten Reiches,* Seite 756.
2 Rede Himmlers, 13. Juli 1941, nach R. Breitman, *Architect of Genocide,* Seite 177.
3 Ebda., Seite 283.
4 Rorimer Papers, New York, Rosenberg an den Reichskommissar von Kaunas, 20. August 1941.
5 Zitiert nach Shirer, op. cit., Seite 853; dt. Seite 778.
6 Schilderung gestützt auf S. P. Varshavskii, *Saved for Humanity,* Leningrad 1985, und H. Salisbury, *The 900 Days,* New York 1969.
7 A. Hitler, *Monologe im Führerhauptquartier 1941–1944* (Hrsg. W. Jochman, Hamburg), 1980, Seite 331 (6. August 1942) und Seite 39f. (5./6. Juli 1941).
8 Schilderung nach S. Massies ausgezeichnetem Buch *Pavlovsk: The Life of a Russian Palace,* Boston 1990, Kapitel 11.
9 *Deutsche Zeitung* in den Niederlanden, 15. Juli 1943, Seite 5.
10 Leonard Papers, Washington, D. C., Lehmann-Haupt, »Cultural Looting of the Ahnenerbe«, Dokument 279a.
11 Ebd., Dokumente 224, 251, 286.
12 NA, RG 260/428, Keitel an Lorey, 3. September 1941.
13 NA, RG 260/185, Kube an Rosenberg, 29. September 1941, Nürnberger Dokument 1099-PS.
14 Siehe Massie, op. cit., Kapitel 13.
15 Schilderung der Ereignisse in der Eremitage gestützt auf Varshavskii, op. cit.
16 Ahnenerbe Dokument 271, 8. April 1943.
17 NA, RG 260/185, Führererlaß, 1. März 1942.
18 Ahnenerbe Dokumente 225–227; und Kater, *Das Ahnenerbe der SS,* Seiten 155ff.
19 Hitler, op. cit., Seite 39 (5./6. Juli 1941).
20 Ahnenerbe Dokument 295.
21 NA, RG 260/438, Akte Bender.
22 Goebbels, Joseph, *Tagebücher* (hrsg. Louis P. Lochner), Seite 308 (20. April 1943).
23 NA, RG 260/412, Generalkommando von Förster, 19. Juli 1943.

24 *Pester Lloyd Abendblatt,* 20. Mai 1943.
25 *Kölnische Zeitung,* 4. April 1942.
26 Ahnenerbe Dokumente 273 und 275. Auch NA, RG 260/185, Berichte Utikal, 21. und 26. Oktober 1943, Nürnberger Dokument 035-PS.
27 *The Trial of the Major War Criminals before the International Military Tribunal,* Band 7, Seite 97. UdSSR Dokument 376, Erlaß Utikal 23. August 1944.
28 *New York Herald Tribune,* 17. Februar 1944.
29 NA, RG 239/19, OSS R&A Bericht 2555, 20. September 1944.

8 Zentimeter um Zentimeter

1 *The Protection of Cultural Resources Against the Hazards of War,* Washington, D.C., Februar 1942, Seite iii.
2 NGA, Archiv, RG 17a, Evakuierungsfile.
3 C. Tomkins, *Merchants and Masterpieces,* New York 1973, Seite 283.
4 AAA, Constable Papers, Constable an »M. B.«, 15. Juni 1941.
5 *Washington Post,* 17. Dezember 1941.
6 NGA, Bibliothek, »Minutes of a Special Meeting of the Association of Museum Directors on the Problems of Protection and Defense Held at the Metropolitan Museum of Art, December 20 and 21, 1941«.
7 AAA, Barr Papers, Barr an Bliss, 19. Oktober 1942.
8 G. Stout, »Preservation of Paintings in Wartime«, *Technical Studies,* Januar 1942.
9 NGA, Archiv, Evakuierungsakten.
10 Ebd.
11 U.S. Museums, *ArtNews,* 1. bis 14. Januar 1942.
12 NA, RG 239/54, American Defense Harvard, Schlußbericht.
13 Constable Papers, Constable an Leland, 25. September 1942.
14 NA, RG 239/53, Taylor an Sachs, 4. Dezember 1942.
15 Ebd., Memorandum Taylor zu Händen Präsident Roosevelts, 24. November 1942.
16 NGA, Archiv, RG 17a-WWII, Proposal Regarding Protection of European Monuments (Plan zum Schutz europäischer Monumente).
17 NA, RG 239/53, Stone an Franklin D. Roosevelt, 8. Dezember 1942.
18 Ausführliche und überraschend interessante Einzelheiten zu diesem Thema siehe H. L. Coles und A. K. Weinberg, *Civil Affairs: Soldiers Become Governors,* Washington, D.C. 1964.
19 Ebd., Seite 3.
20 Constable Papers, Clark an Constable, 25. Februar 1943.
21 Ebd., Maclagan an Constable, 26. Februar 1943.
22 Na, RG 239/19, SD Bulletin, 9. Januar 1943.
23 Dies und das folgende siehe C. L. Woolley, *A Record of the Work Done by the*

Military Authorities for the Protection of the Treasures of Art and History in War Areas, London 1947.
24 Ebd., Seite 8.
25 Constable Papers, Shoemaker an Perry, 10. März 1943.
26 Ebd., Shoemaker an Perry, 3. April 1943.
27 Ebd., Constable an Stout, 10. April 1943.
28 Ebd., Shoemaker an Constable, 19. April 1943.
29 NA, RG 165/463, CAD-Protokolle, Haskell-Memo an Bundy, 26. März 1943.
30 Ebd., Korrespondenz und Memoranden, April 1943.
31 Constable Papers, Shoemaker an Perry, 14. Mai 1943.
32 Ebd., Stout an Constable, 26. Mai 1943.
33 Ebd., Sachs an verschiedene Personen, 17. Juni 1943.
34 NA, RG 239/53, Memorandum über das Schutz-Projekt, 30. Mai 1943.
35 NA, RG 239/12, Hull an Franklin D. Roosevelt, 21. Juni 1943.
36 NA, RG 165/463, CAD-Korrespondenz, 1. bis 6. und 27. Juni 1943.
37 NA, RG 239/27, Hammond, »Report on Work in Italy«, undatiert.
38 E. Pyle, *Brave Men,* New York 1944, Seite 18.
39 T. Sizer, »A Walpolean at War«, *The Walpole Society Notebook,* 1946, Seite 68.
40 NA, RG 165/463, Hammond an Reber, 24. Juli 1943.
41 NA, RG 239/47, Telegramm, Lang an Calhoun, 7. Juli 1944.
42 *New York Herald Tribune,* 10. August 1943.
43 NA, RG 239/56, Ereignisse in Sizilien nach verschiedenen Feldberichten von Hammond und Maxse.

9 Der glühendrote Rechen

1 Speer, *Erinnerungen,* Seite 320.
2 Siehe B. Molajoli, *Musei ed opere d'arte di Napoli attraverso la guerra,* Neapel 1948.
3 *Berliner Börsenzeitung,* 12. August 1943, Seite 2.
4 NA, RG 239/24, Filangeri, »Report on Destruction«, 30. September 1943.
5 H. C. Butcher, *Drei Jahre mit Eisenhower,* Bern 1946, Seite 475.
6 Molajoli, op. cit., Seite 47.
7 Hammond, »Report on Work in Italy«, Seite 18.
8 NA, RG 239/13, Korrespondenz Finley – McCloy.
9 *Daily Telegram,* 21. Juli 1943.
10 *The New York Times,* 11. September 1943.
11 NA, RG 239/13, Finley an McCloy, 2. Oktober 1943.
12 NA, RG 239/18, Päpstlicher Gesandter an Cairns, 4. Mai 1943.
13 NA, RG 239/51, McCloy an Finley, nicht datiert.
14 Coles und Weintraub, *Civil Affairs,* Seiten 214ff.
15 Butcher, op. cit., Seite 500.
16 Woolley, *Record,* Seite 23f.

17 NA, RG 239/58, Führer durch den Palazzo Reale, Neapel.
18 Woolley, op. cit., Seite 28.
19 Tutaev, *Der Konsul von Florenz,* Seite 57.
20 NA, RG 239/59, AMG Bericht 65, Seite 40f.
21 Ebd., Sjoqvist, »Pro Memoria«, 2. Oktober 1944.
22 Ebd., AMG Bericht 49, von Tieschowitz, Bericht an Rahn, 19. November 1943.
23 Ebd., Tagesberichte, Seite 7.
24 Tutaev, op. cit., Seiten 113ff.
25 NA, RG 239/64, Cooper und De Wald, »Report on the German Kunstschutz in Italy«, 30. Juni 1945.
26 Von Tieschowitz, Tagesberichte, Seite 10.
27 RC, Abschließender Bericht, Juni 1946, Seite 80.
28 Sjoqvist, op. cit., Seite 6.
29 NGA, Bibliothek, Parkhurst Papers, Keynes an Walker, 15. Februar 1944.
30 M. W. Clark, *Calculated Risk,* New York 1950, Seite 322.
31 D. Hapgood und D. Richardson, *Monte Cassino,* New York 1984, Seite 227.
32 *The New York Times,* 13. März 1944.
33 NA, RG 156/ 463, CAD Sektion 4, Office of Director of Operations, 23. Februar 1944.
34 Ebd., Telegramme Kriegsdepartement 54038 und 46439, 3. Juni 1944.
35 NA, RG 239/58, Cott, Field Report, 11. Juli 1943.
36 NA, RG 239/38, Pinsent, AMG Bericht 24, Seite 11.
37 NA, RG 165/463, zitiert in einem undatierten Entwurf für eine Rede John Walkers.
38 Verschiebungen der florentinischen Werke aus NGA, Bibliothek, Hartt Papers, Bericht Keller, 17. Februar 1945; Bericht Enthoven, 21. Februar 1945; Bericht Reidemeister, Juni 1945; Bericht Ringler, nicht datiert.
39 Tutaev, op. cit., Seiten 251ff.
40 C. Fasola, *The Florentine Galleries and the War,* Florenz 1945, Seite 69.
41 NA, RG 239/19, Harrison an Außenminister, Nr. 5428, 19. August 1944.
42 Abdruck des Flugblattes in Tutaev, op. cit. (engl. Ausgabe).
43 B. Berenson, *Rumor and Reflection,* New York 1952, Seite 382.
44 Fasola, op. cit., Seite 61.
45 NA, RG 239/15, Erlich an Sachs, 4. August 1944.
46 F. Hartt, *Florentine Art under Fire,* Princeton 1949, Seite 30.
47 *The New York Times,* 30. August 1944.
48 Hartt, op. cit., Seite 47.
49 D. Lang, »Letter from Florence«, *The New Yorker,* 25. September 1944, Seite 71.
50 Hartt Papers, Bericht Keller zum Transport der Statue, 17. Februar 1945.
51 Hartt, op. cit., Seite 92.
52 Ereignisse in Pisa nach NA, RG 239/59, Keller, Feldberichte, September bis November 1944.
53 Tutaev, op. cit., Seiten 86ff.

54 Bericht De Wald-Cooper, Seite 12.
55 I. Origo, *War in Val D'Orcia,* Boston 1984, Seite 91.
56 Ebd., Seite 113.
57 Ebd., Seite 206.
58 Ebd., Seite 234f.
59 Folgendes gestützt auf Bericht De Wald-Cooper, Teil 3.
60 Hartt Papers, Bericht Ringler, Seite 12f.
61 A. Dulles, *The Secret Surrender,* New York 1966, Seite 93.
62 Ebd., Seiten 162ff und 184.
63 Hartt, op. cit., Seite 105.
64 Dulles, op. cit., Seite 245.
65 NA, RG 239/64, Bericht Keller, 22. Mai 1945.
66 Ebd., Seite 7.

10 Auf des Messers Schneide

1 Columbia University, Hathaway Papers, Notiz von Hathaway auf Dokument 8. Januar 1961.
2 Woolley, *Record,* Seite 43.
3 Coles and Weinberg, *Civil Affairs,* Seite 864f.
4 Ebd., Seite 864.
5 NA, RG 239/52, Newton an Sachs, 2. Februar 1944.
6 NA, RG 239/7, Wildenstein, »Works of Art – Weapons of War and Peace«, *La République française,* Dezember 1943. Enthalten als Beweisstück »A« in UST/FFC, Report NY 8-2818.
7 NA, RG 239/5, Protokoll der RC-Sitzung, 3. Februar 1944.
8 NA, RG 239/49, Rundschreiben Safehaven-Projekt, 16. Januar 1945.
9 NA, RG 165/463, SD-Telegramm 3281, 21. April 1944.
10 Ebd., Finley an Hilldring, 28. April 1944.
11 Ebd., Hilldring an Finley, 2. Mai 1944.
12 Ebd., Newton an Hilldring, 23. Mai 1944.
13 Ebd., Hilldring an Holmes, Cairns, Newton, 23. und 28. Juni 1944.
14 Protokoll der RC-Sitzung, 27. Juli 1944.
15 NA, RG 239, Finley an McCloy, 5. August 1944.
16 NA, RG 165/463, CAD-Memorandum, 21. August 1944.
17 Ebd., Holmes an Hilldring, 11. September 1944.
18 Ebd., Hilldring an Cairns, 19. und 22. September 1944.
19 NA, RG 239/9, Rousseau an Stokes, 24. Februar 1945.
20 Churchill, *Der Zweite Weltkrieg: 6. Bd., 1. Buch: Triumph und Tragödie,* Bern 1953, Seiten 26ff.
21 NA, RG 239/24, LaFarge Reports, 21. bis 24. Juni 1944.
22 J. Rorimer, *Survival,* New York 1950, Seite 15.
23 Rorimer Papers, New York, Rorimer-Tagebuch, 9. August 1945.

24 ANF, AJ 40/ 573, Akte Bayeux-Teppich. Mit freundlicher Genehmigung von L. Vernus.
25 NA, RG 239/74, Zeugenaussage Bernheim-Jeune.
26 Bericht an die Autorin von Hector Feliciano, Antenne Deux, Paris, Mai 1993.
27 Mazauric, *Le Louvre en voyage,* Seiten 139ff.
28 Ebd., Seite 167f.
29 Gespräch mit Huyghe.
30 Valland, *Le Front de l'art,* Seite 195.
31 Rorimer-Tagebuch, 18. und 19. August 1944.
32 Ebd., 23. und 24. August 1944.
33 Siehe Audiat, *Paris pendant la guerre.*
34 NA, RG 260/182, Lohse an Hofer, 13. Juli 1944.
35 Valland, op. cit., Seiten 184ff.
36 NA, RG 260/411, Rosenberg-Memorandum, 24. November 1944.
37 Ebd., Zusammenfassung Hearing, 15. Januar 1945.
38 ANF, AJ 40/573, von Tieschowitz an Busley, 22. Juni 1944.
39 Rorimer, *Survival,* Seite 59.
40 Valland, op. cit. Seite 210f.
41 NA, RG 239/11, AMG Report 11, »Excerpts from MFAA Report to Oct. 1, 1944«.
42 NA, RG 260/386 VI, Figlhuber-Memorandum, 7. September 1944, und Memorandum der deutschen Marine, 9. September 1944.
43 *The New York Times,* 12. April 1944.
44 Dieses und die nachfolgenden Zitate: W. Hancock, »Experiences of a Monuments Officer in Germany«, *College Art Journal,* Mai 1946; und Gespräch.
45 AAA, Stout Papers, Tagebuch, verschiedene Einträge.
46 Lord Methuen, *Normandy Diary,* 23. Oktober 1944, London 1952, Seite 62.
47 Rorimer-Tagebuch, verschiedene Einträge, September 1944.
48 Rorimer Papers, SHAEF Report, 13. Februar 1945.
49 Rorimer-Tagebuch, 26. Oktober 1944.
50 Rorimer, *Survival,* Seite 89.
51 W. Hancock, Gespräch mit der Autorin.
52 NA, RG 239/28, Ross, »Report on Visit to Strasbourg 10–17, December, 1944«, 4. Januar 1945.
53 Rorimer Papers, Sommier an Rorimer, 30. Oktober 1944.
54 Ebd., 8. Report, 12. November 1944.
55 Rorimer-Tagebuch, 22. März 1945.
56 Clark, *The Other Half,* Seite 71.
57 Ebd., Seite 73.
58 Rothenstein, *Brave Day, Hideous Night,* Seite 140.
59 Fabiani, *Quand j'étais marchand de tableaux,* Seite 140f.
60 Clark, op. cit., Seite 72.
61 J. R. Mellow, *Charmed Circle,* New York 1974, Seite 457.
62 Rothenstein, op. cit. Seite 143.
63 Rorimer Papers, 13./14. Report, 10. März 1945.

64 Das Folgende stützt sich hauptsächlich auf I. Kuhnel-Kunze, *Bergung, Evakuierung, Rückführung. Die Berliner Museen in den Jahren 1939–1959,* Berlin 1984, sowie auf mehrere Artikel von und Gespräche mit Klaus Goldmann vom Museum für Vor- und Frühgeschichte in Berlin, insbesondere »Der Schatz des Priamos«, in *Sonderdruck aus Heinrich Schliemann: Grundlagen und Ergebnisse moderner Archäologie 100 Jahre nach Schliemanns Tod,* hrsg. von J. Herrmann, Berlin 1992.

65 D. Botting und I. Sayer, *Nazi Gold,* New York 1984, Seite 11.

66 NA, RG 239/77, CIR Linz, Seiten 78ff.

67 Kubin, *Sonderauftrag Linz,* Seiten 71ff.

68 Speer, *Erinnerungen,* Seite 461.

69 Ebd., Seite 327.

70 Nachfolgender Bericht stützt sich auf Kubin, op. cit., Kapitel 2 und 3, in dem viele Berichte aus Österreich zitiert sind; NA, RG 260/186, Bericht Scholz an Posey, 20. Mai 1945; CIR Linz; CIR Göring; DIR-Voss und viele andere.

71 NA, RG 260/186, von Hummel an Sieber, 1. Mai 1945.

72 Kubin, op. cit., Seite 130.

73 NA, RG 239/28, Report, nicht signiert, vermutlich von Luithlen, 12. Mai 1945. Auch Kubin, op. cit., Seiten 130ff.

74 NA, RG 239/85, CIR Göring, Seiten 170ff.

75 CIR Göring, Seite 173f.

76 Shirer, *Aufstieg und Fall des Dritten Reiches,* Seiten 1020ff und J. Fest, *Hitler,* Frankfurt am Main u. a. 1973, Seiten 1009ff.

77 NA, RG 239/77, Memorandum, Newkirk an Sechste Armee, 1. August 1945.

78 NA, RG 260/439, Zeugenaussage Oberkommissar Boos. Bericht über Reise nach Berchtesgaden, Taper und Breitenbach, 3. Teil: General History of Goering Train, für Leonard, 1. September 1947.

79 Ebd., Seite 6.

80 Murphy, *Diplomat unter Kriegern,* Seite 279.

81 LC, Stimson Papers, Tagebuch, Spule 128.

82 C. Hull, *Memoirs,* New York 1948, Franklin D. Roosevelt an Hull, 20. Oktober 1944, Seite 1621.

83 Murphy, op. cit. Seite 278.

84 Das Morgenthau-Tagebuch. Dokumente des Anti-Germanismus (Auswahl und zeitgeschichtliche Hinweise von Hermann Schild), Druffel-Verlag, Leoni am Sterberger See 1970, Seiten 373–409 [gekürzt]; *Morgenthau Diary,* Washington, D.C., 1967, Band 2, Seiten 1294 und 1302.

85 NA, RG 239/38, Harvey an Kefauver, 18. Juli 1944.

86 Zusammengefaßt in FRUS, 1945, Band 2, und Grew an RC, 27. Februar 1945.

87 John Nicholas Brown Center, Brown Papers, JNB an seine Frau, verschiedene, April 1945.

88 NGA, Archiv, Protokoll der RC-Sitzung, 26. April 1945.

89 NA, RG 165/463, Telegramme FX74971 und 82956 des Kriegsministeriums, 13. und 15. Mai 1945.

11 In Schutt und Asche

1 AAA, Stout Papers, G. S. an seine Frau, 19. März 1945.
2 NA, RG 239/10, Sendung des DNB vom 17. März 1945, zitiert nach einer Notiz von Stout an Com-NavEu, 7. April 1945.
3 Hancock, »Experiences«, Seite 288.
4 Ebd., Seite 289.
5 Stout Papers, G. S. an seine Frau, 4. April 1945.
6 Hancock, op. cit., Seite 293f.
7 L. Kirstein, »In Quest of the Golden Lamb«, *Town and Country,* September 1945, Seite 183; NA, RG 239/11, Feldberichte der Dritten Armee, April 1945; Kirstein, Gespräch mit der Autorin.
8 Aussage Keck über den Vorfall, Neunte Armee, 7. April 1945. Mit freundlicher Genehmigung von C. H. Smyth.
9 *Morgenthau Diary,* Band 2, Seite 1131f.
10 Die Schilderung stützt sich auf AAA, Tagebuch Stout; und auf den Bericht von Col. C. L. Morris, »G-5 Functions in ETOUSA OPS«, 26. April 1945, Kopie NA mit freundlicher Genehmigung von K. Goldmann.
11 Morimer Papers, Tagebuch Rorimer, 23. und 24. Mai 1945.
12 NA, RG 239/11, Feldbericht Posey, 9. April 1945.
13 NA, RG 239/77, AMG Bericht 159, Hancock, 12. Mai 1945, und Tagebuch Stout.
14 AAA, Howe Papers, Moore an Howe, 13. Mai 1946.
15 Gespräch mit Hancock.
16 NGA, Bibliothek, Smyth Papers, SHAEF Dokument AG 000.4-2 GE-AGM, 20. Mai 1945.
17 Rorimer, *Survival,* Seite 164, und Tagebuch.
18 Für die Ereignisse in Berchtesgaden dienten als Quelle zur Hauptsache die Tagebucheinträge von Anfang Mai von Rorimer und Hathaway. Siehe auch Rorimer, *Survival.*
19 Tagebuch Rorimer, 10. Mai 1945, und *Survival,* Seite 199f.
20 *New York Herald Tribune, 20. Mai 1945.*
21 *Time,* 28. Mai 1945.
22 NGA, Archive, Tagebuch Walker, 1945.
23 NA, RG 260/33, CID Bericht TPMCID15, 22. März 1948.
24 Kubin, *Sonderauftrag Linz,* Seiten 141ff.
25 Kirstein, op. cit., Seite 186.
26 Ebd., Seite 189.
27 NA, RG 260/186, Bericht Scholz, 20. Mai 1945.
28 Stout Papers, G. S. an seine Frau, 15. Mai 1945.
29 Tagebuch Stout, 21. Mai 1945.
30 Ebd., 5. Juni 1945.
31 Columbia University, Hathaway Papers, Tagebuch Hathaway, 21. bis 24. Mai 1945.
32 Botting und Sayer, *America's Secret Army,* New York 1989, Seite 228.

33 NA, RG 260/34, Bericht Horn, 14. August 1945.
34 J. Skilton, *Défense de l'art européen,* Paris 1948, Kapitel 3 und 4 sowie Seite 86.
35 Tagebuch Hathaway, 1. Juni 1945.
36 Gestützt auf verschiedene Zeitungsartikel, Juni 1946 bis April 1947, NGA Parkhurst Papers.
37 M. Kater, *Das »Ahnenerbe« der SS,* Seiten 44, 80f., 94.
38 Gestützt auf Artikel in der *New York Times* und auf Nachforschungen von William Honan, Sommer 1990.
39 NA, RG 165/172, Akten CAD, April bis Oktober 1945.
40 Tagebuch Rorimer, 9. Mai 1945.
41 Bericht über die Einrichtung der Münchner Sammelstelle, gestützt auf das offizielle Tagebuch von Smyth, das der Autorin freundlicherweise zur Verfügung gestellt wurde, und auf Gespräche mit ihm; Tagebücher Stout und Rorimer; Monatsberichte der Sammelstelle. Siehe auch C. H. Smyth, *Repatriation of Art from the Collecting Point in Munich after World War II,* 13. März 1986, Den Haag 1988.
42 Beschreibung der Reisen Kuchumows aus Massie, *Pavlovsk,* Kapitel 17.
43 Siehe Goldmann, »Der Schatz des Priamos«, in *Sonderdruck aus Heinrich Schliemann* (hrsg. von J. Hermann, Berlin 1992), und Kühnel-Kunze, *Bergung, Evakuierung, Rückführung,* Berlin 1984.
44 Getty Center, Archiv Arntz, Reutti, »Reports on Post-War Activities« (Manuskript).
45 N. Sokolova, »Die Rettung der Dresdener Kunstschätze«, in *Jahrbuch 1960, Staatliche Kunstsammlungen,* Dresden 1961.
46 Reutti, »Die Katastrophe von Karnsow«, in op. cit., Seiten 85ff. Auch *The New York Times,* 24. November 1990, und *Washington Post,* 16. und 17. August 1990.
47 Reutti, »Karinhall« (ohne Seitenzahlen), in op. cit.; und Valland, *Le front de l'art,* Seite 150.

12 Allerlei Motive

1 *Morgenthau Diary,* Band 2, Seiten 1371ff.
2 John Nicholas Brown Center, Brown Papers, John Nicholas Brown an seine Frau, 30. Mai 1945.
3 NGA, SG, Ausschnitte aus dem Crosby Report über die Mission nach Europa, 8. März bis 10. Juni 1945.
4 LC, Finley Papers, nicht identifizierter Ausschnitt, Zeile mit dem Namen des Autors Associated Press, Paris, 9. Juni 1945.
5 Brown Papers, Memorandum an den Stellvertretenden Militärgouverneur, HQ, U.S. Group Control Council, 1. Juni 1945.
6 NGA, SG, Finley-Memorandum, 18. Juni 1945.
7 NA, RG 165/463, Telegramm 18531 des Kriegsministeriums, 18. Juni 1945.

8 J. Plaut, Gespräch mit der Autorin.
9 C. Friemuth, *Die geraubte Kunst,* Seite 122f.
10 NGA, Archiv, Walker-Tagebuch der Europareise 1945, 19. Juli 1945.
11 NGA, Bibliothek, Smyth Papers, Smyth-Tagebuch, 24. Juni 1945.
12 »History of the Wiesbaden Collecting Point, 13 June 1945 – 5 March 1946.« Dieser und verschiedene Briefe mit freundlicher Genehmigung von W. Farmer.
13 Kühnel-Kunze, *Bergung, Evakuierung, Rückführung,* Seiten 107ff; Friemuth, op. cit., Seiten 130f, 137f.
14 S. L. Faison, Notiz an die Autorin.
15 NA, RG 260/394, CIR Dienststelle Mühlmann, op. cit., Seite 57.
16 NA, RG 239/84, DIR Voss, op. cit.
17 NA, RG 260/ 32, Horn Report, 27. November 1945, und Howe an Horn, 28. Dezember 1945.
18 NA, RG 239/85, CIR Göring, op. cit., Seite 176.
19 NA, RG 239/77, CIR Linz, op. cit., Seite 86.
20 NA, RG 260/33, Parkhurst-Memorandum, 6. Juli 1945.
21 S. L. Faison, Gespräch mit der Autorin.
22 FRUS, 1945, Band 2, Seite 943, EAC (45) 59.
23 Brown Papers, Edwards an John Nicholas Brown, 11. Mai 1945.
24 Ebd., John Nicholas Brown an seine Frau, 15. Mai 1945.
25 Walker-Tagebuch, 12. Juli 1945.
26 FRUS, 1945, Band 1, *Conference of Berlin,* Washington, D.C., 1960, Dokument 356, Pauley an den Außenminister, 19. Juni 1945, Seite 511.
27 Ebd., Dokument 360, Pauley an Eisenhower, 27. Juni 1945, Seite 514.
28 NA, RG 260/32, Gesprächsmemorandum, Hammond, 5. Juli 1945.
29 *Conference of Berlin,* Dokument 376, Memorandum zu Händen der Delegation, 14. Juli 1945, Seite 538.
30 Ebd., Dokument 378, Arbeitspapier der U.S.-Delegation, 14. Juli 1945, Seite 550.
31 LC, Stimson Papers, Kyle-Tagebuch, 17. Juli 1945.
32 *Conference of Berlin,* Clay-Memorandum, »Art Objects in US Zone«, Band 1, Seite 924.
33 Kyle-Tagebuch.
34 Brown Papers, John Nicholas Brown an seine Frau, 7. August 1945.
35 Ebd., 7. August 1945.
36 Columbia University, Hathaway Papers, Hammond an Hathaway, 29. Juli 1945.
37 Ebd., 31. Juli 1945.
38 *Conference of Berlin,* Dokumente 924 und 964, Memorandum von Pauley und Clayton an Clay, 30. Juli 1945.
39 Hathaway Papers, John Nicholas Brown an Hathaway, 2. August 1945.
40 NA, RG 200, Clay Papers, Clay an WARCAD, 7. August 1945. Mit freundlicher Genehmigung von John Taylor.
41 Brown Papers, Report, 10. August 1945.

42 Ebd., John Nicholas Brown an seine Frau, 12. August 1945.
43 FRUS, 1945, Bd. 2, S. 945, Byrnes an Pauley, 14. August 1945.
44 NGA, Archiv, Byrnes an Roberts.
45 NGA, Archiv, Walker-Tagebuch, 14. August 1945.
46 NGA, SG, Francis Henry Taylor an Cairns, 3. September 1945.
47 Ebd., Sitzungsmemorandum, 31. August 1945.
48 D. E. Finley, *A Standard of Excellence,* Washington D.C., 1973, Seite 162.
49 FRUS, 1945, Bd. 2, S. 948, Acheson an Murphy, 11. September 1945.
50 Brown Papers, Hammond an John Nicholas Brown, September 1945.
51 Ebd., Hammond an John Nicholas Brown, 14. September 1945.
52 NGA, SG, Clay an McCloy, 21. September 1945.
53 Brown Papers, John Nicholas Brown an LaFarge, 27. September 1945.
54 NGA, SG, Erklärung von Walker an der RC-Verwaltungsratssitzung vom 25. September 1945.
55 Ebd., Ergänzung zum Protokoll der Sitzung vom 25. September 1945.
56 Brown Papers, John Nicholas Brown an LaFarge, 27. September 1945.
57 AAA, Howe Papers, Stout an Howe, 6. Januar 1946.
58 NGA, Archiv, »Hanns« an Walker, undatiert (erhalten von der NGA am 15. Oktober 1945).
59 Brown Papers, Standen an John Nicholas Brown, 28. Oktober 1945.
60 NA, RG 239/13, Cott an Sawyer, 7. November 1945.
61 NA, RG 200/10, Clay Papers, Telegramm NX 55599 von McCloy, 10. Oktober 1945.
62 NA, RG 239/9, Hathaway an Phillips, 25. Oktober 1945.
63 Brown Papers, Standen an John Nicholas Brown, 7. November 1945.
64 Mit freundlicher Genehmigung von Walter Farmer, Siebte Armee an OMG für den Stadtkreis Wiesbaden, undatiert.
65 NGA, Bibliothek, Standen Papers, und C. Friemuth, op. cit., Seite 106f.
66 Rorimer Papers, Rorimer an Edwards, 8. November 1945.
67 Howe Papers, Hancock an Howe, 8. August 1945.
68 NGA, Bibliothek, Parkhurst Papers, Telegramm, 9. November 1945, »Letter from the Rhineland«, *The New Yorker,* 17. November 1945, Seite 57.
69 L. Moore, Telefongespräch mit der Autorin.
70 Smyth-Tagebuch, 12. November 1945.
71 Ebd., 12. November 1945.
72 Brown Papers, John Nicholas Brown an Standen, 16. November 1945.
73 FRUS, 1945, Bd. 2, S. 955. Byrnes an Bevin, 27. November 1945.
74 Bericht, gestützt auf offizielle Berichte von Moore und McBride; siehe auch Keith Merrill: *A Memoir,* 1968, Seite 202. Mit freundlicher Genehmigung von Mrs. R. Seamans.
75 *Washington Times Herald,* 24. November 1945.
76 NGA, SG, Sawyer an Cairns, undatiert.
77 NGA, Archiv, Ritchie an Finley, 10. Dezember 1945.
78 Howe Papers, Kirstein an Howe, 21. Januar 1946.
79 Ebd., LaFarge an Howe, 2. März 1946.

80 NGA, Archiv, Finley an Rich, 30. Januar 1946.
81 NGA, SG, Finley an Morse, 12. Februar 1946.
82 *Washington Post,* 18. Mai 1946.
83 NA, RG 165/172, WDGSS, Memorandum eines Telefongesprächs, Hilldring an Echols, 3. Mai 1946.
84 Walker-Tagebuch, 21. Juni 1945.
85 LC, Finley Papers, Walker an Finley, 11. Juli 1946.
86 *The Papers of General Lucius Clay: Germany, 1945–1949,* J. E. Smith (Hrsg.), Bloomington 1974, Seite 268. Dokument 160, 4. Oktober 1946.
87 Ebd., Seite 552, 6. Februar 1948.
88 Ebd., Seite 555, 6. Februar 1948.
89 U.S. Congress, Senate Committee on Armed Services, *Hearings on S2439: A Bill to Provide for the Temporary Retention in the US of Certain German Paintings,* 4. März und 16. April 1948, Washington D.C.: USGPO.
90 Ebd., Seite 11.
91 *Papers of General Lucius Clay,* Seiten 634ff, 23. April 1948.

13 Die Kunst des Möglichen

1 NA, RG 239/14, Ausschnitt aus *La Libre Belgique,* 28. Mai 1945.
2 Ebd., Estreicher an Crosby, 1. Juni 1945.
3 John Nicholas Brown Center, Brown Papers, »Ad-Interim Restitution«, Memo, 28. Mai 1945.
4 NA, RG 239/44, Crosby, »Report on Mission to Europe«, 23. Juni 1945.
5 NGA, Bibliothek, Smyth Papers. Hammond, »Report on TDY Brussels 5/9/45«. Verschiedene Briefe, J. N. B. an A. K. Brown, August 1945.
6 NA, RG 239/41, Murphy an den Außenminister, 11. September 1945, und Acheson an Murphy, 18. September 1945.
7 NA, RG 239/28, Depesche von US-Botschafter Hornbeck, 24. Oktober 1945.
8 E. E. Adams, »Looted Art Treasures Go Back to France«, *The Quartermaster Review,* September/Oktober 1946.
9 A. Ritchie, »The Restitution of Art Loot«, *Gallery Notes,* Albright Art Gallery Buffalo, N. Y., Juli 1946.
10 NGA, Bibliothek, Lesley Papers, Lesley, Bericht über die Rückkehr des Altars, nicht datiert. Auch NA, RG 260/3, Bumbar, WAC, MFAA, »Informal Report Covering Return of Veit Stoss Altar«, 24. Mai 1946.
11 S. M. Alsop, *To Marietta from Paris,* 1945–1960, London 1974, Seite 171.
12 Mrs. A. M. Kellen, New York, Telefongespräch mit der Autorin.
13 NA, RG 239/6, Petrides an Henraux, 19. April 1945.
14 NA, RG 239/37, Cooper, »Report on Visit to Switzerland«, 22. März 1945.
15 Getty Center, Cooper Papers, »Rapport de M. Paul Rosenberg sur son voyage en Suisse«, September 1945.
16 NA, RG 239/82, Cooper, »Note of a Conversation with Herr Emil Bührle«, Meldung 13144, 10. Dezember 1945, US-Gesandtschaft, Bern.

17 Getty Center, Cooper Papers, Bührle, »Exposé concernant l'acquisition de tableaux«, 15. Oktober 1945; und Bührle an Vodoz, 17. Oktober 1945.
18 NA, RG 239/82, OSS/ALIU, Plaut und Rousseau, »Memo on Investigations in Switzerland«, 9. Dezember 1945.
19 Archiv Rosenberg, New York, Transkription des Beschlusses der Chambre des Actions en Revendication de Biens Spoliés, Schweizerisches Bundesgericht, Lausanne, 3. Juni 1948.
20 NGA; *Meisterwerke der Sammlung Emil G. Bührle, Zürich,* Katalog der Ausstellung zum Gedenken des 100. Geburtstages des Sammlers Emil G. Bührle, Zürich 1990, Seite 22.
21 Archiv Rosenberg, A. Rosenberg an H. G. Blechschmid, 12. Februar 1971.
22 ANF, RG F21, nicht numeriert, Dossier Jaujard, Douanes an Henraux, 30. Januar 1946.
23 Ebd., Nicolas an Henraux, nicht datiert.
24 Kubin, *Sonderauftrag Linz,* Seite 44f.
25 Venema, *Kunsthandel in Nederland,* Seiten 488ff.
26 NA, RG 239/80, Bericht DGER, Januar 1945.
27 Dossier Jaujard, DGER an Jaujard, 4. Oktober 1945.
28 Ebd., Duchartre an Henraux, 27. Januar 1946.
29 OSS/ ALIU, RG 239/ 7, Wittmann, »Activity of the ALIU in France«, 25. Oktober 1945 bis 6. Februar 1946.
30 SD, RG 59/10, Akten Ardelia Hall, Datei Vollard.
31 Dossier Jaujard, Gascon an Jaujard, 25. März 1949.
32 NA, RG 239/27, AMG Bericht 159, Anhang X, »Report on the Western Provinces of Holland«, Mai 1945.
33 Siehe Venema, op. cit., Seiten 494ff und 234ff.
34 Siehe Lord Kilbracken, *Van Meegeren, Master Forger,* New York 1967.
35 NGA, Bibliothek, Standen Papers, Ms., »MFAA 1945–1947«.
36 NA, RG 260/86, Heinrich an RDR-Division, 25. Januar 1949.
37 AAA, Howe Papers, »Summary of December 1950 Monthly Report of the Central Collecting Point, Wiesbaden«.
38 *Report of the American Commission for the Protection and Salvage of Artistic and Historic Monuments in War Areas,* Washington, D. C., 1946, Seite 46.
39 NA, RG 260/34, Memo, Taper an Leonard, 14. Januar 1948.
40 Fürstin J. Lubomirska und D. Shelest, Gespräche mit der Autorin, Washington, D. C., Dezember 1991.
41 Rorimer, *Survival,* Seiten 155ff, und verschiedene Tagebucheinträge. Auch Memo, Quinn an G-5, Siebte Armee, 10. Juni 1945.
42 *The New York Times,* 12. Dezember 1977 und 6. Januar 1978.
43 M. Kurtz, *Nazi Contraband,* New York 1985, Seiten 194ff.
44 Ebd., Kapitel 7 enthält eine detaillierte Beschreibung vom Aufbau der JRSO.
45 J. Dornberg, »The Mounting Embarrassment of Germany's Nazi Treasures«, *ArtNews,* September 1988, Seite 139.

46 Eintrag Tagebuch Faison, 25. April 1951, zitiert in einer Notiz zu Händen der Autorin.
47 Howe Papers, Heinrich an Faison, 13. Februar 1951.
48 Leonard Papers, Washington, D. C., Haberstock an Breitenbach, 13. August 1947.
49 SD, RG 59/10, Haberstock an Hall, 1. Juli 1956.
50 SD, RG 59/10, Akte Jugoslawien.
51 Siehe R. Siviero, *Arte e Nazismo,* Florenz 1984.
52 NGA, Bibliothek, Hartt Papers, Keller an Hartt, nicht datiert.
53 NA, RG 260/260, Mitteilung an MFAA, OMGUS, 14. Juni 1948.
54 Leonard Papers, Leonard an unbekannte Person, 3. August 1948.
55 NA, RG 260/260, AG 007PD, Garde an Leiter OMGUS, Bayern, 19. Juni 1948.
56 Ebd., A-736, Lovett an USPOLAD, Berlin, 24. Dezember 1948.
57 Standen Papers, Heinrich an Standen, 4. Januar 1949.
58 S. Munsing, Gespräch mit der Autorin, Washington, D. C.
59 NA, RG 260/260, Draper an Hawkins, 5. Juli 1949.
60 Ebd., HICOG-Mitteilung an Schott, 23. November 1949.
61 Ebd., Artikel aus der *Tat,* Zürich, 12. März 1950.
62 Archiv Louvre, Dossier Valland, Chatelain an Valland, 1. April 1965.
63 Getty Center, Archiv Arntz, Reutti, »Post-War Activities«.
64 SD, RG 59/10, Akte »St. Patroclus«.
65 Gestützt auf ein Gespräch der Autorin mit T. Kline. Auch Gespräche mit William Honan und einschlägige Berichte in der *New York Times* von 1990 bis 1992.

Bibliographie

Bücher

Abetz, Otto, *Das offene Problem. Ein Rückblick auf zwei Jahrzehnte deutscher Frankreichpolitik.* Mit einer Einführung von Ernst Achenbach, Köln 1951.

Adam, Peter, *The Art of the Third Reich,* New York 1992.

Alsop, Susan Mary, *To Marietta from Paris, 1945–1960,* London 1974.

American Commission for the Protection and Salvage of Artistic and Historic Monuments in War Areas, *Report of the American Commission for the Protection and Salvage of Artistic and Historic Monuments in War Areas,* Washington, D. C., 1946.

Aron, Robert, *Histoire de Vichy,* Paris 1954.

Assouline, Pierre, *Der Mann, der Picasso verkaufte. Daniel-Henry Kahnweiler und seine Künstler* (aus dem Französischen von Christiane Müller), Bergisch-Gladbach 1990.

Audiat, P., *Paris pendant la guerre,* Paris 1946.

Baltimore Museum of Art, *Oskar Schlemmer* (Ausstellungskatalog), Baltimore 1986.

Barr, Alfred H., *Matisse* (Museum of Modern Art), New York 1951.

Barron, Stephanie (Hrsg.), *»Entartete Kunst«. Das Schicksal der Avantgarde im Nazi-Deutschland* (Ausstellungskatalog Los Angeles County Museum und Deutsches Historisches Museum), München 1992.

Berenson, Bernard, *Rumor and Reflection,* New York 1952.

Bernhard, Marianne (Bearbeitung), Martin, Kurt (Beratung), Rogner, Klaus P. (Hrsg.), *Verlorene Werke der Malerei,* München 1965.

Bird, Kai, *The Chairman,* New York 1952.

Bizardel, Yvon, *Sous l'occupation,* Paris 1964.

Boothe, Clare, *Europe in the Spring,* New York 1940.

Botting, Douglas, und Sayer, Ian, *America's Secret Army,* New York 1989.

Dies., *Nazi Gold,* New York 1984.

Brassaï, *Gespräche mit Picasso* (Aus dem Französischen von Edmond Lutrand), Reinbek bei Hamburg 1966.

Breitman, R., *Architect of Genocide. Himmler and the Final Solution,* New York 1991.

Bureau Central des Restitutions, *Répertoire des biens spoliés en France durant la guerre 1939–1945,* Berlin 1947.

Burkhard, Arthur, *Der Krakauer Altar von Veit Stoß,* München 1972.

Butcher, Harry, *Drei Jahre mit Eisenhower,* Bern 1946.

Cassou, J., *Le Pillage par les Allemands des œuvres d'art appartenant à des Juifs en France,* Paris 1947.

Chamberlain, E. R., *Loot,* New York 1983.
Churchill, Winston S., *Der Zweite Weltkrieg,* 2. Band, *Englands größte Stunde* (aus dem Englischen von N. O. Scarpi, Ben O. Stempell und W. Keller), Bern 1949. 6. Band, *Triumph und Tragödie* (aus dem Englischen von E. Thorsch), Bern 1953.
Clark, Kenneth, *The Other Half,* London 1977.
Clark, Mark, *Calculated Risk, His personal Story of the War in North Africa and Italy,* London 1951.
Clay, Lucius D., *Decision in Germany,* Garden City, N. Y. 1950.
Coles, H. L., und Weinberg, A. K., *Civil Affairs. Soldiers Become Governors* (U.S. Army in World War II, Special Studies), Washington, D. C., 1964.
Collins, Larry, und LaPierre, Dominique, *Is Paris Burning?* New York 1965.
Comnène, N. P., *Firenze, »città aperta«,* Florenz 1945.
Comune di Firenze, *L'Opera ritrovata. Omaggio a Rodolfo Siviero* (Palazzo Vecchio), Florenz 1984.
Corémans, P., *La Protection scientifique des œuvres d'art en temps de guerre,* Brüssel 1946.
Davidowicz, L., *The War Against the Jews, 1933–1945* (Neuauflage), New York 1976.
Davidson, Eugene, *The Trial of the Germans,* New York 1966.
Davies, Martin, und Rawlins, Ian, *War Time Storage in Wales of Pictures from the National Gallery,* London 1940.
de Jaeger, Charles, *The Linz File. Hitler's Plunder of Europe's Art,* Exeter 1981.
de Launay, Jacques, *La Belgique à l'heure allemande,* Brüssel o. J.
Dhanens, Elisabeth, *Hubert und Kan van Eyck* (aus dem Niederländischen von Hugo Beyer und Annette De Wachter), Königstein im Taunus 1980.
Dittrich, Christian, *Vermißte Zeichnungen des Kupferstichkabinetts Dresden* (Staatliche Kunstsammlungen), Dresden 1987 Art.
Dorléac, L. B., *Histoire de l'art, Paris 1940–44,* Paris 1986.
Dulles, Allen, *The Secret Surrender,* New York 1966.
Duparc, F., *Een eeuw wedstrijd voor Nederlands cultureel erfgoed,* Den Haag 1975.
Albrecht Dürer (Katalog des Germanischen Nationalmuseums, Nürnberg), München 1971.
Eisenhower, David, *Eisenhower at War 1943–1945,* New York 1987.
Elen, Albert J., *Missing Old Master Drawings from the Koenigs Collection,* (Netherlands Office for Fine Arts), Den Haag 1989.
Entartete Kunst (Ausstellungsführer), München 1937.
Estreicher, Charles (Karol), *Cultural Losses of Poland. Index of Polish Cultural Losses during the German Occupation,* London 1944.
Fabiani, Martin, *Quand j'étais marchand de tableaux,* Paris 1976.
Fasola, Cesare, *The Florentine Galleries and the War,* Florenz 1945.
Fest, Joachim C., *Hitler,* Frankfurt am Main u. a. 1973.
Finley, David E., *A Standard of Excellence,* Washington, D. C., 1973.
Flanner, Janet, *Men and Monuments,* New York 1970.
Foreign Relations of the United States, Washington, D. C., verschiedene.

Foreign Relations of the United States 1945, Bände 1 und 2, *The Conference of Berlin,* Washington, D. C., 1960.

Frank, Niklas, *Der Vater,* München 1987.

Frans Hals Museum, *Frans Hals Tentoonstelling* (Ausstellungskatalog), Haarlem 1937.

Friemuth, Cay, *Die geraubte Kunst. Der dramatische Wettlauf um die Rettung der Kulturschätze nach dem Zweiten Weltkrieg* (Entführung, Bergung und Restitution europäischen Kulturgutes 1939–1948). Mit dem Tagebuch des britischen Kunstschutzoffiziers Robert Lonsdale Charles. Herausgegeben in Zusammenarbeit mit Kurt Seeleke im Auftrag der Herzog August Bibliothek Wolfenbüttel, Braunschweig 1989.

Fry, Varian, *Auslieferung auf Verlangen. Die Rettung deutscher Emigranten in Marseille 1940/41* (hrsg. und mit einem Anhang versehen von Wolfgang D. Elfe und Jan Hans; aus dem Amerikanischen von Jan Hans und Anja Lazarowicz), München/Wien 1986.

Galerie Fischer, *Gemälde und Plastiken Moderner Meister aus Deutschen Museen* (Auktionskatalog), Luzern 1939.

Galerie Nierendorf, *Fünfzig Jahre Galerie Nierendorf, 1920–1970* (Ausstellungskatalog), Berlin 1970.

Gimpel, René, *Diary of an Art Dealer,* London 1986.

Goebbels, Joseph, *Tagebücher aus den Jahren 1942/43* (mit anderen Dokumenten hrsg. von Louis P. Lochner), Zürich 1948.

Ders., *Die Tagebücher von Joseph Goebbels* (Sämtliche Fragmente hrsg. von Elke Fröhlich), München 1987.

Golden Gate International Exposition (Katalog der Kunstausstellung), San Francisco 1940.

Guggenheim, Peggy, *Ich habe alles gelebt. Bekenntnisse einer Sammlerin aus Leidenschaft* (aus dem Amerikanischen von Dieter Mulch), Bern und München 1980.

Hapgood, David, und Richardson, David, *Montecassino,* New York 1984.

Hartt, Frederick, *Florentine Art under Fire,* Princeton 1949.

Heller, Gerhard, *In einem besetzten Land. NS-Kulturpolitik in Frankreich. Erinnerungen 1940–1944* (Mitarbeit von Jean Grand; aus dem Französischen von Annette Lallemand-Rietkötter), Köln 1982.

Henderson, Sir Nevile, *Fehlschlag einer Mission. Berlin 1937 bis 1939,* Zürich o. J.

Hentzen, Alfred, *Die Berliner National-Galerie im Bildersturm,* Berlin 1971.

Hinz, Berthold, *Die Malerei im deutschen Faschismus. Kunst und Konterrevolution,* München 1974.

Hitler, Adolf, *Mein Kampf,* Zentralverlag der NSDAP, Verlag Franz Eher Nachf., München 1925 (Band 1) und 1927 (Band 2).

Ders., *Monologe im Führerhauptquartier 1941–1944. Die Aufzeichnungen Heinrich Heims* (hrsg. von Werner Jochmann), Hamburg, 1980.

Hommage à Hermann Voss, Strasbourg 1966.

Horne, Alastair, *To Lose a Battle,* London 1979.

Hours, Magdeleine, *Une Vie au Louvre,* Paris 1987.
Howe, Thomas Carr, *Salt Mines and Castles. The Discovery and Restitution of Looted European Art,* Indianapolis/New York o. J.
Hull, Cordell, *Memoirs,* New York 1948 (2 Bände).
Institute of Contemporary Art, *Dissent. The Issue of Modern Art in Boston* (Ausstellungskatalog), Boston 1985.
Institute of Modern Art, *Contemporary German Art* (Ausstellungskatalog), Boston 1939.
International Military Tribunal, *The Trial of the Major War Criminals before the International Military Tribunal,* Nürnberg 1947–1949 (42 Bände).
Internationaler Militärgerichtshof, *Der Prozeß gegen die Hauptkriegsverbrecher vor dem Internationalen Militärgerichtshof,* Nürnberg 1947–1949.
Irving, David, *Goering. A Biography,* New York 1983.
Ders., *Hitlers Krieg. Die Siege 1939–1942* (aus dem Englischen von Erwin Duncker und Georg Auerbach), München und Berlin 1983.
Jackman, Jarrell C., und Borden, Carla M. (Hrsg.), *The Muses Flee Hitler. Cultural Transfer and Adaptation 1930–1945,* Washington, D. C., 1983.
Jünger, Ernst, *Werke,* Band 2, *Tagebücher II, Das erste Pariser Tagebuch,* Stuttgart o. J.
Kater, Michael, H., *Das »Ahnenerbe« der SS 1935–1945. Ein Beitrag zur Kulturpolitik des Dritten Reiches,* Stuttgart 1974.
Kearns, M., *K. Kollwitz. Woman and Artist,* Old Westbury, N. Y., 1976.
Keegan, John (Hrsg.), *The Times Atlas of the Second World War,* New York 1951.
Kilbracken, Lord, *Van Meegeren, Master Forger,* New York 1967.
Kogelfranz, Siegfried, und Korte, Willi A., *Quedlinburg–Texas und zurück. Schwarzhandel mit geraubter Kunst,* München 1994.
Kollwitz, Hans (Hrsg.), *Käthe Kollwitz – Tagebuchblätter und Briefe,* Berlin 1948.
Kopper, Philip, *America's National Gallery of Art,* New York 1991.
Kubin, E., *Sonderauftrag Linz,* Wien 1988.
Kuhnel-Kunze, Irene, *Bergung, Evakuierung und Rückführung. Die Berliner Museen in den Jahren 1939–1959* (Jahrbuch Preußischer Kulturbesitz), Berlin 1984.
Kunsthaus Zürich, *Sammlung Emil G. Bührle* (Ausstellungskatalog), Zürich 1958.
Kurtz, Michael J., *Nazi Contraband. American Policy on the Return of European Cultural Treasures, 1945–1955,* New York und London 1985.
LaFarge, Bancel, *Lost Treasures of Europe,* New York 1946.
Lane, Barbara Miller, *Architecture and Politics in Germany 1918–1945,* Cambridge 1968.
Larsson, Lars Olof, *Die Neugestaltung der Reichshauptstadt. Albert Speers Generalbebauungsplan für Berlin* (aus dem Schwedischen von seiner Frau), Uppsala 1978.
Lehmann-Haupt, Hellmut, *Art under a Dictatorship,* New York 1954.
Lorentz, Stanislaw, *Museums and Collections in Poland, 1945–1955,* Warschau 1956.

Lowry, Glenn, *A Jeweler's Eye* (Ausstellungskatalog), Washington, D. C., 1988.
Lukas, R. C., *The Forgotten Holocaust,* Lexington 1986.
Luza, Radomír, *Austro-German Relations in the Anschluss Era,* Princeton 1975.
Maass, Walter B., *Country without a name. Austria under Nazi Rule 1938–1945,* New York 1979.
Maison, K. E., *Honoré Daumier, Catalogue raisonné of the paintings, water-colours and drawings,* London 1968.
Marlborough Fine Arts, *Nolde. Forbidden Pictures* (Ausstellungskatalog), London 1970.
Massie, Susan, *Pavlovsk. The Life of a Russian Palace,* Boston 1990.
Maur, Karin von, *Oskar Schlemmer* (Ausstellungskatalog), Stuttgart 1977.
Mazauric, Lucie, *Le Louvre en voyage, 1939–1945,* Paris 1978.
Meisterwerke der Sammlung Emil G. Bührle, Zürich, Katalog der Ausstellung zum Gedenken des 100. Geburtstages des Sammlers Emil G. Bührle; National Gallery of Art, *The Passionate Eye. Impressionistic and Other Master Paintings from the E. G. Bührle Collection,* beide Zürich 1990.
Mellow, J. R., *Charmed Circle,* New York 1974.
Merrill, Keith A., *Keith Merrill, American,* ohne Ort, 1986.
Methuen, Lord, *Normandy Diary,* London 1952.
Mihan, George, *Looted Treasure. Germany's Raid on Art,* London 1944.
Ministerio della Pubblica Istruzione, Direzione Generale delle Antichità e Belle Arti, *La Ricostruzione del patrimonio artistico italiano,* Rom 1950.
Molajoli, Bruno, *Musei ed opere d'arte di Napoli attraverso la guerra,* Neapel 1948.
Morgenthau, Henry, *Morgenthau Diary – Germany,* Washington D. C., 1967, 2 Bände.
Murphy, Robert, *Diplomat among Warriors,* London 1964; dt. *Diplomat unter Kriegern,* ohne Ort und Jahr.
Musée de l'Orangerie, *Les Chefs d'œuvre des collections privées françaises retrouvées en Allemagne* (Ausstellungskatalog), Paris 1946.
Museum Boymans, *Kunstschatten uit Nederlandse Verzamelingen* (Ausstellungskatalog), Rotterdam 1955.
München – »Hauptstadt der Bewegung« (Ausstellungskatalog), München 1993.
National Gallery of Art, *Twenty-fifth Anniversary Report,* Washington, D. C., 1966.
The National Museums and Galleries. The War Years and After, London 1948.
Nicolson, Harold, *Diaries and Letters,* Band 1, New York 1967.
Origo, Iris, *War in Val D'Orcia, 1943–1944. An Italian War Diary,* Boston 1984.
Palais des Beaux-Arts, *Chefs d'œuvre récupérés en Allemagne* (Ausstellungskatalog), Brüssel 1948.
Potocki, Alfred, *Master of Lancut. The Memoirs of Count Alfred Potocki,* London 1959.
Prelinger, Elizabeth, *Käthe Kollwitz* (Ausstellungskatalog), New Haven 1992.
Pretzell, Lothar, *Das Kunstgutlager Schloß Celle 1945–1958,* Celle 1958.
The Protection of Cultural Resources Against the Hazards of War, Committee on

the Conservation of Cultural Resources, National Resources Planning Board, Washington, D. C., Februar 1942.

Pyle, Ernie, *Brave Men*, New York 1944.

Raczynski, Edward, *In Allied London*, London 1962.

Rave, Paul Ortwin, *Kunstdiktatur im Dritten Reich*, Berlin 1949.

Roh, Franz, *»Entartete« Kunst. Kunstbarbarei im Dritten Reich*, Hannover 1962.

Rorimer, James J., *Survival*, New York 1950.

Rosenberg, Alfred, *Memoiren* (hrsg. von Serge Lang und Ernst von Schenk), St. Gallen 1947.

Roters, Eberhard, *Galerie Ferdinand Möller, 1917–1956*, Berlin 1984.

Rothenstein, J., *Brave Day, Hideous Night*, London 1967.

Roxan, David, und Wanstall, Ken, *The Rape of Art. The Story of Hitler's Plunder of the Great Masterpieces of Europe*, New York 1965.

Salisbury, Harrison E., *900 Tage. Die Belagerung von Leningrad* (aus dem Amerikanischen von Hans Jürgen Baron von Koskull), Frankfurt am Main 1970.

Samuels, Ernest, *B. B. The Making of a Legend*, Cambridge 1987.

Schellenberg, Walter, *Aufzeichnungen - Die Memoiren des letzten Geheimdienstchefs unter Hitler*, Wiesbaden und München 1979.

Schirach, Henriette von, *Der Preis der Herrlichkeit. Erlebte Zeitgeschichte*, München/Berlin 1975.

Schuster, Peter-Klaus (Hrsg.), *Nationalsozialismus und »Entartete Kunst«. Die »Kunststadt« München 1937*, München 1987. Dieses Buch erschien anläßlich der Ausstellung »Entartete Kunst«. Dokumentation zum nationalsozialistischen Bildersturm am Bestand der Staatsgalerie moderner Kunst, München.

Shirer, William L., *Berlin Diary. The Journal of a Foreign Correspondent 1934–1941*, New York 1984.

Ders., *Der Zusammenbruch Frankreichs*, München/Zürich 1970. Ders., *The Rise and Fall of the Third Reich*, New York 1960; dt. *Aufstieg und Fall des Dritten Reiches* (aus dem Amerikanischen von Wilhelm und Modeste Pferdekamp), Köln/Berlin 1961.

Simon, Matila, *The Battle of the Louvre. The Struggie to Save French Art in World War II*, New York 1971.

Siviero, Rodolfo, *Arte e Nazismo. Esodo e ritorno delle opere d'arte italiano 1938–1963*, Florenz 1984.

Skilton, John, *Défense de l'art européen*, Paris 1948.

Smith, Jean Edward (Hrsg.), *Papers of General Lucius Clay. Germany, 1945–1949*, Bloomington 1974.

Ders., *Lucius D. Clay*, New York 1990.

Smyth, Craig H., *Repatriation of Art from the collection Point in Munich after World War II*, Den Haag 1988.

Speer, Albert, *Erinnerungen*, Berlin 1969.

Stein, Gertrude, *Kriege die ich gesehen habe* (aus dem Amerikanischen von Marie-Anne Stiebel), Frankfurt am Main 1984.

Taylor, Francis Henry, *The Taste of Angels*, Boston 1948.

Taylor, Telford, *The Anatomy of the Nuremberg Trials,* New York 1992.
Time-Life Books, Serie *World War II.*
Tomkins, Calvin, *Merchants and Masterpieces,* New York 1973.
Trevor-Roper, H. R., *Hitlers letzte Tage* (deutsch von Joseph Kalmer), Zürich 1948.
Tusa, Ann und John, *The Nuremberg Trial,* New York 1985.
Tutaev, David, *Der Konsul von Florenz* (aus dem Englischen von Eugen Haas), Düsseldorf und Wien 1967.
U.S. Congress, Senate, Committee on Armed Services. Hearings on S2439, A Bill to Provide for the Temporary Retention in the US of Certain German Paintings, 4. März und 10. April 1948, Washington, D. C.
Valland, Rose, *Le Front de l'art,* Paris 1961.
Varshavskii, S. P., *Saved for Humanity,* Leningrad 1985.
Venema, A., *Kunsthandel in Nederland, 1940–1945,* Amsterdam 1986.
Walker, John, *Self-Portrait with Donors,* Boston 1974.
Warsaw Accuses (Ausstellungskatalog), Warschau 1945.
Weld, Jacqueline B., *Peggy, The Wayward Guggenheim,* New York 1986.
Welles, Sumner, *The Time for Decision,* New York 1944.
Werth, Alexander, *Russia at War,* New York 1964.
Wilson, Derek, *Rothschild,* New York 1988.
Woolley, Sir Charles Leonard, *A Record of the Work Done by the Military Authorities for the Protection of the Treasures of Art and History in War Areas,* London 1947.
Works of Art in Italy. Losses and Survivals in the War, Bände 1 und 2, London 1945.
Zachwatowicz, Jan, *Protection of Historical Monuments in People's Poland,* Warschau 1956.

Aufsätze und Zeitungsartikel

Adams, E. E., »Looted Art Treasures Go Back to France«, *The Quartermaster Review,* September/Oktober 1946.
Barr, Alfred, »Art in the Third Reich – Preview 1933«, *Magazine of Art,* Oktober 1945.
Breitenbach, Edgar, »Historical Survey of the Intelligence Department, MFAA Section, in OMGB, 1946–1949«, *College Art Journal 2* (Winter 1949/50).
Brubach, Holly, »Survivors«, *The New Yorker,* 27. August 1990.
Chetham, Charles, »Henri Matisse's Bathers With a Turtle«, *Museum Monographs I,* City Art Museum St. Louis.
Decker, Andrew, »A Legacy of Shame«, *ArtNews,* Dezember 1984.
Dornburg, John, »The Mounting Embarrassment of Germany's Nazi Treasures«, *ArtNews,* September 1988.
Frankfurter, Alfred M., »Rescued Prado at Geneva«, *ArtNews,* 15. Juli 1939.

Gardner, Paul, »A Bit of Heidelberg Near Harvard Square«, *ArtNews,* Sommer 1981.

Goldmann, Klaus, »Berliner Kulturschätze unterwegs«, in *Die Reise nach Berlin* (Ausstellungskatalog), Berlin 1987.

Ders., »Der Schatz des Priamos«, in *Sonderdruck aus Heinrich Schliemann: Grundlagen und Ergebnisse moderner Archäologie* (hrsg. von J. Hermann), Berlin 1992.

Hammond, Mason, »Remembrance of Things Past«, in *Proceedings,* Massachusetts Historical Society, Vol. 92, Boston 1980.

Hancock, Walker, »Experiences of a Monuments Officer in Germany«, *College Art Journal,* Mai 1946.

Kirstein, Lincoln, »In Quest of the Golden Lamb«, *Town and Country,* September 1945.

Kuhn, Charles L., »German Paintings in the National Gallery: A Protest«, *College Art Journal 5* (Januar 1946).

Matthews, Herbert L., »Spanish Art Survives«, *Magazine of Art,* August 1937.

Norris, Christopher, »The Disaster at Flakturm Friedrichshain«, *Burlington Magazine* 94, Nr. 597 (Dezember 1952).

Plaut, James S., »Loot for the Master Race«, *Atlantic Monthly,* September 1946.

Renau, Jose, »L'Organisation de la défense du patrimoine artistique et historique espagnol pendant la guerre civile«, *Mouseion,* 39–40, Nrn. 3 und 4 (1937).

Ritchie, A., »The Restitution of Art Lost«, *Gallery Notes* (Albright Art Gallery, Buffalo, N. Y.), Juli 1946.

Russell, John, »Masterpieces Caught Between Two Wars«, *The New York Times,* 3. September 1989.

Scherpuis, A., »Een Heer in de Kunsthandel«, *Vrij Nederland,* 10. November 1990.

Sizer, Theodore, »A Walpolean at War«, *The Walpole Society Notebook,* 1946.

Sokolova, N. I., »Die Rettung der Dresdener Kunstschätze«, in *Jahrbuch 1960, Staatliche Kunstsammlung,* Dresden 1961.

Stout, George, »Preservation of Paintings in Wartime«, *Technical Studies,* Januar 1942.

Sutton, Denys, »L'Amateur accompli: Frits Lught«, in *Treasures from the Collection of F. Lught at the Institut Néerlandais,* Paris 1976.

Watt, Alexander, »Notes from Paris«, *Apollo,* August 1937.

Wildenstein, Georges, »Works of Art – Weapons of War«, *La République française,* Dezember 1943.

Williams, S. A., *The Polish Art Tresury in Canada,* M.A. Thesis, Toronto 1974.

Unveröffentlichtes Material

Öffentliche Sammlungen

Archives of American Art, Washington, D. C.:
Alfred H. Barr Papers
W. G. Constable Papers
Thomas Carr Howe Papers
Lamont Moore Papers
Andrew Ritchie Papers
James J. Rorimer Papers
George Stout Papers

Archives Nationales de France, Paris:
Aktengruppe AJ38. Inventar, Akten des Commissariat Général aux Questions Juives
Aktengruppe AJ40, deutsche Akten zur Besetzung
Aktengruppe F21, Fonds concernant archives des directeurs et sous-secrétaires d'Etat des Beaux-Arts

Columbia University, New York, Abteilung seltene Bücher und Handschriften:
Calvin Hathaway Papers

Getty Center for the History of Art and Humanities, Los Angeles:
Archiv Wilhelm F. Arntz
Douglas Cooper Papers
Fotografische Sammlung Johannes Felbermeyer

John Nicholas Brown Center for the Study of American Civilization, Prov., R. I.:
John Nicholas Brown Papers

Library of Congress, Manuskriptabteilung, Washington, D. C.:
David E. Finley Papers
Huntington Cairns Papers
Henry L. Stimson Papers

Archiv des Louvre, Paris:
Dossier Rose Valland
Dossier Jacques Jaujard

Museum of Modern Art, New York:
Sammlung Hellmut Lehmann-Haupt

National Archives (Staatsarchiv), Washington, D. C.:
Record Group 59, Protokolle der Beratungsstelle für Kunst und Denkmäler, 1949–1960
Record Group 59, Allgemeine Protokolle des Außenministeriums, Decimal Files, 1940–1944, 1945–1949
Record Group 165, Protokolle der Verwaltungsabteilung
Record Group 200, Schenkungen an das Staatsarchiv, persönliche Unterlagen von General Lucius Clay
Record Group 238, Protokolle der Nürnberger Prozesse
Record Group 239, Protokolle der amerikanischen Kommission zum Schutz und zur Bergung künstlerischer und historischer Monumente in Kriegsgebieten
Record Group 260, Protokolle der US-Hauptquartiere während der Besatzung, Zweiter Weltkrieg. Sammlung Ardelia Hall: Protokolle der Sammelstellen

National Gallery of Art, Washington, D. C.:
Archiv und allgemeine Unterlagen
Protokolle des Sekretariats
Bibliothek, Abteilung seltene Bücher und Handschriften
Edward E. Adams Papers
S. Lane Faison Papers
Frederick Hartt Papers
E. P. Lesley Papers
Charles Parkhurst Papers
Craig Hugh Smyth Papers
Edith Standen Papers
Foto-Archiv

University of Regina, Saskatchewan, Kanada:
Theodore Heinrich Papers

Department of the Treasury, Washington, D. C.:
Record Group 131, Foreign Funds Control

Privatnachlässe

Stewart Leonard Papers, Washington, D. C.
James J. Rorimer Papers, New York
Archiv Paul Rosenberg, New York
Curt Valentin Papers, Washington D. C.

Gespräche

Sylvie Béguin, Dr. Sonia Kramarsky Binkhorst, J. Carter Brown, Perry Cott, S. Lane Faison, Walter Farmer, Marianne Feilchenfeldt, Klaus Goldmann, Mason Hammond, Walker Hancock, Frederick Hartt, Thomas C. Howe, René Huyghe, Anne Marie Kellen, Lincoln Kirstein, Thomas Kline, Raymond Lemaire, Lamont Moore, Denys Myers, Stephen Munsing, Lucie Ninane, Charles Parkhurst, James Plaut, Thomas Potocki, Mrs. Rorimer, Mrs. Rosenberg, Desirée H. Goudstikker von Saher, Dmitri Shelest, Craig Hugh Smyth, Edith Standen, Mr. Jacques und Mrs. Stern, John Walker, Daniel Wildenstein, Otto Wittmann.

Fotonachweis

Aurora Publishers: 253, 261
Bildarchiv Preußischer Kulturbesitz: 101
John Nicholas Brown Center for Study of American Civilisation, Providence, Rhode Island: 499
S. L. Faison (linke Seite) 498
Resource Collections of the Getty Center for History of Art and the Humanities, Santa Monica, California, Wilhelm F. Arntz Archive: 33
Johannes Felbermeyer Collection: 55, 453, 575
Klaus Goldmann: 495
Walker Hancock: 448
René Huyghe: 383
Lincoln Kirstein: 443
National Archives, Washington, D. C.: 27, 40, 63, 65, 85, 93, 110, 121, 153, 181, 191, 215, 225, 243, 249, 259, 287, 299, 307, 307, 325, 337, 341, 349, 353, 357, 377, 385, 391, 395, 405, 413, 421, 437, 439, 461, 462, 485, 489, 541, 565, 569
Gallery Archives, National Gallery of Art, Washington, D. C.: 271, 277, 523, 529
Photographic Archives, National Gallery of Art, Washington, D. C.: 107, 477, 583
The National Gallery, London: 131
Novosti: 255
Rorimer Collection: 187, 441
Mrs. Rosenberg, New York: 123, 545
Craig Smyth: 279, 427, 457, 471, 491, 535
Solo Syndication & Literary Agency Ltd.: 363
Wildenstein & Co., Inc.: 125

Dank

Dieses Buch zu schreiben war wie eine lange und interessante Entdeckungsreise für mich. Die Propaganda, die Schrecken und der Fanatismus des Zweiten Weltkriegs machten einen wichtigen Teil meiner Kindheit aus. 1948 besuchte ich mit meiner Familie Deutschland, und wir sahen die verwüsteten Städte; in Holland hörte ich die Geschichten von Widerstand und Flucht. Viel später erst begann ich mich für das Schicksal von Kunstwerken in diesem Umfeld zu interessieren. Dieses Buch entstand als Ergebnis meines Wunsches, zu verstehen, was mit den Menschen und mit ihrem Besitz zu jener Zeit geschah.

Die Großmut, mit der mir während meiner Nachforschungen sämtliche Kontaktpersonen begegneten, erstaunte mich aufs höchste. Viele, mit denen ich gesprochen habe, machten mir nicht nur ihre Aufzeichnungen zugänglich, sondern öffneten mir auch ihr Herz. Alle, die zur Bergung von Europas Erbe beigetragen haben, sind zu Recht stolz auf das Erreichte, und ihre Erinnerungen sind heute noch lebendig. Zu meinem größten Bedauern konnte ich nicht alle Geschichten in dieses Buch einbringen: für jede, die ich erzähle, gibt es unzählige mehr. Auch mußte ich mich bei der Anzahl der behandelten Länder begrenzen. Ähnliche Ereignisse wie die hier beschriebenen fanden in jedem von den Nazis überrannten Land statt; jeder einzelne Bericht würde ein ganzes Buch füllen – um so mehr, als nun seit kurzem die Archive in Osteuropa zugänglich sind.

Zuallererst möchte ich mich bei meinen Brüsseler Freundinnen und Freunden bedanken, die mich ermutigten, dieses Projekt in Angriff zu nehmen: Julia und Christopher Tugendhat, Carole Drosin, Penny Custer und Michele Bo Bramsen.

In Washington habe ich vor allem im Staatsarchiv und in der National Gallery of Art gearbeitet. J. Carter Brown, der ehemalige Direktor der National Gallery, war von Anfang an begeistert und gewährte mir großzügig Einsicht in die Korrespondenz seines Vaters, John Nicholas Brown, während der Kriegsjahre. John Wilmerding verschaffte mir kostbaren Platz zum Arbeiten. Maygene Daniels führte mich durch das neu eingerichtete Archiv, und Lisi Ferber stellte mir ihr erstaunliches Wissen zur Verfügung. Alle in der Bibliothek Beschäftigten verhielten sich äußerst hilfsbereit und liebenswürdig – vor allem Neal Turtell, Caroline Backlund, Ariadne DuBasky, Ted Dalziel, Lamia Doumato und Thomas McGill (der jedes Buch der Welt auftreiben kann). Ruth Philbrick, Jerry Mallick und Wendy Cole vom Fotoarchiv sorgten für Bilder und Gesellschaft. Als besonderer Glücksfall für mich ergab sich, daß ich mit Craig Smyth, Kress Professor an der National Gallery von 1987 bis 1988, an seinem Buch über die Münchner Sammelstelle arbeiten konnte. Zu den vielen weiteren, die mich unterstützten, zählen Bob Bowen, Kathy und Ira Bartfield sowie Anna Rachwald.

Nicht weniger bedeutete mir das Staatsarchiv mit seinem eindrucksvollen Bestand an deutschen und alliierten Dokumenten, und dort bin ich vor allem Jill Brett, der ehemaligen Leiterin der Abteilung für öffentliche Angelegenheiten, für ihre unermeßliche Hilfe zu Dank verpflichtet – dazu gehört auch, daß sie mich mit John Taylor, Dane Hartgrove und Michael Kurtz bekannt machte. Am liebsten würde ich jede einzelne Person in all den verschiedenen Arbeitsräumen aufzählen; noch nie bin ich so vielen hilfsbereiten Menschen auf einmal begegnet.

Weiterhin danken möchte ich Constance Lowenthal vom IFAR, die mich überzeugt hat, daß ich einen Vortrag halten kann, Irène Bizot von der Réunion des Musées Nationaux, Isabelle Vernus vom französischen Staatsarchiv in Paris, Ely Maurer vom Außenministerium, Cynthia Walsh vom Getty Center in Los Angeles und der Belegschaft der Archives of American Art in Washington. Cay Friemuth aus Gütersloh in Deutschland, Dr. Klaus Goldmann vom Museum für Vor- und Frühgeschichte in Berlin, Agnieska Morawinska und Professor Wojiech Kowalski in Warschau, Patricia Dane Rogers und der verstorbene Christopher Wright (über Marcia Carter) haben mir wertvolle Unterlagen zur Verfügung gestellt. Ebenfalls auf vielfältige Weise unterstützten mich Roger Mandle, Mrs. Robert Seamans, David Rust, Lynn und Arnold Lipman, John Richardson, Pierre de Séjournet, Thomas Blake, Eliza Rathbone, Stuart Feldman, Doda de Wolf, Hector Feliciano, David Gibson und besonders mein Bruder Chip Holman, dessen Bibliothek ich heimsuchte. Mein Dank gebührt auch allen, die das Manuskript lasen und kritisch begutachteten, vor allem Professor S. Lane Faison vom Williams College, und ein besonderes Dankeschön geht an Marion Evans, die sich unverdrossen mit all den Papierstapeln herumschlug.

Ich stehe zudem in der Schuld von Alan Williams, Pat Hass, Deborah Shapley und Robert Barnett, denn sie haben mich beim Schreiben und Publizieren beraten, und vor allem Preston Brown und Stuart Blue, durch deren Hände dieses Manuskript durch einen glücklichen Zufall (über Ash Green) den Weg zu meiner unerschütterlich geduldigen und ermutigenden Lektorin Susan Ralston fand. Bei Knopf möchte ich zudem Jennifer Bernstein danken, die meine Handschrift tatsächlich lesen kann, und Peter Andersen, der den Band gestaltete.

Besonders dankbar aber bin ich meinem Mann Robin und meinen Söhnen William, Carter und Philip für ihre Liebe und ihren Humor, sowie meiner Mutter Daisy und allen anderen Verwandten, Freundinnen und Freunden, die mich angespornt haben.

Register